최신 가족상담

이론 및 사례개념화 실제

Theory and Treatment Planning in Family Therapy: A Competency-Based Approach,
1st Edition

Diane R. Gehart

© 2018 Cengage Learning Korea Ltd.

Original edition © 2016 Wadsworth, a part of Cengage Learning.
Theory and Treatment Planning in Family Therapy: A Competency-Based Approach 1st Edition
by Diane R. Gehart. ISBN: 978-1-285-45643-0.

This edition is translated by license from Wadsworth, a part of Cengage Learning,
for sale in Korea only.

For permission to use material from this text or product, email to
asia.infokorea@cengage.com

ISBN-13: 978-89-6218-421-1

Cengage Learning Korea Ltd.
14F, YTN Newsquare
76 Sangamsan-ro, Mapo-gu
Seoul, 03926, Korea, south
Tel: (82) 2 330 7000
Fax: (82) 2 330 7001

Cengage Learning is a leading provider of customized learning solutions
with office locations around the globe, including Singapore, the United Kingdom,
Australia, Mexico, Brazil, and Japan. Locate your local office at:
www.cengage.com/global

Cengage Learning products are represented in Canada by Nelson Education, Ltd.

Cover Image:
©Didier Marti/Getty Images

For product information, visit **www.cengageasia.com**

Printed in Korea
Print Number: 01   Print Year: 18

최신 가족상담
이론 및 사례개념화 실제

Theory and Treatment Planning in **Family Therapy**

A Competency-Based Approach

강영신 임채원 김선미 옮김
Diane Gehart 지음

CENGAGE

Andover • Melbourne • Mexico City • Stamford, CT • Toronto • Hong Kong • New Delhi • Seoul • Singapore • Tokyo

옮긴이 소개

강영신

미국 보스톤 소재 Northeastern University 에서 상담심리학 전공으로 박사학위 (Ph.D)를 받고, 현재 전남대학교 심리학과 부교수로 재직하고 있다. 가족치료 및 상담에 관한 강의, 자문, 연구 등을 수행하고 있으며, 정신 건강과 성격 형성에 미치는 가족의 역동과 기능에 관심을 두고 있다.

임채원

전남대학교 교육학과 (상담심리 전공)에서 박사 학위를 받고, 현재 광주광역시 교육청 소속 전문상담교사로 재직하고 있으며 정서중심 부부치료에 초점을 두고 있다. 전남대학교에서 가족상담 강의, Wee센터에서 가족상담 및 부모교육 진행, 관내 학부모나 교사들을 대상으로 다수의 상담관련 강의와 학생, 학부모, 교사를 대상으로 상담 및 자문을 진행하고 있다.

김선미

전남대학교 심리학과에서 상담심리학 전공으로 석·박사과정을 수료하였고, 현재 전남대학교, 광주대학교에서 객원상담원으로 활동하고 있다. 부모교육, 의사소통과 대인관계, 스트레스 관리와 건강이라는 내용으로 수년간 교육을 진행하고 있으며, 가족의 문제가 섭식장애에 미치는 영향을 주제로 연구 진행 중이다. 건강의 문제를 통합적이고도 전인적인 관점에서 바라보고자 노력하고 있다.

최신 가족상담 이론 및 사례개념화 실제
Theory and Treatment Planning in FAMILY THERAPY A Competency-Based Approach

제1판 1쇄 인쇄 | 2018년 2월 5일
제1판 1쇄 발행 | 2018년 2월 12일

지은이 | Diane Gehart
옮긴이 | 강영신, 임채원, 김선미
발행인 | 송성헌
발행처 | 센게이지러닝코리아㈜
등록번호 | 제313-2007-000074호(2007.3.19.)
주　　소 | 서울시 마포구 상암산로 76 YTN 뉴스퀘어 14층
전　　화 | 02) 330-7000
이메일 | asia.infokorea@cengage.com
홈페이지 | www.cengage.co.kr

ISBN-13: 978-89-6218-421-1

공급처 | (주)학지사
주　　소 | 서울 마포구 양화로15길 20 마인드월드빌딩 5층
도서안내 및 주문 | Tel 02) 330-5114 Fax 02) 324-2345
홈페이지 | www.hakjisa.co.kr

정가 28,000원

| 옮긴이 머리말 |

강영신

우리 모두는 가족의 품에서 태어나 가족의 일원으로 세상을 떠납니다. 미국에서 유학 중 수년 동안 지역사회 상담센터 내 가족상담 클리닉에서 상담자로 근무하면서 가족을 이해하는 여정은 나를 이해하는 어렵고 기나긴 여정과 같음을 느꼈습니다. 내담자의 그러한 여정 속에 함께 하는 상담자에게 가장 좋은 안내자는 무엇보다 훌륭한 이론일 것입니다. 여러 가족치료 및 상담 이론 서적 중에서도 이 책은 최신의 가족치료 이론 및 개념을 담았을 뿐 아니라 치료자로서의 역량 함양을 위한 풍성한 상담 실제를 제공하고 있습니다. 이 책의 저자인 다이앤 게하트(Diane Gehart)의 숨겨진 의도는 역량 있는 가족 구성원이 되어 가는 것을 가족치료의 목적으로 두고 있는 듯합니다. 원서는 미국의 다양한 가족 구성을 고려하여 다양성 관련 쟁점들을 각 치료 접근마다 제공하고 있으나 본 역서에는 지면의 부족으로 담지는 못하였습니다. 더불어 가족 관련 연구 동향들도 지면에 담지는 못하였으나, 온라인(www.cengageasia.com; www.masteringcompetencies.com)에 관련 내용들을 제공(유료 제외)하고 있으니 다양성 주제와 연구 동향에 관심 있는 독자들은 온라인 내용을 살펴봐주시길 바랍니다.

번역을 하는 동안 가장 힘든 일은 수많은 새로운 개념 및 용어들을 적당한 한국어로 바꾸는 것이었습니다. 독자의 혼란을 방지하기 위해 기존의 많은 번역서에서 상용화된 용어들은 그대로 사용하였으나, 이전에 번역되지 않은 용어들은 역자들끼리 많은 토의를 거쳐 원어의 의미를 그나마 잘 살릴 수 있는 범위에서 번역하였습니다. 이에 대한 독자 여러분의 피드백을 기대합니다.

오랜 번역기간 동안 단순히 상담자, 번역자로서가 아니라, 누군가의 딸, 어머니, 아내, 여동생, 누나, 언니로 지내온 많은 이야기들을 나누면서 각자의 삶이 다르지만, 많이 닮음을 또한 느끼게 해준 임채원, 김선미 선생님께 감사드립니다. 더불어 번역된 원고가 세상에 나올 수 있도록 애써 주신 센게이지러닝사와 특히 출판부에 깊은 감사를 드립니다.

임채원

상담 현장에서 너무나 고통스럽고 힘겨운 가족문제로 분투하거나 좌절해버린 내담자를 접할 때면, 좀 더 전문적인 상담 서비스를 제공해드릴 수 있기를 간절히 바랐습니다. 한 줄 한 줄 번역해가면서 이 책이 가족의 어려움에 실제적이고 구체적인 도움을 줄 수 있으리라 기대가 생겼고, 아울러 저자의 뜻을 살려보려 했습니다. 또한 이 책을 읽는 독자들의 노력과 뜻이 한 알 한 알 꿰어져 결실을 이루어가기를 바라는 마음으로 공을 들였습니다. 저의 이러한 노력이 가족상담의 현장에서 고군분투하시는 상담자들의 치료과정에서 구체적 치료 지침으로 실제적인 도움이 되기를 기대합니다.

사랑하는 아들 창균이, 명균이와 함께 번역본 탄생의 기쁨을 나누고 싶습니다. 끝으로 나지막이 이름 불러 떠올릴 수밖에 없는 사랑하는 어머니 앞에 이 책을 드립니다.

김선미

의료 현장에서 약사로서 신체적인 증상을 호소하는 환자들을 만나면서 정신건강과의 연관성에 대해 고민하기 시작했습니다. 남편의 미국 유학기간에 접한 중독자 재활센터(Asian American Recovery Service, AARS)에서의 자원봉사 활동은 중독 문제와 관련된 심리적인 문제에 대해 구체적으로 인식하는 기회가 되었습니다. '이들이 왜 이런 문제를 갖게 되었을까?'라는 의문은 결국 귀국 후 상담심리학 공부로 이어지고 현재는 상담센터에서 대학생들을 상담하면서 가족의 문제로까지 고민의 영역이 확장되었습니다. 대인관계가 힘들다거나 분노조절장애, 우울, 불안, 강박 등의 어려움을 호소하며 상담센터를 찾는 많은 대학생들의 문제 이면에는 그들 가족의 역사가 함께 있기도 합니다. 그 과정에서 가족상담의 필요성이 절실하나, 현실적으로 가족을 함께 상담할 수 없는 안타까운 사례가 많아 개인상담의 한계에 맞닥뜨리는 경험을 합니다. 하지만, 가족상담이 가능한 경우라 하더라도 가족상담이라는 영역에 대해 실질적인 정보가 부족하여 못하는 경우도 많은 것이 상담자로서 느끼는 안타까움이었습니다. 이 번역서를 통해 많은 상담자들이 접근하기 어려워하는 가족상담을 하는 데 실질적인 도움을 줄 수 있기를 기대해봅니다.

여전히 상담자로서의 발달과정을 겪고 있는 역자의 한 사람으로, 나 또한 가족 문제로 인해 고통을 받기도 하고 주기도 하는 한 사람으로 이 책을 번역할 수 있는 기회가 주어진 것에 대해 감사합니다. 번역과정은 힘들었지만 다양한 가족상담의 이론과 실제를 배워가는 소중한 시간이었고, 기존 상담이론의 정리뿐 아니라 새로운 이론과 기법들을 접할 수 있는 시간이어서 가슴 뛰기도 했습니다. 함께 하지 않으면 할 수 없었던 일을, 함께 했기에 마무리 할 수 있는 이 시점에 강영신 교수님과 임채원 선생님께 감사하다는 말을 전하고 싶습니다. 또한 삶의 원천이 되는 하나님과 가족인 남편 의준, 두 아들 정민, 정한에게도 감사와 사랑의 마음을 전합니다.

2018.01

이 책의 목적

『최신 가족상담: 이론 및 사례개념화 실제』는 역량에 초점을 맞추어 학생들에게 가족치료 이론을 소개하고자 집필되었다. 학생의 학습 정도를 의무적으로 측정해야 하는 대학교의 교수로서 효율적으로 학생의 학습 정도를 측정할 수 있는 뭔가가 필요했다. 비록 학생들의 역량을 측정할 수 있는 포괄적인 평가 제도를 만들었지만(Gehart, 2007, 2009), 내가 측정하고자 하는 역량을 실제로 학생들이 습득하기 위해서는, 현장에서 사용할 수 있는 기술을 개발하는 데 필요한 구체적인 지식을 유의미한 방식으로 제공해 줄 수 있는 자원들이 학생들에게 필요하다는 사실을 깨달았다. 간단히 말하면, 알차긴 하지만 낡은 방식대로의 '책 지식'만을 전달하는 교재 이상의 뭔가가 필요했다. 즉, 학생들이 21세기에 상담을 실시하는 현실에 대비할 수 있게 만드는 자원이 필요했다. 이 책이야말로 내 학생들에게 필요한, 이론과 실제를 이어 주는 다리가 될 수 있으리라 생각한다.

이 책의 구조

이 책은 세 부분으로 구성되었다.

첫 부분인 **역량, 이론, 그리고 치료계획**은 역량, 연구, 윤리, 철학적 토대, 치료계획에 대한 전반적인 소개를 담고 있다.

두 번째 부분인 **가족치료 이론**은 다음과 같은 가족치료의 주요 학파들을 다루고 있다.

- 체계적 이론: MRI와 밀란학파
- 전략적 이론
- 구조적 가족치료
- 새티어의 인간 성장모델
- 상징-경험적 그리고 내적 가족 체계
- 세대 간 및 정신역동적 이론

- 인지-행동적 그리고 마음챙김에 근거한 가족치료
- 해결중심 치료
- 내러티브 치료
- 협력적 치료 및 반영팀
- 증거기반 커플 및 가족치료: 정서중심 치료 및 기능적 가족치료
- 증거기반 커플 및 가족 집단치료

세 번째 부분인 **통합이론 사례개념화** 부분은 이론을 넘어선 사례개념화를 담고 있다. 즉, 이론을 통합한 사례개념화를 소개하고 있다.

Part 2에 있는 이론에 관한 장들은 학생들이 사례개념화를 실시하고, 치료계획을 수립하고, 내담자에 대한 개입 전략을 마련할 때 이 책의 활용도를 극대화하기 위해 사용자 편리성을 고려하여 구성되었다. 이론에 관한 장들은 모두 다음과 같은 체계를 따랐다.

- 조망하기
- 배경
- 주요 개념
- 관련학자
- 상담과정
- 상담관계 형성
- 사례개념화 및 평가
- 변화 목표 수립
- 개입 전략 수립
- 적용하기
- 참고문헌
- 사례: 해당 이론에 따른 사례개념화 및 치료계획이 담긴 예시

인사말

만약 틀어진 관계를 마법처럼 복구시키기 위한 단순하고 명료한 지침들을 이 책이 제공하기를 바란다면 당신은 실망할 것이라고 말하고 싶다. 마술봉 기법이 실제로 있을 수는 있지만(12장 참조), 가족치료 이론들은 선형적, 논리적, 예측 가능한 것들이 절대 아니다. 이 책의 개념들을 당신이 실제로 온전히 이해하게 된다면, 세상을 바라보는 방식이 이전과는 다르게 변화될 것이다. 당신을 포함한 서구 사회 대부분의 사람들이 인간의 문제를 바라보

는 가정들이나 개념들은 단계적으로 혹은 아마도 갑자기 분해될 것이다. 더 이상 한 개인의 행동을 그를 둘러싼 환경과 별개로 이해하거나 평가될 수 있다고 간주하지 못하게 될 것이다. 우울, 불안, 편집증과 같은 정신질환 증상들은 단지 한 개인의 문제가 아니라 특정 관계 체계 내에서의 독특한 형태의 의사소통으로 바라보게 될 것이다. 더욱이, 상담자인 당신이 회기 내에서 관찰하는 것에 상담자 자신이 유의미한 영향을 주며, 내담자와 공동으로 회기 내에서 일어나는 것들을 만들어간다는 것을 알게 될 것이다. 또한 이 새로운 틀과 설명들이, 다루기 힘든 문제들 혹은 유전적인 성격 특성처럼 보이는 것들로부터 인간을 어떻게 갑자기 자유롭게 만드는지를 배우게 될 것이다. 이러한 아이디어들이 충분히 이해되면 당신은 이상한 나라로 이끄는 토끼 구멍에 빠진 앨리스처럼 느껴질 수도 있다. 모든 것이 뒤집어지고 거꾸로 된 것처럼 보인다. 현실은 이전의 현실이 더 이상 아니게 될 것이다. 당신은 기적처럼 보이는 일들을 목격하게 될 것이다. 관계 안에서 그리고 관계를 통해서 인간이 어떻게 자신의 현실을 구성하고 재구성하는지를 보며 놀라워하고 감탄하게 될 것이다.

더불어 나는 가족치료 이론들이 싸움 밖에서 차분히 앉아 모든 것을 다 아는 현자처럼 당신을 만들지는 않을 것이라고 경고하고 싶다. 절대 아니다. 당신은 당신이 조력하고 있는 가족 체계 안으로 들어가야 한다. 전문가의 위치에서가 아니라, 새로운 의미를 만드는 협력자로서 새로운 현실을 공동으로 만들어가야 한다. 치료의 여정에서 때로는 **토드씨의 제멋대로 운전 여행**(Mr. Toad's wild ride)[1]처럼, 장애물도 있고, 급회전도 있고, 사고도 있을 수 있고, 예기치 않은 행운도 있을 수 있다. 당신을 안내해줄 이론이 항상 옆에 있겠지만, 어디에서 여정이 끝날 것인지는 확실하게 알 수 없을 것이다. 하지만 내가 약속할 수 있는 것은, 당신이 이제 곧 시작하려고 하는 여행을 통해 당신의 삶은 더욱 풍성해지고, 당신은 더욱 현명해질 것이라는 점이다.

그 모험이 당신에게 즐거움을 주기를 바란다!

Diane R. Gehart, Ph.D.
Westlake Village, California

---

1) 역주: 미국 디즈니랜드에 있는 어트랙션 중 하나. 개구리 토드의 자동차를 타고 여러 종류의 신기한 길을 달리게 되어 있음.

다이앤 게하트(Diane R. Gehart) 박사는 노스리지(Northridge)에 있는 캘리포니아 주립대학 (California State University)의 결혼/가족상담 및 심리치료 프로그램의 교수이다. 약 20년 동안 상담자로서, 교육자로서, 슈퍼바이저로서 일하였고, 다음의 저서들을 집필하거나 편 저하였다.

- Mindfulness and Acceptance in Couple and Family Therapy
- Collaborative Therapy: Relationships and Conversations That Make a Difference (공동 편저)
- Theory and Treatment Planning in Counseling and Psychotherapy
- Mastering Competencies in Family Therapy
- The Complete MFT Core Competency Assessment System
- The Complete Counseling Assessment System
- Theory-Based Treatment Planning for Marriage and Family Therapists(공동 저서)

게하트 박사는 또한 포스트모던 치료법, 마음챙김, 정신건강 회복, 성학대 치료, 젠더 문제, 아동 및 청소년 문제, 내담자 옹호, 질적 연구, 상담자 교육과 결혼 및 가족치료자 교육에 관한 책들을 광범위하게 집필해왔다. 더불어 미국, 캐나다, 유럽과 멕시코 등에서 상담자 혹은 일반인들을 대상으로 한 강연과 워크숍을 실시하였다. 게하트 박사의 이러한 활동은 BBC, National Public Radio, 오프라 윈프리의 「O Magazine」 「Ladies Home Journal」 등과 같은 신문, 라디오 방송, 텔레비전 방송을 통해 소개되었다. 현재 게하트 박사는 미국에 있는 Houston Galveston Institute와 Taos Institute, 그리고 독일에 있는 the Marburg Institute for Collaborative Studies의 대학원 프로그램에서 부교수로 역임하고 있다. 특히 캘리포니아 주뿐만 아니라 전국 상담 관련 협회에서 임원으로 일하고 있다. 박사의 개인상담소는 캘리포니아 주 싸운젠드 오크(Thousand Oaks)시에 있으며, 커플 및 가족 문제, 여성 문제, 트라우마, 삶의 전환기 문제, 그리고 여러 까다로운 사례들을 전문적으로 다루고 있다. 가족과 시간을 보내는 것, 하이킹, 수영, 요가, 살사 댄싱, 명상, 그리고 모든 종류의 다크 초콜릿을 맛보는 것 등이 박사가 즐겨하는 것들이다. 박사에 관한 더 많은 정보는 www.dianegehart.com에서 얻을 수 있다.

| 요약 차례 |

| 차례 |

Chapter 3 이론에 따른 사례개념화와 치료계획 45

Chapter 10　　　세대 간 그리고 정신분석적 가족치료　257

Part

1

역량, 이론, 그리고 치료계획

가족치료에서 역량과 이론

조명, 카메라, 액션!

할리우드 영화보다 더 노골적이고 예측할 수 없는 것이 있다면 가족치료 장면일 것이다. 실제로 가족치료 현장에 있다 보면 말 그대로 좌불안석이다. 어떤 날은 상담실 자체가 45도로 기울어져서 한때는 절대 가라앉지 않을 것이라고 생각했던 배가 침몰하고 있는 것 같은 느낌이 들 때가 있다. 어떤 날은 퇴마사가 의식을 행할 때처럼 머리가 빙빙 돌기도 한다. 영화 〈스타워즈〉를 보다가 다스 베이더가 마치 당신의 목을 쥐고 죽이려고 하는 느낌이 들면 팝콘을 사러 잠시 빠져나오면서 한숨을 돌리기도 한다. 하지만 당신이 치료 회기에서 주인공 역할을 하고 있다면 절대 그런 식으로 빠져나올 수는 없을 것이다! 내담자 가족과 그 자리에 꼼짝없이 함께 있어야 한다.

　다음의 상황을 그려보자. 잭슨 씨 가족 모두는 서로를 쳐다보지 않은 채 바닥이나 벽에 눈을 고정하고 있다. 회기는 잘 진행되지 않고 있다. 쾌활하고 자유분방한 아빠가 갑자기 신랄하게 8세 아들을 야단치기 시작한다. 아들이 타인에 대한 존중감 없이 성인 영화에서나 허용될 수 있는 욕과 손짓을 했다는 이유에서였다. 이에 대해 이전에는 조용하고 순응적인 듯해 보인 엄마가 과잉 반응한다며 아빠가 아들에게 했던 대로 똑같이 아빠를 야단친다. '뭐라 흠잡을 데 없는' 6세 딸은 소리도 못 내고 눈물을 글썽거리며 그 자리에서 얼어붙어 꼼짝하지 않고 있다. 상담이 잘 진행되고 있다고 생각하는 중에 이 모든 일이 갑자기 1분

안에 펼쳐졌다. 사실 당신은 이런 일이 벌어지기 전에는 '나는 훌륭한 가족치료자야'라고 생각하면서 올해 최우수 가족치료자 상을 받는다면 누구에게 감사의 인사를 할까 상상의 나래를 펴고 있던 참이었다.

자, 이제 이 상황을 그럭저럭 서로 만족하도록, 아니면 적어도 막장 엔딩이 되지 않도록 새롭게 다시 고쳐 써야 할 사람은 바로 당신이다. 어떻게 할 것인가? 무슨 말을 할 것인가? 어떤 문제를 먼저 다룰 것인가? 누가 먼저 말을 하도록 할 것인가? 당신의 계획은 무엇인가? 1분 안에 이러한 결정을 내려야 한다. 팝콘을 가지러 갈 시간은 없다.

그래도 안심인 것은, 물론 놀라운 일이기도 하지만, 이 상황을 대처할 효과적인 방법이 한 가지만 있는 것은 아니라는 사실이다. 마치 비효율적으로 상황을 다루는 방법도 수없이 많은 것처럼 말이다. 이 책의 목표는 상담자가 성공적인 대처 방식을 명확하게 이해할 수 있도록 하는 것이다. 위와 같은 상황 그리고 이와 유사한 수많은 상황을 다룰 수 있도록 당신이 앞으로 배울 것들은 가족치료 이론으로부터 비롯한다. 이러한 이론들은 잭슨 씨 가족과 같은 여러 가족에게 역대 심리치료자들이 어떻게 도움을 주었는지, 즉 내담자 커플 혹은 가족이 서로에 대한 사랑을 더 잘 표현하고 경험할 수 있도록 친밀하고, 격렬하며, 예측할 수 없는 모험을 어떻게 헤쳐나왔는지를 보여준다. 역량 있는 상담자가 된다는 것의 핵심은 회기 중에 무엇을 하고, 무엇을 말할 것인지를 알려주는 이론을 효과적으로 사용하는 것에 있다. 이러한 이론은 정확하게 당신이 무대의 중심에서 수행해야 할 각본과 같다.

역량과 이론: 왜 이론이 중요한가?

지난 10년간 정신건강 영역에서는 많은 변화가 있었다. 좋은 연구들이 우리에게 유용한 정보를 주었고, 그에 따라 우리는 뇌에 관한 새로운 지식을 얻게 되었으며, 여러 정신 질환에 관한 구체적인 사항들을 알게 되었으며, 정신약물의 사용이 증가하였다. 하지만 치료자가 내담자를 조력하기 위해 사용하는 기본 도구는 변하지 않았다. 바로 그 도구가 이론이다. 치료 이론들은 내담자가 제시하는 압도적인 정보들을 빠른 시간 내에 걸러내고, 변화를 위해 어떤 사고, 행동, 정서적인 과정들에 초점을 맞출 것인가를 결정하게 하고, 궁극적으로는 내담자가 초기에 제시한 문제들을 해소하기 위해 내담자가 효과적으로 변화를 도모할 수 있도록 조력하게 하는 수단이 된다. 근사한 fMRI, 뇌신경피드백 장치들, 수많은 종류의 정신약물들, 기타 테크놀로지로도 이론이 가진 자리를 대치할 수 없다. 하지만 변모하는 정신건강 영역의 추세를 보면 치료 이론을 어떻게 이해하며 어떻게 사용할 것인가에 많은 변화가 존재한다. 특히 최근 몇 년 동안의 두 가지 움직임을 통해 이론에 대한 이해와 사용이 재해석되어왔다. 첫째, 다문화 역량을 포함한 역량에 대한 움직임이다. 둘째, 치료 회기 중 치료자가 내리는 임상적 결정에 연구 결과를 활용하도록 강조하는 연구 혹은 증거기반 움직임이다 (다음 장에서 이 점에 대해 더 구체적으로 살펴볼 것이다). 이러한 움직임은 이론의 필요성을 종식시키기보다는 이론을 어떻게 개념화하고, 수정하고, 적용할 것인가에 변화를 가져왔다.

왜 모두가 역량에 대해 말하는가?

정신건강 영역을 포함하여 모든 건강 관련 분야는 최근 몇 년간 **역량**(competence), 즉 전문가가 자신의 직무를 효과적으로 수행하기 위해 필요한 지식과 기술들의 구체적인 목록에 대해 떠들썩하게 이야기하고 있다. 이러한 움직임은 전문가가 된다는 것은 일관된 기술만을 습득해야 하는 것이 아니라 실제 현장에서의 업무 수행 능력(좀 더 자세한 내용은 Gehart의 2011년 저서를 참조하기 바란다)과 관련 있다고 믿었던 정신건강 영역의 외부 이해관계자들로부터 비롯됐다. 따라서 이러한 움직임은 교육자들로 하여금 지식의 내용을 전달하는 것으로부터 지식과 기술을 해당 직무에 따라 어떻게 의미 있게 적용하는가, 이를테면 잭슨 씨 가족의 서로에 대한 분노 폭발을 어떻게 하면 침착하고 의연하게 효과적으로 대처할 것인지를 학생에게 이해시키는 것으로의 전환을 가져왔다.

주요 정신건강 영역, 즉 상담, 결혼 및 가족치료, 심리학, 정신의학, 정신간호, 약물 남용 상담 등의 분야에서 각 분야만의 고유한 역량들을 제시해왔다. 다행히도 공통적인 역량들이 많이 있다. 가족치료에서 활용되는 가장 흔한 두 가지 역량은 미국 결혼 및 가족치료 협회의 특별 전문위원회(Nelson, Chenail, Alexander, Crane, Johnson, & Schwallie, 2007)에 의해 개발된 결혼 및 가족치료 핵심역량과, 상담 프로그램을 인준하는 위원회가 개발한 결혼, 커플, 가족 및 아동 상담 기준이다(CACREP, 2012). 당신이 지닌 자격증의 종류가 무엇이든지 잠이 들지 못하는 밤에 가족치료자 혹은 상담자로서 당신에게 기대되는 역량이 무엇인지 찬찬히 읽어보면 흥미롭기도 하고 유용하기도 할 것이다.

이러한 역량들은 유능한 상담자가 되기 위해 가족치료자들이 반드시 알아야 하고 수행해야 할 것을 명확하게 규정하기 위해 활용된다. 이를 통해 당신이 만약 새내기 상담자라면 가족치료자가 되기 위해 배워야 할 것을 좀 더 수월하게 얻을 수 있을 것이다. 왜냐하면 목표들이 명료하게 정의되기 때문이다. 이 책은 이러한 역량들을 당신이 가능한 한 빨리 그리고 직접 계발할 수 있도록 돕기 위해 쓰였다.

역량과 상담자

비록 겉보기에는 무심해 보이는 말이지만, 내 십대 내담자들이 주로 사용하는 일상적 표현이 역량에 관한 태도를 가장 잘 대변해준다. "선생님 때문이 아니에요." 당신이 어떤 이론을 선호하는가, 상담을 실시할 때 당신이 효과적이라고 느끼는 것이 무엇인가, 당신이 무엇에 능숙한가, 당신이 무엇에 흥미를 갖는가, 심지어 가장 효과적이라고 당신이 믿는 것은 무엇인가와는 상관이 없다는 것이다. 역량 있는 치료는 당신이 익숙한 것으로부터 벗어나 내담자에게 효과적인 방식으로 상호작용할 수 있는 방법을 배워야 가능하다. 간단히 말하면, 당신이 상담하는 모든 내담자에게 도움이 될 수 있도록 광범위한 이론과 기법들에 능숙해져야 한다. 시간이 지남에 따라, 이 말이 어떤 면에서 의미가 있는지 이해하게 될 것이며 당신에게 최상의 이익을 가져다줄 수도 있다.

아마도 예시를 통해 설명하는 것이 가장 좋을 것 같다. 당신은 치료 이론들을 활용하여 큰 그림의 사례개념화를 하려는 자연적인 성향을 가지고 있거나, 혹은 꼼꼼한 정신건강 평가와 진단을 선호하는 경향이 있을 수 있다. 큰 그림을 보든, 세밀한 것에 초점을 두든 모두 괜찮다. 하지만 역량을 갖추기 위해서는 상담자가 한 가지 입장이 더 편하고, 마음에 들고, 철학적으로 특정 입장을 지지한다 할지라도 두 가지 모두에 능통해야 한다. 이와 비슷하게 통찰과 개인적 성찰을 더 강조하는 이론을 좋아할 수도 있다. 어찌 되었든 그게 당신 삶에서 실제적인 도움이 된 것일 수 있기 때문이다. 하지만 내담자에게는 도움이 되지 않을 수도 있고, 연구 결과에 따르면 그러한 접근법이 내담자의 상황이나 문화적 배경에 가장 효과적인 방식이 아닐 수 있다는 것이다. 따라서 당신의 흥미를 끌지 않거나 심지어는 당신이 생각하는 치료 이론에 부합하지 않는 치료 이론들에도 통달해야 한다. 처음에는 이런 생각이 탐탁지 않겠지만, 이 책을 다 읽고 난 후에는 아마 마음에 들게 될지도 모른다.

내가 이런 역량에 관한 교훈을 처음으로 겸허하게 받아들이게 된 것은 가족상담을 하면서 부모들이 자녀들의 행동을 통제하는 데 어려움을 겪는 것을 보면서이다. 나는 결코 행동주의를 좋아하지는 않지만, 신경질적으로 소리 지르며, 할퀴고, 물어뜯는 2살짜리 아이들에게는 강화 계획이니 일관성이니 하는 것들의 중요성에 대해 일장연설을 늘어놓을 필요도 없이 행동주의적 접근이 얼마나 효과적이었는지 모른다. 현재는 내가 포스트모던적 접근에 강하게, 솔직히 말하면 광적으로 몰입해 있기 때문에 전인적이며 유능한 치료자가 되기 위해서 스스로의 안락지대를 벗어나려면 원칙(이상적으로는) 혹은 절박감(좀 더 현실적으로는)에 의해 동기화되어야 한다고 나는 굳건히 믿는다.

역량에 관한 공통된 주제

당신이 상담자, 가족치료자, 심리학자, 혹은 사회복지사 중 어떤 분야에 종사하기 위해 훈련 중이든지 상관없이 여러 역량들 간에는 공통 주제가 있다는 점을 눈치 챘을 것이다. 다음 사항에 주목하기 바란다.

● **다양성 및 다문화 역량**: 치료 이론은 언제나 다양성 관련 쟁점들과 분리시켜 생각할 수 없

다. 즉, 치료 이론의 적용 및 적용 가능성은 다양성 관련 쟁점, 이를테면 연령, 인종, 성 정체성, 능력, 사회경제적 지위, 이민 신분 등에 따라 때로는 극적이리만큼 다양하다는 의미이다.

- **연구와 증거기반**: 역량 있는 치료자가 되기 위해 반드시 알아야 할 것은 연구 및 증거기반이 이론, 내담자가 속한 집단, 그리고 제시된 문제와 연관이 있다는 점이다.

- **윤리**: 역량들의 가장 분명한 공통 요소는 법과 윤리일 것이다. 정신건강의 전문성과 관련된 법과 윤리 기준들을 명확히 알지 못한다면, 당신의 상담 경력은 그리 오래 가지 못할 것이라고 말하는 편이 나을 것이다. 비밀보장과 같은 윤리적 원칙들을 온전히 이해하는 것이야말로 이론을 제대로 적용하는 데 필수조건이다.

- **치료자의 인간성**: 마지막으로 다른 직업들과는 달리, 정신건강 전문가들에게는 인간적 자질이 역량으로 확인되기도 한다. 이에 대해서는 아래에서 자세히 다룰 것이다.

다양성과 역량

지난 20여 년에 걸쳐 치료자는 치료과정에서 연령, 성별, 인종, 민족, 사회경제적 지위, 이민 신분, 성정체성, 능력, 언어, 종교 등과 같은 요인을 포함한 다양성의 역할을 심각하게 고려하기 시작했다. 이러한 요인들은 이론의 선택, 치료관계의 발전, 평가 및 진단 과정, 그리고 중재 방법의 선택에 영향을 준다(Monk, Winslade, & Sinclair, 2008). 간단히 말하면, 당신이 전문가로서 생각하는 것, 행동하는 것, 말하는 것 전부가 다양성 관련 쟁점에 의해 개념화되며, 다양성 관련 쟁점들에 관한 정보에 근거를 두어야 한다.

　나는 종종 경력이 많고 적음과 상관없이 치료자가 자신은 다문화 혹은 소외집단 출신이어서 실제로 삶을 통해 배웠으므로 따로 공부할 필요가 없다고 주장하는 것을 들었다. 한편으로는 다수집단 출신의 치료자가 "내겐 문화 같은 건 없어"라고 말하는 것을 듣기도 했다. 두 집단 모두 다양성이라는 것 자체에 대해 배워야 할 것이 많다. 우선적으로 우리 모두는 문화적 규범을 부과하는 다양한 사회 집단의 일부이다. 이러한 사회 집단은 성별, 인종, 사회경제적 지위, 종교, 연령으로부터 기인한 가장 평범하면서도 강력한 집단이다. 사람들은 주류 문화에 부합하는 집단에 소속되기도 하며, 소외된 집단에 소속되기도 한다. 그 결과 내재화된 신념, 가치, 포부 등이 서로 복잡하게 뒤엉켜 종종 서로 모순된 조합을 만들기도 한다. 더욱이 어떤 집단은 다른 집단에 비해 훨씬 더 외상적이며 고통스러운 소외를 경험하기도 하며, 한 집단에 속한다 하더라도 각 개인이 이러한 압박감에 대처하는 것도 서로 상이하다.

　예를 들어 설명하면, 자신이 동성애자라고 커밍아웃을 하는 과정에서 가족들로부터 거부당하여 매우 힘든 경험을 한 사람은 치료자가 이러한 문제를 신중하게 다뤄줄 것을 원한다. 반면에, 어떤 사람은 가족, 친구, 자신이 속한 집단으로부터 전폭적인 지지를 받았으므로 치료자가 자신의 성정체성 때문에 박해받았을 것이라고 가정하면 모욕감을 느낀다. 더군다나 많은 미국인들은 자신들이 속한 매우 뚜렷하고 독특한 '미국 문화'가 있다는 것을 인식하지 못하는 것 같다. 실제로 미국의 다양한 지역마다 매우 독특한 특성이 있다는 것을 치료자가 알아야 한다. 이를 테면, 중서부 지역의 남자는 자신이 느끼는 정서를 캘리포니아 지역의 남자와는 너무나 다른 방식으로 표현하므로 두 지역의 남자가 유사한 방식으로 정서를 처리할 것이라고 기대하는 치료자는 불공평하게도 어떤 한 사람에게 병리적인 문제가 있는 것으로 여길 것이다.

현재로는 다양성 관련 쟁점을 유능하게 다루기 위해서는 각 개인의 독특한 욕구에 주의를 기울여야 하며, 이는 치료자의 인간적 면모에 심오함과 인간애를 더하면서 상담을 그만둘 때까지 부대끼며 나아가야 할 긴 여행이라고 말할 수밖에 없다. 이 책에서 당신은 각 이론과 관련된 다양성 관련 쟁점들을 검토하면서 이 여행을 시작할 것이며, 이러한 쟁점들을 사례개념화와 치료계획에 통합시키게 될 것이다. 더불어 한 이론을 실행에 옮길 때 영향을 미치는 인종, 성별, 성정체성의 다양한 유형에 대해 매 장의 끝부분에 좀 더 포괄적으로 제시하였다. 이외에 다양성 관련 쟁점들이 사례개념화와 치료계획들을 통해 치료에 어떤 정보를 주는지를 구체적으로 답할 수 있도록 되어 있다.

연구와 역량

정신건강 역량에서 발견되는 또 다른 공통 주제는 치료에 필요한 정보를 주어 치료의 효과성과 내담자의 호전 정도를 측정할 수 있도록 연구를 이해하고, 좀 더 중요하게는 연구를 활용하는 것이다. 최근에는 정신건강 분야에서 강력한 움직임이 있었는데 정신건강 분야가 더욱 증거에 기반을 두어야 한다는 것이다. 이를 위해서는 두 가지 핵심 사항이 실천되어야 한다. 첫째, 임상적 판단과 치료계획 수립을 위해 기존의 연구 결과를 활용하는 것이고, 둘째, 증거기반 치료 기법들을 활용하는 방법을 배우는 것이다. 증거기반 치료 기법들은 특정 내담자 집단과 특정 문제들을 다룰 때 사용되는 구체적이고 구조화된 접근법이다(Sprenkle, 2002). 이러한 움직임에 대해서는 2장에서 좀 더 자세하게 다룰 것이며, 마찬가지로 각 치료 이론에 대한 증거기반 관련 쟁점들은 관련 증거기반 치료 기법들에 초점을 맞추면서 이론을 다루는 각 장의 끝부분에서 논의될 것이다. 이외에도 15장과 16장에는 커플 및 가족치료 분야의 주요한 증거기반 치료 기법들이 제시되어 있다. 이론 교재에서 연구에 관한 논의들을 피하길 기대했다면 실망스러울 것이다. 하지만 이 책을 다 읽고 나서 당신이 이론과 연구를 통합하는 것이 흥미로운 자극제가 됨을 깨닫게 되리라는 희망을 가져본다.

법, 윤리, 그리고 역량

나는 이제 막 상담을 배우기 시작하는 학생들에게 만약 치료자들이 법적인 혹은 윤리적인 문제들을 생략할 수 있다고 생각한다면 경영학 분야로 전공을 바꾸라고 종종 비꼬아 말하곤 한다. 경영학 분야로 옮긴다면 이런저런 것을 고민할 필요도 없이 돈을 많이 벌 수 있고, 4년 동안 무급 상담 인턴으로 일한 후에 정신건강 관련법을 위반하여 중범죄로 교도소에 갈 가능성도 없을테니 말이다. 물론 조금 과장이 있다. 경영학에도 윤리는 있다. 하지만 정신건강 분야의 윤리 기준은 매우, 아주 아주 높고 엄격하다. 법적인 그리고 윤리적인 문제들에 충분히 유능감을 형성하지 못한 치료자들은 오래 가지 못한다. 이 책이 이러한 문제들을 직접적으로 다루지는 않지만 이 직업에서 법과 윤리는 너무 중요해서 이론과 치료계획에 대해 읽기 전부터 어느 정도의 개념은 필요하다. 왜냐하면 바로 뛰쳐나가 이 책에 있는 개념과 기법들을 당신의 내담자, 친구, 가족, 이웃, 애완동물, 그리고 자신에게 적용시키고 싶은 유혹이 들지도 모르기 때문이다. 모든 정신건강 관련 기관들, 예를 들면 미국 결혼 및 가족치료 협회, 미국 상담학회, 미국 심리학회, 미국 사회복지사 협회 등은 구성원들이 반드시 지켜야 할 윤리 강령을 갖고 있다. 감사하게도 이 다양한 기관들 간에 상당한 합의점들이 있어서 가장 중요한 사안들에 대해서는 대략적인 공통점이 있다. 물론 연방법과 지방법 또한 핵심 원리들에 있어서는 대체로 서로 비슷한 입장을 취하고 있다. 이러한 사안들에 대해서는 2장에서 좀 더 깊게 살펴볼 것이다.

치료자의 인간적 면모와 역량

마지막으로 역량 있는 치료자가 되는 것에는 정의내리기 힘든 인간적인 특성들이 요구된다. 기본적으로 어떤 자질들, 이를테면 진실성, 정직, 부지런함 등은 전문가가 되기 위한 필수조건으로 간주된다. 이러한 자질들은 흔히 지시사항을 준수하는 것, 문제에 휩싸이기 전에 염려되는 바를 미리 제기하는 것, 자신의 말을 지키는 것 등의 형태로 나타난다. 이러한 기본적인 삶의 기술들 없이는 어떤 것에도 역량을 계발한다는 것은 어렵다.

　내담자와의 관계를 형성할 때 치료자의 인간적인 면모에 관한 더 미묘한 사안들이 등장한다. 우선적으로 연구들을 통해 명확히 밝혀진 바에 따르면, 내담자는 상담자가 자신의 이야기에 귀를 기울이고, 이해하며, 수용한다고 느껴야 한다. 이러한 것은 공감을 전달하며 조언하지 않는 형태를 띤다(Miller, Duncan, & Hubble, 1997). 나아가 치료자들은 편견을 피하기 위해, 내담자에게 부적절한 꼬리표를 붙이지 않기 위해, 정신역동적 치료자들이 지칭하는 역전이(10장 참조)를 피하기 위해 치료자 자신의 개인적 문제들을 확인하고 해결해야 한다. 비록 양으로 계산하기는 힘들지만, 이러한 문제들은 내담자, 슈퍼바이저, 교수, 그리고 동료들과의 관계에서 강한 정서 혹은 일상적이지 않은 상호작용을 통해 종종 쉽사리 드러나게 된다. 이러한 문제를 잘 다루는 것이야말로 역량 있는 치료자가 되는 것의 일부이다.

마지막으로, 정의하기에 좀 더 까다로운 측면은 **치료적 현존**(therapeutic presence)이라는 개념인데, 이는 자기(self)가 갖는 자질로서 자신과의 관계, 타인과의 관계, 그리고 대인관계를 초월한 그 이상의 관계에 관한 요소이다. 구체적으로 공감, 연민, 카리스마, 영성, 초개인적 의사소통, 환자에 대한 민감성, 낙관주의, 기대감 등이다. 이러한 개념들은 모호해서 조작적으로 정의하기도 어렵다(McDonough-Means, Kreitzer, & Bell, 2004). 전문가보다는 내담자가 이러한 미묘한 자질을 제대로 평가할 수 있다. 왜냐하면 궁극에는 상담실 안에서 내담자가 치료자를 인간으로서 어떻게 경험했느냐의 문제이기 때문이다. 이러한 역량들은 비록 측정하기는 어렵지만 계발해야 할 중요한 자질들이다.

이 책은 어떤 차별성을 띠며 그것이 당신에게는 어떤 의미인가?

이 책『최신 가족상담: 이론 및 사례개념화 실제』는 차별성을 띤 교재이다. 새로운 교육적 모델과 학습자 중심 교수법을 바탕으로 현장에서 필요한 역량을 배우고 계발하기 위해 적극적으로 학습할 수 있도록 고안되었다. 단지 내용을 전달하고 독자가 암기하도록 하는 방식이 아니다. 따라서 학습 활동들은 교재의 핵심 부분이다. 이러한 학습 활동을 통해 학습을 촉진시킬 수 있는 방식으로 정보를 적용하고 활용할 수 있는 기회를 얻게 될 것이다. 이 책의 구체적인 학습 활동들로는 (1) 이론별 사례개념화, (2) 통합이론 사례개념화, (3) 치료계획 수립 등이며, 이러한 활동들을 통해 해당 장에서 학습한 이론을 실제적인 상담 장면으로 연결시킬 수 있을 것이다. 이 책은 내담자에게 더 나은 상담 서비스를 제공하기 위해 즉각적으로 활용할 수 있는 실제적 기술들을 가르쳐줄 것이다.

또한 이 책은 긴 설명이 담긴 문단에 일반적인 제목을 달기보다 핵심 개념 위주로 체계화되었다는 점에서 차별적이다. 이러한 구성 방식은 이메일이 없던 시절, 박사학위 과정의 종합시험과 자격증 시험을 준비하기 위해 내 나름의 공부 노트로부터 비롯된 것인데, 시각적으로 눈에 잘 들어오게 해서 중요한 단어 및 용어들이 잘 기억나도록 하는 데 도움이 되었다. 매년 새로 자격증을 획득한 상담자들이 자격증 취득 시험에 합격하는 데 내가 도움이 되었다며 수없이 많은 감사의 이메일을 보낸다. 그들 모두 이 책의 구성 방식 덕분이라고 말한다. 따라서 이 책을 공부하는 데 어느 정도의 시간을 보낸다면 당신이 앞으로 치를 중요한 시험들을 더 잘 준비할 수 있을 것이다(그리고 이미 그런 시험들을 모두 통과했다면, 이 책을 보면 더 쉽게 통과할 수 있었을 텐데 하는 마음이 들 것이다).

이 책의 구성

이 책은 다음과 같이 세 부로 구성되어 있다.

제1부: 가족치료 이론 개관에서는 역량, 연구, 윤리, 치료계획, 그리고 철학적 토대 등에 대해 간략히 소개한다.

제2부: 가족치료 이론에서는 이론의 철학적 토대와 중요한 학파들에 대한 정보를 담고 있다.

- MRI 및 밀란 체계적 이론
- 전략적 이론
- 구조적 가족치료
- 새티어의 인간성장모델
- 상징-경험적 및 내적 가족체계
- 세대 간 및 정신역동적 이론
- 인지-행동주의 및 마음챙김 기반 가족치료
- 해결기반 치료
- 내러티브 치료
- 협력적 치료 및 반영팀
- 증거기반 커플 및 가족치료: 정서중심 치료 및 기능적 가족치료
- 증거기반 커플 및 가족집단 치료

제3부: 통합이론 사례개념화

- 통합이론 사례개념화: 이 책은 이론을 통합한 포괄적인 사례개념화를 소개하고 있다.

이론의 해부

제2부의 이론에 관한 장들은 당신이 사례개념화를 하고, 치료계획 및 경과 보고서를 작성하고, 중재기법을 고안할 때 당신에게 줄 도움을 극대화하기 위해 사용자의 편리함을 추구할 수 있도록 구성되어 있다. 이론에 관한 장들은 다음과 같이 구성되어 있다.

이론의 해부

배경: 당신이 알아야 할 최소의 내용

주요 개념: 가족치료 영역에 끼친 중대한 영향: 이 장에서 단 한 가지만 기억하라고 한다면, 그것은 바로...

관련학자: 관련된 사람과 그들에 관한 이야기

상담과정: 치료과정의 개관

상담관계 형성: 치료관계

사례개념화 및 평가: 사례개념화

변화 목표 수립: 목표 설정

개입 전략 수립: 중재

적용하기: 치료계획 틀

- 우울/불안 증상을 보이는 내담자를 위한 치료계획 틀
- 갈등을 겪고 있는 커플/가족을 위한 치료계획 틀

다양한 배경: 다양한 집단과 상담하기

- 인종, 민족, 성별, 문화적 다양성
- 다양한 성정체성

연구 및 증거기반

참고문헌

사례: 제3부에서 설명된 완성된 임상 보고서. 이를테면 사례개념화, 임상 평가, 치료계획, 그리고 회기 경과 보고서와 함께 상황설명글이 제시됨

배경: 당신이 알아야 할 최소의 내용 각 장의 도입부는 이론의 핵심 내용만을 간단히 요약해서 제시한다. 이론 수업에서 A를 받거나 내담자를 조력하는 데 절대적으로 이것만 알아야 한다는 의미는 아니나, 당신이 암기해야 하고 이론을 명료하게 정리해야 할 어떤 순간에도 재빨리 설명할 수 있는 기초적인 정보이다.

주요 개념: 가족치료 분야에 끼친 중대한 영향 이 부분에서는 우선성(첫 번째 제시된 정보)의 원리를 활용하여 가족치료 분야에 해당 이론이 끼친 가장 중대한 공헌을 기억하도록 하였다. 이 분야의 표준적인 치료 내용을 담았기 때문에 대부분의 경우 대체로 다른 치료 접근을 사용하는 숙련된 상담자는 이 개념에 곧 능숙해지고 잘 활용할 가능성이 크다. 이 부분은 이론에 대한 토대가 되는 씨앗 개념과 상담 실제 부분을 기억하기 위해 주의를 기울여야 하는 부분이다. 학생들이 주는 피드백에 따르면 이 부분이 학생들이 가장 좋아하는 부분이었다 (학생들이 나머지 부분은 훑어보기만 한 채 이 부분을 좋아한다고 하지 않았기를 바란다. 물론, 독자인 당신은 그런 생각을 전혀 하지 않겠지만 말이다).

관련학자: 관련된 사람과 그들에 관한 이야기 이 부분에서는 이론 개발자들과 그들의 개인사가 어떻게 개념 발달에 기여를 하게 되었는지에 관해 읽게 될 것이다. 이 책의 초점은 치료이론이 현대적 상황에 실제로 어떻게 사용될 것인가에 있으므로, 이론의 역사와 발달에 대해서는 그리 강조하지 않았다. 하지만 이 부분에서 간단한 개요를 살펴볼 수 있을 것이다.

상담과정: 치료과정의 개관 큰 그림은 치료과정의 흐름을 간결하게 보여준다. 치료 초기, 중기, 그리고 종기에 어떤 일들이 일어나며, 이러한 과정 동안 어떤 변화가 도모되는지를 보여준다.

상담관계 형성: 치료관계 모든 접근법들은 내담자와의 작업 관계를 수립하면서 시작하지만, 각 이론마다 수립 방식은 다르다. 이 부분에서는 다양한 학파의 치료자들이 변화의 토대가 되는 관계를 수립하는 각자의 독특한 방식에 대해 소개되어 있다.

사례개념화 및 평가: 사례개념화 이 사례개념화 부분에서는 내담자와 내담자가 호소하는 문제를 확인하고 평가하기 위해 각 학파의 치료자들이 사용하는 특징적 개념들을 보여준다. 이것은 심장과 같은 이론의 핵심이기도 하며 전문성의 차이가 드러나는 부분이기도 하다. 따라서 이 부분에 세심한 주의를 특별히 기울여주기를 당부한다. 4장과 17장에도 사례개념화에 관한 부분이 소개되어 있다.

변화 목표 수립: 목표 설정 사례개념화와 전반적인 치료과정에서 평가된 영역에 기초하여, 각 접근은 치료계획을 수립하는 데 토대가 되는 내담자의 목표를 확인하기 위한 고유한 전략을 갖고 있다.

개입 전략 수립: 중재 아마도 새내기 치료자들 대부분에게 가장 흥미로운 부분으로, 실시하기 부분은 각 이론의 공통적인 기법과 중재방식을 개관하고 있다. 표준적 치료에서 사용되는 기법들과 현저히 다른 경우에는 특수한 집단에 사용되는 기법들을 위한 부분을 포함시켰다.

적용하기: 치료계획 틀 졸업 후에 아마도 당신은 이 부분을 책에서 본 것에 대해 내게 감사할 것이다. 이 부분은 개인 내담자가 경험하는 우울, 불안, 트라우마와 커플 및 가족이 경험하는 갈등들을 다루기 위해 사용되는 치료계획 틀을 제공하고 있다. 이러한 계획은 해당 장에서 다룬 모든 내용들을 통합시킨다.

다양한 배경: 다양한 집단과 상담하기[1] 이 부분에서는 해당 장에서 다룬 이론들을 사용하여 다양한 집단과 상담하는 특별한 접근법들을 소개하고 있다. 각 장마다 인종 및 성적 정체감과

---

1) 역주: 각 이론에 따라 다양성 문제를 사례개념화에 접목시키는 내용은 지면의 제약으로 온라인상에 따로 제공한다.

관련된 다양성 관련 쟁점들을 다루고 있다.

연구 및 증거기반[2] 마지막으로, 매 장은 해당 이론에 대한 경험적 기반에 대해 어느 정도 개념을 형성할 수 있도록 각 이론에 대한 연구 및 증거기반에 관한 짧은 개관으로 끝을 맺고 있다. 몇몇 경우에는 영향력 있는 증거기반 치료들(2장 참조)을 강조하여 소개하고 있다.

참고문헌: 많은 학생들이 참고문헌은 그냥 건너뛰고 머릿속에서 지워버린다. 하지만 이론에 대해 학술 보고서 혹은 논문을 쓰는 경우가 생긴다면, 이 부분이 첫 단계가 될 것이다. 도서관에 붙박이로 있었던 내 개인적인 경험이 도움이 될지도 모르겠다. 이 책을 쓰면서 수백 권의 책과 논문을 좁은 연구실에서 살펴보았다. 따라서 당신이 스스로 도서관을 찾기 전에 혹은 온라인 도서관에 접속하기 전에, 이 참고문헌들을 살펴보면 핵심 자원들을 확보하는 데 그리 오랜 시간이 걸리지 않을 것이다.

마지막으로, 각 장은 짧은 사례로 끝을 맺고 있다. 사례는 이론에 맞는 사례개념화 및 치료계획과 더불어 제시된다.

교재의 효과적인 활용 방법

가족치료 이론을 어떻게 생각할 것인가?

이 책의 각 장을 읽으면서 가장 마음에 드는 장과 그다지 끌리지 않는 장을 구별하고 싶은 마음이 들 것이다. 처음에는 훌륭한 생각 같지만, 몇 가지 고려해야 하는 점들이 있다.

선호하는 것 vs. 유용한 것: 평범한 치료자가 개인적으로 유용하다고 간주하는 이론들은 새내기 치료자에게서 상담을 받는 평범한 내담자가 유용하다고 할 만한 이론들과 아마 동일하지는 않을 것이다. 많은 치료자들은 심리학적으로 오리엔테이션되어 있다. 즉, 인간의 내적 세계와 그 내적 세계가 어떻게 작동하는지에 대해 생각하는 것을 즐긴다. 하지만 대부분 새내기 치료자들은 여러 문제를 동시에 지닌 내담자들과 가족들을 상대적으로 낮은 상담료를 받으면서 상담한다. 이런 내담자들과 가족들 중 많은 이들은 심리학적으로 오리엔테이션되어 있지 않다. 왜냐하면 이들은 생존의 문제로 분투하고 있으며, 내적 세계에 대한 분석 및 이해를 그다지 중요하지 않게 생각하는 문화적 배경을 지니고 있는 경우가 많다. 따라서 당신이 개인적으로 유용하다고 생각되는 이론이 당신의 첫 내담자에게는 유용하지 않을 수 있다.

---

2) 역주: 각 이론별 세부적인 연구 내용들과 결과들은 지면의 제약으로 온라인상에 따로 제공한다.

찬찬히 살필 것: 이 책에 소개된 이론들은 무심코 선택된 것이 아니다. 이 이론들은 세대에 걸쳐 치료자들이 유용하다고 간주하였기 때문에 표준적인 이론들의 일부가 되었다. 각 이론마다 공부할 가치가 있는 지혜를 담고 있다. 수년에 걸쳐 내가 배운 교훈은 치료자가 더 많은 이론을 공부할수록, 내담자를 더 잘 상담할 수 있다는 것이다. 왜냐하면 인간 상태와 그에 수반되는 문제들을 이해하는 폭이 넓어지기 때문이다. 따라서 가장 넓고 유용한 부분을 찾아야 겠다는 태도로 각 이론에 접근하기를 권한다.

공통 주제: 가족치료 이론은 아이러니하다. 한편으로는 이론들이 매우 달라서 차별적이고 서로 배타적인 행동과 태도에 관한 정보를 제공한다. 하지만, 당신이 한 이론을 제대로 알면 알수록, 다른 모든 이론을 더 잘 이해하게 된다. 실제로 공통요인 주창자들이기도 한 어떤 치료자들은 이론들이 대체로 서로 동등하게 효과적이라고 주장한다. 왜냐하면 같은 요인을 전달하지만 단순히 서로 다른 형태를 띠고 있기 때문이다(Miller, Duncan, & Hubble, 1997; 2장 참조). 따라서 이론 간 공통분모가 서로의 차이보다 더욱 중요할 수 있다.

이론을 학습하기 위해 이 책을 어떻게 사용할 것인가?

우선, 나는 한두 시간 한 이론을 처음부터 끝까지 읽어보라고 권고하는 바이다. 이렇게 하면 그 이론에 대한 전반적인 느낌을 얻을 수 있을 것이다. 몇몇 장은 한 개 장에 두 가지 이론을 담기도 했는데, 이러한 장은 묶어서 읽는 것이 좋다. 덧붙여, 어떤 독자들은 치료계획(틀이나 해당 장의 마지막에 있는 사례)을 먼저 훑어보는 것이 도움이 될 수도 있고, 혹은 실제적인 도움을 위해 다른 부분을 먼저 보는 것이 도움이 될 수도 있다. 그렇긴 하지만 대부분의 사람들이 좋아할 만한 방식으로 개념들을 체계화하려고 노력하였다. 그럼에도 서로 다른 전략을 가진 서로 다른 학습자로서 무엇이 가장 자신에게 효과적인지를 찾기 바란다. 한 개 장을 끝내면, 스스로 혹은 다른 사람들은 어떻게 할까를 생각하면서 사례개념화와 치료계획을 완성해보려고 시도해보라(완벽하게 작성했다면 당신 스스로 새로운 문제를 만들 수도 있다).

마지막으로, 나는 장을 읽은 후 혹은 수업에 참석한 후에 옛날 방식으로 노트 필기를 하도록 강력하게 권장하는 바이다. 그렇다. 진심이다. 당신 자신의 말로 핵심 개념들의 개요를 작성하기를 권장한다. 이 고문 같이 힘든 일을 장려하는 이유는 뭘까? 내 자신을 포함해서 우리 모두는 이 책처럼 길고, 글자가 많은 책을 읽을 때 주의력이 왔다 갔다 하게 된다. 때로는 더 흥미를 끄는 공상에 빠지기도 하고, 흥미는 덜 있지만 해야 할 일들을 떠올리게 되기도 한다. 그리고는 어머나! 하고 숨이 턱 막히기도 한다. 어떤 때는 교재의 대부분을 눈대중으로만 보고 넘기기도 한다. 당신이 읽는 개념을 진짜로 이해했는지 확실하게 하는 유일한 방법은 당신의 말로 정리하고 당신에게 이해가 되도록 구조화하는 것이다. 만약 당신이 학교 시험을 보거나 자격증을 따려는 계획을 세우고 있다면, 이 책의 개념을 당신의 장기기억으로 넘겨야 한다. 이를 위해서는 기말고사를 준비하는 식의 벼락치기 공부 이상이 필요하다. 만약 당신이 대학원에 입학했다면, 이런 소식을 전해서 미안하지만, 기말고사가 끝나는 즉시 배웠던 모든 것을 잊어버려도 아무런 문제가 되지 않았던 대학교 시절의 공부와는 다르다. 정신건강 전문가가 되기 위해서는 당신이 배운 것을 통달하고 지식을 쌓는 것이 필수적이다. 또한 당신이 이 직종에 계속 종사하는 한 이 책에 있는 내용들을 제대로 알 것이라고 다른 사람들은 기대한다. 따라서 밤새워 벼락치기, 커피 들이붓기, 시험 이후 가물가물하기와 같은 기존의 공부 방식을 가지고 있다면, 내가 권장한 노트 필기 방식 혹은 좀 더 효과적인 전략을 시도해보고 싶을 것이다.

치료계획의 수립에 이 책을 어떻게 활용할 것인가?

이 책에서는 치료계획 양식, 틀, 사례들이 중점적으로 다루어지고 있다. 이들은 단지 유일한 접근, 혹은 유일하게 합당한 접근이거나 공통적인 표준이나 기대들에 기반을 둔 온전한 접근이라는 것을 보여주진 않는다. 아마 당신은 다른 양식을 사용하는 상담 기관이나 단체에서 일할 가능성이 크다. 하지만 보편적 규칙(4장에서 제시된 것과 같은)은 여전히 같다. 이것이 양식을 이해하는 것보다, 목표와 중재방식을 잘 수립해야 하는 것이 더 중요하다는 원리를 이해해야 하는 이유이다.

덧붙여, 틀과 사례들을 지나치게 경직되게 사용하지 마라. 당신의 내담자가 갖는 고유한 필요에 맞도록 목표와 기법들을 자유롭게 수정하도록 하라. 나는 각 내담자에게 효과적이며, 내담자의 개별적 필요에 맞출 수 있는 상대적으로 구체적인 목표들을 제시했다. 이러한 목표들을 하나의 예시로 생각하면 될 것이다. 사례 토의에서 치료계획은 항상 틀(template)대로 이루어지지 않는다는 것을 알게 될 것이다. 따라서 당신도 틀대로 하지 않기를 권장한다.

인턴십과 임상 경험에 어떻게 활용할 것인가?

인턴으로 혹은 자격증이 있는 정신건강 전문가로서 상담할 때, 이 책은 이론 및 기법에 대한 공부뿐 아니라 현장에서 서류를 작성하는 법을 익히는 데도 유용할 수 있다. 당신이 새로운 내담자 집단과 문제들을 접할 때 이러한 상황에 다른 치료 모델들은 어떻게 접근했는지 고려하는 것에 관심을 둘 수 있다. 이 책은 다른 가능성들을 확인하기 위해 빨리 살펴볼 수 있는 주요한 문헌이 될 수 있도록 고안되었다. 또한 당신이 친숙하지 않은 이론을 사용하는 동료 혹은 슈퍼바이저와 함께 일할 수도 있다. 이 책을 통해 그 이론을 재빨리 훑어봄으로써 제대로 교육받지 않았다는 인상을 피할 수도 있다. 덧붙여, 이 책은 '이론을 통합하여' 사용해야 하는 상담 환경에서 특별히 유용할 수 있는데, 이론 간 공통점을 이해하고 발견하는 데 도움이 되도록 하였다. 하지만 이 이론 중 하나라도 제대로 실천에 옮기기 위해서는 그 이론의 전문가로부터 고급 과정에 해당하는 훈련을 받도록 강력하게 권고하는 바이다.

참고문헌

Council for Accreditation of Counseling and Related Educational Programs. (2009). *2009 standards*. Alexandria, VA: Author.

Gehart, D. (2011). The core competencies in marriage and family therapy education: Practical aspects of transitioning to a learning-centered, outcome-based pedagogy. *Journal of Marital and Family Therapy*, 37, 344–354. doi: 10.1111/j.1752-0606.2010.00205.x

Killen, R. (2004). *Teaching strategies for outcome-based education*. Cape Town, South Africa: Juta Academic.

McDonough-Means, S. I., Kreitzer, M. J., & Bell, I. R. (2004). Fostering a healing presence and investigating its mediators. *Journal of Alternative and Complementary Medicine*, 10, S25–S41.

Miller, S. D., Duncan, B. L., & Hubble, M. (1997). *Escape from Babel: Toward a unifying language for psychotherapy practice*. New York: Norton.

Monk, G., Winslade, J., & Sinclair, S. (2008). *New horizons in multicultural counseling*. Thousand Oaks, CA: Sage.

Nelson, T. S., Chenail, R. J., Alexander, J. F., Crane, R. Johnson, S. M., & Schwallie, L. (2007). The development of the core competencies for the practice of marriage and family therapy. *Journal of Marital and Family Therapy*, 33, 417–438.

Sprenkle, D. H. (2002). Editor's introduction. In D. H. Sprenkle (Ed.), *Effectiveness research in marriage and family therapy* (pp. 9–25). Alexandria, VA: American Association for Marriage and Family Therapy.

Weimer, M. (2002). *Learner-centered teaching: Five key changes to practice*. New York: Jossey-Bass.

가족치료 이론에 대한 연구 및 윤리적 토대

조망하기

이 장은 역량 중심의 가족치료의 토대를 이루는 두 가지 핵심 요소, 즉 증거기반과 윤리에 관한 것이다. 증거기반 부분은 '증거'라는 의미가 무엇인지를 이해하기 위해 다면적이고 다원적인 접근을 제시하고 있으며, 5개의 부분으로 세분화된다.

1. 연구 정보를 바탕으로 둔 임상가 모델
2. 증거기반 실제
3. 공통요인 연구
4. 증거기반 치료
5. MFT 증거에 관한 개관

연구와 증거기반

21세기에는 모든 치료자들이 자신들이 사용하는 치료법과 자신들이 다루는 문제들에 대한 증거기반에 정통할 것이라 예상된다. 마치 의사들이 특정 질환에 대해 연구가 잘 되어 있는 절차와 약만을 사용하도록 기대되는 것과 마찬가지이다. 이 분야를 새롭게 접하는 사람들에게는 이것이 놀라울 수도 혹은 놀랍지 않을 수도 있다. 하지만 여러 방식으로 정신건강 치료자들은 특히 다른 의료 분야 전문가들과 비교될 때 증거기반에 조예가 깊지 않았다. 비록 이 분야가 항상 증거기반을 갖추고 있었음에도 말이다. 아주 오랫동안 연구자와 임상가가 두 개의 서로 다른 언어를 사용하는 것처럼 두 집단 간에 전혀 의사소통이 되지 않았다. 어떤 경우에는 연구는 지나치게 세부적인 것에 초점을 맞추거나 지나치게 모호해서 일반적인 상담자에게 유용하지 않았다. 다른 경우에는 상담자가 연구를 가치 있게 여기지 않는 철학적 입장에 바탕을 두고, 좀 더 일반적인 형식으로 상담을 하기도 한다. 그래도 좋은 소식은 지난 20년 동안 두 집단 간의 의사소통을 통해 증거기반 상담자가 되는 것이 당신이 상상하는 것보다 더 수월해졌다는 것이다. 이 장은 연구와 임상을 통합시키기 위한 보편적이고 현실적인 모델, 즉 증거 정보를 바탕으로 한 임상가 모델뿐 아니라, 매일 매일 접하는 상담 실제에 정보를 제공해줄 수 있는 세 가지 연구 줄기, 즉 증거기반 실제, 공통요인, 그리고 증거기반 치료법을 다루고 있다. 마지막으로, 이 부분의 끝에는 MFT 증거기반에 관한 짧고 간단하지만 탁월한 자료를 소개하였다.

연구 정보를 바탕으로 둔 임상가 모델

오랜 세월 동안 정신건강 치료자들, 특히 심리학자들은 과학자-임상가 모델을 따르도록 권장되었다. 이 모델은 연구 결과를 임상에 통합시키는 이상적인 형태를 지향한다(Karam & Sprenkle, 2010). 하지만 최근에 복잡하고 세분화된 연구들이 증가함에 따라 이 이상은 연구자도 임상가도 달성하기 힘들다. 그럼에도 불구하고 치료자가 회기 동안 해야 할 것들에 관한 정보를 연구가 제공해주기를 기대한다. 따라서 카람과 스프렝클(Karam & Sprenkle, 2010)은 대안으로서 연구 정보에 바탕을 둔 임상가 모델(research-informed clinician model)을 제안했다. 그들은 이 모델이 연구방법론에 그다지 익숙하지 않은 석사학위 수준의 치료자들에게 특히 잘 부합된다고 주장한다.

이 모델은 임상가로 하여금 연구를 수행하라고 하기보다, 매일의 상담 실제와 의사결정에 연구를 통합시킬 것을 강조하고 있다. 그러한 임상가는 치료에 어떤 정보를 줄 것인지와 더불어, 연구가 상담 실제에 주는 함의를 잘 이해하여 내담자의 관심사에 적용할 수 있다. 카람과 스프렝클(Karam & Sprenkle, 2010)은 연구 정보에 바탕을 둔 임상가가 치료 시에 증거기반을 활용하는 몇 가지 방식을 파악했다.

● 상담에 유용한 정보를 제공할 수 있는 연구 결과를 찾아 평가하기. 이는 자신이 사용하는 주요 이론적 접근에 대한 증거기반에 익숙해지는 것에서부터 시작해야 한다. (주의: 이 책의 각 이론에 대한 장마다 관련 증거기반에 관한 개관이 제시되어 있다. 증거기반 실제 부분

에서는 임상에 적용할 수 있는 문헌들과 사용하는 법이 기술되어 있다.)

- 회기 도중 내담자에게 증거기반 심리교육을 제공하기 위해 연구를 활용하기(예: 존 가트 먼(John Gottman)의 연구, 11장 참조)
- 임상가가 흔하게 지니고 있는 가정들을 연구가 지지하거나 지지하지 않는 방식들을 파 악하기(예: 가정폭력 문제를 지닌 커플을 상담하기, 16장 참조)
- 임상가로서 자신의 효율성을 평가하기 위해 연구를 사용하기(2014년도 게하트(Gehart) 의 저서 16장 참조)
- 증거기반 치료법과 실제의 활용법과 한계를 이해하기(바로 아래에 제시된 증거기반 치료 법 참조)

요약하면, 특히 정부와 보험을 기반으로 한 치료 환경하에서 치료비를 지불하는 제3자 와 이해당사자들의 요구로 인해 연구 정보에 바탕을 둔 임상가 모델이 21세기 초반에 가장 선호되는 모델이 되었다. 많은 면에서 이는 치료의 실제에서의 변화라기보다 인식의 변화 이다. 말 그대로 모든 임상가들이 어느 정도는, 어떤 면으로든 증거기반을 채택해왔다. 하 지만 많은 사람들이 어떻게 해야 하는지 알지는 못했다. 시간이 지날수록 모든 당사자들, 즉 내담자, 슈퍼바이저, 고용주, 보험회사, 일반 대중으로부터 점점 더 증거기반을 채택하 도록 하는 요구를 받았다. 그렇게 함으로써, 임상가들은 자신들이 하는 일에 유익한 정보 를 주는 연구에 의지하는 데 점점 더 익숙해지고 편안해질 것이다. 그 결과, 연구를 더 많 이 활용할 가능성이 크다. 이 장의 나머지 부분에서는 다양하고 차별화된 방식으로 상담의 실제에 정보를 주는 몇 가지 연구 주제들을 독자에게 소개하고 있다.

상담 실제의 최소 기준: 증거기반 실제

의학 분야에서는 좀 더 흔하게 사용되기도 하는 **증거기반 실제**(evidence-based practice, EBP)는 개인 내담자의 치료를 위한 임상적 결정에 도움이 되는 정보를 제공하는 연구를 활 용한다. 단도직입적으로 증거기반 실제는 특정 내담자의 문제와 맥락적 쟁점들과 관련된 증거기반을 이해하고 치료 결정을 내릴 때 그러한 정보를 활용하는 것을 의미한다. 예를 들 어, 연구 문헌은 매우 분명하게 체계적-구조적 가족치료 접근이 품행 문제와 약물 남용 문 제를 지닌 청소년들을 위해 선택할 수 있는 치료법이라고 밝히고 있다. 당신이 이러한 접근 법에 대해 정식 훈련을 받지 않았더라도(기초적인 내용은 5, 6, 7, 15장 참조), 증거기반은 매

---

1) 역주: 미국은 정신건강 서비스에 대해 보험회사가 치료비 혹은 상담비를 지불하므로, 치료비 지불의 주체가 제3자인 보험회사가 된다.

우 강력하므로 당신은 윤리적으로 이러한 지식을 치료 결정을 내리는 데 활용해야 한다. 이렇게 생각해보자. 당신이 한 아이의 부모라면, 오랜 기간 이론과 경험을 바탕으로 치료를 하는 치료자에게 데려가겠는가 아니면 비록 경험은 짧더라도 아이에게 가장 효과적인 치료에 관한 연구 결과 및 이론을 활용하고 있는 치료자에게 데려가겠는가? 아마 당신은 첫 번째 치료자에게 데려가고 싶은 마음이 더 클 것이다.

하지만 모든 치료자는 증거기반 치료자가 되고자 노력해야 한다. 많은 사람들은 그것이 윤리적인 의무사항이라고 간주하기도 한다. 왜냐하면 증거기반은 표준적 치료를 빠른 속도로 새로 고쳐나가기 때문이다. 패터슨 등(Patterson, Miller, Carnes, & Wilson, 2004)은 가족치료자에게 필요한 증거기반 실제의 5단계를 다음과 같이 설명한다.

1단계: 정보를 찾는 데 초점을 두기 위한 질문을 만들되, 질문은 해답이 있는 질문이어야 한다. 예를 들어, 정서적 고통을 덜기 위해 자해를 하는 십대에게 가장 효과적인 치료법은 무엇인가?

2단계: 그 질문에 대한 답을 얻기 위해 가장 좋은 경험적 증거를 발견하기 위해 문헌을 살펴본다. 예를 들어, 청소년, 자해, 치료 등과 같은 핵심어를 사용하여 PsychInfo와 scholar.google.com과 같은 인터넷 데이터베이스 사이트에서 문헌을 찾아보라.

3단계: 찾은 연구가 해당 사례에 유용할지를 결정하기 위해 그 연구의 타당성, 영향도, 적용가능성 등을 평가한다. 연구는 무선 할당되었는가? 비교집단이 있었는가? 치료의 효과 크기는 어느 정도였는가? 연구 결과는 상담과 관련이 있는가?

4단계: 해당 내담자의 상황에 그 연구 결과를 적용할 수 있는지 결정한다. 이를테면, 이 연구 결과를 이 내담자에게 적용할 때 잠재적인 이점과 위험 요인은 무엇인가? 다양성 요인, 즉 연령, 인종, 지위, 가족 체계 등을 고려할 필요는 없는가?

5단계: EBP를 수행한 후에 해당 내담자의 사례에 대한 효과성을 평가한다. 내담자는 어떻게 반응했는가? 호전되었다면, 혹은 변화가 없었다면, 더 악화되었다면 어떤 증상으로 알 수 있는가?

증거기반 치료자가 되는 것에는 기꺼이 끊임없이 배우고자 함과 상담 분야의 가장 최신의 연구 결과들을 통합하여 자신의 상담 실제에 적용하는 것이 필수적이다. 또한 치료자가 내담자의 개별적인 필요에 부응하는 것이 요구된다. 비록 연구자들이 특정 증상을 보이는 대부분의 내담자들에게 효과적인 특정 접근법을 제시한다고 하더라도, 당신은 당신의 내담자들에게도 효과적일 것인지를 평가해야 한다. 만약 효과적이지 않다는 판단이 들면 접근법을 수정해야 할 것이다. 근본적으로, 최적의 효과적인 상담자가 되기 위해서는 정보에 바탕을 둔 결정을 더 많이 내리게 되는 것이다. 연구가 임상가에 더 친화적이고 관련 있게 되면, 치료자들은 증거기반에 더 친밀해지게 될 것이라고 나는 기대한다.

문제의 핵심: 공통요인 연구

지난 십여 년에 걸쳐 전문적인 연구 문헌들은 '공통요인 논쟁'을 앞 다투어 다루었다(Blow, Sprenkle, & Davis, 2007; Sprenkle & Blow, 2004; Sprenkle, Davis, & Lebow, 2009). 공통요인 지지자들은 치료의 효과는 모든 이론에서 찾아볼 수 있는 핵심 요소들과 상관이 있지, 특정 이론의 고유한 요인과는 관련이 덜 있다고 주장한다. 이 논쟁을 좀 더 단순화해보면 다음과 같다. 차이점보다 유사점이 더 중요하다. 이러한 입장은 이 분야의 성과 연구들에 대한 메타분석(여러 연구들에 대한 연구)을 통해서 지지되고 있다. 혼합 요인들을 통제하였을 때, 심리치료 분야뿐 아니라(Lambert, 1992; Wampold, 2001) 가족치료 분야에서(Shadish & Baldwin, 2002) 특정 이론이 다른 이론에 비해 더 우수하다는 증거는 거의 없다.

공통요인 지지자들 가운데에서도, 어떤 사람들(Miller, Duncan, & Hubble, 1997)은 이론의 역할을 최소화하면서 공통요인을 강조한다. 반면에, 어떤 사람들은 치료자들이 공통요인을 치료과정 중에 직접 전달하는 데 이론이 수단이 되기 때문에, 그리고 특정 모델들은 특정 맥락에서 더 부가적인 이점이 있을 수 있기 때문에 이론들이 여전히 중요하다며 좀 더 중립적인 입장을 취한다. 스프렝클과 블로우(Sprenkle & Blow, 2004)는 공통요인 접근이 치료자로 하여금 치료 모델을 포기하도록 하는 것이 아니라, 오히려 자신들이 갖는 목표를 다르게 이해하게끔 한다고 지적한다. 내담자의 문제에 '해답'을 제공하기보다 공통요인 지지자들은 구조화된 치료가 치료자로 하여금 공통요인을 일관성 있게 실현시키도록 허용하면서 치료과정에서 내담자의 자신감을 북돋는다고 제안한다. 이 관점에서 보면, 하나의 치료 모델은 내담자의 문제를 해결하는 '이 세상에 하나뿐인 옳은 길'이라기보다 치료자 효율성을 증가시키는 여러 도구 중 하나로 가장 잘 이해될 수 있다.

램버트의 공통요인 모델

가장 많이 인용되는 공통요인 모델은 마이클 램버트(Micahel Lambert, 1992)의 연구에 기반을 둔다. 심리치료 분야에서의 치료성과 연구들을 개관하면서, 램버트는 성과 변량(변화가 특정 변인 때문에 기인한다고 여겨지는 정도)이 네 가지 요인에 의해 얻어진다고 추정하였다.

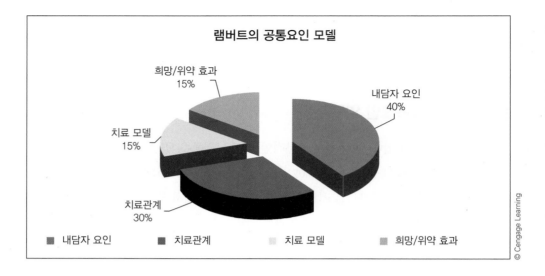

- **내담자 요인**: 40%로 추정됨. 내담자의 동기와 자원들을 포함함
- **치료관계**: 30%로 추정됨. 내담자가 평가하는 치료관계의 질
- **치료 모델**: 약 15%. 상담자가 선택한 특정 치료 모델과 사용된 치료 기법
- **희망과 위약 효과**: 약 15%. 내담자의 희망 수준과 치료가 도움이 될 것이라는 내담자의 믿음

위에서 제시된 백분율은 기존의 연구들을 세심하게 분석한 결과로 추정된 수치들이지만 여전히 실제 연구를 통해 얻어진 것은 아니다. 단순히 백분율이 얼마나 정확한가보다는 내담자를 어떻게 도울 것인가를 치료자가 비판적으로 재고하도록 격려하는 연구에서의 일반적인 경향이라고 간주되어야 한다.

웜폴드의 공통요인 모델

램버트와 마찬가지로 메타분석을 실시한 웜폴드(Wampold, 2001)는 램버트와는 달리 두 개 이상의 실제 치료 모델을 포함시킨 연구들만 비교하였다(한 치료 모델을 '일반적 치료' 혹은 무처치 통제집단과 비교하기보다는). 웜폴드가 제시한 증거는 다음과 같다.

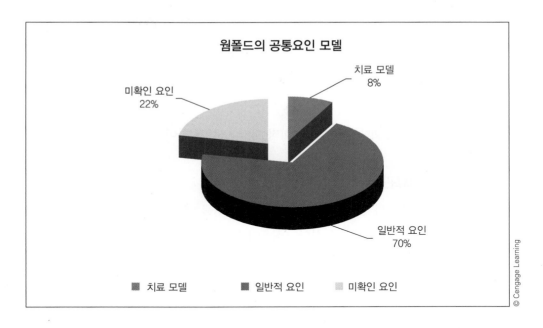

- **치료 모델:** 8%. 특정 이론이 고유하게 기여하는 부분(램버트 모델에서는 15%였음)
- **일반적 요인:** 70%. 치료동맹, 기대치, 희망
- **미확인 요인:** 22%. 알 수 없는 변인들이 차지하는 변량

　웜폴드의 연구는 이론 간 공통 요소들이 특정 이론의 고유한 요소보다 긍정적인 치료성과에 더 많은 기여를 할 것이라는 점을 강조한다. 따라서 이론 간 연구는 지속적으로 치료성과에 보편적인 혹은 공통적인 요인들이 가장 큰 영향력을 끼친다는 점을 시사한다. 비록 이 결과가 연구의 한계(Sprenkle & Blow, 2004) 혹은 기타 요인에 영향을 받을 수는 있지만, 현재까지는 이러한 주제에 관한 가장 최선의 정보이다.

내담자 요인

램버트의 연구(1992)는 밀러 등(Miller, Duncan, & Hubble, 1997)의 연구에 참여한 임상가들에게 가장 많이 활용되었으며, 내담자 자원을 활성화시키는 것, 이를테면 내담자를 격려하여 지지 네트워크를 만들고 활용하도록 하는 것과 내담자의 동기 및 치료과정에의 참여를 증가시키는 것의 중요성을 강조하고 있다. 톨만과 보하트(Tallman & Bohart, 1999)는 대부분의 이론이 동등하게 효과적이라고 제시한다. 그 이유로 치료자가 제공하는 어떠한 기법이나 통찰에도 내담자가 적응하거나 활용하려고 하기 때문이다. 따라서 치료과정은 마치 내담자가 변화를 도모하기 위해 효과적으로 사용하는 로르샤하(잉크반점 검사)처럼 되어간다.

　밀러 등(Miller, Duncan, & Hubble, 1997)은 내담자 요인을 두 가지 보편적 범주로 설명한다.

1. 내담자 특성은 변화하고자 하는 내담자의 동기, 치료와 변화에 대한 태도, 변화에 대한 헌신, 개인적인 강점 및 자원(인지적, 정서적, 사회적, 재정적, 영적), 그리고 호소 문제의 유지 기간 등이 포함된다.
2. 치료 외부 요인에는 사회적 지지, 공동체 참여, 우연적인 삶의 사건들이 있다.

치료관계

램버트와 웜폴드의 연구에서 치료성과를 예측하는 데 있어 치료적 관계의 질은 특정 모델보다 더 중요한 듯하다. 이는 이 분야에서 전통적인 지혜의 많은 부분과 일치하는 결과이다. 효과적인 관계에서 치료자는 내담자의 동기 수준에 맞추며, 내담자의 목표를 위해 작업하며, 진솔하고 비판단적인 태도를 보인다. 특히 흥미로운, 그리고 겸손한 결과는 관계에 대한 내담자의 평가가 치료자의 평가보다 긍정적인 치료성과에 더 강력한 상관을 지니고 있다는 점이다(Miller, Duncan, & Hubble, 1997).

치료관계의 중요성에 대한 명확하고도 일관된 증거에도 불구하고, 대부분의 치료성과 연구들, 특히 증거기반 치료에 관한 연구들은 치료자가 치료에 미치는 영향을 통제하거나 제외시키려 함으로써, 효과적인 치료에 대한 치료자의 역할을 불분명하게 한다(Blow, Sprenkle, & Davis, 2007). 아마도 그렇게 한 이유는 치료적 관계를 온전히 조작적으로 정의하고 측정하는 것이 힘들기 때문이거나, 연구자들이 좀 더 과학적으로 여겨지는 설명(치료관계가 아니라 치료 자체가 효과적이었다)을 원하기 때문일 수도 있다. 이유가 어쨌든, 증거기반 치료에 관한 문헌은 치료관계의 중요성을 과소평가하거나 평가절하하는 듯하다. 하지만 공통요인 관련 연구는 치료자의 관심을 이 중요한 요인에 돌리고 있다. 관계 변인에 밀접하게 초점을 맞추고자 하는 치료자들은 회기 평가 척도(Session Rating Scale; Duncan 등, 2003)와 같은 측정 도구들을 활용하여 일주일마다 관계를 모니터할 수 있다.

치료 모델: 특정 이론 요인

특정 이론 요인은 치료자가 변화를 도모하기 위해 치료적 모델을 따르면서 말하는 것과 행동으로 옮기는 것 등이 해당된다. 이러한 요인들은 치료자와 보험회사와 같은 제3자 치료비 지불자가 중요하다고 간주하는 것들이다. 하지만 램버트의 연구와 추정치들이 시사하듯이 기법은 우리가 의례껏 가정하는 것처럼 중요하지 않을 수 있다. 실제로는 치료관계의 절반밖에 중요하지 않을 수 있다. 하지만 여전히 치료자가 유의미하게 통제할 수 있는 영향력 있는 요인이다.

희망과 위약 효과: 기대치

희망과 기대치, 혹은 위약 효과는 치료가 자신들의 문제를 해소하는 데 도움이 될 것이라는 믿음을 가리킨다. 램버트(1992)는 이 요인을 강조함으로써 치료과정의 무시된(적어도 연구 문헌에서는) 측면에 대한 치료자의 자각을 높이고 있다(Blow, Sprenkle, & Davis, 2007). 이러한 자각을 통해 치료자들은 특히 상담 초기에 결정적이라고 할 수 있는 희망을 불러일으키기 위한 작업을 더욱 꼼꼼하게 할 수 있다.

다양성과 공통요인

공통요인은 문화적으로, 성적으로, 언어적으로, 혹은 능력상으로 다양한 배경을 지닌 내담자와의 상담에 특별히 유용하다. 왜냐하면 언제나 다양성이란 고유한 내담자 자원 및 도전거리, 특히 치료관계, 선택된 치료 접근법, 희망을 불러일으키는 전략 등을 함축적으로 의미한다. 예를 들어, 비록 동성애자, 양성애자, 성전환자 내담자들이 일반 공동체로부터 종종 소외되더라도, 많은 사람들은 공식적인 그리고 비공식적인 광범위한 사회적 지지망을 갖고 있다. 여러 인종적 집단, 장애인, 혹은 만성질환을 앓고 있는 사람들도 마찬가지다. 따라서 사회가 주는 많은 도전들은 고유한 자원에 의해 부분적으로 상쇄된다. 치료자들은 내담자들로 하여금 주류사회와 다르다는 벅찬 도전거리를 잘 다룰 수 있도록 이러한 자원들을 지렛대 삼아 사용할 수 있도록 조력한다.

마찬가지로, 문화적 배경이 다른 내담자가 비난받지 않고 수용된다고 느껴지는 치료적 관계를 형성하는 과업은 마음챙김과 사려깊음이 요구된다. 왜냐하면 치료자가 이러한 집단의 역동이나 전통을 자각하지 못할 수도 있기 때문이다. 지역의 다문화 공동체에 대한 교육이 물론 필수적이지만 정답을 알지 못함을 받아들이는 겸손함이 더 중요하다. 이것이 존중과 개방성을 키우기 때문이다(Anderson, 1997). 치료자가 호기심과 기꺼이 배우고자 하는 마음으로 상담에 임할 때, 내담자의 문화와 일차 집단 내에서부터 희망을 북돋우는 차별적이고 효과적인 방법을 발견할 수 있게 된다. 이렇게 되면 치료관계는 더욱 강화될 것이다.

그래도 여전히 이론은 필요한가?

공통요인 논쟁에 뒤따르는 자연스런 질문은 다음과 같다. 그래도 여전히 이론은 필요한가? 스프렝클과 블로우(Sprenkle & Blow, 2004)에 의하면, 어떤 치료자들은 이론은 거의 중요하지 않다는 점을 암시하며, '도도새 판결[2]'에 마음이 기울어지기도 한다. 스프렝클과 블로

---

2) 역주: '도도새 판결'은 1936년 사울 로젠츠바이크(Saul Rosenzweig)가 모든 치료법들은 동등하게 효과적이라는 점을 주장하기 위해 만들어진 용어로, 루이스 캐럴(Lewis Carroll)의 『이상한 나라의 앨리스』에 나오는 도도새 관련 이야기로부터 따왔다. 도도새는 물에 젖은 사람들이 옷이 마를 때까지 호숫가를 달리도록 했고, 누가 일등이냐는 질문에 고심 끝에 '모든 사람들이 이겼기 때문에 모두 상을 받는다'라고 판결했다.

우는 좀 더 온건적인 입장을 취하면서 "치료 모델들은 공통요인이 효과적으로 작용하기 위한 수단에 불과하므로 모두 중요하다"(p. 126)라고 강조한다.

이러한 온건적 입장을 따른다면, 여전히 이론은 새내기 치료자 및 경험 많은 치료자 모두에게 중요한 역할을 한다. 하지만 원래 기대하는 이론의 역할은 아니다. 내담자의 증상을 완화시키고 문제를 해결시키도록 내담자를 조력하기 위한 체계를 제공하기보다, 하나의 이론은 치료자가 내담자를 돕기 위해 도움을 줄 수 있는 도구이다. 따라서 이론은, 내담자가 아닌 치료자에게 가장 유의미한 것이다.

이론은 치료자에게 내담자로부터 얻는 정보를 해석하기 위한 하나의 체계를 제공해주는데, 이를 통해 유용한 말과 행동을 치료자가 할 수 있게 된다. 또한 치료자로 하여금 내담자에게 가장 잘 응답하며 관계를 맺는 법을 알도록 도움을 준다. 이론이 없다면, 정보, 감정, 문젯거리가 되는 행동들의 홍수 속에 곧잘 파묻히게 된다. 이론은 치료자에게 내담자가 가져오는 다양한 어려움들을 다룰 수 있는 체계적인 방식을 제공한다. 따라서 이론을 선택한다는 것은 치료자가 이해할 수 있고, 심리치료라는 '험한 과정'에서 길을 잃지 않기 위해 유용하다고 여겨지는 이론을 발견하는 것이다. 그렇긴 하지만, 추후 연구를 통해 특정 치료 모델이 특정 내담자에게 더 효과적인 구체적 맥락을 파악할 수 있을 것이다(Sprenkle & Blow, 2004).

실제 증거는 어디에 있나: 증거기반 치료

논쟁이 끝났다고 생각할지 모르지만, 공통요인 연구와 정반대되는 또 다른 논쟁의 줄기가 하나 있다. 바로 경험적으로 지지된 치료, 종종 '증거기반 치료(evidence-based therapies)'라고 일컬어지는 것이다. 이 치료 모델들은 연구 및 무선 설계 실험들을 통해 개발되었는데(Sprenkle, 2002), 증거기반 실제(evidence-based practice, EBP)와 혼동해서는 안 된다. 비록 증거기반 치료가 때때로 증거기반 실제라고도 불리므로 우리를 완전히 혼란 상태에 빠뜨린다(각 단어의 복수와 단수에 초점을 맞추면 복수로 표기했을 때 단수로 표기한 것과는 사뭇 다른 내용을 전달한다).

치료자들, 자격인증 위원회, 혹은 연구비지원 기관들이 치료 모델을 '증거기반'이라고 부를 때는, 1993년도 미국심리학회(American Psychological Association, APA)의 특별위원회가 정립한 일련의 기준들을 일반적으로 의미한다. 이 기준들은 초기에는 **경험적으로 타당한 치료**(empirically validated treatments, EVT)라고 불리다가 나중에는 **경험적으로 지지된 치료**(empirically supported treatments, EST)로 불렸다. 그 이유는 치료라는 것이 항상 더 연구되고 개정되어야 함을 강조하기 위해서이다(American Psychological Association, 1993;

Chambless 등, 1996). APA는 경험적으로 지지된 치료를 설명하기 위한 몇 가지 범주들을 정립하였고, 다른 기관들도 이와 유사한 범주들을 개발하였다.

경험적으로 지지된 치료 및 관련 사항

경험적으로 지지된 치료 기준

EST는 다음 기준을 충족시킨다(Chambless & Hollon, 1998; Sprenkle, 2002).

- 연구대상자는 처치 집단에 무선으로 할당된다.
- 연구 관심사인 해당 치료를 받는 집단 이외에 다음 중 한 가지 조건을 반드시 충족시켜야 한다.
  - 무처치 통제 집단(대개의 경우 참여자는 치료 대기집단이 된다.)
  - 대안 처치 집단(비교를 위한 집단이다. '일상적 치료(treatment as usual)'와 같은 불특정 접근일 수 있다.)
  - 위약 집단
- 치료는 무처치 통제에 비해 유의미한 효과가 있으며, 적어도 정립되어 있는 대안적 처치만큼의 효과가 있다.
- 치료는 내담자 선별 혹은 제외를 위한 구체적인 기준을 갖춘 문서화된 치료 매뉴얼에 기반을 둔다.
- 특정 문제를 지닌 특정 내담자 집단이 명시되어 있다.
- 연구자는 적합한 통계 방법 및 신뢰롭고 타당한 치료성과 측정도구를 사용한다.

증거기반 치료의 부가적 형태에 대한 기준

경험적으로 지지된 치료 기준에 덧붙여, 기타 증거기반 치료를 위한 기준도 마련되었다.

- **효과적 치료**(Efficacious Treatments): 여기에 해당되는 치료법들은 좀 더 엄중한 기준을 충족시켜야 한다. 이 치료법들은 EBT 필수조건을 반드시 충족시켜야 할 뿐 아니라, 두 가지 독립적 조사(치료를 개발하는 데 밀접하게 관여하지 않거나 치료성과에 영향을 미치지 않은 사람에 의해 수행된 연구들)를 통과해야 한다(Chambless & Hollon, 1998; Sprenkle, 2002).
- **효과적이며 구체적 치료**(Efficacious and Specific Treatments): 가장 높은 기준을 요구한다. 이 치료법들은 효과적 치료에 대한 기준을 충족시킬 뿐 아니라, 적어도 두 가지 독립적 연구들에서 대안적 치료보다 더 우수한 효과를 보여야 한다(Chambless & Hollon, 1998; Sprenkle, 2002).

EST에 대한 찬반 의견

EST의 장점은 다음과 같다.

1. 더 많은 과학적 지지를 받고 있다.
2. 치료과정을 이끌어주는 문서화된 매뉴얼이 있고, 그 매뉴얼은 구조화가 매우 잘 되어 있다.
3. 특정 문제를 지닌 특정 내담자 집단을 대상으로 한다.

   EST의 단점은 다음과 같다.

1. 특정 집단 및 문제를 대상으로 하므로 대상의 한계가 있다. 따라서 적용가능성 또한 한계가 있다.
2. 비용이 비싸다: 치료자들은 이 모델에 대한 매우 세부적인 훈련을 받아야 하고, 일반적인 작업 환경에서 효과적으로 일하기 위해서는 다른 수많은 모델들에 대한 훈련도 받아야 한다.

메타분석으로 지지된 치료(MAST)

메타분석은 일반적으로 효과 크기, 혹은 치료에 영향을 끼친 성과 변인들을 조사하면서 여러 연구들의 결과를 통합한 양적 연구이다. 메타분석 연구를 통해, 섀디쉬와 볼드윈 (Shadish & Baldwin, 2002)은 MAST가 엄격한 과학적 기준을 지키면서 효과성을 정립하기 위한 연구들을 확장시킬 수 있도록 다음과 같은 기준을 개발하였다.

- 해당 치료에 대한 한 개 이상의 연구로부터 얻은 효과 크기들이 메타분석을 통해 통합되어야 한다.
- 모든 연구들은 처치 집단(치료집단)과 무처치 통제 집단을 우선적으로 비교해야만 한다.
- 메타분석은 통계적으로 유의미한 효과 크기와 유의미성 검증을 명시해야 한다.
- 메타분석은 타당한 연구방법(예를 들어, 효과 크기 합산하기)을 사용해야 한다.

EST와 MAST를 현장에 적용하기

2002년에 쉐디쉬와 볼드윈은 MAST에 대한 기준을 충족하는 24개의 가족치료 이론을 확인하였다. 반면에, EST에 해당하는 기준을 충족시키는 이론은 5개밖에 파악하지 못했다. 이 차이의 주된 이유는 EST는 (a) 문서화된 치료 매뉴얼을 요구하고 (b) 특정 문제를 지닌 특정 집단을 좀 더 협소하게 정의하기 때문이다. 반면에, MAST는 다른 형태의 훈련도 인정하며, 효과성을 증명하기 위한 좀 더 일반적인 집단의 사용도 허용한다. 2005년도 미국 심리학회의 EST에 대한 후속 보고서에는 MAST와 같은 증거기반 치료에 대한 좀 더 광범위하게 정의된 기준을 충족하기 위한 필수조건들이 강조되어 있다(Woody, Weisz, & McLean, 2005). 이 조사 보고서에는 비록 EST가 학교 강의에서 많이 다루어지지만, EST에 대한 임상적 훈련은 1993년부터 2003년까지 유의미하게 줄어들었다. 그 이유를 슈퍼바이저들에게 물었더니, 'EST에 관한 훈련을 어떻게 개념화해야 할지 확실하지 않음, 시간이 부족함, 훈련된 슈퍼바이저가 부족함, 해당 내담자 집단에 EST가 부적절함, 치료의 철학적 근거에 반대함'(p. 9) 등을 들었다. 거의 틀림없이 이러한 장애물들 중 가장 마지막 장애물을 제외한 나머지는 EST를 특별하게 만드는 바로 그것, 즉 문서화된 치료 매뉴얼과 협소한 대상자와 명확하게 관련된다. 비록 전망이 좋긴 하지만, 특히 일반적인 치료자에게 EST는 현재로서는 실제적인 몇 가지 한계들이 있다.

연구를 정확히 보기: 증거기반 운동의 한계

치료자들은 증거기반 치료 운동을 균형 잡힌 시각으로 바라보아야 한다. 거의 모든 연구가 어떤 치료든지 무치료보다 낫다고 밝힌다. 이것이 바로 공통요인 운동의 기저에 있던 주요 아이디어 중 하나이다(Miller, Duncan, & Hubble, 1997; Sprenkle & Blow, 2004). 증거기반 치료 접근은 우리가 아는 것을 가다듬게 하고, 더 좋고 더 구체적인 치료법을 개발하고자 하는 데 목표를 둔다. 하지만 이 분야에서 이제까지 아무것도 연구되지 않았다거나 심지어 매일 매일 대부분의 치료자가 하는 방식이 '증거에 기반을' 두지 않았다는 것은 아니다. 더 공정하고 현실적인 평가를 하자면, 가족치료 및 정신건강 치료법들이 의미 있는 연구의 역사를 정립해왔으며, 더 정확한 연구를 수행하는 우리의 능력 또한 지속적으로 향상되었다는 것이다. 좀 더 비판적으로는 최근에 이루어진 변화는 이제는 평범한 임상가가 회기 중 그가 하는 일에 대해 증거기반을 설명할 수 있도록 기대된다는 점이다. 연구 지향점을 갖는 것이 새로운 것은 아니다. 하지만 내담자와 상담할 때 치료자가 연구로부터 도출한 것에 바탕을 두어야 한다는 요구가 있으므로, 좀 더 정밀하고 유용한 연구를 실시하는 능력이 점점 향상되고 있다.

아마도 더 큰 그림에 대해 생각하는 것이 유용할 것이다. 많은 정신건강 분야의 여러 이론들보다 가족치료 이론들은 관찰 연구를 통해 개발되었다(Moon, Dillon, & Sprenkle, 1990; Karam & Sprenkle, 2010). 치료자들이 팀을 이루어 일방경을 통해 상담 회기들을 관찰하고, 어떤 것이 효과적일지 가설을 세우고, 가설을 검증하고, 그리고 나서 회기가 진행되면서 세부적으로 가다듬었다. 하나의 이론을 증명하려고 애쓰기보다는, 치료자이자 연구자들은 상담성과를 사용하여 정신건강의 새로운 개척지를 개발하는 데 힘을 보탰다. 그 개척지가 바로 커플과 가족과의 상담이다. 이러한 유형의 연구는 EST에 비해 어떤 차원에서는 더 엄격하다. 다시 말하면, 기본적인 훈련을 받은 사람이라면 이러한 유형의 연구를 일상의 상담 환경에서 유용하게 적용할 수 있다. 더욱이, 모든 EST는 이 분야의 '전통적 이론'에 기반을 둔다. 단순히 이들은 어떤 면에서는 특정 내담자 집단이나 특정 문제에 대한 한 가지 혹은 두 가지 전통적 치료 모델을 정교하게 조율한 것들이다. 따라서 이론과 연구, 혹은 전통 이론과 EST를 인위적으로 이분하는 것은 두 가지 모두를 잘못 이해하는 것에 지나지 않는다. 연구의 정보를 바탕으로 둔 모델을 사용하는 후속 세대의 상담자들은 바라건대 증거기반과 이론 세계 둘 다에 좀 더 편안해지며, 두 가지가 어떻게 서로를 지원하며 유용한 정보를 주는지 더 잘 이해할 것이다.

MFT 증거에 대한 개관

마지막으로, 당신에게 학문적 금광에 대해 알려주고자 한다. 특별히 대학원생이나 교수들은 그 금광을 발견할 때 정신이 아찔해질 것이다. 2012년에 발간된「결혼 및 가족치료 연구지」(Journal of Marital and Family Therapy, 흔히 JMFT로 알려져 있다; Sprenkle, 2012) 38권 1월호가 바로 그 금광이다. 어떤 사람은 현재까지의 교육기간 동안 학술지 논문과 매우 친하지 않았을 수 있다. 대부분이 그렇다. 하지만 이것이 모든 것을 바꿔놓을 것이다. 한 마디로, JMFT의 이 호에는 12개의 논문이 실려 있는데, 이 분야의 전문가들이 최근의 증거기반에 관한 많은 부분을 잘 요약하고 있다. 학문적 환상이 실현된 것이다. 이는 MFT 증거기반에 대한 세 번째 개관인데, 내가 아는 한 정신건강 분야 가운데 유일하게 관련 연구들에 대해 매우 간결하고 쉽게 이해할 수 있는 개관을 제시하고 있다. 이 단 하나의 자료가 커플, 가족, 그리고 아동을 상담할 때의 증거기반 실제를 순조롭게 이해하도록 할 것이다.

개관된 연구들의 영역은 다음과 같다.

- 청소년의 품행장애와 비행(Baldwin, Christian, Berkeljon, & Shadish, 2012; Henggeler & Sheidow, 2012)
- 아동 및 청소년에게 진단되는 장애들(Kaslow, Broth, Smith, & Collins, 2012)
- 정동장애(예를 들면, 기분장애, Beach & Whisman, 2012)
- 커플 간의 갈등에 대한 치료(Lebow, Chambers, Christensen, & Johnson, 2012)
- 상호 폭력을 경험하고 있는 커플치료(Stith, McCollum, Amanor-Boadu, & Smith, 2012)
- 갈등이 없는 커플을 위한 관계 교육(Markman & Rhoades, 2012)
- 심각한 정신 질환을 지닌 가족원을 둔 가족을 위한 심리교육(Lucksted, McFarlane, Downing, & Dixon, 2012)
- 약물 남용에 대한 가족치료(Rowe, 2012)

- 건강 문제를 위한 커플 및 가족 중재(Shields, Finley, Chawla, & Meadors, 2012)
- MFT에 대한 내담자 지각(Chenail, St. George, Wulff, Duffy, Scott, & Tomm, 2012)

커플 및 가족치료에서의 법적 및 윤리적 쟁점

벤자민 콜드웰 박사(Benjamin E. Caldwell, PsyD)

나(콜드웰)는 로스앤젤레스에 있는 알리안트대학교(Alliant International University)에서 커플 및 가족치료 프로그램 중 법과 윤리에 대해 가르치고 있다. 많은 사람들이 '법과 윤리를 가르친다'라는 말을 들으면, 하지 않았으면 더 좋았을 것에 대한 경각심이 담긴 이야기들 때문에 경찰이 바로 현관문을 두드릴 것 같은 긴장감을 갖게 된다는 것을 안다.

이 부분은 그런 것이 아니다. 약속한다. 나는 심리치료자들을 위해 전문적인 치료에 대한 기준을 짧게 개관하면서 시작할 것이다(아마 당신은 이미 이것에 친숙해져 있을 수도 있다. 그렇지 않다면 이 기준들에 대해 온전히 설명해놓은 탁월한 교재들이 많이 있으니 참조하기 바란다). 커플 및 가족을 상담하는 치료자들이 따로 알아야 하는 구체적인 영역들에 대해 이야기할 것이다. 마지막으로 오늘날 가족치료에서 전문적 직무 기준을 새롭게 개정하게끔 만드는 두 가지 논쟁점인 테크놀로지와 치료자의 특정 내담자에 대한 치료 거부에 대해 논의할 것이다.

조망하기: 규칙 이상의 것

어떤 시기에 어떤 이유에서 사람들이 당신을 고소하거나, 자격인증 위원회에 당신에 대한 민원을 제기할 수 있다. 자신을 이상야릇한 표정으로 바라보았다고 당신을 고소할 수도 있다. 당신이 숨을 너무 크게 소리 내어 쉰다고(혹은 너무 조용히 쉰다고) 불평할 수도 있다. 당신이 먼저 고소하지 않아서 당신을 고소할 수도 있다. 만약 당신이 절대로 고소당하지 않거나, 민원을 받지 않기 위해 노력하는 것을 상담의 기반으로 삼는다면, 당신은 당신이 통제할 수 없는 것을 통제하려고 노력하는 셈이다. 자, 소송에서 누가 이기든지, 혹은 제기된 민원에 위원회가 어떤 조치를 취하든지, 그것은 별개의 문제이다. 당신은 당신을 보호하기 위한 합당한 단계들, 이를테면 당신이 속한 지역의 법을 파악해두며, 혹시 있을 소송에 대비해 보험을 들어놓으며, 필요할 때마다 동료, 슈퍼바이저, 변호사의 자문을 받는 절차 등을 밟을 수 있고, 때로는 밟아야만 한다. 하지만 이 모든 것들을 하는 것이 당신을 윤리적으로 만들어주지는 않는다. 이것들은 마치 미식축구선수의 어깨보호대와 같다. 부상을 입지 않게 하는 데에는 더없이 좋지만, 훌륭한 선수가 되게는 할 수 없다.

사실은, 윤리적인 전문가가 된다는 것은 규칙을 단순히 이해하고 준수하는 것 이상이다.

실제로 법과 윤리에 대해 규칙을 기반으로 가르치는 것은 규칙이 무엇인지를 이해하게 하는 데는 도움이 된다. 적어도 규칙이 바뀔 때까지는 말이다. 하지만 윤리적인 전문가가 된다는 것은 상담 분야를 지배하는 법적 및 윤리적 규칙들이 정확히 당신이 무슨 행동을 취해야 할지를 말해주지 않을 때 무슨 행동을 취해야 할지 아는 것과 관련된다. 규칙들이 명확하지 않은 때가 있다. 혹은 규칙들이 서로 상충되는 것처럼 보일 때도 있다. 그러한 상황에서는 단순히 규칙을 안다는 것이 치료자를 혼란에 빠트리고 불안하게 만들 뿐이다. 단지 잘못된 행동을 하고 있지 않기만을 바라면서 말이다. 전문가로서 당신의 인격이 가장 잘 드러나는 때가 바로 그러한 상황이다. 윤리적인 전문가가 된다는 것은 해당 분야에서 수용되는 기준들 내에서 내담자에게 최상의 성과를 낳게 하는 사려 깊고 주의 깊은 의사결정 과정에 참여한다는 것을 의미한다.

합의된 기준은 정신건강 분야들 간에 대체로 일관적이다. 여기에서 나는 법과 윤리 강의 혹은 교재를 통째로 대체하고자 하는 뜻은 없다. 또한 심리치료에서의 법적 및 윤리적 쟁점을 전반적으로 모두 살펴보려는 뜻도 없다(커플 및 가족치료에서의 법적 및 윤리적 쟁점에 초점을 둔 완벽한 교재로 Wilcoxon, Remley, & Gladding의 『Ethical, Legal and Professional Issues in the Practice of Marriage and Family Therapy』를 추천한다). 대신, 여기에서 나는 커플 및 가족치료와 가장 관련 있지만 다른 분야와는 가장 차별적인 몇 가지 쟁점에 대해서 이야기하려고 한다. 치료를 요하는 문제로 한 사람 이상과 작업하는 것은 그 자체로 특유의 쟁점을 불러일으킨다. 이 쟁점에 나는 초점을 맞추고자 한다.

커플 및 가족치료에서 법적 및 윤리적 관심사

커플 및 가족치료 분야에는 개인치료에서 적용되는 규칙들과는 다른 고유한 규칙들이 적용되는 몇 가지 영역이 있다. 내담자가 누구인지를 확인하는 것, 문서작업, 비밀보장, 다른 기관과의 의사소통, 미성년자와의 상담, 아동학대 보고, 친밀한 관계에서의 파트너 폭력 등이 이러한 영역들에 포함된다.

누가 내담자인가?

커플 및 가족치료에서 가장 까다로운 작업은 당신이 정확히 누구를 치료해야 하는가를 확인하는 것이다. 개인치료에서는 누가 내담자인지 확인하는 것은 어렵지 않다. 바로 당신 앞에 앉아 있는 사람이다. 하지만 커플 및 가족은 복잡한 문제를 가지고 치료 장면에 온다. 어떤 경우에 그들은 가족의 한 구성원을 가족 전체에 문제를 불러일으킨 문제덩어리라고 말할 수 있다. 다른 경우에서는 가족 전체가 문제가 있다고 말하기도 한다. 그렇다면 치료자가 치료할 대상은 누구인가?

문제는 단순히 학구적인 차원만은 아니다. 당신이 어떻게 대답하느냐에 따라 치료계획을 어떻게 구조화하는지, 어떻게 문서작업을 해야 하는지, 가족 간 갈등을 어떻게 다루어야 할지, 심지어는 어떤 방법으로 상담료를 지불하게 할지 등이 달라질 수 있다. 사실은 커플 및 가족치료에 관한 한은 당신의 기저 철학이 반영될 가능성이 크다.

커플 및 가족치료 전문가들은 하나의 단위로서 커플 혹은 가족이라는 체계 전체를 치료한다고 여긴다. 이 치료자들은 자신들을 일반적으로 '관계적' 혹은 '체계적'인 접근을 취한다고 이름 붙인다. 그에 따라 그들은 전체 가족을 위한 단 하나의 사례 파일만을 유지한다. 심지어는 비록 회기에 참가하는 가족 구성원이 그때그때 다르더라도 말이다. 치료계획은 가족 관계 혹은 가족 기능을 포함한 체계적 목표에 초점을 둘 것이며, 이때의 목표는 대개의 경우 치료에 참여하는 커플 혹은 가족 구성원 모두가 합의한 것이다. 관계적 접근을 취하는 치료자들이 개별적인 기능을 무시하기보다는, 대인관계의 맥락에서 개별적 기능을 고려한다.

문서작업

치료자가 가족을 하나의 단위로 상담할 때, 대개의 경우 가족 전체에 대한 단 하나의 사례 파일만을 유지한다. 이 말은 가족 전체에 대한 통합적인 치료계획을 세운다는 의미이고, 회기마다 서로 다른 구성원이 참여한다고 하더라도 하나의 회기 보고서를 작성한다는 의미이다. 더불어 이는 대부분의 주에서 법에 따라, 개별적으로 가족 구성원이 상담에 관한 자료를 요구하더라도 치료에 참여하는 모든 가족 구성원의 동의가 필요하다는 의미이다.

만약 당신이 개인치료를 하고 있고, 다른 가족 구성원이 그 치료를 위해 때때로 치료에 함께 참여하는 경우, 다른 사람의 참여가 있었다는 점을 명시하면서 그 개인의 기존 사례 파일에 공동 참여 회기를 기록하는 것이 더 합리적일 것이다. 이 경우, 치료를 받는 개인만이 공동 회기에 대한 자료를 제3자에게 공유하는 것에 대해 동의해도 된다.

어떤 직무 환경에서는 커플 혹은 가족치료자가 치료에 참가하는 각 개인마다의 파일을 만들어 보관하도록 요구하기도 한다. 몇 명의 가족 구성원이 참가한 회기에 대해 단 하나의 회기 보고서만 작성하면 빠지는 정보가 있을 수 있으므로 개별 파일을 작성하게 되면 각 개인의 행동에 대한 구체적인 기록이 가능하지만, 개별 파일을 작성하는 경우 치료자가 각 회기를 기록하는 데 상당히 많은 추가 시간을 소비해야 한다는 것을 의미하며, 한 개인의 파일에 가족 전체의 상호작용을 기록하는 방법에 대해 많은 생각을 해야 한다. 이러한 경우 각 개인은 자신의 상담 기록을 제3자에게 공유하는 것에 대한 동의를 할 수 있으나, 다른 가족 구성원의 파일에 대한 공유를 요청할 수는 없다.

비밀보장

비밀보장(confidentiality)은 심리치료자의 법적이며 윤리적인 필수사항이며, 대개의 경우 매우 단도직입적인 메시지를 준다. 즉, 내담자가 당신에게 말한 것을 다른 사람과 공유할 수 없다. 법으로 명시된 것에 대해서는 예외가 있다. 예를 들어, 치료자는 내담자 혹은 타인에게 즉각적인 위험을 가할 내담자를 저지시키기 위한 필요한 조치로서 아동학대를 보고하기 위해 비밀보장을 어겨야 한다. 주법이나 연방법에서 명시한 비밀보장의 예외상황은 많다. 따라서 내담자가 비밀보장의 일반적인 규칙뿐 아니라 구체적인 예외상황에 대해서도 인식하는 것이 중요하다.

비밀보장은 커플 및 가족을 상담할 때는 더욱 복잡해진다. 배우자가 바람을 피우고 있는 커플이 있다고 하자. 바람을 피우는 배우자가 전화 통화 도중 그 사실을 말했고, "난 정말 우리 결혼생활이 유지되길 바랍니다. 하지만 만나고 있는 사람과도 끝낼 준비가 안 되어 있습니다. 제 배우자에게 부디 말하지 말아주세요"라고 이야기한다면, 치료자는 어떻게 해야 하는가? 그 비밀을 누설하게 되면 커플은 치료를 중단할 것이고, 결혼생활을 끝내게 될 가능성도 있다. 하지만 비밀을 지키는 것은 바람을 피우는 배우자와 결탁하는 셈이고, 다른 배우자가 나중에 치료자가 미리 알았는데도 자신에게 말하지 않았다는 것을 알게 될 경우에는 배신감을 느끼게 될 것이다.

만약 당신이 커플이나 가족을 상담한다면, 비밀과 관련된 규칙들을 정해놓는 것이 매우 중요하다. 윤리강령에는 가족치료자가 비밀에 대한 규칙을 어떻게 정해야 한다고 명시하지는 않는다. 하지만 윤리강령은 치료자가 비밀에 대한 규칙을 갖고 있어야 하며, 그 규칙에 대해 내담자에게 고지하고, 그 규칙을 준수할 것을 규정한다. 비밀과 관련된 이상적인 규칙들은 어떠해야 하는가에 대해 두 가지 관점이 있다.

1. '절대 비밀은 없음' 규칙: 이 규칙은 가족 내 어떤 구성원으로부터 얻은 정보를 아무 때나 다른 가족 구성원에게 말할 수 있다는 의미이다. 간단히, 치료자가 구성원의 비밀을 간직하지 않는다는 것이다. 이 규칙에는 명확한 장점이 있다. 비밀을 간직하는 것에는 상담실 안의 권력을 불균형하게 만들고, 배우자의 부정행위 혹은 약물 남용과 같은 중요한 문제에 대해 치료자가 '꿀 먹은 벙어리' 같이 굴도록 만들 수 있다. 따라서 비밀을 간직하지 않음으로써 치료자가 알게 된 어떠한 정보라도 치료적 장면에서 다루어질 수 있게 된다.

2. 제한적 비밀 규칙: 가족치료자는 전형적으로 모든 종류의 비밀을 간직하는 것을 옹호하지 않지만, 개별적인 신뢰를 얻기 위해 어떤 종류의 정보는 간직하는 것이 유리하다고 믿는 치료자들이 있다. 그렇게 함으로써 좀 더 철저하고 신뢰로운 평가 과정을 거칠 수 있게

된다. 예를 들어, 커플치료자는 평가 단계에서 두 사람을 따로 만날 수 있다. 이후에는 함께 만나더라도 말이다. 개별적으로 평가하고, 평가 과정에서 얻은 비밀을 기꺼이 간직함으로써 치료자는 상대방 배우자의 앞에서 논의하기에는 불편한 문제들에 좀 더 정직하도록 격려할 수 있다. 불륜, 약물 남용, 가정폭력은 자신이 사랑하는 사람들 앞에서보다는 개별적으로 만날 때 더 정직해질 수 있는 사안들이다.

당신이 어떤 규칙을 택하든지 간에, 커플 및 가족을 상담할 때 치료 계약의 일부로 이러한 규칙을 포함시키는 것이 좋다. 더불어 그 규칙을 당신의 내담자들이 제대로 이해했는지 함께 이야기해보는 것도 좋다. 가장 중요한 것은 한 번 규칙을 정하고 나면, 반드시 그 규칙을 따라야 한다는 것이다.

다른 기관과의 의사소통

가족치료자들은 종종 이혼, 양육권, 육아, 가족 기능 등에 관한 문제를 다뤄야 하고, 그로 인해 다른 기관, 예를 들면 학교나 법원과 같은 제도권 기관들과 관련을 맺기도 한다. 어떤 경우에는 그러한 기관들이 치료자를 고용하고 상담료를 지불하기 때문에 정확하게 누가 '내담자'인지의 문제를 야기하기도 한다. 예를 들어, 법원이 상담을 명령했을 경우 치료자는 법원에 정기적으로 상담보고서를 제출해야 하는데, 내담자는 이때의 치료계획을 거부할 수는 없다.

모든 가족 구성원들은 치료 시 치료자가 제3자의 기관과 맺는 관계의 성질을 치료의 초반 단계에서 되도록 빨리 알아야 한다. 모든 구성원들에게 어떤 정보가 누구와 어떤 이유로 공유되는지 알려주어야 한다.

미성년자와의 상담

만약 당신이 개인치료를 하고자 한다 하더라도 미성년자와의 상담은 가족치료를 하는 것과 다름이 없게 된다. 전형적으로 가족 구성원이 치료를 받는 미성년자에 대한 치료동의를 제공해야 하며, 치료과정에 대체로 함께 참여하기를 원한다. 그리고 대체로 치료 기록에 접근할 권한을 갖는다(이러한 사항들에 대해서는 주마다 법이 다를 수 있으므로 당신이 속한 주의 법을 잘 알고 있어야 한다).

미성년자가 언제부터 동의 없이 치료를 받을 수 있는지는 주마다 다르다. 일반적으로, 18세 이하는 부모의 동의 없이 치료를 받을 수 없다. 하지만 어떤 주에서는 예외를 두기도 한다. 예를 들어, 캘리포니아 주에서는 치료자가 해당 미성년자가 치료를 받는 데 지적으로 아무 문제없이 충분히 성숙하다고 결정하면 12세 이상은 독자적으로 치료를 받을 수 있다.

가족 구성원들이 서로 충돌하는 동기를 가지고 있다고 하자. 자녀의 안녕을 몹시도 걱정하는 부모는 치료자와 자녀의 개인치료 장면에서 있었던 일을 모두 자신에게 말해 줄 것을 치료자에게 요구할 수도 있다. 반면에, 자녀는 부모가 항상 감시하는 듯한 느낌 없이 정서적으로 힘든 문제들을 탐색할 안전한 장소를 선호하곤 한다. 많은 치료자들은 이러한 갈등을 해결하기 위해 어떤 정보는 부모에게 공유되지 않으며, 어떤 정보는 부모 혹은 가족에게 공유될 것인지를 문서화하여 상호합의를 얻는다(아마 짐작했겠지만, 이 부분이 바로 '제한적 비밀' 규칙을 사용하는 치료자들에게는 흔한 상황이다). 예를 들어, 미성년자가 학교에서 친구관계 때문에 힘들어한다면 부모에게 그런 내용을 치료자가 이야기하지 않기를 바랄 수 있다. 그러한 정보를 치료자가 공유하지 않는 것이 더 큰 이득인지는 논란의 여지가 있을 수 있다(아이는 자신의 어려움에 대해 정직하게 이야기할 수 있는 안전한 장소를 얻으며, 부모는 아이의 어려움에 대한 정보를 알지 못한다고 해서 발생되는 해가 없다). 반면에, 미성년자가 마약 혹은 알코올 남용 문제를 갖고 있거나, 어떤 경우에서든 자신의 신체에 해를 입히는 문제에 빠져 있으면, 그러한 정보는 부모와 공유될 것이다. 다시 말하면, 비밀과 관련되어 치료자가 선택하는 어떠한 규칙이든지, 그 규칙은 명확하게 문서화되어야 하며, 반드시 준수되어야 한다.

아동학대 보고

아동과 가족을 상담하다 보면, 치료자는 아동학대가 발생하지는 않았는지 종종 의심을 갖게 된다. 때때로 내담자가 치료자에게 직접 말할 때도 있고, 치료자가 내담자에게 나타난 신체적 혹은 행동적 증거들을 바탕으로 학대가 발생했음을 알아차린다. 주에 따라 법은 다르지만, 전형적으로 심리치료자들은 신체적 학대, 성적 학대, 방임을 지역의 관련 기관에 보고함으로써 피해자뿐 아니라 다른 잠재적 피해자들이 보호받을 수 있도록 해야 한다. 치료자는 반드시 학대를 인지하자마자 얼마나 빨리, 누구에게, 무엇을 보고해야 하는지에 대한 자신이 속한 지역의 법을 제대로 알고 있어야 한다.

청소년과 가족들을 상담하는 치료자들은 미성년자 간 합의된 성적 행위를 보고하는 것과 관련된 법을 특별히 잘 알고 있어야 한다. 주에 따라서는 범죄로 분류되는 합의된 성적 행위와 학대로 분류되는 합의된 성적 행위를 구분할 수 있다(예를 들어, 어떤 주에서는 법정강간(statutory rape)[3]을 학대가 아닌 범죄로 간주한다). 학대는 반드시 보고되어야 하지만, 학대가 아닌 범죄 행위는 보고되지 않을 수도 있으므로 치료자는 법에서 명시하는 것이 무엇

---

3) 역주: 미국 법률 용어로 법에서 규정한 강간. 즉, 미성년자와 성행위를 하는 것을 가리킨다.

인지 민감하게 알고 있어야 한다. 당신의 내담자의 연령, 내담자가 만나는 상대의 연령, 두 사람의 관계의 본질(예를 들어, 나이가 더 많은 상대가 어린 상대를 착취하고 있지는 않은지), 두 사람이 함께 참여하는 특정 행위 등 이 모든 것들이 두 사람의 관계가 학대라고 여겨질 수 있는지 여부를 확인할 수 있는 질문들과 관련될 수 있다.

친밀한 관계에서의 파트너 폭력

몇몇 연구자들은 커플치료자들이 치료에 임하는 모든 커플들의 현재 및 과거의 파트너 폭력(intimate partner violence, IPV) 경험 여부를 좀 더 철저하게 평가해야 한다고 제안한다. 철저한 평가가 없다면, 그러한 폭력이 종종 보고되지 않고 지나치게 된다. 외래 상담을 받으려 하는 커플들 가운데, 지난 12개월 동안 36%~58% 정도는 여성에 대한 남성의 폭력을 경험하였고, 37%~57% 정도는 남성에 대한 여성의 폭력을 경험하였다(Jose & O'Leary, 2009). 최근 혹은 현재도 지속되는 폭력은 성공적인 커플치료의 주요한 장애물이 될 수 있다. 또한 커플치료에 있어 가장 효과가 있다고 인정을 받은 접근 중 하나인 정서중심 치료(emotionally focused therapy; Johnson, 2004)에서는 금기사항으로 간주된다.

일반적으로 치료자는 독자적으로 IPV를 보고하기 위해 비밀보장을 깨뜨릴 수 없다. 하지만 자녀가 부모 간의 폭력을 목격했다면 상황은 더 복잡해진다. 아동을 보호해야 하는 치료자의 의무가 개입되기 때문이다. 캘리포니아 주에서는 자녀가 가정폭력을 목격했다면, 치료자는 이를 정서적 학대로 공권력에 보고할 수(반드시 필수적인 것은 아니다) 있다. 가정에서 폭력을 목격한 것에 근거하여 신고하기 전에 아동학대에 관한 해당 주의 법을 반드시 알고 있어야 한다.

처음 혹은 두 번째로 가정폭력으로 기소된 사람을 치료할 때는 특별한 윤리적 문제가 야기된다. 특히 커플을 한꺼번에 치료할 때 잠재적 혜택과 잠재적 위험 여부를 가늠해야 한다. 최근에는 치료가 법원의 강제 명령으로 성별에 따른 특별 집단치료로 이루어지기도 한다(Babcock, Green, & Robie, 2004). 이러한 치료는 상습적 범행에 작지만 유의미한 영향을 주는 듯하다(Stith, McCollum, Amanor-Boadu, & Smith, 2012). 하지만 높은 탈락률을 보이며, 체포 보고서의 수로만 상습적 범행을 추정하므로 상습적 범행을 과소 측정할 수 있다.

커플을 상담하다 보면, 어떤 내담자들은 필연적으로 IPV 이력을 갖고 있을 수 있다. 어떤 다른 커플들은 현재 진행형의 폭력을 경험하면서 치료를 시작할 수도 있다. 문헌을 살펴보면 여러 해 동안 이러한 커플들을 어떻게 치료해야 하는지에 대해 많은 논쟁이 있었다. 그러한 논쟁은 위에서 언급한 많은 쟁점들과 관련되지만, 특히 커플에게 야기될 수 있는 이득과 위험을 어떻게 가늠할 것인지에 관한 것이다. 어떤 문헌에서는 몇몇 가해자들은 커플 상담 맥락에서 가정폭력으로 상담을 받을 경우 더 폭력적이 된다는 염려를 제기하면서 어떤 커플들과의 상담, 혹은 가장 최근의 폭력 사건 이후 적어도 몇 개월 동안 가족을 기반으로 상담하는 것이 매우 위험하다고 간주한다. 다른 문헌에서는 폭력의 이력이 낮은 수준이거나 쌍방이었다면 커플을 함께 상담하는 것을 지지하기도 한다(예를 들면, Bograd & Mederos, 1999). 당신이 어디에서(소속된 주, 지역, 기관에 따라 법이나 방침이 다르므로) 상담하느냐가 가정폭력을 치료하는 규칙을 정할 것이며, 특히 한쪽의 배우자가 IPV로 기소되었을 경우에는 더욱 그러하다.

현재 커플 및 가족상담에서의 법적 및 윤리적 쟁점

전문적 기준은 시간에 따라 변화한다. 전문가로서, 이상적으로는 이러한 변화에서 주도적 역할을 취해야 한다. AAMFT의 윤리강령(AAMFT, 2012)은 원칙들이 공공이익을 보장할 수 있도록(원칙 6.7) 가족치료에 관한 법과 규정을 개발하고 개정시키는 데 있어 가족치료자들이 적극적인 역할을 취하도록 촉구한다. 종종 전문적 기준은 치료가 어떤 새로운 형태로 변화하느냐 혹은 우리가 상담하는 내담자 집단이 어떻게 변화하느냐에 의해 달라진다. 현재 커플 및 가족치료의 전문적 기준을 새롭게 형성하고 있는 두 가지 특별한 쟁점은 테크놀로지와 치료자 가치이다.

테크놀로지

화상전화와 관련 과학기술이 점점 발전함에 따라 치료자들은 상담실에 오기 힘든 내담자들에게 서비스를 제공하기 위해 관련 과학기술을 사용하기 시작하고 있다. 적절한 관련 서비스가 없는 외딴 지역의 내담자들은 특히 전화 혹은 화상전화를 통한 치료를 통해 도움을 받을 수 있다.

전화 혹은 인터넷으로 치료 서비스를 제공하는 것은 개인 내담자, 커플 및 가족에게는 도전거리이다. 커플 및 가족과 상담하면서 수집한 정보의 대부분은 회기 중 내담자들 간의 상호작용과 관련된다. 만약 커플 혹은 가족이 컴퓨터 스크린을 통해 보인다면, 혹은 전혀 모습을 볼 수 없는 전화로 치료가 진행된다면, 해당 공간 안에서 보이는 역동을 치료자가 평가하기에는 훨씬 더 힘들어진다. 아마 이런 이유 때문에 전화 혹은 화상전화로 이루어지는 치료에 관한 연구들은 대부분 개인치료에만 초점을 두고 있을 것이다(Barak, Hen, Boniel-Nissim, & Shapira, 2008).

전화 혹은 인터넷으로 커플 혹은 가족상담을 하고자 하는 치료자가 알아야 할 몇 가지 사항이 있다. 첫째, 치료자의 자격증은 자격증을 받은 곳의 주에서만 상담하도록 제한을 둔다. 예를 들어, 텍사스 주에서 자격을 획득한 치료자는 뉴욕에 있는 커플을 전화로 상담할 수 없다. 만약 그럴 경우에는 자격 없이 뉴욕에서 치료를 하는 것으로 간주될 가능성이 있다.[4] 둘째, 전화 혹은 인터넷 서비스를 제공하는 치료자는 반드시 다음과 같은 윤리적 필수사항을 추가적으로 준수해야 한다. (a) 내담자의 필요와 능력을 고려할 때 전자시스템을 이용한 치료가 적절하다는 것이 보장되어야 함. (b) 전자상으로 제공되는 치료의 잠재적인 위험과 이점에 대해 내담자에게 고지해야 함. (c) 사생활 및 비밀보장을 위해 안전한 전화 및 인터넷 연결을 보장해야 함. (d) 이러한 테크놀로지를 사용하는 데 있어 치료자가 적절한 훈련과 경험이 있음을 보장해야 함 등이다. 이러한 필수사항들이 AAMFT와 ACA 윤리강령에 제시되어 있다. 나아가 ACA는 전화 및 인터넷 연결이 끊어지거나 위급 상황이 발생하면 내담자가 어떤 조치를 취해야 하는지 치료자가 계획을 수립해놓아야 함을 요구한다. 마지막으로, 테크놀로지를 이용한 커플 및 가족치료에 대한 잘 정립된 프로토콜은 없다.

테크놀로지는 커플 및 가족치료에 매우 색다른 방식으로 영향을 끼친다. 즉, 커플과 가족이 서로 어떤 관계를 맺는지를 바꿔놓는다. 전자 통신이 서로 많이 떨어진 가족들을 더욱 손쉽게 연결시키는 반면, 자주 불륜과 위험한 성적 행동을 조장하는 데 사용되기도 한다. 온라인 활동의 부정적인 영향은 내게 상담을 받으러 오는 커플들이 제시하는 점점 더 흔한 이유가 된다. 하지만, 온라인 관계가 커플 및 가족에게 미치는 부정적 영향은 오로지 연구의 관심사로 이해되기 시작했을 뿐이다(Hertlein & Webster, 2008).

치료자 가치

동성애 내담자에 대한 치료를 거부하는 심리치료자들에 관해 지난 몇 년 동안 적어도 세 개의 판례가 등장했다. 이를 통해 내담자에게 서비스를 제공해야 할 의무가 어디에서 중단되고, 치료자 자신의 가치에 근거해서 상담을 할 권리는 어디에서 시작되는지에 관한 좀 더 포괄적인 논의가 이루어져 왔다.

가족치료는 가치중립적이 될 수 없다고 일반적으로 여겨진다. 모든 치료자가 자신의 가치를 상담실로 가져온다. 실제로 건강한 관계를 통해 좀 더 큰 공동체를 돕는다는 가치가 어떤 사람을 가족치료자로 만든 것이기도 하다. 자율성이라는 가치를 위해 치료자는 내담자의 가치라는 렌즈를 통해 내담자를 이해하도록 교육받는다. CAMFT 윤리강령은 치료자로 하여금 스스로의 개인적 가치를 인식하되 내담자에게 자신의 가치를 강요하지 않을 것을 촉구한다. 이와 비슷한 조항을 APA, ACA, 그리고 NASW 윤리강령에서도 찾아볼 수 있다.

---

4) 현재까지 이 쟁점에 대한 판례가 되는 사건들이 많지는 않다. 한 가지 사례는 콜로라도 주의 정신과 의사인 Christian Hageseth 3세가 인터넷 약국을 통해 캘리포니아에 거주하고 있는 십대 내담자에게 항우울제를 처방하였다(두 사람은 이전에 한 번도 만난 적이 없었다). 처방된 항우울제가 내담자의 자살 사고를 촉발시켰고, 결국 내담자는 자살하였다. 캘리포니아 주는 그 정신과 의사를 자격 없이 캘리포니아에서 치료한 것으로 기소하였고, 정신과 의사는 교도소에 갔다(Sorrel, 2009).

하지만 판례를 살펴보면, 일련의 치료자들이 성과 관련된 자신들의 가치 때문에 동성애 내담자를 치료할 수 없다고 주장하였다. 이스턴미시간대학교의 상담전공 학생인 줄리아 워드(Julea Ward)는 한 여성 동성애 내담자를 상담할 수 없다고 거부하고 슈퍼바이저에게 이야기해서 자신과 같은 고민을 하지 않는 같은 기관 내 다른 치료자에게 그 내담자가 치료를 받게 하였다. 대학은 워드의 치료 거부가 차별적이라고 간주하고 워드가 교정 교육을 반드시 이수해야 한다고 말했다. 워드는 이를 거부했고, 그 결과 학위과정에서 퇴출되었다. 이후 워드는 대학에 소송을 제기했다. 제니퍼 키튼(Jennifer Keeton)은 오거스타주립대학의 학생이었는데 내담자에게 치료자의 성과 관련된 가치를 부과하지 않겠다는 것을 확실히 하기 위한 교정 교육을 이수해야 한다는 말을 들은 이후 유사한 소송을 제기했다. 그녀는 특정 내담자에 대한 치료를 거부하지는 않았으나, 여러 수업에서 자신은 동성애 내담자와는 상담하지 않겠다고 여러 번 표방하였다. 마지막으로, 마샤 월든(Marcia Walden)은 질병관리센터(Centers for Disease Control, CDC) 직원의 동성애 관계에 대해 상담하지 않겠다고 거부한 후 정직 당하였고 이윽고 해고되었다. CDC 하청업체의 직원이었던 월든은 동성애를 반대하지 않는 다른 동료에게 상담 사례를 넘겼다.

이러한 판례들은 하나의 윤리강령이 서로 모순될 수 있음을 보여주는 강력한 예시들이다. 한편으로 정신건강 분야의 모든 전문적 윤리강령에서 비차별 조항은 내담자가 단순히 자신의 성적 지향성 때문에 거부되어서는 안 된다는 것을 암시하고 있다. 반면에, 역량 조항은 정신건강 분야의 모든 전문적 윤리강령에 포함되어 있는데, 이 조항은 치료자가 자신이 치료하기에 부적격이라고 여겨지는 내담자를 치료하지 않도록 요구한다. 만약 치료자가 동성애 내담자를 치료하기에 역부족이라고 느낀다면, 어떤 조항이 더 우선하는가?

위의 소송 사건들은 치료자가 따라야 할 명확한 판례규정을 아직까지는 제공하지 못하고 있다. 키튼의 사례는 2012년 6월에 연방법원에 의해 기각되었고, 다른 사례는 항소 중이다.

결론

가장 좋은 준비와 지식을 갖추고 있다고 하더라도, 커플 및 가족과 작업하는 치료자는 어떻게 진행해야 할지 확실하지 않은 상황들에 직면하게 된다. 법은 전형적으로 이미 발생한 사건에 대한 반응으로 만들어지므로 앞으로 발생할지 모르는 새로운 상황들 모두를 다루지는 못할 것이다. 윤리강령도 마찬가지로 불완전하다. 그리고 표준적 돌봄의 기준도 모든 상황에 적용되지 않는다. 고맙게도 전문적인 치료자로서 당신은 까다로운 의사결정에 도움이 될 수 있는 수많은 자료들을 가지고 있다.

커플 및 가족치료 시 법적 혹은 윤리적 의문에 맞닥뜨린다면, 행동을 취하기 전에 질문을 던지는 것이 행동 후에 던지는 것보다 항상 더 옳다. 슈퍼바이저와 동료들로부터 자문을 구함으로써 다른 전문가들은 유사한 상황에서 어떤 행동을 할 것인지에 대한 개념을 얻을 수 있다. 변호사로부터 자문을 얻는 것도 당신의 법적 책임을 명확히 하는 데 도움이 될 것이다. 직업 관련 책임 보험에 가입하면 법적 자문을 무료로 받을 수도 있다. 그리고 당신이 가입한 학회나 협회에서 법적 자문을 제공할 수도 있다. 대부분의 전문학회는 윤리적 책임에 관한 질문이 있는 회원들에게 조언을 제공하는 윤리위원회 혹은 윤리 고문들을 두고 있다.

참고문헌

American Association for Marriage and Family Therapy (2012). *AAMFT Code of Ethics*. Alexandria, VA: AAMFT.

American Psychological Association. (1993, October). *Task force on promotion and dissemination of psychological procedures: A report adopted by the Division 12 Board*. Retrieved August 24, 2008, from www.apa.org/divisions/div12/journals.html

Anderson, H. (1997). *Conversations, language, and possibilities: A postmodern approach to therapy*. New York: Basic Books.

Babcock, J. C., Green, C. E., & Robie, C. (2004). Does batterers' treatment work? A meta-analytic review of domestic violence treatment. *Clinical Psychology Review*, 23(8), 1023–1053.

Baldwin, S., Christian, S., Berkeljon, A., & Shadish, W. (2012). The effects of family therapies for adolescent delinquency and substance abuse: A meta-analysis. *Journal of Marital and Family Therapy*, 38, 281–304.

Barak, A., Hen, L., Boniel-Nissim, M., & Shapira, N. (2008). A comprehensive review and a meta-analysis of the effectiveness of internet-based psychotherapeutic interventions. *Journal of Technology in Human Services*, 26(2/4), 109–160.

Beach, S., & Whisman, M. (2012). Affective disorders. *Journal of Marital and Family Therapy*, 38, 201–219.

Beauchamp, T. L., & Childress, J. F. (2009). *Principles of biomedical ethics* (6th ed.). New York: Oxford University Press.

Blow, A. J., Sprenkle, D. H., & Davis, S. D. (2007). Is who delivers the treatment more important than the treatment itself? *Journal of Marital and Family Therapy*, 33, 298–317.

Chambless, D. L., & Hollon, S. D. (1998). Defining empirically supported therapies. *Journal of Consulting and Clinical Psychology*, 66, 7–18.

Chambless, D. L., Sanderson, W. C., Shoham, V., Johnson, S. B., Pope, K. S., Crits-Christoph, P., Baker, M., Johnson, B., Woody, S. R., Sue, S., Beutler, L., Williams, D. A., & McCurry, S. (1996). An update on empirically validated treatments. *Clinical Psychologist*, 49(2), 5–18. Available from www.apa.org/divisions/div12/journals.html

Chenail, R., St. George, S., Wulff, D., Duffy, M., Scott, K., & Tomm, K. (2012). Clients' relational conceptions of conjoint couple and family therapy quality: A grounded formal theory. *Journal of Marital and Family Therapy*, 38, 241–264.

Duncan, B. L., Miller, S. D., Sparks, J. A., Claud, D. A., Reynolds, L. R., Brown, J., & Johnson, L. D. (2003). Session Rating Scale: Preliminary psychometrics of a "working" alliance scale, *Journal of Brief Therapy*, 3, 3–12.

Gehart, D. R. (2014). *Mastering competencies in family therapy* (2nd ed.). Pacific Grove, CA: Cengage.

Henggeler, S., & Sheidow, A. (2012). Empirically supported family-based treatments for conduct disorder and delinquency in adolescents. *Journal of Marital and Family Therapy*, 38, 30–58.

Hertlein, K. M., & Webster, M. (2008). Technology, relationships, and problems: A research synthesis. *Journal of Marital and Family Therapy*, 34, 445–460.

Johnson, S. M. (2004). *The practice of emotionally focused couple therapy: Creating connection* (2nd ed.). New York: Guilford Press.

Jose, A., & O'Leary, K. D. (2009). Prevalence of partner aggression in representative and clinic samples. In K. D. O'Leary & E. M. Woodin (Eds.), *Psychological and physical aggression in couples: Causes and interventions* (pp. 15–35). Washington, DC: American Psychological Association.

Karam, E., & Sprenkle, D. (2010). The research-informed clinician: A guide to training the next-generation MFT. *Journal of Marital and Family Therapy*, 36, 307–319.

Kaslow, N., Broth, M., Smith, C., & Collins, M. (2012). Family-based interventions for child and adolescent disorders. *Journal of Marital and Family Therapy*, 38, 82–100.

Lambert, M. (1992). Psychotherapy outcome research: Implications for integrative and eclectic therapists. In J. C. Norcross & M. R. Goldfried (Eds.), *Handbook of psychotherapy integration* (pp. 94–129). New York: Wiley.

Lebow, J., Chambers, A., Christensen, A., & Johnson, S. (2012). Research on the treatment of couple distress. *Journal of Marital and Family Therapy*, 38, 145–168.

Lucksted, A., McFarlane, W., Downing, D., & Dixon, L. (2012). Recent developments in family psychoeducation as an evidence-based practice. *Journal of Marital and Family Therapy*, 38, 101–121.

Markman, H., & Rhoades, G. (2012). Relationship education research: Current status and future directions. *Journal of Marital and Family Therapy*, 38, 169–200.

Miller, S. D., Duncan, B. L., & Hubble, M. (1997). *Escape from Babel: Toward a unifying language for psychotherapy practice*. New York: Norton.

Moon, S. M., Dillon, D. R., & Sprenkle, D. H. (1990). Family therapy and qualitative research. *Journal of Marital and Family Therapy, 16*, 357–373.

Patterson, J. E., Miller, R. B., Carnes, S., & Wilson, S. (2004). Evidence-based practice for marriage and family therapies. *Journal of Marital and Family Therapy, 30*, 183–195.

Piercy, F. (2012). It is not enough to be busy. *Journal of Marital and Family Therapy, 38*, 1–2.

Rowe, C. (2012). Family therapy for drug abuse: Review and updates 2003–2010. *Journal of Marital & Family Therapy, 38*, 59–81.

Shields, C., Finley, M., Chawla, N., & Meadors, P. (2012). Couple and family interventions in health problems. *Journal of Marital and Family Therapy, 38*, 265–280.

Shadish, W. R., & Baldwin, S. A. (2002). Meta-analysis of MFT interventions. In D. H. Sprenkle (Ed.), *Effectiveness research in marriage and family therapy* (pp. 339–370). Alexandria, VA: American Association for Marriage and Family Therapy.

Sorrel, A. L. (2009). Doctor gets jail time for online, out-of-state prescribing. *American Medical News, June 8.* Retrieved from www.ama-assn.org/amednews/2009/06/01/prsd0601.htm

Sprenkle, D. H. (Ed.). (2002). Editor's introduction. In D. H. Sprenkle (Ed.), *Effectiveness research in marriage and family therapy* (pp. 9–25). Alexandria, VA: American Association for Marriage and Family Therapy.

Sprenkle, D. H., & Blow, A. J. (2004). Common factors and our sacred models. *Journal of Marital and Family Therapy, 30*, 113–129.

Sprenkle, D. H., Davis, S. D., & Lebow, J. (2009). *Beyond our sacred models: Common factors in couple, family, and relational psychotherapy.* New York: Guilford.

Sprenkle, D. (Ed.). (2012). Intervention research in couple and family therapy [Special edition]. *Journal of Marital and Family Therapy, 38*(1).

Stith, S., McCollum, E., Amanor-Boadu, Y., & Smith, D. (2012). Systemic perspectives on intimate partner violence treatment. *Journal of Marital and Family Therapy, 38*, 220–240.

Tallman, K., & Bohart, A. C. (1999). The client as a common factor: Clients as self-healers. In M. A. Hubble, B. L. Duncan, & S. D. Miller (Eds.), *The heart and soul of change: What works in therapy* (pp. 91–131). Washington, DC: American Psychological Association.

Wampold, B. E. (2001). *The great psychotherapy debate: Models, methods, and findings.* Mahwah, NJ: Erlbaum.

Woody, S. R., Weisz, J., & McLean, C. (2005). Empirically supported treatments: 10 years later. *Clinical Psychologist, 58*, 5–11.

이론에 따른 사례개념화와 치료계획

헤어디자이너와 치료자의 구분: 이론에 따른 사례개념화

좋은 치료계획을 수립하는 데 있어 첫 단계는 견고한 사례개념화(case conceptualization)를 하는 것이다. 치료자, 헤어디자이너, 바텐더, 그리고 좋은 친구 간의 기본적인 차이점은, 그 사람들이 문제상황을 어떠한 관점에서 보느냐 하는 것이다. 헤어디자이너와 바텐더, 좋은 친구들은 제3자로서 잘 들어주고, 공감적이면서도 중립을 지킬 수 있다. 하지만 치료자는 뭔가 다른 것을 제시해야만 한다. 즉, 상황을 더 좋게 만들기 위한 다양한 방법을 찾기 위해 내담자의 상태를 개념화하는 이론을 결정해야 한다. 사례개념화를 분명히 하면, 놀랍게도 회기에 무엇을 할지가 명확해진다.

사례개념화는 각각의 이론이 갖는 차이에 기반을 두고 발전된다. 이러한 차이점은 각 이론이 가지고 있는 기본적인 차이이다. 이론에 따른 사례개념화의 핵심은 각 이론의 주요 개념을 사용하여 내담자의 상황을 어떻게 이해하는지와 관련이 있다. 예를 들면, 구조주의적 가족치료자(7장)는 어디에서 어떻게 개입할 것인가를 결정하기 위해 가족의 구조를 사정한다. 예를 들면 경계들, 위계질서, 하위체계들을 살펴본다. 반면에, 체계적 가족치료자(5장)는 일련의 사건들, 즉 긴장유발, 증상, '정상'에 대한 회귀 등을 사정하고, 개입 가능한 시점을 확보하기 위해 위의 정보들을 활용한다. 위의 두 가지 사례개념화는 각각의 이론에 맞는 유용한 치료계획을 구성하는 데 사용된다. 어떤 이론이 효과적으로 적용되기 위해서는, 특정한 이론에 따른 사례개념화를 하는 것이 필수적이다.

이 책에서 이론을 다루는 각각의 장에는 '사례개념화 및 평가'로 정리된 부분이 포함된다. 이 부분에 언급되는 개념들은 '적용하기' 부분의 치료 틀과 지침을 활용해서 그 이론을 기반으로 한 사례개념화를 하는 데 사용될 수 있다. 마지막으로 각 장의 끝부분에는 당신이 잘 적용할 수 있도록 사례를 제시하였다. 또한 이 책의 17장에는 이론을 통합한 사례개념화를 제공함으로써 사례에 대해 더욱 깊고 풍부한 상황을 이해할 수 있도록 여러 이론적 관점을 제공하고 있다.

이론에 따른 사례개념화 하기

이론에 따른 사례개념화를 하기 위해 충분한 시간을 갖는 것은 치료계획 과정에서 가장 중요하고도 어려운 단계이자, 새내기 상담자가 가장 건너뛰고 싶어 하는 과정이다. 그 이유는 각 이론이 정형화되어 있지 않아서 상당히 심사숙고해야 하고, 비판적 사고를 요하기 때문이다. 상담자가 내담자 실제 상황에 이론적인 개념들을 적용하기까지는 상당한 시간이 걸린다. 대부분은 교재에 나와 있는 것처럼 명료하지 않아서(고통스러운 진실은, 삶에서 명확한 것은 아무것도 없다는 것이다) 고군분투해야 겠지만, 그 과정에서 상담자는 이론을 어떻게 적용할지 배워가는 것이고, 그것이 상담자를 역량 있는 치료자로 만들어갈 것이다. 고맙게도, 이론에 따른 사례개념화 능력을 발달시키기 위해서 상담자가 해야 할 것은, '사례개념화 및 평가' 부분에 기술된 개념을 활용하기만 하면 된다. 각 장의 이론 마지막 부분에 있는 자세한 사례를 통해 상담자가 어떠한 최종 결과물을 낼 수 있을지에 대한 실마리를 찾을 수 있을 것이다. 그럼에도 불구하고, 이 지침을 실제 내담자의 상황에 적용하는 것은 또 다른 문제이다.

사례개념화를 마친 후에도, 상담자는 스스로 다음과 같은 질문을 던져야 한다.

● 사례개념화에서 드러나는 2~3가지 핵심 패턴은 무엇인가?

이러한 핵심 주제가 다음에 제시된 치료계획 내 작업 단계의 초점이자 종결 단계의 목표가 될 것이다. 잠재적인 위기 문제는 어떤 것이라도 초기 단계에서 다루어져야 한다. 만약 특정 이론이 건강성과 정상성 개념에 대한 용어를 담고 있다면 종결 단계의 목표는 그 용어로 진술되어야 한다. 예를 들면, 구조적 치료(7장), 새티어식 접근(8장), 보웬의 세대 간 치료(10장)와 같은 이론들은 명확한 대인 간 경계, 분화, 자아실현과 같은, 이론에서 제시한 개념으로 정의된 장기목표를 가지고 있다. 그러한 치료적 모델을 활용할 때, 치료자는 머릿속에 더 큰 목표를 염두에 두고, 종결 단계의 목표를 향해 내담자를 준비시키는 중장기적 목표를 설정해야 한다.

치료계획 수립

이론에 따른 사례개념화가 완성되면, 치료자는 확인된 문제를 다룰 치료계획을 세울 준비가 된 것이다. 치료계획은 꿈과 희망으로 가득 차 있어 재미가 있다. 계획을 세우면서 치료자는 자유로움도 갖지만, 동시에 무거운 책임감도 느끼게 된다. 수많은 좋은 계획을 모든 내담자에게 적용할 수도 있지만, 상담자는 특정 내담자, 특정한 문제, 특정한 치료자-내담자 관계에 가장 적합한 특정한 이론이나 기법을 골라야 한다. 치료자는 내담자에게 가장 큰 도움을 줄 수 있는 효과적인 과정을 진행시키고 계획을 선택해야 할 책임이 있다. 이 계획은 임상 경험, 최신 연구와 치료 기준에 기반을 두어야 한다.

정신건강 치료계획의 역사

결혼과 가족치료 분야에서 치료계획의 역사는 상대적으로 짧다. 최초의 치료자들은 치료계획에 대해 언급하거나 적지 않았고, 문서를 검색해보면 알겠지만 사실 비용을 지급하는 관리 의료기관이나 지역 정신건강센터에서 인정되는 양식을 찾을 수 없을 것이다. 만약 가족치료나 더 넓게는 정신건강 현장에서 승인된 치료계획 접근이 나오지 않았다면, 어디에서 나온 것일까? 답은 간단하다. 바로 의료 현장이다.

증상기반 치료계획

대부분의 결혼과 가족문제 치료자가 제3자 지불을 받기 위한 그리고 21세기 표준적 돌봄의 기준을 유지하기 위한 치료계획 유형은 의료 모델에서 유래되었다. 종스마와 그의 동료들(Dattilio & Jongsma, 2000; Jongsma, Peterson, & Bruce, 2006; Jongsma, Peterson, McInnis, & Bruce, 2006; O'Leary, Heyman, & Jongsma, 1998)은 가장 폭넓은 모델을 개발하였다. 일컬어 증상기반 치료계획(symptom-based treatment)인데, 이는 내담자의 의학적 증상에만 초점을 맞추고 있다. 대부분의 치료계획에 관한 저서들은 유사한 증상기반 모델을 사용하고 있다(Johnson, 2004; Wiger, 2005). 이러한 계획들이 의료 현장과 관련은 있다고 하지만, 치료자들이 가장 효과적인 방법으로 치료계획을 세우는 데는 도움이 되지 않는다.

예를 들면, 제멋대로인 아이를 치료해 달라고 데리고 온 부모가 있다면, 치료자는 철저한 사례개념화 없이 문제를 들어보고 계획을 세우고(예를 들어, '성질 부리는 행동을 일주일에 한 번 이하로 감소시키기'), 서둘러 아이의 성질 부리기만을 다루려고 하겠지만, 치료가 성공할 가능성은 낮다. 체계적 사정을 통해서라면 현재 아이의 문제는 결혼과/또는 부모양육에 문제가 있음을 보여주는 것이며, 결혼관계에서의 긴장 감소에 목표를 둔 부부치료가 실제적으로 제멋대로인 아이의 증상을 줄이는 최고의 방법임을 알게 될 것이다. 증상기반 치료계획의 위험성은 치료자가 이론을 충분히 이용하지 않고 증상에만 초점을 맞추어 큰 그림을 놓칠 수 있다는 점이다. 단언컨대, 좋은 상담자라면 증상에만 초점을 맞추어 사례개념화를 하지 않을 것이다. 하지만, 오늘날 실제 현장에서는 (a) 과도한 사례들로 인한 부담감, (b) 첫 회기가 끝나갈 때쯤에는 진단이나 치료계획을 세워야 한다는 압박과, (c) 매우 형식적인 서류작업과 지불체계, 이 모든 것이 치료자를 어렵게 만든다. 그러므로 증상기반 치료계획은 편리하다고는 할 수 있어도, 오늘날 상담현장에 맞는 최선의 선택은 아니다.

이론기반 치료계획

게하트와 터틀(Gehart & Tuttle, 2003)이 기술한 이론기반 치료계획은, 임상적으로 의미가 있는 치료계획을 세우기 위해 증상 모델이 제공하는 것보다는 이론을 더 활용한다. 두 모델 모두 임상 이론들이 언급하는 목표를 포함하고는 있지만, 같은 용어를 사용하므로 초보 실습생들이 이론기반에서 목표와 개입방법을 수립하는 데 혼란을 겪는다는 것을 알았다. 더구나, 대부분의 학생들은 이론기반 계획에서 진단 관련 사항들과 임상적인 증상을 다루는 것을 어려워하는데, 두 모델에서 사용하는 용어가 근본적으로 다르기 때문이다. 해결책은 이론기반 치료계획과 증상기반 치료계획 가운데 가장 최상의 것과 측정 가능한 요인을 추가하여 '임상 치료계획(clinical treatment plan)'이라고 불리는 새롭고 통합적인 모델을 개발하는 것이다.

임상 치료계획

임상 치료계획은 간단하면서도 통합적으로 치료에 대한 관점을 제공한다. 이 책에서는 『Mastering Competencies in Family Therapy』(Gehart, 2010)에 제시되어 있는 포괄적인 계획보다 좀 더 간소화된 모델을 사용한다.

이 책에서는 다음의 사항을 포함하고 있다.

- 상담 과제: 치료자가 치료의 초기, 작업, 종결 단계에서 수행해야 하는 치료 과업을 기술한다. 이러한 과제는 이론뿐 아니라 윤리적 및 법적 요건을 고려하여 제공된다.
- 내담자 목표: 내담자 목표는 사례개념화에서 나오며 이론기반 용어로 기술된다. 목표에 따라 어떠한 특정 관계 역동이 변화하는지 기술해야 한다. 최우선적으로 이러한 것을 해내기 위해, 증가/감소로 표기한다.

● 개입방법: 치료자가 선택한 이론을 활용하면서 목표 달성을 위해 두세 가지의 개입방법을 알아본다.

각 장의 이론 마지막 부분에서는 종결된 사례를 제시한다. 기본적인 형식은 다음과 같다.

치료계획

치료자: _____　　　　사례/내담자: _____

날짜: _____　　　　이론: _____

치료의 초기 단계

상담 과제

1. 상담관계를 수립한다. DN[1]: [관계 형성과 정서 표현에 있어 문화, 성, 기타 요인에 따라 서로 다른 방식들을 존중하기 위해 상담자가 고려해야 하는 것은 무엇인지 기술한다.]

    관계 형성/개입방법:

    a. _____

2. 개인, 체계, 좀 더 포괄적인 문화적 역동을 평가한다. DN: [문화, 사회경제적 수준, 성지향성, 성, 기타 규준들을 고려하여 평가 작업을 어떻게 조율해야 할 것인지 기술한다.]

    평가 전략:

    a. _____

    b. _____

내담자 목표: 위기 문제 관리, 스트레스 증상 감소

1. □ 증가 □ 감소 _____ (증상)을 감소시키기 위한

    _____ (이론에서 나온 용어를 사용한 개인적/관계 역동)

    개입방법:

    a. _____

    b. _____

치료의 작업 단계

상담 과제

1. 작업 동맹의 질을 모니터한다. DN: [내담자의 문화적 관습에 맞지 않는 정서 표현을 상담자가 했을 때 내담자가 보이는 반응에, 상담자가 어떻게 주의를 기울일 것인지 기술한다.]

---

1) 역주: diversity note, 다양성 관련 고려사항

a. 개입에 대한 평가: _____

내담자 목표(2~3가지 목표): 이론에서 나온 용어를 사용하여 개인과 관계역동에 목표를 둔다(예, 친밀함을 회피하는 것이 감소함, 감정을 알아차리는 것이 증가됨, 주체성이 향상됨).

1. ☐ 증가 ☐ 감소 _____ (증상)을 감소시키기 위한
   _____ (이론에서 나온 용어를 사용한 개인적/관계 역동)

   개입방법:

   a. _____

   b. _____

2. ☐ 증가 ☐ 감소 _____ (증상)을 감소시키기 위한
   _____ (이론에서 나온 용어를 사용한 개인적/관계 역동)

   개입방법:

   a. _____

   b. _____

3. ☐ 증가 ☐ 감소 _____ (증상)을 감소시키기 위한
   _____ (이론에서 나온 용어를 사용한 개인적/관계 역동)

   개입방법:

   a. _____

   b. _____

치료의 종결 단계

상담 과제

1. 사후 계획을 수립하고 얻어진 성과를 유지한다. DN: [치료 종결 이후 내담자의 지원 체계의 일부가 될 수 있는 공동체 내 자원들에 상담자가 어떻게 접근할 수 있을지 기술한다.]

   개입방법:

   a. _____

내담자 목표(1~2개 목표): 건강성과 정상성에 대해 이론상의 개념으로 정의한다.

1. ☐ 증가 ☐ 감소 _____ (증상)을 감소시키기 위한
   _____ (이론에서 나온 용어를 사용한 개인적/관계 역동)

   개입방법:

   a. _____

   b. _____

2. ☐ 증가 ☐ 감소 _____ (증상)을 감소시키기 위한
   _____ (이론에서 나온 용어를 사용한 개인적/관계 역동)

   개입방법:

   a. _____

   b. _____

유용한 치료과제

치료과제는 새내기 치료자들이 기본적인 임무를 개념화하는 데 도움이 된다(물론 경험 있는 치료자가 기본적인 역량을 다듬는 데도 도움이 되긴 한다). 하지만 이것은 원칙적으로 보험회사나 제3자 지불자에게 보내야 하는 서류에는 포함되지 않지만, 상담과정에 법적 또는 윤리적인 문제가 발생했을 때 문서상으로 자료가 있다면 상담자에게 유리하다.

이름에서도 알 수 있듯이, 치료과제는 대부분 정형화되어 있어 치료계획을 세우는 것은 가장 쉬운 부분일 것이다. 치료동맹을 어떻게 형성할 것인지와 같은 세부 치료과제에 어떻게 접근하는지를 기술한 각각의 이론은 나름대로의 용어와 개입방법들이 있고, 좋은 계획 수립이란 이러한 차별성을 잘 반영하는 것이어야 한다. 예를 들면, 보웬의 다세대 치료자들은 내담자에게는 비반응적인 자세를 견지하는 반면에, 경험주의 가족치료자들은 치료동맹 형성에 있어 훨씬 감성적으로 접근한다. 또한 세부 치료과제는 치료자가 다양성의 문제가 있을 때 그것을 어떻게 다루는지 보여주는 시점에 어떤 접근을 할 것인지가 조정해야 하는 핵심요소 중 하나이다.

초기 단계

당연하겠지만, 치료에 대한 기본적인 틀을 잡아가야 하는 시점이 초기 단계여서, 치료자들이 가장 많은 일을 해야 하는 단계이다. 사실상 모든 이론들은 이미 양식에서 보여지듯이, 초기 치료과정에 적어도 두 가지의 필수적인 치료과제를 포함한다.

- 치료동맹을 구축한다.
- 개인, 가족, 사회적 역동을 평가한다.

비록 각각의 이론적 접근이 위의 두 가지를 수행하는 데 다른 방법을 제시한다고 하더라도, 이론 간 유사성들은 치료자가 치료의 초기 단계 사례개념화 작업을 용이하게 한다. 치료과정에서 문제가 발생한다면, 치료자는 초기 과제 중 하나를 다시 다루어야 하는데, 대부분의 경우 치료동맹을 재고해야 한다(따라서 작업 단계까지 이러한 작업은 지속된다; Batchelor & Horvath, 1999; Orlinsky, Rønnestad, & Willutzki, 2004).

작업 단계

작업 단계에서의 주요 치료과제는 상담이 진전되느냐의 핵심인 치료동맹의 질을 모니터하는 것이다. 관계에서 불협화음이 있거나, 내담자가 진전을 보이지 않으면, 치료자는 무슨 원인이 있는지, 목표를 성취하기 위해 무엇을 조정해야 하는지를 검토해야 한다. 가족치료자는 진전이 없는 타당한 이유로 '저항'은 거의 언급하지 않는다. '저항의 죽음'을 주장하는 스티브 드 쉐이저(Steve de Shazer, 1984)는 치료가 진전이 안 되는 것은 내담자의 잘못일 수 없다고 한다. 초기 개입이 효과가 없다면, 치료자는 내담자나 자신을 탓할 필요가 없고 대신 무엇이 효과가 있을지 생각해보는 것에 초점을 맞추고, 치료동맹의 질과 미묘한 차이를 알아보도록 한다. 유사하게, 체계적 치료자들도 내담자들이 진전을 보이지 않거나, 치료자가 유효한 작업가설을 아직 설정하지 못했거나, 내담자에게 효과적으로 전달할 방법을 찾지 못했다면, 위와 같이 하기를 꾸준히 충고한다(Selvini Palazzoli, Boscolo, Cecchin, & Prata, 1978; Watzlawick, Weakland, & Fisch, 1974). 체계적 접근에서는, '실패한' 개입방법들은 치료자들이 하지 않은 작업을 알려주고, 무엇이 효과를 낼 것인지, 어떻게 치료동맹을 재정립할 것인지의 단서를 제공한다고 한다.

종결 단계

간단히 말하면, 종결 단계의 주요 과제는 내담자의 인생에 치료자가 더 이상 필요하지 않게 하는 것이다(치료자는 이 단계를 통해 겸손함을 배운다. 이 과정은 치료자가 겸손함을 유지하기 위해 꼭 필요하기도 하다). 이 치료 단계에서, 치료자는 (a) 내담자가 시도한 것 중에서 변화를 가져온 것이 무엇인지, (b) 어떻게 성공을 유지했는지, (c) 살면서 다가오는 도전들을 어떻게 대처할 것인지를 포함해서 치료 이후의 계획을 내담자가 세우도록 한다. 각 치료 모델은 방법에 있어서는 서로 다를 수 있으나, 대부분의 치료적 상황에서 효과적으로 과업을 수행하는 논리가 있으며 이론 간에 일관성이 있다. 이 단계가 잘 마무리 되면, 내담자는 살면서 계속 일어나는 불가피한 문제들을 더 잘 처리할 수 있겠다는 느낌을 가지고 치료를 마칠 수 있다.

다양성과 세부 치료과제

각 세부 치료과제에서, 상담자는 문화, 민족, 인종, 성지향성, 성정체성, 종교, 언어, 능력, 연령, 성별과 같은 다양성 문제를 어떻게 다룰 것인지 주목해야 한다. 예를 들면, 거의 모든 내담자가 가지고 있는 연령, 민족, 성별에 따른 다양성에 대한 관계 양상을 조금은 중요하게 조정해야 한다. 또한, 얼마나 잘 기능하고 있는지에 대한 평가를 할 때도 다양성 요소를 고려해야만 한다.

세부 치료과제에 있어 어떻게 다양성 문제를 다룰지에 관한 예시는 다음과 같다.

- 십대와 남자들에게 유머를 사용
- 전문가를 선호하는 이민자나 다른 민족적 배경이 있는 내담자에게 더욱 정중하고 존중

하는 관계방식을 고려(라틴계 내담자의 경우에는 respeto[2])

- 히스패닉/라틴계 내담자와는 친근한 관계(personalismo)[3] 존중
- 영성과 종교적 신념 및 자원을 포함하거나, 목사, 랍비, 영적 치료자와의 연결을 포함하거나, 평안함을 제공하거나 지지가 되는 특수한 종교적 수행을 포함하는 경우
- 확장된 가족/부족 체계가 기본인 곳에서 자라온 내담자인 경우 확장된 가족이나 부족 구성원도 포함
- 과거 탐색에 가치를 두지 않는 내담자와의 현재 중심, 문제 중심 접근 사용
- 아시아계 사람들이 수치스러워하는 문제의 논의를 피할 수 있게 하는 개입방법, 평가, 질문 사용
- 치료과정에 있어 문화적으로 적합한 자원과 사람을 포함
- 게이, 레즈비언, 양성애자, 성전환 내담자가 가족 구성원인 경우의 평가
- 소외감과 차별대우에서 오는 스트레스를 평가에서 다룸

유용한 내담자 목표

솔직히 말하면, 유용한 내담자 목표를 설정하는 것은 어려운 문제이다. 치료계획을 세우는 과정에서 이 부분이 가장 어렵고도, 반면 가장 의미 있는 과정이기도 하다. 핵심은 사례개념화를 한 후에라야만 가능하다는 것이다. 내담자 목표를 정하는 어려움을 줄이기 위해 목표 설정 작업표를 사용한다. 목표 설정 작업표는 다음 사항을 서로 연결짓는 데 도움이 된다.

- 내담자가 이미 보고한 호소문제
- 이론적인 사례개념화에서 이미 밝혀진 문제와 관련된 역동
- 정신질환 증상 또는 대인관계에서 나타나는 증상

어떠한 상황에서든, 위의 세 가지 모두에 해당되는 2~4개의 핵심역동을 찾을 수 있어야 한다. 어떤 때는 시간이 많이 걸리기도 하지만, 일단 찾고 나면 내담자가 가지고 온 임의의 사건들이 시간이 가면서 갑자기 모두 연결된다. 그리고 나면 어떻게 조력하면 유용할지 좋은 생각이 떠오를 것이다.

---

2) 역주: 영어의 respect에 해당한다.
3) 역주: 라틴 문화에서는 관계에서 친근한 태도나 표현 등을 중요시 여기는데, 이를 가리키는 말이다.

목표 설정 작업표

현재 문제: 문제시 되는 역동을 찾는 데 도움이 되곤 한다.

내담자가 말하는 문제(들)는 무엇인가? 최대한 내담자의 단어와 구절을 사용하라.

1. _____

2. _____

3. _____

체계적 역동: 상담자 목표를 적는 데 사용되곤 한다.

사례개념화를 발전시키는 것은 각 장의 "사례개념화 및 평가" 부분에 기반을 둔다. 가장 두드러진 문제가 되는 관계 역동 2~4개를 확인하거나, 사례개념화로부터 여러 가설을 세워본다. 이것이 내담자의 호소 문제에 가장 기여할 것 같은 역동이다. 몇몇 사례에서는, 어떤 역동이 겹치기도 하고 서로 연관되기도 하는 것을 알 수 있다. 즉, 이러한 상황에서 겹쳐지는 역동을 하나씩 아래에 요약하도록 한다.

1. _____

2. _____

3. _____

증상들

2~4가지 가장 두드러진 심리적 증상이나 호소 문제(예: 우울, 불안, 물질남용, 사랑하는 사람과의 갈등, 단절, 흥미 잃음, 환각)를 확인하여 아래에 열거하라.

1. _____

2. _____

3. _____

적용하기

모든 조각들이 잘 들어맞는가?

현재 문제	역동	증상
1.		
2.		
3.		

주의: 어떤 이유에서든, 증상이 역동과 관련이 없다면, 사례개념화를 다시 검토해보라. 각 사항들이 모두 연관성을 갖고 있어야 한다.

증거기반 실제(선택적): 이론과 기법을 결정하는 데 도움이 된다.

(a) 내담자의 현재 문제, (b) 진단, (c) 개인 인구통계학적 자료/다양성 요인들 및/또는 (d) 의도하는 치료 접근과 관련된 연구 결과를 검토하는 데 PsychInfo나 유사한 검색엔진을 사용하라. 주요 개입방법들, 기법들, 지침을 아래에 적어본다.

1. ＿＿＿＿＿＿＿＿＿＿＿＿＿＿＿＿＿＿＿＿＿＿＿＿＿＿＿＿＿＿＿

2. ＿＿＿＿＿＿＿＿＿＿＿＿＿＿＿＿＿＿＿＿＿＿＿＿＿＿＿＿＿＿＿

3. ＿＿＿＿＿＿＿＿＿＿＿＿＿＿＿＿＿＿＿＿＿＿＿＿＿＿＿＿＿＿＿

가장 현저한 역동과 증거기반 연구들뿐 아니라 내담자의 욕구에 맞춰 어떤 이론 및/또는 기법들을 이 사례에 적용할 계획인가?

＿＿＿＿＿＿＿＿＿＿＿＿＿＿＿＿＿＿＿＿＿＿＿＿＿＿＿＿＿＿＿＿＿

목표 설정 과정

가장 어려운 부분은 목표를 설정하는 과정이다. 각각의 내담자 특수성 때문에 모든 상황에 맞는 어떤 정해진 규칙도 없다. 그렇더라도, 목표 작성은 세 가지 기본요소를 가지고 있다.

효과적인 목표 설정 지침

1. **우선적으로 선택한 이론에서 나오는 핵심개념이나 평가에서 시작한다**: 무엇을 변화시킬지에 대해 선택한 이론에서 사용하는 용어를 기술하면서 '증가'나 '감소'로 시작한다.
2. **증상과의 연관**: 개인이나 관계 역동을 변화시킴으로써 나타날 증상을 기술한다.
3. **내담자 이름을 사용하라**: 형식적인 것보다는 개별적인 목표가 나타나도록 이름(또는 그에 준하는 가명)을 사용하라.

내담자 목표의 구조

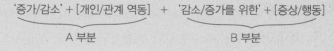

'증가/감소' + [개인/관계 역동] + '감소/증가를 위한' + [증상/행동]

　　　　　　A 부분　　　　　　　　　　　　　　B 부분

A 부분은 치료자가 우선적으로 선택한 이론에 들어맞는 명확한 치료 초점을 제공한다.
B 부분은 A 부분에 기술한 치료 초점의 증상의 변화와 정확히 연관된다. 예를 들면,

- CF[4])의 짜증의 횟수를 줄임으로써 AF[5])와 CF 사이 부모의 위계구조의 효율성을 높인다 (구조주의 치료).
- AF의 무기력감과 AM[6])의 조급증을 감소시키기 위해 AF와 AM 사이의 추적자-도망자 패턴을 감소시키고 방지한다(체계적 치료).
- 긍정적인 기분을 유지하는 기간을 늘리기 위해 음악이나 운동 등의 취미를 통해 사회적 상호작용 횟수를 증가시킨다(해결중심 치료).

각 부분은 다른 기능을 갖는다. A 부분은 치료자가 사례를 개념화하는 데 가장 유효하며, B 부분은 의료 모델을 요구하는 제3자 지불자에게 가장 유효하다. 치료자들이 A와 B 모두에 적합한 목표를 설정할 때, 그들 자신이 선호하는 방법으로 최대의 자유와 유연성을 갖고 치료 작업을 할 수 있을 뿐만 아니라, 제3자 지불자의 요구에도 부합할 수 있을 것이다.

초기 단계의 내담자 목표

치료의 초기 단계(대체로 첫 회기부터 3회기까지)에서 내담자 목표는 일반적으로 자살이나 타살 사고, 극심한 우울감과 공황유발, 형편없는 식이와 수면 양식과 같은 위기 증상을 안정화시키고, 약물이나 알코올 남용 문제를 다루고, 자해와 같이 자신을 해하는 행동을 멈추도록 한다.

위기 문제를 안정화시키는 것에 더해서, 어떤 이론은 초기 단계에서 다루어야 할 특별한 임상 목표를 갖는다. 예를 들면, 해결기반 치료자들은 바라는 행동에 맞게, 작고도 측정 가능한 목표를 세우고 첫 회기에서 임상 증상을 가지고 작업하기 시작할 뿐 아니라, 내담자의 희망 수준을 높이기도 한다(O'Hanlon & Weiner-Davis, 1989).

작업 단계의 내담자 목표

작업 단계의 목표는 내담자들이 치료를 받으러 오는 증상과 문제를 만들고/또는 유지하는 역동에 맞춰진다. 제3자 지불자들이 가장 큰 관심을 갖는 부분의 목표이다. 좋은 작업 단계 목표를 정하는 비결은 사례개념화에 사용하는 이론에서 나오는 용어로 목표를 설정하고 이 용어를 정신과적 증상과 연결짓는 것이다. 이론상의 용어를 사용하는 것은 치료자가 약물 처방을 위해 꿰어 맞추기보다는 그들이 선호하는 개념적인 용어를 사용하여 적합한 치료를 하게 한다.

예를 들어, 내담자가 우울증 진단을 받았을 때, 많은 치료자들은 '우울한 기분 감소시키

---

4) 역주: Child Female의 준말. 여자 아동을 가리킴
5) 역주: Adult Female의 준말. 성인 여자를 가리킴
6) 역주: Adult Male의 준말. 성인 남자를 가리킴

기'와 같은 목표를 설정한다. 하지만 그런 뻔한 말은 하지 말자. 이런 목표를 정하는 것이라면 석사학위나 수천 시간의 수련시간이 필요하지 않다. 이런 의료 모델, 증상기반 목표는 치료자가 실제로 해야 할 것이 무엇인지에 대한 단서를 제공하지 못한다. 게다가, 이런 목표를 수립했을 때 사례의 모든 보고서에는 매주 내담자의 우울 수준을 모니터해야 할 것이다. 반면에, 임상적 내담자 목표는 우울의 감소를 이끌어내는 이론적인 사례개념화가 드러나야 한다. 예를 들면 다음과 같다.

- 구조주의 치료: 우울 기분을 감소시키기 위해 아이와의 밀착을 줄이고 부모의 위계를 증가시킨다.
- 새티어의 의사소통 접근: 일치적인 의사소통과 긍정적 분위기를 향상시키기 위해 결혼생활과 직장에서 문제가 있음에도 서로 무마하고 넘어가는 행동을 감소시킨다.
- 내러티브 치료: 자율성을 향상시키고 우울한 분위기를 감소시키기 위해 자기가치감에 대해 가족과 사회적 평가가 끼치는 영향력을 감소시킨다.

각각의 이러한 목표는 내담자의 우울한 기분을 다루고, 명확한 임상적 사례개념화와 방향감을 제공하여 '우울한 기분을 감소시킨다'는 의료적 목표에 비해 치료자가 매우 유용하게 활용할 수 있게 된다.

종결 단계의 내담자 목표

종결 단계의 내담자 목표는 (a) 내담자의 호소 문제보다 더 크고, 다양한 문제를 다루고/또는 (b) 치료자의 이론적인 전망에 의해 정의되는 진정한 의미의 '건강'으로 내담자를 이끌어 간다. 첫 번째 유형의 예로, 결혼생활의 어려움이라는 하나의 문제를 호소하는 내담자가, 이후의 치료과정에서 부모교육의 문제도 다루고 싶어 할 수 있다. 유사하게, 종종 우울이나 불안의 문제를 가지고 온 내담자가 상담 후반부에서는 관계의 문제나 원가족과의 미해결된 문제를 다루고 싶어 할 수도 있다. 한 부부가 작업 단계에서 부부 갈등이나 성적인 문제와 같은 문제를 가지고 올 수도 있고, 후반부에서는 그들 자신의 정체성을 재정립하고 관계에서의 소통과 같은 더 넓은 문제를 검토해보길 원할 수도 있다.

두 번째 유형의 내담자 목표는 치료자의 의제에 의해 정해진다. 보웬의 다세대, 인본주의, 구조주의 치료와 같은 접근들은 치료자가 작업하고자 하는 방향으로 건강에 대한 이론들을 명확하게 규정한다. 하지만 체계적 치료나 해결중심 치료와 같은 다른 접근들에서는 장기 목표와 이론들이 덜 명확하다. 종결 단계의 목표는 종종 내담자가 언급하지 않은 의제를 포함하기도 한다. 예를 들어, 보웬의 다세대 치료 이론에서 언급하는 분화와 같은 장기 목표 등은 내담자가 표현하기에 너무 이론적인 용어이다.

유용한 개입들

치료계획의 마지막 요소는 각 상담 과제나 내담자 목표를 지지하는 개입방법들을 포함한다. 일단 치료가 개념화되고 상담 과제와 내담자 목표가 결정되면, 유용한 개입방법들을 찾는 것은 일반적으로 꽤 쉽다. 개입방법들은 치료자가 선택한 이론으로부터 시작되어야 하고 내담자에게 명확하게 맞아야 한다. 다음은 개입방법들을 작성하기 위한 지침들이다.

개입방법 작성을 위한 지침들

- 선택된 이론으로부터 구체적인 개입방법을 사용하라: 상담 과제와 내담자 목표를 개념화하기 위해 사용한 이론에서 개입방법들이 도출되어야만 한다. 다른 이론에서 나온 개입방법이 통합되었다면, 조정된 내용은 명확히 기술되어야 한다. 예를 들어, 보웬의 가계도를 해결중심 치료에 적용하는 경우, 어떻게 접목시켰는지를 명확히 제시한다(Kuehl, 1995).
- 개별 내담자에게 맞는 개입방법을 정하라: 가능한 개별적이고 명확한 목표를 결정하기 위해 기밀표기법(예: AF는 여자 성인, AM은 남자 성인)을 사용하라: 'AF의 밀어부치는 방식과 AM의 회피하는 성향을 형상화하라'
- 가능한 한 정확한 용어를 포함시켜라: 가능할 때마다, 치료자는 개입을 가능하게 하는 명확한 질문이나 용어를 사용해야 한다(예: '1부터 10으로 나타낸다면, 지금의 결혼 만족 정도는 얼마나 되나요?').

계획이 그리 중요한가?

물론, 치료는 계획대로만 되는 것은 아니다. 인생이 그렇듯이, 새로운 문제가 발생하고, 원래의 문제는 중요성을 잃기도 하고, 새로운 스트레스 요인이 다른 곳에서 나타나기도 한다. 하지만 그것이 계획을 무용지물로 만들지는 않는다. 치료계획은 치료자들에게 여러 방면에서 도움이 된다. 그중 몇 가지를 제시하면 다음과 같다.

- 어떤 역동이 그리고 어떻게 변화되어야 하는지 치료자들을 심사숙고하게 한다.
- 치료자들이 내담자의 상황을 정확하게 이해하게 하여, 새로운 위기문제나 스트레스 요인을 신속하고 능숙하게 다루도록 한다.
- 치료자들이 자신감과 사고의 명료함을 가지고 새로운 문제에 대처하는 것을 용이하게 한다.
- 치료자들이 이론과 그 이론이 어떻게 임상적 증상과 관련되는지 이해하는 데 기초가 된다.

말하고 싶은 것은, 치료가 계획대로 진행되지 않는다고 해서 놀라지 말라는 것이다. 대신, 계획대로 진행되지 않을 것이라고 기대하라. 더불어 치료계획을 세우기 위해 사용한 시간은 치료자가 새로운 문제에 훨씬 더 잘 반응할 수 있도록 한다는 것을 명심하라.

참고문헌

Batchelor, A., & Horvath, A. (1999). The therapeutic relationship. In M. A. Hubble, B. L. Duncan, & S. D. Miller (Eds.), *The heart and soul of change* (pp. 133–178). Washington, DC: APA Press.

Berman, P. S. (1997). *Case conceptualization and treatment planning.* Thousand Oaks, CA: Sage.

Datilio, F. M., & Jongsma, A. E. (2000). *The family therapy treatment planner.* New York: Wiley.

de Shazer, S. (1984). The death of resistance. *Family Process,* 23, 11–17.

Gehart, D. (2010). *Mastering competencies in family therapy: A practical approach to theory and clinical case documentation.* Pacific Grove, CA: Brooks/Cole.

Gehart, D. R., & Tuttle, A. R. (2003). *Theory-based treatment planning for marriage and family therapists: Integrating theory and practice.* Pacific Grove, CA: Brooks/Cole.

Johnson, S. L. (2004). *Therapist's guide to clinical intervention: The 1-2-3's of treatment planning* (2nd ed.). San Diego, CA: Academic Press.

Jongsma, A. E., Peterson, L. M., & Bruce, T. J. (2006). *The complete adult psychotherapy treatment planner* (4th ed.). New York: Wiley.

Jongsma, A. E., Peterson, L. M., McInnis, W. P., & Bruce, T. J. (2006). *The child psychotherapy treatment planner* (4th ed.). New York: Wiley.

Kuehl, B. P. (1995). The solution-oriented genogram: A collaborative approach. *Journal of Marital and Family Therapy,* 21, 239–250.

O'Hanlon, W. H., & Weiner-Davis, M. (1989). *In search of solutions: A new direction in psychotherapy.* New York: Norton.

O'Leary, K. D., Heyman, R. E., & Jongsma, A. E. (1998). *The couples psychotherapy treatment planner.* New York: Wiley.

Orlinsky, D. E., Rønnestad, M. H., & Willutzki, U. (2004). Fifty years of process-outcome research: Continuity and change. In M. J. Lambert (Ed.), *Bergin and Garfield's handbook of psychotherapy and behavior change* (5th ed., pp. 307–393). New York: Wiley.

Selvini Palazzoli, M., Boscolo, L., Cecchin, G., & Prata, G. (1978). *Paradox and counterparadox.* New York: Jason Aronson.

Watzlawick, P., Weakland, J., & Fisch, R. (1974). *Change: Principles of problem formation and problem resolution.* New York: Norton.

Wiger, D. E. (2005). *The psychotherapy documentation primer* (2nd ed.). New York: Wiley.

가족치료 이론의 철학적 토대

조망하기

가족치료의 다양한 모델들을 탐색하기 전에, 가족치료 이론들의 철학적 토대에 대해 간단하게 소개하고자 한다. 가족치료 접근에 영향을 준 가장 밀접한 철학적 전통은 **체계 이론**(systems theory)과 **사회구성주의**(social constructionism, 포스트모더니즘의 한 줄기임)이다. 가족치료의 모든 학파가 이 두 가지 이론에 의해 크고 작게 영향을 받았다. 전통적인 이론은 주로 체계 이론으로부터 비롯하였고, 좀 더 최근 이론들은 사회구성주의로부터 영향을 받았다.

체계와 관련된 가족치료와 이론

- 체계적 및 전략적 이론: 멘탈리서치연구소(Mental Research Institute, MRI), 밀란학파, 전략적 치료, 기능적 가족치료(5, 6, 15장)
- 구조적 가족치료(7장)
- 경험적 가족치료 이론: 새티어의 성장모델, 상징-경험적 치료, 내적 가족 체계, 정서중심 커플치료(8, 9, 15장)
- 세대 간 치료: 보웬의 세대 간 및 정신역동 치료(10장)
- 인지-행동 가족치료(11장)

- 초기 해결기반 치료(12장)

사회구성주의적 가족치료

- 후기 해결기반 치료(12장)
- 내러티브 치료(13장)
- 협력적 치료 및 반영팀(14장)

토대

관련 인물

메이시 회의

1940년 뉴욕에서 조시아 메이시(Josiah Macy, 유명한 메이시백화점과 같은 이름인)가 하나의 체계를 만들기 위해 어떤 일들을 해야 하는지 논의하기 위해 예상치 못한 조합의 학자들과 연구자들을 소집하였다(Segal, 1991). 메이시 회의(Macy Conferences)라고 불리는 이 회의는 몇 차례에 걸쳐 진행되었고, 일반 체계 이론과 사이버네틱 체계 이론을 탄생시켰다. 이 이론들은 생물학적, 사회적, 기계적 체계들이 어떻게 작동하는지를 설명한다. 이 이론들은 한 사람에 의해 개발되었다기보다, 서로 간의 담화 및 수많은 첨단 전문가와 학자들을 포함한 공동 연구로부터 등장하였다. 이들의 이론은 심리치료의 새로운 접근, 즉 가족치료를 낳았고, 가족치료는 단순히 하나의 치료 양식이 아니라(이를 테면 가족을 상담하는 것 vs. 개인을 상담하는 것), 인간 행동에 대한 독특한 철학적 관점이다.

체계 이론가들

"대화 혹은 상호작용 [체계] 이론을 구성하는 개념들은 한 개인에게서 비롯된 것이 아니라, 팔로 알토 그룹 (Palo Alto Group, 베이트슨 팀)이라고 불리는 구성원들 간 상호작용의 산물이었다."

– 위클랜드(Weakland), 1988, p. 58

그레고리 베이트슨 그레고리 베이트슨(Gregory Bateson)은 그 당시 아내였던 마가렛 미드(Margaret Mead)와 함께 메이시 회의에 참석하였다. 마가렛 미드는 뉴기니와 발리 지역의 부족들의 상호작용을 연구하면서 사이버네틱 이론을 탐색했던 영국의 인류학자였다(Bateson, 1972, 1979, 1991; Mental Research Institute, 2002). 베이트슨은 사이버네틱 이론을 세련되고 세심하게 설명하였고, 이는 의사소통, 인류학, 가족치료 등을 포함한 수많은 분야들에 영향을 끼쳤다. 인간의 의사소통에 관한 그의 연구 중 일부로서 그는 이후 베이트슨 그룹이라고 알려진 집단을 만들었다. 이 그룹에는 돈 잭슨(Don Jackson), 제이 헤일리(Jay Haley), 윌리엄 프라이(William Fry), 그리고 존 위클랜드(John Weakland)가 속해 있었다. 10년 동안 베이트슨은 조현병 진단을 받은 구성원을 둔 가족 내 의사소통을 연구했고, 사이버네틱 이론에 대한 자문을 제공하였으며, 그룹 내 학자들을 밀튼 에릭슨(Milton Erickson)의 최면 연구에 소개하기도 했다. 그 결과 조현병의 이중구속 이론을 개발하였고(Bateson, 1972), 이 이론은 이중구속 의사소통으로 특징지어지는, 가족 체계 내에서 유의미하게 반응하고자 하는 시도로서의 정신병적 행동을 재개념화하였다. 베이트슨의 기존 인류학적 연구 때문에 베이트슨의 팀은 문제가 되는 인간 행동을 단순히 개인 내에서 비롯하기보다 더 큰 사회적 체계의 기능 때문이라고 간주했다.

밀튼 에릭슨 정신과 의사로 의학적 훈련을 받은 밀튼 에릭슨(Milton Erikson)은 치료의 대가로서 단기간의 신속하면서도 창의적인 개입으로 유명해졌고, 현대 최면 분야의 아버지로 불리우고 있다(Erickson & Keeney, 2006; Mental Research Institute, 2002). 초기 MRI 팀은 자신들의 가족치료의 단기적 접근을 개발할 때 에릭슨에게 자문을 구하였다. 에릭슨의 혁신적인 치료와 단기 접근, 그리고 가능성에 대한 강조 등이 MRI 팀의 이론에 반영되었다. 또한 에릭슨의 연구는 해결기반 치료의 발전에도 매우 큰 영향력을 끼쳤다(12장).

체계적 치료의 정신

체계적 치료자들은 항상 큰 그림을 보는 능력을 갖고 있다는 명성을 얻고 있다. 내담자가 우울이나 불안과 같은 개인적인 문제들을 제시하더라도, 체계적 치료자들은 항상 좀 더 큰 관계 맥락에서 그 증상을 바라보고 이해한다. 더불어 그들은 문제에 대한 불손한(irreverent) (좀 더 자세한 사항은 5장을 참조할 것) 태도를 지닌 것으로 여겨진다. 즉, 증상이 대인 간 갈등인지, 우울함이든지, 음주, 정신증 혹은 섭식장애이든지 상관없이, 체계적 치료자는 전혀 당황하지 않으며, 하나의 증상이 다른 증상에 비해 더 '심각하다'라고 간주하거나, '개인적' 문제가 '가족' 문제보다 더 중요하다고 간주하지 않는다. 대신에 모든 행동은 체계 내에서 각 개인이 취하는 가장 최선의 행동을 하면서 단순히 특정한 관계 체계 내에서 작동하는 의사소통 수단에 불과하다. 따라서 그들은 항상 하나의 문제에 대해 가족의 한 구성원을 비난하지 않는다. 아마 이것이 새내기 치료자들에게는 가장 어려운 관점의 전환일 것이다.

체계적 치료자들은 행동과 그 행동의 맥락 간 상호작용에 초점을 맞춘다. 즉, 개인의 병리에 이름을 붙이는 것으로 평가를 끝내는 대신 두 사람 간의 역동에 초점을 맞춘다. 그들은 가족 내, 지역사회 내, 그리고 더 큰 사회 내의 복잡한 관계망에 의해 행동이 어떻게 형성되는가에 세심하게 주의를 기울인다. 그들은 일반 사람들이 '개인적 문제'라고 간주할 만한 것들의 많은 부분을 좀 더 포괄적인 상호작용의 결과로, 즉 문제와 개인은 단지 일부에 불과하다고 여긴다. 이들이 증상을 병리화하지 않고, 개인을 문제의 원인으로 탓하지 않기 때문에 내담자들은 자신이 처한 상황에 대해 새롭고, 때로는 마음이 편안한 사고방식을 갖게 된다. 무엇보다도 체계적 치료자들은 실용적이어서 자신들의 중재가 유용했는지, 유용하지 않았는지를 항상 고려하고, 만약 유용하지 않았다면 어떤 것이 더 유용했을 것인지 파악하려고 한다.

체계 이론의 핵심 개념 소개

이후의 장에서 체계적 치료의 구체적 적용 방법에 대해 소개하기 전에, 체계 이론의 기본적 개념에 대해 먼저 친숙해지는 것이 유용할 것이라 믿는다. 그렇게 되면 각기 다른 체계적 가족치료 접근이 서로 다른 요소를 강조하며 서로 영향을 그리 끼치지 않는다는 것을 눈치 채게 될 것이다. 더불어, 비록 이 모든 개념들이 서로 관련되지만, 가족치료에서 강조되는 체계적 이론의 두 가지 주요 줄기는 다음과 같다. (a) 체계적 구조와 관련된 개념과, (b) 의사소통 패턴과 관련된 개념이다. 이 두 가지 주요 주제를 따라가다 보면 패턴, 상호연결, 그리고 개념들의 잠재적 적용에 대해 더 잘 이해하게 될 것이다.

체계의 구조와 관련된 핵심 개념

체계 이론은 메이시 회의에서 시작된 타 학문과의 융합 연구에서 비롯한다. 이 메이시 회의에는 자기유도 미사일을 개발하는 로켓 연구자들, 발리 지역의 부족들 간 상호작용을 연구하는 인류학자들, 그리고 생물의 종들 간 상호작용을 연구하는 생태학자들이 참석했다. 이 연구자들은 기계 부속, 인간 집단, 혹은 동물을 연구하든 간에 작동되는 체계들은 기본적인 원리가 같다는 것을 발견했다. 이 점을 버탈랜피(von Bertalanffy, 1968)가 **일반 체계 이론**(general systems theory)으로 발전시켰다. 밀접하게 관련이 있지만 좀 더 사회적 체계에 초점을 둔 것이 **사이버네틱 체계 이론**(cybernetic systems theory)이다. 이 이론은 그레고리 베이트슨(1972)이 발전시킨 것으로서 가족치료 분야에 가장 큰 영향을 끼쳤다.

항상성과 자기교정

사이버네틱이라는 뜻은 그리스어로 '조타수'라는 의미이고, 사이버네틱 체계의 기능적 원리를 짐작케 하는 용어이다. 사이버네틱 체계는 **자기교정적**(self-correcting)이어서 자신의 길을 스스로 '조종'한다. 이는 조종할 주체가 외부에 있어야 하는, 이를 테면 컴퓨터와는 반대다(Bateson, 1972). 어떻게 사이버네틱 체계가 앞으로 나아가는가? **항상성**(homeostasis)이다. 가족의 경우, 항상성은 가족 혹은 다른 사회적 집단 내 안정성을 이끌어내는 독특한 행동적, 정서적, 대인간 규범들을 일컫는다. 용어 자체가 시사하는 것과는 달리, 항상성은 정적인 상태가 아니라 동적인(dynamic) 상태이다. 평균대 위에서 체조선수가 균형을 잡기 위해 끊임없이 움직이는 것처럼, 체계도 안정성을 유지하기 위해 끊임없이 유동적이어야 한다. 모든 살아 있는 체계들은 기분, 습관, 체중, 혹은 전반적인 건강 상태 등에서 균형을 유지하기 위해서 노력을 기울여야 한다. 안정성을 유지하기 위한 핵심은 자기교정 능력이며, 이에는 피드백이 필수적이다.

부적 피드백과 정적 피드백

가족치료에 관한 오지선다형 시험에 부적 피드백과 정적 피드백에 대해 나올 것이라고 당신은 꽤 장담할 것이다. 왜 그런가? 가족치료 분야에서 이들 용어의 의미가 일상적인 의미와 정반대이기 때문이다. 그렇다면 부적 및 정적 피드백 문제는 항상 함정 문제들일 수 있다는 점을 기억하라. 물론 당신이 공부를 하지 않았다는 전제에서 말이다. 자, 다음을 보면서 암기하자.

부적 피드백 대 정적 피드백

- **부적 피드백:** 조타수에게 새로운 정보가 전혀 없음 = 바다가 똑같음 = 항상성
- **정적 피드백:** 새로운 정보가 조타수에게 전달됨 = 바다가 거칠어지고, 파도가 거세지며, 해수의 온도가 떨어짐 = 뭔가가 **달라지고 있다**.

부적 피드백은 '달라진 것이 없는' 피드백이며, 새로울 것이 없다거나 달라진 것이 없다는 뜻이다(Bateson, 1972; Watzlawick, Bavelas, & Jackson, 1967). 반대로, 의학에서 '양성 반응'이라고 하는 것처럼, 정적 피드백은 기대된 범위 내에 있지 않다는 뜻이며, 이는 상황에 따라 문제 혹은 위기로 간주될 수도 있다. 나쁜 소식(사랑하는 사람의 사망, 배우자와의 다툼, 직장에서의 문제) 혹은 좋은 소식(대학 졸업 후 직장을 구함, 결혼하여 가족을 만듦, 직장 때문에 새로운 도시로 이주함)으로 간주되느냐에 따라 문제가 될 수도, 변화가 될 수도 있다. 좋은 소식과 나쁜 소식 모두 정적인 피드백 고리를 만들게 되고, 이는 두 가지 선택 중 하나를 하게 만든다. 즉, (a) 이전의 항상성 상태로 되돌아갈 것인가, 아니면 (b) 새로운 항상성을 만들 것인가이다.

대부분의 경우 초기에는 체계가 되도록 빨리 이전의 항상성 상태로 되돌아가기 위해 정적 피드백으로 반응을 한다. 싸우고 난 뒤에 대부분의 커플들이 재빨리 화해하기를 원하고 '이전의 일상적 상태'로 돌아가고 싶어 한다. 누군가가 세상을 떠나면, 고인이 얼마나 중요한 사람이었는지에 따라, 이전의 일상으로 되돌아가는 것이 시간이 걸릴 것이라고 대부분의 사람들은 이야기한다. 하지만 때때로 '이전의 일상'으로 되돌아가는 것이 가능하지 않

고, 새로운 일상이 만들어질 필요가 있기도 하다. 새로운 규범 혹은 항상성은 '이차 변화'라고 일컬어진다.

일차 변화와 이차 변화

이차 변화(second-order change)는 정적 피드백에 대응하여 체계의 항상성을 재구조화할 때 체계를 좌우하는 규칙들이 근본적으로 변화되는 것을 가리킨다(Watzlawick, Weakland, & Fisch, 1974). 일차 변화(first-order change)는 체계가 정적 피드백 이후 이전의 항상성 상태로 되돌아오는 것을 말한다. 일차 변화에서는 역할이 뒤바뀔 수 있다(예를 들어, 이전에는 거리를 두던 사람이 먼저 다가오기 시작한다). 하지만 기저의 가족 구조와 상호 관계에 대한 규칙은 근본적으로 바뀌지 않는다(누군가가 누군가에게 다가온다). 이러한 유형의 일차 변화는 파트너끼리 쫓는 사람과 거리를 두는 사람으로 서로 역할 이동하는 커플치료의 초기 단계에서 흔히 나타난다. 예를 들어, 초기에는 여자가 남편에게 좀 더 친밀감을 보이도록 요구하지만 남편은 더 거리를 두고자 하는데, 치료가 진행될수록 역할은 뒤바뀌기도 한다. 비록 문제가 해소된 것처럼 보이나, 기능적으로 두 사람의 관계에서의 친밀성을 좌우하는 규칙은 변함이 없다. 단지 파트너가 역할만 바꿨을 뿐이다. 그에 따라 변화된 것처럼 보이고, 변화된 것처럼 느껴진다. 이 커플에게 있어서 이차 변화는 전반적인 추적자-도망자라는 관계 패턴을 줄이고, 한 사람은 친밀감을 더 견디고, 다른 한 사람은 거리감을 더 견디는 능력을 기르는 것이다.

더불어 이차 변화는 내담자의 상황에 따라 반드시 치료에서 필수적인 것은 아니라는 점을 기억하는 것이 중요하다. 치료에서 일차 문제해결은 논리적으로 쉽게 이해가 되나, 이차 문제해결은 이상하고 비논리적으로 보인다. 왜냐하면 이차 문제해결은 체계에 새로운 규칙을 도입하기 때문이다. 경험에 바탕을 두고 고백 한 가지를 하겠다. 실제 상담에서 일차 변화와 이차 변화를 구별하는 것은 종종 어렵다. "그건 1.5 변화야"라고 나는 때때로 말하길 좋아한다. 아마도 그 이유는 우리들 대부분이 작은 변화를 하기 때문일 것이다. 하지만, 일차 혹은 이차 변화라는 개념을 통해 치료자는 역할이 단지 바뀌기만 했는지, 아니면 좀 더 강도 높은 친밀감을 얻고 더 많은 독립감을 견딜 수 있는 능력에서의 근본적인 변화가 있었는지를 확인해볼 수 있다.

대칭적 관계와 보완적 관계

원래는 베이트슨(1972)의 인류학 연구로부터 시작되었는데, 가족 상호작용을 이해하는 데 대칭적 및 보완적 관계 간의 구분이 자주 이용된다. 대칭적 관계에서는, 체계 내에서 각자가 '대칭적' 혹은 균등하게 분배된 능력과 역할을 갖고 있다. 즉, 관계가 동등하다(Watzlawick

등, 1967). 대칭적 체계 내에서의 갈등은 승자가 결정될 때까지 힘이 비등한 사람 둘이 계속 싸우는 형태이다. 각자가 상대적으로 서로 동등하다고 간주되고, 또 그렇게 경험되기 때문에 결과는 예측불가이다. 가족 관계에서 대칭적 역동은 종종 커플과 비슷한 연령대의 형제들 간에 나타난다.

반대로, **보완적 관계**에서는 각자가 서로 균형을 맞추거나 보완해주는 독특한 역할을 갖고 있다. 그래서 위계적인 형태로 관계가 나타날 수도 있다. 이러한 관계에서의 갈등은 잘 일어나지 않는데, 명확하게 규정되고 구분된 역할이 존재하기 때문이다. 보완적 역동은 종종 커플 각자의 역할이 과장되거나 융통성이 없을 때 문제가 된다. 보완적 역동의 흔한 예로는 추적자/도망자, 정서적/논리적, 공상가/현실가, 그리고 느긋한/계획적인 등이 있다. 이러한 역동은 관계의 초기에는 즐겁고 유용한 서로 보완적인 균형감을 제공해준다. 하지만 이러한 역할이 과장되거나 비융통적이 되면 '옴짝달싹 못하는' 느낌을 주게 된다. 내담자들이 상담에 올 때쯤 되면, 체계 역동의 일부로서 각자가 서로에게 부과하는 역할이라기보다는 마치 서로의 변하지 않는 성격 특성인 것처럼 보이게 된다. 가족치료자의 과제는 고정된 성격 구조라기보다 더 큰 체계의 일부로서 이같은 비융통적인 보완적 역할을 파악하는 것이다. 이렇게 하면 변화에 대한 희망도 더 쉽게 가질 수 있고, 변화를 불러일으키는 데에도 더 쉽게 창의적이 될 수 있다.

체계 내 의사소통 패턴과 관련된 핵심 개념

'어느 누구도 의사소통을 하지 않을 수 없다'

베이트슨 팀의 초기 연구는 와츨라윅과 동료들(Watzlawick 등, 1967)의 고전적 저서인 『인간 의사소통의 화용론』(Pragmatics of Human Communication)으로 결실을 맺었다. 이 책에서 와츨라윅 등은 다음과 같은 격언을 제시하였다. "어느 누구도 의사소통을 하지 않을 수 없다(One cannot not communicate.)." 그렇다면 이러한 주장은 어디서 비롯한 것일까? 베이트슨 팀은 조현병을 지닌 가족 구성원들에 대한 연구를 통해 심지어 의사소통하지 않고자 하는 조현병적 시도들(예를 들면, 말이 앞뒤가 안 맞음, 꼼짝없이 움직이지 않음)도 메시지를 보내는 것을 알게 되었다. 종종 의사소통하고 싶어 하지 않는다는 바람을 의사소통하는 것이다. 모든 행동은 의사소통의 형태를 띠며 어떠한 형태의 행동이라도 보이지 않는 것은 불가능하므로(적어도 우리가 살아 있는 한), 우리는 항상 의사소통을 하고 있는 것이다. 우리 모두가 알다시피, 침묵도 소리가 있다. 마치 앞뒤가 맞지 않는 말, 위축된 자세, 혹은 굳은 자세 등과 마찬가지로 말이다. 따라서 의사소통하지 않으려 하는 심지어 가장 창의적인 시도도 메시지를 보내고 있다. 좀 더 흔하게는 "우린 의사소통이 안 돼요"라는 주장은 한 사람이 다른 사람이 말하는 내용을 좋아하지 않고, 두 사람이 오고가는 메시지의 구조(달리 말하면, 의사소통의 정보와 명령체계의 측면)를 점검할 만큼의 수준으로 상호 합의가 되지 않는다는 것을 의미한다.

의사소통: 정보와 명령체계(메타커뮤니케이션)

개별적인 의사소통에는 두 가지 요소가 있다. 하나는 **정보**(내용)이고, 다른 하나는 **명령체계**(관계)이다. 정보(report)는 진술된 말 그대로의 의미로서 내용에 해당한다. 명령체계(command)는 메타커뮤니케이션(metacommunication), 즉 의사소통을 해석하는 방법에 관한 의사소통이다(Watzlawick 등, 1967). 명령체계 측면은 항상 두 사람 간의 관계를 규정한다. 예를 들면, '오늘 선크림 로션을 바르는 게 좋을 것 같아'라는 한 마디의 충고도 또래-또래 관계 혹은 한 사람은 위, 한 사람은 아래 관계를 규정하는 명령체계를 수반할 수 있다. 여기에서 의사소통의 오해, 이중구속 의사소통, 그리고 논쟁 등이 발생할 수 있다.

의사소통된 메시지의 요소

의사소통된 메시지 = 정보: 데이터, 주로 언어로 전달됨 +
명령체계: 관계를 규정, 주로 비언어적으로 전달됨

정보와 명령체계에 관한 개념은 커플, 가족, 친구, 동료, 기본적으로 두 사람이면 어떤 관계든지 간에, 쓰레기를 누가 치우는지, 변기 뚜껑을 왜 닫지 않는지, 애완동물의 변은 누가 치우는지, 치약 짜는 방식, 지난 밤 파티의 순서 등에 대해 왜 치밀하고 장황한 논쟁을 벌이는지 설명해준다. 비록 '사소한 문제'로 다투는 것처럼 보일지라도, 진정으로 이러한 논쟁은 사소한 것들과 관련해서 관계가 어떻게 규정되고 있는가에 관한 것이다. 따라서 이 논쟁은 사소한 것에 관한 것이 아니라, 다시 말하면 관계 안에서 각 개인의 역할이 어떻게 규정되고 있는가에 관한 큰 논쟁인 것이다.

쓰레기와 고양이 배설물 치우기에 관한 논쟁을 할 때 커플들은 메시지의 내용이 아니라 상대방의 명령체계(관계) 수준에서의 메시지에 대체로 동의하지 않는다. 따라서 종종 의사소통의 명령체계 측면에 대해 의사소통을 하는 메타커뮤니케이션 수준으로 직접적인 논의를 옮기는 것이 유용하다. 즉, 집안의 허드렛일의 경우에는 힘의 역동 혹은 돌봄을 받는지의 지각 여부를 통해 명령체계 측면이 포함되어 있을 수 있다. 메타커뮤니케이션을 직접적으로 논의함으로써(예를 들어, 아내가 남편에게 쓰레기를 갖다 버리라고 할 때, 남편은 아내가 자신을 어린아이처럼 취급한다고 느낀다), 두 사람은 이러한 관계적 측면을 명료화할 수 있고, 이렇게 되면 내용에 관한 문제는 대체로 재빨리 해소된다. 언어적 혹은 비언어적인 모든 의사소통이 정보와 명령체계 기능 둘 다를 갖고 있으므로 '상위에 이르는' 과정은 무한하다. 두 사람이 첫 번째 메타커뮤니케이션의 측면에 대한 메타커뮤니케이션(명령체계)을 이야기할 수 있기 때문이다.

이중구속

이중구속 이론(double-bind theory)은 베이트슨 팀(잭슨, 헤일리, 프라이, 위클랜드)의 조현병 진단을 받은 가족원을 둔 가족들에 대한 가장 초기의 연구로 거슬러 올라간다(Bateson, 1972). 와츨라윅 등(1967)은 이중구속 의사소통 요소들을 다음과 같이 파악하였다.

1. 두 사람은 밀도 높은 관계에 있다. 이 관계는 가족 관계, 우정, 종교 단체, 의사-환자 관계, 치료자-내담자 관계 등으로 개인 간 및 개인 대 집단 간 관계로 매우 높은 생존가치를 지니고 있다.

2. 이러한 관계 안에서 메시지는 (a) 첫 번째 금지명령으로서 일차적으로 전달되고, (b) 대체로 상위의사소통 수준이라고 여겨지는 두 번째 금지명령으로 전달되는데, 이는 첫 번째 금지명령과 동시에 발생하나, 첫 번째 금지명령과는 모순되는 메시지가 전달된다.

3. 모순되는 명령을 듣는 청자는 벗어날 수 없다거나 모순되는 메시지의 인지적 틀을 벗어날 수 없다는 눈치를 챈다. 즉, 관계를 위협하지 않고서 메타커뮤니케이션을 시도하거나(예를 들면, 모순된다고 이야기를 하거나) 혹은 움츠러드는 것으로도 벗어날 수 없다고 느끼게 된다. 청자는 메시지에 괴리가 있다는 것을 암시하는 것만으로도 자신이 '나쁜 사람'이거나 '미친 사람'이라고 느끼게 된다.

흔한 사례는 "날 사랑해 줘" 혹은 "진실해야 해"라는 명령체계인데, 이 경우에 한 사람은 상대방에게 자발적이며 진실된 감정을 가지라고 명령한다. MRI 팀은 연구를 통해 이러한 유형의 의사소통이 조현병으로 진단된 가족원을 둔 가족의 특징임을 발견했다. 이러한 가족에서 흔한 의사소통은 어머니가 자녀를 차갑고, 냉랭하게 껴안으면서(거리를 두는 의사소통의 명령체계 측면) "넌 날 봐도 전혀 반갑지 않니?"(친밀함을 암시하는 정보 측면)라고 말하는 것이다. 자녀가 어떻게 반응하든지 간에, 어머니는 자녀의 반응이 잘못이라고 말할 수 있다. 따라서 '논리적' 반응은 무반응 혹은 말이 안 되는 반응인데, 이 반응은 단어의 의미 없는 조합(실제 의미는 없는 말을 함), 제멋대로의 연합(별로 관계가 없는 단어나 주제를 연결시킴), 혹은 긴장형 행동(대인 간 쌍방향적인 의미가 전혀 없는 비융통적이며 반복적인 행동을 함)으로 조현병적 행동의 특징이다.

비록 이중구속 이론이 조현병이 누가 어떻게 발생시키는지에 관해 모든 것을 설명해주지는 않는다 하더라도, 조현병으로 진단받은 가족원이 있든지 없든지 간에 정체되어 있는 가족들을 상담할 때 여전히 유용하다. 치료 장면에서 자주 제시되는 가족 내 이중구속의 흔한 예는 다음과 같다.

● 배우자 혹은 자녀에게 특정한 방식으로(꽃을 사온다거나, 집안일을 거들어 준다거나) 자발적으로 '사랑을 보여달라'고 요청하지만, 상대방이 요청한 대로 사랑을 보이면 "내가 하라고 한 거니까 이것은 사랑을 보여주는 것이 아니야"라고 말한다. 이는 어떤 방식으로든 상대방이 진실된 감정을 보여줄 수 없는 이중구속 상황이 된다.
● 매우 엄격한 부모가 자녀를 위한 결정을 본인이 다 내리면서 "난 네가 좋은 결정을 할 거라고 믿어"라고 말한다. 자녀가 말과 행동은 다르다고 이야기를 꺼낼라치면 "하지만 난 정말 널 믿어"라고 되풀이한다.

이중구속을 확인하는 것은 이러한 파괴적인 패턴에 대한 중재의 첫 단계이다.

인식론

"'당신을 이해해' 혹은 '당신은 날 알잖아'라는 말은 그 말 자체에 내가 '인식론(epistemology)'이라고 부르는 것이 포함된 명제이다. 그 명제 안에는 우리가 어떻게 정보를 얻는지, 정보의 내용이 무엇인지 등등 … 앎의 본질과 우리가 생활하고 있는 우주의 본질과 우리가 그러한 본질을 어떻게 아는지 등의 특정 명제에 관한 가정이 포함되어 있다."

– 베이트슨, 1972, p. 478

인식론에 관한 베이트슨의 생각은 모든 체계적 가족치료의 근간이다. 철학적 의미를 엄격하게 적용하면, 인식론(epistemology)이란 지식 및 앎의 과정에 관한 학문이다. 사이버네틱에 관한 연구를 통해 그는 인간이 참(true)이라고 가정한 대부분의 명제는 오류라고 결론지었다. 그러한 명제는 참인 것처럼 보일 뿐이다. 왜냐하면 그러한 명제들이 연속적인 상호작용의 하나의 차원만을 포착하기 때문이다. 이러한 명제들은 관찰자와 피관찰자가 어떻게 상호적으로 서로를 강화하고 영향을 끼치는지 더 큰 맥락에서의 자각을 포함시키지 못한다. 따라서 남편이 차갑고 무심하다는 아내의 불평은 서로의 지속적인 연속적 상호작용이 서로의 행동과 행동을 해석하는 틀에 어떻게 영향을 끼쳤는지를 고려하지 못하는 것이다. 가족치료자는 가족의 인식론, 즉 그들의 행동과 사고의 기저에 있는 기본 전제들에 주의 깊은 관심을 기울인다(Keeney, 1983). 그들은 서로 모순되어 보이는 것들과 체계 안의 구성원들 간 경험에서의 화해할 수 없는 차이들을 풀어가도록 돕기 위해 인식론이라는 개념을 사용한다.

이차 사이버네틱스

체계 이론에 관한 후기 문헌에서 이차 사이버네틱스(second-order cybernetics)는 체계 원리를 관찰대상인 체계, 예를 들면 치료 체계(가족 체계를 관찰하는 치료자)에 적용하는 것을 가리킨다. 다른 체계를 관찰하는 과정에서 새로운 관찰자-피관찰자 체계가 형성되는데, 이것이 이차(혹은 이차 수준) 체계이다. 치료자는 더 이상 중립적이거나 편견 없는 관찰자로 가정될 수 없으며, 오히려 관찰되고 있는 것을 형성하는 적극적인 참여자로 간주된다.

이 같은 공동형성 과정은 몇 가지 다른 방식으로 이루어진다. 첫째, 치료자의 설명은 가족에 대한 설명이라기보다는 치료자 자신에 대해 더 많은 것을 드러나게 한다. 치료자의 어떠한 설명이라도 치료자가 가장 중요하고 유용하다고 간주하는 정보를 반영하기 때문이다. 둘째, 치료자가 한 가족 구성원과 상호작용하거나 그 가족 구성원을 다루는 방식은 치료자와 함께 있는 가족 전체의 행동과 태도에 유의미한 영향을 끼친다. 거리를 두지만 전문적인 방식으로 가족을 대하는 치료자는 격식 없고 쾌활한 방식으로 대하는 치료자와는 다른 행동을 가족들에게서 이끌어낼 것이다. 어떤 것이 더 '실제적'인가? 둘 다 실제적이 아니거나, 좀 더 정확하게는 둘 다 실제적일 수 있다. 각각의 반응은 특정 전문가의 맥락하에서 해당 가족 체계에게는 '자연스럽고, 정직한' 반응이다. 이차 사이버네틱 원리들을 자각하는 치료자들은 자신들의 행동이 내담자의 행동을 조성하고 있는 것은 아닌지 그리고 내담자에 대한 자신들의 설명이 자신들의 가치를 반영하는 것은 아닌지에 지속적으로 촉각을 세운다. 치료자-내담자 실재를 공동으로 창출하는 것에 대한 이러한 관심은 사회구성주의 치료자들의 초점이 되었다.

체계 이론 개념의 적용

체계로서의 가족

체계적 접근의 본질적인 특성은 가족을 하나의 체계, 즉 부분의 합보다 더 큰 전체를 지닌 그 자체로서의 실체로 바라본다는 것이다(Watzlawick 등, 1967). 이것이 진정으로 의미하는 바는 무엇인가? 체계적 치료자들은 가족의 상호 패턴들을 오직 한 사람 혹은 치료자와 같은 외부인에 의해 통제되지 않는 '마음' 혹은 유기체로 여긴다. 이러한 관점은 몇 가지 놀라운 명제를 낳게 된다.

- 한 사람이 상호작용 패턴을 결정하지 않는다. 가족 상호작용을 좌우하는 규칙들은 헌법처럼 의도적으로 구성되지 않는다. 반면에 상호작용, 피드백(반응), 그리고 교정반응 등의 유기체적 과정을 통해 하나의 규범 혹은 항상성이 형성될 때까지 자연스럽게 수면으로 떠오른다. 실제로 관계의 초기에 발생하는 많은 논쟁들은 피드백의 역할을 함으로써 이후

의 관계에서의 항상성을 위한 규범을 형성한다. 대부분의 경우, 이러한 전체적 과정은 관계의 규칙이 어떻게 형성될 것인지에 대한 메타커뮤니케이션을 거의 하지 않은 채로 이루어지게 된다.

- 모든 행동은 맥락을 고려하면 이해가 된다. 모든 행동은 일종의 의사소통이므로 해당 체계의 규칙하에서 행동이 표현되는 맥락을 고려하면 타당해진다. 따라서 조현병 환자의 앞뒤가 안 맞아 보이는 의사소통일지라도 더 큰 맥락의 가족 체계 안에서는 앞뒤가 맞게 된다.

- 단 한 사람이 전체 가족의 문제를 대신해 비난받을 수 없다. 왜냐하면 한 사람이 의도적으로 규칙을 만든 것이 아니라 패턴은 지속적인 상호작용을 통해 서로가 조정하여 만들어지는 것이므로 단 한 사람이 가족의 문제에 온전히 책임을 질 수 없다. 비록 학대의 경우에는 각 개인들이 도덕적 및 윤리적 의무들을 져야 하지만, 좀 더 큰 관계의 맥락과 규칙 안에서는 그러한 상호작용들이 나름의 '의미를 지니게' 된다.

- 개인적 특징은 체계에 의존적이다. 비록 한 구성원이 특정 경향성이나 특성을 보이더라도, 이는 체계와는 독립적으로 존재하는 내재적 성격 특성은 아니다. 오히려 체계 내에서의 상호작용 패턴으로 나타난다. 따라서 한 가족이 "수지는 항상 이래요"(예를 들어, 화를 내요, 남을 잘 도와줘요, 건망증이 심해요)라고 말하면, 치료자는 수지의 개인적 특성이라기보다 체계의 규칙(비용통적일 가능성)을 말해주는 것이라고 간주한다.

가족에 관한 사회구성주의적 토대

사회구성주의 철학은 포스트모던 철학의 특정 줄기로서, 미술, 연극, 음악, 건축, 문학, 문화, 철학 등 다양한 학문 분야에 영향을 끼쳤다. 체계 이론적 토대가 관계의 관점에서 실재를 이미 개념화했으므로 가족치료자들은 포스트모던 철학을 수용한 첫 번째 정신건강 전문가들이었다. 다양한 포스트모던 학파들, 이를 테면 구성주의자, 사회구성주의자, 구조주의자, 후기구조주의자 가운데 사회구성주의는 해결중심 치료, 협동적 치료, 내러티브 치료 등과 같은 새로운 심리치료 모델의 개발에 가장 큰 영향을 끼쳤다(13장과 14장 참조).

체계 이론과 사회구성주의: 유사점과 차이점

체계적 관점에서 사회구성주의자적 관점으로의 이동은 체계적 관점의 자연적인 진화 및 연속으로 간주될 수 있다. 사회구성주의자적 관점은 사회적 상호작용이 한 개인의 실재에 대한 경험을 형성한다고 설명한다. 비록 용어와 은유는 달라지더라도, 관계를 강조하며 실재가 관계에 의해 구성된다는 점을 강조하는 것은 변하지 않는다. 가족치료에 관한 가장 초기의 연구들은 포스트모던 접근들의 토대를 닦으면서 대인관계를 통해 어떻게 사람들이 자신의 실재를 구성하는지를 탐색하였다(Bateson, 1972; Fisch, Weakland, & Segal, 1982; Jackson, 1952, 1955; Watzlawick, 1977, 1978, 1984; Weakland, 1951). 실제로 체계적으로 시작한 원래의 접근들 중 많은 접근들, 예를 들어 밀란 치료(Milan therapy)와 MRI 접근(5장 참조) 등은 시간이 지나면서 좀 더 구성주의적인 형태를 띠기 시작했다. 따라서 체계적이면서 동시에 포스트모던 치료들은 특히 다른 관계를 중요하지 않게 여기는 심리치료들과 비교할 때 차이점보다 서로 공유하는 관점들을 더 많이 지니게 되었다.

체계적이며 사회구성주의적 이론들은 다음과 같은 가정을 공유한다.

- 한 사람의 실재는 관계를 통해 구성된다.
- 개인적 정체성과 한 개인의 증상은 소속된 사회적 체계와 관련이 있다.
- 언어를 바꾸고 문제에 대한 설명을 바꾸게 되면 경험되는 방식도 바뀐다.
- 진실은 관계적 맥락 안에서 결정된다. 객관적이며 제3자적인 관점은 불가능하다.

위의 유사점과 기타 다른 유사점에도 불과하고, 은유의 변화에서 찾아볼 수 있는 주목할 만한 차이점이 존재한다. 체계 이론은 체계 은유를 사용한다. 즉, 가족은 세계에 대한 의미와 이해를 조율하는 개인들의 집단으로서의 체계다. 사회구성주의 치료는 문서(textual) 은유를 사용한다. 즉, 사람들은 사회적 담론을 사용하여 의미를 창출하기 위해 자신들의 삶을 이야기한다. 덧붙여, 사회구성주의 치료는 내담자의 실재를 함께 구성하는 데 있어 치료자의 역할을 강조한다. 이는 체계적 치료자들이 이차 사이버네틱 역동에 초점을 맞추는 것과 매우 비슷하지만 내담자와 내담자의 문제에 접근하는 방식은 결과적으로 다르다. 더욱이 구성주의 치료자들은 내담자의 언어와 이야기를 체계적 치료와는 다르게 사용하여 개입 방식을 만들게 된다.

관련학자

케네스 거겐(Kenneth Gergen) 사회심리학자인 케네스 거겐은 1985년에 「American Psychologist」지에 발표한 그의 논문에서 최초로 사회구성주의 개념을 정신건강 영역에 소개하였다. 그의 연구는 사회구성주의 치료 접근법의 발전에 기반을 닦았는데, 특히 가장 두드러지게는 협력적 치료에(Anderson, 1997; Anderson & Gehart, 2007; Anderson & Goolishian, 1992), 그리고 작게는 내러티브 치료의 발전에 기여했다(Freedman & Combs, 1996; White & Epston, 1990). 그의 연구에서 사회구성주의를 심리적, 사회적 문제들과 (Gergen, 1999, 2001) 포스트모던 윤리 문제들에 어떻게 적용할 수 있을지를 구체적으로 포함시켰다(McNamee & Gergen, 1999). 그의 가장 최근의 연구는 긍정적인 노화에 관한 것이다(Gergen & Gergen, 2007).

미첼 푸코 포스트모더니스트, 구조주의자, 혹은 후기구조주의자 등과 같은 철학적 명명을 거부하면서, 미첼 푸코(Michel Foucault, 1972, 1979, 1980)는 어떻게 권력과 지식이 개인의 실재를 형성하는지에 대해 왕성하게 묘사한 사회 비판가이자 철학자였다. 푸코는 치료 장면에 언어와 권력의 정치적 및 사회적 정의의 영향을 도입시켰고, 마이클 화이트의 내러티브 치료(13장 참조)에 대해 의미 있는 영향을 끼쳤다.

루드비히 비트겐스타인 오스트리아 철학자인 루드비히 비트겐스타인(Ludvig Wittgenstein, 1973)의 언어에 대한 철학은 포스트모던 치료, 가장 크게는 해결중심 단기치료 및 협력적 치료(12장과 14장)에 큰 영향을 끼쳤다. 그는 언어가 삶에 불가분적으로 녹아 들어가 있다고 설명하면서 언어는 매일 매일의 일상에서 제거될 수 없다고 주장하였다. 마치 철학적 및 이론적 토론에서 언어의 중요성처럼 말이다.

포스트모던 정신

포스트모더니즘의 정신 혹은 보편적 개념을 하나로 포착하기는 힘들지만 노력해 보겠다. 당신이 상상하는 것처럼 어떤 것을 '정확하게' 묘사하려는 시도는 불가능한 목표라고 그들은 주장할 것이다. 왜냐하면 말은 항상 사용자의 실재에 의해 맥락을 띠게 되므로 묘사할 대상의 본질이 아니라 사용자의 실재만을 전달할 뿐이기 때문이다. 이를 고려할 때 포스트모던 인식론으로의 이동은 실재의 매 순간이 어떻게 구성되고 각 개인이 어떻게 생생한 경험에 독특한 의미를 부여하는지 지속적으로 자각하는 것을 가리킨다. 이런 깨달음이 당신이 갖고 있는 세계관에 생기를 불어넣으면(극적으로 들리겠지만 이렇게 말하는 것이 정당하다고 생각한다), 당신의 삶과 관계는 다시는 이전과 같아지지 않을 것이다.

　단순히 의미와 실재가 유동적이라는 본질을 주목하는 것만으로도 당신이 타인과 삶의 경험을 어떻게 바라보고 어떻게 관계를 맺는지를 변화시킬 수 있다. 당신의 배우자가 당신에게는 아무렇지도 않은 것에 화를 내면, 당신은 마음을 누그러뜨리고 상대방이 그 사건을 어떻게 해석하는지 궁금해질 것이다. 내담자가 자신이 느끼는 두려움이나 특이하고 의외인 듯한 관점을 당신과 공유할 때, 당신은 내담자가 자신의 삶을 어떻게 그렇게 이해하게 되었는지 궁금해질 것이다. 그러면 내담자의 이야기에 귀를 기울이고, 펼쳐지는 의미에 감탄을 하게 될 것이다. 만약 당신의 상담실에 커플 혹은 가족이 동일한 상황에 너무나 다른 관점을 갖는다면, 당신에게 이는 그리 특이한 일은 아니어서 각자의 독특한 관점들을 서로 엮을 수 있도록 당신은 그들을 조력할 것이다. 더욱이 이전에 당신이 지녔던 확신이나 견해들을 더 이상 유지하지 못하게 되고, 대신에 당신의 관점은 더 잠정적이 되어 서서히 변화될 가능성을 항상 염두에 두게 될 것이다.

새내기 치료자들이 저지르는 가장 큰 실수 중 한 가지는 포스트모더니즘의 진정한 정신, 혹은 인식론적 입장을 온전히 이해하지 못한 채로 포스트모던 기법을 사용하려고 하는 것이다. 짐작이 가겠지만, 그럴 경우 그다지 효과적이지 않다. 포스트모던 치료자들은 다른 치료자들과 달리 가능성, 희망, 강점 등을 보는 데 선수들이다. 그들이 갖는 이론적 가정들은 그들 스스로를 탁월한 낙관주의자들(optimists extraordinaire)로 만든다.

포스트모던 가정

객관적 실재에 대한 회의: '이제까지 존재한 것은 말이 없다'

포스트모던주의자들은 이를 테면 'x는 건강한 행동이고 y는 건강한 행동이 아니다'라는 식의 객관적 실재(objective reality)를 파악할 가능성에 대해 회의적이다(Gergen, 1985). 그들은 실재란 '말이 없는(mute)' 것이라고 묘사한다(Gergen, 1998). 즉, 삶의 사건들은 미리 포장된 의미, 이를 테면 결혼은 좋은 것이다, 뚱뚱한 것은 추한 것이다, 자동차는 나쁜 것이다 등등이 따라 붙지 않는다. 대신에, 의미는 사람들에 의해 만들어진다.

실재는 만들어지는 것이다

포스트모던주의자들은 '진실'과 '실재'가 모두 만들어지는 것(하나의 개념은 진리가 아니라 만들어진 것이라는 것을 강조하기 위해 내가 자주 인용부호를 사용하는 것에 신경이 쓰일 것이다)이라고 간주한다. 언어와 의식은 의미를 만들고 대상 혹은 사물의 값을 결정하는 데 필수적이다(Gergen, 1985; Watzlawick, 1984). 여러 포스트모던 학파들은 구성된 실재의 각기 다른 수준을 강조하고 분석한다. 하지만 실재가 구성되는 과정은 다음과 같은 수준을 모두 포함시키는 복잡한 과정임을 그들은 인식하고 있다.

- 언어적 수준 – 후기구조주의 및 언어 철학: 언어가 실재를 반영하는 것이 아니라, 실재를 어떻게 형성하는지에 초점을 맞춘다. 이는 포스트모던 사고의 핵심적 전제이다.
- 개인적 수준 – 구성주의: 유기체로서의 한 개인 안에서 어떻게 실재가 구성되는지에 초점을 둔다. 이는 나중에 MRI와 밀란 치료의 발달에 밀접한 관련이 있다(Watzlawick, 1984).
- 관계적 수준 – 사회구성주의: 친밀한 관계에서 어떻게 실재가 만들어지는지에 초점을 둔다(Gergen, 1985, 1999, 2001). 협력적 치료와 밀접하게 관련이 있다.
- 사회적 수준 – 비평 이론: 실재가 더 큰 사회적 수준에서 어떻게 만들어지는지에 초점을 둔다. 미첼 푸코의 연구(1972, 1979, 1980)에 큰 기반을 둔 내러티브 치료와 밀접한 관련이 있다.

실재는 언어를 통해 구성된다

포스트모던주의자들은 실재가 주로 언어를 통해 구성된다는 점에 일반적으로 동의한다. 언어는 중립적이지 않다. 말은 우리의 삶에 실제적인 효과를 미친다(Gergen, 1985). 더욱 중요한 것은 치료적 목표와 관련지어 살펴보면, 말은 (a) 우리의 정체성을 형성하고, (b) 어떤 것이 문제이고 어떤 것이 문제가 아닌지를 확인하는 일차적 수단이다. 예를 들면, 한 사람이 일련의 동일한 사건들을 '일진이 안 좋았다' 혹은 '내가 나빴다' 등으로 해석할 수 있다. 이 두 가지 해석은 정체성과 문제에 대한 정의에 있어서 극적인 차이가 있다. 이 수준의 실재 구성은 모든 포스트모던 치료에서 사용되고, 후기구조주의자 및 구성주의자들이 강조하는 것이다.

실재는 관계를 통해서 절충된다

우리가 삶의 경험에 부여하는 의미들은 관계를 통해서 얻어진다. 친한 친구, 가족, 더 크게는 사회와 우리가 속한 여러 하위문화들과의 관계이다(Gergen, 1985). 한 사람이 특정 행동, 이를 테면 머리 손질, 직업, 가족 관계, 성행위, 혹은 종교적 관점 등에 대해 부여하는 의미는 항상 그 특정 문제에 대한 '지엽적'(직접적인) 관계뿐 아니라 더 큰 사회적 담론에 녹아져 있다. 따라서 혼전 성행위, 거짓말, 혹은 자녀 훈육에 관해 어떤 관점을 가지고 있느냐는 외부의 여러 층의 담론을 통해 발달된다. 포스트모던 치료자들은 내담자로 하여금 문제들에 대한 담론을 풀어나갈 수 있도록 조력하는데, 그렇게 함으로써 내담자는 자신들이 어디에 속해야 할지를 결정할 수 있다. 실재를 구성하는 이 같은 수준은 사회구성주의와 비평 이론에서 강조된다.

공유된 의미가 사회적 행동을 조율한다

공유된 의미와 가치는 사회적 행동을 조율하는 데, 좀 더 간단하게 말하면 다른 사람들과 잘 어울리게 하는 데 필수적이다(Gergen, 2001; Shotter, 1993). 어떤 것이 정중한 것이고, 어떤 것이 무례한 것이며, 어떤 것이 좋은 것이고, 어떤 것이 나쁜 것인가에 대한 합의된 의미가 없다면 인간이 함께 살아가는 것은 불가능할 것이다. 혼란만 가득할 뿐이다. 대신에 한 집단의 사람들이 의미와 가치를 서로 조율할 때, 우리는 이것을 가리켜 문화라고 부른다.

전통, 문화, 그리고 억압

우리는 인종, 국적, 규범을 지닌 특정 집단의 전통 혹은 문화를 젖혀 두고 우리의 삶을 이해할 수 없다. 문화적 전통은 (a) 개인적 삶의 의미를 만들고, (b) 다른 사람에 대한 행동을 성공적으로 조율하기 위한 하나의 틀을 만든다. 문화는 일련의 가치들을 제공하는데, 구성원들은 그러한 가치들을 사용하여 자신들의 삶을 해석하고, 자신들이 '좋은' 삶을 살고 있는지 알게 된다. 더불어 문화는 결혼, 가정생활, 상업, 여가, 그리고 종교에 필요한 공유된 의미들을 제공함으로써 다른 사람과 안전하게 그리고 효율적으로 교류할 수 있는 틀을 마련해준다. 하지만 특정 덕목이나 가치들을 선택한다는 것은 필연적으로 특정 행동이나 자질들을 나쁘고 바람직하지 못한 것으로 여긴다는 것을 의미한다. 만약 한 문화가 생산성을 가치 있게 여긴다면, 편안하게 쉬는 것은 부정적으로 간주할 것이다. 만약 어떤 문화가 가족을 중요시 한다면, 개인주의는 덜 강조하는 셈일 것이다. 따라서 모든 문화는 그 자체로 억압적이다(Gergen, 1998). 왜냐하면 그 자체로 문화는 특정 행동은 수용할 수 있으며 다른 행동은 수용할 수 없다는 것을 가려내야만 하기 때문이다. 한 문화가 얼마나 억압적인지는 해당 문화의 성찰적 능력과 직접적인 상관이 있다.

성찰과 인간성

문화는 성찰의 정도에 따라 그 문화의 인도적인 측면을 유지할 수 있다. 즉, 문화가 다른 사람에게 끼치는 영향을 검토하고, 문화의 가치와 의미에 의문을 제기하는 능력에 따라 인간다움을 유지할 수 있다는 것이다(Gergen, 1998). 모든 집단 내에는 지배적인 문화 규범에 맞는 사람이 있고 그렇지 않은 사람이 존재한다. 문화가 그러한 소수 집단의 목소리에 귀를 기울이고 관심을 갖는 정도가 바로 그 문화가 인간이 함께 살아가기 위해서는 피할 수 없는 억압적인 세력들을 감소시키면서 인간성을 유지하는 정도의 지표가 된다.

사회구성주의, 포스트모더니즘, 그리고 다양성

단 하나의 '진실'에 대한 의문을 제기한 포스트모던 철학은 대부분의 현대적 치료들에 깊은 영향을 끼쳤다. 왜냐하면 다양성 문제에 대한 자각을 높였기 때문이다. 포스트모던주의자들은 규범은 공정하게 정립될 수 없다는 개념에 도전하였다. 왜냐하면 이러한 규범들은 사회의 한 집단에서 생겼고, 그 사회 내의 다른 사람들의 생생한 경험을 공정하게 반영하지 못했을 뿐 아니라, 심지어는 다른 집단 혹은 다른 문화의 실재는 더 반영하지 못하기 때문이다. 이는 성, 사회경제적 지위, 연령, 문화, 종교 그리고 기타 요인들을 보면 금세 알 수 있다. 포스트모더니즘은 동북부 출신의 백인이며 기독교도인 중년 남자의 행동, 사고, 감정이 캘리포니아 주의 센트럴 밸리 지역에 이민 온 동남아 출신 아버지를 둔 십대 남자 아이의 행동, 사고, 감정과 같을 것이라고 가정해서는 안 된다고 주장한다. 두 사람 모두 자신들만의 실재, 진실, 규범, 좋은 삶에 대한 정의를 가지고 있다. 치료자는 반드시 이러한 사실을 염두에 두고서 이들을 만나야 한다.

철학적 개관

가족치료의 철학적 토대는 이 책에 담긴 여러 접근들을 이해하고 효과적으로 수행으로 옮기기 위해 필수적이다. 각 접근은 치료 회기에서 이러한 철학적 개념들을 이용할 수 있는 독특한 방식들을 지니고 있다. 따라서 같은 개념일지라도 이론에 따라 서로 다른 실용적 표현이 다르다. 그럼에도 불구하고, 서로의 뿌리가 같음을 증명할 수 있는 연결 고리들이 있다. 덧붙여 이러한 이론적 원리들은 어떤 이론을 어떻게 사용할 것인가를 결정하는 데 있어 당신에게 유용하게 쓰일 것이다. 다음 표는 이 책에서 다루는 여러 이론들의 철학적 토대를 간단하게 비교한 것이다. 이 표에는 철학적 토대와 관련지어 이론의 주요 요소들이 정리되어 있다(각 중재 방식의 정의에 대해서는 이론의 해당 장을 살펴보기 바란다).

가족치료 이론의 개관

	이론	철학적 토대	중재의 초점	특징적인 중재 기법
체계적 치료	MRI 체계적	사이버네틱 체계	연속적인 상호작용 순서	재도식화하기
	밀란 체계적	이차 사이버네틱 체계	언어	순환 질문
	전략적	일반적 체계	연속적인 상호작용 순서에서의 권력	지시
	구조적	일반적 체계	가족 구조	실연하기
	새티어 경험적	일반적 체계 인본주의적	의사소통	조각 의사소통
	휘태커	일반적 체계 인본주의적	가족 응집 개인적 성장	부조리 치료 정서적 직면
	정서중심 치료	애착 이론 일반적 체계 인본주의적	애착 순환적인 부정적 상호작용	실연하기
	내부적 가족 체계	일반적 체계	내부 가족역동	부분들의 언어
	보웬	일반적 체계 진화 체계	세대 간 역동	가계도
	정신역동적	일반적 체계 정신역동	서로 맞물리는 병리적 증상	통찰을 통한 훈습
	인지-행동 치료	일반적 체계 인지행동	증상의 기능 가족 도식	심리교육
	기능적 가족치료	일반적 체계 인지행동	관계에서 문제의 기능	관계적 재도식화 심리교육

	이론	철학적 토대	중재의 초점	특징적인 중재기법
포스트 모던 치료	해결기반 치료	사이버네틱 포스트모던	해결	척도 질문
	내러티브	사회구성주의 비평 이론	지배적 담론	외재화하기
	협력적	사회구성주의	지엽적 담론	알지 못함 반영팀

이론을 선택하는 전략

어떤 이론을 사용해야 할까? 어떤 이론이 최상일까? 나에게 가장 맞는 이론은 뭘까? 내가 이론을 선택해야 하는 걸까? 모든 이론이 맘에 들면 어떻게 하지? 중립적인 입장이 되면 안 될까? 이 질문들은 가족치료 이론을 처음 배우기 시작하는 학생들이 던지는 질문들이다. 답은 생각보다 더 복잡하다. 정직한 교수나 슈퍼바이저는 '둘 다' 혹은 '예일 수도 있고 아닐 수도 있고'와 같은 머리를 아프게 하는 대답 외에는 하지 않을 것이다(날 믿어 주길 바란다. 학생들을 놀리거나 재미로 괴롭게 하기 위해 이런 대답을 하지 않는다. 정말 정직한 답이다). 힌트를 주면 다음과 같다. 철학적 토대가 답이 될 수 있다는 것이다.

어떻게 선택할 것인가: 연애 대 결혼

십대 자녀에게 대부분의 부모가 주는 충고처럼, 처음 몇 년 동안은 한 이론과 '사귀기'만 하기를 권고한다. 아예 한 군데에 눌러 앉기 전에 말이다. 나는 새내기 치료자들이 곧바로 '완벽한' 혹은 '올바른' 이론을 찾아야 한다는 엄청난 압박감을 느끼는 것에 항상 놀라곤 한다. 마치 십대들이 첫사랑이 평생 배우자가 될 거라고 확신하는 것처럼 말이다. 물론 가능하기는 하다. 그다지 흔한 이야기가 아니어서 문제지만 말이다. 아마 당신은 뭐가 있는지 '탐색' 해보고 자신에게 가장 잘 맞는 것이 무엇인지 알아보고 싶을 것이다.

다행히도 이론을 사귀는 것은 실제 이성을 사귀는 것보다는 대체로 결말이 좋다. 이론을 사귄 후에는 새로운 기술과 지식이 거의 항상 풍부해지지만, 실제 이성 교제에서는 어쩌다가 가끔 그럴 뿐이다. 더욱이 헤어질 때는 항상 더 순조롭다. 따라서 실습하는 학기마다 혹은 상담을 실제로 하게 될 때 매년 새로운 이론을 시험해보고자 하는 결심을 세울 수 있다. 두세 개의 이론을 사귀게 되면, 당신의 기술과 지식의 기반은 의미심장할 정도로 성장하게 될 것이다. 또한 당신은 치료자로서 당신이 누구이며 당신의 스타일은 어떤지에 대해 더 많은 것을 배우게 될 것이다. 그때가 되면 한 가지 이론을 선택해서 안착하게 될 것이다. 만약 그렇게 된다면 당신 자신의 철학을 규정할 준비가 된 셈이다.

자신만의 철학 규정하기

몇 년 동안 여러 이론들을 사귀다보면, 한 이론에 정착할 준비가 되었다고 느낄 수 있다. 사랑과 마찬가지로, 어떻게 헌신할 것인가에 대해 명확히 규정하고 새 파트너, 그리고 원가족 구성원들을 좀 더 친밀하게 알아가는 기간인 약혼기간이 있어야 한다. 이론을 사귀는 경우에는 당신이 선택한 이론에 대한 심도 있는 훈련을 받는데, 대개는 집중 세미나에 참석한다거나 해당 이론의 전문가인 슈퍼바이저와 함께 일하는 것이다. 결혼과 마찬가지로, 한 사람에 대한 헌신은 결국 전체 가족에 대한 헌신을 포함하므로 한 이론에 헌신하기로 결정한 이상 그 이론의 토대가 되는 포괄적인 철학에 헌신하게 될 것이다. 나는 인간이라는 것이 무엇인지(존재론), 어떻게 사람은 배우고 변화하는지(인식론)에 대해 명확한 철학이 있는 치료자들은 숙련된 치료자들이 반드시 배워야 하는 다양한 문제들을 다룰 수 있는 최상의 준비가 된 것이라고 믿는다. 만약 당신이 기법(어떻게 하는가에 대한 체계)만을 통달한다면, 매우 유능한 치료자들이 통달해야 하는 다양한 문제들을 다루는 데 제대로 준비되었다고 하기 어렵다.

　비록 가족치료의 철학적 토대를 규정하는 많은 방법이 있다하더라도, 네 가지 주요 범주, 즉 모더니스트, 인본주의적, 체계적, 그리고 포스트모던 범주로 정리하는 것이 가장 단순하다는 것을 나는 알게 되었다. 각 범주는 진실, 실재, 치료적 관계, 변화 과정에서 치료자의 역할 등을 규정하는 자신들만의 접근법을 갖고 있다. 다음 표는 이러한 차이점들을 요약해놓은 것이다.

철학적 학파에 대한 개관

	모더니스트	인본주의적	체계적	포스트모던
진실	객관적 진실	주관적 진실	맥락적 진실	공존하는 다수의 진실
실재	객관적; 관찰가능	주관적; 개별적으로만 접근 가능	맥락적; 체계적 상호작용을 통해서 드러남; 한 사람이 일방적 통제를 하지 못함	언어와 사회적 상호작용을 통해 공동으로 구성됨; 개인적, 관계적, 사회적 수준에서 발생
치료관계	전문가로서 치료자; 위계적	공감적 타자로서 치료자	치료적 체계의 참여자로서 치료자	비전문가로서 치료자; 의미의 공동구성자
변화 과정에서 치료자 역할	내담자가 더 좋은 방법으로 자신이 되고 다른 사람과 교류할 수 있도록 가르치고 인도함	자연적인 자아실현 과정을 이룰 수 있는 맥락을 만듦	체계 스스로를 재구조화하도록 체계를 '교란시킴'; 체계를 직접적으로 통제하지 않음	내담자가 새로운 의미와 해석을 가질 수 있게 하는 담론을 촉진시킴

모더니즘

모더니즘은 외부의 인식 가능한 '진실'에 대한 논리적-실증적 가정에 토대를 두고 있다. 모더니스트 접근법에서는 치료자가 명백한 역할을 하는데, 인지-행동 치료와 정신역동적 치료의 개인 및 가족치료 형태에서 흔한 역할이다(10, 11장 참조; Dattilio & Padesky, 1990; Ellis, 1994; Scharff & Scharff, 1987).

> **모더니스트 가정**
> * 치료자는 병리적 증상, 문제, 목표를 확인하는 일차적 책임을 갖고 있는 전문가로서 교사 혹은 멘토의 역할을 수행한다.
> * 이론과 연구는 문제를 파악하고 진단을 하기 위한 주요 정보원이다.
> * 치료자는 이론과 연구를 사용하여 치료 접근법을 선택한다. 내담자는 선택된 치료를 따르도록 기대된다.

정신역동과 인지-행동 치료가 이 범주에 들어맞는다. 비록 넓게는 지식은 무엇인가에 대한 모더니스트 가정에 기반을 두었지만, 각 이론은 진실의 주 정보원이 무엇이며, 진실을 가장 잘 파악할 수 있는 수단은 무엇이며, 치료적 관계를 어떻게 규정할 것인가에 대한 각자의 독특한 입장을 지니고 있다.

모더니스트 치료

	정신역동적 치료	인지-행동 치료
객관적 진실의 주 정보원	이론에 근거하여 내담자의 역동을 치료자가 분석함	측정 가능한 외부 변인
진실을 확인하는 수단	'현실 검증'; 내담자 경험을 외부의 지각과 사건 등과 대비시켜 비교함	과학적 실험; 치료자가 '실재'에 대한 정의 및(혹은) 사회적 규범(연구를 통해 밝혀진)을 규정함
치료적 관계	위계적; 치료자가 내담자를 목표로 바로 이끎	교육적; 치료자는 내담자가 목표를 달성하도록 이끄는 데 단도직입적임

인본주의

인본주의적 치료(8장과 9장)는 개인의 주관적 진실을 우선시하는 현상학에 기반을 두고 있다. 칼 로저스의 내담자중심 치료(1951), 프릿츠 펄스의 게슈탈트 치료(Passons, 1975), 버지니아 새티어의 의사소통 접근(1972), 칼 휘태커의 상징-경험적 치료(Whitaker & Keith, 1981), 수 존슨의 정서중심 치료(Johnson, 2004)가 여기에 포함된다.

인본주의적 가정

- 본질적으로 인간은 선하다.
- 모든 사람은 성장하려는 자연스러운 경향을 갖고 있으며, 진실한 인간이 되는 과정인 자아실현을 위해 분투한다.
- 치료의 일차적 초점은 내담자의 주관적이며 내적인 세계이다.
- 치료적 중재의 대상은 정서인데, 카타르시스를 촉진시키고, 억압된 감정을 방출시키는 것을 목적으로 한다.
- 지지적이며 양육적인 환경이 치료적 변화를 촉진시킨다.

버지니아 새티어와 칼 휘태커의 연구가 이 접근의 철학적 입장, 즉 가족치료는 가족역동이 한 개인의 내적인 정서적 삶에 끼치는 영향을 설명하는 체계적 관점과 항상 결합된다는 입장을 가장 명확하게 설명하고 있다. 비록 새티어와 휘태커의 접근이 동일한 철학적 전통에 기반을 두고 있다 하더라도, 그들의 치료적 접근은 스타일과 기본 가정에 있어 매우 다

르다. 예를 들어, 자아실현, 변화, 직면을 다루는 가장 좋은 방법은 무엇이며 치료자 자신을 사용하는 가장 좋은 방법은 무엇인지(회기 중 어떻게 치료자가 자신의 인간다움을 사용하는가에 관한 것)에 대해서는 서로 다르다.

인본주의적 치료

	새티어의 의사소통 접근	휘태커의 상징-경험적 접근
자아실현을 촉진하는 수단	정서적으로 안전하고 양육적인 환경	정서적 직면; 체계의 '교란'
변화	구조화된 경험적 활동; 역할 모델링	치료자와의 생생한 실제적(in vivo) 상호작용
직면하는 스타일	부드럽고 교육적	직접적이지만 정서적
진심으로 자기를 사용하는 방식	내담자에 대한 진솔한 돌봄	정서와 사고를 걸러내지 않고 솔직하게 공유함

체계적 치료

체계적 치료는 공식적인 철학의 한 학파라기보다는 일반 체계 이론에 기반을 두고 있는데, 이 이론은 살아 있는 체계는 개방 체계이며 다른 체계들과 서로 연결되어 있음을 강조한다(von Bertalanffy, 1968). 더불어 항상성을 유지하기 위한 체계의 자기교정 능력을 강조하는 사이버네틱 체계 이론에 기반을 두고 있다(Bateson, 1972). 사이버네틱 체계 이론은 MRI의 단기 문제 초점 접근(Watzlawick, Weakland & Fisch, 1974), 전략적 치료(Haley, 1976; Madanes, 1981), 밀란 팀의 체계적 접근(Boscolo, Cecchin, Hoffman, & Penn, 1987) 등과 같은 특정 치료 모델의 발달에 더 큰 영향을 끼쳤다. 체계 이론은 맥락적 진실, 즉 행동에 대한 '규범'과 규칙을 정하는 반복적인 대인 간 상호작용을 통해 형성되는 진실을 강조한다.

체계적 가정

- 누구든 의사소통을 하지 않을 수는 없다. 즉, 모든 행동은 의사소통의 한 형태이다.
- 한 개인의 행동과 증상은 그 사람의 좀 더 큰 관계적 맥락에서는 항상 이치에 맞는다.
- 원하지 않는 증상들을 포함한 모든 행동은 체계 내에서 목적을 갖고 있다. 모든 행동은 해당 체계가 자체의 항상성을 유지하거나 '정상 상태'라는 느낌을 얻도록 해준다.
- 한 체계 내에서 어느 누구도 일방적으로 행동을 통제하지 않는다. 따라서 어느 누구도 커플 혹은 가족 관계에서 문제에 대한 책임을 혼자 질 수는 없다. 대신에 문제 행동은 체계 구성원 간의 상호작용으로부터 비롯된다고 간주된다.
- 치료적 변화는 체계 내의 상호작용 패턴을 변화시키는 것을 포함한다.

체계적 가족치료 분야에서, 베이트슨(1972)이 일차 사이버네틱스와 이차 사이버네틱스를 구별한 것은 어떻게 치료자가 가족들과 작업해야 하는지에 큰 영향을 끼쳤다. 일차 사이버네틱스에서 치료자는 객관적이며, 외부인으로서 해당 가족을 바라보는 중립적인 관찰자이다. 그러한 치료는 평가 도구 및 가족 체계에 대한 치료자의 지각에 의존한다. 이차 사이버네틱스 이론은 일차 사이버네틱스의 규칙을 적용하되, 치료자가 가족과 더불어 새로운 체계, 즉 관찰자-피관찰자 혹은 치료자-가족 체계를 창출하므로 객관적인 외부 관찰자가 될 수 없다는 입장을 취하였다. 이러한 이차 체계는 첫 번째 체계와 마찬가지로 항상성을 유지하려는 추동과 서로 강화시키는 관계의 규칙을 포함한 동일한 역동의 영향을 받는다. 이차 사이버네틱 이론은 가족에 대해 치료자가 관찰하는 것이 무엇이든지 간에 해당 가족의 가치나 우선순위보다 치료자의 가치나 우선순위가 그 관찰 속에 더 포함된다고 주장한다. 그 이유는 가족에 대한 어떠한 설명이든지 치료자가 어디에 관심을 두고 있는지 그리고 치료자가 간과하거나 빠트리고 있는 것은 무엇인지를 드러내기 때문이다. 이차 사이버네틱스는 포스트모던 치료로의 전환, 특히 MRI와 밀란 학파에서의 구성주의로의 전환을 가져오는 기반을 닦았다(Watzlawick, 1984).

일반적으로 모든 체계적 치료자들은 일차와 이차 사이버네틱 이론 둘 다의 영향을 받았다. 실제 상담에서 치료자들은 한두 수준의 체계 분석을 보편적으로 강조한다. 포괄적으로 말하면, 전략적 및 구조적 치료는 일차 이론에 기초를 두었고 MRI와 밀란 접근은 이차 혹은 후기구성주의 접근에 좀 더 기울어져 있다.

- 일차 사이버네틱 접근은 좀 더 객관적인 진실의 형태를 찾고자 하는 모더니스트 접근에 좀 더 가깝다. 일차 사이버네틱을 바탕으로 한 체계적 치료를 사용하는 치료자들은 가족 기능을 평가하는 도구를 더 많이 사용하고 체계에 대한 치료자의 지각에 아주 많이 의존한다.
- 이차 사이버네틱 접근은 진실에 대한 포스트모던 접근에 좀 더 가깝다(다음 절 참조). 이들은 치료자와 내담자가 이차 체계를 어떻게 공동으로 구성하는지에 초점을 둔다. 이 이차 체계는 진실을 수립하기 위한 자신만의 독특한 규칙들을 지니고 있다.

체계적 이론

	일차 사이버네틱스	이차 사이버네틱스
분석 수준	가족 체계	가족 체계(수준 1)와 치료자-가족 체계(수준 2)
중재 대상	상호작용 순서를 교정하는 것	상호작용 순서를 '교란'하거나 방해하는 것

치료자 역할	지식 있는 전문가로 보여짐	치료 체계의 공동창시자
평가의 초점	일련의 행동 순서	의미 창출 체계(인식론)

포스트모던 치료

포스트모던 치료는 객관적 진실은 온전히 알 수 없다는 전제에 기초를 둔다. 진실은 주관적이며 상호주관적인 필터를 통해서만 항상 전달되기 때문이다.

포스트모던 가정

- 인간의 마음은 인간의 해석과 독립적으로 외부의 실재에 접근할 수 없다. 객관성은 인간에게는 불가능한 것이다.
- 모든 지식과 진실은 문화적으로, 역사적으로, 관계적으로 서로 매여 있으므로 상호주관적이다. 즉, 모든 지식과 진실은 개인 내 그리고 개인 간에 생성된다.
- 한 개인이 '현실적'이라고 경험하는 것과 '진실'이라고 믿는 것은 언어와 관계를 통해 주로 형성된다.
- '문제'에 대한 동일시는 매우 지엽적 수준에서 그리고 좀 더 큰 사회적 수준에서 언어를 통해 나타나는 사회적 과정이다.
- 치료는 내담자의 개인적 정체성과 문제와의 관계와 연관시켜 새로운 실재들을 공동으로 만들어가는 과정이다.

포스트모더니즘의 세 학파가 특히 가족치료 분야 내에서 큰 영향을 끼쳤다(Anderson, 1997; Hoffman, 2002; Watzlawick, 1984).

- **구성주의**: 구성주의자는 개인 내 의미의 구성과 어떻게 정보가 수신되고 해석되는지에 초점을 둔다.
- **사회구성주의**: 사회구성주의자는 개인이 관계에서 어떻게 의미를 공동 창출하는지에 초점을 둔다. 그들은 근접한(매우 가까운) 관계 수준에서 어떻게 진리가 만들어지는지를 강조한다.
- **구조주의와 후기구조주의**: 구조주의자들과 후기구조주의자들은 다양한 관습과 담론을 통해 하나의 문화 안에서 어떻게 의미가 생성되고 재생성되는지를 분석하는 것에 초점을 둔다.

포스트모던 철학적 토대

	구성주의	사회구성주의	구조주의와 후기구조주의
실재 구성의 수준	개인 유기체	지엽적 관계	사회적, 정치적
관련 이론	후기 MRI 및 밀란 이론	협력적 치료; 반영팀	내러티브 치료; 여성주의 및 문화적 정보 기반 치료
중재 초점	새로운 언어로 다르게 제시함	여러 개의 의미와 해석을 두드러지게 하는 담론	지배적 담론(대중적 지식)에 대한 문제 제기 및 지배적 담론의 해체
치료자 역할	대안적 해석을 촉진함	중재하지 않음; 담론 과정을 촉진시킴	외부적, 역사적 영향력을 파악하도록 조력함

결혼 이후의 사교 생활

일단 당신이 한 이론 및 철학적 입장에 헌신하기로 한다면, 아이러니하게도 다른 사람과 더 쉽게 사귈 수 있다. 당신이 하나의 이론적 접근을 통달하고 기저에 있는 철학적 가정을 심도 있게 이해한다면, 다른 이론도 더 심오하게 이해할 수 있게 된다. 이는 아마도 공통요인 때문일 것이다. 모든 이론에 해당하는 유사한 원리들이 있어서, 하나의 이론에 당신이 더 친밀해질수록 다른 이론에 있는 이러한 요인들을 더 잘 파악할 수 있게 된다. 또한 이론에 따라 다른 철학적 가정, 단어의 선택, 중재 방법들이 치료 효과에 어떻게 미묘한 차이를 가져오는지 좀 더 명료하게 알 수 있게 된다.

치료자가 어떤 학파이든지 간에 자신이 사용하는 이론들의 기저에 있는 철학적 가정들을 좀 더 잘 인식하게 되면, 자신들이 취하는 접근들과 철학적으로 일관된 방식으로 다른 이론들도 능숙하게 적용하며 통합하는 것을 배우게 된다. 치료자가 하나의 철학적 가정에 기반을 두지 않고 '절충적' 혹은 '통합적'인 입장을 취할 때, 그 치료자는 내담자를 혼란에 빠트릴 것이다. 한 주는 치료자가 모더니스트 접근을 사용하는 전문가로서 문제에 대한 해답과 그 문제에 접근하는 가장 최선의 방법을 알고 있는 치료자가 되고, 다음 주에는 내담자가 상담자만큼의 전문가로서 상담에 참여하기를 기대하는 포스트모던 접근을 사용할 수 있을 것이다. 그리고 그 다음 주에는 문제를 규정하는 데 있어서 맥락의 중요성을 강조하는 체계적 접근으로 옮겨갈 수도 있다. 당신이 상상하는 바대로, 이 치료자와 상담하는 내담자는 매우 혼란스러워질 것이다. 왜냐하면 매 주 내담자는 치료자와의 관계가 달라지고 치료에 대한 참여 수준도 달라질 것이기 때문이다. 또한 치료자는 '진실'이 무엇이고, 증상이 호전되는 것, 치료의 방향 등에 대해 어떤 기준을 두고 가늠하고 있는지 모순된 메시지를 전달하고 있기 때문이다. 하지만, 만약 치료자가 전체 치료과정을 통해, 예를 들어 진실을 알 수 있는 방법은 무엇인가, 치료자의 역할은 무엇인가 등에 관한 일관된 철학적 가정을 견지할 수 있다면, 내담자에게 상반된 메시지를 주는 대신 서로 다른 접근법들로부터 다양한 개념과 기법을 적용할 수 있다. 그렇게 되면 치료에 대한 일관된 접근법 내에서 좀 더 폭넓은 치료 방식을 효과적으로 통합시킬 수 있을 것이다.

참고문헌

Anderson, H. (1997). *Conversations, language, and possibilities: A postmodern approach to therapy*. New York: Basic Books.

Anderson, H., & Gehart, D. (Eds.). (2007). *Collaborative therapy: Relationships and conversations that make a difference*. New York: Brunner/Routledge.

Anderson, H., & Goolishian, H. (1992). The client is the expert: A not-knowing approach to therapy. In S. McNamee & K. J. Gergen (Eds.), *Therapy as social construction* (pp. 25–39). Newbury Park, CA: Sage.

Bateson, G. (1972). *Steps to an ecology of mind*. San Francisco, CA: Chandler.

Bateson, G. (1979). *Mind and nature: A necessary unity*. New York: Dutton.

Bateson, G. (1991). *A sacred unity: Further steps to an ecology of mind*. New York: Harper/Collins.

Baxter, L. A., & Montgomery, B. M. (1996). *Relating: Dialogues and dialectics*. New York: Guilford.

Boscolo, L., Cecchin, G., Hoffman, L., & Penn, P. (1987). *Milan systemic family therapy*. New York: Basic Books.

Dattilio, F. M., & Padesky, C. A. (1990). *Cognitive therapy with couples*. Sarasota, FL: Professional Resources Exchange.

Ellis, A. (1994). *Reason and emotion in therapy (Rev.)*. New York: Kensington.

Erickson, B. A., & Keeney, B. (Eds.). (2006). *Milton Erickson, M.D.: An American healer*. Sedona, AZ: Leete Island Books.

Fisch, R., Weakland, J., & Segal, L. (1982). *The tactics of change: Doing therapy briefly*. New York: Jossey-Bass.

Foucault, M. (1972). *The archeology of knowledge* (A. Sheridan-Smith, trans.). New York: Harper & Row.

Foucault, M. (1979). *Discipline and punish: The birth of the prison*. Middlesex: Peregrine Books.

Foucault, M. (1980). *Power/knowledge: Selected interviews and other writings*. New York: Pantheon Books.

Freedman, J., & Combs, G. (1996). *Narrative therapy: The social construction of preferred realities*. New York: Norton.

Gergen, K. J. (1985). The social constructionist movement in modern psychology. *American Psychologist*, 40, 266–275.

Gergen, K. J. (1998, January). *Introduction to social constructionism*. Workshop presented at the Texas Association for Marriage and Family Therapy Annual Conference, Dallas, TX.

Gergen, K. (1999). *An invitation to social construction*. Newbury Park, CA: Sage.

Gergen, K. (2001). *Social construction in context*. Newbury Park, CA: Sage.

Gergen, M., & Gergen, K. (2007). Collaboration without end: The case of the Positive Psychology Newsletter. In H. Anderson & D. Gehart (Eds.), *Collaborative therapy: Relationships and conversations that make a difference* (pp. 391–402). New York: Brunner/Routledge.

Haley, J. (1976). *Problem-solving therapy: New strategies for effective family therapy*. San Francisco, CA: Jossey-Bass.

Hoffman, L. (2002). *Family therapy: An intimate history*. New York: Norton.

Jackson, D. (1952, June). The relationship of the referring physician to the psychiatrist. *California Medicine*, 76 (6), 391–394.

Jackson, D. (1955). Therapist personality in the therapy of ambulatory schizophrenics. *Archives of Neurology and Psychiatry*, 74, 292–299.

Johnson, S. M. (2004). *The practice of emotionally focused marital therapy: Creating connection* (2nd ed.). New York: Brunner-Routledge.

Keeney, B. (1983). *Aesthetics of change*. New York: Guilford.

Keeney, B. (1985). *Mind in therapy: Constructing systematic family therapies*. Basic Books.

Keeney, B. (1990). *Improvisational therapy: A practical guide for creative clinical strategies*. New York: Guilford.

Keeney, B. (1994). *Shaking out the spirits: A psychotherapist's entry into the healing mysteries of global shamanism*. Barrytown, NY: Station Hill.

Keeney, B. (1997). *Everyday soul: Awakening the spirit in daily life*. New York: Riverhead Books.

Keeney, B. (1998). *The energy break: Recharge your life with autokinetics*. New York: Golden Books.

Keeney, B. (2000a). *Gary Holy Bull: Lakota Yuwipi man*. Stony Creek, CT: Leete's Island Books.

Keeney, B. (2000b). *Kalahari Bushmen*. Stony Creek, CT: Leete's Island Books.

Keeney, B. (2001a). *Vusamazulu Credo Mutwa: Zulu High Sanusi*. Stony Creek, CT: Leete's Island Books.

Keeney, B. (2001b). *Walking Thunder: Diné medicine woman*. Stony Creek, CT: Leete's Island Books.

Keeney, B. (2002a). *Ikuko Osumi: Japanese master of Seiki Jutsu*. Stony Creek, CT: Leete's Island Books.

Keeney, B. (2002b). *Shakers of St. Vincent*. Stony Creek, CT: Leete's Island Books.

Keeney, B. (2003). *Ropes to god*. Stony Creek, CT: Leete's Island Books.

Madanes, C. (1981). *Strategic family therapy*. San Francisco, CA: Jossey-Bass.

McNamee, S. (2007). Relational practices in education: Teaching as conversation. In H. Anderson & D. Gehart (Eds.), *Collaborative therapy: Relationships and conversations that make a difference* (pp. 313–336). New York: Brunner/Routledge.

McNamee, S., & Gergen, K. J. (Eds.). (1992). *Therapy as social construction.* Newbury Park, CA: Sage.

McNamee, S., & Gergen, K. J. (1999). *Relational responsibility: Resources for sustainable dialogue.* Newbury Park, CA: Sage.

Mental Research Institute. (2002). *On the shoulder of giants.* Palo Alto, CA: Author.

Passons, W. R. (1975). *Gestalt therapies in counseling.* New York: Holt, Rinehart, & Winston.

Ray, W. A., & Keeney, B. (1994). *Resource focused therapy.* London: Karnac Books.

Rogers, C. (1951). *Client-centered therapy.* Boston: Houghton Mifflin.

Satir, V. (1972). *Peoplemaking.* Palo Alto, CA: Science and Behavior Books.

Scharff, D., & Scharff, J. S. (1987). *Object relations family therapy.* New York: Jason Aronson.

Segal, L. (1991). Brief therapy: The MRI approach. In A. S. Gurman & D. P. Knishern (Eds.), *Handbook of family therapy* (pp. 171–199). New York: Brunner/Mazel.

Shotter, J. (1984). *Social accountability and selfhood.* Oxford: Blackwell.

Shotter, J. (1993). *Conversational realities: Constructing life through language.* Thousand Oaks, CA: Sage.

von Bertalanffy, L. (1968). *General system theory: Foundations, development, applications.* New York: George Braziller.

Watzlawick, P. (1977). *How real is real?: Confusion, disinformation, communication.* New York: Random House.

Watzlawick, P. (1978/1993). *The language of change: Elements of therapeutic conversation.* New York: Norton.

Watzlawick, P. (Ed.). (1984). *The invented reality: How do we know what we believe we know?* New York: Norton.

Watzlawick, P., Bavelas, J. B., & Jackson, D. D. (1967). *Pragmatics of human communication: A study of interactional patterns, pathologies, and paradoxes.* New York: Norton.

Watzlawick, P., Weakland, J., & Fisch, R. (1974). *Change: Principles of problem formation and problem resolution.* New York: Norton.

Weakland, J. (1951). Method in cultural anthropology. *Philosophy of Science, 18,* 55.

Weakland, J. (1988, June 10). Personal interview with Wendel A. Ray. Mental Research Institute, Palo Alto, CA.

Whitaker, C. A., & Keith, D. V. (1981). Symbolic-experiential family therapy. In A. S. Gurman, & D. P. Kniskern (Eds.), *Handbook of family therapy* (pp. 187–224). New York: Brunner/Mazel.

White, M., & Epston, D. (1990). *Narrative means to therapeutic ends.* New York: Norton.

Wittgenstein, L. (1973). *Philosophical investigations* (3rd ed.; G. E. M. Anscombe, trans.). New York: Prentice Hall.

Part

2

가족치료 이론

체계적 치료: MRI와 밀란

"시간이 흐르다보면, 여러분은 체계를 어떻게 보아야 하는지 배우게 되고, 체계 자체를 이해하게 된다. 체계가 달라지기를 결코 기대하지 마라. 치료자나 수련생은 체계가 바뀌리라는 기대 없이 체계를 바라보고, 흥미를 가져보고, 이러한 체계를 그저 이해하도록 스스로 수련하는 것이 중요하다."

– Boscolo, Cecchin, Hoffman & Penn, 1987, p. 152

조망하기

체계적 치료는 팔로 알토(Palo Alto, 4장 참조) 지역의 MRI(Mental Research Institute)에 뿌리를 두고 있는데, 여기에서 밀란(Milan) 팀, 헤일리(Jay Haley)의 전략적 치료(6장 참조), 새티어(Virginia Satir)의 인간 성장모델(Human Growth Model, 8장)이라는 세 가지의 두드러진 형태의 체계적 치료가 발달하게 된다. 명료한 경계선 개념을 심화시키기 위해 헤일리와 미누친(Salvador Minuchin, 7장 참조)은 서로의 생각을 나누면서 이론을 발전시켰다. 결국 시간이 흐르면서 체계적 치료의 실제는 이러한 다양한 형태의 체계적 치료들로부터 비교적 자유롭게 도출되었고(새티어의 접근을 통합한 것은 제외하고), 특히 체계적 증거기반 치료(2장과 15장)를 형성하면서 도출되었다.

체계적 이론은 일반적으로 세 팀의 치료자로 나뉜다. 두 팀(MRI, 밀란)은 이 장에서 다룰 것이고, 세 번째 팀은 6장에서 소개될 것이다.

- MRI(Mental Research Institute ; The Palo Alto Group) : 베이트슨 팀은 조현병 가족역동에 대한 획기적인 연구를 하였다. 그 후 피쉬(Richard Fisch)와 잭슨(Don Jackson)은 MRI를 설립하기 위하여 함께 모였고, 헤일리(Jay Haley)의 전략적 치료, 밀란 팀의 체계적 접근, 새티어의 인간 성장모델(8장), 그리고 해결중심 단기치료(12장) 등에 영향을 끼치면서 가장 영향력 있는 가족치료 훈련 센터로서 자리 잡게 된다. MRI 단기치료는 내담자의 호소에 대해 가능한 해답을 가장 빠르게 찾아내도록 계획된 것으로 보통 행동기반 개입에 의존하고 있다(Watzlawick & Weakland, 1977 ; Watzlawick, Weakland, & Fisch, 1974 ; Weakland & Ray, 1995).
- 밀란 체계적 치료 : 거식증이나 조현병 자녀를 둔 가족에 관한 파라졸리(Selvini Palazzoli)의 연구를 더욱 발전시키기 위해 파라졸리(Mara Selvini Palazzoli), 체친(Gianfranco Cecchin), 프라타(Giuliana Prata)와 보스콜로(Luigi Boscolo)는 함께 모여 밀란 팀을 조직하였다. 이 팀은 밀란의 체계적 치료나 장기간 단기치료로 불리우고, 특히 내담자의 언어가 가족역동에 미치는 과정에 관심이 있다(Palazzoli, Cecchin, Prata & Boscolo, 1978).
- 전략적 치료 : MRI 초창기 구성원이었던 헤일리는 아내인 클로이 마다네스(Cloe Madanes)와 독창적인 형태의 체계적 치료를 발달시켰다. 그들은 권력(power)의 사용을 강조하였고, 나중에는 가족 체계에서의 사랑의 힘에 초점을 두었다(Haley, 1976).

MRI 체계적 치료

배경

MRI 체계적 치료는 단기치료를 목표로 발달되었다. MRI 체계적 치료자들은 개인의 증상을 가족이나 사회 체계와 같이 좀 더 큰 네트워크 안에서 이해하고, 가족 구성원들을 비난하거나 병리적으로 바라보지 않는다. MRI 접근은 일반 체계 이론과 사이버네틱 체계 이론에 근거하고 있다. 따라서 가족을 특정범위의 행동과 규준을 유지하려는 경향성인 항상성이라는 원리와, 체계가 항상성에서 너무 멀어져갈 때 스스로 균형을 유지하려고하는 능력인 자기교정(4장) 원리로 특징 지워지는 살아있는 체계라고 소개한다. MRI 치료자들은 가족을 선형적이고 논리적인 방식으로 '교육'시키는 그다지 성공적이지 못한 방식 대신에, 변화를 도모하고 영향력을 끼치기 위해 체계적 역동을 활용한다. 그들은 가족들이 새로운 정보에 대응하면서 자연스럽게 역동을 재조직하게 함으로써 위협적이지 않으면서도 유의미한 방식으로 가족 간 상호작용을 점차적으로 변화시킨다.

주요 개념

체계적 재구조화

재구조화(reframing)는 체계적 가족치료(대부분의 구조적 치료(7장)와 상징-경험적 가족치료(9장))에서 발견되는 핵심적 기법이다. MRI 팀은 재구조화를 다음과 같은 구조주의적 전제에서 접근하고 있다(Watzlawick 등, 1974).

1. 우리는 대상, 사람, 사건에 관해 우리 스스로가 결정한 범주화를 통해서 세상을 경험한다("만약 남편이 꽃을 가져오지 않거나, 로맨틱한 행동을 하지 않는다면, 그는 나를 진정으로 사랑하는 것이 아니에요").
2. 일단 대상이나 사람, 사건을 범주화시키면 다른 범주로 이것을 보기는 매우 어렵다("그가 더 이상 로맨틱하지 않으니 우리의 관계는 곤란해질 것이 분명해요").
3. 재구조화는 다른 범주화를 지지하기 위해 한 범주화를 지지하는 동일한 '사실(fact)'을 활용한다. 일단 사람이 새로운 시각으로 어떤 것을 보게 되면 원래의 인식으로 그것을 보기는 어려워진다(예를 들면 "남편이 더 이상 로맨틱하지 않다면, 그가 과거 연애하던 시절에 하던 의례적인 겉치레 행동을 더 이상 하지 않는다는 것을 의미하고, 이는 다시 말해 우리의 관계가 더 편안하고 진정한 관계에 접어들었다는 것을 의미예요. 이것은 언약과 신뢰가 더 깊어졌다는 신호이고요").

재구조화의 기본적인 요소는 일련의 똑같은 사건에 대한 타당한 설명(범주화)과 적용이 가능한 대안을 찾아내는 것이다. 물론 핵심은 내담자가 지닌 현재 세계관을 탐색하여 문제행동에 대한 대안적 인식 틀을 내담자의 관점에서 발견하는 것이다. 체계적 가족치료에서 재구조화는 증상의 역할을 더 넓어진 관계 체계 내에서 고려하는 것인데, 종종 증상이 어떻게 관계의 균형(항상성)을 유지하도록 기여해왔는지를 밝혀낸다. 인지-행동 치료와 달리 내담자는 말 그대로를 믿거나, 제시된 재구조화를 그냥 받아들이도록 기대되지는 않는다. 대신에 재구조화는 '이전과는 다른 방법'이고 이를 통해 내담자는 새로운 이해를 할 수 있게 된다. 예를 들면, 부부 사이의 논쟁을 열정이나 유대감을 유지하는 방식이라고 설명하는 재구조화를 통해서 어떤 부부들은 서로간에 이해가 더 깊어지기도 한다. 이러한 재구조화는 구체적인 효과가 있을 것이라는 기대 없이 커플에게 제공되는데, 이는 체계가 자체적으로 고유한 의미를 만들어가는 전체이기 때문이다. 만약 부부가 재구조화가 더 이상 자신들 사이에 도움이 되지 않는다고 판단하면, 여기에 동의나 반응을 하지 않을 것이고, 그럴 경우 치료자는 그들의 세계관을 더 넓힐 정보를 제공하고 문제를 재구조화할 다른 가능성을 검토한다. 이 장의 마지막에서 매우 분열된 혼합가족이 기능적인 항상성을 찾아내도록 돕는데 재구조화가 사용된다.

관련학자

돈 잭슨(Don Jackson) 1958년 MRI를 설립한 뛰어난 치료자로서 가족치료 특히 가족 항상성, 가족 규칙, 관계에서 상응하는 보상, 공동 치료(conjoint therapy), 상호작용(interactional) 치료, 그리고 MRI의 다른 구성원들과 같이 이중구속과 같은 개념의 발달에 공이 많은 핵심적인 인물이다(MRI, 2002; Watzlawick, Bavelas, & Jackson, 1967). 그는 또한 정상성(normality)의 신화에 의문을 제기한 최초의 인물이기도 하다(Jackson, 1967).

존 위클랜드(John Weakland) 원래는 화학자였으나, 베이트슨 그룹에 참여하여 의사소통 이론의 적용을 조율하는 작업을 도왔는데, 주로 추론이나 구성 개념과 같이 측정할 수 없는 개념보다는 구체적이고 측정 가능한 행동들에 관한 근본적 이론의 중요성을 강조했다(MRI, 2002). 헤일리와 함께, 위클랜드는 MRI에서 밀튼 에릭슨의 상담(4장 참조)을 단기치료 프로젝트로 통합했다.

리처드 피쉬(Richard Fisch) 처음에 MRI 설립을 제안한 이후, 피쉬는 잭슨에 의해서 새로운 단기치료 프로젝트의 책임자로 임명되었는데, 이 프로젝트는 에릭슨의 단기 최면치료에 영감을 받은 것으로 단기 심리치료의 고도의 교수 기술을 발달시키기 위한 목적을 지녔다(Watzlawick 등, 1974). 따라서 피쉬는 언어와 간접적인 영향을 통해 타인에게 영향을 끼치는 법을 연구하면서, 유명한 MRI 치료 모델 발달의 선두에 섰다(Fisch & Schlanger, 1999; Fisch, Weakland, & Segal, 1982; MRI, 2002).

와츨라윅(Paul Watzlawick) 오스트리아에서 태어난 와츨라윅은 위클랜드, 피쉬와 함께 단기치료를 발달시킬 목적으로 MRI에서 단기치료 센터를 설립한 의사소통 이론가였다(Watzlawick, 1977, 1978/1993, 1984, 1990). 와츨라윅은 후기 저술에서 『How Real Is Real?』(1977), 『The Invented Reality』(1984), 『Ultra Solutions: How to Fail Most Successfully』(1988), 그리고 『The Situation Is Hopeless but Not Serious: The Pursuit of Unhappiness』(1993)와 같은 재치 있는 제목의 책을 통해 급진적 구성주의 치료와 인간의 의사소통에 관한 함의를 탐색했다.

상담과정

문제가 있는 연속적 상호작용 장면을 방해하기(고치려 하지 마라)

MRI 치료자들은 마치 어떤 다른 목표가 없는 것처럼 오로지 현재 문제해결에만 집중한다. 치료자들은 현재 문제를 개인의 문제라기보다는 관계적인 문제로 보는데, 특히 구성원의 상호작용에 초점을 둔다(Ray & Nardone, 2009; Watzlawick & Weakland, 1977). 개인이나 관계를 역기능적으로 여기지 않고, 문제는 사람이 아니라 반복적인 교류를 통해 드러나는 연속적 상호작용 행동의 일부라고 여긴다.

첫 회기는 문제를 둘러싸고 있는 상호작용 장면에 대한 명확하고 행동적인 묘사로 시작하는데, 증상이 심화되기 전의 초기 상호작용으로 시작하고, 다시 증상을 항상성으로 되돌리는 상호작용 순서를 따르며 끝나게 된다. MRI 치료자들은 내담자가 문제해결을 위해 시도는 했지만 효과적이지 않았던(Watzlawick 등, 1974) **시도된 해결책**(attempted solution)에 특별한 관심을 가졌고, 이를 통해 개입방법을 고려하게 된다.

일단 MRI 치료자들이 상호작용적인 행동 패턴과 시도된 해결책들을 파악하면, 이러한 상호작용을 방해하는 순서를 교란하는(교정하는 것이 아니라) 잠재적인 개입방법을 찾는다. 한 떼의 물고기를 원하는 방향으로 몰아가지 않고, 오로지 가는 길을 방해하여 다시 모이도록 하는 것처럼, 체계적이고 전략적인 치료자들은 목표가 되는 바람직한 행동을 선형적인 방법으로 내담자들에게 가르치려고 하지는 않는다. 왜냐하면 그렇게 해서 거의 효과를 본 적이 없기 때문이다(Haley, 1987). 대신에, 그들은 문제행동 장면을 방해하고 가족 스스로 체계에 의해서 도입된 새로운 정보를 중심으로 재조직되도록 한다. 예를 들어, 만약 이 장의 마지막에 소개된 사례처럼 부모와 자녀가 잦은 논쟁에 대해서 불평을 하면, 치료자는 좀 더 나은 소통기술을 교육시키지 않고, 대신에 자녀의 반항을 다음과 같이 재구조화한다. 즉, 어머니의 갑작스런 재혼으로 인한 충격과 무시 받은 느낌으로부터, 부모와 가까움을 유지하려는 감추어진 의도라고 반항을 재구조화함으로써 치료자는 상호작용을 흩뜨려 놓는 것이다.

치료자는 항상 가족에게 회기를 마치기 전에 과제를 끝내도록 하거나, 치료자가 제시한 새로운 해석을 반영해보라는 지시와 함께 재구조화를 제시한다. 그 다음 주에, 치료자는 이전 주 상황을 점검하고 지난주에 실시된 개입에 대한 반응에 따라 과제를 달리하거나 재구조화를 계획한다. 이런 과정은 오직 현재 문제를 해결하는 데 필요한 정도의 수준에서만 지속되고, 이후 치료는 종결된다. 체계적 전략적 치료의 일반적인 흐름을 개략적으로 보여주면 다음과 같다.

체계적 치료의 과정

- **연속적 상호작용 순서와 관련된 의미를 평가하기:** 치료자는 체계 내의 모든 사람의 행동과 반응, 그리고 관련된 의미 등의 문제를 구성하는 상호작용 행동 장면을 파악한다.

- **연속적 상호작용 순서를 방해하면서 개입하기:** 치료자는 재구조화 기법이나 과제를 사용하여 상호 작용 순서를 교란시킨다. 그리고 동요에 대한 반응으로 가족이 스스로 재조직하도록 한다(장면을 교정하거나 고치려 하지 않는다).
  (주의) MRI와 전략적 치료, 그리고 밀란 치료의 차이는 각 치료적 접근이 연속적 상호작용 장면을 방해하기 위해 사용하는 방법에서 찾을 수 있다.

- **결과와 내담자의 반응을 평가하기:** 개입 후에, 치료자는 가족의 반응을 평가하고, 그 결과를 다음 개입 계획을 위해 사용한다.

- **새로운 패턴 방해하기:** 치료자는 또 다른 개입으로 새로운 패턴을 방해한다. 행동 장면을 방해하고, 가족을 재조직하고, 반응하고, 또 다시 개입하고 하는 방식은 문제가 해결될 때까지 계속된다.

상담관계 형성

체계에 대한 존중과 신뢰

MRI 체계적 치료자들은 가족을 가족만의 고유한 인식론과 세계관을 지닌 체계와 개체로 서 존중한다(Watzlawick 등, 1974). 그들은 치료자가 변화를 강요하지 않아도 가족 체계 스스로 재조직할 수 있다는 지속적이며 깊은 믿음을 가지고 있다. 치료자는 가족이 재조직할수 있는 기회를 제공할 뿐이다. 가족에서 보여지는 증상을 결코 개인 병리의 지표로 여기지 않고, 목적을 지닌 가족 연속적 상호작용 결과로 간주한다.

이러한 신뢰의 중요성은 이 장의 마지막에 소개된 사례에서 찾아볼 수 있다. 이 경우, 십대 자녀를 둔 어머니는 10년간 혼자 살아온 후에 갑작스럽게 재혼을 한다. 하지만 새 남편은 최근에 실직을 하고, 어머니는 경제적 어려움을 메꾸기 위해 세 군데에서 일을 하게 되는데, 딸은 시간이 없어진 어머니로부터 자신이 무시 받는다고 느끼게 된다. 그런 경우 상황을 빠르게 판단하기는 쉬운 일이어서 치료자는 즉각 이러한 '터무니없는 상황'을 '고치려고' 돌진하고 싶은 유혹을 느낄 수 있다. 대조적으로, 체계적 치료자는 체계의 통합성을 존중하는 과정을 통해 가족은 스스로 재조직된다는 것을 믿고, 체계 안에서 자연스럽게 생성되는 관계 방식에 대한 규칙을 가족 스스로 재조직하도록 허용하면서 좀 더 호기심을 가지고 개방적 태도를 취한다.

내담자의 언어와 관점에 적응하기

첫 만남에서, 치료자는 내담자와 긍정적이고 신뢰로운 관계를 구축하려 노력한다(Nardone & Watzlawick, 1993; Watzlawick 등, 1974). 이성적인 내담자와는 이성적으로 대화하고, 좀 더 감정적인 표현양식을 지닌 내담자와는 더 친근하게 접촉하면서 치료자는 내담자의 언어와 의사소통 양식, 세계관에 적응해간다. 무엇보다 치료자는 신념, 가치 그리고 언어를 포함하는 내담자의 대표적인 인식의 틀을 존중하는 태도로 참여해야 한다. 이는 내담자가 치료자의 언어와 관점에 적응해야만 하는 전통적인 정신분석과 반대되는 입장이다.

치료자 유동성

치료자 유동성(maneuverability)은 치료적 관계를 개인적으로 판단하여 결정할 때 치료자가 가질 수 있는 자유를 가리킨다(Nardone & Watzlawick, 1993; Segal, 1991; Watzlawick 등, 1974). 치료자들은 가족들에게 가장 도움이 되는 것이 무엇인지에 관한 판단에 근거해서, 전문가적 입장이나 한 단계 아래 입장(다음 절 참조)을 선택할 수 있다. 이와 유사하게, 치료자는 상황에 따라 좀 더 거리를 두거나 또는 정서적으로 더 관여할 수도 있다. 게다가, 치료자는 가족 체계 안에서 원하는 변화를 얻어내기 위해 내담자가 자신을 싫어하게 만들거나 '나쁜 사람'이 될 수도 있고, 가족에게 최선의 이익이라고 판단되면 어떤 역할이라도 그에 맞춰 행동한다. 이 장의 마지막에 소개된 사례의 경우, 딸이 계부와 말을 하지 않고, 계부는 직업을 구하려고 하지도 않고 가족을 위한 어떤 기여도 하지 않으려 하는 등 가족 구성원이 극단적인 위치에 처해있을 때 치료자 유동성은 특히 중요하다.

사례개념화 및 평가

상호작용 패턴

체계적 치료자들은 가족상담 시에, 사람들 사이의 상호작용 패턴에 초점을 맞춘다(Boscolo, Cecchin, Hoffman, & Penn, 1987; Watzlawick 등, 1974). 새내기 치료자들에게 이러한 초점을 보여주기 위해서, '네 명의 가족'에게 밝은 노란 색 끈을 쥐고 원을 만들게 한다. 그 후 그들이 다양한 패턴으로 움직이면서 '춤을 추도록' 한다. 처음에 관객들은 상호작용을 바라보는 일상의 습관처럼 댄서들의 움직임에 자연스럽게 집중한다. 그 후 가족들에게 다시 춤을 추도록 하고 이번에는 관객들에게 오로지 노란색 끈에 집중하여 보면서 멀어지고 가까워지는 상호작용 패턴을 추적하면서 움직임을 따라가게 한다. 이것은 체계적 치료자가 가족을 어떻게 바라봐야 하는지에 관한 불완전한 은유이지만, 요점을 파악하는 데 많은 도움이 될 것이다. 그리고 초점은 항상 노란 끈, 즉 상호작용에 있는데, 이것을 밀란 치료팀에서는 '게임(game)'(아래 예시 참조, 그리고 Boscolo 등, 1987 참조)이라고 한다.

수련 초기에는 가족 상호작용을 추적하기가 쉽지 않다. 기법은 가족이 평소에 항상 추고 있는 춤을 따라가 보는 것이다(어떻게 A가 B에게 반응하고, B는 다시 A의 반응에 대응하는지). 가족 상호작용을 관찰할 때, 치료자는 대화의 내용보다는 비언어적 소통(4장 참조)과 상호 작용(끈의 움직임)에 집중함으로써 춤의 패턴을 파악할 수 있다. 예를 들어, 만약 부부가 반항적인 자녀를 훈육하는 방법으로 다투고 있을 때, 치료자는 자녀 문제를 해결하려 하지 않고, 대신 부모가 의사소통하는 방법에 초점을 맞추려고 노력한다. 서로가 의견, 생각 그리고 감정을 나누고 있는가? 각각은 상대방의 다른 의견에 어떻게 반응하는가? 각각은 상대를 납득시키기 위해 어떤 전략을 구사하는가? 한 사람이 다른 사람의 말을 끝까지 듣는가? 이런 문제협상을 위한 상호작용 패턴에 집중함으로써 치료자는 그들이 고착되어 있는 것을 파악할 수 있다.

상호작용 패턴의 평가는 증상이 머물러 있는 곳에서의 일련의 행동적 장면들을 추적해 보는 것과 관련되어 있다. 연속적 상호작용 장면은 (a) 정상적인 것들(항상성), (b) 긴장의 고조(초기 정적 피드백), (c) 증상을 일으키는 감정과 행동들(정적 피드백), 그리고 결국, (d) 자기교정을 통해 다시 돌아가게 되는 정상상태(항상성)라는 네 가지 국면으로 추적될 수 있다. 상황에 따라 다르긴 하지만, 대개 이 과정은 몇 분에서 몇 달이 걸린다. 전형적으로 내담자들은 단지 증상만 이야기하지만, 항상성에서 항상성으로의 관점에서 증상을 추적해봄으로써 체계적 치료자들은 개입방법에 대한 더 깊은 이해를 하게 된다.

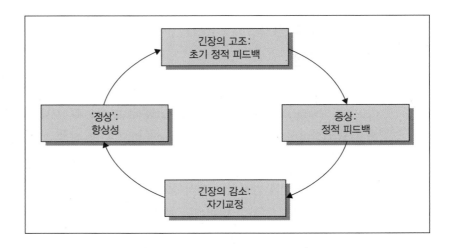

예를 들어, 만약 내담자가 공공장소에서 불안하다는 호소를 하면, 체계적 치료자는 내담자가 "괜찮다"고 하거나 정상적일 때의 행동, 맥락, 그리고 관계와 상호작용을 탐색할 것이

다. 그러고 나서 불안이 시작될 때의 행동, 맥락 관계 및 상호작용을 규명하고, 내담자가 불안을 최고조로 느낄 때 무엇을 하는지와 다른 사람에게 어떻게 반응하는지 그리고 내담자가 '괜찮아'지거나 다시 정상으로 돌아올 때까지의 행동과 상호작용을 추적한다. 이와 유사하게, 말다툼을 하는 부부와 상담할 때 치료자는 먼저 둘 사이에 모든 것이 원만할 때 그들이 무엇을 하는지 질문하고, 긴장이 일어날 때 각자가 어떻게 시작하는지, 논쟁을 하는 동안 각자는 상대에게 무슨 말로 반응하는지 그리고 다시 어떻게 '정상'으로 돌아오는지를 묻는다.

실제 상호작용을 관찰하는 것뿐만 아니라, 체계적 치료자들은 연속적 상호작용 장면을 평가하기 위한 일련의 질문을 한다. 예를 들어, 반항적인 자녀를 둔 부부를 관찰하는 것 이외에도 치료자는 다음과 같이 그들에게 질문할 수 있다. 문제상황이 발생하기 직전에 무슨 일이 있었는가? 각자는 무엇을 하고 있었고, 무슨 말을 했는가? 자녀는 어떻게 반응하는가? 반항에 대해서 부모나 또는 관련된 다른 사람은 어떻게 반응하는가? 여기에 대해 자녀는 어떻게 반응하는가?

상호작용 순서 파악하기

1. **항상성(정상):** 모든 것이 '정상적'이고 '괜찮을' 때는 어떤 상황인지 설명해주시겠어요? 긴장이 발생하기 바로 전에는 어떤 상황인지 설명해주시겠어요?
2. **긴장의 시작:** 사건이 항상 어떻게 시작되는지 말해주실 수 있을까요? 누가 무엇을 하고 있고 다른 사람에게는 어떻게 반응하나요? 첫 번째 반응은 어떤 반응을 불러일으키나요?
3. **가속화와 증상:** [증상]을 일으키는 순서는 단계별로 어떻게 되는지 설명해주시겠어요? 누가 무엇을 하고, 또 집에 있는 각자는 어떻게 반응하나요?
4. **항상성으로의 회귀:** 어떻게 다시 원래의 일상적인 상태로 돌아오는지 설명해주시겠어요?

상호작용적/체계적 문제관

MRI 치료자는 모든 문제들을 개인의 병리적 형태라기보다는 근본적으로 상호작용적(또는 체계적)인 것으로 본다(Watzlawick 등, 1974). 다르게 말하면, 비록 상호작용적인 요소가 아주 명백하게 드러나지 않을지라도, 모든 '심리적' 문제는 관계적인 요소를 가지고 있다는 것이다. 다만 이것이 개인에게 생물학적이고 신경학적인 문제가 결코 없다거나 자신의 행동에 책임이 없다는 의미가 아니라, '개인' 병리가 항상 문제인 것처럼 바라보고 거기에만 주의를 기울이지는 않는다는 것이다. 개인의 병리는 그들이 표현되는 사회적 상황에 의해서 형성될 수도 있고, 그런 사회적 상황은 만들어질 수도 있다. 예를 들면, 외견상 '생물학적 기반' 증상으로 간주되는 환각 같은 경우, 내용뿐만 아니라 환각의 유형까지 문화적인 맥락에 의해서도 유의미하게 영향을 받을 수 있다(Baur 등, 2011). 체계적 치료자들은 IP가 속해 있는 확대가족과 사회 체계에서 이런 증상은 어떤 역할이나 상호작용을 하고 있기 때문에 형성된다고 지적한다.

가족 상호작용 평가를 위한 질문

상호작용 패턴을 구체적으로 묘사하기 위해서, 나돈과 와츨라윅(Nardone & Watzlawick, 1993, p. 30)은 치료자가 다음과 같은 질문을 하도록 권장한다.

- 내담자의 일상적이고 관찰이 가능한 행동 패턴은 무엇인가?
- 내담자가 문제를 어떻게 정의하는가?
- 문제는 스스로 어떻게 확장되는가?
- 누구와 상호작용할 때 문제가 드러나고, 악화되고, 가장되고, 나타나지 않는가?
- 어디에서 항상 나타나는가?
- 어떤 상황에서 나타나는가?
- 문제는 얼마나 자주 나타나고, 얼마나 심각한가?
- (내담자 혼자 또는 다른 사람들이) 문제해결을 위해 무엇을 해왔고, 지금 무엇을 하고 있는가?
- 문제로 인한 이득은 무엇이고 누가 이익을 보는가?
- 문제가 사라지면 누가 상처를 입게 되는가?

시도된 해결책들

상호작용 패턴을 추적할 때, MRI 치료자들은 결국 문제를 지속시키는 역할을 하는 '시도된' 해결책들을 파악하는 데 집중한다(Watzlawick 등, 1974). 예를 들어, 만약 부모가 자녀의 반항적인 행동에 대해 항상 가르치고 언어적인 처벌을 해왔지만, 이것이 별 효력이 없었다면 그것은 시도된 해결책이라고 할 수 있다. 이러한 '시도된 해결책'(예: 언어적 처벌)은 문제를 지속시키는 상호작용 행동 순서로 파악할 수 있을 것이다. 시도된 행동들에 대한 논리 체계를 규명한 후에(예: 나쁜 행동은 처벌에 의해서 교정되어야 한다), 치료자는 180도 다른 논리로 행동을 규정한다(예: 나쁜 행동은 강한 감정적 유대에 의해서 동기화되어 서로 협력하여 만든 행동이다).

시도된 해결책들은 다음 세 가지 중 하나와 관련되어 효과가 없는 것으로 파악될 수 있다(Watzlawick 등, 1974).

- 극단적 단순화(행위가 필요하지만 아무것도 행해지지 않는다): 내담자나 가족은 문제를 부정함으로써 해결하려고 시도한다. 이것은 중독, 결혼 문제 등을 갖고 있는 가족역동에서 흔히 발견된다.

- 유토피아 증후군(필요하지 않은데 취해진 행위): 내담자나 가족이 변화될 수 없거나 존재하지 않는 무엇인가를 변화시키려고 한다. 이 해결법은 우울, 불안, 미루는 습관, 완벽주의, 그리고 자녀나 다른 관계에서 현실성 없는 요구를 하는 것 등에서 흔히 찾아볼 수 있다.
- 역설(잘못된 수준에서 취해진 행위): 이차적 해결을 필요로 하는 문제에 관해 일차적 해결책(자녀의 성숙에 따른 적절한 양육기법의 부족)이 시도되었거나, 일차적 문제에 대해 이차적 해결책이 시도된 경우(사람들이 행동상 변화에 만족하지 못하고 태도나 성격의 변화를 요구)를 말한다. 이러한 경우는 조현병, 관계의 고착, 가정폭력, 그리고 학대와 같은 문제에서 흔히 볼 수 있다. 이중구속(4장 참조)이 이러한 연속적 상호작용 장면의 특징이다.

메타커뮤니케이션

4장에서 소개한 것처럼, MRI 팀은 의사소통을 정보(언어적 메시지)와 명령 체계(명령 관계를 규정하는 비언어적 요소) 기능을 가지는 것으로 파악한다. 명령 체계는 소통에 관한 소통, 즉 메타커뮤니케이션(Watzlawick 등, 1967)으로 여겨진다. 가족과 이야기할 때 체계적 치료자들은 대화 내용뿐만 아니라 언어적 메시지를 어떻게 해석하는지에 관한 비언어적 단서인 명령체계 요소를 주의 깊게 경청한다. 메타커뮤니케이션은 종종 목소리, 어조, 몸짓, 눈길, 또는 헛웃음의 형태로 언어적 메시지를 강화하거나(일치할 때), 풍자하거나(공개적인 반박), 이중구속(직접적으로 언급할 수 없는 모순이 있는 상황을 만들어서)을 만들어낸다. 이 장 마지막에 소개된 사례의 경우, 가족의 메타커뮤니케이션은 근본적인 문제에 대해 단순하고 명확한 예시를 보여준다. 딸은 계부를 가족의 일부로 인정하지 않고, 계부의 메타커뮤니케이션도 딸과 동일하다. 대조적으로 어머니는 계부의 욕구를 딸의 욕구보다 우선시해서 따라주는데, 이것이 가족에서 딸의 위치를 '강등'시키는 역할을 했고, 충분히 예상할 수 있듯이 딸은 여기에 반항하게 된다. 이런 빠르고 직접적인 메타커뮤니케이션의 추적을 통해서 개입 방법의 방향을 분명히 제시할 수 있고 사례개념화도 풍부하게 할 수 있게 된다.

보완적 그리고 대칭적 패턴

상호작용 패턴을 평가할 때, 체계적 치료자들은 또한 보완적이고 대칭적인 패턴도 조사한다(Watzlawick 등, 1967). 보완적 패턴은 가족이 종종 발달시키는 좋은 부모/나쁜 부모 역할처럼 경직되거나 과장될 때 문제가 된다. 비슷하게 커플 관계에서도, 한 쪽이 이성적이 되면, 다른 쪽은 감정적이 될 수 있다. 다른 관계에서 대칭적인 패턴은 경쟁의 형태를 취하며 발달한다. 몇 가지 일상적인 보완적 패턴은 다음과 같다.

- 추적자/도망자
- 이성적인 사람/감정적인 사람

- 무력한 사람/구조자
- 과대 기능자/과소 기능자
- 사회적인/은둔하는
- 성욕이 과한/성욕이 적은

이러한 패턴은 연속적 상호작용 장면에서 전형적으로 그리고 분명하게 발견된다. 예를 들어, 어떤 부부의 경우 대부분 아내가 어떤 형태로라도 관심을 가지고 남편을 쫓아가고, 남편은 아내의 추적에 대한 반응으로 뒤로 물러서면서 싸움이 일어난다고 볼 수 있다. 치료자가 기본적인 보완적(또는 대칭적) 패턴을 인식함으로써 부부가 일으키는 다른 주제들에 대해서도 패턴을 추적할 수 있게 된다. 이 장에서 소개된 사례의 경우, 어머니와 계부는 체계에서 좋고/나쁜 부모 패턴뿐만 아니라 과대/과소 기능 패턴을 보이고 있다. 게다가, 어머니는 딸을 추적하고, 딸은 새로운 계부에 대한 저항으로 철수하고 있다.

일차 그리고 이차 변화

내담자를 평가할 때, MRI 치료자들은 항상 일차, 이차 변화라는 렌즈를 통해서 상황을 바라본다(4장의 기본 정의 참조). 기억할지 모르겠지만, 일차 변화는 전형적으로 체계 내의 역할 변화와 관련이 있지만(예: 추적자는 도망자가 된다), 기본적인 상호작용 패턴은 변화가 없다(예: 한 명의 추적자와 한 명의 도망자가 같은 수준의 친밀감을 유지한 채 존재). 이차 변화는 근본적으로 체계와 관련된 규칙의 변화와 연관된다. 대부분의 경우, 이것은 문제가 해결되기 위해 필요한 변화의 종류이다. 그래서 치료자들은 단지 몇 가지 변화만 바라보는 것이 아니라, 이것이 일차 변화인지 이차 변화인지도 평가하면서 매 주 계속적으로 변화를 추적한다.

관찰팀

MRI 체계적 치료의 특징은 항상 **관찰팀**이 있다는 것이다(Watzlawick 등, 1967; Watzlawick 등, 1974). 초창기에는 치료자가 가족을 치료하는 것을 팀이 관찰하기 위해 일방경 뒤에 앉았다. 팀은 체계의 움직임을 좀 더 빠르고 완벽하게 관찰할 수 있었는데, 이것은 치료실에서 가족을 치료하고 있는 사람은 가족 체계에 빠르게 동화되어 가족 전체적인 움직임을 찾아내기가 어려웠기 때문이다. 치료실보다는 일방경 뒤에 있을 때 누구든지 좀 더 현명해질 수 있다. 가족 상호작용의 일부가 아니므로 만들어지는 거리는 체계의 움직임을 좀 더 분명하고 빠르게 관찰할 수 있는 능력을 향상시킨다. 체계적 치료자들이 여전히 일방경 훈련을 시키는 이유는 가족의 역동을 볼 수 있는 능력을 발달시킬 수 있기 때문이다. 이것은 치료실 내의 치료자가 체계적 역동을 볼 수 없다는 것이 아니다. 그러기에는 무척 어렵고 좀 더 많은 수련이 필요하다는 것이다.

변화 목표 수립

증상 없는 상호작용 패턴

MRI 체계적 치료자들은 가족이 증상(또는 어떤 연속적인 증상)이 수반되지 않는 게임이나 움직임과 같은 일련의 새로운 상호작용 패턴을 발달시키도록 돕는다(예: 항상성). 다시 말해서, 치료의 목적은 문제가 없는, 또는 적어도 같은 문제와 지속적으로 연관되지 않는 가족 항상성을 창조하는 것이다(Watzlawick 등, 1974).

건강한 가족의 기준에 관한 이론의 부재

정신역동적이나 인간중심과 같은 많은 초창기 치료학파와 달리, 체계적 치료는 치료자가 치료의 목적을 세울 때 '건강한 가족 기능'이라고 정의내릴 기준을 가지고 있지 않다. 사이버네틱 이론은 오직 건강한 체계의 특징을 유연성에서 찾는다. 체계적 치료자들은 치료가 끝났다는 것을 가족이 알 수 있는 건강한 가족의 정의와 같은 이론을 가지고 있지 않다. 대신에, 치료자에 의해서 발생된 동요나 분열에 대한 반응으로 생긴 '기능적', 즉 증상이 없는 상호작용 패턴을 찾기 위해 가족 체계(개인이 아니라)가 스스로 재조직하려는 경향이 있다고 믿는다.

문제는 시도된 해결책이다

MRI 단기치료 접근의 목적은 다음과 같은 4단계 절차를 사용하여 발달되었다(Watzlawick 등, 1974).

1. 문제를 정의한다: 관련된 모든 행동과 반응들을 서술하기 위해 구체적이고 행동주의적인 용어를 사용한다. 예를 들어, "우리 아들은 늘 반항적이다"고 정의하는 것은 바람직하지 않다. 좀 더 나은 정의는 "내가 아들에게 무엇인가를 하라고 요청할 때, 그는 '싫어'라고 말하고, 내가 좀 더 밀어붙이면 그는 소리를 지르고 욕을 한다. 그러면 나는 항복한다"이다.
2. 시도된 해결책을 파악한다: 치료자는 다음과 같이 물어볼 수 있다. "이 문제를 다루기 위해 무엇을 해보셨나요?"라고 질문한 후, 다양하게 시도해본 해결책들의 패턴(예: 실행되지 못한 위협, 자녀와의 협상)을 경청한다.
3. 바람직한 행동적 변화를 서술한다: MRI 치료자들은 내담자와 치료자 모두의 관심을 유용한 방향으로 의미 있게 집중시키는 구체적이고 행동적인 목표를 발달시키는 데 관심이 많다. 목표는 반드시 현실적이고 구체적이고 시간제한이 있는 것이어야 한다.

- 현실적: 치료자들은 "내가 아들에게 무엇인가를 하라고 요구할 때마다, 그는 복종할 것이다"와 같은 비현실적인 목적을 세우지 않도록 주의를 기울일 필요가 있다. 대신에, 치료자는 내담자가 '아들이 내가 처음에 요청할 때 정중하게 실행하는 빈도를 높이기'와 같이 좀 더 현실적인 목표를 세우도록 돕는다.
  - 구체적: '소통을 좀 더 잘하기'와 같은 모호한 개입보다는 분명한 행동과 상호작용(예: 부부가 서로 포옹과 키스로 인사하려 하고, 60초 동안 문제가 없는 대화를 한다)으로 목표를 기술한다. 와츨라윅이 말한 대로, '성취를 불가능하게 하는 것은 모호한 목표이다'(Watzlawick 등, 1974, p. 112).
  - 시간제한: MRI 단기치료자들은 구체화된 목표를 위해 '4주 이내'와 같이 분명한 시간 설정을 선호한다.

4. 계획을 세워라: MRI 치료자들은 두 가지 기본적인 체계적 원칙을 사용한다.
  - 변화의 표적은 시도된 해결책이다.
  - 변화의 전략은 내담자의 현실과 동떨어지지 않는 내담자의 고유한 언어를 사용하는 것이다.

따라서 '소통을 좀 더 잘 하기' 위한 직접적이고 선형적인 교육은 결코 이루어지지 않는다. 그러한 계획이나 개입은 체계적 치료가 아닌 인지-행동 치료에서 사용된다(8장 참조). 대조적으로, MRI 체계적 접근은 현재 문제보다는 시도해본 해결책을 목표로 한다. 다시 말해서, 이것은 해결에 초점을 두는 해결기반 치료(12장 참조)와의 차이점이다. 따라서 부모에게 정적 혹은 부적인 강화를 사용하는 방법을 가르침으로써 자녀가 보이는 짜증의 빈도를 줄인다는 목표를 세우는 대신, 체계적 치료자들은 부모가 사용한 해결책들을 규명하고 180도 전환시킨 개입을 한다. 만약 부모가 당황하거나 포기하는 반응을 하면, 치료자는 부모가 정서적으로 영향을 받지 않고 일관된 반응을 하도록 개입을 계획한다. 다른 한편으로 만약 부모가 경직되거나 거친 처벌 등의 전형적인 반응을 보이면, 치료자는 감정을 살피면서 온화하게 접근하기를 제안한다.

개입 전략 수립

재구조화

재구조화는 이차 변화를 촉진시키기 위한 MRI 접근의 핵심 기법이다.

이전과는 다른 행동 처방

일단 MRI 치료자가 시도했지만 실패한 해결책들을 파악하게 되면, 감소시키거나 180도 전환되어야 하는 대표적 행동들을 규명한다. 그러고 나서 상호작용 패턴을 의미 있는 방식으로 수정해갈 대안 행동을 '처방'한다(Watzlawick 등, 1974). 예를 들어, 만약 부모가 자녀의 짜증에 점점 더 거친 처벌로 반응하고 있다면, 180도 전환된 행동은 자녀와의 감정적인 유대를 더 강하게 세우라는 것이 될 수 있다. 비슷하게 만약 부부가 추적자/도망자 패턴을 취하고 있다면, 180도 전환된 처방은 첫 번째 거절의 신호를 받았을 때 바로 쫓아가는 것을 줄여보도록 하거나, 특정한 주제에 대해서는 쫓는 것을 피하지 않도록 한다. 주목할 것은 문제행동 줄이기 처방이 그저 해결(인지-행동 치료의 전형적인 기법처럼 보이듯이)하려는 것이 아니라, 문제적 상호작용 장면을 방해하도록 계획되었다는 것이다.

치료적 이중구속: 시도된 해결책

MRI의 치료적 이중구속(therapeutic double bind)은 가족이나 관계에서 이중 메시지를 사용하지 않도록 하기 위한 것이다(Watzlawick, Bavelas, & Jackson, 1967). 병리적 이중구속과 치료적 이중구속의 차이는 다음과 같이 간단하다. 병리적인 형태는, 당신이 무엇을 하더라도 꼼짝 없이 잘못한 것이 된다. 치료적 이중구속에서는, 당신이 무엇을 하더라도 그것은 당신을 새로운 방향으로 움직이게 하는 것이 된다.

흔히 이중구속은 한 쪽이 다른 쪽에게 즉각적인 사랑과 애정을 보여 달라고 요구할 때 일어난다. 예를 들어, 아내가 남편에게 꽃, 촛불 켠 저녁식사, 그리고 선물로 이루어진 좀 더 로맨틱한 사랑을 증명해보라고 요구할 수 있다. 만약 남편이 아내가 얘기한 대로 하면, 아내는 남편이 그녀가 요구했기 때문에 한 것이지, 남편의 진심이 아니라고 말한다. 만약 남편이 하지 않으면, 아내는 남편이 그녀를 진정으로 사랑하지 않는다고 말한다. 어떻게 하더라도 남편은 실패하게 되어있다. 치료적 이중구속은 남편에게 아내가 요구한 행동들보다 무언가 다르게 자신만의 방식으로 새로운 맥락에서 로맨틱한 행동을 하게 한다. 만약 그가 치료자가 지시한 그대로 따라주면 그는 체계 내에서 새로운 로맨틱한 행동을 창조해낸 것이다. 만약 그가 지시대로 하지 않고 대신에 아내의 제안 중에 하나를 선택한다면, 그는 치료자가 해달라는 지시를 따르지 않고 본인이 선택해서 그렇게 했다는 의미가 있게 된다. 치료자로서 이러한 기법을 사용하기가 어려울 수도 있어서 초기 가족치료자들은 팀으로 일하기를 선호했다. 팀 안에서 그들은 가족의 이중구속을 좀 더 빨리 평가하고 유용한 치료적 역설을 파악할 수 있었다.

개선에 따른 부작용

개선에 따른 부작용(dangers of improvement)은 문제가 해결되면 생길지도 모르는 잠재적인 문제들을 내담자로 하여금 파악하도록 요청하는 것과 관련 있다(Segal, 1991). 예를 들어,

만약 자녀가 점점 과제나 잡다한 일들을 독립적으로 해낸다면, 부부는 그들이 자녀를 양육하고 있다는 느낌을 얻기 위해 무엇을 할 것인가? 만약 부부가 갑자기 다투는 것을 멈춘다면, 그들은 그들의 관계가 살아있다는 열정의 불꽃을 무엇으로 유지할 수 있겠는가? 만약 사람이 더 이상 우울해하지 않고 다른 사람을 만나기 시작한다면, 그는 이제 혼자만의 조용한 시간을 어떻게 지킬 수 있을 것인가? 이러한 질문들을 통해서 가족은 현재 문제뿐만 아니라 새로운 문제의 근원이 될 수도 있는 비현실적이고 이상에 가까운 세계관을 약화시킬 수 있게 된다.

절제, 천천히 변화하기

절제(restraining), 천천히 변화하라는 지시는 역설적인 풍미를 느끼게 하는 체계적이고 전략적인 개입이다(Segal, 1991). 치료자들이 '절제'를 하거나 내담자에게 '느리게 가도록' 가르칠 때, 내담자는 너무 빨리 변화하는 것을 피하고 천천히 변화하도록 격려된다. 이것은 치료적 이중구속과 비슷한 역설적 효과를 얻는다. 만약 내담자가 이 지시에 따르면, 변화는 일어날 것이고 내담자는 천천히 변화를 시도하면서 재발에 대해 좀 더 잘 대비하게 될 것이다. 다른 한편으로, 만약 내담자가 느리게 변화하라는 것에 저항하면 그는 지향된 목표를 향해 좀 더 열심히 노력할 것이다. 어떤 경우이든, 변화과정은 지속되고 재발에 대항한 '면역력은 갖추게' 될 것이다.

적용하기

사례개념화 틀

- 연속적 상호작용 장면: 상호작용 장면에서 다음과 같은 점을 강조하면서 각 개인의 역할(중요하지 않아 보이는 역할일지라도)을 서술한다.
  - 항상성
  - 긴장의 발생
  - 증상/갈등
  - 항상성으로의 회귀
- 시도된 해결책들: 효과가 없는데 가족들이 노력하고 있는 해결책은 무엇인가? 180도 전환되었다는 것은 어떤 점인가?
- 메타커뮤니케이션: 문제적 상호작용에서 메타커뮤니케이션은 무엇인가?
- 보완적 역할: 추적자/도망자, 과소/과대 기능자, 감정적/논리적, 좋은/나쁜 부모 등

- 항상적 기능을 한다고 가정된 현재 문제: 증상은 어떻게 가족 간의 연결을 유지하도록 하고, 독립/거리감을 만들어내고, 서로 영향력을 끼치게 하고, 다시 결속감이나 균형감을 얻도록 하는가?
- 바람직한 행동적 변화: 행동적이고 현실적이며, 구체적이고, 시간제한이 있는 용어를 사용한다.

MRI 치료계획 틀(개인)

MRI 치료의 초기 단계

상담 과제

1. 상담관계를 수립한다. DN: [관계 형성과 정서 표현에 있어 문화, 성, 기타 요인에 따라 서로 다른 방식들을 존중하기 위해 상담자가 고려해야 하는 것은 무엇인지 기술한다.]

   관계 형성/개입방법:

   a. 내담자의 언어에 적응하고 치료적 유동성을 유지하면서 체계를 존중하고 신뢰한다.

2. 개인, 체계, 좀 더 포괄적인 문화적 역동을 평가한다. DN: [문화, 사회경제적 수준, 성지향성, 성, 기타 규준들을 고려하여 평가 작업을 어떻게 조율해야 할 것인지 기술한다.]

   평가 전략:

   a. 긴장의 발생, 증상, 항상성으로의 회귀, 메타커뮤니케이션 그리고 보완적 패턴들을 포함하여 문제와 관련된 연속적 상호작용 장면(들)을 평가한다.

   b. 극단적 단순화, 유토피아 증후군과 역설을 포함하는 시도된 해결책들을 파악한다.

내담자 목표

1. 우울과 불안을 줄이기 위한 방식으로 **문제를 바라보는** 가능성을 늘린다.

   a. 관계 맥락에서 증상의 의미를 전환시키기 위해 문제를 **재구조화**한다.

   b. 시도해본 해결책에 대해서 180도 전환된 대안적인 **행동적 처방**을 한다.

MRI 치료의 작업 단계

상담 과제

1. 작업 동맹의 질을 모니터한다. DN: [내담자의 문화적 관습에 맞지 않는 정서 표현을 상담자가 했을 때 내담자가 보이는 반응에, 상담자는 어떻게 주의를 기울일 것인지 기술한다.]

   a. 개입에 대한 평가: 치료자가 내담자의 의미 체계에 계속해서 관여해올 수 있었다면, 치료자가 결정할 재구조화나 다른 개입들에 대해 내담자가 어떻게 반응하는지 모니터한다.

내담자 목표

1. 우울한 증상[구체화한다]을 줄이기 위한 새로운 연속적 **상호작용 장면 패턴**을 증가시킨다.

개입방법:

a. 문제행동 장면을 방해하기 위해 특별한 시간에 특정한 우울 증상을 일으키도록 내담자에게 요구하는 **역설적인 행동적 처방**

b. 장소와 시간, 방법 그리고 증상의 소유주를 변경함으로써 우울한 증상을 방해하는 **행동적 처방**

2. 불안 증상[구체화한다]을 줄이기 위한 새로운 **연속적 상호작용 장면 패턴**을 증가시킨다.

a. 내담자에게 매일 시간을 정해서 '걱정'하도록 요구하는 **역설적인 행동 처방**

b. 장소와 시간, 방법 그리고 증상의 소유주를 변경함으로써 우울한 증상을 방해하는 **행동적 처방**

MRI 치료의 종결 단계

상담 과제

1. 사후 계획을 수립하고 얻어진 성과를 유지한다. DN: [치료 종결 이후 내담자의 지원 체계의 일부가 될 수 있는 공동체 내 자원들에 상담자가 어떻게 접근할 수 있을지 기술한다.]

a. 개선에 따른 부작용과 절제 기법을 통해 내담자가 재발을 다룰 수 있는 방안을 마련하기

내담자 목표

1. 구체적인 관계 맥락에서 우울과 불안을 줄일 수 있도록 배우자와 **가족과의 관계에서 연속적 상호작용 장면의 효율성**을 증가시킨다.

a. 중요한 타자들에게 개선점이 미칠 영향에 주목하면서 개선을 위한 **개입에 따른 부작용**을 평가한다.

b. 다른 사람들과의 상호작용에서 내담자가 천천히, 그러나 의미 있게 자기가 기여하는 바를 수정하여 행동하도록 **행동적인 처방**을 한다.

MRI 치료계획 틀(커플/가족)

MRI 치료의 초기 단계

상담 과제

1. 상담관계를 수립한다. DN: [관계 형성과 정서 표현에 있어 문화, 성, 기타 요인에 따라 당신이 고려해야 하는 것은 무엇인지 기술한다.]

관계 형성/개입방법:

a. 내담자의 언어에 적응하고 치료적 유동성을 유지하면서 커플 및 가족 체계를 존중하고 신뢰한다.

2. 체계, 그리고 좀 더 포괄적인 문화적 역동을 평가한다. DN: [문화, 사회경제적 수준, 성지향성, 성, 기타 규준들을 고려하여 평가 작업을 어떻게 조율해야 할 것인지 기술한다.]

평가 전략:

a. 긴장의 발생, 증상, 항상성으로의 회귀, 메타커뮤니케이션 그리고 보완적 패턴들을 포함하여 문제와 관련된 **연속적 상호작용 장면(들)**을 평가한다. 모든 가족의 역할을 평가한다.

b. 극단적 단순화, 유토피아 증후군과 역설을 포함하는 **시도된 해결책**들을 파악한다.

내담자 목표

1. 갈등을 줄이기 위해 부부/가족의 **문제를 바라보는 개방적 시각**을 확장시킨다.

    a. 체계에서의 의미를 전환시키기 위해 더 큰 체계의 **상호작용 패턴**에 각 개인의 반응이 어떤 역할을 하는지 보여주도록 문제를 **재구조화**한다.

    b. 시도된 해결책에 대해서 180도 전환된 대표적인 **행동적 처방**

    (예를 들어, **날짜를 정하여** 추적자를 도망가가 되게 하고, 도망자가 추적하게 하거나, 부모와 자녀 사이에 심한 처벌이 효과적이지 못할 때 정서적인 연결감을 강화시키도록 하는 것)

MRI 치료의 작업 단계

상담 과제

1. 작업 동맹의 질을 모니터한다. DN: [내담자의 문화적 관습에 맞지 않는 정서 상담자가 표현을 했을 때 내담자가 보이는 반응에, 상담자가 어떻게 주의를 기울일 것인지 기술한다.]

    a. **개입에 대한 평가**: 치료자의 재구조화와 치료자가 내담자의 의미 체계에 참여할 수 있었는지를 결정하는 다른 개입들에 대한 내담자의 반응을 모니터한다.

내담자 목표

1. 갈등을 줄이기 위해 [갈등의 구체적 측면]과 관련된 새로운 연속적 **상호작용 장면 패턴**을 증가시킨다.

    개입방법:

    a. 내담자에게 새로운 상황에서 갈등을 일으킬 것을 요구하는 **역설적인 행동적 처방**

    b. 장소와 시간, 방법 그리고 갈등의 소유주를 변경함으로써 **문제행동 장면**을 방해하기 위한 행동적 처방

2. 갈등을 줄이고 감정적 유대를 강화시키기 위해 [구체적인 갈등 영역]과 관련된 새로운 연속적 **상호작용 장면 패턴**을 증가시킨다.

    a. 연속적 상호작용 장면에서 각 개인의 반응을 **바꾸어줌으로써** 갈등의 **관계의 재구조화**

    b. 장소와 시간, 방법 그리고 갈등의 소유주를 변경함으로써 갈등을 방해하는 **행동적 처방**

MRI 치료의 종결 단계

상담 과제

1. 사후 계획을 수립하고 얻어진 성과를 유지한다. DN: [치료 종결 이후 커플 혹은 가족의 지원 체계의 일부가 될 수 있는 공동체 내 자원들에 상담자가 어떻게 접근할 수 있을지 기술한다.]

    a. 커플/가족이 재발을 다룰 수 있도록 개선에 따른 **부작용과 절제 기법**을 사용한다. 이 때, 상대방에 대한 비판을 줄일 수 있도록 다양한 조치를 고려한다.

내담자 목표

1. 유대감과 관계 만족감을 향상시키기 위해 [관심이 남아있는 영역]에서 연속적 **상호작용 장면의 효율성**을 증가시킨다.

    a. 커플/가족의 관계나 다른 관계에 개선점이 미칠 영향에 주목하면서 개선을 위한 **개입에 따른 부작용**을 평가한다.

b. 내담자가 천천히, 그러나 의미 있게 관심의 영역에서 그들의 행동을 수정할 수 있도록 **행동적인 처방**을 한다.

밀란 체계 치료

배경

밀란 치료는 '순수한' 베이트슨의 사이버네틱 이론을 체계적 접근의 실제에 적용해보기 위해 시작되었다(Selvini Palazzoli 등, 1978). 밀란 팀은 조현병이나 섭식장애와 같은 심각한 장애로 진단받은 아이들과 수많은 치료 작업을 수행하였다. 이 접근은 '장기간 단기치료'[1](long-term brief therapy)인데, 회기가 일반적으로 한 달에 한 번씩 진행되지만 대체적으로 치료자들은 내담자들을 열 번 정도만 만난다. MRI나 전략적 접근과 같은 행위기반 접근과 비교할 때, 밀란 접근은 재구조화와 순환 질문 같은 언어기반 접근들을 많이 사용한다. 그들은 상호작용 패턴을 '가족 게임'(이태리어를 엄격하게 번역한다면 서로를 조종하는 게임이 아닌, 장난기 있는 게임에 가까움)으로 여기고, 증상들을 재구조화하기 위해 게임이 갖는 긍정적 의미들을 사용하였다. 이 접근은 가족의 인식과 문제에 대한 관점을 전환함으로써 가족 상호작용을 전환시키고자 한다. 나중에 체친과 보스콜로는 자신들의 아이디어를 좀 더 포스트모더니즘적인 방향으로 발달시키는 데 있어서 사회구성주의 치료자들과 밀접한 협동 작업을 하였다(14장 참조).

주요 개념

순환 질문

어떤 치료 모델을 골라서 실습을 하더라도, 순환 질문은 치료실에서 한 사람 이상의 사람과 상담할 때 가장 유용한 기법 중 하나일 수 있다. 순환 질문은 (a) 평가하고 (b) 체계에서의 역동과 상호작용 패턴을 드러나게 만들고, 그럼으로써 굳이 치료자가 언어적으로 재구조화를 제공하지 않아도 모든 참여자들이 문제를 재구조화하도록 돕는다(Palazzoli 등, 1978; Palazzoli, Boscolo, Cecchin, & Prata, 1980). 예를 들어, 한 가족이 자녀의 '분노 문제'로 나에게 왔던 적이 있었다. 그들이 자녀의 '문제' 행동을 묘사한 후에, 나는 다른 가족들이 자녀의 분노에 어떻게 반응하는지를 물었다. 어머니는 당황하고, 종종 소리를 지르고, 아버

---

1) 역주: 장기간 단기치료란 10개월이라는 장기간 동안 행해지지만, 회기 수로는 10회기 정도의 단기치료를 의미한다.

지는 자녀를 심하게 나무란다고 대답했다. 그들은 서로의 반응에 대해 들으면서, 분노에 분노로 반응하고 있는 자신들의 모습을 인정했다. 또한 여동생이 격렬한 싸움을 피해서 다른 방으로 사라지거나 관여하지 않고 있다는 것에 주목하게 되었다. 부모가 자신들의 상호작용을 보게 되자, 딸에게는 불안을 불러일으키면서 자신들 셋 사이에 분노가 심하게 '감염'되어 가는 점을 분명하게 파악할 수 있었다. 이러한 질문을 통해 이 가족은 '아들의 분노 문제'를 좀 더 넓은 상호작용 패턴에서 볼 수 있게 되고, 따라서 새로운 선택을 할 수 있게 된다.

구체적인 순환 질문(Cecchin, 1987)에는 다음과 같은 내용이 포함된다.

- **행동 순서 질문:** 치료자는 문제를 구성하는 전체 행동 장면을 추적하기 위해 다음과 같은 질문을 사용한다. "존(John)이 분노를 폭발시킬 때, 어머니는 무엇을 했나요? 아버지는 무엇을 했나요? 여동생은 무엇을 했나요?" 대답을 들은 후, "존은 그 다음에 무엇을 했나요?" 치료자는 가족이 항상성으로 돌아갈 때까지 상호작용 순서를 따라간다(17장에서 소개될 사례개념화에서 '문제 상호작용 패턴'을 평가하는 부분 참조).

- **행동 차이 질문:** 행동 차이 질문은 내담자가 사람들을 낙인찍기 시작하거나, 특정 행동을 그 개인의 영속적인 특성으로 간주할 때 사용된다. 예를 들어, 만약 자녀가 "엄마가 잔소리한다"라고 주장하면, 치료자는 "엄마가 잔소리를 하게 만드는 것에 대해 잔소리 대신 엄마는 무엇을 할 수 있을까?"라고 물을 수 있다. '상대방이 자신에게 무엇인가를 한다'와 같은 문제 행동 묘사는 다른 사람들과 비교하면서 제시한다. "아버지는 네가 무엇을 하도록 할 때 어떻게 말하시니? 선생님은? 너는 다른 사람에게 무엇을 하게 할 때 어떻게 요청하니?"

- **비교와 서열 질문:** 비교와 서열 질문은 가족 내에서 이루어지는 낙인찍기 및 기타 경직된 묘사들을 줄이는 데 유용하다. "잭키(Jackie)가 문제를 일으키면 누가 가장 마음이 아플까? 누가 가장 영향을 적게 받을까? 이 기간 동안에 누가 가장 도움이 되었니? 가장 손해를 본 사람은 누구니?"

- **사전/사후 질문:** 구체적 사건이 발생했을 때, 사전/사후 질문은 그 사건이 가족역동에 미치는 영향을 사정하는 데 유용할 수 있다. "아버지가 아프신 후에 너는 어머니와 다툰 적이 있었니?"

- **가상적 순환 질문:** 가상적 질문들은 시나리오를 제공하기 위해 사용되며 가족 구성원이 각각 어떻게 반응하는지 묘사하도록 한다. "만약 어머니가 갑자기 병원에 입원하신다면, 누가 어머니를 간호할 경향성이 제일 크니? 그럴 가능성이 가장 적은 사람은 누구니?"

관련학자

밀란 팀

밀란 팀은 1967년 당시 이태리에서 거식증을 연구하던 파라졸리에 의해서 설립되었고, 파라졸리, 체친, 보스콜로와 프라타가 속해있었다(Campbell, Draper, & Crutchley, 1991). 파라졸리와 프라타는 **불변 처방**(invariant prescription, 이 장의 후반부에서 소개)에 초점을 맞추었고, 체친과 보스콜로는 많은 기술어들을 통해서 언어와 의미의 구조에 집중하면서 키니(Keeny)의 이차 사이버네틱스(1983)와 관련된 작업들을 수행했고, 결국 포스트모던과 사회구성주의자의 입장으로 나아갔다(13, 14장 참조).

상담과정

장기간 단기치료

밀란 접근은 고도로 구조화되어 있고 전형적으로 한 달에 한 번씩 10개월에 걸쳐서 10회기 동안 진행된다(Palazzoli 등, 1978; Palazzoli 등, 1980). 각 회기는 다섯 가지 활동으로 나뉘어져 있다.

- 치료 회기 전: 팀은 가족들을 만나서 가설과 개입방식을 의논하고 마련한다.
- 치료 회기 내: 그 회기를 담당하는 리더는 가족들을 만나고 팀의 나머지 인원은 일방경 뒤에서 관찰한다.
- 치료 회기 사이: 리더는 쉬면서, 치료실에서 상담했던 사람보다 더 빨리 가족의 역동을 볼 수 있는 나머지 팀원들의 도움을 받아 개입방식을 발전시킨다.
- 개입: 회기 리더는 치료실로 돌아가 회기를 진행하면서 개입을 실천한다.
- 논의: 가족이 떠난 후에, 팀은 회기의 진행에 대해서 의논하고 가설을 다듬고, 다음 회기 진행에 대해서 결정한다.

회기 조망

다음과 같은 회기 장면은 일반적으로 IP로 지명된 자녀가 있는 가족을 위한 것이다.

1회기

모든 가족 구성원이 가족 상호작용과 가족 게임을 관찰하기 위해 초대된다. 이때부터 가족의 증상이 지니는 역할에 대한 초기 가설을 발달시킨다.

2회기

다시, 모든 가족이 출석하고 자녀에게 초점이 맞춰진다. 하지만 그 다음 부모만 다시 초대된다.

3회기

이번 회기에는 부모만 참석하고, 치료팀은 불변 처방을 제시한다.

4회기

다시, 부모만 참석하고, 부모가 치료의 초점이 된다. 부모 체계를 변화시킴으로써 자녀의 증상이 다루어질 것이 기대된다.

5회기

치료자는 부모가 IP의 증상을 다루는 데 성공했는지 아니면 실패했는지에 관해 논의한다.

6회기에서 10회기

팀은 불변 처방과 자녀의 반응에 대해 부모가 계속해서 성공적으로 반응하고 있는지를 모니터한다. 필요하다면 추가적인 개입을 실시한다.

상담관계 형성
치료자의 중립성과 모두 편들기

1978년(Palazzoli 등, 1978; Palazzoli 등, 1980), 밀란 팀은 **중립성**(neutrality)이라는 치료적 입장을 최초로 제시했는데, 이것은 그들의 치료 작업 중 가장 오해를 많이 받는 개념이다 (Boscolo 등, 1987). 밀란 팀에게 중립적이라는 의미는 특정한 가족 구성원이나 문제 진술에 대해서 편을 들지 않는 것뿐만 아니라, 구성원 모두가 지닌 인식에 대해서 기꺼이 개방적으로 들어주는 것을 말한다.

중립성은 어느 일면에서 치료자 자신의 감정이 아니라, 치료자가 가족에 대해서 가지는 **실용적인 영향력**을 가리킨다(Cecchin, 1987). 따라서 만약 회기 종결 후에, 가족이 치료자가 누구 '편'을 들었는지 알 수 없게 되면, 치료자는 중립성의 효과를 거두었다고 볼 수 있다. 하지만 회기 중에는 치료자가 종종 특정 개인의 문제인식과 의견을 같이하는 질문을 함으로써 편을 드는 것처럼 보일 수도 있다. 이런 경우 치료자는 다른 사람의 의견에 동의하는 질문도 던짐으로써 균형을 맞추어 결과적으로 치료자가 중립적이었다고 가족들이 느낄 수 있도록 해야 한다.

중립성은 또한 특정한 의미, 묘사나 결과에 대해서도 고착되어 있지 않는 것을 의미한다 (Boscolo 등, 1987). 밀란 팀은 그들 자신까지 포함하여, 어떤 문제의 진술이라도 한 편으로 치우치는 것을 주의 깊게 피했다. 중립성은 가족에 대한 고유한 가설과 생각에까지 확대되고 그들은 그들 자신의 사고와도 '사랑에 빠져 눈이 멀게 되는' 것을 피했다. 나중에, 체친, 레인, 그리고 레이(1992)는 이러한 중립성의 형태는 자유롭게 이런저런 것을 시도해볼 수 있는 불손함(irreverence, 다음 절에서 소개됨)이 특징이라고 보았다. 치료자가 특정한 문제 진술을 경직되게 고집하지 않을 때, 자신이 선호하는 가설에 적합한 유일한 해결책에만 초점을 맞추는 것을 넘어서서 다양한 개입의 가능성을 볼 수 있게 된다.

호기심과 미학

1987년에 체친은 밀란 접근에 대한 특히 중립성 개념에 관한 일반적인 오해를 명료화하는 논문을 썼다. 그는 치료적 입장이란 기본적으로 포스트모던 치료의 주제이자, 체친과 함께 말년에 밀접하게 치료 작업을 하던 구성주의 치료자들에게서 두드러지게 보이는, **호기심**(curiosity)의 일종이라고 강조했다(14장). 치료적 호기심은 체계 내에 존재하는 다중적이고 다운율적인 음성을 진지한 흥미를 가지고 경청하는 것에서 비롯된다. 체친은 이렇게 말한다. "이러한 체계적 방향에서, 우리는 맞거나 틀리거나라는 설명의 틀보다는 호기심의 틀 안에서 서술을 한다"(Cecchin, 1987, p. 406). 이러한 호기심은 유일한 진리를 발견하는 과학적인 호기심이 아니라, 등장하는 패턴에 관한 심미학적 호기심이다. 은유를 사용한다는 것은 체계적 호기심이 과학자가 연구 실험실에서 배우는 것에 관하여 가지는 호기심이 아니라 복합 예술이나 춤, 시를 경험하도록 하는 것과 같이 의미의 다중적인 층에 대해 개방되어 있는 호기심을 말한다.

특히, 체친은 베이트슨의 독창적인 사이버네틱 이론에서 끌어온 '연결 패턴'에 관심을 가졌다. 그래서 가족을 관찰할 때, 치료자의 호기심은 패턴의 다중 가능성을 보는 안목을 바탕으로 연결된 패턴을 파악한다. 좀 더 구체적으로, 치료자는 가족의 일방적인 상호작용을 묘사하기 위해 그들의 다중적인 이야기에 관하여 호기심을 갖는다. 다중적인 묘사를 한 데 모으면서, 체계적 치료자는 가장 훌륭하고 가장 정확한 묘사보다는 다중적인 이야기가 어떻게 함께 맞추어 가는지 그 연결 패턴에 관심을 갖는다. 치료자가 호기심과 중립성을 잃게 되면, 치료자는 치료에서 지루함을 느끼고 치료와 관련된 신체화 증상을 느끼는 등의 신호를 보인다(Cecchin, 1987).

문제에 대한 불손함

불손함이라는 개념은 후반기까지 조명되지는 않았지만(Cecchin, Lane, & Ray, 1992), 적절하게 이해된다면 치료자가 문제(내담자가 아닌)에 대해 취하고 있는 관계를 명확하게 포착할 수 있다. 이 접근의 마법은 치료자와 문제와의 불손한 관계에서 비롯된다.

그렇다면 불손하게 대해야 할 무엇이 있다는 말일까? 체계적 전략적 치료 접근처럼 밀란 치료자들도 문제의 '비극적인' 등장에 관해 불손하고 무례하게 대한다. 상담 중에 '성격적 결함', '질병', '미해결된 어린 시절의 문제' 또는 좀 더 깊고 고통스런 문제가 드러나게 될 때, 심지어는 증상이 그 문제와 관련성이 있어 보이고 특히 현재까지 그러한 문제 속에서 살고 있는 내담자들에게서조차도 그러한 문제를 개인의 증상과 연관지어 중요하고 의미 있게 대하지 않고 아무것도 아니라는 듯이 불손한 태도를 취한다. 체계적 치료자들은 문제를 개인의 문제로 바라보지 않고 관계의 문제로 바라보는데, 좀 더 넓은 의미에서 대인관계적 맥락과 연결되어 있다고 여긴다. 그러나 이것을 이해하지 못하면 문제에만 집중하게 되어 좀 더 큰 것들을 놓칠 수 있게 된다고 보았다. 문제를 강한 적이라고 어려워하지도 않고 실제보다 더 큰 권력을 가진 것으로 간주하지도 않는 불손함을 제대로 이해할 때 그 효과는 감동적이다. 문제가 지닌 힘은 전적으로 맥락에 의존하고 있다. 경험상, 치료자들은 '거대하고 공포스러운' 문제의 너머를 볼 수 있으며, 사람과 문제가 서로 어우러져 만들어 내는 맥락적인 춤을 관찰할 수 있다. 그리고 이러한 경험을 통해 이 춤에서 몇 스텝만 변화시키면 문제는 다른 곳으로 이동하고, 감소하고, 결국 사라지게 된다는 것을 배우게 된다.

불손함은 문제에 대한 치료자의 자신감과 차분한 반응에서 느껴질 수 있다. 그것은 무례함이 아니라 두려움이 없는 것에서 비롯된다. 치료자는 내담자가 자녀를 잃거나 또는 십대 자녀가 심한 문제를 일으키는 등의 어떤 문제를 가져오더라도, 제시되는 문제 중 대처하지 못할 문제는 없고 일관되게 자기교정이 가능하다는 것을 알기에, 공포심 없이 체계적 과정에 관한 침착하고 깊은 신뢰를 유지할 수 있는 것이다. 불손함은 공감과 민감성의 부족을 의미하는 것이 아니다. 대신에, 치료자가 내담자에게 최대한의 이점을 제공할 수 있도록 개방성, 창조성, 유연성을 유지하도록 한다.

치료자의 불가피한 영향력

이차 사이버네틱 인식(4장 참조)에 근거해서, 체친 등(Cecchin, Lane, & Ray, 1994)은 체계적 치료자가 내담자 체계에 대한 치료자의 영향력을 적극적으로 모니터할 필요가 있다고 주장한다. 치료자가 관찰한 상호작용과 내담자에게서 받은 반응들에서 이미 치료자들은 중립적인 관찰자들이 아니므로 치료자의 신념(치료적 이론도 포함하여), 행위와 내담자를 향한 언어들의 결과를 모니터할 책임이 있다고 한다. 치료자가 내담자와 같이 만들어내는 체계는 어떤 것인가 그것이 내담자에게 유익한가? 내담자는 존중받고 내담자의 말은 경청되고 있는가? 밀란 치료자들은 오랫동안 그들의 이차 사이버네틱 인식이 정말로 효과가 있다고 믿고 있어서, 만약 가족에 대한 가설과 목적에 맞지 않는 부정확하고 유익하지 않은 이론적 개념이 있다면 그것을 포기해야만 한다고 주장한다('여전히 그 이론의 창시자가 그 이론을 실제에 적용하고 있을까?'와 같은 철학적 고민이 필요하다).

사례개념화 및 평가

가족 게임(연속적 상호작용 순서)

MRI 치료자들과 비슷하게, 밀란 치료자들도 그들이 가족 게임이라고 부르는 가족의 연속적 상호작용 장면을 주의 깊게 평가한다. 종종, 영어 사용자들은 밀란 팀의 게임이 조종이나 나쁜 의도를 지니는 것으로 생각하지만, 밀란 팀에서는 그렇지 않다. 체계적 치료에서 게임에 내포된 의미는 가족의 상호작용 방식이나 의식적으로 만들어진 것이라기보다는 가족 상호작용 패턴에서 자연스럽게 등장하게 되는 규칙을 강조하는 말이다.

실제 상호작용의 관찰과 더불어, 밀란 치료자들은 연속적 상호작용 장면을 평가하기 위하여 순환 질문을 사용한다. 이러한 질문들은 개인간, 부부, 가족 사이에 사용될 수 있다. 예를 들어, 반항적인 자녀로 힘들어하는 부부의 경우 치료자는 이렇게 질문할 수 있다. "사건이 터지기 바로 직전에 무슨 일이 일어났나요? 각자는 무슨 말을 하고, 무엇을 하고 있었나요? 자녀는 어떤 반응을 보였나요? 부모 각자는 그리고 관련된 다른 사람은 반항에 어떻게 반응했나요? 자녀는 이 때 어떻게 반응했나요? 거기에 대해 부모님은 자녀에게 다시 어떤 반응을 했나요?" 등 가족 항상성으로 돌아갈 때까지의 과정에 대한 질문을 한다. 개인 상담을 할 때, 순환 질문은 종종 연속적 상호작용 장면을 평가할 유일한 방법이다.

언어의 전제적인 영향

가족을 평가할 때, 밀란 팀은 가족의 어휘 선택과 표현에 특별한 관심을 기울였다. 그들은 언어가 어떻게 자신과 타인 그리고 실제 현실을 구성하는지에 관심이 많았다. 그들은 이것을 '언어의 전제적인 영향(Tyranny of Linguistics)'(Selvini Palazzoli 등, 1978)이라고 칭하였다. 예를 들어, '나는 우울하다'거나 '그는 화만 내는 사람'과 같은 진술은 하루 중 겪게 되는 여러 경험을 통해 생기는 다양한 감정과 수많은 순간에 대해 주목할 여유를 거의 주지 않게 다 싸잡아서 말하는 낙인이다. 대신에 밀란 치료자들은 내가 우울한 행동을 '하는' 경우나 그가 화를 '내는' 행위와 같이 개인의 행위에 대한 진술을 권장한다. 이렇게 미묘하게 단어 선택을 달리 함으로써, 우울이 더 이상 그렇게 강력하지도 않음을 알게 되고, 화나지 않는 상태를 바라볼 수 있는 진술을 할 수 있게 된다. 또한 사람이 그들 자신을 어떻게 경험하는지에 대해 뜻밖이면서도 새로운 시선을 갖게 된다.

밀란 치료자들에게, '총명하다'거나 '좋다'라는 식의 긍정적인 낙인은 부정적 진술처럼 제한적이고 문제가 있는 것으로 여겨진다. 부정적 진술처럼, 긍정적 낙인도 그들을 형성하는 관계 맥락이 분명한 것은 아니라고 여긴다(Boscolo 등, 1978). 긍정적이거나 부정적인 진술은 피하고, 상호작용적 행동을 묘사하도록 권장된다.

가족 인식론과 인식론적 오류들

베이트슨의 치료적 기초를 바탕으로 밀란 치료자들은 가족의 인식론, 특히 증상 유지와 연관되어 보이는 인식론적 오류들을 규명한다(4장 참조; Selvini Palazzoli 등, 1978). 가족 인식론을 점검할 때 치료자들은, 가족이 사건의 어디에 마침표를 찍는지, 다시 말해서 사건의 원인, 결과, 순서 등의 견지에서 어떻게 사건이 기술되는지를 주목한다. 가장 흔한 인식론적 오류 중의 하나는 체계적이고 상호적으로 발생된 상호작용을 일방적인 우연한 사건으로 확정하는 경우이다. 예를 들어, 남편이 "아내가 잔소리하기 때문에 내가 위축된다"라고 주장할 때, 대부분 아내는 "당신이 제대로 하지 않으니 내가 잔소리를 하게 된다"라고 반응한다. 두 가지 진술 모두 진행되고 있는 체계적 상호작용을 포착하는 데 실패한 것으로, 이것은 그들이 연결되는 사건의 순서 중 어느 지점에 마침표를 찍어야 하는지를 몰라서 생긴 일이다.

변화 목표 수립

새로운 의미

밀란 치료의 중요한 관심은 가족의 '게임'(상호작용적 행동 장면)을 변화시키는 체계에 새로운 의미를 만들어주고 구분지어주는 것이다. 사이버네틱 체계론적 인식에 기초하여 밀란 치료자들은 자신들이 가족의 상호작용을 '고치'거나 '교정'할 수 있다고 믿지 않는다. 대신에 치료자들은 오직 체계를 흔들고 동요하게 하여 가족 스스로 교정하도록 한다(4장 사이버네틱 참조). 언제나 가족들은 평상적인 상호작용 패턴이 방해를 받을 때, 더 나은 행위 과정들을 매우 쉽게 선택한다. 우리들 대부분은 주어진 상황에 대해서 좀 더 이상적인 반응이 무엇인지 의식적으로 잘 알고 있는 것 같지만, 실제로는 체계적 역동 때문에 알아차리기가 쉽지 않다.

목표

이 장의 다른 체계적 치료처럼, 체계의 유연성을 향상시키는 것 이외에 건강한 가족의 기준에 대한 전제는 없다. 대신에, 목표는 단순히 새로운 체계적 상호작용 패턴을 통해서 증상을 감소시키는 것이다.

* 가족 누구도 증상을 갖지 않도록 하기 위해 가족 게임의 '규칙'을 수정하기 위한 새로운 정보들을 통합한다(Palazzoli 등, 1978).
* 가족은 체계로서 안정성과 응집력을 유지한다.

개입 전략 수립

가설 설정의 과정

"가설의 구축은 지속적인 과정이고 가족의 움직임과 함께 발달한다. 가설 설정의 과정은 사이버네틱 피드백 고리의 개념을 이용하여 서술된다. 질문에 대한 가족의 반응을 통해 하나의 가설을 수정하고, 구체적인 새로운 피드백을 바탕으로 다른 가설을 형성한다. 치료자는 면접자이면서도 팀 구성원으로서 지속적으로 재개념화하면서 가설을 구축해간다."

– Boscolo 등, 1987, p. 94

밀란 접근에서 강조되는 가설 생성의 과정은 치료의 전 과정을 통해 지속되는데, 일반적으로 여기에는 두 가지 국면이 있다.

1. 사례개념화 가설 설정: 이것은 일방경 뒤에서의 가설의 발달과 수정 과정으로, 치료자와 팀이 그들이 '관찰'한 바에 따라 치료의 전체적인 방향과 초점을 제공하는 것이다.
2. 개입으로서의 가설 설정: 치료자와 팀은 가설이 가족에게 도움이 되리라 판단되면, 일방경 뒤에서 발달시켜온 가설을 회기 내에서의 개입 방식으로 가족과 언어적으로 공유한다.

이미 논의되었지만, 가설은 가족의 항상성을 유지하는 증상의 역할을 반영한다(Boscolo 등, 1987). 예를 들면, 십대의 비행 행동은 부모 사이를 가깝게 유지하게 하는 기능을 할 수도 있다. 자녀의 '문제' 행동이 없다면, 부부가 가족 유지에 훨씬 더 어려운 다른 문제를 경험하게 될지도 모른다. 또한 가설은 어떻게 가족이 마치 균형추처럼 특정한 상태를 있는 그대로 유지하고 싶어 하는 동시에 변화시키고 싶어 하는지를 드러내줄 수 있다. 치료자가 가족에게 가설을 전달하는 목적은 '차이에 관해 새롭게 인식할 수 있는 점을 창조'하여 그들의 문제관을 전환시키고 변화의 새로운 가능성을 만드는 것이다. 가설은 가족들이 현재 상황을 바라보는 것이 사실과 다를 수 있다는 것, 하지만 그것이 너무 많이 달라서 그것에 반응할 수 없을 만큼은 아니라는 것을 알도록 하기 위해 언어로 제공되어야 한다(Watzlawick 등, 1974).

밀란 팀은 가설에 관한 세 가지 일반적인 유형을 파악하였다(Boscolo 등, 1987).

● 동맹에 관한 가설: 누가 누구의 편인지와 같은 동맹과 연합에 관한 것
● 신화와 전제에 관한 가설: 비현실적이거나 문제를 일으킬 수 있는 신화와 문제에 공헌하고 있는 기본 전제들(완벽한 결혼이나 이상적인 자녀에 관한 신화 등)을 파악한다.
● 의사소통을 분석하는 가설: 이 가설은 이중구속과 같이 문제가 있는 의사소통 패턴을 추적한다.

긍정적 의미 부여

밀란 치료자들은 원래 역설적 개입을 처방할 때 스스로 모순에 빠지지 않기 위해서 긍정적 의미 부여를 발달시켰다(Palazzoli 등, 1978). 치료자들은 가족의 변화에 대한 두려움과 변화에 대한 요구 둘 다를 존중하기 위해 긍정적인 의미를 부여한다. 그들은 가족 구성원 각자의 행동 기저에 뭔가 선한 동기가 있는 것으로 긍정적인 해석을 한다(Boscolo 등, 1987). 일상적인 긍정적 의미 부여의 한 예는 자녀의 문제행동을 부모의 결속력을 강화시키는 방식으로, 부모의 자녀 행동에 대한 논쟁을 가족과 서로에 대한 헌신을 보여주는 것으로 해석하는 것이다. 아마도 긍정적인 의미 부여를 통해 얻을 수 있는 가장 중요한 성과는 치료자가 체계를 덜 판단적으로, 더 희망적으로 바라볼 수 있게 된다는 것이다.

순환 질문

순환 질문은 밀란 치료의 주요 기법 중 하나이다. 이러한 질문은 종종 가족 체계의 구조를 그들이 이해할 수 있는 언어를 사용하여 드러내는 데 효과적이어서 긍정적 의미 부여와 같은 다른 재구조화가 종종 불필요하게 만들기도 한다(Boscolo 등, 1987).

반대역설

MRI 치료의 이중구속과 비슷하게, 밀란의 반대역설(counterparadox)은 가족과 부부가 스스로 만들어내는 역설이나 이중구속에 대해 치료적으로 반응하기 위해 사용된다(Palazzoli 등, 1978; Watzlawick, Bavelas, & Jackson, 1967). 반대역설의 메시지는 가족이 변화를 위해 상담에 오더라도 변화하지 않도록 요청하는 것이다. 종종 이것은 문제행동의 수위를 증폭시키는 효과를 가져와서 더 이상 부인할 수 없을 지경까지 문제행동의 부조리가 이르게 하고, 이에 따라 가족이 자발적으로 그것을 포기하게 만든다(Boscolo 등, 1987). 반대역설은 특히 다른 형태의 개입에 비협조적인 가족에게 적합하다.

의식

밀란 치료자들은 행위적 처방을 의식(rituals)이라고 불렀다. 의식은 가족에게 이중구속적인 의사소통을 보여주고 가족이 문제와 관련된 의미를 전환시킬 수 있도록 행동적 과제로 주어진다. 초기에는, 의식이 긍정적 의미 부여나 반대역설을 강화하기 위하여 사용되었다. 예를 들면, 자녀의 증상적 행동에 긍정적인 의미를 강화하기 위해, 치료자는 매일 저녁 혹은 밤에 문제를 지닌 가족 구성원이 가족을 위해 하고 있는 희생에 각 가족 구성원이 감사하게 하고, 이러한 과제를 수행한 사람에게는 특별한 상을 준다(Boscolo 등, 1987). 하지만 이런 의식은 종종 부정적인 비난을 받기도 했다. 후기에, 체친과 보스콜로는 이중구속적인 상황에서 갈등을 일으킬 수 있는 지시를 통해서 이중구속적인 의사소통을 표현하는 좀 더 정교한 형태의 의식을 선호하기 시작했다. 그들은 가족이 짝수 날에는 마치 어떤 일련의 메시지나 의견들이 옳은 것처럼 행동하게 하고, 홀수 날에는 또 다른 것들이 옳은 것처럼 행동하도록 했다. 예를 들어, 남편과 자녀와의 삼각관계에 놓여 있는 한 여성에게 짝수 날에는 남편에게 아내처럼 행동하고 홀수 날에는 자녀에게 어머니처럼 행동하고 일곱 번째 날에는 '내키는 대로 하라'고 요청한다. 여기에 대한 가족의 반응 방식은 가족 체계의 효과적인 상호작용을 개선시키기 위해 새로운 정보를 제공하게 되어 의미 있는 개입을 다음 회기에 계획할 수 있게 한다.

불변 처방

파라졸리의 초기 치료적 개입의 하나이면서 오랜 기간 그녀의 연구 주제인 **불변 처방**(invariant prescriptions)은 말 그대로의 의미이다. 즉, 모든 가족들에게 해당하는 보편적인 개입(Palazzoli, 1988)을 말한다. 거식증이나 조현병을 지닌 자녀를 둔 가족에게 일반적으로 사용되며, 부모와 자녀의 은밀한 연합을 깨뜨리는 것이다. 부모는 데이트(또는 외출)를 계획하고 그들이 어디로 왜 가는지를 자녀에게 말하지 않도록 요구된다. 의도된 바람직한 결과는 부모 사이에 비밀을 만들어서 부모 연합팀과 증상을 보이는 자녀 사이에 명확한 경계를 세움으로써 부적합한 연합들을 종식시키는 것이다. 자녀는 한쪽 부모와의 특별한 동반자로서의 지위를 잃게 되고, 이에 따라 감정적인 부담을 줄이게 되고, 궁극적으로 문제 증상은 줄어들게 된다. 원래는 거식증이나 정신 질환 같은 심각한 병리를 위해 계획되었지만, 이 개입은 자녀와의 투명하고 개방적인 의사소통을 지나치게 강조함으로써 자녀로 하여금 너무나 많은 정보를 이용해서 부모를 '조종'할 정도까지 이르게 하는 현대의 부모들에게도 효과적이다.

적용하기

사례개념화 틀

- 가족 게임/연속적 상호작용 장면: 연속적 상호작용 장면에서 다음 사항을 강조하면서 각 사람의 역할(사소해 보이는 역할이라도)을 서술한다.
  - 항상성
  - 긴장의 발생
  - 증상/갈등

○ 항상성으로의 회귀

- **언어의 전제적인 영향**: 사람들은 어떤 묘사를 사용하여 행위(동사)의 서술을 하지 않고 영속적인 특성(명사)으로 서술하는가?

- **인식론**: 어떤 인식론적 오류가 어떤 상호작용을 일으키는가? 일방적인 체계적 역동을 인식하지 못하고 문제를 비난하는 서술을 하고 있는가? 내담자가 고착되어 있는 문제가 지니는 의미가 무엇인가?

- **가설/긍정적 의미 부여**: 가족 항상성을 유지하게 하는 증상의 역할은 무엇인가? 연결을 유지하기 위해 독립심/거리감을 만들어내고, 영향력을 끼치고, 결속을 다시 만들어내기 위해 증상이 어떻게 작용하는가? 또는 그렇지 않은 경우 증상이 가족의 균형감을 만들어내는 데 어떻게 도움이 되는가?

밀란 치료계획 틀(개인)

밀란 치료의 초기 단계

상담 과제

1. 상담관계를 수립한다. DN: [관계 형성과 정서 표현에 있어 문화, 성, 기타 요인에 따라 서로 다른 방식들을 존중하기 위해 상담자가 고려해야 하는 것은 무엇인지 기술한다.]

   관계 형성/개입방법:

   a. 문제로 낙인찍는 것에 대한 **불손함**과, 내담자가 이해받은 느낌이 들도록 **중립성과 호기심**을 사용한다.

2. 개인, 체계, 그리고 좀 더 포괄적인 문화적 역동을 평가한다. DN: [문화, 사회경제적 수준, 성지향성, 성, 기타 규준들을 고려하여 평가 작업을 어떻게 조율해야 할 것인지 기술한다.]

   평가 전략:

   a. **가족 게임**과 연속적 상호작용 장면이 우울하고 불안한 내담자의 '행위'와 어떻게 연관되는지에 관한 **가설**을 발달시키기 위하여 **순환 질문**을 사용한다.

   b. **인식론적 오류**와 관련된 **언어적 서술**들이 우울하고 불안한 증상을 유지하도록 어떻게 기능하는지 규명한다.

내담자 목표

1. 우울과 불안을 감소시키기 위하여 내담자의 [우울/불안 증상]을 문제의 **의미**와 **구두점**을 변화시키는 체계적 개입으로 **재구조화**할 능력을 향상시킨다.

   a. 갈등을 줄이기 위하여 각 개인의 역할에 **긍정적인 의미 부여**(내담자의 역할 및 회기 밖에서의 역할)

   b. 내담자가 체계적 상호작용 연쇄 고리와 그 안에서의 내담자의 역할을 볼 수 있도록 **순환 질문**하기

c. 내담자가 각 개인의 행동이 다른 사람에 의해서 맥락화되는 과정을 조명하면서 체계적 인식론에서 증상을 재구조화할 수 있도록 **가설** 전달

밀란 치료의 작업 단계

상담 과제

1. 작업 동맹의 질을 모니터한다. DN: [상담자가 내담자의 문화적 관습에 맞지 않는 정서 표현을 했을 때 내담자가 보이는 반응에, 상담자가 어떻게 주의를 기울일 것인지 기술한다.]

   a. **개입에 대한 평가**: 치료자가 체계 내에서 내담자나 다른 어느 누구의 편에도 서지 않아서 내담자가 치료자를 근본적으로 **중립적**이라고 확신하게 될 때, 내담자가 보이는 반응을 관찰한다. 내담자에 대한 치료자의 긍정적 영향력을 모니터한다.

내담자 목표

1. 우울과 불안을 줄이기 위해 문제 행동에 대한 **새로운 의미**를 증가시키고 대안적인 **언어적 개입**을 발달시킨다.

   a. 서로 간 차이를 규명하고, 행동 상황들을 관찰하고, 문제 행동과 관련된 의미를 전환시킬 가설적 상황들을 고려하고 그것들이 관계 패턴에 어떻게 맞는지를 파악하기 위한 **순환 질문**

   b. 증상과 관련된 내담자의 행동 장면들을 약간씩 수정하도록 계획된 **의식**

2. 불안과 우울을 감소시키기 위하여 [구체적인 증상]과 관련된 **관계 상호작용**에서의 만족감을 향상시킨다.

   a. 문제가 있는 관계의 순환 고리에서 일어나는 상호작용에서 내담자의 몫인 절반의 역할을 수정하기 위해 처방된 **의식**

   b. 특정한 갈등 영역과 관련된 의미들을, 상황을 바라보는 다른 사람의 입장을 강조하면서 전환시키기 위한 **순환 질문**

밀란 치료의 종결 단계

상담 과제

1. 사후 계획을 수립하고 얻어진 성과를 유지한다. DN: [치료 종결 이후 내담자의 지원 체계의 일부가 될 수 있는 공동체 내 자원들에 상담자가 어떻게 접근할 수 있을지 기술한다.]

   a. 명확하게 정의된 종착지점을 가지고 치료를 시작하고, 새로운 행동들을 유지할 수 있도록 **의식**을 만들어간다.

내담자 목표

1. 우울을 줄이고 안녕감을 높이기 위해서 [삶의 다른 영역] **관계 상호작용**에서의 만족감을 증가시킨다.

   a. 삶의 영역과 관련된 새로운 의미를 발달시키기 위한 **순환 질문**

   b. 내담자가 문제와 관련된 의미를 전환시키는 것을 도울 수 있게 계획된 **의식**

밀란 치료계획 틀(커플/가족)

밀란 치료의 초기 단계

상담 과제

1. 상담관계를 수립한다. DN: [관계 형성과 정서 표현에 있어 문화, 성, 기타 요인에 따라 다른 방식들을 존중하기 위해 당신이 고려해야 하는 것은 무엇인지 기술한다.]

   관계 형성/개입방법:

   a. 문제로 낙인찍는 것에 대한 **불손함**과 모든 가족이 이해받은 느낌이 들도록 **중립성**과 **호기심**을 사용한다.

2. 개인, 체계, 그리고 좀 더 포괄적인 문화적 역동을 평가한다. DN: [문화, 사회경제적 수준, 성지향성, 성, 기타 규준들을 고려하여 평가 작업을 어떻게 조율해야 할 것인지 기술한다.]

   평가 전략:

   a. **가족 게임**과 연속적 상호작용 장면이 부부/가족의 갈등적 상호작용을 유지하기 위해 어떻게 연관되는지에 관한 가설을 발달시키기 위하여 **순환 질문**을 사용한다.

   b. **인식론적 오류**와 관련된 **언어적 서술**들이 문제적 상호작용을 유지하도록 어떻게 돕는지 규명한다.

내담자 목표

1. 가족 갈등을 감소시키기 위하여 갈등의 **의미**와 **구두점**을 변화시키려는 체계적인 개입으로 부부/가족의 **재구조화** 능력을 향상시킨다.

   a. 갈등에 있어서 각 개인의 역할에 **긍정적인 의미 부여**

   b. 가족이 체계적 상호작용 사이클을 볼 수 있도록 하는 **순환 질문**

   c. 가족이 각 개인의 행동이 다른 사람에 의해서 어떻게 맥락화되는지를 조명하면서 체계적 인식론에서 갈등을 재구조화할 수 있도록 **가설** 전달

   d. 세 번째 회기에는 오직 부모만 초대된다.

밀란 치료의 작업 단계

상담 과제

1. 작업 동맹의 질을 모니터한다. DN: [내담자의 문화적 관습에 맞지 않는 정서 표현을 상담자가 했을 때 내담자가 보이는 반응에, 상담자가 어떻게 주의를 기울일 것인지 기술한다.]

   a. **개입에 대한 평가**: 치료자가 체계 내에서 어느 누구의 편에도 서지 않아서 가족들이 치료자를 근본적으로 중립적이라고 안심이 될 때, 부부/가족이 보이는 반응을 관찰한다. 내담자에 대한 치료자의 긍정적 영향력을 모니터한다.

내담자 목표

1. 가족 갈등을 줄이기 위해 **외부에서의 연합**이 끼치는 영향을 감소시킨다.

   a. 자녀와 외부 다른 사람과의 연합을 깨기 위한 **불변 처방**

   b. 연합을 촉발시키는 부부/가족 상호작용을 방해하기 위한 **의식**

2. 갈등을 줄이기 위해 문제 행동에 대한 새로운 의미를 증대시키고 대안적인 **언어적 개입**을 발달시킨다.

a. 부부/가족 사이의 문제와 연관된 의미를 전환시키기 위하여 차이를 규명하고, 행동 장면들을 관찰하고, 가설적 상황들을 고려하기 위한 **순환 질문**

b. 가족 구성원들을 일관되게 낙인 찍는 역설을 드러내기 위한 **반대역설**

3. 가족 갈등을 줄이고 연대감을 높이기 위하여 **가족 상호작용**[구체적인 주제와 연관된 게임들]에서의 만족감을 향상시킨다.

a. 갈등 주기를 수정하기 위해 처방된 **의식**

b. 특별한 갈등 영역과 연관된 의미를 전환시키기 위한 **순환 질문**

밀란 치료의 종결 단계

상담 과제

1. 작업 동맹의 질을 모니터한다. DN: [내담자의 문화적 관습에 맞지 않는 정서 표현을 상담자가 했을 때 보이는 내담자의 반응에, 상담자가 어떻게 주의를 기울일 것인지 기술한다.]

a. 명확하게 정의된 종착지점을 가지고 치료를 시작하고, 새로운 행동들을 유지할 수 있도록 의식을 만들어간다.

내담자 목표

1. 가족 갈등을 줄이고 연대감을 높이기 위해 가족 상호작용 [관계의 다른 영역과 관련된 게임들]에서의 만족감을 향상시킨다.

a. 갈등의 영역과 관련된 새로운 의미를 발달시키기 위한 **순환 질문**

b. 부부/가족이 문제와 관련된 의미를 전환시키는 것을 도울 수 있게 계획된 **의식**. 종종 주중의 요일을 변경함으로써 다른 인식론적 입장에서의 행동을 수행해보도록 한다.

임상적 초점: 다체계 치료

다체계 치료(Multisystemic Therapy, MST)는 1970년대에 심각한 십대 범죄자를 다루기 위해 발달되었다(Multisystemic Therapy Services, 1998). 가족기반 치료 모델인 MST는 전략적, 구조적, 사회생태학적, 그리고 인지-행동 치료 모델에서 비롯되었다. 게다가 MST는 청소년과 가족의 좀 더 넓은 사회적 연결망을 강조하면서, 문제를 지닌 사회 관계망 내에서 범죄를 저지르는 것을 예방하고, 학업 및 직업수행 능력을 향상시키며 자녀와 가족의 강한 지지적 네트워크를 발달시키는 데 초점을 둔다(Henggeler, 1998; Henggeler & Borduin, 1990; Multisystemic Therapy Services, 1998).

목표

MST의 중요한 목표는 다음과 같다.

- 반사회적 행동과 또 다른 임상적 문제를 줄이기
- 가족 관계 기능을 향상시키기
- 학교와 직업 현장에서 기능을 향상시키기
- 수감, 수탁치료 및 입원 등의 가정 밖 배치를 최소화하기

사례개념화

사례개념화할 때, MST 치료자들은 개인, 가족, 또래, 학교, 이웃과 지역사회와 같은 영역에서의 위험 및 보호 요인을 고려한다(Multisystemic Therapy Service, 1998).

	위험 요인	보호 요인
개인	반사회적 행동에 대한 긍정적 태도, 심리적 증상, 적대감, 낮은 지적 기능과 언어적 기술	지능, 첫째 아이, 편안한 성격, 친사회적 가치, 문제해결 기술
가족	부모의 지도 부족, 비효율적이거나 일관성 없는 교육, 정서적 표현의 결여, 갈등, 부모의 개인적 어려움	부모와 가족의 유대, 지지적 가족, 밀접한 부모 관계
또래	사회적으로 일탈된 또래들과의 교제, 부족한 관계 기술, 친사회적 친구들의 부족	친사회적 친구들과의 연결
학교	낮은 학업성취, 흥미 부족, 지지 부족	교육에 전념, 목표, 인정받을 정도의 학업성취
이웃과 지역사회	높은 가족 이동성, 범죄 하위문화, 분리됨	종교적, 사회적 조직과의 관련성, 강력한 지지 네트워크

개입 원리

1. **적합한 개입 탐색:** 치료자는 청소년의 문제를 좀 더 넓은 범위의 가족, 또래, 학교, 지역사회 문화 내에서 어떻게 체계적으로 적합하게 해결할 수 있을지를 사정한다.
2. **긍정성과 강점에 집중:** 치료적 상호작용은 사춘기 자녀 개인과 가족의 강점과 잠재적 강점을 강조한다.
3. **책임감 향상:** 개입 목적은 부모의 관여를 증진시키고, 십대 자녀가 그들의 선택에 대한 책임을 받아들이도록 도우면서 모든 가족 구성원과 더불어 책임감 있는 행동을 늘리는 것이다.
4. **현재, 행위, 그리고 명확성에 집중:** 개입은 행위에 기반을 두면서 현재에 초점을 맞추고, 구체적인 성취 평균 점수나 귀가 시간 등 목표가 쉽게 파악되고 측정될 수 있도록 문제를 쉽게 정의한다.
5. **순서를 겨냥하기:** 체계적 토대와 일관되게, 행동의 순서(sequences)가 변화의 표적이 된

다. 이러한 순서는 가족 구성원 간, 혹은 또래와 더 광범위한 사회적 체계들 간에도 존재할 수 있다.

6. 발달적 적합성: 청소년 발달 과정에 적합한 개입을 실시함으로써 성공적인 성인으로 자라기 위해 필요한 역량과 기술들이 단계적으로 발달될 수 있도록 한다.

7. 지속적인 노력: 매일 또는 주 단위로 개입 계획에 따라 가족들의 노력이 요구된다.

8. 평가와 책무: MST는 개입이 효과가 없을 경우 가족을 비난하기보다 지속적으로 개입의 효과성을 평가하면서 필요하다면 개입을 조정한다.

9. 일반화: 치료는 십대 자녀와 가족이 문제해결을 위한 기술과 능력을 삶의 다른 영역에도 일반화할 수 있도록 계획된다.

참고문헌

*Asterisk indicates recommended introductory readings.

Anger-Díaz, B., Schlanger, K., Rincon, C., & Mendoza, A. (2004). Problem-solving across cultures: Our Latino experience. *Journal of Systemic Therapies*, 23(4), 11–27. doi:10.1521/jsyt.23.4.11.57837

*Bateson, G. (1972). *Steps to an ecology of mind*. San Francisco, CA: Chandler.

Bateson, G. (1979). *Mind and nature: A necessary unity*. New York: Dutton.

Bauer, S. M., Schanda, H., Karakula, H., Olajossy-Hilkesberger, L., Rudaleviciene, P., Okribelashvili, N., & Stompe, T. (2011). Culture and the prevalence of hallucinations in schizophrenia. *Comprehensive Psychiatry*, 52(3), 319–325. doi:10.1016/j.comppsych.2010.06.008

*Boscolo, L., Cecchin, G., Hoffman, L., & Penn, P. (1987). *Milan systemic family therapy*. New York: Basic Books.

Butler, C. (2009). Sexual and gender minority therapy and systemic practice. *Journal of Family Therapy*, 31(4), 338–358. doi:10.1111/j.1467-6427.2009.00472.x

Campbell, D., Draper, R., & Crutchley, E. (1991). The Milan systemic approach to family therapy. In A. S. Gurman & D. P. Knishern (Eds.), *Handbook of family therapy* (pp. 325–362). New York: Brunner/Mazel.

*Cecchin, G. (1987). Hypothesizing, circularity, and neutrality revisited: An invitation to curiosity. *Family Process*, 26(4), 405–413.

Cecchin, G., Lane, G., & Ray, W. (1992). *Irreverence: A strategy for therapist survival*. London: Karnac.

Cecchin, G., Lane, G., & Ray, W. A. (1994). Influence, effect, and emerging systems. *Journal of Systemic Therapies*, 13(4), 13–21.

DeVine, J. L. (1984). A systemic inspection of affectional preference orientation and the family of origin. *Journal of Social Work and Human Sexuality*, 2, 9–17.

Fisch, R., & Schlanger, K. (1999). *Brief therapy with intimidating clients*. New York: Jossey-Bass.

*Fisch, R., Weakland, J., & Segal, L. (1982). *The tactics of change: Doing therapy briefly*. New York: Jossey-Bass.

Gehart, D. (2010). *Mastering competencies in family therapy: A practical approach to theory and clinical case documentation*. Pacific Grove, CA: Brooks/Cole.

Gehart, D. (2013). *Theory and treatment planning in counseling and psychotherapy: A competency-based approach for applying theory in clinical practice*. Pacific Grove, CA: Brooks/Cole.

Gehart, D. (2014). *Mastering competencies in family therapy: A practical approach to theory and clinical case documentation* (2nd ed.). Pacific Grove, CA: Brooks/Cole.

Goldberg, A. E. (2009). Lesbian, gay, and bisexual family psychology: A systemic, life-cycle perspective. In J. H. Bray & M. Stanton (Eds.), *The Wiley-Blackwell handbook of family psychology* (pp. 576–587). Hoboken, NJ: Wiley-Blackwell. doi:10.1002/9781444310238.ch40

Haley, J. (1976). *Problem-solving therapy: New strategies for effective family therapy*. San Francisco, CA: Jossey-Bass.

*Haley, J. (1987). *Problem-solving therapy* (2nd ed.). San Francisco, CA: Jossey-Bass.

Henggeler, S. W. (1998). *Multisystemic therapy*. Charleston, NC: Targeted Publications Group. Downloaded May 2, 2008, from www.addictionrecov.org/paradigm/P_PR_W99/mutisys_therapy.html

Henggeler, S. W., & Borduin, C. M. (1990). *Family therapy and beyond: A multisystemic approach to treating the behavior problems of children and adolescents*. Pacific Grove, CA: Brooks/Cole.

Henggeler, S. W., Schoenwald, S. K., Borduin, C. M., Rowland, M. D., & Cunningham, P. B. (1998). *Multisystemic treatment of antisocial behavior in children and adolescents*. New York: Guilford.

Robbins, M. S., Horigian, V., Szapocznik, J., & Ucha, J. (2010). Treating Hispanic youths using brief strategic family therapy. In J. R. Weisz & A. E. Kazdin (Eds.), *Evidence-based psychotherapies for children and adolescents* (2nd ed.) (pp. 375–390). New York: Guilford Press.

Jackson, D. D. (1967). The myth of normality. *Medical Opinion and Review*, 3, 28–33.

*Keeney, B. (1983). *Aesthetics of change*. New York: Guilford.

Liddle, H. A., Dakof, G. A., & Diamond, G. (1991). Adolescent substance abuse: Multidimensional family therapy in action. In E. Daufman & P. Kaufman (Eds.), *Family therapy of drug and alcohol abuse* (pp. 120–171). Boston, MA: Allyn & Bacon.

Lindblad-Goldberg, M., Dore, M., & Stern, L. (1998). *Creating competence from chaos*. New York: Norton.

McGoldrick, M., Giordano, J., & Garcia-Preto, N. (Eds.). (2005). *Ethnicity and family therapy* (3rd ed.). New York: Guilford.

Mental Research Institute. (2002). *On the shoulder of giants*. Palo Alto, CA: Author.

Multisystemic Therapy Services. (1998). *Multisystemic therapy*. Downloaded May 2, 2008, from www.mstservices .com/text/treatment.html

*Nardone, G., & Watzlawick, P. (1993). *The art of change: Strategic therapy and hypnotherapy without trance*. New York: Jossey-Bass.

Ray, W. A., & Nardone, G. (Eds.). (2009). *Paul Watzlawick: Insight might cause blindness and other essays*. Phoneix, AZ: Zieg, Tucker, & Theisen.

Ray, W. A., & Keeney, B. (1994). *Resource focused therapy*. London: Karnac Books.

Santisteban, D. A., Coatsworth, J., Perez-Vidal, A., Mitrani, V., Jean-Gilles, M., & Szapocznik, J. (1997). Brief structural/strategic family therapy with African American and Hispanic high-risk youth. *Journal of Community Psychology*, 25(5), 453–471. doi:10.1002/(SICI)1520-6629(199709)25:5<453::AID-JCOP6>3.0.CO;2-T

Segal, L. (1991). Brief therapy: The MRI approach. In A. S. Gurman & D. P. Knishern (Eds.), *Handbook of family therapy* (pp. 171–199). New York: Brunner/Mazel.

Selvini Palazzoli, M. (Ed.). (1988). *The work of Mara Selvini Palazzoli*. New York: Jason Aronson.

*Selvini Palazzoli, M., Boscolo, L., Cecchin, G., & Prata, G. (1980). Hypothesizing-circularity-neutrality: Three guidelines for the conductor of the session. *Family Process*, 19(1), 3–12.

Selvini Palazzoli, M., Cecchin, G., Prata, G., & Boscolo, L. (1978). *Paradox and counterparadox: A new model in the therapy of the family in schizophrenic transaction*. New York: Jason Aronson.

Sprenkle, D. (Ed.). (2012). Intervention research in couple and family therapy [Special edition]. *Journal of Marital and Family Therapy*, 38(1).

Szapocznik, J., & Williams, R. A. (2000). Brief strategic family therapy: Twenty-five years of interplay among theory, research and practice in adolescent behavior problems and drug abuse. *Clinical Child and Family Psychology Review*, 3(2), 117–135.

Watzlawick, P. (1977). *How real is real? Confusion, disinformation, communication*. New York: Random House.

Watzlawick, P. (1978/1993). *The language of change: Elements of therapeutic conversation*. New York: Norton.

Watzlawick, P. (Ed.). (1984). *The invented reality: How do we know what we believe we know?* New York: Norton.

Watzlawick, P. (1988). *Ultra solutions: How to fail most successfully*. New York: Norton.

Watzlawick, P. (1990). *Munchhausen's pigtail or psychotherapy and "reality" essays and lectures*. New York: Norton.

Watzlawick, P. (1993). *The situation is hopeless but not serious: The pursuit of unhappiness*. New York: Norton.

Watzlawick, P., Bavelas, J. B., & Jackson, D. D. (1967). *Pragmatics of human communication: A study of interactional patterns, pathologies, and paradoxes*. New York: Norton.

Watzlawick, P., & Weakland, J. H. (1977). *The interactional view: Studies at the Mental Research Institute, Palo Alto, 1965–1974*. New York: Norton.

*Watzlawick, P., Weakland, J., & Fisch, R. (1974). *Change: Principles of problem formation and problem resolution*. New York: Norton.

Weakland, J., & Ray, W. (Eds.). (1995). *Propagations: Thirty years of influence from the Mental Research Institute*. Binghamton, NY: Haworth Press.

체계적 치료 사례: 혼합 가족 문제

독일과 스웨덴계 후손인 올가(Olga, AF42)와 올가의 어머니인 거트루드(Gertrude, AF62)는 올가의 딸인 엘리자베스(Elizabeth, CF16)를 도울 방법을 찾고 있다. 올가와 거트루드는 지난 6개월간 엘리자베스가 매우 반항적으로 되어가고(특히 올가에 대해서), 불면증과 의욕 부족, 모든 활동에 대한 흥미 저하, 친구들과 어울리려 하지 않는 등 우울 증상을 경험해왔다고 보고한다. 엘리자베스가 숙제를 하지 않아서 그녀의 뛰어난 성적은 점점 떨어지기 시작했고, 학교도 더 이상 흥미가 없어서 중퇴하겠다고 고집을 부린다고 한다. 엘리자베스의 아버지는 올가가 엘리자베스를 임신했을 때 암으로 사망했고, 올가는 딸이 15세가 되자 다른 사람을 만나기 시작했다.

올가는 이탈리아계 미국인 남자(AM)를 상담에 오기 6개월 전 온라인으로 만나서, 만난지 두 달 만에 결혼을 했다. 결혼 직후에 그는 올가의 집에서 엘리자베스와 올가 그리고 거트루드와 함께 살고 있다. 엘리자베스는 자신의 계부와 결코 말을 해본 적이 없다. 그녀는 계부만 보면 화가 나는데, 이는 계부가 자신의 어머니를 '훔쳐' 가서 어머니는 더 이상 자신과 보낼 시간이 없기 때문이라고 한다. 거트루드는 그녀의 딸이 다시 사랑을 하게 되어 기뻐했고 올가의 새 남편과 친근하게 지내고 있다. 올가가 결혼하기 전에는 엘리자베스에게 규칙이 많지 않았지만, 계부가 이사 오고 나서부터는 귀가시간이나 집안일과 같은 엄격한 규칙을 따라야 했다. 올가는 결혼을 하자 가족들을 부양하기 위해 세 가지 일을 하고 있다. 계부는 최근 실직했는데 다시 일하려 하지 않고 있어 엘리자베스는 더욱 짜증이 난다.

회기가 진행되는 동안 거트루드와 올가는 지속적으로 엘리자베스의 말에 끼어 들었고, 올가는 마치 엄마가 아닌 자매나 친구처럼 그녀에게 소리를 질렀다. 엘리자베스와 올가는 올가의 결혼 이후 서로가 조용할 날이 없이 다투고 대화다운 대화를 한 적이 없다고 한다. 엘리자베스는 종종 계부가 엄마와 자신과의 싸움을 붙인다고 불평을 한다. 거트루드는 대부분 엘리자베스와 올가 그리고 올가의 남편 사이에서 자신이 어떻게 해야 할지를 모르므로 가족 간 다툼이 일어나면 물러나 있다. 올가와 거트루드는 엘리자베스가 자주 자신의 방에서 혼자 울고, 올가가 달래려고 하면 심하게 방어적이 된다고 말한다.

체계적 치료 사례개념화

연속적 상호작용 장면
항상성: CF는 그녀의 방에 혼자 있고 어머니와 계부와의 상호작용을 피하고 있다.

긴장의 시작: 어머니는 CF의 문을 두드리며 가족과 함께 저녁을 먹자고 한다.

긴장의 고조와 증상: CF는 어머니에게 소리를 지르고 계부랑 같이 있는 것을 견딜 수 없기 때문에 나가지 않겠다고 말한다. CF의 어머니도 소리를 지르고 "너를 낳지 않았다면 좋았을 텐데"라는 끔찍한 말을 한 후 딸에게 욕을 한다. 딸은 계부를 향해 모욕적인 소리를 지르고 어머니는 거칠게 되돌아간다.

항상성으로의 회귀: 어머니는 CF의 방으로 다시 가서 사과하고, 딸이 방에서 혼자 저녁을 먹을 수 있게 한다.

시도된 해결책들
CF는 혼자 고립되는 선택을 해서 어머니를 피하고 계부와 말하는 것을 거부한다. 이것은 어머니를 더 화나게 하고 그녀의 고립은 종종 말다툼을 고조시킨다.

AF42는 처음에는 딸에게 접근하며 관계맺기를 시도함으로써 문제를 해결해보려 하지만, 논쟁 후에는 딸에게 소리 지르고 욕한 것을 사과한다. 그리고 나서 그녀는 딸이 방에서 계속 고립되도록 내버려 둔다.

AM과 AF62는 모든 교류를 무시하고, CF와 접촉하려는 행동도 하지 않는다.

메타커뮤니케이션

CF의 메타커뮤니케이션은 어머니의 결혼 이후로 어머니가 시도하는 새로운 모녀관계를 받아들이지 않는다는 것을 분명하게 암시한다.

CF의 계부를 향한 메타커뮤니케이션은 어떤 방식으로든지 어머니의 남편이나 자신의 새아버지로서 그를 받아들이지 않겠다는 것이다.

AF42의 메타커뮤니케이션은 모녀가 과거에 했던 것보다 더 위계적인 방식으로 관계를 재정의하려고 노력한다. 또한 AM을 가장으로 규정한다.

AM의 메타커뮤니케이션은 비록 그가 CF에게는 집안일과 책임감을 기대할지라도, 그 스스로는 부양자이자 양육자로서의 역할을 갖지 않겠다는 것을 내포한다.

AF62는 그녀의 딸의 선택에 지지적이다.

보완적이고 대칭적인 패턴

AF42와 CF: CF와 그녀의 어머니가 수행하고 있는 보완적인 패턴은 추적자/도망자이다. 대부분의 싸움은 딸과 그녀의 계부 사이의 소통을 위해 어머니가 딸을 쫓아가고 있고, CF는 방에 머무르거나 계부와 전혀 말을 하지 않는 철수의 형태로 반응한다.

AF42와 AM: AF42는 과대 기능을 하고 있고, AM은 기능을 거의 하지 않고 있다. 또한 AF42는 좋은 부모이고 AM은 나쁜 부모이다.

가설: 증상의 역할

CF의 행위는 수년간 어머니와 많은 것을 자신이 공유했지만, 갑자기 AF가 에너지를 계부에게 쏟은 후에 자유/위계뿐 아니라 친밀함까지 잃어버리게 되었으므로 이전과 똑같은 수준으로 유지하고자 하는 시도이다.

목표로 할 행동의 변화를 서술한다.

4주 이내에 CF와 AF42는 다투거나 문을 꽝 닫는 등의 행위를 하지 않고 대화를 할 수 있다.

CF와 AM은 서로에게 우호적으로 말할 수 있다.

AM은 가사 일에 좀 더 적극적으로 참여할 것이다. AF는 일을 덜 할 것이다.

체계적 치료계획

MRI 치료의 초기 단계(가족)

상담 과제

1. 상담 관계를 수립한다.

   다양성 고려사항: _____

   a. _____

2. 개인, 체계, 그리고 좀 더 포괄적인 문화적 역동들을 평가한다.

   다양성 고려사항: _____

   a. _____

   b. _____

   c. _____

   d. _____

내담자 목표

1. 우울한 기분/불안과 갈등을 줄이기 위한 방식으로 문제를 바라볼 수 있는 여러 가능성을 확대시킨다.

   a. _____

   b. _____

MRI 치료의 작업 단계(가족)

상담 과제

1. 작업 동맹의 질을 모니터한다.

   다양성 고려사항: _____

   a. _____

내담자 목표

1. 갈등을 줄이고 CF의 우울을 감소시키기 위하여 CF와 AF 간 갈등 없는 **연속적 상호작용** 장면을 증가시킨다.

   a. _____

   b. _____

2. CF와의 갈등을 줄이기 위해 AF와 AM 사이의 **과대/과소 기능자 패턴**을 감소시킨다.

   a. _____

   b. _____

3. AF와 CF 사이의 정서적 유대를 강화시키고, CF의 우울과 부모/자녀 갈등을 줄일 수 있는 **연속적 상호작용** 장면을 증가시킨다.

   a. _____

   b. _____

MRI 치료의 종결 단계(커플/가족)

상담 과제

1. 종결 후 계획을 수립하고 상담 성과를 유지한다.

   다양성 고려사항: _____

   a. _____

내담자 목표

1. 관계 만족도를 향상시키고 우울을 줄이기 위해서 가족 구성원 간 유대감을 강화한다.

   a. _____

   b. _____

Chapter
6

전략적 치료

"성공적인 치료의 기준이 내담자의 문제해결이라면, 치료자는 문제에 관한 가설을 세우고 그것을 해결하는 법을 알아야 한다. 그리고 치료자가 다양한 문제를 해결하려면, 치료에 관한 경직되고 고정 관념화된 접근을 취해서는 안 된다. 표준화된 치료법이 특정 문제에 아무리 효과적이라 할지라도 치료자들이 전형적으로 만나는 다양한 유형들의 행동을 성공적으로 다룰 수 없다. 유연성과 자발성이 필요하다."

– Haley, 1987, p. 8

전략적 치료

배경

MRI 팀의 창립 멤버인 헤일리(Jay Haley)는 아내 마다네스(Cloe Madanes)와 전략적 치료라는 고유한 접근법을 발달시켰다. 전략적 치료와 MRI 접근은, 일반 체계 이론과 사이버네틱 이론 그리고 단기치료적 접근이라는 공통적 입장을 취하고 있고, 독특하게 고안된 행동적 처방을 공통으로 사용한다. 하지만 사례개념화와 행동적 처방인 지시(directives)에 있어서는 차이가 있다. 전략적 치료의 특징은 수수께끼 같고, 창조적이고, 때로는 극적인 지시, 즉 문제가 있는 연속적 상호작용 장면을 방해할 목적으로 사용되는 행동적 처방에 있다.

주요 개념

지시

지시는 대표적인 전략적 치료 기법이다(Haley, 1987; Madanes, 1991). 하지만 수련생들에게는 가장 많은 오해를 받기도 한다. 본질적으로 지시는 가족들이 특별한 과제를 보통 회기 내에서, 때로는 회기 사이에 마치도록 지시하는 것이다. 과제는 문제에 관해서 '논리적'이거나 선형적인 해결책으로 제시되지 않고 어떤 방식으로든 상호작용 패턴을 '동요시키는' 방식으로 제시되어 새로운 체계적 상호작용을 만들어내고자 한다(Haley, 1987). 만약 부부가 논쟁을 할 경우, 치료자는 그들에게 5분씩 시간을 제한해서 얘기하고, 다른 사람에게 5분 동안 그 말을 요약하거나 반응하라고 하는 것과 같은 방식을 요구하지는 않는다. 그것은 인지-행동 가족치료 같은 접근에서 사용하는 선형적이고 논리적인 접근이 될 것이다(11장). 또한 치료자는 부부에게 지금까지의 방식을 버리고, 의사소통기법을 배우라고 하지도 않는다. 그렇게 할 수 있다면 그들은 이미 그렇게 했을 것이라고 가정하기 때문이다. 대신에, 치료자는 그들에게 장소나, 시간 또는 순서 같은 한두 가지 핵심요소만 바꾸어서 계속 논쟁을 하라고 한다. 옷을 갖춰 입고 욕조에 들어가거나 법정을 가장하기 위해 가구를 재배치하고 나서 논쟁을 하게 하는 등으로 방식을 변화시킬 뿐, 논쟁은 계속 '평소 하던 대로' 하도록 지시가 주어진다.

지시는 사람들이 일상적이고 상투적인 것에서 가능한 아주 작은 변화라도 얻어내려고 하는 것이 목적이다. 비록 우리가 변화를 원한다고 할지라도(역설적으로 그렇지 않다고 해도), 동시에 우리들 대부분은 변화에 저항적이기 때문에 변화를 이루기가 쉽지 않아서 이렇게 하는 것은 중요한 의미가 있다. 이러한 지시가 효과적일 때, 내담자들은 감정이나, 통찰, 그리고 행동을 자발적으로 전환하게 된다. 비유하자면 부드러운 초콜릿과 바닐라를 소용돌이 모양으로 섞은 아이스크림을 만드는 것과 같다. 이렇게 하면 서로 함께 동시에 완벽하게 통합되는 변화가 일어나게 된다. 지시는 내담자들의 관점에서 보면 자신들의 일상생활 패턴을 흔들어 깨워서 충격을 주는 것이지만, 대체로 내담자들은 필요한 변화를 만들기 위해서 스스로를 전환시키는 방법을 정확하게 알고 있다. 전통적인 정신역동 치료에서의 통찰과 달리, 지시는 내담자들이 가장 변화가 필요하다고 여기는 행동의 한 중심에 있기 때문에 강렬한 "아하~!" 통찰의 순간을 만들어낸다. 그것은 선(禪) 전통에서의 놀라운 깨우침 같은 것이다. 때문에 전략적 치료자는 이 분야의 선 명상 전문가와 비슷하다. 이 장의 마지막에 소개되는 사례에서 치료자는 지시를 사용하는데, 그 내용은 중국계 미국인 부부가 장인과 장모가 손주의 양육에 있어 어떤 역할을 맡아야 할지에 관한 의견의 차이를 조율하도록 돕는 것이다.

관련학자

전략적 치료자들

제이 헤일리와 클로이 마다네스(Jay Haley & Cloe Madanes) 베이트슨 치료팀의 창립 멤버 중 한 명이며, 밀튼 에릭슨의 제자인 헤일리는 MRI 단기치료 프로젝트의 공동 설립자이며 자신만의 체계적 치료 접근법인 전략적 치료를 개발했고(Haley, 1963, 1973, 1976, 1980, 1981, 1984, 1987, 1996; Haley & Richeport-Haley, 2007; MRI, 2002), 그의 아내 마다네스(1981, 1990, 1991, 1993)와 워싱턴에 가족치료연구소를 세웠다. 전략적 접근은 위계, 권력, 그리고 애정의 개념에 기반을 두고 있고, 개입을 위한 지시를 사용한다.

상담과정

초기 면담

전략적 치료의 초기 면담은 매우 구조적인데, 공식적인 다섯 단계로 이루어진다. 즉, (a) 친화 단계, (b) 문제파악 단계, (c) 상호작용 단계, (d) 목표설정 단계, (e) 과제설정 단계로 이루어진다(Haley, 1987). 또한 헤일리는 첫 전화 접촉의 방식도 치료의 과정을 설정하는 중요한 요소로 보았다.

전화 접촉 전략적 치료에서, 초기 면담은 맨 처음 접촉을 시작하는 것으로 여겨지는데, 전형적으로 전화로 이루어진다. 헤일리(1987)는 다음과 같은 정보를 수집하기를 권장한다.

- 이름, 주소, 그리고 관련된 사람의 전화번호
- 함께 살고 있는 사람들의 목록과 나이
- 고용 상태
- 이전 치료 경험
- 의뢰인 또는 의뢰 기관
- 호소 문제를 표현하는 두 문장의 진술

헤일리는 사실에 기초를 두어 정보를 모으고 첫 회기에는 가족 모두의 참여는 요청하도록 권장한다.

친화 단계 전략적 치료자들은 처음 면담을 친화에 초점을 맞추어 시작한다. 가족 모두가 개별적으로 환영받고, 문제를 다루기 전에 편안해지도록 한다. 채 몇 분도 걸리지 않지만, 이 단계는 치료자가 가족들을 편안하도록 돕는 것과 밀접히 관련된다. 스스로 문제를 해결할 수 없어서 상담실을 찾는다는 사실에 많은 가족들이 당황해한다는 것을 치료자는 명심해야 한다. 이 단계에서, 치료자는 다음과 같은 사항을 주의 깊게 관찰한다.

- 누가 누구의 옆에 앉았는가? 이것은 아마 동맹가능성을 알려줄 수도 있을 것이다.
- 가족의 기분은 어떠한가? 그들이 즐거운가, 불행해하는가, 화가 나 있는가, 주저하는가, 절망해있는가?
- 부모-자녀 관계는 어떠한가? 아이들이 부모 중 누구와 더 가까운가?
- 어른들의 관계는 어떠한가? 그들이 문제를 일으키는 자녀를 바라보는 데 차이가 있어 보이는가?
- 가족의 치료자에 대한 반응은 어떠한가? 조심하는가, 호기심이 있는가, 또는 관심을 얻으려 하는가?

이러한 초기 친화 단계에서, 치료자는 상호작용과 기분을 평가한다(Haley & Richeport-Haley, 2007). 그러나 이러한 관찰은 쉽게 틀릴 수도 있으므로 치료자는 관찰 내용을 알려서 공유하지 않고 잠정적인 것으로만 여긴다. 헤일리는 치료적 맥락이 특수하다는 것과, 가족은 집 혹은 기타 다른 사회적 맥락에서 똑같이 행동하지는 않는다는 사실을 잘 알고 있다. 따라서 추정된 어떤 것이라도 잠정적으로만 사용되어야 한다.

문제 파악 단계 가족 각자가 치료자와 예의바르고 친화적인 방식으로 참여한 후에, 치료자는 좀 더 사무적인 모드로 전환하여 치료에 오게 된 경위를 묻는다. 헤일리는 치료자들에게 그들이 들은 것을 나눔으로써 시작하고, 상황에 대한 가족 모두의 의견을 듣고 싶다고 설명하도록 권장한다. 종종, 치료자가 자신의 입장을 분명히 하면 가족은 좀 더 자유롭게 이야기할 수 있게 된다. 헤일리는 가족의 교육 수준에 따라 도입을 어떻게 할 것인가를 조정하도록 강력히 권고한다. 문제를 파악하기 위해 할 수 있는 몇 가지 질문들은 다음과 같다(Haley, 1987).

- 당신의 문제는 무엇입니까?: 이 질문은 문제를 다루는 장소로서 치료를 정의하게 한다.
- 당신이 내게서 원하는 것은 무엇입니까?: 이 질문은 가족이 보고하는 것에 의존하기보다 치료맥락을 개인적으로 만들어준다.
- 당신은 어떤 변화를 원합니까?: 이 질문은 변화를 시작하는 지점으로 치료를 구조화할 수 있게 한다.
- 당신이 여기에 있는 이유는 무엇입니까?: 이 질문은 가족이 문제를 지니고 있음과 변화를 도모하는 것을 논의할 수 있게 만든다.

질문이 좀 더 일반적이고 모호할수록, 가족들은 자신들의 의견을 피력할 더 많은 기회를 갖게 된다. 질문이 구체적일수록, 치료자는 논의점을 더 초점화시킬 수 있다. 치료자는 특정한 가족과 상황에 가장 적합하다고 여겨지는 질문의 유형을 선택할 수 있다.

누구에게 먼저 질문할 것인가? 핵심적인 전략으로, 헤일리는 가족에서의 위계, 변화에 대한 투자, 치료현장으로 돌아올 때의 영향 등 수많은 주제들을 고려한다. 그는 질문의 대상을 결정하기 전에 전략적으로 면담을 시작한다. 대체적으로, 그는 문제에 적게 관련된 성인(위계를 대표하는), 가장 존경을 받고 가족들을 치료적 상황으로 다시 데리고 올 수 있는 가장 영향력 있는 사람을 먼저 선택하라고 권고한다. 전형적으로, 아버지가 덜 연관된 성인이고, 어머니는 가족을 다시 데려올 수 있는 가장 영향력이 있는 사람이다. 헤일리는 특히 치료자들이 무심코 자신과 동성인 부모에게 더 깊은 동의와 이해를 갖게 되는 성-기반 연합을 주의 깊게 피해야 한다고 경고한다. 또한 아이는 자기가 초점이 되고 비난받고 있다고 느낄 수 있기 때문에 아이부터 시작하는 것에 대해서도 경고한다. 이 장의 마지막 사례에서, 치료자는 할머니와 부부가 보여주는 문화적인 딜레마에 직면하게 된다. 치료자가 부부에게 먼저 질문하면 '미국의' 가족 구조를 선호하는 것처럼 보여지고, 따라서 아버지 편을 들게 되는 것처럼 보인다. 만약 치료자가 조부모에게 먼저 질문하면, 치료자는 전통적인 중국 가족 규준을 강화하게 되고, 따라서 아내와 처가 편에 서게 된다. 이런 경우, 치료자는 양쪽 모두의 민감한 사항이 다루어지고 존중되도록 기회를 제공해야 한다.

경청하는 법 치료자는 유익한 관심을 가지고 경청해야만 한다. 충고를 하거나 상황에 대해 어떻게 느끼는지를 묻기보다 사실, 행동 및 의견에 초점을 맞춘다. 또한 치료자는 해석이나 통찰을 만들기 위한 시도도 피한다. 만약 누군가가 다른 사람의 말에 끼어든다면, 치료자는 상호작용을 관찰하기 위한 목적에서만 잠깐 이를 허용하고, 바로 처음 이야기하던 사람이 계속 말할 수 있도록 개입한다. 첫 번째 사람의 말이 끝난 이후에, 치료자는 모든 가족이 자신들의 주제에 관해 자신들의 의견을 말할 수 있도록 골고루 기회를 제공한다.

상호작용 단계 모든 가족이 치료자의 질문에 대답한 다음에, 치료자는 가족들 스스로 토론하도록 지도하고, 치료자는 좀 떨어져서 가족들의 상호작용을 지켜본다. 치료자는 가족들을 문제상황에 관여하도록 상담실로 초청할 수도 있다. 이 단계의 목적은 가족 구조와 상호작용 패턴을 상호작용을 통해서 관찰하는 것이다. 누가 누구의 편에 있는가? 누가 가장 영향력이 있는가? 가장 힘이 없는 사람은 누구인가? 누가 연결되어 있고, 누가 분리되어 있는가?

목표설정 단계 다음으로, 치료자는 종종 IP를 포함하여 가족 모두가 동의할 수 있는 변화에 대한 명확한 진술을 확보하여 대화에 재참여한다. 이것은 치료적 접촉이 된다. 의미 있는 변화 목표를 규명하기 위해, 치료자는 반드시 가족과 함께 문제해결 방식을 정의한다. "나는 더 이상 우울하거나 불안하고 싶지 않아요"라고 말하는 것이 문제를 해결했다고 여겨지지 않는다. 보험회사가 치료계획서의 구체적 진술을 요구[1]하기 이전부터, 헤일리는 문제와 달성 목표들이 관측, 측정, 측량이 가능하도록 정의됨으로써 변화가 일어난 것을 매우 명확하게 알 수 있도록 진술되어야 한다고 권고했다. 헤일리는 다른 체계적 치료자들처럼 문제를 체계적인 상황에서 파악하려고 전환하기보다는, IP와 현재 문제에 초점을 맞추고 파악하기를 추천한다. 또한 그는 치료의 주안점을 가족의 기대에 맞춤으로써, 치료자가 치료에 대한 가족들의 참여도를 좀 더 잘 유지할 것이라고 믿는다.

과제설정 단계 마지막으로, 노련한 전략적 치료자들은 종종 첫 번째 회기가 끝나갈 무렵이면 지시를 마련하게 되는데, 치료자는 개입과정이 시작될 수 있도록 가족들이 집으로 가져가서 한 주 동안 끝낼 수 있는 단순한 과제를 제시한다.

연속적인 회기 다음 회기에 치료자가 제시한 지시를 가족들이 잘 수행했는지 확인하고, 가족들의 반응에 기초하여 또 다른 지시를 만들어간다(다음에 소개되는 개입 전략의 "지시" 절 참조). 치료자는 증상이 해결될 때까지 이것을 계속한다. 이것이 단기치료라고 명명되는 이유이다.

상담관계 형성

치료자의 전략적 입장

MRI 치료의 치료자 유동성과 비슷한 개념으로, 전략적 치료에서도, 특별한 환자나 가족의 필요에 따라 치료자가 역할이나 태도를 전환한다. 이러한 입장은 항상 **전략적**이다. 치료자가 어떻게 반응하는 것이 변화를 촉진할 가능성이 가장 큰가?(Haley, 1987) 사실, 만약 가족이 치료자를 좋아하지는 않지만 치료자와 함께해서 이익을 얻을 수 있다면, 일반적으로 전략적 치료자는 기꺼이 그 역할 또한 하고자 한다(이것이 헌신이다). 일반적으로 사용되는 가장 흔한 입장은 친화적인 태도와 겸손한 자세이다.

친화적 태도

헤일리(1987)는 치료의 초기 단계를 친교 단계라고 묘사했는데, 이때 치료자는 날씨나 교통상황 같은 가벼운 친화적인 대화를 해서 내담자들이 수치감을 줄이고 편안하게 느끼도록 노력한다. 헤일리에 의하면 '이 단계의 기본은 집에 오신 손님을 맞이하는 것처럼 공손한 행동'이다(p. 15). 문제를 논의하기 전에, 치료자는 가족 모두에게 적절하게 환영받는 경험을 제공하도록 하고, 그들을 편안하고 진솔한 입장에서 대한다. 이 장의 마지막에 소개된 중국인 가족과 같은 이민 가족 내담자들과 상담할 때 치료자는 이 단계를 문화적으로

---

1) 역주: 미국은 치료자가 치료계획서를 보험회사에 보내고, 보험회사가 이를 검토한 후 치료 서비스에 관한 지불 여부를 결정한다.

도 적절하게 적용해야 한다. 치료자는 좀 더 공손한 인사와 사려 깊은 잡담을 덧붙임으로써 가족의 유능감에 대해 초점을 맞춘다거나, 가족을 당황하게 만들 가능성이 있는 주제들을 피해갈 수 있다.

치료자의 한 단계 아래 입장 또는 무기력함

체계적이고 전략적인 치료의 모든 형태에 사용되고 있는 한 단계 아래 입장(one-down stance)은 내담자들의 동기를 강화시키기 위해서 사용되는데, 종종 치료자가 "저는 그런 문제를 다룰 수 있을지 확신이 서지 않네요"라고 역설적으로 말하는 것을 의미한다(Segal, 1991). 이러한 입장은 종종 무기력한 내담자들에게 효과적이다. 치료자가 먼저 무기력한 입장을 취해 버리면, 내담자는 오히려 희망을 찾고자 하는 의욕이 생긴다. 이것은 체계에 효과를 발휘하는데, 왜냐하면 대부분의 체계는 균형을 맞추려 하기 때문이다. 만약 한 사람이 절망에 빠져있으면, 다른 사람이 균형을 유지하기 위해서 희망을 찾고 싶은 마음이 생기게 된다. 이것과 똑같은 역동은 위기의 부부들에게서도 보인다. 일반적으로 한 사람은 위기를 관리해보려고 하지만, 이것은 다른 사람을 좀 더 공포스럽게 하고 트라우마에 빠져들게 만든다.

이러한 역설적인 목적 이외에도, 한 단계 아래 입장은 가족 체계를 향한 태도의 표현이기도 하다. 체계적 치료자들은 체계 자체를 고유한 규칙과 통합성을 갖고 있는 존중받을 수 있는 개체로 본다. 이것은 마치 등반가가 대자연의 어마어마한 힘을 경외하고 항해자가 대양을 존경하는 것과 마찬가지이다. 대자연이나 대양과 같이, 가족 체계도 치료자가 조정할 수 있는 대상이 아니다. 대신에 그들의 힘과 방식에 대한 깊은 존경만 있을 뿐이다. 따라서 한 단계 아래 입장은 체계적으로 훈련받은 치료자에게는 정직하고 진솔한 입장이다.

사례개념화 및 평가

전략적 사례개념화

마다네스(1991)의 전략적 치료에서는 문제에 대한 다섯 가지 방식이 있다. 이러한 분류는 증상이 지닌 역할을 가족 체계나 좀 더 넓은 사회적 체계에서 개념화하기 위해 사용된다.

- 비자발적 vs. 자발적: 내담자는 일반적으로 문제를 비자발적인 것으로 바라본다. 전략적 치료자들은 문제를 기질적 질환을 제외하고는 자발적인 증상으로 간주한다. 예를 들면, 내담자가 문제에 대한 해결책으로 논쟁, 걱정 또는 우울을 선택했다고 여긴다.
- 무력한 vs. 힘 있는: 비록 증상을 가진 사람들이 무력하게 보일지라도, 문제를 통해 그들은 비이성적인 요구를 성공시키거나, 좀 더 많은 관심과 보호를 받아내거나, 승인받을

수 없는 행동에 대한 변명으로 삼거나 하는 등 증상을 막강한 권력으로 사용한다. 예를 들어, 광장공포증은 가족을 가깝게 두려는 시도로서 해석될 수 있다.

- 은유적 vs. 직설적: 증상은 체계 내에서 또 다른 문제 장면에 대한 은유로 보일 수 있다. 예를 들어, 어머니에 대한 자녀의 반항은, 아내에 대해 자녀와 똑같이 느끼지만 표현하지 못하는 남편이 지닌 반항심에 대한 은유로 보일 수 있다. 또는 자녀의 폭식은 자신을 과잉보호하려는 어머니에 대한 거부의 은유로 여겨질 수 있다.

- 위계 vs. 평등: 치료자들은 제시된 문제를 가족의 상황에 따라 위계에 관한 요구로 사례 개념화할 수도 있다. 예를 들어 자녀의 짜증에 대한 부모의 굴복은 자녀가 권력의 위계에서 부모보다 우위를 차지하게 한다.

- 적대감 vs. 애정: 자신의 무가치감에서 기인한 파트너 거부, 자녀 훈육, 배우자 쫓아가기(성관계, 의사소통)와 같은 많은 가족 상호작용은 적대감 또는 그와 반대되는 애정에 의해서 동기화된다고 해석된다. 전략적 치료자들은 치료적 맥락에 근거해서 해석을 사용하는데, 예를 들면, 남편의 성관계에 대한 과도한 추구는 애정이나 보살핌, 또는 자신이 아무런 존재가 아니라는 느낌에서 출발한 권력을 향한 신호로 맥락에 따라 달리 해석될 수 있다. 비슷하게, 아내의 성관계 거절은 남편에 대한 사랑(예: 성관계는 아내가 정말로 하고 싶은 때만 하는), 또는 가족에 대한 사랑(예: 과부하가 걸려서 너무 피곤한), 혹은 그녀 자신의 무가치감에서 비롯된 권력 추구에서 유래된 것이라고 볼 수 있다.

가족생활의 주기

가족의 상황을 개념화할 때, 전략적 치료자들은 가족 생활주기와 고착 지점을 주의 깊게 살핀다(Haley & Richeport-Haley, 2007). 증상은 종종 생활주기 문제를 나타내는데, 이것을 통해 치료자는 어디에서, 어떻게 개입할지를 규명할 수 있다. 생활주기는 다음과 같다.

- 출생과 유아기
- 초기 아동기
- 학령기
- 청소년기
- 가족으로부터의 독립기
- 부모 시기
- 조부모 시기
- 노년기

개인은 이러한 전환기의 어느 지점에서라도 고착될 수 있고, 가족 각자는 독립과 의존 사이에서 균형을 재협상해야 하므로 다음 단계로의 전환이 어려울 수 있다. 어떤 경우에는, 한 구성원이 다른 구성원보다 전환을 빨리 시작할 수 있고, 어떻게 전환할 것인가에 관한 합의를 이루기가 어려울 수도 있다.

위계와 권력

전략적 치료자는 가족 위계에 대해서 관심이 많고 또한 가족 위계를 존중한다. 가족생활의 어떤 무대에서 누가 영향력을 지니는지는 가족과 문화에 따라 부모일 수도 조부모일 수도 있다(Haley, 1987). 종종 부모는 서로 다른 형태의 영향력을 행사하기도 하지만, 때로는 한 부모가 명확히 더 많은 영향력을 행사하기도 한다. 그런 경우 치료자는 먼저 영향력이 적은 부모와 상담을 시작한다. 누가 '권력'을 지니고 있는지에 관한 언어적 보고에 의존하기보다는, 치료자는 각자의 요구들이 어떻게 반응되고, 누가 논쟁에서 자기 뜻대로 하려 하는지 등의 가족 상호작용을 면밀히 관찰한다. 예를 들면, 흔히 아버지를 '가장'으로 여기지만, 종종 어머니가 가족의 실제적인 결정에 영향력을 더 미치는 경우가 있다. 위계는 일회적인 상호작용으로 정확히 파악될 수 없고 반복적인 상호작용들을 통해서 관찰되어야 한다. 대부분의 가족에서 치료자가 개입법을 찾기 위해 추적하고 사용하는 위계와 권력의 패턴은 상당히 복잡하다.

치료자는 부모와 자녀 사이의 위계를 관찰해서, 자녀가 부모의 요구대로 실제로 수행하는지 또는 부모가 자녀의 요구에 굴복하는지 여부를 파악한다. 효율적인 부모-자녀 위계는 대부분의 경우 부모의 요구에 자녀가 거의 화를 내지 않고 따르는 것에서 나타난다. 비효율적인 부모의 위계는 대부분의 경우 자녀의 협력을 얻어내지 못하는 경우이다. 과도한 위계는 규칙이 너무 경직되어 있고 종종 자녀 나이에 부적합한 권위주의적인 양육스타일을 말한다. 이 경우 비록 자녀가 순응하지만, 감정적으로는 눈에 띄는 거리가 존재하게 되고 관계에는 긴장이 흐른다. 이 장의 마지막에서는 매우 복잡한 가족 위계 싸움을 사례로 제시하고 있다. 부부는 부모가 성인자녀에게 상당한 영향력을 유지하는 전통적인 중국 가족의 위계를 따라야 할지, 성인이 된 자녀가 완전히 자율적인 미국 구조를 따라야 할지 다투고 있다. 이 상황은 보통 남편의 부모님과 살게 되는 전통과 달리, 아내의 부모님과 함께 살게 되면서 더욱 복잡해진다.

전략적 인본주의

최근의 전략적 치료에서는 가족의 기능 중 지배와 조정보다는 애정과 양육의 기능을 강조하고 있고, 이것은 대체로 가족치료가 진화됨에 따라 더욱 그렇게 되는 듯하다(Madanes, 1993). 따라서 사례개념화도 다른 구성원을 통제하려는 시도보다는 애정을 보여주려고 시도했지만 성공하지 못한 경우에 좀 더 초점을 둔다. 예를 들어, 반항적인 자녀가 있는 가족의 경우(Keim, 1998), 부모의 양육행동을 강화시키는 것을 목표로 하여, 훈육자로서의 권위만큼, 돌보는 부모의 기능을 강조하면서 효율적인 위계를 재설정하도록 돕는다. 일단 양육의 영역에서 어느 정도 권위가 재설정되면, 부모가 행동 규칙을 제대로 집행하도록 교육한다.

변화 목표 수립

전략적 목표

> "치료의 주된 목적은 사람들이 다르게 행동하도록 하여, 그에 따라 달라지는 주관적인 경험을 해보도록 하는 것이다."
>
> – Haley, 1987, p. 5

전략적 치료는 사람들의 주관적인 경험(기분, 생각, 그리고 행동)의 변화를 촉진시키는것 이외에, 개인이나 가족 기능에 대한 장기적인 일련의 목적을 미리 설정하지는 않는다. 마다네스(1990, 1991)는 치료현장에 오게 되는 모든 문제를 사랑과 폭력이라는 외적인 딜레마에서 기인하는 것으로 사례개념화하는데, 이것은 이 두 가지 경험이 인간사에 매우 밀접하게 상호 연관되어 있다고 보았기 때문이다. 따라서 전략적 치료의 최종 목표는 내담자들이 지배하려고 하거나 강요하지 않고, 해를 끼치지 않으면서 사랑하는 방식을 찾도록 돕는 것이다. 이러한 목적은 다음과 같은 개입을 통해 달성될 수 있을 것이다(Madanes, 1991).

- 부부나 가족의 위계 수정(강화 또는 축소)
- 부모나 부모의 관여수준을 변화시켜서 강요를 줄이고 관심을 증가시키기
- 가족 구성원을 재결합시키기
- 자녀가 적절한 수준으로 도움이 되는 사람이 되도록 격려하는 것을 포함하여, 누가 어떻게 도움이 될 것인가를 변화시키기
- 불공정한 것에 대해 사과하고 용서하기
- 위로와 화합에 관한 표현 증가시키기

개입 전략 수립

지시

전략적 개입으로서 지시는 치료자가 내담자에게 상호작용 패턴을 수정하라고 제시하는 행동적 과제이다. 헤일리(1987)는 직접과 간접의 일반적인 두 가지 유형의 지시를 제시한다. 직접적인 지시는 치료자가 사람들로 하여금 요청받은 것을 하도록 만들 수 있는 권력과 영

향력을 지니고 있을 때 사용되고, 간접적인 지시는 치료자가 내담자의 눈에 아직 권위 있어 보이지 않을 때 사용된다. 간접적인 지시는 일반적으로 역설적이거나 은유적인 과제의 형태로 제공된다.

일반적으로 직접적인 지시는 좋은 충고를 제시해주는 것을 의미하지만, 헤일리는 "좋은 충고는, 사람들이 자신이 하고 있는 일에 대한 이성적인 조절능력을 가지고 있다고 치료자가 가정할 때 제공된다. 하지만 치료에 성공적이려면 그러한 가정은 버리는 것이 좋다"라고 소개하면서 여기에 반대한다(Haley, 1987, p. 61). 따라서 대부분의 직접적인 지시는 충고를 제시하기보다는 새로운 행동을 안내하면서 가족 상호작용 방식을 변화시키고자 하는 것이다. 헤일리는 이러한 것에 대해서 다음과 같이 경고한다. "만약 치료자가 누군가에게 평상시의 행동을 완전히 멈추라고 말하면, 틀림없이 그는 보통 극단으로 가버리거나, 또는 다른 가족을 끌어들여 자신에게 협조하도록 하면서 그 가족의 행동을 변화시키려고 한다" (p. 60). 따라서 대부분의 전략적 지시는, 가족 규칙을 깨뜨린 자녀를 다른 부모가 교육시키거나, 부부가 싸울 때 10초간 쉬었다가 말을 하게 하는 등의 작은 행동이나 맥락에서의 변화를 요청하면서 상호작용 패턴을 재배열한다. 이러한 좀 더 작은 변화들이 훨씬 달성하기가 쉽다. 직접적이고 간접적인 지시의 차이는 다음 표에 정리되어 있다.

치료적 지시

	직접적 지시	간접적 지시
과제 유형	• 무언가 다르게 하라: 행동 장면 수정 • 행동을 멈추라(거의 사용 안 함) • 좋은 충고: 심리 교육(거의 사용 안 함)	• 역설적 과제 • 은유적 과제
치료적 관계 유형	• 치료자가 영향력 지님: 내담자가 치료자를 전문가로서 승인함	• 치료자의 전문성이 아직 덜 승인됨
문제 유형	• 내담자가 과제의 일부로 요청된 작은 행동에 대해 조절 능력이 있다고 느낄 수 있음	• 내담자가 거의 조절 능력이 없다고 느낌

직접적 지시 헤일리는 "가장 좋은 과제는 가족의 구조적 변화를 만들어내기 위하여 제시된 문제를 사용하는 과제이다"(Haley, 1987, p. 85)라고 주장했다. 직접적인 지시의 계획에는 다음과 같은 몇 가지 단계가 있다.

1. 상황 평가: 치료자는 제시된 문제를 구성하는 상호작용 행동 장면을 파악한다. 예를 들어, 자녀가 귀가시간 이후에 집에 들어오면, 아버지는 화가 나서 심한 처벌을 한다. 어머니는 남편에 대해 자녀를 방어하고 그래서 그 주에 바로 처벌하기가 어려워진다.

2. 작은 상호작용 장면의 변화를 목표로 하기: 치료자는 가족이 문제 장면 중 합리적으로 수정이 가능한 장면에서 작은 행동적 변화를 찾도록 한다. 예를 들어, 어머니에게 딸의 귀가시간을 엄격히 관리하게 하고, 딸이 자신이 귀가시간을 어긴 것에 대해 스스로 '공정한' 처벌을 제안하도록 한다.

3. 가족 동기화시키기: 헤일리(1987)는 과제가 주어지기 전에 가족을 동기화시켜야 하는 중요성을 강조한다. 직접적인 과제의 경우 가족이 목적을 공유하도록 호소한다. 먼저 모든 가족이 문제행동이 멈추기를 얼마나 원하는가에 대해 다음과 같은 말로 시작하면서 가족을 동기화시킨다. "모든 사람은 집에서 논쟁을 멈추기를 원하다는 데는 동의합니다."

4. 지시에 관한 정확하고 행동 가능한 지침 제공: 치료자는 과제를 언제, 어디서, 어떻게, 누가, 무슨 요일에 하는 식으로 매우 정확하게 제시해야 한다. 이를테면, 과제가 주어진 해당 주 동안에 있음직한 주말 일정의 변동 가능성, 주중 가사 활동, 특별한 일정들을 고려하여야 한다. 과제는 제안되기보다는 명확하게 주어져야 한다. "다음 주에, 수잔(Susan)이 귀가시간이 늦거나 가족 규칙을 어기면, 어머니께서 엄격하게 다루어주시고, 아버지는 수잔과 어머니와의 논쟁에서 빠져 계세요. 만약 아버지께서 두 사람 사이에 일어난 일에 대해서 의논하고 싶은 게 있으시면, 오직 어머니하고만 논의하셔야 합니다."

5. 과제 검토: 치료자는 가족에게 각자 자신들의 역할을 검토하도록 다음과 같이 요청한다. "검토하시고 우리 모두가 이해했다는 것을 확실히 했으면 합니다. 이제 각자가 이번 주에 해야 할 일을 저에게 얘기해주시겠어요?"

6. 과제 보고를 요구하기: 그 다음 주에, 치료자는 가족에게 어떻게 지냈는지를 묻는다. 일반적으로, 세 가지 중 하나가 발생한다. (a) 과제를 했거나, (b) 과제를 하지 않았거나, 또는 (c) 과제를 일부만 했거나이다(Haley, 1987). 만약 내담자가 과제를 끝마쳤으면, 그들은 축하받게 된다. 만약 부분적으로 과제를 수행했다면 치료자는 가족들이 치료자의 권위를 간과하는 메시지를 보내는 것으로 받아들이고 쉽게 용서하지는 않는다. 과제를 해내지 못한 경우, 헤일리는 친절한 반응과 친절하지 않은 반응, 이 두 가지 반응을 활용한다. 친절한 반응으로 치료자는 이렇게 말한다. "분명히 제가 당신이나 당신의 상황을 잘 파악하지 못해서 그런 과제를 제시했던 것 같습니다. 그렇지 않다면 당신은 과제를 끝냈을 거예요"(Haley, 1987, p. 71). 친절하지 않은 반응으로는, 치료자는 가족이 좋은 변화를 할 기회를 놓쳤음을 강조하고 이것은 실패이고 가족들의 손실이라고(치료자를 실망시키는 차원이 아니라) 말한다. 치료자는 가족들이 다시 해보겠다고 하더라도, 그들에게 같은 과제를 다시 제시하지는 않는다. 대신에, 치료자는 이 경험을 다음 과제를 위한 동기 강화를 위해 사용한다.

간접적 지시: 역설적 과제 아마도 가장 오해가 많은 전략적 치료 개입이 역설적 과제일 터인데, 이것은 **증상 처방**이라고도 불리운다. 이것은 부부에게 화요일과 목요일 7시부터 7시 15분까지 다투도록 과제를 제시하는 등, 어떤 형태로든 문제행동에 관여하도록 한다. 증상 처방과 다른 역설적 과제들은 최소한 언뜻 보기에는 선형적인 논리를 따르지 않기 때문에 '역설적'이라고 불린다. 역설을 사용하는 것이 적절할 때는 겉보기에 역설적인 것처럼 여겨지지 않고(적어도 치료자의 관점에서는), 오로지 논리적이어서 행동을 취하기에 명확할 것이므로, 치료자는 역설을 사용할 적절한 때를 알게 된다. 역설은 두 가지 일반적인 문제유형에 효과가 있다. (a) 다른 치료적 변화로는 가족의 현재 수준을 방해하는 것이 어려울 때, 또는 (b) 내담자의 관점에서 문제를 스스로 '조정할 수 없다고' 여겨질 때이다. 예를 들면 '난 더 이상 내가 걱정, 잔소리, 먹는 것, 싸움 등을 안 하도록 할 수가 없다' 등과 같은 경우이다.

- **변화를 기피하는 가족에 대한 역설:** 가족이 문제를 지닌 사람 주변에서 안정되어 있을 때, 가족들은 치료자가 인식의 변화를 시도하는 것에 종종 저항한다. 왜냐하면 변화하게 되면 그들이 현재 경험하고 있는 것보다 불편해지리라 믿기 때문이다. 이러한 상황에서는 역설적 기법이 유용하다(Haley, 1987). 치료자는 다음과 같이 특정한 변화를 제지하거나 경고하기도 한다. "당신들이 열정을 계속해서 강하게 유지하려면 계속 다툴 필요가 있을지도 모르겠어요. 만약 당신들이 다투지 않는다면, 많은 것들이 악화될 거예요." 치료자는 또한 악화를 예방하기 위해 역설적으로 악화를 격려할 수도 있다(Haley, 1976). 역설적 과제는 치료자가 다음과 같은 몇 가지 메시지를 한 번에 소통해야 하므로 전달이 어렵다.
  - 나는 당신이 문제를 해결하는 것을 돕기 원합니다.
  - 나는 당신을 진정으로 염려합니다.
  - 나는 당신이 정상적일 수 있다고 생각하지만, 아마 당신은 그렇지 않을 수 있습니다.
  역설이 성공적일 때, 변화는 대체로 자발적으로 일어난다.
- **통제할 수 없는 증상에 대한 역설:** 만약 내담자가 자신들이 절대적으로 통제할 수 없다고 주장하는 증상을 가진다면, 증상 처방의 개입을 사용하는 것이 합리적이다. 증상 처방은 문제행동의 맥락을 변화시킨다. 만약 맥락이 변화된다면, 행동의 의미도 변화해야만 한다. 의미에서 변화가 생길 때, 생각이나 감정, 그리고 여기에 따른 행동은 자동으로 변화하게 된다. 여기에 관한 흔한 예로, 걱정하는 경우에 역설을 사용하는 것인데, 걱정은 종종 행동과는 관련이 적은 인지적이면서 감정적인 과정이므로, 특히 일반적 방법으로는 처리하기가 어렵다. 내담자에게 모래시계를 설정해서 날마다 특정시간에 10분간 걱정하라고 요구한다. 그러면 걱정이라는 모호하고 걷잡을 수 없는 경험이었던 것이, 자신

들이 자발적으로 시작할 수 있고, 아주 쉽게 확인할 수 있고 자신의 의지에 따라 그만둘 수 있는 의식적으로 선택된 행동으로 경험되면서 근본적인 변화가 일어난다. 맥락이 바뀌게 될 때, 걱정의 의미와 경험은 변화하고, 전적으로 내담자의 통제 밖에 있던 것으로 여겨지던 증상에 유의미한 영향을 끼치기도 한다.

간접적 지시: 은유적 과제 에릭슨의 최면치료와 치료 스타일에 영감을 받은 것으로, 은유적 치료는 문제를 분명하게 드러내는 것이 적합하지 않을 때 사용된다(Haley, 1987). 헤일리는 변화를 위해서는 은유가 말로만이 아닌 실행으로 될 필요가 있다고 믿었다. 은유적 과제는 다음 네 단계를 거친다.

1. 치료자는 내담자의 삶의 영역에서, 치료자가 변화시키기 원하는 것과 유사한 역동을 지닌 영역을 파악한다(예: 입양된 아이에게 애완견을 입양해주는 것을 논의).
2. 치료자는 입양이 끼치는 영향에 관해 이야기나 대화를 사용한다(예: 애완견이 아프게 되면 일어날 수 있는 일).
3. 치료자는 은유적인 영역에서 어떻게 변화할 것인지에 대한 입장을 취한다(예: 자녀는 첫 애완견을 입양할 준비가 되었다).
4. 과제는 항상 은유적인 영역에서 주어진다(예: 아이의 부모는 자녀의 애완견 입양을 돕도록 격려된다).

가장기법

'이루어질 때까지 가장하라'는 전략적 치료자들이 사용하는 가장기법(pretend techniques)의 정신이 요약된 표현이다. 이 기법에서, 목표를 성취하도록 하기 위해 내담자에게 한시적으로(몇 분에서 며칠까지) 마치 목표를 다 이룬 것처럼 '가장'하도록 요청한다(Madanes, 1991). 그들이 가장된 행동을 할 때, 짧은 시간이라도, 종종 인식, 감정 또는 행동에서의 진정한 변화가 일어난다. 예를 들어, 부부가 저녁시간 동안 사랑에 빠진 것처럼 가장하라는 요청을 받을 때, 그들은 종종 정말로 사랑의 감정이 돌아오는 것을 느낀다. 체계적으로, 가족 내에서 이미 존재하고 있던 자신들이 선호하던 익숙한 상호작용을 촉발시킴으로써, 또는 이것이 완전히 새로운 행위라면 체계 안에서 활용할 수 있는 새로운 연속적 상호작용 장면을 창조함으로써, 이 기법은 효과를 발휘한다. 어떤 경우이든, 단기간의 가장은 새로운 연속적 상호작용을 창조하고 행동, 감정, 그리고 인지적인 변화를 위한 새로운 대안들을 만들어낸다.

고된 체험 기법

밀튼 에릭슨의 치료에 영향을 받아서, **고된 체험**(ordeals)은 종종 전략적 치료에서 내담자가 논쟁, 걱정, 과식, 흡연, 손톱 물어뜯기나 음주와 같은 증상을 조절하는 데 무력감을 느낄 때 사용된다. 전제는 단순하다. '만약 사람이 증상을 가지고 있는 것이 증상을 포기하는 것보다 더 고통스럽다면, 사람은 그 증상을 포기할 것이다'(Haley, 1984, p. 5). 전략적 치료자는 개인의 행동을 멈추게 하기 위해 선형적이고 논리적인 수단보다(인지-행동 치료 접근처럼), 간접적이고 비논리적인 수단을 사용한다. 즉, 내담자에게 증상을 지니도록 허용하되 대신 '고된 체험'이라는 다른 종류의 과제를 증상의 시작이나 아니면 나중에라도 끝마치도록 꼬아놓는다.

고된 체험은 직접적으로 증상(바람직하지 않은 행동)과 관련될 필요는 없지만 종종 은유적으로 연관되기도 한다. 만약 개인이 자신의 고통스러운 감정을 감정적 섭식을 통해 달래고자 한다면 치료자는 먹는 행동 감소와 내적 긴장완화를 변화 목표로 설정하게 된다. 여기에서 고된 체험기법은 선형적이거나 논리적인 방식(예: 먹기 전에 좋아하는 취미활동을 하거나 글을 쓴다)보다는 간접적이거나 비논리적인 방식(예: 낯선 사람이나 사랑하는 사람에게 친절한 행위를 무작위로 하게 하거나 먹기 전에 집을 청소하게 하는 것)을 사용하는 것을 말한다. 대부분의 경우, 고된 체험 치료는 바람직하지 않은 행동을 멈추도록 하는 호소력 없고 공포스러운 것이라기보다는, 체계적 패턴을 흔들거나 동요시켜서 새로운 행동 장면을 일으키기 위한 것이다. 가족 춤의 비유로 돌아가서, 고된 체험은 행동적인 제지물이나 처벌이라기보다는, 댄스장의 한 가운데 새로운 작은 가구 한 점을 두어 체계가 그 작은 가구 주변으로 돌면서 변화를 만들어내도록 하는 것이다. 체계가 이처럼 작고 무해한 변화에 적응할 때, 새로운 스텝을 만들기 위해 체계는 변화를 시도해야만 하고, 체계가 가장 좋아하는 춤을 멈추라는 말을 들었을 때에 비해 덜 두려워하고 덜 저항하면서 이러한 변화를 도모할 수 있게 된다.

적용하기

사례개념화 틀

- **연속적 상호작용 장면**: 연속적 상호작용 장면에서 다음과 같은 점을 강조하면서 각 개인의 역할(중요하지 않아 보이는 역할일지라도)을 서술한다.
  - 항상성
  - 긴장의 발생
  - 증상/갈등
  - 항상성으로의 회귀
- **전략적 사례개념화/가설**: 다음과 같은 은유들 중에서 하나를 사용하여 체계적 가설을 세

운다.

- ㅇ 비자발적 vs. 자발적
- ㅇ 무력한 vs. 힘 있는
- ㅇ 은유적 vs. 직설적
- ㅇ 위계 vs. 평등
- ㅇ 적대감 vs. 애정

- **가족 생활주기**: 개인/가족이 가족 생활주기와 발달적 주제와 더불어 자율과 의존의 균형을 맞추기 위해 어떻게 분투하는지를 파악한다.
  - ㅇ 출생과 유아기
  - ㅇ 초기 아동기
  - ㅇ 학령기
  - ㅇ 청소년기
  - ㅇ 가족으로부터의 독립기
  - ㅇ 부모 시기
  - ㅇ 조부모 시기
  - ㅇ 노년기

- **위계와 권력**: 관계에서의 위계 및 권력과 연관된 문제가 증상을 통해 어떻게 표현되고 있는가?

전략적 치료계획 틀(개인)

전략적 치료의 초기 단계

상담 과제

1. 상담관계를 수립한다. DN: [관계 형성과 정서 표현에 있어 문화, 성, 기타 요인에 따라 서로 다른 방식들을 존중하기 위해 상담자가 고려해야 하는 것은 무엇인지 기술한다.]

   관계 형성/개입방법:

   a. 초기 안전한 맥락을 만들기 위해 친화적 태도로 공손하게 치료과정에서 변화를 촉진시키기 위한 **전략적 입장**을 취한다.

2. 개인, 체계, 그리고 좀 더 포괄적인 문화적 역동을 평가한다. DN: [문화, 사회경제적 수준, 성지향성, 성, 기타 규준들을 고려하여 평가 작업을 어떻게 조율해야 할 것인지 기술한다.]

   평가 전략:

   a. **문제가 되는 연속적 상호작용 장면**을 평가하고, **가족 생활주기**의 영향, 권력, 그리고 **동맹**에 주목한다.

   b. 자발성, 무력감, 위계, 애정 등과 같은 한 개 이상의 전략적인 틀을 사용하여 사례를 개념화한다.

내담자 목표

1. 우울과 불안을 줄이기 위해 우울 및 불안 증상이 지닌 **자발적인 속성**을 이해하는 능력을 키운다.

    a. 내담자가 우울/불안 증상을 새로운 맥락에서 보도록 **역설적 지시**

    b. 내담자가 증상 패턴을 작지만 의미 있게 수정하도록 가르치는 **지시**

전략적 치료의 작업 단계

상담 과제

1. 작업 동맹의 질을 모니터한다. DN: [상담자가 내담자의 문화적 관습에 맞지 않는 정서 표현을 했을 때 내담자가 보이는 반응에, 상담자가 어떻게 주의를 기울일 것인지 기술한다.]

    a. **개입에 대한 평가**: 치료자의 영향력의 수준을 모니터하고 거기에 따른 개입을 조정한다.

내담자 목표

1. 우울과 불안을 줄이기 위해 [제시된 증상]과 연관된 내담자의 **무력감**처럼 보이는 감각을 줄인다.

    a. 무력감을 과장하고, 숨겨진 이익을 드러나게 하는 **역설적인 과제**

    b. 증상 소유자의 은밀한 힘을 드러내게 하는 **은유적 과제**

2. 우울과 불안을 줄이기 위해 '조절하지 못하는' 증상[구체화한다]을 내담자가 **자발적으로 조절하는 능력**을 키운다.

    a. 우울과 불안과 연관된 행동 장면을 수정하려는 **고된 체험 치료**

    b. 목표 행동을 강화시키기 위한 **가장 기법**

전략적 치료의 종결 단계

상담 과제

1. 사후 계획을 수립하고 얻어진 성과를 유지한다. DN: [치료 종결 이후 내담자의 지원 체계의 일부가 될 수 있는 공동체 내 자원들에 상담자가 어떻게 접근할 수 있을지 기술한다.]

    a. 재발에 대비하기 위하여 절제 및 개선으로 인한 부작용을 다룬다.

내담자 목표

1. 자신의 안녕감과 타인과의 유대를 증가시키기 위해, 자기 자신과 다른 사람의 행동이 **애정** 때문에 어떻게 동기화되는지 살펴보는 능력을 강화시킨다.

    a. 애정 때문에 상호작용이 어떻게 동기화되는지에 집중하면서 다른 사람과의 **문제를 일으키는 상호작용**을 재구조화한다.

    b. 애정의 감추어진 동기를 강조하기 위해 계획된 **지시/은유적 과제**

2. 내담자의 재발 가능성을 줄이기 위해 **가족 생활주기**에 따른 내담자의 발달 단계에 적합한 [발달과업을 완수할 수 있는] 내담자의 능력을 강화시킨다.

    a. 가족 생활주기에 근거하여 자율과 의존사이에서의 균형을 다시 맞추도록 계획된 **지시들**

    b. 내담자가 새로운 발달적 도전을 완수하기 위한 **가장 기법**

전략적 치료계획 틀(커플/가족)

전략적 치료의 초기 단계

상담 과제

1. 상담관계를 수립한다. DN: [관계 형성과 정서 표현에 있어 문화, 성, 기타 요인에 따라 다른 방식들을 존중하기 위해 치료자가 고려해야 하는 것은 무엇인지 기술한다.]

   관계 형성/개입방법:

   a. 모든 내담자에게 초기 안전한 맥락을 만들기 위해 친화적 태도로 공손하게 치료과정에서 변화를 촉진시키기 위한 전략적 입장을 취한다.

2. 개인, 체계, 그리고 좀 더 포괄적인 문화적 역동을 평가한다. DN: [문화, 사회경제적 수준, 성지향성, 성, 기타 규준들을 고려하여 평가 작업을 어떻게 조율해야 할 것인지 기술한다.]

   평가 전략:

   a. **문제를 지닌 상호작용 장면**을 평가하고, 가족 생활주기의 영향, 권력, 그리고 **동맹**에 주목한다(가족 그리고 외부의 다른 사람들 사이에서도)

   b. 자발성, 무력감, 위계, 애정 등 한 개 이상의 **전략적인 틀**을 사용하여 사례개념화한다.

내담자 목표

1. 갈등을 줄이기 위해, 문제를 지닌 상호작용 고리의 기저에 존재하는 **애정 동기 기제**를 볼 수 있는 능력을 기른다.

   a. 상호작용에서 각 개인의 역할을 기저에 흐르고 있는 궁극적인 애정 동기를 갖는 것으로 다시 정의하면서 **전략적으로 재구조화하기**

   b. 부부/가족이 증상 패턴에 작지만 의미 있는 수정을 하도록 가르치는 **지시들**

전략적 치료의 작업 단계

상담 과제

1. 작업 동맹의 질을 모니터한다. DN: [내담자의 문화적 관습에 맞지 않는 정서 표현을 상담자가 했을 때 내담자가 보이는 반응에, 상담자가 어떻게 주의를 기울일 것인지 기술한다.]

   a. **개입에 대한 평가**: 치료자의 영향력의 수준을 모니터하고 거기에 따른 개입을 조정한다.

내담자 목표

1. 갈등을 줄이기 위해, 관계에서 권력의 균형을 파악하려는 시도로서 행해지는 부부/가족의 **문제를 일으키는 상호작용**을 줄인다.

   a. 관계에서 은밀한 권력의 역동을 드러내려는 **은유적 과제들**

   b. 관계에서 권력과 관련된 행동적 장면에서 작은 변화를 꾀하는 **지시들**

2. 갈등을 줄이기 위해 갈등적 상호작용에서 '조절하지 못하는' 요소를 내담자가 **자발적으로 조절하는 능력**을 키운다.

   a. 부부/가족 갈등과 연관된 행동 장면을 수정하려는 **고된 체험 치료**

   b. 목표 행동을 강화시키기 위한 **가장 기법**

전략적 치료의 종결 단계

상담 과제

1. 사후 계획을 수립하고 얻어진 성과를 유지한다. DN: [치료 종결 이후 커플 혹은 가족의 지원 체계의 일부가 될 수 있는 공동체 내 자원들에 상담자가 어떻게 접근할 수 있을지 기술한다.]

   a. 개선에 따른 부작용과 재발에 대해서, 다른 사람을 비난하는 경향을 줄여줄 수 있는 다양한 경우를 포함하여 내담자가 준비할 수 있도록 조치를 취한다.

내담자 목표

1. 안녕감과 타인과의 유대를 증가시키기 위해 **애정**이 자기 자신과 다른 사람의 행동을 어떻게 동기화시키는지 살펴보는 능력을 강화시킨다.

   a. 애정이 상호작용을 심지어는 문제를 지닌 상호작용까지 어떻게 동기화시키는지에 집중하면서 다른 사람과의 **문제를 일으키는 상호작용을 재구조화**한다.

   b. 애정의 감추어진 동기를 강조하기 위해 계획된 **지시/은유적 과제**

2. 가족의 재발 가능성을 줄이기 위해 **가족 생활주기**에 따른 발달 단계에 적합한 [발달과업을 완수할 수 있는] 능력을 강화시킨다.

   a. 가족 생활주기에 근거하여 자율과 의존의 균형을 다시 맞추도록 계획된 **지시들**

   b. 내담자가 새로운 발달적 도전을 완수하기 위한 **가장 기법**

임상적 초점: 단기 전략적 가족치료

스차포크니크와 그의 동료들은 가족연구센터에서 마이애미에 거주하고 있던 쿠바 청소년들의 약물 남용 문제를 치료하기 위해 구조적이고 전략적인 치료법에 근거하여 단기전략적 가족치료(Brief Strategic Family Therapy, BSFT)를 발달시켰다(Szapocznik & Williams, 2000). 이 치료법은 아프리카계 미국인과 히스패닉인들을 치료하기 위해 확대 적용되면서, 증거기반 접근으로 인정받고 있다. 완벽한 매뉴얼은 국립 약물 남용 연구기관 웹사이트(www.nida.nih.gov/TXManuals/bsft; Szapocznik, Hervis, & Schwartz, 2003)를 통해서 사용 가능하다. BSFT는 체계, 구조(상호작용 패턴), 그리고 전략이라는 세 가지 중요한 개념을 갖고 있다.

목표

단기 전략적 가족치료의 두 가지 목표

- 자녀의 약물 남용을 줄이거나 제거하기
- 문제행동(청소년의 약물 사용)을 지속시키는 가족의 상호작용을 변화시키기

사례개념화

BSFT는 주로 구조적이고 전략적인 가족치료 개념을 사용하여 가족 내에서의 역동에 초점을 둔다(Santisteban, Suarz-Morales, Robbins, & Szapocznik, 2006; Szapocznik 등, 2003).

- 구조와 조직: 치료자는 가족 내에서의 구조, 조직, 그리고 정보의 흐름을 평가하기 위하여 하위 체계, 위계, 리더십, 그리고 동맹과 같은 전통적인 구조적 개념을 사용한다.
- 정서적 울림(resonance): 구조적 치료의 경계 개념을 사용하여, 치료자는 광범위한 문화적 규준의 맥락에서 정서적인 울림을 평가한다. 문화적인 규준에 근거해서 정서적인 공감대, 또는 정서적 일치를 형성했는지를 평가한다. 융해된 경계(높은 정서적 울림)와 격리된(낮은 정서적 울림) 경계가 있다.
- 발달 단계: 치료자는 가족이 구성원의 발달 단계에 가족 구조가 적합하도록 조정하는 능력을 기르도록 한다(예: 자녀의 성숙에 따른 자율성의 증가).
- 생활 맥락: 치료자는 확대가족, 지역사회, 학교, 또래집단이나 법제도와 같은 좀 더 광범위한 사회생활이 가족에게 미치는 영향력을 평가한다.
- IP가 됨: 가족이 모든 문제에 대한 책임을 IP에게 전가할수록, 가족치료는 점점 더 어려워진다.
- 갈등 해결: 치료자는 가족의 갈등 해결 유형을 평가한다.
  - 부정: 갈등이 일어나도록 허용하지 않는다. "우린 아무런 문제가 없다."
  - 회피: 갈등이 생기면, 미루거나, 축소하거나, 어려운 대화로 전환하는 것과 같이 재빠르게 갈등을 중지시키거나 덮어버린다.
  - 융해(diffusion): 문제가 제기되면, 문제를 꺼낸 사람에 대해 개인적인 공격을 하면서 다른 문제로 바꾸어 버린다.
  - 해결책 없는 갈등 발생: 갈등은 일어나지만 해결방법을 찾지 못한다.
  - 해결 가능한 갈등 발생: 가족이 갈등을 해결할 수 있다.

개입 원칙

개입 후에 가장 바람직한 결과가 나올 수 있는 가족 상호작용 측면이 어디인지 신중하게 고려하여 목표로 선택한다.

- 합류(joining): 치료자는 구조적 가족치료에서의 합류를 가족 체계와의 연결을 위해서 사용한다.
- 실연(enactments): 구조적 치료의 실연은 가족 기능과 가족 상호작용의 재구조화를 평가하기 위해 사용된다.

- 현재에 집중한 상담: 과거에는 최소한의 관심만 두고 현재의 상호작용을 주요 목표로 한다.
- 부정적인 것을 재구조화: 가족 내에서의 보살핌과 관심을 촉진시키기 위해 부정적인 해석을 재구조화한다.
- 반전(reversals): 가족들 중 한두 명이 이제까지 전형적으로 행해지거나 말해진 것과 반대로 하도록 지도한다.
- 경계와 동맹 만들기: 발달적 욕구를 좀 더 잘 충족시키도록 전형적인 구조적 기법을 사용해서 경계를 완화시키거나 강화시킨다.
- 삼각관계 해제: 치료자는 두 사람 사이의 갈등으로부터 가장 영향력이 적은 세 번째 사람을 제거할 수도 있다.
- 폐쇄체계의 개방: 갈등이 드러나는 것이 허락되지 않는 체계는 차이에 대한 상호간의 효과적인 표현과 해결이 이루어질 수 있도록 '드러내져야' 한다.

참고문헌

*Asterisk indicates recommended introductory readings.

Bateson, G. (1972). *Steps to an ecology of mind*. San Francisco, CA: Chandler.

Coolhart, D., Baker, A., Farmer, S., Malaney, M., & Shipman, D. (2012). Therapy with transsexual youth and their families: A clinical tool for assessing youth's readiness for gender transition. *Journal of Marital and Family Therapy* [Early View Version]. doi: 10.1111/j.1752-0606.2011.00283.x

Dell, P. F. (1989). Violence and the systemic view: The problem of power. *Family Process*, 28(1), 1–14. doi: 10.1111/j.1545-5300.1989.00001.x

Erich, S., Tittsworth, J., Dykes, J., & Cabuses, C. (2008). Family relationships and their correlations with transsexual well-being. *Journal of GLBT Family Studies*, 4(4), 419–432.

Grossman, A. H., D'Augelli, A. R., Howell, T. J., & Hubbard, S. (2005). Parents' reactions to transgender youths' gender nonconforming expression and identity. *Journal of Gay and Lesbian Social Services*, 18(1), 3–16.

Haley, J. (1963). *Strategies of psychotherapy*. New York: Grune & Stratton.

Haley, J. (1973). *Uncommon therapy: The psychiatric techniques of Milton H. Erickson, M.D.* New York: Norton.

Haley, J. (1976). *Problem-solving therapy: New strategies for effective family therapy*. San Francisco, CA: Jossey-Bass.

Haley, J. (1980). *Leaving home: The therapy of disturbed young people*. New York: McGraw-Hill.

Haley, J. (1981). *Reflections on therapy*. Chevy Chase, MD: The Family Therapy Institute of Washington, DC.

Haley, J. (1984). *Ordeal therapy*. San Francisco, CA: Jossey-Bass.

*Haley, J. (1987). *Problem-solving therapy* (2nd ed.). San Francisco, CA: Jossey-Bass.

Haley, J. (1990). *Strategies of psychotherapy*. Rockville, MD: Triangle Press.

Haley, J. (1996). *Learning and teaching therapy*. New York: Guilford.

Haley, J., & Richeport-Haley, M. (2007). *Directive family therapy*. New York: Hawthorne.

Hervis, O. E., Shea, K. A., & Kaminsky, S. M. (2009). Brief strategic family therapy: Treating the Hispanic couple subsystem in the context of family, ecology, and acculturative stress. In M. Rastogi & V. Thomas (Eds.), *Multicultural couple therapy* (pp. 167–186). Thousand Oaks, CA: Sage.

Keim, J. (1998). Strategic family therapy. In E. Dattilio (Ed.), *Case studies in couple and family therapy* (pp. 132–157). New York: Guilford.

Liddle, H. A., Dakof, G. A., & Diamond, G. (1991). Adolescent substance abuse: Multidimensional family therapy in action. In E. Daufman & P. Kaufman (Eds.), *Family therapy of drug and alcohol abuse* (pp. 120–171). Boston, MA: Allyn & Bacon.

Madanes, C. (1981). *Strategic family therapy*. San Francisco, CA: Jossey-Bass.

Madanes, C. (1990). *Sex, love, and violence: Strategies for transformation*. New York: Norton.

Madanes, C. (1991). Strategic family therapy. In A. S. Gurman & D. P. Knishern (Eds.), *Handbook of family therapy* (pp. 396–416). New York: Brunner/Mazel.

Madanes, C. (1993). Strategic humanism. *Journal of Systemic Therapies*, 12(4), 69–75.

Mental Research Institute. (2002). *On the shoulder of giants*. Palo Alto, CA: Author.

Robbins, M. S., Horigian, V., Szapocznik, J., & Ucha, J. (2010). Treating Hispanic youths using brief strategic family therapy. In J. R. Weisz & A. E. Kazdin (Eds.), *Evidence-based psychotherapies for children and adolescents* (2nd ed.) (pp. 375–390). New York: Guilford Press.

Santisteban, D. A., Coatsworth, J., Perez-Vidal, A., Mitrani, V., Jean-Gilles, M., & Szapocznik, J. (1997). Brief structural/strategic family therapy with African American and Hispanic high-risk youth. *Journal of Community Psychology*, 25(5), 453–471. doi:10.1002/(SICI)1520-6629(199709)25:5<453::AID-JCOP6>3.0.CO;2-T

Santisteban, D. A., Suarz-Morales, L., Robbins, M. S., & Szapocznik, J. (2006). Brief Strategic Family Therapy: Lessons learned in efficacy research and challenges to blending research and practice. *Family Process*, 45, 259–271.

Segal, L. (1991). Brief therapy: The MRI approach. In A. S. Gurman & D. P. Knishern (Eds.), *Handbook of family therapy* (pp. 171–199). New York: Brunner/Mazel.

Szapocznik, J., Hervis, O. E., & Schwartz, S. (2003). *Brief strategic family therapy for adolescent drug abuse* (NIH Publication No. 03-4751). NIDA Therapy Manuals for Drug Addiction. Rockville, MD: National Institute for Drug Abuse.

Sprenkle, D. (Ed.). (2012). Intervention research in couple and family therapy [Special edition]. *Journal of Marital and Family Therapy*, 38(1).

Szapocznik, J., & Williams, R. A. (2000). Brief strategic family therapy: Twenty-five years of interplay among theory, research and practice in adolescent behavior problems and drug abuse. *Clinical Child and Family Psychology Review*, 3(2), 117–135.

Walsh, F. (1993). Conceptualization of normal family process. In F. Walsh (Ed.), *Normal family process* (pp. 3–72). New York: Guilford.

전략적 치료 사례: 중국계 미국인 가족의 세대 간 갈등

중국계 미국인 3세인 팀(Tim Wong, AM34)과 중국계 미국인 1세인 아내 팡(Fang Wong, AF31)은 함께 살고 있는 아내의 부모와의 심한 불화 때문에 상담실에 왔다. 팀과 팡은 5년 전 결혼해서 낸시(Nancy)라는 딸(CF3)과 베티(Betty, CF1)라는 6개월 된 딸을 두고 있다. 비록 팀이 주 5일 근무를 하고 있지만, 그는 매우 자상해서 딸들을 잘 돌보았다. 팡은 그녀의 남편을 '가정적'이고 아내와 딸을 위해서라면 무엇이든지 하는 사람으로 알고 있다. 팡 또한 딸들을 사랑으로 돌보며 잘 지내고 있었다. 팀과 팡이 자녀를 갖기 전에, 그들은 자녀를 잘 돌보고 싶었고, 권위적(authoritative)인 방식으로 양육하기로 합의하였다. 팡은 권위주의적인(authoritarian) 가정에서 자랐던 경험을 싫어했고 자신의 딸들만큼은 그렇지 않게 기르려고 다짐했었다.

팡이 둘째 아이를 낳았을 때, 팡의 부모인 리(Li, AF55)와 첸(Chen, AM55)이 3살이 된 첫째 딸과 신생아를 돌보기 위해 팡의 집으로 이사해왔다. 팀은 장인, 장모가 집으로 들어오는 것에 대해서 회의적이었지만, 팡은 그녀가 퇴근 후에 집에서 또 다시 가사 일을 해야 하는 부담감이 너무 크기 때문에 잠시 동안만 시도해보자고 남편을 설득했다. 팡의 어머니는 매우 엄격한 권위주의적인 사람으로 요구는 많고 반응은 없는 유형이다. 이사 온 이후 팡의 어머니는 종종 자신과 다른 양육방식을 가지고 있는 팀과 팡에게 양육법을 고치라고 매우 고압적으로 지적했다. 팡은 어머니가 짜증스러웠지만, 어려서부터 어머니의 그런 태도를 잘 알고 있어서 한 번씩 화를 터뜨리고만 지나갔다. 하지만, 팀은 장모와 지속적으로 다투었고, 종종 장인 장모를 다른 곳으로 이사 보내고 차라리 돌봄 도우미를 고용하자고 팡에게 말했다. 팡과 장모는 아이는 낯선 사람보다 가족이 돌보는 것이 낫다고 강하게 주장해서, 팀과 팡은 이 문제로 4개월이 넘도록 다투어왔고, 이제는 장모가 집에 거주하는 것이 그들의 결혼생활에도 부정적인 영향을 미치고 있다고 걱정하고 있다. 팡의 아버지 첸도 상담 회기에 참석하는 것에는 동의했고 장모도 마지못해 참석하기로 했다.

전략적 치료 사례개념화

연속적 상호작용 장면

- 긴장의 고조: AF55는 AM이 자녀들을 돌볼 때 '기저귀를 너무 끼이게' 하든지 '딸의 버릇을 엄격하게' 들이지 않는다고 하는 등 양육을 잘못하고 있다고 AM을 비난한다. AM은 AF55에게 화가 나지만 맞서지 못하고 나중에 AF31에게 화를 내고, AF55가 자신에 대한 비난을 멈추고 이사를 가셔야 한다고 말한다.
- 갈등: AF31은 AM34에게 화가 나게 되고, 자신에게 화를 쏟아내는 것에 소리를 지른다. AF31은 AM34에게 어머니와 문제가 있으면 스스로 해결하라고 말한다. AM34는 다시 AF31에게 소리를 지르고 문제를 해결 하지 않은 채 방을 나간다.
- 항상성으로의 회귀: AM34는 진정되어서 다시 돌아온 후, 마치 모든 것이 해결된 것처럼 행동한다.

전략적 사례개념화/가설

- 위계와 평등의 대립: AF55와 AM55가 이사온 후에 위계의 우위를 차지하려는 전쟁이 있어왔다. 연장자 우선이라는 전통적인 문화적 가치에 근거해서 AF55와 AM55, 넓게는 AF31까지도 가장으로서 AF55와 AM55의 권위를 인정했다. AM34는 이것을 수락하기 어려웠고, 좀 더 미국적인 입장을 취하고 있었다. 게다가, AF55와 AM55의 권위에 대한 AM34의 거부는, 중국 문화에서는 전통적으로 아내가 남편의 집으로 들어오게 되어 있는 것이고 따라서 지금과 같은 상황은 문화적인 선례가 없었다는 것과도 관련이 되어있다.

가족 생활주기

- 어린 자녀와 함께 사는 부모: AF31과 AM34는 부모가 되는 전환점에서 문화적인 다양함과 전쟁을 치르고 있다. AF31은 좀 더 전통적인 다세대 가족 형태에 익숙하고, AM34는 많은 권력을 지닌 연장자가 아닌 단지 부모와 함께 거주하는 미국적인 핵가족의 형태를 선호하고 있다.

위계와 권력

- 대부분의 가족문제는 권력에 관한 것이다. AM34는 AF55를 가정에서 자녀양육에 가장

영향력을 끼치는 사람으로 인정하지 않는다. AF31은 대체로 어머니를 지지하지만, 결국 그녀의 어머니가 그녀와 그랬던 것처럼, 자신의 자녀와의 관계에서 위계적인 관계가 되지 않기를 바란다. AM34는 AF55의 현재 권력을 인정하지 않고, 이것을 변화시키기 위해 AF31에게 자신을 지지해주기를 적극적으로 밀어붙이지만 성공하지 못하고, 나아가 그의 무력감을 과장하고 있다.

전략적 치료계획

전략적 치료의 초기 단계(커플/가족)

상담 과제

1. 상담 관계를 수립한다.

    다양성 고려사항: _____

    관계 형성을 위한 접근법/개입:

    a. _____

    b. _____

2. 개인, 체계, 그리고 좀 더 포괄적인 문화적 역동을 평가한다.

    다양성 고려사항: _____

    a. _____

    b. _____

내담자 목표

1. 갈등을 줄이기 위해 문제 상호작용 고리의 기저에 있는 애정 동기를 이해할 수 있는 능력을 향상시킨다.

    a. _____

    b. _____

전략적 치료의 작업 단계(가족)

상담 과제

1. 작업 동맹의 질을 모니터한다.

    다양성 고려사항: _____

    a. _____

내담자 목표

1. 가족의 갈등을 줄이기 위해 관계에서 권력의 균형을 규정하려고 시도인 AM34, AF31, 그리고 AF55의 문제 상호작용을 줄인다.

    a. _____

    b. _____

    c. _____

2. 가족의 갈등을 줄이기 위해 각 구성원 간 애정과 헌신에 초점을 둔 상호작용을 늘린다.

    a. _____

    b. _____

전략적 치료의 종결 단계(커플/가족)

상담 과제

1. 종결 후 계획을 수립하고 상담 성과를 유지한다.

    다양성 고려사항: _____

    a. _____

    b. _____

내담자 목표

1. 가족 내에서의 갈등을 줄이기 위해 권력과 양육의 역할이 어떻게 분배되어야 하는지에 대한 상호 이해와 합의를 확대한다.

    a. _____

    b. _____

2. AM34와 AF31이 새내기 부모로서 안녕감을 늘리고 갈등을 줄이기 위해 치료자는 부부 및 확대가족 내에서 자율과 의존의 균형을 맞출 수 있는 능력을 증진시킨다.

    a. _____

    b. _____

Chapter
7

구조적 가족치료

가족치료에서의 훈련이란 치료기법의 핵심을 완전히 통달한 뒤에 그것들을 잊어버리고 자유롭도록 가르치는 방식이다. 이 책도 읽혀진 후에는 한켠으로 치워지거나 망각의 구석지에 놓여야 한다. 치료자는 기법을 뛰어넘어 치유자(healer)여야 한다. 인간은 서로가 갖고 있는 가치, 강점, 심미안적 선호에 크나큰 존중감을 가지고 있으면서 또한 동시에 서로간에 상처가 되는 영역과 주제들에 치료적으로 연관되어 있다. 다시 말해서 치료의 목적은 기법을 초월하는 것이다.

— Minuchin & Fishman, 1981, p. 1.

조망하기

배경

이름에서 알 수 있듯이, 구조적 치료자들은 내담자들이 개인적인 정신건강 및 그와 관련된 문제들을 해결하도록 경계, 위계, 그리고 하위 체계와 같은 구조적 지도를 그린다(Minuchin & Fishman, 1981). 가족 기능을 사정한 이후에, 치료자들은 성장과 문제해결을 촉진시키기 위해 경계와 위계를 조정하는 작업을 함으로써 가족을 재구조화한다. 구조적 가족치료는 가족을 역기능적으로 바라보기보다는 가족의 강점을 강조하는데, 이는 발달적 측면과 상황의 변화무쌍한 요구에 적응하기 위해서는 가족의 상호작용 패턴이 확장될 필요가 있다고 여기기 때문이다.

주요 개념

경계선, 또는 관련 규칙

경계선(boundaries)은 우리가 종종 들어온 몇 안 되는 가족치료 용어들 중 하나로서 내담자들은 아마 이것에 대해서 먼저 이야기를 나누고자 할 수도 있다. 얼핏 보면, 이 용어는 평면적이어서, 경계가 너무 경직되거나, 너무 약하거나, 또는 딱 알맞다는 식으로 정리해서 얘기하고 싶은 유혹을 느끼게 된다. 그렇지만, 경계선이라는 개념을 머릿속에 가지고 치료를 시작하게 될 때, 처음 생각했던 것보다 훨씬 더 복잡한 것이라는 것을 알게 된다. 일단은 단순한 정의로 시작해보자.

경계선은 밀접함, 거리, 위계, 또는 가족 규칙을 명확히 조절함으로써 가족들 사이의 신체적, 심리적 거리를 조정하는 규칙이다(Minuchin & Fishman, 1981). 경계라는 것이 고정적인 것으로 들릴지 모르지만, 경계는 유기적이고 살아있는 과정들이다. 구조적 치료자들은 세 가지 경계선에 대해 다음과 같이 정의한다.

- **명료한 경계선(Clear Boundaries)**: 명료한 경계선은 각 사람이 정체성과 분화를 동시에 유지하면서 다른 사람과 밀접한 감정적인 접촉을 할 수 있는 '정상적인' 경계선이다(Colapinto, 1991). 문화에 따라 적절한 균형에 대한 기준은 다르지만, 각자 밀접함과 거리두기를 적절히 균형 잡을 수 있는 독특한 기준을 가지고 있다. 명료한 경계로 여겨지는 신체적 공간의 거리가 문화권에 따라서 다른 것이 한 예이다.
- **융해된 그리고 흐릿한 경계선(Enmeshment and Diffuse Boundaries)**: 융해되어 있어서 흐릿해진 경계선은 밀착된 관계를 만든다. 구성원들 사이에 매우 얽혀있는 경계를 지닌 가족은 개인의 자율성을 희생하고서라도 상호간에 강한 연대감을 만들면서 가족들 간에 명확한 구분이 없게 된다(Colapinto, 1991). 밀착된 가족과 이야기할 때 치료자들은 전형적으로 다음과 같은 활동들을 가족들에게서 발견한다.
  - 서로 이야기에 끼어들거나, 서로 대변해주기
  - 마음을 읽고 임의로 추정을 하는 행위
  - 지나치게 높은 수준의 과보호와 관심을 고집
  - 개인의 욕구를 희생한 충성심의 요구
  - 의견 불일치나 차이가 있을 때 느껴지는 위협감

명료한 경계선과 융해된 경계선의 차이는 무엇일까? 만약 경계가 융해되어 있으면, 가족은 한 사람이나 그 이상의 개인들이 증상이나 문제를 보고하게 되거나 가족의 상호작용에 관한 불편이 생기게 된다. 게다가, 문화권에 따라서 문제를 일으키는 경계를 구성하는 행동들이 달라서 한 문화권에서는 문제를 일으키는 행동이 다른 문화권에서는 명확한 경계를 형성하는 행동일 수 있다(Minuchin & Fishman, 1981). 이민자들처럼 두 개의 서로 다른 문화권의 가족은 특별한 문제를 나타내는데, 한 개 이상의 문화적인 상황이 재현되기 때문이다. 따라서 비록 문제가 있는 경계선에 대해 특정한 정의를 내릴지라도, 실제 현장에서는 이내 혼란스러워진다. 따라서 치료자는 사려 깊고 정중하게 가족의 고유한 상황에 참여하게 된다. 이 장의 마지막에 소개된 사례를 보면, 가족은 이혼 후에 융해된 경계가 강화되는 경험을 하는데, 이로 인해 각각의 부모가 아이와 부적절한 연합을 할 뿐만 아니라, 어머니는 아들에게 지나치게 관여하는 결과가 초래된다.

● 유리 그리고 경직된 경계선(Disengagement and Rigid Boundaries): 경직된 경계선은 유리된 관계를 초래한다. 가족 간의 감정적인 공유는 희생되면서 자율성과 독립성은 강조되고, 감정적인 소외를 만들어낸다(Colapinto, 1991). 이런 가족은 일탈에 대해서 지나치게 관용적이고, 종종 서로에 대한 지지와 보호를 제공하지 못한다. 치료자들은 이런 유리된 가족에게서 다음과 같은 점을 발견할 수 있다.
  ○ 심지어 문제가 생겨도 반응하지 않고 서로에 대한 영향력이 부족함
  ○ 대부분의 구성원들이 본인들이 내키는 대로 행동할 수 있는 재량의 자유가 큼
  ○ 충성과 헌신의 표현에 대한 요구가 거의 없음
  ○ 상호작용이나 관여 대신 병렬적 상호작용을 지속적으로 사용(예를 들면, 같은 공간에서 서로 다른 활동들을 수행)

  다시 말하지만, 경직된 경계선은 문화나 발달적 변인들을 고려하지 않고는 정확하게 사정될 수 없다. 구성원들이 증상이나 문제를 경험하지 않는 한 대체적으로 경직된 경계선이라고 정의내리는 것은 거의 근거가 없다.

실연

아마도 구조적 치료에서 가장 뚜렷한 개입은 실연일 것인데, 실연은 치료자가 가족으로 하여금 갈등이나 다른 상호작용을 즉각적으로 연기하도록 시도하는 것이다(Colapinto, 1991; Minuchin, 1974; Minuchin & Fishman, 1981). 어떤 치료 모델을 사용하든지, 실연은 치료자가 통달해야 할 중요한 기법이다. 왜냐하면 대부분의 커플과 가족들은 실연에 대한 치료자의 요청과 무관하게 치료실에서 다투기 시작할 것이므로 치료자는 미리 실연을 통해 이런 상황에 대비하는 편이 낫다. 실연은 이런 것을 다루기 위한 가장 좋은 방법 가운데 하나이다.

  미누친은 상호작용에 관해서 실연하기를 특별히 선호했는데, 왜냐하면 종종 사람들은

다른 악의나 위선이 있어서라기보다는 본인의 행동들이 다른 사람에게 어떻게 보이는지를 명확히 알기 어렵기 때문에 일방적으로 자신들의 행동을 묘사하는 경향이 높기 때문이다 (Minuchin & Fishman, 1981). 실연을 통해서 치료자는 가족 구도 지도를 그려보고, 추적해보고, 이를 수정할 수 있기 때문에 문제가 있는 상호작용 장면을 평가하고 수정할 수 있게 된다. 치료자가 경험이 많을수록, 가족을 어디서 어떻게 재구조화해야 할지에 대한 정보를 얻을 수 있는 상호작용에 관해 재빠르게 알아차린다. 재구조화는 융해된 관계에서 좀 더 분명한 경계를 세우고(예를 들면, 사람들이 끼어들거나 서로를 대변하지 못하도록 함으로써), 공감의 표현이나 직접적인 시선접촉을 늘려가면서 관심을 높여주고, 부모들로 하여금 회기 동안 아이들이 보이는 행동들을 성공적으로 관리하도록 도우면서 양육이 효율적으로 이루어질 수 있도록 한다.

실연은 '세 가지 동작들로 춤추기(dance in three movements)'라는 세 개의 국면으로 이루어진다(Minuchin & Fishman, 1981, p. 81).

1. **즉흥적 상호작용의 관찰: 추적하고 지도그리기:** 가족들과 이야기할 때, 치료자는 가족의 강점과 자원은 물론, 과도한 연결이나 격리, 또는 위계의 혼란과 같은 상호작용을 구성하는 규칙과 가정들을 경청하면서, 이야기의 내용과 과정을 주의 깊게 따라간다. 치료자는 가족의 경계와 위계에 관한 지도를 통해 가정(assumption)을 발달시키면서 가족의 언어적 설명(Colapinto, 1991)보다는 실제 교류를 매우 주의 깊게 추적한다(Minuchin & Fishman, 1981). 일단 치료자들이 변화시키고자 하는 영역이 명확해지면, 가족을 실제 실연 현장으로 초대할 준비가 된 것이다.

2. **실연: 교류를 이끌어내기:** 실연으로의 초대는 두 가지 방식으로 이루어진다. 치료자가 가족들에게 실연을 직접적으로 요청하거나, 자연스럽게 가족들이 집에서 하던 행동, 대개는 서로 다투는 행동을 있는 그대로 회기 중에 드러낸다(Colapinto, 1991). 가족들이 자연스럽게 시작하게 되면 치료자는 별로 할 것이 없다. 만약 그렇지 않다면 치료자는 문제를 '보여'주도록 분명한 초대를 해야만 한다. "어젯밤 일어난 일을 재연해 주실래요?" 또는 "그가 집에서 '반항'할 때 무슨 일이 일어나는지 보여주세요. 제가 실제 문제가 무엇인지 파악할 수 있도록 지난주에 반항했던 사건을 실제로 연기해주실 수 있겠어요?"

3. **대안적 교류를 재 연출하기:** 가장 중요한 단계이다. 치료자가 문제 장면에 뛰어들어 경계와 위계를 분명히 하기 위한 행동을 재교육시키지 못한다면 가족들에게 문제행동의 실연을 요구하는 것은 전혀 치료적이지 못하기 때문이다. 상호작용의 재 연출(redirecting)은 변화되어야 할 특정 상호작용에 기초한다. 재 연출은 종종 다음과 관련이 있다.

   ○ 가족들이 서로 끼어들거나 대변하는 행동을 멈추게 하는 것

- ○ 두 사람이 서로 대화할 수 있도록 제3의 구성원에게 허용해달라고 요청하면서, 두 사람이 서로 직접적으로 소통하도록 지도하는 것
- ○ 격려된 사람들끼리 정서적으로 이해하고 연결되도록 격려하는 것
- ○ 정서적인 밀접함을 증가시키거나 줄이기 위해 물리적으로 의자들을 재배치하는 것
- ○ 자녀와 효율적인 위계를 적극적으로 세우도록 부모에게 요청하는 것

가족들은 실연을 통해 회기 중에 얻은 소득과 통찰을 일상생활에서 실현해보면서, 새로운 가족패턴과 상호작용으로 살아보는 연습을 하게 된다. 또한 실연은 문제가 개인에게만 있다는 환상을 감소시킨다. 가족들이 치료자 앞에서 문제를 실연함으로써, 사람들이 제시한 문제가 더 이상 한 사람의 문제가 아닌, 좀 더 큰 가족 단위의 문제임이 분명하다는 것을 알게 된다. 결국, 가족은 실연을 통해 새로운 행동들을 성공적으로 수행해봄으로써 가족의 유능감과 강점을 강화시킨다(Minuchin & Fishman, 1981). 이 장의 마지막에 소개된 사례에서, 치료자는 실연을 사용하여 이혼 가정에서 융해된 경계와 심각한 연합을 명료하게 하고, 부모들이 이혼은 하였으나 서로 연합하여 양육하는 법을 배울 수 있도록 돕는다.

관련학자

살바도르 미누친

소아과 및 소아정신과 의사로 수련받은 미누친(Salvador Minuchin)은 구조적 가족치료의 창시자이다(Colapinto, 1991; Minuchin, 1974). 아르헨티나에서 태어나고 자라서 미국에 정착하기 전에 미누친은 이스라엘에서 2년 동안 전쟁 난민들과 살았던 적이 있다. 그 이후 1954년 그는 대인관계를 강조한 정신분석가 설리반(Harry Stack Sullivan)과 함께 정신과 치료 훈련을 시작했다. 훈련을 마친 후 미누친은 윌트윅(Wiltwyck) 비행 청소년 기숙학교에서 일을 시작하고 그의 동료들인 오스발트(Dick Auerswald), 킹(Charlie King), 몬탈보(Braulio Montalvo), 그리고 라비노비츠(Clara Rabinowitz)에게 가족 전체를 만나보는 상담을 제안하였다. 공식적인 모델도 없이, 그들은 서로를 일방경으로 관찰하고 진행해 가면서 상담 모델을 개발하였다. 1962년에 미누친은 헤일리(Haley), 와츨라윅(Watzlawick), 피쉬(Fisch) 등이 선구적으로 가족치료 접근법을 개발하고 있는 MRI(Mental Research Institute)를 방문하였는데, 거기에서 그는 헤일리와 친구가 되었고, 헤일리는 전략적 가족치료 접근을 발달시켰다(6장 참조). 이 둘 사이의 우정은 서로의 치료 작업에 크게 영향을 미쳤다.

1965년부터 1976년까지, 미누친은 필라델피아 아동 지도 클리닉(Philadelphia Child Guidance Clinic)의 대표로 일했으며 1975년에 가족치료 훈련센터(Family Therapy Training Center)를 설립하였다(나중에 필라델피아 아동가족치료훈련센터로 이름을 바꿈). 1967

년에 미누친, 몬탈보, 거니(Guerney), 로스만(Rosman)과 슈머(Schumer)는『슬럼가의 가족들(Families of the Slums)』을 출판했는데, 이것은 다문화주의라는 용어가 쓰이기 이전에 구조주의 치료를 묘사하고 다양성에 관해 논의한 최초의 서적이다. 시간이 흐르면서 미누친과 그의 동료들은 문화적 상황과 특정 진단을 다루기 위해 그들이 이 모델을 어떻게 발달시켜왔는지에 관하여 수많은 책을 저술하였다(Minuchin, Rosman, & Baker, 1978). 미누친은 여전히 이 분야에서 적극적인 리더이며, 새로운 세대의 치료자들을 계속해서 가르치고 있다(Minuchin, Nichols, & Lee, 2007). 그에게 영향을 받은 제자와 동료들로는 아폰티(Harry Aponte), 콜라핀토(Jorge Colapinto), 피쉬먼(Charles Fishman), 래핀(Jay Lappin), 그리고 니콜스(Michael Nichols) 등이 있다.

상담과정

미누친(1974)은 구조적 치료의 세 가지 주요한 국면을 다음과 같이 정의하였다.

1. 가족에 합류하여 그들의 스타일에 적응하기(동맹 맺기)
2. 경계선과 위계, 가족 구조 지도 그리기(평가와 사정)
3. 증상을 줄이기 위해 가족 구조를 변화시키기 위한 개입(사정에서 파악된 문제들을 처리하기)

일반적으로 치료자들은 두세 개의 국면을 여러 번 오가면서 수정하고, 건강한 가족 기능을 위해 문제들이 처리되고 해결될 때까지 가족들을 도와서 위계를 재고하고 개선시킨다. 바람직한 결과를 달성할 때까지의 이러한 과정은 샴푸의 황금법칙, 즉 '거품내기, 헹구기, 반복하기'에 비유될 수 있다.

누가 치료에 참여하는가?

체계를 사정하기 위하여, 구조적 치료자들은 가족 전체 치료를 시작하기 원하지만, 그렇다고 그것만을 주장하지는 않는다(Colapinto, 1991). 하지만, 일단 가족 체계가 평가되고 나면, 구조적 목표를 달성하기 위하여 치료자들은 종종 특정한 하위 체계들과 개인들을 만난다. 예를 들면, 부부와 부모 체계와의 사이의 경계를 강화시키고 세대 간 연합을 끊어내기 위해서는 종종 부부만 만나는 회기가 필요하다.

상담관계 형성

합류와 조정

구조적 가족치료자들은 합류(joining)라는 치료적 관계에 관한 독특한 용어를 지니고 있다(Minuchin, 1974; Minuchin & Fishman, 1981; Minuchin & Nichols, 1993). 치료자들은

'합류'라는 용어 그대로 가족들이 어떻게 말하고, 어떤 단어들을 사용하고, 어떻게 걷는지 등 가족의 스타일에 맞춤으로써 체계에 합류를 한다. '복사'를 뜻하는 그리스어(등사기(mimeograph)에서 유래)에서 유래된 **모방**(mimesis)은 가족의 생활방식에 적응하는 과정을 가리킨다. 심리치료 역사에서 이것은 급진적인 개념이라고 할 수 있는데, 그 이유는 심리적 역동, 인지-행동, 심지어 경험주의 이론과도 다르게 치료자가 우월한 입장을 취하지 않기 때문이다.

미누친(1974)은 가족 합류과정을 인류학자가 새로운 문화권으로 들어가는 것에 비유했는데, 인류학자가 자신의 의제를 다루기 이전에 항상 멀찌감치 떨어져 패턴, 습관, 행동들을 관찰하는 것과 유사하다. 물론 심리치료자의 의제는 가족의 스트레스를 완화시키는 것이지만 말이다. 합류 과정은 또한 가족의 리듬에 빠져드는 것을 말한다. 그들이 말을 빨리하는가, 느리게 하는가? 서로에게 이야기하는가? 말하기 전에 쉬었다 말하는가? 서로를 들볶는가, 아니면 유머를 사용하는가? 언어가 점잖고 부드러운가? 성공적인 구조주의 치료자는 가족, 특히 다양한 사람들과 상담할 때는, 성공적인 가족과의 합류를 위해 폭넓은 사회적 기술을 갖출 필요가 있다.

태도로서의 합류

콜라핀토(Colapinto, 1991)는 합류를 하나의 기법이라기보다는 태도로 보았다. 합류는 종종 치료라고 불리는 혼란스러운 소용돌이와 도전의 여행을 통해서 치료적 체계를 함께 치료적으로 융합시키는 접착제이다(Minuchin & Fishman, 1981). 태도로서의 합류는 (a) 연결이나 제휴에 대한 강력하고 명확한 감각(예를 들면 호기심, 개방성, 민감성, 수용성) (b) 거리와 분화에 대한 명확한 감각(예를 들면 질문하기, 반대하기, 변화를 촉진시키기)을 요구한다.

치료적 자발성

구조주의적 치료자들은 치료적 자발성을 개발하고자 노력한다. 이것은 '하고 싶은 대로 하세요'라는 태도라기보다는 관계와 맥락에서 나타난 자신의 모습을 표현하고자 하는 것과 관련된다. 즉, '치료자'의 자발성(therapeutic spontaneity)은 치료 맥락에 의해서 제한된다(Minuchin & Fishman, 1981, p. 3). 치료적 자발성은 다양한 맥락과 상황에서 자연스럽게 흐름을 따라갈 수 있는 능력을 가리킨다. 자전거를 배우는 것과 매우 비슷하게, 바퀴를 굴리고 넘어지고 하는 고통스런 훈련의 시간을 지나고 나서 비로소 자연스럽게 탈 수 있는 것처럼, 치료적 자발성도 수련 과정을 통해서 형성되고 길러지는 것이며, 다양한 임상 상황에서 '자연스러운 존재'가 되기 위한 치료자의 래퍼토리를 풍성하게 한다.

치료자 자신의 사용

미누친은 치료자란 가족에 깊게 관여함에서부터 전문적인 거리를 두기에 이르기까지 다양하게 변화하면서 자신을 치료적 도구로 사용할 수 있어야 한다고 주장했다(Minuchin & Fishman, 1981). 경계선을 명료하게 하거나, 특별한 개입을 처방하기 위해서 가족 상호작용으로부터 분명하게 분리되어 있거나, 새로운 상호작용 안에서 가족을 코치하기 위해 적당한 연결 수준을 유지하거나, 또는 체계의 '불균형'을 만들기 위해(이 장의 후반부에서 논의됨) 가족 구성원 중 한 명의 편을 들어 완전히 참여적인 입장에 서기도 한다. 치료자는 가족 각자의 욕구와 문화적 규준에 적응하는 등 매우 유연하게 움직인다.

'변화가 일어나도록 만들어라'

> "치료자에게 이 모델에서 하는 첫 번째 명령은 다음과 같은 세 단어로 요약된다. '변화가 일어나도록 만들어라.'"
>
> – Colapinto, 1991, p. 435

치료자는 가족들이 원하는 변화를 이룰 수 있도록 돕는 방법을 찾고자 하고, 무슨 일이 있어도 치료자는 이 일을 해내야 한다. 따라서 치료자의 역할은 아주 다양하다. 그들은 치료가 가능한 조건을 만들어내는 '생산자'일 수도 있고, 가족들이 더 많은 기능적인 패턴들을 사용하도록 밀어붙이는 '무대 감독자'일 수도 있으며, 스스로 가족 사이에 끼어 들어가서 가족의 상호작용을 변화시키기 위한 '참여자'가 될 수도 있고, 가족을 도와서 그들의 원고를 다시 쓰도록 협동하여 돕는 '내레이터'나 '공저자'가 될 수도 있다. 따라서 치료자들은 주어진 회기에서 그들 자신이 선호하는 역할만 고집하기보다는 특정 가족을 위한 최선의 역할을 수행하는 데 열려 있어야 한다.

최근의 변화: 좀 더 부드러워진 스타일

최근 들어서 미누친은 다음과 같은 좀 더 변화된 접근을 시도했다. '똑같은 목적을 위한 것이지만 나는 적극적인 도전자-도전, 지시, 그리고 조정-에서 유머, 수용, 지지, 제안, 매력과 같은 좀 더 부드러운 스타일을 사용하는 사람으로 변화되었다'(Minuchin 등, 2007, p. 6). 그렇다고 미누친이 전문가로서의 역할이나 현재 시점에서의 변화의 달성이라는 목표를 포기한 것은 아니었다. 구조적 가족치료 회기들을 분석한 최근 연구에서는 치료자들의 공감이 변화를 촉진시키는 명백한 증거일 뿐만 아니라 매우 핵심적인 요소로 보인다고 보고하고 있다(Hammond & Nichols, 2008).

사례개념화 및 평가

구조적 가족치료자들의 사례개념화 및 사정 요소는 다음과 같다.

구조적 사정

- 가족 내 증상의 역할
- 하위 체계들
- 세대 간 연합
- 경계
- 위계
- 상보성
- 가족 발달
- 강점

증상의 역할

구조적 치료자들은 증상과 가족 체계 사이를 다음과 같이 세 가지 관계로 파악한다 (Colapinto, 1991).

1. 증상에 대한 '비효율적인 도전자'로서의 가족: 가족은 수동적이다. 가족 구조에서 강한 융합 이나 격리체계를 유지하기 위해, 증상을 지닌 구성원이 존재하게 된다.
2. 개인 증상의 '형성자'로서의 가족: 가족 구조는 개인의 경험과 행동을 만든다.
3. 증상의 '수혜자'로서의 가족: 증상은 가족 구조를 유지하는 조절 기능을 수행한다.

사실상 모든 가족치료의 형태에서 증상을 지닌 사람 또는 IP(identified patient)를 결코 문제의 유일한 근원으로 보지 않는다. 대신에 가족 상호작용 패턴이 개입의 목표가 된다. 이 장의 뒷부분에 소개된 사례에서도 이혼은 아들의 물질남용이나 학업 유예 등의 행동들을 형성시키는 것으로 보인다.

하위 체계

미누친(1974)은 가족을 다양한 하위 체계를 갖는 하나의 체계로 개념화하였다. 부부, 부모, 자매, 그리고 분리된 하위 체계로서의 각 개인이라는 몇 개의 하위 체계는 거의 모든 가족에게서 발견될 수 있다. 게다가 어떤 가족에서는 다른 영향력 있는 하위 체계가 성, 취미, 흥미(스포츠, 음악), 그리고 심지어는 성격(진지하거나 재미있거나)에 따라 발달되기도 한다. 가족을 사정할 때, 일반적으로 하위 체계에서 고려해야 할 가장 중요한 문제는 (a) 부모와 부부 체계 사이의 분명한 구분, (b) 부모와 자녀/형제 하위 체계 사이의 명확한 경계선이다. 다시 말해서 효율적인 부모의 위계가 존재하는가이다.

세대 간 연합: 문제가 있는 하위 체계들

하위 체계 중 세대 간 연합(Minuchin Fishman, 1981; Minuchin & Nichols, 1993)은 특히 위험하다. 세대 간 연합은 한 쪽 부모와 자녀가, 다른 부모나 주 양육자에 대항하고 연합하여 형성하는 하위 체계이다. 이것은 일상적인 가족역동에서 쉽게 찾아볼 수 있다. 종종 어머니가 아이들과 점점 밀착됨에 따라서 남편과 결혼생활이나 양육에 관한 갈등을 겪게 된다. 반대로 아버지와 어머니가 각각 공개적으로 또는 은밀하게 각자 '팀'을 만들어 자녀들을 자신의 팀으로 끌어가고 있는 가족에게서 볼 수 있고, 아버지가 어머니에 대항하여 자녀와 연합하는 형태로도 자주 보인다. 이러한 연합은 특히 이혼 가정에서 흔히 찾아볼 수 있는데, 양 부모가 상대방에 대항해서 자연스럽게 연합을 만들어내려고 한다. 따라서 아이들은 주도권 다툼의 희생양이 되어 이리저리 끌려 다니게 된다. 가족 내에서 직접적으로 표현되거나 보고되지 않지만 부모와 아이 사이의 비밀("엄마/아빠한테 말하지 말아라")에 의해서, 또는 아이를 칭찬하면서 다른 배우자를 폄하하는 말들("네가 너의 아빠나/엄마의 그런 모습을 물려받지 않아서 정말 기쁘다")을 통해서, 이러한 연합은 종종 비밀리에 일어나지만 명백한 메시지가 전해진다. 이러한 연합은 또한 조부모나 부모화된 아이와 같은 다른 양육자와도 관련이 있다. 이 장의 마지막에 소개된 사례에서, 가족은 어머니에 대항하여 아버지와 아들이, 그리고 아버지에 대항하여 어머니와 딸이 세대 간 연합을 형성하고 있다. 비록 이혼 이후에 흔한 일이긴 하지만, 이것은 아들의 물질남용이나 학업 유예에서 명백하게 보이듯이 가족 구성원의 기능에 매우 파괴적인 영향을 끼친다.

경계선 사정

위의 주요 개념에서 설명되었듯이, 구조적 치료자들은 가족 내의 모든 하위 체계와 개인들 사이의 대인관계적 경계선, 그리고 가족과 원가족이나 친구 등과 같은 외부 체계와의 사이에 놓인 대인관계적 경계선을 평가한다.

위계

아동의 행동 문제에 대해서 상담할 때는, 치료자들은 먼저 개입법을 찾기 위해서 부모 위계를 평가해야 한다(Colapinto, 1991; Minuchin 1974; Minuchin & Fishman, 1981). 부모 위계에는 세 가지 기본적인 형태가 있다.

- **효율적인**: 부모 체계가 적합하고 효율적일 때, 부모는 자녀들과 감정적인 연결을 유지하

면서 경계와 한계를 지을 수 있다.

- **미약한**: 부모체계가 불충분하고 미약할 때, 부모는 자녀의 행동을 효과적으로 관리할 수 없고, 종종 수동적인 양육 유형을 취한다. 이 유형은 치료실 안에서 쉽게 구분된다. 부모가 자기 아이들이 대기실이나 치료실에서 울어대는 것을 통제하지 못하거나, 십대 자녀가 마치 자기들이 스스로 통금이나 규칙을 만드는 권리를 지닌 것처럼 행동해도 이를 조정하지 못한다. 종종 부모들은 치료자가 직접 그들의 자녀들이 말을 잘 들을 수 있게 '가르쳐주기'를 희망하지만 이것은 종종 자녀들보다도 부모 개입이 필요한 일이다. 일반적으로 이런 부모는 보통 자녀들과 융해된 경계를 보인다. 경계에 관한, 효율적이라거나 미약하다는 외형상의 표현은 문화적 맥락과 가족의 발달 단계 그리고 증상 행동들을 검토한 후에 결정될 수 있다.
- **과도한**: 지나친 위계가 있을 때, 규칙들은 너무 경직되고 비현실적이 되고, 결과는 너무 가혹해서 효율적이지 못하다. 이러한 상황에서, 거의 항상 자녀와 부모 사이의 경계선에 융통성이 없다. 이런 부모들은 자녀들과 좀 더 정서적인 연결 강화와 연령에 적합한 규칙이나 기대치들을 발전시키는 데 있어서 도움을 받을 필요가 있다.

상보성

체계적 치료자들(5장)과 같이, 구조적 치료자들은 가족 구성원 사이의 융통성 없는 보완적 패턴들을 사정한다(Colapinto, 1991). 직소 퍼즐처럼, 가족 구성원들은 과대/과소 기능자, 착한/나쁜 아이, 이해력 있는/엄격한 부모, 논리적인/감정적인 배우자 등과 같은 상보적인 역할들을 발달시킨다. 시간이 흐르면서, 이런 체계에 기초해서 형성된 역할들은 변하기 어려운 성격적 특성으로 유전되는 것처럼 보이게 된다. 이런 역할들이 과장되고 융통성이 없을수록, 개인과 가족은 점점 적응력을 잃게 된다. 구조적 치료자들은 서로가 강화시키고 있는 보완적 패턴을 인식하고 가족이 성장하기 위해 변화될 필요가 있는 사람들을 치료목표로 삼는다.

가족 발달

가족은 하나의 정적인 개체라기보다는 죽음과, 이사, 또는 이혼과 같은 예상치 못한 삶의 사건들은 물론이고 예측 가능한 발달 단계에 부응해서 지속적으로 성장하고 변화한다(Minuchin & Fishman, 1981). 미누친과 피쉬먼(1981)은 가족 발달의 4가지 단계를 다음과 같이 설정하였다.

1. 커플 형성
2. 어린 자녀가 있는 가족

3. 학령기나 청소년 자녀가 있는 가족

4. 성장한 자녀가 있는 가족

각 단계에서 가족은 구성원 각자의 성장에 필요한 밀착이나 분화와 관련된 경계를 재협상할 필요가 있다. 만약 가족 발달에 따른 경계와 위계를 재협상하는 데 실패한다면 한 단계에서 다음 단계로의 변환에 종종 멈춰서 고착되게 된다.

강점

미누친은 치료자들이 가족을 역기능적이라고 낙인찍는 것을 피하고, 대신에 가족의 강점, 특히 그들의 문화적인 고유한 강점들을 인식해야 한다고 말한다(Minuchin & Fishman, 1981; Minuchin & Nichols, 1993). 그는 심리학 문헌에서 종종 그렇듯이 가족을 각 개인 구성원의 적으로 보는 것에 강하게 문제를 제기하면서, 가족이 구성원들에게 서로 어떻게 지원과 보호 그리고 기반이 되어주고 있는가를 치료자들이 인식하도록 격려한다. 대가족이나 지역사회와의 강한 연대감 같은 가족의 강점은 증상을 감소시키고 개인과 가족의 성장이라는 목표를 증진시키기 위해서 파악되고 활용된다.

변화 목표 수립

> '잘 기능하는 가족은 스트레스나 갈등, 문제가 없는 가족이 아니라, 가족 기능을 수행하는 과정에서 그것들을 효과적으로 잘 다루는 가족이다. 따라서 가족이 잘 기능한다는 것은 가족의 구조와 적응력에 달려 있다.'
>
> – Colapinto, 1991, p. 422

구조적 치료자들은 모든 가족들에게 비슷한 목표를 세운다(Colapinto, 1991; Minuchin, 1974).

● 가족의 문화적 맥락에 적합한 연결과 분화를 허락하는 하위 체계 사이의 **명확한 경계**

● 부부/커플 하위 체계와 부모 하위 체계 사이의 명확한 구분

● 효율적인 부모 위계와 세대 간 연합의 단절

● 개인과 가족의 발달과 성장을 촉진시키는 가족 구조

개입 전략 수립

실연과 교류의 수정

주요 개념에서 소개되었듯이, 실연은 구조적 치료자들이 가장 자주 사용하는 효과적인 개입이다.

체계적 재구조화

가족이 자신들의 문제점들을 말하기 시작하면, 치료자들은 체계적 재구조화(systematic reframing)을 이용하여 문제점들을 이해하고 반영한다(Colapinto, 1991; Minuchin, 1974; Minuchin & Fishman, 1981).

체계적 재구조화는 모든 행동이 상호간에 선행 인자가 있다는 것이다. A라는 사람은 B의 반응에 영향을 받고, 이것은 또 A의 반응에 영향을 미치는 식으로 무한정 반복된다. 재구조화는 종종 가족 안에서 추적자/도망자와 같은 상보적 관계를 조명한다. 재구조화는 항상 한 사람(IP)에게 쏟아지는 비난을, 문제역동에 각 사람이 어떻게 공헌하고 있는지를 설명함으로써 각 구성원에게 똑같이 '분산'시킨다. 일단 이렇게 되면 비난은 더 이상 문제가 되지 않는다.

체계적 재구조화는 문제에 관한 각 구성원의 진술을 함께 짜 맞추고 그것을 좀 더 넓은 체계적 역동으로 드러내기 위해서 재구성한다. 따라서 만약 아내가 남편에 대해서 자신의 말을 결코 듣는 법이 없다고 불평을 하고 남편은 아내가 끊임없이 잔소리를 해댄다고 하면, 아내가 남편의 말을 들어보고 교류하기 위해서 밀어붙일수록 남편은 더욱 물러날 것이고, 남편이 물러날수록 아내는 남편에게 상호작용을 하도록 강박적으로 쫓아가게 된다는 것을 조명하기 위해 그들의 진술을 체계적으로 재구성한다.

체계적으로 재구조화하는 방법

- 더 넓은 교류 패턴들을 평가한다(상보적 관계, 위계, 경계선 등).
- 문제를 재진술한다(좀 더 넓은 맥락에서 문제를 진술하기 위해 상호작용 패턴을 활용한다).

경계 세우기

경계 세우기는 가족들이 경직된 경계를 부드럽게 하거나 애매한 경계를 강화시키도록 지나친 또는 부족한 관여를 개입목표로 삼는 실연의 특별한 형태이다(Colapinto, 1991; Minuchin, 1974). 구조적 치료자들은 이 기법을 누가 어떻게 참여해야 하는지를 지도하기 위해 사용한다. 경계를 적극적으로 설정함으로써, 치료자들은 습관적 상호작용 패턴을 중단시키고 구성원들이 아직 충분히 활용하지 않은 기술과 능력들을 경험하도록 한다. 경계 세우기는 다음과 같은 몇 가지 색다른 지시를 사용한다.

- 가족들에게 의자를 바꾸어 앉도록 요청하기
- 가족들에게 서로 가까이 또는 멀리 옮겨서 앉거나 서로를 향해서 바라보고 앉도록 요청하기

- 하위 체계 경계를 강화하기 위해 개인이나 하위 체계와만 함께하는 독립적인 회기를 갖기
- 한 명이나 또는 그 이상의 구성원에게 상호작용 동안 침묵을 유지하도록 요청하기
- 문제 경계 영역을 밝히는 질문하기(예: 아들이 질문을 받을 때 항상 아들을 대신해서 대답하시나요?)
- 덜 지배적인 사람이 말할 수 있도록 끼어들기를 차단하거나 잠시 말이 없어도 격려하기

가족의 세계관에 도전하기

가족 체계에서 드러내 놓고 말해지거나 비밀리에 행해지는 방식으로 기능하고 있는 가설들에 대해 질문을 함으로써 가족의 세계관이나 비생산적인 가설들에 도전한다(Colapinto, 1991; Minuchin 1974; Minuchin & Fishman, 1981). 개인이나 커플 그리고 가족에게 문제를 만들어내는 가장 흔한 가설들은 다음과 같은 내용을 포함한다.

- '아이들의 욕구가 우선시되어야 한다.'
- '갈등을 만드는 것보다 조용히 있는 것이 낫다.'
- '내가 원하는 것을 요청하는 것보다 내 욕구를 희생하는 편이 편하다.'
- '내가 여기에서 양보하면 너는 거기에서 양보해야 한다.'
- '우리가 이렇게라도 불행한 결혼생활을 유지하는 것이 아이들을 위하는 길이다.'

구조적 치료자들은 종종 실제로 이러한 가설들이 자신들의 기대에 맞는 효과가 있는지를 공개적으로 질문함으로써 이러한 가설들에 도전한다. 도전은 이 특별한 가족 구조에서 무엇이 가장 효과적인지에 근거해서 부드럽거나 때로는 강하게 전달된다.

이 장의 마지막에 소개된 사례에서, 치료자는 그들이 십대 자녀를 양육하기 위해 더 이상 함께 노력할 필요가 없다는 부모의 세계관에 도전한다. 치료자는 부모가 지금 겪고 있는 갈등이 아들의 약물과 학교 문제에 어떤 영향을 끼치고 있는지를 설명하고, 이혼 가정의 성공적인 양육이 어떤 것인지에 대한 비전을 갖도록 함으로써 부모를 연합시킨다.

긴장과 위기상황 유도

문제상황에 대한 긴장(intensity)과 위기를 유도하는 것(crisis induction)은, 특히 가족이 다른 개입들을 시도하는 치료자에게 '귀 기울이지' 않을 때, 위계와 경계선에 있어 구조적 변화를 만들어내기 위해 정서를 사용하는 개입들이다(Minuchin 1974; Minuchin & Fishman, 1981; Minuchin & Nichols, 1993). 가족들 각자 현실적으로 요구되는 충성심 정도에 차이가 있으므로, 논의된 문제에 따라 필요한 긴장의 수준과 양식이 각각 다르다. 긴장은 경직되고 고정된 상호작용 패턴을 깨뜨리기 위해 목소리의 어조와 속도, 단어 선택을 통해 감정적인 열기를 고조시키는 것을 가리킨다. 예를 들면, 자녀들이 방과 후에 많은 활동을 하므로

매주 상담을 할 시간이 없다고 주장하는 부부에게 치료자는 "당신의 아이들이 축구를 하고 이혼한 부모를 갖게 되는 것과 방과 후 활동을 덜 하더라도 온전한 가정을 갖는 것 중 무엇을 선호할 것이라고 생각하세요?"와 같이 말할 수 있다.

긴장과 밀접하게 관련지어서 **위기상황** 유도는 갈등이나 문제를 만성적으로 회피하는 가족들을 위해 사용되는 구조적 치료이다(Colapinto, 1991). 예를 들면, 거식증 자녀가 있는 가족의 경우, 치료자는 치료실 안으로 증상을 끌어들이기 위해서 한 끼 식사를 가져와서 가족들이 다루도록 해본다. 비슷하게 알코올이나 물질 문제를 가지고 있는 경우 치료자는 종종 가족들이 문제를 다루어볼 수 있도록 문제상황으로 가족들을 유도해본다. 이렇게 되면 가족이 새로운 상호작용과 패턴들을 발달시켜 나가도록 치료자가 조력할 수 있게 된다.

균형 깨뜨리기

균형을 깨뜨리는 것은 위계에 있어서 좀 더 극단적인 어려움을 갖고 있거나, 희생양이 있는 경우에 사용된다(Minuchin 1974; Minuchin & Fishman, 1981). 치료자들은 전문가로서의 위치를 희생양이 된 개인이나 아니면 좀 더 강한 경계를 세워주어야 할 하위 체계에 '편들기'를 하면서 무게 중심을 움직임으로써, 그가 희생양이 된 이유와 다른 사람에 대한 자신의 인식들을 설명하도록 돕는다. 얼핏 보아서는, 구조적 치료 및 일반적인 심리치료법의 특징인 중립성의 원칙에 어긋나는 것 같지만, 균형 깨뜨리기는 실연과 도전적인 가설들과 같은 좀 더 직접적인 개입이 실패한 이후에 재배치라는 특별한 목적으로 아주 잠시 동안 사용된다.

가족의 진실과 현실의 확장

각각의 가족은 자신들만의 현실과 진실에 대해 고유한 세계관을 지닌다. 경계가 고도로 경직된 가족과 함께 작업할 때, 구조적 치료자들은 가족의 이러한 신념과 현실에 직접적으로 도전한다(앞에 소개된 "가족의 세계관에 도전하기"에서 이미 논의됨; Minuchin & Fishman, 1981). 그렇지만, 이러한 신념 중에 가족의 기능을 새로운 방향으로 확장시키기 위해서 필요한 것이라면 가능한 언제든지 인용하기도 한다. 예를 들어 이렇게 말할 수 있다. "자녀에게 그토록 깊은 관심을 가지고 있기 때문에, 자녀가 풍요롭게 성장할 수 있는 자신만의 공간이 필요하다는 것을 충분히 이해하실 수 있는 부모인 것 같습니다." 또는 "그 정도까지 하실 정도로 도움이 되기를 원하시기 때문에, 조금 더 도전적인 방식, 이를 테면 아들이 실수해도 허용하시는 것도 충분히 하실 수 있을 것 같습니다." 완전히 새로운 다른 문화적 개념을 소개하기보다는, 구조적 치료자는 문제를 지탱해온 가족의 근본적인 전제를 받아들이고, 가족이 핵심적인 신념을 유지한 채로 새로운 방법을 사용하도록 일련의 대안적 행동과 상호작용을 지지하면서 그들의 논리를 교정해준다.

칭찬과 역량의 형성

미누친과 피쉬먼(1981)은 전문적인 수련이 정신병리학에서 종종 가족의 장점과 긍정적 상호작용 패턴에 눈을 멀게 만드는 '추적해서 파괴하는'(진단과 치료) 방식의 접근을 초래할 수 있다고 치료자들에게 강력하게 경고한다. 대신 치료자는 가족의 자연스러운 긍정적 패턴이나 강점을 강화시키고 증가시켜야만 한다. 칭찬(compliments)은 가족을 목표와 방향이 같은 행동을 강화시키기 위해 사용되고, 역량의 형성(shaping competence)은 목표에 이르기 위한 길을 따라가다가 눈에 띄는 작은 성공들과 관련지어 사용된다. 예를 들어, 실연 이후에 진행된 회기에서 가족들의 끼어들기나 서로 대신해서 말하는 행위들이 개선된다. 치료자들은 회기 중이나 주마다 이루어지는 가족들의 보고에 따라 이런 변화들에 주목하면서 수행 능력을 주의 깊게 형성시킬 수 있다.

역량을 형성해간다는 것은 또한 가족을 위해서 치료자가 회기 중에 치료자로서의 기능을 거절하는 것과도 관련이 있다. 예를 들어, 회기 중에 아이들로 하여금 자신들의 행동에 책임을 지도록 초점을 맞추기보다는, 치료자는 부모에게 아이를 향해 그렇게 말하도록 요청한다. 만약 아이가 가구를 발로 차거나 가족 회기 동안 장난감을 가지고 놀기 위해 자리에서 일어나면, 치료자가 직접 아이를 교정하려 하기보다 부모에게 아이를 멈추게 하도록 요청한다. 비슷하게, 만약 치료자가 부모의 위계를 강화하려면, 치료자는 부모가 먼저 질문에 답하게 하며, 자녀가 화장실을 가거나, 물을 마시러 갈 때 부모에게 묻고 허락을 구하도록 지도함으로써 부모의 권위를 인정해준다.

적용하기

사례개념화 틀

- 가족에서의 증상의 역할: 증상의 증상과 가족 간의 관계성을 설명한다.
  - 증상에 대한 무능한 도전자로서의 가족
  - 개인 증상의 '형성자'로서의 가족
  - 증상의 '수혜자'로서의 가족
- 하위 체계: 설명하기
  - 부모, 조부모 포함, 의붓부모, 부모화된 아이
  - 부부: 이 체계가 부모 하위 체계로부터 분명한 경계선을 지녔는가?
  - 형제, 의붓형제 포함
  - 성별이나, 흥미 등에 따른 다른 유의미한 하위 체계

- 세대 간 연합: 어떤 세대 간 연합이든지 설명한다.
- 경계선: 개인과 하위 체계 사이의 가족의 경계를 설명한다.
  - 흐릿한 경계선
  - 명료한 경계선
  - 경직된 경계선
- 위계: 부모-자녀 위계와 체계 내에서의 다른 핵심적인 위계들
  - 효율적인(권위적인)
  - 미약한
  - 과도한(권위주의적인)
- 상보성: 추적자/도망자, 과대/과소 기능 수행자, 논리적/감정적, 좋은-/나쁜 부모, 착한-/나쁜 자녀 등과 같은 상호 보완적인 역할들을 설명한다.
- 가족 발달: 가족 생활주기와 가족의 욕구를 충족시키기 위해서 어떤 주제든지 검토한다.
  - 커플 형성
  - 어린 자녀가 있는 가족
  - 학령기나 청소년 자녀가 있는 가족
  - 성인 자녀가 있는 가족
- 강점: 해당 가족만의 고유의 장점과 관련된 다양한 요인들을 파악한다.

구조적 치료계획 틀(개인)

구조적 치료의 초기 단계

상담 과제

1. 상담관계를 수립한다. DN: [관계 형성과 정서 표현에 있어 문화, 성, 기타 요인에 따라 서로 다른 방식들을 존중하기 위해 상담자가 고려해야 하는 것은 무엇인지 기술한다.]
   a. 내담자와 감정을 표현하고, 대화 속도 등을 조절하고, 관련 있는 성/문화/계층 규준들을 조정하면서, 내담자와 **합류**한다.
2. 개인, 체계, 그리고 좀 더 포괄적인 문화적 역동을 평가한다. DN: [문화, 사회경제적 수준, 성지향성, 성, 기타 규준들을 고려하여 평가 작업을 어떻게 조율해야 할 것인지 기술한다.]
   a. 원가족과 생식가족[1](또는 현재 파트너관계)의 구조를 하위 체계, 연합, 경계선 패턴, 위계, 상보적 관계, 가족 생활주기와 강점 등을 포함하여 사정한다.
   b. 내담자의 가족 체계에서 **증상**(예를 들면, 우울/불안 같은)의 **역할**을 확인한다.

---
1) 생식가족(family of procreation)이란 결혼을 통해 배우자와 함께 새롭게 형성된 가족을 말한다.

내담자 목표

1. 우울감과 불안을 감소시키기 위해 [사람이나 상황을 구체화]시키는 가운데 애매한[또는 경직되었다면 유연하게] 경계에 힘을 길러주도록 한다.

    a. 불분명한 경계를 유지시키는 것과 관련된 내담자의 세계관에 도전한다.

    b. 경계가 문제가 되는 삶의 영역에서 명확한 경계를 세우기 위해 내담자의 전략을 변화시키도록 도와서 유능한 사람이 되게 한다.

구조적 치료의 작업 단계

상담 과제

1. 작업 동맹의 질을 모니터한다. DN: [상담자가 내담자의 문화적 관습에 맞지 않는 정서 표현을 했을 때 내담자가 보이는 반응에, 상담자가 어떻게 주의를 기울일 것인지 기술한다.]

    a. 개입에 대한 평가: 내담자가 문제를 언어적이거나 비언어적으로 치료자와 연관하여 표현할 때, 합류 유형과 체계에의 적응을 조정한다.

내담자 목표

1. 우울감과 불안을 낮추기 위해 [극단적인 상보적 역할/행동들을 구체화하여] 감소시킨다.

    a. 내담자가 상보적 극단적인 역할/행동들의 부정적인 영향들을 볼 수 있도록 긴장과 문제상황으로 유도한다.

    b. 상호 보완적 역할 요소의 극단성을 줄이기 위해 내담자의 진실을 확장시킨다.

2. 우울감과 불안을 감소시키기 위해 [사람이나 상황을 구체화하여] 흐릿한[또는 경직되었다면 유연하게] 경계선을 명확하게 한다.

    a. 내담자가 좀 더 명료한 경계를 세우는 실습이 가능한 실연

    b. 명료한 경계를 세우는 새로운 행동들을 만들어가는 칭찬들

3. 불안을 줄이기 위해서 원가족, 파트너 관계, 그리고 생식가족에서의 역할의 명확성과 적절성을 향상시킨다.

    a. 회기 밖에서의 역할을 분명히 하기 위해, 내담자가 경계선을 만드는 작업을 해보도록 과제를 제시한다.

    b. 구체적인 관계에서 '반드시 행해져야 할 것'에 관한 내담자의 세계관에 도전해본다.

구조적 치료의 종결 단계

상담 과제

1. 사후 계획을 수립하고 얻어진 성과를 유지한다. DN: [치료 종결 이후 내담자의 지원 체계의 일부가 될 수 있는 공동체 내 자원들에 상담자가 어떻게 접근할 수 있을지 기술한다.]

    a. 발생 가능한 재발을 어떻게 다루어야 하는지 가족 스스로 파악하는 것을 돕기 위해 역량을 형성하기

내담자 목표

1. 우울감을 줄이고 안녕감을 향상시켜주기 위해 현재 가족 생활주기에 적합한 독립 수준을 유지하는 능력을 증가시켜준다.

    a. 새로운 발달 단계와 관련된 과업에 적응시키기 위해 내담자의 세계관에 도전한다.

  b. 발달 단계에 적합한 독립 수준을 유지하는 행동들을 **칭찬하기**

2. 불안을 줄이고 안녕감을 높여주기 위해 **현재 가족 생활주기에 적합한 독립 및 관계연결 수준을 유지하는** 능력을 향상시켜준다.

  a. 새롭고 관련 단계에 적합한 방식을 탐험하기 위한 **실연**

  b. 내담자가 현재의 기술들을 더 새롭게 발달시켜 가도록 **역량**을 형성한다.

구조적 치료계획 틀(커플/가족)

다음과 같은 치료계획 지침서는 갈등을 경험하고 있는 커플이나 가족들을 위해 사용될 수 있다.

구조적 치료의 초기 단계

상담 과제

1. 상담관계를 수립한다. DN: 관계 형성과 정서 표현에 있어 문화, 성, 기타 요인에 따라 다른 방식들을 존중하기 위해 당신이 고려해야 하는 것은 무엇인지 기술한다.

  a. 내담자와 감정을 표현하고, 대화 속도 등을 조절하고, 관련 있는 성/문화/계층 규준들을 조정하면서 가족 체계에 **합류**한다.

2. 개인, 체계, 그리고 좀 더 포괄적인 문화적 역동을 평가한다. DN: [문화, 사회경제적 수준, 성지향성, 성별, 기타 규준들을 고려하여 평가 작업을 어떻게 조율해야 할 것인지 기술한다.]

  a. 원가족과 생식가족(또는 동거자)의 구조를 하위 체계, 연합, 경계선 패턴, 위계, 상보적 관계, 가족 생활 주기와 강점 등을 포함하여 사정한다.

  b. 체계 내에서 **증상**(예를 들면, 갈등이나 문제를 지닌 내담자의 증상들)**의 역할**을 검토한다.

내담자 목표

1. 갈등을 줄이기 위해 **연합**(세대 간이나 또는 외부의 제3자)을 깨뜨린다.

  a. 내담자들이 연합의 부정적 영향들을 볼 수 있도록 **긴장과 문제상황으로 유도**한다.

  b. 회기 중에 연합을 노출시키고 재연합시키는 **경계**를 만든다.

구조적 치료의 작업 단계

상담 과제

1. 작업 동맹의 질을 모니터한다. DN: [내담자의 문화적 관습에 맞지 않는 정서 표현을 상담자가 했을 때 내담자가 보이는 반응에, 상담자가 어떻게 주의를 기울일 것인지 기술한다.]

  a. **개입에 대한 평가**: 체계의 누구든지 문제를 언어적이거나 비언어적으로 치료자와 연관시켜 표현할 때, 합류 유형과 체계에의 적응을 조정한다.

내담자 목표

1. 갈등을 줄이기 위해 [개인/하위 체계 A]와 [개인/하위 체계 B; 필요하다면 좀 더 많이 추가] 사이의 흐릿한 [만약 경직되었다면 유연성] 경계선을 명확하게 한다.

   a. 불명확한 경계들의 유지와 관련된 가족의 **세계관에 도전**한다.

   b. 명료한 경계들과 관련된 커플/가족 경험이 가능하도록 하는 **실연**

2. 갈등을 줄이기 위해 **부모의 위계를 강화**[또는 줄이기]하고 **부모 체계로부터 부부를 분리**시킨다.

   a. 커플/가족이 명확한 위계, 하위 체계 경계로 교류하는 법을 배우도록 **실연**

   b. 위계와 하위 체계들을 재배열하기 위한 **경계 세우기**

3. 갈등을 줄이기 위해서 체계에서의 **상보적 역할들을 줄이**고 역할의 명확성과 적절성을 향상시킨다.

   a. 상보적 역할들을 줄이기 위한 **경계 세우기**

   b. 체계 내에서 누가 무엇을 할 수 있는지에 관한 커플/가족의 **세계관에 도전**한다.

구조적 치료 종결 단계

상담 과제

1. 사후 계획을 수립하고 얻어진 성과를 유지한다. DN: [치료 종결 이후 커플 혹은 가족의 지원 체계의 일부가 될 수 있는 공동체 내 자원들에 상담자가 어떻게 접근할 수 있을지 기술한다.]

   a. 발생 가능한 재발을 어떻게 다루어야 하는지 가족이 파악하는 것을 돕기 위해 **역량을 형성하기**

내담자 목표

1. 갈등을 줄이고 안녕감을 향상시켜주기 위해 **현재 가족 생활주기에 적합한 독립 수준을 유지하는 능력**을 증가시켜준다.

   a. 갈등을 줄이고 친밀감을 증가시키기 위해 새로운 발달 단계와 관련된 과업에 적응시키기 위해 **커플/가족의 세계관에 도전**한다.

   b. 발달 단계에 적합한 독립 수준을 유지하는 행동들을 **칭찬하기**

2. 갈등을 줄이고 친밀감을 높여주기 위해 **현재 가족 생활주기에 적합한 독립 및 관계연결 수준을 유지하는** 능력을 향상시켜준다.

   a. 새롭고 관련 단계에 적합한 방식을 탐험하기 위한 **실연**

   b. 커플/가족이 현재의 기술들을 더 새롭게 발달시켜 가도록 **역량을 형성하기**

임상적 초점: 생태체계 구조적 가족치료

구조적 가족치료가 경험적으로 지지되어 적용된(Minuchin, 1974) 생태체계 구조적 가족치료(Ecosystemic Structural Family Therapy, ESFT)는 필라델피아 아동가족치료 훈련센터(공식적으로는 필라델피아 아동 지도 크리닉)에서 심각한 정서나 행동 문제를 지닌 아동 및 청소년과 그 가족들을 지역사회 맥락에서(Lindblad-Goldberg, Dore, & Stern, 1998) 치료하기 위하여 골드버그와 그녀의 동료들에 의해서 개발되었다. ESFT는 아동 및 청소년이 지닌 모든 수준의 광범위한 임상문제를 다양한 치료적 상황에서 다루어왔다. 집 안에서나 또는 지역사회 환경 맥락에서, ESFT는 가정 밖 배치의 위험이 있거나 혹은 이미 입원이나 시설에 거주한 적이 있는 청소년들을 목표로 한다. 이러한 청소년들의 가족은 트라우마를 유발하는 부모의 약물 중독, 갈등 관계, 정서적 혼란과 정서적 혹은 실질적 지원의 부재로 인해 위험에 노출되는 경향이 있다.

사례개념화

ESFT는 현재 그리고 역사적인 가족, 문화, 생태계적인 영향은 물론이고 가족 구성원의 생물학적, 발달적 영향을 점검하는 생물학적/발달적/체계적 외상-관련 임상 모델이다. 이것은 자녀와 부모의 기능이 가족이 처한 환경과 불가분하게 연결되어 있다는 기본적 가정에 기초한다.

ESFT 치료자는 다음의 5가지 상호 관련된 개념을 바탕으로 치료를 이끌어간다.

- 가족 구조
- 가족 정서 조절
- 개인적 차이들(역사적, 생물학적, 문화적, 발달적)
- 정서적 근접거리(부모와 자녀 사이 또는 부모 사이의 감정적 애착)
- 가족 발달

목표

치료적 변화의 기본 목표는 다음과 같다.

- 부모의 실행 기능
- 자녀의 대처 기술
- 부모 동맹
- 비적응적인 감정 애착 패턴
- 정서 조절
- 가족 구성원에 대한 가족 외부의 지원들

개입

ESFT에서 필요한 변화 요소는 (a) 치료자와 가족 구성원과의 협력 (b) 가족치료자 파트너 관계에 대한 가족 외부 지원군과의 협력이다. ESFT에는 관계에 있어서 변화를 끌어내기 위해 다른 심리치료 모델로부터 끌어 올 기법들이 있다. 치료 개입의 적합성을 결정하는 것은 다름 아닌 관계적 목표이다. 가족을 서로 연결시키기 위해 구조적 기법이 사용되는데, 주로 위계를 명확히 하거나 권력의 균형을 재조직하거나 경계를 세우는 것들이 포함된다. ESFT에서 가장 일상적으로 사용하는 구조적 개입은 행동실연과 가족 구성원이 지닌 강점의 승인이다. ESFT의 주된 개입은 가족들이 새로운 관계 양식을 실습하는 것을 돕기 위한 실연인데 여기에는 고통을 감수하는 법을 배우는 것, 가족들 간에 필요한 정서적인 근접거리에 적응하는 것, 정서 조절을 배우는 것이 있다. 재구조화, 적응적인 이야기를 구성하는 것, 심리교육, 그리고 의식의 사용처럼 자주 사용하는 다른 기법은 가족 내에서의 사고와 신념, 지식을 다루기 위해 사용된다.

참고문헌

*Asterisk indicates recommended introductory readings.

Aponte, H. J. (1994). *Bread and spirit: Therapy with the new poor: Diversity of race, culture, and values.* New York: Norton.

Aponte, H. J. (1996). Political bias, moral values, and spirituality in the training of psychotherapists. *Bulletin of the Menninger Clinic, 60*(4), 488–502.

Biblarz, T. J., & Savci, E. (2010). Lesbian, gay, bisexual, and transgender families. *Journal of Marriage and Family, 72*(3), 480–497. doi:10.1111/j.1741-3737.2010.00714.x

*Colapinto, J. (1991). Structural family therapy. In A. S. Gurman & D. P. Kniskern (Eds.), *Handbook of family therapy* (Vol. 2, pp. 417–443). New York: Brunner/Mazel.

Gottman, J. M. (2008, April). *Marriage counseling: Keynote address.* Annual Conference of the American Counseling Association, Honolulu, HI.

Fitzgerald, T. (2010). Queerspawn and their families: Psychotherapy with LGBTQ families. *Journal of Gay & Lesbian Mental Health, 14*(2), 155–162. doi:10.1080/19359700903433276

Hammond, R. T., & Nichols, M. P. (2008). How collaborative is structural family therapy? *The Family Journal, 16*(2), 118–124. doi:10.1177/1066480707313773

Henggeler, S. W., Schoenwald, S. K., Borduin, C. M., Rowland, M. D., & Cunningham, P. B. (1998). *Multisystemic treatment of antisocial behavior in children and adolescents.* New York: Guilford.

Johnson, S. M. (2004). *The practice of emotionally focused marital therapy: Creating connection* (2nd ed.). New York: Brunner/Routledge.

Kim, J. M. (2003). Structural family therapy and its implications for the Asian American family. *The Family Journal, 11*(4), 388–392. doi:10.1177/1066480703255387

Liddle, H. A. (2002). *Multidimensional family therapy treatment for adolescent cannibis users.* Rockville, MD: Substance Abuse and Mental Health Services Administration.

Lindblad-Goldberg, M., Dore, M., & Stern, L. (1998). *Creating competence from chaos.* New York: Norton.

Minuchin, S. (1974). *Families and family therapy.* Cambridge, MA: Harvard University Press.

*Minuchin, S., & Fishman, H. C. (1981). *Family therapy techniques.* Cambridge, MA: Harvard University Press.

Minuchin, S., Montalvo, B., Guerney, B. G., Rosman, B., & Schumer, F. (1967). *Families of the slums.* New York: Basic Books.

Minuchin, S., & Nichols, M. P. (1993). *Family healing: Tales of hope and renewal from family therapy.* New York: Free Press.

Minuchin, S., Nichols, M. P., & Lee, W. Y. (2007). *Assessing families and couples: From symptom to system.* New York: Allyn & Bacon.

Minuchin, S., Rosman, B., & Baker, L. (1978). *Psychosomatic families: Anorexia in context.* Cambridge, MA: Harvard University Press.

Robbins, M. S., Szapocznik, J., Dillon, F. R., Turner, C. W., Mitrani, V. B., & Feaster, D. J. (2008). The efficacy of structural ecosystems therapy with drug-abusing/dependent African American and Hispanic American adolescents. *Journal of Family Psychology, 22*(1), 51–61. doi:10.1037/0893-3200.22.1.51

Santisteban, D. A., & Mena, M. P. (2009). Culturally informed and flexible family-based treatment for adolescents: A tailored and integrative treatment for Hispanic youth. *Family Process, 48*(2), 253–268. doi:10.1111/j.1545-5300.2009.01280.x

Sexton, T. L. (2011). *Functional family therapy in clinical practice: An evidence-based treatment model for working with troubled adolescents.* New York: Routledge.

Szapocznik, J., & Williams, R. A. (2000). Brief Strategic Family Therapy: Twenty-five years of interplay among theory, research and practice in adolescent behavior problems and drug abuse. *Clinical Child and Family Psychology Review, 3*(2), 117–134.

Yang, L., & Pearson, V. J. (2002). Understanding families in their own context: Schizophrenia and structural family therapy in Beijing. *Journal of Family Therapy, 24*(3), 233–257. doi:10.1111/1467-6427.00214

구조적 치료 사례: 아프리카계 미국인 가족의 이혼 생활 적응

아프리카계 미국인인 테일러(Tayler, CM16)는 잦은 마리화나 사용, 학업 유예, 일 년 전 부모님의 이혼 이후 지속되는 어머니와의 다툼으로 상담실에 오게 되었다. 테일러는 마리화나를 4년 전 시작하여, 종종 사용하다가 일 년 전부터는 매일 사용하게 되었다고 한다. 테일러는 학교 스트레스를 견디려고 사용했지만, 대개는 집에서의 스트레스 때문이라고 설명한다. 테일러는 뛰어난 운동선수이고 훈련과 심화수업으로 빡빡한 일정을 견디고 있었다. 하지만, 그는 가끔 너무 압도되어 '그저 포기하고 싶었고', 모든 일에 '최고가 되려는'것 때문에 생기는 지속적인 스트레스에서 탈출하고자 학교를 그만두었다고 한다. 그는 그저 자동차 관련 일을 하고 싶고 언젠가 자신만의 자동차 정비소를 갖고 싶다고 한다. 그의 엄마, 테니샤(Tenisha, AF45, 아프리카계 미국인)는 자신에게 지나치게 참견하고, 자신에 대해 실현 불가능한 높은 기대를 갖고 있다고 말한다. 어머니는 신경이 곤두서 있어서 항상 신경질적인 반면에, 아버지 마이클(Michael, AM49, 아프리카계 미국인)은 편하고 재미있고 말을 건네기도 쉽다고 한다. 테일러는 아버지가 자신을 잘 이해해주고 아버지의 고민도 자신에게 얘기하고 싶어 한다고 설명한다. 또한 아버지는 어머니가 어떤 사람인지 잘 알며, 논쟁이 일어나면 자기를 변호해주려 애쓴다고 한다. 마이클은 아들에게 이혼 전에도 이혼에 대해서 털어놓았고 이혼 이후에도 계속 대화를 나누고 있다. 마이클은 또한 자신과 테니샤 사이에 갈등이 생기면 아들이 자기편을 들도록 애쓴다. 테일러는 차라리 '미치게 만드는' 엄마 대신에 아버지와 살고 싶어 한다. 테일러는 누나, 타마라(Tamara, CF19)와도 같이 살고 있다. 누나와는 잘 지내지만 누나가 엄마랑 친해져서 누나에게 진심을 털어놓기가 어렵다.

구조적 치료 사례개념화

● **가족에서 증상의 역할**: 증상의 증상과 가족 간의 관계성을 설명하기

  ○ **개인의 증상들의 '형성자'로서의 가족**: 아버지와 아들에 대항하여 어머니와 딸이 연합하여 두 편으로 나눠져 있다. 이것이 CM16이 마치 어느 편을 골라야 한다는 감정이 들게 했다. 그는 스트레스에 너무 압도되어 마리화나를 피우고 스포츠와 학업에 집중력을 잃었다. 양 부모는 모두 아들의 동기 결여와 잦은 마리화나 흡연을 걱정하고 있고, 이것은 그들을 아직 가족으로 묶고 있는 주제이지만 부모가 아들의 최근 문제에 대해서로 탓을 돌리고 비난함으로써 갈등을 일으키고 있다. CM16의 아버지는 어머니를 너무 공격적이고 지나치게 간섭한다고 비난하고, CM16의 어머니는 아버지가 너무 수동적이고 CM16에게 느긋하기만 하다고 비난하면서 이들 부모는 아들이 모든 책임으로부터 도망가도록 허락하고 있다. 이런 교류가 일어나면 CM16은 사람들로부터

철수하며, 부정적인 대처 기제를 사용한다.

- 하위 체계
  - 커플: 비록 AM49와 AF45가 법적으로 이혼 관계이지만, 그들의 갈등이 감정적으로 미해결된 상태이고 지속적으로 아들과의 관계에서 특정 역할을 하고 있다.
  - 부모: 처음에 아이를 가졌을 때, 효율적인 부모 위계가 있었고, 둘 사이에 통제가 있었다. AF45가 훨씬 많은 통제력을 지녔고 AM49는 그것을 지지해주었다. 이혼 후에, 부모연합은 악화되었다. AM49는 CM16 앞에서 AF45가 갖는 어머니로서의 권위를 지지하지 않았고 오히려 비하했다. 이것이 CM16에게 좋지 않은 본보기가 되어, 어머니에게 대들 수 있는 권력을 자신이 가진 것으로 여겼다.
  - 형제: CM16과 CF19는 형제 체계를 이루는데, 이것은 CM16에게 또래 집단에서 나누고 협력하고 지지하는 법을 가르쳤다.
- 세대 간 연합
  - AM/CM: 이혼 이후에, CM16과 AM49는 AF45에 대항하여 세대 간 연합을 결성한다. 이것은 AM49와 AF45 간 결혼생활에 대한 긴장이 고조되면서 시작되었는데, 이때 AM49가 CM16에게 AF45와 발생했던 싸움들에 대해서 털어놓았다. 이 연합은 AM49와 AF45가 이혼하자 더욱 강해졌다. AM49는 계속해서 CM16에게 문제를 털어놓고, 논쟁이 터지면 자신의 편으로 아들을 끌어들이고자 했다. AM49는 또한 CM16이 AF45와 다툴 때 아들의 어머니인 AF45를 비하하면서 CM16의 편에 섰다.
  - AF/CF: 비슷하게, AF45와 CF19도 AM49에 대항하여 드러나지 않은 세대 간 연합을 결성한다. AF45는 가족밖에 없고 친구도 별로 없다. AF45는 충분한 지지 체계가 부족하다. 따라서 이혼 문제로 압도되면 그녀는 딸로부터 지지를 구하게 된다. 그녀는 종종 CF19에게 가서 그녀의 고충과 별거 기간 동안의 AM49의 지독한 행동들에 대해서 울면서 이야기한다. 때문에 CF19가 AF45에게 동정심을 갖게 되고, 자신이 어머니의 주요 지지원이 될 필요가 있다는 느낌을 갖도록 한다.
- 경계선

  이혼 이후로 특히, 가족 체계는 그들의 현재 문제와 관련되어 융해된 경계를 보이고 있다. 특히 이혼 이후로, AF45는 CM16과 CF19에게 융해된 경계를 보인다. 그녀는 과잉보호하고 CM16의 삶에 지나치게 참견하고, 아들의 발달 단계에 필요한 개별적 공간을 허락하지 않고 있다. 그녀는 종종 아들을 대신해 결정을 내리고, CM16의 욕구가 무엇인지 자신이 안다고 설명한다. AF45는 또한 CF19와 밀착된 경계를 보이면서 지나치게 딸로부터의 지지에 의존하고 있다. AM49도 또한 CM16과 융해된 경계를 지니고 그와 동맹을 맺음으로써 부적절한 연합을 형성하고 있다.

- 부모 위계

AF45와 AM49는 결혼 초기에 AM49의 지지를 받아서 AF45가 항상 엄격한 주도권을 쥐었다고 할지라도 비교적 효율적인 위계를 유지하였다. 위계는 4년 전 AM49와 AF45가 계속해서 싸우면서부터 희미해졌다. AM49는 AF45의 엄격한 훈육주의자로서의 역할을 비하했다. 그는 종종 자녀들 편에 서서 그들이 AM45를 얕보도록 했다. 현재의 위계는 AM49와 자녀 사이에는 미약하고, 반면에 AF45는 CM16의 발달 단계에는 너무나 경직된 위계를 CM16에게 세우려 하고 있다. 게다가 CM16은 이제 아버지와의 연합으로 가족 내에서 잘못된 권력을 행사하고 있다.

- 상보성

AF45와 AM49는 좋은 부모/나쁜 부모 역할을 하고 있다. AF45는 훈육주의자이고 '나쁜' 부모 역할을 하는 것으로 보인다. AM49는 아이들이 멋대로 하게 두고 교육적인 행위는 회피하는 '태평스러운' 부모이다. 게다가, CM16과 CF19는 현재 좋거나/나쁜 자녀 역할을 하고 있다.

- 가족 발달

학령기나 청소년기의 자녀를 둔 가족: AF45는 자녀와 부모 사이의 경계를 조정해야 한다. 그녀는 여전히 그녀의 자녀들이 개별화될 공간을 허락하지 않고 지나치게 관여하고 있다. 그녀는 사춘기 자녀들이 좀 더 책임감을 갖고 자유를 가질 수 있도록 해야 한다. CM16은 AF45가 학교와 운동에 집중하는 것이 더 중요하다면서 친구들과 어울릴 시간도 주지 않는다고 한다.

- 강점

가족은 종교적인 강한 전통이 있고 상대적으로 평화롭고 지지적이다. 자녀 모두 학업성적과 과외 활동에서 우수했고 부모는 이러한 활동들에 열의를 가지고 관여했다. AM49와 AF45는 서로 협력하여 부모 역할을 해왔다. 이혼했으나 기꺼이 아들을 돕기 위해 가족치료에 참여하고자 한다.

구조적 치료계획

구조적 치료의 초기 단계(가족)

상담 과제

1. 상담 관계를 수립한다.

   다양성 고려사항: _____

   a. _____

2. 개인, 체계, 그리고 좀 더 포괄적인 문화적 역동들을 평가한다.

   다양성 고려사항: _____

   a. _____

   b. _____

내담자 목표

1. 갈등과 마리화나 흡입을 줄이기 위해 AM49, CM16, AF45, CF19 간의 **연합**을 깨뜨린다.

   a. _____

   b. _____

구조적 치료의 작업 단계(가족)

상담 과제

1. 작업 동맹의 질을 모니터한다.

   다양성 고려사항: _____

   a. _____

내담자 목표

1. 갈등을 줄이기 위해 AF45와 CM16, AF45와 CF19, AM49와 CM16, AM49와 CF19 사이의 **흐릿한 경계의 강도**를 증가시킨다.

   a. _____

   b. _____

2. 갈등을 줄이고, 마리화나 사용을 줄이기 위해서 이혼한 커플의 **공동 양육 연합 및 균형 잡힌 위계**의 효율성을 증가시킨다.

   a. _____

   b. _____

3. 갈등을 줄이기 위하여 체계에서의 좋은/나쁜 부모의 **상보적 역할**들을 줄이고, **역할의 명료성과 적절성**을 향상시킨다.

   a. _____

   b. _____

구조적 치료의 종결 단계(가족)

상담 과제

1. 종결 후 계획을 수립하고 상담 성과를 유지한다.

   다양성 고려사항: _____

   a. _____

내담자 목표

1. 갈등을 줄이고 안녕감을 향상시키기 위해 **현재 가족생활 주기에 적합한 독립** 수준을 유지하고 **이혼에 적**응할 수 있는 능력을 증가시킨다.

   a. _____

   b. _____

2. 갈등을 줄이고 안녕감을 향상시키기 위해 **현재 가족생활 주기에 적합한 독립** 수준 및 **관계의 결속** 수준을 유지하는 능력을 증가시킨다.

   a. _____

   b. _____

새티어의 인간 성장모델

'삶에는 정해진 각본이 없다. 살아가는 그대로가 삶이다. 당신이 역경을 헤쳐 나가는 방식, 그것이 차이를 만들어낸다.'

– Virginia Satir

조망하기

경험주의 가족치료에는 새티어 성장모델, 상징-경험적 치료, 정서중심 커플치료, 그리고 내적 가족 체계 치료라는 네 가지 접근법이 있다.

- 새티어 성장모델: 따뜻함과 지지(이 장에서 주로 소개된)를 사용하여 가족 간 의사소통과 가족 구조에 초점
- 상징-경험적 치료: 변화를 촉진시키기 위해 따뜻함과 직면을 균형적으로 사용하여 가족 간의 상징적 의미와 감정의 교환에 초점(9장).
- 정서중심 치료(EFT): 경험적, 체계적, 애착이론을 사용하는 커플치료의 선두적인 증거기반 접근(EFT는 15장(증거기반 치료)에서 자세히 다루어질 것이지만, 강력한 경험적 기초를 가지고 있기 때문에 여기에서 언급했다).
- 내적 가족 체계: 원래 트라우마와 학대 생존자들을 위한 치료로 개발된 이 통합적인 접근

은 체계적 원리들을 이용하여 개인의 내적인 '부분'들과 작업한다.

기본 가정과 실제

정서적 상호작용을 목표로 두기

체계적, 전략적, 구조적, 그리고 인지-행동적 가족치료가 주로 행동주의적인 연속적 상호작용 장면에서 시작된 반면, 경험적 가족치료는 여전히 행동과 인지영역에 있긴 하지만, 같은 상호작용에서도 정서적이고 감정적인 층에 초점을 맞춘다(Johnson, 2004; Satir, Banmen, Gerber, & Gomori, 1991; Whitaker & Bumberry, 1988). 사정과 개입은 가족 구성원과 현재문제에 관련된 주요한 타자들과의 사이에서 일어나는 정서적인 교환에 초점을 맞춘다.

따뜻함, 공감, 그리고 치료적 도구로서 자신의 사용

체계적, 구조적, 그리고 세대 간 가족치료자들보다 경험적 가족치료자들은 내담자들과의 관계를 구축하기 위해서 따뜻함과 공감을 더 많이 사용한다(Johnson, 2004; Satir, 1988; Satir 등, 1991; Schwartz, 1995; Whitaker & Bumberry, 1988). 치료자들은 내담자와의 강한 정서적 유대를 강화하기 위해서 치료자 자신의 인간성을 이용한다. 이러한 접근은 안전한 가운데 내담자가 자신의 정서적 취약성을 탐색해볼 수 있도록 해준다.

개인과 가족의 초점

경험적 가족치료는 개인과 가족의 관심을 분명히 구분지어 바라본다(Johnson, 2004; Satir 등, 1991; Schwartz, 1995; Whitaker & Bumberry, 1988). 이와 대조적으로 체계적, 구조적, 세대 간 가족치료에서는 개인의 체계를 가족 체계의 일부분으로 개념화시키고, 가족 체계가 개인의 증상을 해결해줄 수 있다고 가정한다. 경험적 치료자들은 이러한 견해를 전적으로 부정하지는 않지만, 문제를 좀 더 개인적 차원에서 사려 깊게 다룬다.

새티어 성장모델

배경

버지니아 새티어(Virginia Satir)는 헤일리(Jay Haley), 와츨라윅(Paul Watzlawick), 피쉬(Richard Fisch), 그리고 또 다른 선구적인 가족치료자들과 팔로 알토(Palo Alto)에서 함께 일하면서 MRI에서 가족치료를 시작했다(Satir, 1983, 1972). 새티어는 MRI를 떠나 자신만의 고유한 생각들을 발전시키고, 이로써 체계적 접근에 인간적인 가치의 영향을 고려하게 된다. 그녀는 당시 가족치료 분야에서 병행하지 않던 인간의 잠재력을 향한 따뜻함과 열정에 관심을 가졌다. 그녀의 치료는 가족 상호작용의 향상은 물론 개인적인 성장을 도모하는 데 초점을 맞춘다. 그녀는 경험적 시도들(예를 들면 가족조각 기법, 조각 섹션 참조)과 은유, 코칭, 그리고 치료자 자신을 변화 촉진을 위한 도구로 사용했다(Satir 등, 1991; Satir & Baldwin, 1983). 그녀의 상담은 새티어 글로벌 네트워크(Satir Global Network)를 통해 새티어 수련생들을 연결시키면서 국제적으로 광범위하게 이용되고 있다.

주요 개념

의사소통 입장

새티어 성장모델에서 의사소통 입장(communication stances)은 내담자의 의사소통과 상호작용을 위해 효과적으로 사용할 수 있는 이론적인 방향을 제공해준다(Satir, 1983, 1988; Satir 등, 1991). 새티어는 다섯 가지 유형의 의사소통으로 일치형, 회유형, 비난형, 초이성형, 산만형의 입장을 제시했다. 각각의 입장은 자기 자신(self), 상대방(other), 그리고 상황(context)이라는 세 가지 현실을 인식하거나, 혹은 최소화하고 있다. 회유형, 비난형, 초이성형과 산만형의 네 가지 유형은 어려서 힘든 시기에 '생존'하기 위해 사용해오던 **생존 입장**(survival stances)들이다. 모든 사람은 이러한 유형 중 하나를 어느 정도 사용하게 되는데, 그 이유는 모든 아이들이 인생 발달 단계의 한 단계에서 다른 단계로 이동할 때 충분한 준비가 되어있지 않은 상태에 처해있을 수 있기 때문이다. 생존 입장들은 종종 균형을 맞추기 위해 서로 보완적인 입장들을 취하고자 하는 가족 내에서 퍼즐조각 같이 어우러져 맞춰진다. 치료의 목표는 사람들을 좀 더 일치적인 의사소통형으로 만들어가는 것인데, 가족 상호간에 상황을 인식하고 적절히 반응하면서 자기 자신과 다른 사람의 욕구를 존중하면서 균형을 맞출 수 있도록 하는 것이다.

언뜻 보면, 이러한 유형들이 너무 단순해서 임상적인 가치가 없는 것처럼 보인다(17장 참조). 하지만, 내담자의 의사소통 입장을 확인하는 것은 새티어 접근은 물론이고, 다른 접근에서도 치료자가 좀 더 효과적인 개입을 할 수 있도록 하며 내담자가 자신들의 목표를 이루어갈 수 있게 한다. 치료자는 다양한 유형의 내담자와 적응하기 위하여 자신의 언어와 개입을 내담자에 맞추고, 상담 약속에서부터 개입 전략의 설명에 이르기까지 모든 의사소통 과정에서 내담자의 동기를 강화하기 위하여 일관되고 초점 있는 언어를 사용한다. 이 장의 마지막에서는 회유형 입장의 엄마와 아들에게 아버지가 비난형, 때로는 초이성형의 입장에서 종종 '이것이 (우리의 문화권에서는) 바람직한 방식이다'라고 자신의 입장을 정당화시키는 이란인 가정의 상담사례가 소개된다.

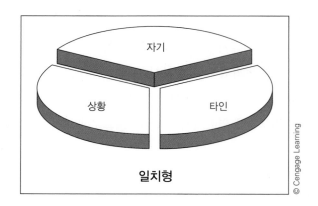

생존 입장에 따른 의사소통 전략

일치형을 제외하고, 각각의 생존 입장은 그림에서 어두운 부분으로 제시되어 있는데, 하나 또는 그 이상의 필수적인 부분을 최소화한다.

회유형 회유형 입장(placating stance)을 갖는 사람은 자신의 고유한 가치를 희생하고서라도 다른 사람의 욕구에 집중함으로써 관계의 어려움을 풀어나가려고 한다. 이름에서 알 수 있듯이, 그들은 다른 사람을 행복하게, 아니 최소한 화나지 않게 하기 위해서 그들이 할 수 있는 모든 것을 적극적으로 행한다. 그들은 모든 희생을 치러서라도 갈등을 회피하고 이러한 희생에는 그들 자신의 행복과 건강도 포함된다.

새티어의 초기 연구를 살펴보면, 그녀는 회유형을 가리켜 자신과 상황에 대한 인식을 하지 않는다고 묘사했지만(Bandler, Grinder, & Satir, 1976), 후기에는 그들이 상황 또한 잘 인식할 수도 있다고 주장했다. 회유형들은 상황에 대한 민감성에 따라 달라질 수 있는데, 상황에 대한 대응력이 떨어진 사람들은 더 많은 어려움을 겪을 수 있다(Stephen Lankton 과 Lynn Azpieta와의 개인적 대화). 예를 들면, 자신이 원하는 것을 얻기 위해 교수에게 최선을 다해 잘 하려고 노력하는 학생은 대학이라는 공식적인 상황을 잘 인식하고 있는 회유형이라고 할 수 있다. 이와 대조적으로 A학점을 받기 위해 쿠키를 구워가거나 교수의 심부름을 하면서도, 정작 학업 규준을 경시하는 회유형은 상황을 잘 인지했다고 보기 어렵다. 따라서 이러한 것들을 염두에 두고 충분히 작업하다 보면 회유형들이 얼마나 교묘한지 알게 될 것이다.

모든 유형의 회유형들은 사람을 기쁘게 하려는 경향이 있어서, 치료자들은 선다형 질문과 개방형의 반영들과 같은 덜 지시적인 치료방법을 사용하여, 회유형들이 의견을 말하고 입장을 표현할 수 있게 한다. 회유형은 종종 이렇게 자기 입장을 세우는 것을 상당히 고통스러워하며 두려워한다. 회유형의 경향을 가진 내담자에게, 치료자는 의견 제시를 삼가면서, 회유형 내담자 자신의 의견을 자각하게 한다. 또한 치료자는 지나치게 많은 개인적 정보를 제공하는 것을 주의 깊게 피해야 한다. 왜냐하면 회유형 내담자들이 이러한 정보를 갖고서 어느 부분에서 자기 자신을 숨기고 또 어느 부분에서 치료자의 승인을 얻기 위해 내세워야 할지 이용할 것이기 때문이다. 회유형들을 결코 과소평가하지 마라. 그들은 사람들을 기쁘게 하는 예술의 달인들이다. 연구 자료를 통해 보면 어떤 내담자들은 치료가 진전되었다는 인상을 주기 위해 사실을 꾸며대기도 한다고 한다(Gehart & Lyle, 2001). 회유형은 라포가 충분이 형성된 후에서야 비로소 치료자에게 과감하게 자신의 의사를 표현하며 동의하지 않는다고 자신의 의견을 말할 수 있게 된다.

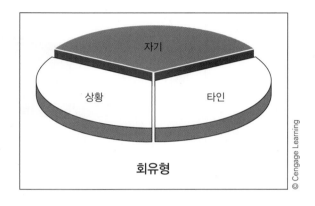

비난형 회유형의 극단에 있는 비난형(blaming stance)은 다른 사람의 욕구와 바람을 희생시키고 대신 자신의 입장과 힘을 주장한다(Satir 등, 1991). 비난형은 문제의 원인을 다음과 같이 다른 사람이나 외적인 환경에서 찾는다. "그녀가 X를 하지 않았다면, 나도 Y를 느끼거나 Z를 하지는 않았을 텐데" 또는 "만약에 내가 여건상 X를 해야 할 필요가 없었다면, Y를 느끼거나 Z를 하지는 않았을 텐데." 일단 비난형의 입장에 서면, 모든 것에 변명이 있다. 비난형의 사람은 자존감이 높아 보이지만, 사실은 그렇지 않다. 비난형은 자신감보다는 두려움을 바탕으로 입장을 취하기 때문이다. 비난형들은 종종 외롭다거나, 성공하지 못했다고 여기는 사람들이다. 대조적으로 자신들의 욕구와 잘 소통하는 일치형 입장에 선 사람들은 자신들의 행동이 타인에게 해를 끼치지 않기 때문에 평안함과 자존감을 유지할 수 있다.

새티어의 초기 연구(Bandler, Grinder, & Satir, 1976)에서 보면 비난형도 회유형과 마찬가지로 상황을 무시하는 것으로 나타나고 있지만, 후기 연구에서는 상황에 대한 인식이 있는 것으로 보고된다. 상황에 덜 민감한 비난형들은 공공장소에서 부적절하게 분노를 표시하거나, 상황과 맞지 않는 방식으로 분노를 표현하곤 한다(주변의 잡화점이나 커피 전문점에서 찾아보라). 반면 상황에 좀 더 민감한 비난형의 사람은 자신들의 실수를 주어진 환경에서 승인될 만한 규준에 맞추어 조절하여 표현하는 것이 가능하다.

치료자들은 비난형들이 지닌 다른 사람의 생각과 감정에 대한 알아차림 능력을 키워주려 하고, 그들이 다른 사람의 개인적인 견해를 존중하는 방법으로 소통하도록 도우려 한다. 이러한 내담자들에게 있어, 직접적인 직면은 종종 치료적 관계(일반적으로 기대하는 것과 반대로)를 강화시킨다. 대개 비난형은 자신들에게는 능숙한 솔직하고 직접적인 의사소통을 어려워하는 나약한(회유형을 생각해보라) 치료자를 존경하지 않는다. 비난형은 점잖은 사회에서 일반적으로 허용되는 것보다, 더 솔직하고 직접적으로 이야기하는 것을 선호한다.

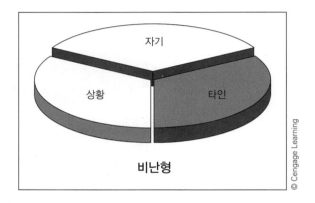

초이성형 앞에 소개된 두 입장에 비해 초이성형(superreasonable stance)은 다른 사람과 자신을 희생시키고 상황을 중요시한다(Satir 등, 1991). 일반적으로 감정적이지 않은 특정한 논리체계에 고착된 형태를 취하는데, 이는 단순히 실용적일 수도 있고 때로는 종교적 규칙체계일 수도 있다. 초이성형 내담자와 상담할 때는 논리와 원칙이 가장 중요시된다. 치료자들이 그들의 세계에서 인정받기 위해서는 상황을 언급해야만 한다. 이 입장에 대한 목표는 그들 자신과 상대방의 내적이고 주관적인 현실에 대해 가치를 갖도록 돕는 것이다.

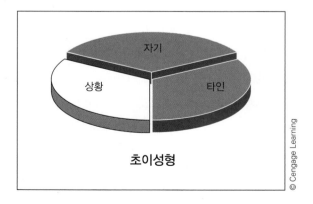

산만형 산만형(irrelevant stance)은 관계가 어려워질 때 관련성 없는 대화와 유머로 자신이나 타인, 상황에 대한 인식을 피해 가는 유형이다(Satir 등, 1991). 대부분의 경우, 산만형은 어떠한 형태의 긴장이나 부정적인 것도 피해버리기 때문에 즐겁고, 즉흥적이고, 오락적이고 흥겨운 사람으로 보인다. 심지어 그들은 어떤 것에도 결코 속상해하지 않기 때문에 문제가 전혀 없어 보이기까지 한다. 하지만 이런 입장을 견지하는 사람은 결코 현재와 접촉하지 못하기 때문에 높은 자기가치감이나 친밀성을 갖지 못하며 종종 혼란스러워 하고 균형감을 상실한다.

산만형은 자신과 타인, 상황에 대해서 일관된 기반을 갖고 있지 못하므로 이런 내담자를 이해하고 소통하는 것이 치료자에게는 독특한 도전이 된다. 대신에 치료자가 활용할 수 있는 내담자 현실에서의 고요한 '닻'을 파악하기 위하여 내담자의 산만함에 같이 표류하며 시간을 보내야만 한다. 첫 번째 단계는 내담자가 산만한 대화를 줄일 수 있는 최상의 안전감을 제공하기 위해 치료적 관계를 잘 형성해야 한다. 치료가 진행됨에 따라, 치료자는 산만형 내담자들이 자신과 타인의 생각과 감정, 그리고 상황의 요구를 인식하는 능력을 높일 수 있도록 상담한다. 전형적으로 산만형과의 치료 진전은 느리다.

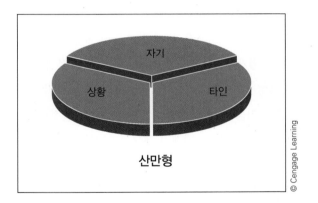

관련학자

버지니아 새티어 새티어는 전체 가족과 가족상담을 하는 최초의 선구적인 치료자들 중 한 명이다. 그녀는 1951년 개인 연구소를 설립하여 1955년 일리노이 정신연구소에서 가족들과의 상담을 시작 이후에 새로이 설립된 캘리포니아 팔로 알토의 MRI에 합류했다. 1962년에 국립 정신건강 연구소의 지원금으로 최초의 가족치료훈련 프로그램을 만들었다. 1964년 최초의 저서 『공동가족치료(Conjoint Family Therapy)』를 출판했고, 여기에 새티어 모델의 핵심적인 윤곽과 요점이 나타나 있다. 그녀는 MRI를 떠나 캘리포니아 빅서의 에설런(Esalen) 연구소의 책임자가 되어, 개인적 성장을 촉진시키기 위한 워크숍을 개최하게 된다. 또한 새티어는 이 모델의 수련생들을 연결시키기 위해 AVANTA 네트워크(버지니아 새티어 글로벌 네트워크)를 설립하였다.

상담과정

새티어 등(1991)은 6단계 변화 모델을 사용하는데, 이 모델은 MRI의 사이버네틱 체계 및 인간은 자연적으로 성장을 향해 나아간다는 가정을 지닌 인본주의적 원리에 기반을 두고 있다. 6단계 모델은 가족구조의 2차적 변화를 위한 가족의 치료과정에 대해서 설명해준다(3장 참조). 치료자는 체계를 체계의 외부에서 흔들어 보거나, 직접적으로 지시하고 조절하려 하기보다는 체계 자체의 자연스러운 재조직 능력을 존중한다. 따라서 새티어가 내담자에게 더 나은 소통방법을 안내하기 위해 교육을 한다고 해도, 목적은 그녀의 지시를 문자 그대로 따르라기보다는 체계 안에서 자체적인 방식으로 교육에 반응하고 적용하는 것이 된다. 6단계는 다음과 같다.

1. **현재 상황**: 적어도 한 명의 증상을 지닌 구성원이 포함된 항상성 단계이다.
2. **외부 요소의 등장**: 외부 요소는 인생 위기나, 비극적 요소, 또는 외상적 개입 같은 체계의 균형을 깨뜨릴 수 있는 요소이다.
3. **혼돈**: 새로운 시각은 체계를 혼돈상태에 빠뜨리는 정적 피드백 고리를 만드는 계기가 된다. 그렇게 되면 가족은 불편감을 '자연스럽게' 느끼고, 거의 모든 경우에 가족은 이전의 항상성 상태(1단계)를 다시 회복하려고 하지만, 회복은 가능하지 않을 수도 있다.
4. **새로운 가능성으로의 통합**: 가족 체계는 필연적으로 새로운 정보를 의미 있는 방식으로 해석한다. 치료자는 체계가 정보를 어떻게 이용하는지, 치료자-내담자 상호작용에 어떻게 반응하는지에 대해 체계의 자율성을 신뢰하고 존경하면서 존중할 필요가 있다.
5. **연습**: 체계는 새로운 정보에 입각해서 새로운 상호작용 방식들을 발달시킨다. 이것은 치료자가 기대한 것과 같거나 또는 다를 수 있지만, 치료자는 다음과 같은 두 가지 핵심적인 평가질문을 해야 한다. (1) 증상들이 나아지고 있는가? (2) 각각의 사람들이 자아실현을 하고 성장할 수 있는가?
6. **새로운 상황**: 이것은 증상을 일으키는 구성원이 없이 구성원들 모두 성장하고 발달하는 것이 허용되는 새로운 항상성 단계이다.

대부분의 경우, 치료는 이러한 6단계를 몇 차례에 걸쳐 밟아 가는데, 그럴 때마다 불편감과 상대적인 혼돈감을 조금씩 감소시켜가면서 내담자는 점점 변화에 대한 편안함을 증가시켜 간다.

상담관계 형성

인본주의적 그리고 체계적 기반

새티어 등(1991, pp. 14~15쪽)은 사람과 치료에 대한 다음과 같은 네 가지 중요한 가정을 한다. 첫 번째 두 가지는 인본주의적 가정이고, 뒤에 두 가지는 체계적 관점이다.

새티어 성장모델의 가정들

1. 인간은 자연발생적으로 긍정적인 성장을 향해 나아가려는 경향이 있다(인본주의적 원리).
2. 모든 사람은 긍정적인 성장의 자원을 소유하고 있다(인본주의적 원리).
3. 모든 사람과 사건, 상황은 서로 영향을 끼치고 서로 영향을 주고 받는다(체계적 원리).
4. 치료는 치료자와 내담자와의 상호작용과 관련된 과정이다. 이런 관계에서, 각 사람은 자기 자신에게 책임이 있다(체계적이고 인본주의적 원리).

이러한 가정은 치료과정에서 치료자의 역할(치료자는 '자기 자신에 대해 책임'을 진다)과 치료적 과정이 효과가 있음을 치료자가 어떻게 믿는지를 명료화해준다. 내담자는 이미 성장을 향한 경향성과 자원을 가지고 있고 이러한 경향성을 활성화시키는 것이 치료자의 작업이다. 이러한 가정은 좀 더 온전한 인간이 되기 위한 과정에 대한 길잡이로서 치료자의 역할이 무엇인지 알려준다.

치료적 현존: 따뜻함과 인간성

인본주의의 대가이자 경험적 치료자인 칼 로저스(Carl Rogers, 1961, 1981)는 내담자 중심 접근을 바탕으로 치료자의 세 가지 자질을 다음과 같이 이야기한다. (1) 일치성 또는 진솔성 (2) 정확한 공감능력 (3) 무조건적 긍정적 존중. 이러한 조건들은 새티어의 따뜻함과 인간성에 관한 이론적 근거이다(Satir 등, 1991). 세상 속에서 그녀의 존재방식은 내담자를 향한 흔들리지 않는 희망과 깊은 존중감을 뿜어낸다. 치료실 안에서의 그녀의 존재는 사람들로 하여금 편안함을 느끼게 하고 서로가 서로에 대해 방어가 없이 안전감을 느끼게 한다. 그녀는 안전한 천국을 창조하여 내담자로 하여금 그들의 삶에 관한 주제들을 편안하게 이야기할 수 있게 한다. 그녀가 이렇게 하는 방식에 대해서 설명하는 것은 쉽지 않다. 존재의 질, 정의하기 어렵지만 이러한 **치료적 현존**과 그것을 체계적으로 발달시키기 위한 몇 가지 방법들은 있을 수 있다(Gehart & McCollum, 2008). 치료자가 자기 자신과 타인의 욕구에 **진솔**하게 부응할수록 치료적 따뜻함과 인간성을 더 잘 만들어낼 수가 있는데, 이것이 바로 새티어 상담의 특징이라고 할 수 있다. 이 장의 마지막에 소개된 이란인 가족 사례의 경우, 치료자는 내담자의 문화적 가치와 규준들을 이용하여 안전감을 창조해야만 한다. 사례

연구에서, 이민자인 아버지는 좀 더 형식적이고 감정적으로 절제된 접근을 이용하여 상담이 이루어져야 하는 반면, 아들과 어머니는 따뜻함과 감정표현과 같은 미국식의 좀 더 수용적인 접근을 해야 한다.

접촉하기

새티어 등(1991)은 치료적 관계를 만들어가는 것을 '접촉하기(making contact)'라고 묘사했다. 이것은 치료자 내에서 그리고 치료자와 다른 사람들 사이에서 일련의 연결 관계들을 만들어가는 것을 말한다. 접촉하기는 치료자가 자기-만다라 속에서 나타나는 신체적, 지적, 감정적, 감각적, 상호작용적, 영양학적, 상황적, 그리고 영적인 자기의 모든 자원들을 포함하여 자기 자신과 접촉하는 것에서부터 시작한다. 더불어 치료자는 또 다른 '기적', 즉 인간이라는 친구를 만날 준비를 한다. 그 후 치료자는 치료실의 각 내담자들을 접촉하는 작업을 하는데, 치료자 자신의 마음, 신체, 그리고 영혼의 '모든 통로'를 사용한다. 따라서 개방적인 신체적 자세와 진솔한 의사소통이 결정적이다. 일단 치료자가 각각의 사람과 접촉을 했다면, 치료자는 가족 구성원들이 서로에게 그리고 궁극적으로 좀 더 넓은 사회체계 안에서 서로 접촉하는 것을 돕도록 한다. 치료의 진전은 치료자가 내담자와 접촉을 하고나서 비로소 이루어질 수 있다. 접촉이 이루어질 때, 내담자는 그들이 자신의 문제들과 별개로 자기 자신의 가치감을 느끼고 치료적 현장에서 실수하는 것을 두려워하지 않게 된다. 접촉하기는 다음 활동을 포함한다.

- 내담자와 직접적인 눈길 접촉
- 내담자와의 신체적 접촉(악수 등)
- 눈길 접촉이 가능하도록 내담자와 같은 신체 높이로 앉거나 서기(아이들과 이야기하기 위해 웅크리고 앉는 등)
- 각 사람의 이름을 알고, 또 어떻게 불리고 싶어 하는지를 아는 것(Satir 등, 1991)

공감

새티어 수련자들은 내담자들의 주관적인 실재에 대해 자신들이 이해하고 있는 바를 정확한 이해에 바탕을 둔 공감(empathy)을 통해서 전달한다. 공감은 치료자가 내담자의 편에 서서 내담자가 불일치성과 직면하는 것을 피하도록 하거나, 내담자의 책임감을 경시하는 것을 말하는 것이 아니다. 일반적으로 내담자는 자신들을 편들어 주고 자신들에게 도전적이지 않고, 문제상황에서 자신들의 책임을 간과해주는 치료자를 좋아한다. 이런 방식으로 '승인'되면 내담자는 기분이 좋을 수는 있지만, 이런 종류의 '승인'은 치료적 진전에 방해가 된다. 유사하게, 내담자가 느끼는 방식이 '타당하다'고 암시해주는 언급은, 상호작용에서 내담자가 가져야 하는 절반의 책임에 대해 반영해가는 과정을 차단할 수도 있다. 한편, 공감은 옳거나 틀린, 또는 정상인가 아닌가의 문제가 아니라, 순간에 느끼는 내담자의 느낌이라는 것을 강조한다. 옳거나 정상적이거나에 관해 승인받지 않는 내담자의 고유한 경험에 대한 존중은, 두 개 혹은 그 이상의 실재가 충돌해서 문제적 상호작용 상황을 만들어내면서, 내담자로 하여금 다른 사람도 각자에게 진실된 자신만의 고유한 경험을 갖는다는 것을 훨씬 쉽게 깨달을 수 있게 돕는다. 이 장의 마지막에 소개된 사례에서 가족상담을 하는 치료자는 동성연애자라고 커밍아웃한 아들을 전통적인 가치에 근거하여 승인을 거절하는 아버지에게 공감을 표현하는 매우 도전적인 작업을 수행하면서, 동시에 아버지의 반응으로 인해서 상실감과 거부감을 느끼는 아들의 감정에도 공감을 표현한다. 따라서 만약 치료자가 어떤 식으로든 한 사람이 다른 사람보다 더 진실하다고 표현하면, 그는 다른 사람과의 결속을 잃기가 쉽다.

희망을 전달하기

내담자와 상담을 할 때, 비록 그가 그 순간에는 아무런 희망을 느끼지 못한다 하더라도 치료자는 내담자에게 변화할 수 있고 상태가 더 나아질 수 있다는 희망을 주도록 해야 한다. 새티어(1991) 등은 치료에 들어가기 전에 내담자가 반드시 변화에 대한 확신을 가져야 한다고 강조한다.

신뢰성 쌓기

내담자는 치료와 문제해결에 대한 치료자의 도움에 관해서 신뢰를 가질 필요가 있다. 치료자는 내담자와 개인적인 결속을 만들어가면서, 자신감 있고 유능한 존재로서 신뢰감을 구축한다(높은 자존감의 모델링, Satir 등, 1991).

사례개념화 및 평가

새티어 성장모델에서는 가족 기능과 개인 기능 모두를 평가한다.

가족 기능의 사정

- 체계에서 증상의 역할
- 가족역동
- 가족 역할
- 가족 생활사건 연대기
- 생존 삼인군

> ### 개인 기능의 사정
> - 생존 삼인군
> - 경험의 수준: 빙산
> - 자기가치감과 자존감
> - 마음—신체 연결

가족 체계에서의 증상의 역할

다른 체계 이론과 마찬가지로, 새티어(1972)도 증상이 가족 체계 내에서 역할을 수행하는 것으로 보았다. 예를 들면, 약물복용이나 성적 행위와 같은 과장된 행동화는 부모님으로 하여금 연합하여 아이의 문제에 집중하게 함으로써 결혼생활에서의 긴장감을 감소시키는 기능을 한다고 볼 수 있다. 비슷하게, 개인의 우울은 배우자나 상사와의 불쾌한 직면을 피하는 수단이 될 수 있다. 비록 증상들이 의식적이고 논리적으로 선택되지 않았다고 하더라도, 증상들은 기본적으로 항상 가족 체계에서 정서적인 기능을 수행하고 있다. 그렇다면 왜 특별한 가족이나 특정한 관계에서 이런 특정한 증상이 있는 것일까? 만약 치료자가 가족 간의 이러한 역동에서 증상이 갖게 되는 감정적인 의미를 이해할 수만 있다면, 가족들로 하여금 증상의 필요를 느끼지 않고 성공적으로 상호작용하는 방법을 찾을 수 있도록 도와줄 수 있을 것이다.

가족역동

가족 기능의 사정과 더불어, 새티어 등(1991)은 문제를 일으키는 가족역동을 다음과 같이 정의한다.

- 힘겨루기: 대개 가족이나 부부, 또는 확대가족 구성원들 사이에 일어난다.
- 부모 갈등: 자녀양육과 돌봄에 관한 부모 사이의 불일치와 관련된다.
- 인정의 결여: 가족이 감정적인 지지나 인정을 거의 공개적으로 표현하지 않는다.
- 친밀감의 결여: 의미 있는 개인적인 정보와 개인의 감정생활을 최소한만 공유하고 있다.

가족 역할

새티어(1972, 1988)는 문제가 수행하고 있는 기능을 이해하기 위하여 가족 체계 내에서 각 개인의 역할을 평가했다. 가능한 역할들은 다음과 같다.

- 순교자
- 희생자 또는 무력한 사람

- 구조자
- 착한 아이나 착한 부모
- 나쁜 아이나 나쁜 부모

가족 생활사건 연대기

가족 생활사건 연대기(Satir, 1983; Satir 등, 1991)는 개인이나 가족의 생활에서 발생하는 주요한 사건들로서 다음과 같다.

- 출생과 사망
- 중요한 가족사건: 결혼, 이사, 비극적 사건, 큰 질병, 직업의 상실
- 중요한 역사적 사건: 전쟁, 자연재해, 경제적 파산

이러한 연대기는 치료자와 내담자에게 잠재적 문제의 맥락에 관한 '조망'을 제공하고, 과거의 외상이 현재 문제에 끼치는 영향력에 대한 단서들을 제공하고, 잠재적인 힘과 자원에 대한 정보를 제공한다.

생존 삼인군: 원가족 삼인군

평가를 위한 또 다른 영역은 아이, 어머니 그리고 아버지라는 생존 삼인군(Satir, 1988)과 이 셋 사이의 관계의 질이다. 새티어는 아이가 인간다워지는 법을 배우는 것은 바로 이 기본적인 세 사람 사이에 있다고 주장했다(Azpeitia, 1991). 부모 각각과 아이 사이에 감정적인 결합이 있는가? 그리고 부모는 아이와 각각 유의미하게 다른 수준으로 연결되어 있는가? 생존 삼인군은 아이를 위한 양육체계의 기능을 수행하므로 아이가 어려움을 겪고 있을 때, 치료자는 이러한 관계에서의 양육 기능을 어떻게 향상시킬 수 있는지 고려한다.

생존 입장

개인과 관련 역동들을 유용하게 이해하기 위해 새티어 수련생들은 가족 생존 입장에 따라 각 구성원을 평가한다(주요 개념 참조).

경험의 6수준: 빙산

새티어 수련생들은 내담자들의 변화를 지속시키기 위해 그들이 감정에 대한 감정을 탈바꿈하도록 경험의 6수준을 활용한다(Satir 등, 1991). 이러한 수준은 빙산에 비유되는데, 육안으로 관찰할 수 있는 유일한 영역인 행동 영역과 수면 아래 숨어서 보이지 않는 5개의 층으로 이루어져 있다. 6가지 층은 다음과 같다.

- 행동: 수면의 행동 층. 개인 내부 세계가 외적으로 드러난 것을 말한다.

- **대처**: 방어와 생존 입장들로서 회유, 비난, 초이성과 산만형이 있다. 스트레스 상황에서 드러나며, 한 사람이 다른 맥락에서 다른 입장을 취할 수도 있다.
- **감정**: 과거에 강하게 기반을 둔 현재 감정을 가리킨다.
- **지각**: 신념, 태도, 개인의 자기감을 알려주는 가치들로서 대체로 매우 어린 시절의 제한적인 현실감에 기초하여 형성된다.
- **기대**: 인생이 어떠해야 하고, 인간이란 어떤 행동을 해야 하는지, 그리고 개인이 어떤 행동들을 수행해야 하는지에 대한 강한 믿음으로, 대부분의 기대는 어렸을 때 형성되어 종종 비현실적일 수 있으며, 어느 특정 상황에는 적용할 수 없기도 하다.
- **열망**: 사랑받고, 수용되고, 인정받고, 승인되고 싶은 보편적인 갈망을 말한다.

치료에서 새티어 수련생들은 문제를 일으키는 행동과 상호작용의 뒤에 존재하는 동기를 평가하기 위해서 경험의 6수준을 활용한다. 문제를 일으키는 행동과 대처법, 그리고 감정을 지속적으로 유지하게 만드는 **지각**과 **기대**, 그리고 **열망**을 이해함으로써 치료자는 내담자로 하여금 그들의 초감정을 변형시켜서 좀 더 기저에 있는 사랑과 수용에 대한 갈망을 좀 더 효과적으로 자각하고 충족할 수 있도록 돕는다. 이 장의 마지막에 소개된 사례의 경우, 치료자는 열망에 대해 규명함으로써, 가족들로 하여금 구성원 각자의 크게 다른 입장들에 대해 이해하고 공감할 수 있도록 한다.

자기가치감과 자아존중감

새티어는 자기가치감과 자아존중감의 중요성에 대해서 인식한 선구자 중의 한 명으로서 항상 개인의 자아존중감 수준을 평가했다(Satir, 1972). 흔히 교사나 부모 그리고 다른 관심 있는 사람들이 아이의 부족한 행동의 은밀한 원인으로 자존감이 있다 또는 없다(이를테면, 높음 vs. 낮음)고 평가하는 것은 임상적으로 도움이 되지 않는다 대신에, 내담자가 **가치** 있게 여기는 부분이나, 또는 수치감을 느끼는 영역과 같이 자존감을 자기의 **특정 영역**에서 고려하는 것이 도움이 된다. 예를 들면, 아이는 친구를 사귀는 능력을 소중하게 여기고 자신 있게 여기지만, 학업 능력에서는 자신감이 부족할 수 있다.

자아존중감에 관한 좀 더 최근의 연구에서 **자기 자비**(self-compassion)나, 자신의 강점과 약점에의 수용과 같은 것은 자아존중감보다 더 나은 행복의 척도라고 여겨, 이것을 인위적으로 높여 줄 수도 있다고 한다(Neff, 2003). 자신의 능력과 가치를 과대평가하는 사람들은 종종 높은 자존감을 가졌지만, 대인관계와 직장, 학교에서 중요한 문제를 갖게 되기도 하는데, 이것은 그들이 '그들에게 부여된 것'에 대한 비현실적인 기대를 갖기 때문이다. 건강의 가장 중요한 지표로서 자기 자비는 자기 자신과 타인들 속에서 자신의 강점과 약점을 수용하는 개인의 능력이다. 다른 사람의 약점들에 대해서 판단하고, 성급하고, 관용적이지 못한 사람들은 거의 항상 그들 스스로에게도 똑같이 가혹하다. 또한, 자기 자신들에게 경직된 사람들은 비록 말로 표현하지 않아도 거의 항상 다른 사람들에게도 똑같이 가혹하게 대한다. 자기 자비와 자기가치감이 생김에 따라서 그들이 자신들의 행위에 대한 책임을 현실적으로 부과하고 평가하는 동안 사람들은 점점 현실적이 되어 그들 자신과 다른 사람의 약점에 대해서도 관용적이 된다.

마음-신체 연결

새티어 등(1991)은 또한 감정적 문제들이 상징적이거나 기능적인 방식으로 신체에 징후를 보이는 마음과 신체의 연결에 대해서도 언급했다. 예를 들면 부담감을 많이 느끼면 이러한 감정은 상징적으로 굽은 어깨로 나타나거나, 또는 '짐을 짊어진' 자세로 나타나 보인다. 비슷하게, 만약 사람이 감정에 압도당하게 되면 종종 아프거나 기능적으로 소진이 되는 증상을 보인다. 게다가, 영양과 운동의 역할도 평가된다. 결국 새티어는 신체가 사용되는 방식은 그 사람의 의사소통 입장을 나타낸다고 주장했다.

- 적절한 의사소통과 자아존중감: 개방적이고 이완된 신체 자세
- 회유형: 수줍고 내성적인 자세
- 비난형: 지시적, 화난 그리고 경직된 자세
- 초이성형: 차갑고 거리감 있는 자세
- 산만형: 과장되고 들떠서 산만한 자세

변화 목표 수립

가장 일반적인 수준에서, 새티어 성장모델의 목표는 탈바꿈(transformation)이다. 즉, 개인의 온전한 잠재력을 최적으로 실현하는 것이다(Azpeitia, 1991). 이 목표는 치료계획 수립을 위해 두 가지 포괄적인 실제적 목표로 나뉜다.

1. 관계, 가족 또는 체계적 목표
2. 개인적인 목표

새티어 치료자들의 개인적인 목표에 관한 관심은 인본주의적 근거들을 반영하고 있어서, 체계적 이론에 근거한 치료자들 사이에서는 독특한 것이다. 상징-경험적 치료자들은 이러한 인본주의적인 기반을 공유하고, 더불어 체계적이고 개인적인 목표를 세운다(9장 후반부의 상징-경험적 치료 참조).

관계 초점 목표들: 일치형 의사소통

새티어 접근의 관계적 목표의 핵심은 일치형 의사소통이다. 일치형 의사소통은 자신과 타인의 수요에 부응하면서 진정으로 의사소통하는 능력을 말한다. 명확하게 말해서, 목표는 가족으로 하여금 체계의 항상성 유지를 위해 더 이상 내적인 증상들(문제들)을 필요로 하지 않도록, 가족의 모든 구성원들이 의사소통하는 방법을 발달시키도록 돕는 것이다. 다음은 명확한 목표들의 예이다(Satir 등, 1991).

관계에 초점을 둔 목표들의 예

● 배우자, 부모 자녀 등과의 관계에서 일치형 의사소통 능력을 향상시키기
● 가족 규칙과 '당위성'을 일반적인 지침 정도로 변화시키기

개인에 초점을 맞춘 목표들: 자아실현

개인 목표는 체계 구성원 모두의 자아실현을 증진시킨다는 인본주의적 접근들과 일치한다. 자아실현은 개인의 잠재력의 실현과 진술하고 의미 있는 삶을 살아가는 것을 의미한다. 개인의 자아실현이 이루어질수록 그의 자기가치감 및 자아존중감도 커진다. 명확한 목표의 예는 다음과 같다.

개인에 초점을 둔 목표들의 예

● 자기가치감과 자기 자비를 향상시키기
● 방어적인 태도와 생존 입장의 사용을 감소시키기

개입 전략 수립

치료자의 자기 활용

치료자가 진정으로 자기 자신이 되어 치료에 임하는 자기 활용은 새티어 접근의 가장 필수적인 개입들 중 하나이다(1988). 진정한 자신이 됨으로써, 치료자들은 적절하게 의사소통하는 역할 모델이 될 수 있고, 또한 자아실현의 영향력을 보여줄 수도 있다. 게다가, 치료에서 치료자의 자기 사용은 자기 공개를 포함하기도 하는데, 이를 통해서 내담자가 부정적인 결과에 연연하지 않고 적절하게 의사소통하는 것을 연습할 수 있고, 좀 더 진정한 표현 방식을 시도해볼 수 있다.

상호작용 구성요소

다른 모든 개입의 기초가 되는(Azpeitia, 1991) 상호작용 구성요소는 내적인 의사소통 과정을 자세히 나타내주고, 내적이고 관계적인 과정에 대해 내담자들을 교육시키기 위해 사용된다(Satir 등, 1991). 요소에 관한 질문들은 사람들이 다른 사람과 어떻게 상호작용하는지에 대한 이해력을 높여주며 개인과 커플 또는 가족들 사이에서도 사용될 수 있다. 내담자가 다른 사람과 문제를 일으키는 상호작용을 할 때, 치료자는 다음과 같은 7가지 질문을 통해 내담자가 '상호작용 구성요소'를 통해 문제적 상호작용에서 빠져나오도록 할 수 있다.

1. 내가 무엇을 듣고 보는가? 치료자는 해석을 덧붙이지 않고 무슨 일이 일어났는지 행동중심으로 묘사하도록 즉각적으로 시도한다. 이것은 해결기반 치료의 '비디오 대화'(12장)와 유사하다. (예를 들면 "아이가 내가 말한 대로 즉시 쓰레기를 버리지 않았다.")

2. 내가 보고 듣는 것에 나는 어떤 의미를 만들어내는가? 명확하고 행동적인 진술을 얻은 후에, 치료자는 이러한 행동들을 어떻게 해석하는지 논의를 이끌 수 있다. 의미들은 종종 과거 경험들과 연결되어 있다. (예를 들면, "내 아이는 나를 존중하지 않는다. 나는 내 부모님께 결코 그렇게 말하지 않았다.")

3. 내가 부여한 의미에 대해 나는 어떤 감정이 느껴지는가? 다음으로 치료자는 내담자 자신이 부여한 의미와 해석에 대해 느끼는 특정한 감정에 대해서 정의할 수 있도록 돕는다(예를 들면, "이것 때문에 나는 화가 나고 상처받아요."). 치료자들은 다음에 자세히 다루게 될 '감정 표현 촉진' 기법들을 사용한다.

4. 이러한 감정들에 대해 나는 어떤 느낌이 드는가? 그 후 치료자는 내담자에게 그들이 인정할 수 있고 용납할 수 있는 감정에 대해서 질문할 수 있다. 일치성이 높을수록 더 다양한 감정을 인정하게 된다. 만약 인정하지 않으면, 생존 입장들이 촉발될 것이다(일치의 예: "나는 이런 감정들을 좋아하지 않지만 자연스러운 것이라는 것을 알아.", 불일치의 예: "나는 이러한 감정들을 좋아하지 않아. 그래서 이런 감정을 더 이상 느끼지 않도록 내가 말한 것을 아이가 즉시 하도록 만들어야 해."). 이어지는 개입은 해석에 따른 감정이 아닌 바로 이 수준의 감정에 초점을 맞춘다.

5. 내가 사용하는 방어는 무엇인가? 사람이 불일치한 의사소통을 하게 될 때, 투사나 부정, 무시와 같은 방어기제를 사용하거나 또는 의사소통의 입장 중 하나를 사용하여 반응을 한다(예를 들면, "나는 화가 나서 내 말을 안 듣는 아이에게 고함을 지른다.", "배우자가 아이를 망쳐서 나는 배우자를 비난한다.").

6. 내가 코멘트를 할 때 쓰는 규칙은 무엇인가? 각 사람의 원가족과 초기의 주요한 타자는 개인의 가치와 선택들을 제한하며, 어떤 행동들이 '승인'되고 '적합'한지를 결정하게 하는 대

인관계에 대한 코멘트 규칙(rules for commenting)을 전수시킨다. 대부분의 이러한 규칙들은 말로 행해지지 않으므로 적합성이나 유용성에 대한 충분한 숙고도 없이 그대로 미래의 관계에 사용된다(예를 들면, "부모가 아이에게 유약하게 보이는 것은 좋지 않아.", "부모가 항상 책임질 수 있어야 해요."). 이러한 규칙들은 '유화(softening)' 기술들을 사용하여 변형된다(아래에 설명됨).

7. 상황에서의 나의 반응은 무엇인가? 내담자는 행동으로 그리고 언어로 어떻게 반응하는가? (예를 들면, "나는 아이에게 '넌 나를 존경하지 않는다'고 화가 나서 적대적인 톤으로 말하게 되는데, 심지어는 아이가 내가 시킨 일을 한 후에도 여전히 화가 나있어요.", "나는 배우자가 아이에게 좀 더 엄하게 하지 않아서 화가 나요.") 불일치되고 문제가 있는 반응들은 변화의 대상이 된다.

감정 표현 촉진시키기

새티어 치료자들은 내담자가 현재 문제와 관련되어 명료화하기 어려운 감정을 표현하도록 돕는다(Satir, 1991). 만약 내담자가 가족 구성원이나 삶의 어려운 상황에 대해서 불평을 하면 경험주의적 치료자는 표현되거나 표현되지 않은 감정에 대해서 주의 깊게 듣는데, 바로 이것이 문제상황과 관련되어 있기 때문이다. 치료자들은 단지 표면적인 감정(예를 들면, "난 남편이 늦어서 화가 나요.")만 듣는 것이 아니라, 좀 더 깊은 수준의 감정(예를 들면, "내 남편은 나에게 관심이 없어요.")을 듣는다. 또한 내담자가 그런 깊은 감정에 초점을 맞출 수 있도록 질문과 공감적 반영을 사용한다. 예를 들면 다음과 같다.

- 만약 내담자가 그들의 감정을 직접적으로 분명히 하지 않은 채 이야기를 하는 경우
  - "당신이 그 문제로 당신에게 일어난 일에 대해 설명하는 것을 듣자니, 저는 당신이 [감정이름]을 느낄 것 같은데 그런가요?"
  - "매우 어려운 상황인거 같아요. 당신이 이런 일을 겪으면서 경험하고 있는 감정 중에 몇 가지만 나누어볼 수 있을까요?"
- 만약 내담자가 감정들을 분명히 하면, 치료는 다음과 같은 질문들을 통해 진행된다.
  - "당신은 [감정이름]을 느낀다고 하셨는데 저는 당신이 어느 부분에서는 [내담자가 경험하고 있으리라 여겨지는 다른 감정의 이름] 감정도 느끼는지 궁금하네요."
  - "당신에게 어떤 다른 감정[감정이름]이 드는지에 대해서 더 이야기 나눌 수 있을까요?

가족 규칙의 유화

새티어 등(1991)은 경직된 가족 규칙을 유연하게 하기 위해서 지침(guidelines)이라는 이름으로 가족들을 지도했다. 예를 들면, "나는 화를 내면 안 된다"라고 말하는 대신, 내담자나

가족이 "내가 화가 날 때, 나는 다른 사람과 나 자신을 존중하는 방식으로 화를 표현하겠다"
라는 제한된 규칙으로 재고하여 표현하도록 격려했다. 게다가, 새티어는 가족들이 가능한
한 적은 수의 규칙들을 갖게 하고, 유연하게 적용하도록 격려하며, 아이들의 발달수준에 따
른 욕구의 변화에 맞게 각 상황에 적용시켜보도록 했다.

소통능력 강화: 코칭, 역할극, 실연

내담자가 회기 중에 진실한 의사소통을 하도록 코칭하는 새티어 방식의 전형적인 특징
은 구체적인 의사소통 코칭 전략과 결합된 '상호작용 구성요소'(앞에서 논의한)와 관련된다
(Satir, 1988; Satir 등, 1991). 새티어는 의사소통을 코칭할 때 내담자에게 의자를 바꾸어 앉
도록 해서 "토요일 밤에 일어난 일에 대해 당신이 어떻게 느끼는지를 남편에게 이야기해보
세요."와 같이 내담자가 즉각적으로 표현하도록 했다. 만약 내담자가 이런 것에 대해서 배
우자에게 진솔하게 표현한다면, 새티어는 이러한 표현에 상대방이 친절하게 반응하도록
하면서 문제가 해결될 때까지 이러한 과정을 계속한다. 사람이 일치적 의사소통에서 어려
움을 느껴 생존 입장으로 되돌아가 있으면 새티어는 대화를 차단하고 내담자의 비언어적
의사소통을 좀 더 일치시켜서 말하도록 제안했다. (예를 들면 "이제, '너' 대신에 '나'로 시작해
서 다시 말씀해보시겠어요?" 또는 "당신이 당신의 아내와 이야기할 때 느껴지는 감정은 어떤 것인
지 알려주실래요?")

의사소통 코칭의 일반적인 영역

- 내담자에게 '너' 대신 '나'를 사용하여 문장을 시작하도록 요청하기
- 다른 사람을 비난하기 전에 자신의 감정에 대해 온전한 책임을 지기
  (예: '너 때문에…느껴' 대신에, 'X가 발생할 때, 나는 …느꼈다'로 말하도록 노력하기)
- 내담자가 말하지 않은 자신의 속마음을 다른 사람이 알아주기를 기대하기보다, 솔직하고 정직해
  지도록 격려하기
- 이중구속을 명확히 하기(예: "당신은 당신의 남편에게 좀 더 애정을 보여달라고 요청하지만, 남편
  이 그렇게 하면, 당신은 속이 상해서 당신이 요청했기 때문에 마음에도 없이 그저 했을 뿐이라고
  말하는군요.")

'상호작용 구성요소' 기법을 사용하여(이전에 언급된 것 참조) 치료자는 내담자가 그들이
듣고 본 것을 통해서 그들이 어떻게 해석하고 느끼는지, 감정에 대한 감정과 발생된 일에
대한 원가족의 규칙들은 무엇인지에 관해 내담자를 코칭한다.

가족조각 또는 공간적 은유

새티어의 가장 대표적인 개입은 가족조각 기법(family sculpting)인데, 이것은 가족이나 집단 상황에서 행해진다(Satir, 1988; Satir 등, 1991). 가족조각에서는 '조각가'가 각 가족 구성원의 역할을 어떻게 보고 있는지 자신의 견해를 나타내보도록 가족 구성원의 위치와 신체 모양을 만들어간다. 예를 들면, 만약 아이가 부모님을 비난자나 가혹하게 처벌하는 사람으로 인식하고 있다면, 그는 부모가 가혹해 보이고 화난 듯이 검지를 들어 지적하는 모습으로 조각할 것이고, 또는 자기 스스로를 구부리거나 숨으려 하는 아이로 조각하려 할 것이다. 이 때, 치료자나 내담자는 조각 과정을 감독할 수 있다. 만약 가족 구성원들이 조각을 감독하고 있다면, 각자는 자기 스스로가 평소에 인식하고 있는 대로 가족을 조각해볼 수 있다. 이 개입의 본질은 각 가족 구성원이 서로를 어떻게 바라보고 느끼고 인식하고 있는지를 비언어적인 상징적 묘사를 통해 은유적으로 제공해주는 것이다.

대부분의 경우 조각 기법은 인지적 방어를 피해가는 매우 효과적인 비언어적 직면방법이다. 조각 과정을 통해서, 개인은 자신이 가족 문제상황 과정에 어떻게 공헌하고 있는지를 언어를 통해서 정보를 제공받는 것보다 훨씬 빠르게 바라볼 수 있게 된다. 예를 들면, 만약 어떤 사람이 자기 자신을 다른 가족과 멀리 떨어져 배치해놓았다면, 그는 사람들로부터 외면당하거나 추방된 느낌을 느끼는 것이고, 이것은 종종 그녀의 현재 상황을 훨씬 더 효과적인 감정적 현실로서 소통하게 한다. 만약 그녀가 이 상황에서 언어를 사용하였다면 대개의 경우 다른 사람들로부터 언어적인 합리화 반응을 받게 될 것이다. 가족 구성원 모두가 조각을 할 때는 다른 사람이 조각한 것에 대해 토론하기 전에 먼저 가족 각자가 자신이 바라보는 상황대로 조각을 해보는 경험이 필요하다. 치료자들은 조각에 나타난 가족 구성원들 서로의 주관적인 경험을 존중하고 서로에 대해 깊이 이해하는 경험으로 이 활동을 이용하도록 격려한다. 이 장의 마지막에 소개되는 사례에서, 조각은 이렇게 분리된 가족이 각자에 대한 선한 의도를 알아차리는 것뿐만 아니라, 아들의 동성애 선언을 어떻게 경험하는지를 이해하도록 돕는 강력한 도구로 사용된다.

신체 접촉하기

새티어(1988)는 치료 초기에 내담자와의 연결을 위해서 먼저 신체 접촉하기를 사용하고, 더불어 내담자들이 새로운 의사소통 방법을 연습하고 있을 때 그들에게 확신을 주고 격려하기 위해서 신체 접촉하기(touch)를 사용하였다. 이런 과정에서 새티어는 감정의 내용을 강조하고 확실한 지지를 제공해주었다. 또한 새티어는 아이들에게, 공격적인 행동의 대안으로 또는 부모에게 다루기 힘든 아이들을 다루는 모델로서 신체 접촉하기를 사용하였다. 그녀의 매우 양육적인 여성의 모습은 내담자들이 그녀의 신체적 접촉을 경험하는 방식에 유의미하게 공헌했다. 오늘날의 실습 환경에서는, 신체 접촉하기의 사용은 일반적으로 성적 희롱으로 오해받거나 내담자에게 불편한 느낌을 제공할 수도 있어서 조심스럽다. 따라서 치료자들은 접촉하기의 법적 그리고 윤리적 문제들을 주의 깊게 고려해야 한다. 그렇지만 신체 접촉하기는 특정한 상황이나 특정 문화적인 배경에서는 적합할 수도 있다. 최소한, 치료자들은 새티어에게서 아이들과 배우자들이 더 많이 사랑하고 돕는 방식으로 서로의 신체를 접촉할 수 있도록 내담자를 지도하는 것의 중요성을 배울 수 있다. 예를 들면, 치료자들은 짜증을 내는 아이에게 설명보다는 안아주도록 부모를 지도할 수 있는 것이다.

다양한 집단에의 적용

가족 재구성: 그룹 개입

그룹 심리극의 형태로, 가족 재구성(family reconstruction)은 내담자의 미해결된 가족 문제와 삶의 사건들을 안전하게 설계된 집단 안에서 안전하게 탐험하도록 하기 위해 사용된다(Satir 등, 1991). '스타(star)'라고 불리는 내담자는 먼저 자신의 삶의 연대기에서 핵심적인 사건과 의미 있는 영향력을 끼친 자원을 파악한다. 그 후 스타는 핵심적인 삶의 경험과 관계를 재연하기 위해 집단에서 사람들을 선택한다. 치료자는 다음과 같은 세 가지 목표를 기억하면서 재연을 촉진시킨다.

- 오래된 학습의 뿌리와 그것이 현재에서 수행하는 역할을 파악하기
- 좀 더 현실적인 내담자의 부모상을 발달시키기
- 고유한 강점과 잠재력을 발견하기

부분들의 파티: 내적 측면의 통합

가족 재구성과 유사한 집단 활동인 부분들의 파티(parts party)에서는 내담자가 자신을 구성하고 있는 어떤 측면을 나타내기 위해 각 부분들을 상징한다고 여겨지는 집단원들을 파악한다(Satir 등, 1991). 내담자는 이렇게 선택된 집단원들로 하여금 일반적인 특징들(순교자, 희생자, 구원자)을 실연하도록 할 수도 있다. 또한 유명 인물들을 이용하여 자기 자신의 다른 측면을 표현하기도 한다. 치료자는 이런 방식으로 내담자가 자신의 다른 부분들을 드러내서 이를 더 잘 받아들일 수 있도록 돕는다. 또한 그들에게 계속 존재해오고 앞으로도 계속 유용하다고 여겨질 맥락을 파악하도록 촉진시킨다. '부분'이라는 어휘는 개인치료, 부부치료, 가족치료에서 이와 유사한 토론과 통찰을 촉진시키기 위해서도 사용된다.

적용하기

사례개념화 틀

가족기능의 사정

- 체계에서 증상의 역할: 증상이 어떻게 정서적인 수준에서, 종종 가깝고 먼 거리를 조절하면서 항상성을 유지시키는지 서술한다.
  - 권력 투쟁
  - 부모의 갈등
  - 인정의 결여
  - 친밀감의 결여
- 가족 역할: 가능한 가족 역할들을 파악한다.
  - 순교자
  - 희생자 또는 무력한 사람
  - 구원자
  - 착한 아이나 착한 부모
  - 나쁜 아이나 나쁜 부모
- 가족 생활사건 연대기: 중요한 역사적 사건, 죽음, 탄생, 이혼과 중요한 삶의 변화들을 묘사한다.
- 생존 삼인군: 각 자녀와 부모 사이의 정서적이고 양육적인 관계를 서술한다.

개인 기능의 사정

- 생존 입장: 체계 안에서 각 사람의 생존 입장을 파악한다.
  - 회유형
  - 비난형
  - 초이성형
  - 산만형
  - 일치형
- 경험의 6수준: 빙산(증상행동에 대해 설명한다.)
  - 행동
  - 대처
  - 감정
  - 지각
  - 기대

　　○ 열망

● 자기가치감과 자아존중감: 각자의 자기가치감 수준을 설명한다.

● 마음–신체 연결: 마음–신체 연결이 있다면 어떤 것이라도 설명한다.

새티어 치료계획 틀(개인)

새티어 치료의 초기 단계

상담 과제

1. 상담관계를 수립한다. DN: [관계 형성과 정서 표현에 있어 문화, 성, 기타 요인에 따라 서로 다른 방식들을 존중하기 위해 상담자가 고려해야 하는 것은 무엇인지 기술한다.]

　　a. 공감과 치료적 현존을 사용하여 내담자의 진정한 자아를 접촉하게 한다.

2. 개인, 체계, 그리고 보다 포괄적인 문화적 역동을 평가한다. DN: [문화, 사회경제적 수준, 성지향성, 성별, 기타 규준들을 고려하여 평가 작업을 어떻게 조율해야 할 것인지 기술한다.]

　　a. 생존 입장, 문제 영역과 관련된 **경험의 6수준**, 그리고 **자기가치감**에 주목하면서 개인적인 기능을 사정한다.

　　b. **관계역동, 가족 역할, 생존 삼인군**, 그리고 **가족 생활사건 연대기**를 파악하면서 관계 기능을 사정한다.

내담자 목표

1. 우울한 기분과 불안을 줄이기 위해 [증상이 생기는 중요한 맥락]에서 **생존 입장의 사용**을 줄인다.

　　a. 문제상황에서 의미, 감정, 방어 그리고 비난 규칙들을 파악하는 **상호작용 구성요소**

　　b. 우울과 불안 감정과 관련된 **감정 표현**을 촉진한다.

새티어 치료의 작업 단계

상담 과제

1. 작업 동맹의 질을 모니터한다. DN: [내담자의 문화적 관습에 맞지 않는 정서 표현을 상담자가 했을 때 보이는 내담자의 반응에, 상담자가 어떻게 주의를 기울일 것인지 기술한다.]

　　a. 개입 전략 평가: 진정한 자아로 치료자와 관계 맺는 내담자의 능력을 모니터한다.

내담자 목표

1. 우울감, 절망감과 불안을 줄이기 위해 '당위'를 줄이고 [구체화한 삶의 영역]에 대한 **기대**를 수정한다.

　　a. **상호작용 구성요소**를 파악하고, 우울하고 불안한 감정과 연관된 기대와 '당위'를 수정한다.

　　b. 기대와 관련된 역사와 감정적인 자각을 증가시키기 위해 '당위'와 기대를 **조각**한다.

2. 우울감, 절망감, 그리고 불안을 줄이기 위해 **자기감**을 알려주는 현실적인 **지각, 태도,** 그리고 **신념**을 증가시킨다.

　　a. 원가족에서 학습된 경직된 신념과 태도를 줄이기 위해 **가족 규칙**을 유화한다.

　　b. 좀 더 현실적인 지각과 태도에서 어떻게 행동하는지 **지도**한다.

3. 우울과 불안을 줄이기 위해 내담자의 **사랑과 수용에 대한 열망**을 좀 더 효과적으로 충족시키는 행동을 증가시킨다.

   a. 잠재된 열망을 규명하기 위한 **상호작용 구성요소들**을 개입한다.

   b. 내담자가 사랑과 수용에 대한 열망을 채울 수 있도록 돕는 의사소통의 형태와 새로운 행동으로 **역할극**을 실시한다.

새티어 치료의 종결 단계

상담 과제

1. 사후 계획을 수립하고 얻어진 성과를 유지한다. DN: [치료 종결 이후 내담자의 지원 체계의 일부가 될 수 있는 공동체 내 자원들에 상담자가 어떻게 접근할 수 있을지 기술한다.]

   a. 재발의 신호가 될 특별한 감정과 행동을 파악하고 알려줄 행동 계획을 구체화시킨다.

내담자 목표

1. 우울을 줄이고 안녕감을 증가시키기 위해, 매일 매일 **자기가치감**의 경험을 늘리고, 삶의 모든 영역에서 진정한 자아에서 비롯된 표현 능력을 향상시킨다.

   a. 이전의 그리고 새로운 자기를 **조각**하여 그 차이를 경험적으로 이해하도록 한다.

   b. 진정한 자아에 근거해서 결정을 내리는 연습을 **코칭**한다.

2. 우울과 불안을 줄이기 위하여 **부부/가족 관계에서 일치적인 의사소통**을 늘여간다.

   a. 생존 입장과 일치적 입장에서의 핵심적인 관계 양상을 **조각**하여 차이를 경험시킨다.

   b. 일치적 입장에서 다른 사람과 의사소통하는 연습을 위한 **역할극**을 실시한다.

새티어 치료계획 틀(커플/가족)

새티어 치료의 초기 단계

상담 과제

1. 상담관계를 수립한다. DN: [관계 형성과 정서 표현에 있어 문화, 성, 기타 요인에 따라 다른 방식들을 존중하기 위해 당신이 고려해야 하는 것은 무엇인지 기술한다.]

   a. **공감과 치료적 현존**을 사용하여 내담자의 진정한 자아를 접촉하게 한다.

2. 개인, 체계, 그리고 좀 더 포괄적인 문화적 역동을 평가한다. DN: [문화, 사회경제적 수준, 성지향성, 성, 기타 규준들에 고려하여 평가 작업을 어떻게 조율해야 할 것인지 기술한다.]

   a. 생존 입장, 문제 영역과 관련된 **경험의 6수준**, 그리고 **자기가치감**에 주목하면서 개인적인 기능을 사정한다.

   b. **관계역동, 가족 역할, 생존 삼인군**, 그리고 **가족 생활사건 연대기**를 파악하면서 관계 기능을 사정한다.

내담자 목표

1. 갈등을 줄이기 위해 부부/가족 사이에서 **생존 입장**의 사용을 줄인다.

a. 가족 체계에서 다른 사람과 그들의 역할들에 관한 각 개인의 지각을 **가족조각**하기

b. 감정에 대해서 직접적인 의사소통을 할 수 있도록 가족들을 **코칭**하기

새티어 치료의 작업 단계

상담 과제

1. 작업 동맹의 질을 모니터한다. DN: [내담자의 문화적 관습에 맞지 않는 정서 표현을 상담자가 했을 때 보이는 내담자의 반응에, 상담자는 어떻게 주의를 기울일 것인지 기술한다.]

   a. **개입 전략 평가**: 진정한 자아를 통해 치료자와 관계 맺는 각 개인의 능력을 모니터한다.

내담자 목표

1. 갈등을 줄이기 위해 '당위'를 줄이고 체계 안에서 다른 사람들에 대한 **기대**를 수정하고 수용능력을 향상시킨다.

   a. **상호작용 구성요소**를 파악하고, 타인에 대한 기대와 '당위'를 수정한다.

   b. 기대와 관련된 역사와 감정적인 자각을 증가시키기 위해 '당위'와 기대를 **조각**한다.

2. 갈등을 줄이기 위해 부적합한 의사소통임을 알려주는 현실적인 **지각, 태도**, 그리고 **신념**을 증가시킨다.

   a. 원가족에서 학습된 경직된 신념과 태도를 줄이기 위해 **가족 규칙**을 유화한다.

   b. 보다 현실적인 지각과 태도에서 어떻게 행동하는지 **코칭**한다.

3. 갈등을 줄이기 위해 내담자의 **사랑과 수용에 대한 열망**을 좀 더 효과적으로 충족시키는 행동을 증가시킨다.

   a. 잠재된 열망을 규명하고 표현하기 위한 **상호작용 구성요소들** 개입

   b. 내담자가 사랑과 수용에 대한 열망을 채울 수 있도록 돕는 의사소통의 형태와 새로운 행동으로 **역할극**하기

새티어 치료의 종결 단계

상담 과제

1. 사후 계획을 수립하고 얻어진 성과를 유지한다. DN: [치료 종결 이후 커플 혹은 가족의 지원 체계의 일부가 될 수 있는 공동체 내 자원들에 상담자가 어떻게 접근할 수 있을지 기술한다.]

   a. 재발의 신호가 될 특별한 감정과 행동을 파악하고 전달해야 할 행동 계획을 구체화시킨다.

내담자 목표

1. 우울을 줄이고 안녕감을 증가시키기 위해, 매일 매일 **자기가치감**의 경험을 늘리고, 삶의 모든 영역에서 **진정한 자아**에서 비롯된 표현 능력을 향상시킨다.

   a. 이전의 그리고 새로운 자기를 **조각**하여 그 차이를 경험적으로 이해하도록 한다.

   b. 진정한 자아에 근거해서 결정을 내리는 연습을 **코칭**한다.

2. 갈등을 줄이고 안녕감을 높이기 위해 직장/학교/확대 가족 관계에서 **일치적인 의사소통**을 늘려간다.

   a. 생존 입장과 일치적 입장의에서의 핵심적인 관계 양상을 **조각**하여 차이를 경험시킨다.

   b. 일치적 입장에서 다른 사람과 의사소통하는 연습을 위한 **역할극**을 실시한다.

참고문헌

*Asterisk indicates recommended introductory readings.

Azpeitia, L. M. (1991). The Satir model in action [course reader]. Encino, CA: California Family Study Center.

Azpeitia, L. M. (1995). Blossoms in Satir's garden: Lynne Azpeitia's work with gifted adults. *Advanced Development, Special Edition*, 127–146.

Bandler, R., Grinder, J., & Satir, V. (1976). *Changing with families: A book about further education for being human* (Vol. 1). Palo Alto, CA: Science and Behavior Books.

Banmen, J. (Guest Ed.). (2002). The Satir model: Yesterday and today (Special issue). *Contemporary Family Therapy*, 24.

Banmen, J. (2003). *Meditations of Virginia Satir*. Palo Alto, CA: Science and Behavioral Books.

Castle, H., Slade, P., Barranco-Wadlow, M., & Rogers, M. (2008). Attitudes to emotional expression, social support and postnatal adjustment in new parents. *Journal of Reproductive and Infant Psychology*, 26(3), 180–194.

Davies, D. (2000). Person-centered therapy. In D. Davies & C. Neal (Eds.), *Therapeutic perspectives on working with lesbian, gay and bisexual clients* (pp. 91–105). Maidenhead, BRK England: Open University Press.

Duncan, B. L., Miller, S. D., Sparks, J. A., Claud, D. A., Reynolds, L. R., Brown, J., & Johnson, L. D. (2003). *Journal of Brief Therapy*, 3, 3–12.

Gehart, D. R., & Lyle, R. R. (2001). Client experience of gender in therapeutic relationships: An interpretive ethnography. *Family Process*, 40, 443–458.

Gehart, D., & McCollum, E. (2008). Teaching therapeutic presence: A mindfulness-based approach. In S. Hicks (Ed.), *Mindfulness and the healing relationship*. New York: Guilford.

Gomori, Maria. (2002). *Passion for freedom*. Palo Alto, CA: Science and Behavior Books.

*Johnson, S. M. (2004). *The practice of emotionally focused marital therapy: Creating connection* (2nd ed.). New York: Brunner/Routledge.

Johnson, S. M. (2005). *Emotionally focused couple therapy with trauma survivors: Strengthening attachment bonds*. New York: Guilford.

Kirschenbaum, H., & Jourdan, A. (2005). The current status of Carl Rogers and the Person-Centered Approach. *Psychotherapy: Theory, Research, Practice, and Training*, 42, 37–51.

Kleinplatz, P. J. (1996). Transforming sex therapy: Integrating erotic potential. *The Humanistic Psychologist*, 24(2), 190–202. doi:10.1080/08873267.1996.9986850

Lambert, M. (1992). Psychotherapy outcome research: Implications for integrative and eclectic therapists. In J. C. Norcross & M. R. Goldfried (Eds.), *Handbook of psychotherapy integration* (pp. 94–129). New York: Wiley.

Langens, T. A., & Schüler, J. (2007). Effects of written emotional expression: The role of positive expectancies. *Health Psychology*, 26(2), 174–182. doi:10.1037/0278-6133.26.2.174

Lu, Q., & Stanton, A. L. (2010). How benefits of expressive writing vary as a function of writing instructions, ethnicity and ambivalence over emotional expression. *Psychology & Health*, 25(6), 669–684.

Miller, S. D., Duncan, B. L., & Hubble, M. (1997). *Escape from Babel: Toward a unifying language for psychotherapy practice*. New York: Norton.

Neff, K. (2003). Self-compassion: An alternative conceptualization of a healthy attitude toward oneself. *Self and Identity*, 2, 85–101.

Pachankis, J. E., & Bernstein, L. B. (2012). An etiological model of anxiety in young gay men: From early stress to public self-consciousness. *Psychology of Men & Masculinity*, 13(2), 107–122. doi:10.1037/a0024594

Picucci, M. (1992). Planning an experiential weekend workshop for lesbians and gay males in recovery. *Journal of Chemical Dependency Treatment*, 5(1), 119–139. doi:10.1300/J034v05n01_10

Rogers, Carl. (1961). *On becoming a person: A therapist's view of psychotherapy*. London: Constable.

Rogers, C. (1981). *Way of being*. Boston: Houghton Mifflin.

Satir, V. (1983). *Conjoint family therapy* (3rd revised ed.). Palo Alto, CA: *Science and Behavior Books*. (Original work published in 1983).

Satir, V. (1972). *Peoplemaking*. Palo Alto, CA: Science and Behavior Books.

Satir, V. (1988). *The new peoplemaking*. Palo Alto, CA: Science and Behavior Books.

Satir, V., & Baldwin, M. (1983). *Satir step by step: A guide to creating change in families*. Palo Alto, CA: Science and Behavior Books.

*Satir, V., Banmen, J., Gerber, J., & Gomori, M. (1991). *The Satir model: Family therapy and beyond*. Palo Alto, CA: Science and Behavior Books.

Schwartz, R. C. (1995). *Internal family systems therapy*. New York: Guilford.

Stanton, A. L., & Low, C. A. (2012). Expressing emotions in stressful contexts: Benefits, moderators, and mechanisms. *Current Directions in Psychological Science*, 21(2), 124–128. doi:10.1177/0963721411434978

Wang, L. (1994). Marriage and family therapy with people from China. *Contemporary Family Therapy: An International Journal*, 16(1), 25–37. doi:10.1007/BF02197600

*Whitaker, C. A., & Bumberry, W. M. (1988). *Dancing with the family*. New York: Brunner/Mazel.

Yoshida, T. (2011). Effects of attitudes toward emotional expression on anger regulation tactics and intimacy in close and equal relationships. *The Japanese Journal of Social Psychology*, 26(3), 211–218.

Yu, J. (1998, November). Asian students' preferences for psychotherapeutic approaches: Cognitive-behavioral, process-experiential and short-term dynamic therapies. *Dissertation Abstracts International*, 59, 2444.

새티어 치료 사례: 이란인 이민자 가족 아들의 동성애 선언

36세의 이란인 여인 라나(Rhana, AF)는 20년간 결혼생활을 유지해온 46세 남편인 자비드(Javid, AM)와 16세 아들 잼시드(Jamshid, CM)와 함께 가족상담을 받고자 하였다. 이 부부는 이란에서 결혼한 지 2년 후에 가족과 사랑하는 사람들을 뒤로 하고 미국으로 이민을 왔다. 오직 서로에 대한 감정만 의지하며, 부부는 그들의 전통적인 가치들을 유지해가면서 열심히 일했다. 비록 남편에게는 힘든 시간이었지만 라나는 공부를 계속했고 결국 간호조무사로 일하게 되었다. 아들이 태어난 후, 라나는 가사를 돌보고 아들을 양육하기 위해 시간제 일자리로 옮겨서 일을 계속하고 있다. 아들은 그들 부부의 자랑이었고 특히 라나에게는 더욱 그러하였다.

남편은 소매상으로 성공했으며 주당 60시간이 넘게 일을 해야 했기 때문에 가족과 함께 보내는 시간을 거의 갖지 못했다. 라나는 그들의 가족역동을 일반적으로 평화롭다고 묘사하고 있다. 최근 아들이 자신이 동성애라는 사실을 엄마에게 말하고, 또한 아버지에게 알려달라고 엄마에게 부탁하면서 이 집안에 긴장이 생기게 되었다. 아들이 걱정되고, 가족의 미래가 불안해지고, 이 소식을 듣게 된 후의 남편의 반응이 염려되고, 대가족과 그들이 속한 문화로부터의 낙인이 두려워서 그녀는 몇 주간 고민하다가 남편에게 말할 용기를 내었고, 남편은 즉각 격한 분노에 휩싸였다. 그는 아들의 동성애를 받아들일 수 없다는 입장이었고, 아내가 아들의 동성애를 인정한 것은 전통적인 성 역할을 따르지 않은 것이라고 공개적으로 비난했다.

아들의 커밍아웃 이후 아버지는 이란으로 되돌아가고 싶다고 선언했고, 아내와 아들이 자신의 결정을 따라주기를 원했다. 라나는 남편과 이별하겠다고 위협했고, 남편은 어쩔 수 없이 상담에 응하게 되었지만 열심히 참여하려 하지는 않았다. 아들은 그가 부모님에게 준 고통에 대해서 죄책감과 슬픔을 보고했고 가족의 미래에 대해서 걱정하고 불안해했다.

새티어 치료 사례개념화

가족기능의 사정

● 체계에서 증상의 역할: 역사적으로 가족은 모든 사람이 자신의 의무를 다함으로써 평화가 유지된다. 아버지는 가장, 어머니는 가정주부, 그리고 아들은 반짝이는 스타로서 부모를 공통요인으로 결합시키는 '접착제' 역할, 즉 이민자로서의 생존 전투에 의미를 부여해주는 영감 그 자체였다. 아들이 자신의 성적 지향을 공개한 것은 가족의 질서를 위협했고 특히 아버지는 그토록 자랑스러워했던 가족을 유지하기 위해 그나마 절박한 심정으로 버티고 있다.

- 가족역동: 중요한 역동을 파악한다. 부부는 거의 친밀감이 없이 지냈고, 대신에 서로의 역할을 존중하면서 지냈는데, 이는 다른 이란 이민자들과 비슷했다. 왜냐하면 이민생활 특성이 이런 것을 강화하기도 하고 때로 이러한 규준들을 완화시키기도 했기 때문이다. 아들의 고백이 있기 전까지 이러한 방식은 그들이 대체로 갈등 없는 관계로 살아가는 데 도움이 되었다. 아들의 성지향성에 대한 아버지의 거부는 엄마를 남편과 아들 사이에서 어려운 위치에 놓이게 했다.

- 가족 역할: 가능한 가족 역할들을 정의한다.

  엄마 = 순교자(가족을 위해 자신의 꿈을 포기한)와 가족들 관리

  아빠 = 순교자, 가장, 장시간 가족 부양을 위해 일함

  아들 = 집안의 스타

- 가족 생활사건 연대기

  1994: AF와 AM 결혼

  1996: AF와 AM 미국으로 이민

  1996: CM 미국에서 탄생

  2000: 주택 구입

  2002: AM의 아버지 사망, AM은 석 달 동안 이란으로 돌아감

  2006: AF의 어머니 사망, AF와 CM 두 달 동안 이란으로 돌아감

  2014: CM이 게이라고 커밍아웃

- 생존 삼인군: CM은 항상 어머니와 감정적으로 더 많이 연결되어 왔었던 반면, 아버지와는 공식적인 관계만을 이어가고 있었고 이것은 문화적으로 전형적인 모습이었다. 최근 아버지가 아들의 성지향성에 대해 거부함으로써 부자관계는 심각하게 파괴되었고, 그 결과 어머니와 아들 사이의 관계는 강화되었다.

개인 기능의 사정

- 생존 입장들: AF와 CM은 회유형 입장에서 가족을 함께 유지하려고 노력하는 기능을 하고 있다. 반면, AM은 전형적으로 비난형 입장, 그리고 종종 반드시 따라야 할 규칙으로 이란의 문화적 전통을 인용하면서 초이성형 입장이 된다.

- 경험의 6수준: 빙산: 증상을 보이는 행동에 대한 설명

  행동

  AF = AM과 CM에게 서로 진정하라고 이야기한다.

  AM = 훨씬 더 긴 시간을 일한다. 이란으로 돌아간다고 위협한다.

  CM = 아버지와의 대화를 기피하고 어머니에게 가서 어머니가 아버지와의 연결을 도와

줄 것을 요청한다.

대처

AF와 CM: 회유형 입장

AM: 비난형을 사용(AF에게 일은 변명이다)하고 초이성형 입장(아들의 성지향성은 자연스럽지 않은 것이고 신이 허락한 것이 아님)

감정

AF: 죄의식, 혼란감, 그리고 고립감. 아무도 자신을 지지해주려고 하지 않는다.

AM: AF의 삶에 있어서의 선택 및 CM이 게이라는 사실에 불만족과 반감

CM: 슬픔, 죄의식, 수치감. 이것들은 오직 그의 성지향성에 일부 관련되어 있고, 아버지의 전체적으로 높은 기대수준에 부응해서 살아가는 존재가 결코 되지 못할 것 같은 느낌과 관련 있다.

지각

AF: 스스로를 남편과 아이를 만족시키려는 것 이외에는 거의 다른 선택을 가지지 못하는 사람으로 인식

AM: 가정적인 의무를 수행해왔고 아내와 아들도 그러기를 원함

CM: 어머니를 자신을 이해하고 좀 더 미국적인 문화에 가깝게 인식. 아버지를 대체적으로 미국에는 완전히 적용되기 어려운 전통적 이란 문화에 몰입해있는 것으로 인식

기대

AF: 상대적으로 타인에 대해서 현실적인 기대를 가졌으나, 자신에 대해서는 비현실적인 기대를 갖고 있음

AM: 아들의 삶에 영향을 끼치는 데는 어머니가 기본적인 책임을 가져야 한다는 강한 믿음을 가지고 있고 이란식으로 적절하게 아내가 그렇게 하기를 기대함

CM: 부모님이 지금보다 미국화되기를 기대하고 친구들이 자신을 지지하는 것처럼 부모도 자신을 지지해주기를 기대함

열망

AF: 가족이나 그녀의 문화권에서 인정받기 위해서 전통적인 아내와 어머니의 역할을 수행하기를 열망함

AM: 문화적으로 부여된 보호자와 제공자의 역할을 수행하고 이러한 역할에서 나오는 존경심을 즐기기를 열망함

CM: 그의 또래들이 누리는 자유와 더불어 부모로부터 인정받고 승인받고자 하는 열망

새티어 치료계획

새티어 치료의 초기 단계(가족)

상담 과제

1. 여러 가지 다양성 요인을 고려하여 상담 관계를 형성한다.

   다양성 고려사항: _____

   a. _____

2. 개인, 체계, 그리고 좀 더 포괄적인 문화적 역동들을 평가한다.

   다양성 고려사항: _____

   a. _____

   b. _____

내담자 목표

1. 가족 구성원 사이의 갈등을 줄이고 진정한 접촉을 늘려가기 위하여 가족 관계에 있어 생존 입장의 사용을 감소시킨다.

   a. _____

   b. _____

새티어 치료의 작업 단계(가족)

상담 과제

1. 작업 동맹의 질을 모니터한다.

   다양성 고려사항: _____

   a. _____

내담자 목표

1. 갈등을 줄이기 위해서 이란인으로서의 문화적 규준들을 염두에 두면서 체계 안에서 '당위'를 줄이고 다른 사람을 향한 **기대**를 수정한다.

   a. _____

   b. _____

2. 갈등을 줄이기 위해 불일치 의사소통 여부를 확인할 수 있는 현실적인 **지각, 태도, 신념**을 강화시킨다.

   a. _____

   b. _____

3. 갈등을 줄이고 친밀감을 높이도록 내담자가 **사랑과 인정의 열망**을 좀 더 효과적으로 충족시킬 수 있는 행동을 증가시킨다.

   a. _____

   b. _____

새티어 치료의 종결 단계(가족)

상담 과제

1. 종결 후 계획을 수립하고 상담 성과를 유지한다.

    다양성 고려사항: _____

    a. _____

내담자 목표

1. 갈등을 줄이고 안녕감을 증가시키기 위해서 각자가 **진정한 자아**를 표현하며, 진정한 자아로부터의 교류 능력과 **자기가치감**의 일상적인 경험을 증가시킨다.

    a. _____

    b. _____

2. 갈등을 줄이고 안녕감을 증가시키기 위해 직장이나 학교, 또는 확대가족에서 일치적 의사소통을 증가시킨다.

    a. _____

Chapter 9

상징-경험적 치료와 내적 가족 체계 치료

'나는 한 가족을 만날 때, 그들 안에 분투하고 성장하는 능력이 있음을 전적으로 확신한다. 평가하고 판단할 필요는 전혀 없다. 나는 이것이 절대 불가능하지 않다는 것을 안다.'

– Whitaker & Bumberry, 1988, p. 20

조망하기

8장에서 살펴본 경험적 가족치료들에 대한 탐색에 이어, 이 장에서는 상징-경험적 치료와 내적 가족 체계 치료를 살펴보고자 한다. 새티어 접근과 유사하게, 이 두 접근들은 창시자와 아주 밀접하게 관련되어 있다. 이러한 접근들은 독특하고 매우 두드러진 전략들을 사용하면서도 심상과 경험적 형태의 학습방법을 광범위하게 활용한다.

상징-경험적 치료

배경

상징-경험적 치료는 칼 휘태커(Carl Whitaker)에 의해 개발된 경험적 가족치료 모델이다. 휘태커는 이를 일컬어 '부조리 치료(therapy of the absurd)'라고 하면서, 가족 변화에 도움이 되도록 활용하는 전통적이지 않은 생생한 지혜라고 강조하였다(Whitaker, 1975). 인지적 논리보다 정서적 논리에 기반을 둔 그의 작업은 종종 터무니없다는 오해를 받기도 하지만, 휘태커는 상담 작업을 '가슴으로' 한다고 하는 것이 더 정확할 것이다. 전략적-체계적 치료자처럼 일련의 행동에 개입을 하는 것보다는, 휘태커는 정서적 과정과 가족 구조에 초점을 둔다(Roberto, 1991). 그는 체계의 정서적 수준에 직접적으로 개입하고, '상징적인 것'과 유머나 놀이, 정서적 직면뿐 아니라 실제 삶의 경험을 깊이 다루었다.

예민한 관찰자들은 휘태커의 작업이 가족들의 정서적 생활에 대한 깊고도 심오한 이해를 담고 있다고 하고, 평범한 관찰자들은 그의 작업이 무례하고 부적합하다고 하기도 한다. '부적합'할 때는 휘태커의 개입이 직면을 목적으로 하거나, 노출, 도전, 변화를 원하는 정서적 역동에 개입할 때이다. 여러 측면에서, 그는 치료자들의 예의바른 사회성은 저 너머로 던져두도록 격려하고, 모든 진실을 이야기하기에 충분할 정도로 치료자와 내담자가 진솔하고 현실적이기를 권유한다.

주요 개념

구조화와 주도성을 위한 전투

휘태커는 치료에 있어 두 가지 '전투'를 언급하는데, 즉 구조화를 위한 전투와 주도성을 위한 전투이다. 전투라는 비유를 쓰지 않더라도, 숙련된 치료자라면 누구나 그가 서술하는 원리에 대해 고려해야만 한다. **구조화를 위한 전투**에서 **치료자**는 치료의 경계와 한계를 명확하게 설정해야 한다(Whitaker & Bumberry, 1988). 치료자는 변화를 위한 프로그램을 진행할 책임이 있기에 이 전투에서 승기를 잡을 필요가 있으므로 변화를 위해 필요한 아래와 같은 구조가 확실하게 제 자리를 잡도록 해야 한다.

- 필요한 사람이 치료에 참가하기
- 효과를 보이기 충분할 만큼 치료를 자주 시행하기
- 회기의 내용과 과정이 변화를 가져오게 하기

'전투'는 치료자가 이러한 중요한 점을 강조할 때 일어난다. 휘태커는 내담자가 최소한의 구조적 조건에 부합하지 못하면 치료를 하지 말라고 강조한다. 그는 이 전투의 핵심에 치료자의 인간적 진실성이 있음을 역설한다.

> 여기에서 중요한 점은 치료자가 인간적이면서도 전문적 진실성을 가지고 임할 필요가 있음을 직시하는 것이다. 당신이 믿는 것을 행해야 한다. 만약 그렇지 않다면 어느 누구도 도울 수 없다. 구조화를 위한 전쟁은 진정으로 당신 자신을 믿고, 이를 내담자에게 보여주는 것이다. 이는 기술이나 힘의 문제가 아니다. 시작 전에 당신이 생각하는 최소한의 조건을 정하도록 하라(Whitaker & Bumberry, 1988, p. 54).

성공적인 치료가 될 수 없다고 생각하면서도 치료를 하거나, 중요한 인물이 회기에 참석하지 않았는데도 치료자들이 자주 커플이나 가족치료를 시도하려고 '안주'하는 경우, 또는 내용이나 과정을 필요한 지점으로 이끌지 못하면서 상담을 진행하는 것은 심지어 비윤리적이다. 이러한 전투에서의 실패는 유의미한 치료 결과를 가져오지 못한다.

이와는 반대로 주도성을 위한 전투는 내담자에 의해 이끌어져야 한다. 변화를 위한 가장 많은 투자와 주도권을 갖는 것은 내담자 자신이다. 이러한 인식은, 치료자는 내담자보다 결코 더 많은 것을 해서는 안 된다는 것으로 요약할 수 있다. 이는 특히 과도하게 내담자를 돕거나 내담자가 할 수 있는 것보다 빠르게 변화가 진행되길 원하는 새내기 상담자에게는 버거운 전쟁이다. 그런데도 만약 치료자가 내담자보다 변화를 더 원한다면, 이는 문제가 되는 역동을 가져오거나 역설적이게도 변화를 멈추게 한다. 치료자는 때론 긴장이나 위기가 커져서 내담자들이 변화를 위한 동기를 갖게 되기까지 상황을 그대로 두고 기다릴 필요가 있다. 치료자가 더 큰 주도성을 갖고 변화를 도모하려고 한다면, 내담자는 자신이 이끌려 가거나 강요받는다고 느껴서 자신의 입장을 고수하거나, 치료자의 변화를 위한 노력을 방해할 수 있는 소소한 방법들을 찾기 시작할 것이다. 반대로 내담자가 더 큰 변화 동기를 갖는다면, 치료과정이 훨씬 매끄럽게 진행될 것이다. 그래서 치료자들은 내담자의 에너지와 열정의 흐름을 따라 가면서 그들이 얼마나 열심히 상담에 임할 것인지를 내담자가 주도하도록 두어야 한다.

주도성을 위한 전투에서는 어색한 침묵, '모른다'는 대답, 긴장 등으로 서로 불편해질 수도 있다. 내담자들은 치료자가 대화의 주제를 선택하는 데 있어 주도적이지 않고 준비된 해결책을 내놓지 않아 당황해할 수도 있다. 휘태커와 범베리(1988)는 그저 긴장을 바라보는 것의 목적을 '이는 중요한 각자가 되어 가는 가족의 쟁점이다. 그들은 서로를 붙잡고 씨름할 필요가 있다. 그것은 그들을 살아있게 하며, 연기하는 것을 멈추게 하는 초대이다'(p. 66)라고 설명한다.

관련학자

칼 휘태커(Carl Whitaker) 토마스 말론(Thomas Malone)이나 존 와켄틴(John Warkentin) 같은 동료들과 함께 휘태커는 1940년대에 가족상담을 시작했고, 이 분야의 초창기 선구자가 되었다(Roberto, 1991). 그는 정신분석으로 수련한 정신의학자로서, 내담자 문제를 내적 갈등으로 개념화하는 것에서 벗어나 역기능적인 상호작용의 문제로 바라보기 시작했다. 그는 초기에 정신증과 트라우마를 치료함에 있어 회기 내 정서적 역동과 가족 체계 내에 초점을 맞추었다. 시간이 지남에 따라 가족 관계 내에서의 정서와 지금-여기 경험에 점점 초점을 두었다. 휘태커가 에모리대학에서 정신과 학과장을 하는 동안, 휘태커와 말론은 이 개입의 전형적인 특징인 공동 치료(cotherapy)를 시작하였다.

상담과정

부조리 치료

상징-경험적 치료는 가끔 '부조리 치료(therapy of the absurd)'로 명명되기도 한다(Whitaker, 1975). 하지만 여기에서 말하는 부조리함이란 (그것이 무엇이 되었건) 부조리 그 자체만을 의미하는 것은 아니다. 상징-경험적 치료에서는 치료자들이 특정 목적을 위해 부조리의 특정 형태를 취하는 것을 의미한다. 부조리함은 연민과 돌봄을 통해 체계를 심리적으로 동요시키는(흔들거나 깨우는 식의) 것이다. 때때로 '돌보는' 것은 그 누구도 말하려고 하지 않는 진실을 이야기하는 형식을 띠기도 하지만, 치료자는 잔인할 만큼 정직한 코멘트 이면에 항상 돌봄의 정신을 품고 있도록 주의를 기울여야 한다(Whitaker & Bumberry, 1988). 보통 부조리 치료는 유머나 장난기, 유치함을 포함하기도 한다. '심각한 문제'를 그런 식으로 접근할 수 있음으로써, 치료자는 내담자와 더불어 문제를 해결하는 데 도움이 되는 더 많은 자원을 확보할 수 있는 위치에 서게 된다. 가벼움과 희망이라는 새로운 자세는 이러한 유쾌한 장난기에서 비롯한다. 또한 부조리 치료는 증상을 10%만 과장하게 하는 역설적인 기법을 사용하여 내담자의 두려움과 습관이 어처구니없음을 깨닫게 한다. 상징-경험적 치료는 거의 대부분 이렇게 무겁지 않은 방식으로 역설을 활용한다. 이 장의 마지막의 사례에서 보여주듯이, 치료자는 체로키족(Cherokee) 가족이 회피해온 고통스러운 진실, 즉 음주운전자로 인해 어머니와 아내를 잃었다는 진실을 수용할 수 있도록 조력하기 위하여 부조리를 사용한다. 물론 치료자는 그들의 회피하는 행동양식이 고통을 줄이기보다는 어떻게 악화시키는지 알 수 있도록 돕는 과정에서 부조리를 사용하되 내담자에 대한 존중심을 잃지 않아야 한다.

상담관계 형성

'치료자는 실패하더라도 가족은 실패하지 않는다.'

– Whitaker & Ryan, 1989, p. 56

치료자의 진솔한 자기 이용

상징-경험적 치료자는 진정성 있고 진솔하기 위해 노력하므로 대부분 가장 진정성 있는 가족치료자들이기도 하다. 이들은 많은 사람들이 가정하는 전문적이며 적절한 경계를 가지고 있지 않다. 그러기에 그들은 임금님이 벌거벗었다라고 외치는 아마도 첫 사람들일 것이다(Connell 등, 1999; Napier & Whitaker, 1978; Whitaker & Bumberry, 1988). 자신의 있는 그대로를 보이며, 내담자에게 자신의 모습을 숨기지 않는다. 만약 지루하다면 지루하다고 하고, 불편하다면 불편하다고 표현한다. 방 한가운데 있는 코끼리[1]를 보았다면, 그렇다고 말한다. 진정성의 수준은 폭넓은 슈퍼비전과 수련을 통해 치료자가 자신의 문제와 내담자의 문제 사이의 명확한 경계를 확실히 유지할 수 있게 된다. 따라서 이러한 방식으로 상담하지 않는 치료자가 볼 때는 상징-경험적 치료자가 '전문성'에 대한 상이한 규칙을 사용하고 있음에 당황스러울 수 있다. 결국, 치료자의 이 정도의 진정성은 기본적으로 내담자에게는 이익이다. 왜냐하면 치료자는 내담자가 계발했으면 하는 진정성에 대한 모델링을 제공해주고, 내담자가 그대로 따라 할 수 있도록 환경을 조성하기 때문이다. 만약 치료자가 전문가라는 이름이나 '역할' 뒤에 숨기는 것이 있다면, 내담자는 이러한 진정성을 온전히 계발시킬 기회를 놓치게 된다.

인간적 진실성

휘태커는 치료자는 인간으로서 명확하고 변함없는 진실성을 유지하도록 강조한다(Whitaker & Bumberry, 1988). 자신이 갖고 있는 신념이 보편적이지 않고, 일반 사람들의 마음을 불편하게 할 때(예: 진실성은 가족들이 지금까지 회피해왔던 고통스러운 화제를 떠올리게 밀어 붙이기도 한다)라도 자신의 신념을 치열하게 고수하며 기꺼이 옹호하고자 하는 것이 진실성의 필요 조건이다.

치료자의 책임감

상징-경험적 치료자는 '내담자인 가족들에게 책임감을 갖지 않으면서 그들에 대해 반응적'이 되어야 한다(Whitaker & Bumberry, 1988, p. 44). 상담자는 내담자의 삶을 책임지는 것이 아니라, 내담자 자신이 그들의 삶을 온전히 책임지게 하도록 주의를 기울여야 한다. 치료자의 가장 큰 책임은 체계와의 싸움에서 이길 수 있도록 치료적 과정을 통해 변화를 이끄는 것이다. 치료자는 적극적이어야 하지 지시적이어서는 안 된다.

상호간의 성장 자극하기

상징-경험적 치료에 있어 치료적 과정은 상호 성장을 자극한다. 다시 말하면, 서로간의 진솔한 만남을 통해 치료자와 내담자 양쪽 모두 성장한다(Connell 등, 1999; Napier & Whitaker, 1978). 상담관계에서나 다른 관계에서나 다를 것 없는 사람인 치료자는 온전히 진솔하기 때문에 자신의 한계와, 맹점, 약점을 알 수 있고, 내담자와의 참만남을 통해 마찬가지로 성장하고 점점 더 진솔해진다. 참만남을 통해 각 참가자(내담자와 치료자)는 깊고 심

---

1) 역주: 영어식 은유로, 누구에게나 눈에 띄는 문제이지만 어느 누구도 입밖으로 꺼내고 싶어 하지 않는 문제를 가리킴.

오한 수준에서 서로 접촉함으로써 탈바꿈된 채로 상담 장면을 떠나게 된다. 이 장의 마지막 부분에 있는 사례에서도 보여주듯이, 치료자는 가족이 경험한 엄청난 비극에 접촉할 뿐 아니라, 각 개인들이 이에 대처하면서 보여준 용감한 시도를 접하면서 자신이 감동받게 된다.

공동치료자 활용하기

휘태커는 공동치료자의 활용을 독려하면서, 한 치료자는 부드럽게, 그리고 다른 치료자는 직면시킴으로써 그 가족이 강력한 지지 기반뿐 아니라 밝혀내야 할 어려운 문제도 있다는 것을 알게 하라고 강조한다(Napier & Whitaker, 1978). 지지와 도전의 균형을 갖는 데 있어 공동 치료팀은 협력관계의 모델이 된다.

사례개념화 및 평가

참만남 집단과 정서 체계

상징-경험적 치료에서 사례개념화는 언어로 표현하기 가장 어려운 것 중 하나이다. 어떤 의미에서 치료자는 전인적인 방식으로 내담자가 다른 사람을 직접 경험하도록 하기 위해 내담자와 순간순간의 참만남에 의지한다(Connell 등, 1999; Whitaker & Bumberry, 1988). 이러한 방식은 새로운 사람 누구에게나, 도움이 되기에는 위의 이야기가 조금 애매할 수 있다. 이는 자전거를 타는 것과 흡사하다. 초보자일 때는 각 단계를 나누어 배울 필요가 있는 반면, 경험이 많은 사람은 처음 자전거를 굴리기가 얼마나 어려웠는지(그리고 얼마나 오래 아버지가 뒤에서 밀어주었는지) 잊어버리고, "그거 쉬워. 그냥 페달을 밟기만 하면 돼"라고 말하기도 한다. 상징-경험적 치료자들이 큰 노력 없이도 사례개념화를 물 흐르듯이 하고, 직관적으로 하게 하는 이러한 작은 단계들은 가족에 대한 체계적(경계선, 항상성, 삼각관계, 그 외 요인들) 이해에 기반을 둔다. 하지만 상징-경험적 치료자들은 가족의 상호간 행동양식보다는 정서 체계에 주로 초점을 맞춘다. 치료자들이 위계나 삼각관계를 알아차릴 때도, 행동보다는 각 부분 사이에 오고가는 감정에 주안점을 둔다. 치료자들은 체계를 '느끼면서' 이해한다.

시험 분만

가족 평가는 치료자의 개입과 상호작용에 가족이 어떻게 반응하는지를 관찰하는 것을 가리키는 이른바 시험 분만(trial of labor)을 통해 이루어진다(Whitaker & Keith, 1981). 이 기간 동안에, 치료자는 각 구성원이 선호하는 가족 규칙, 삶의 신념, 관계 속의 가치, 발달과정, 가족 역사와 상호작용 패턴들을 이해하려고 한다. 더 구체적으로 치료자는 두 가지의 큰 패턴을 보고자 한다. 즉, (a) 가족의 구조적 조직과 (b) 가족 간의 정서적 과정과 교류(Roberto, 1991)이다. 구조를 평가할 때 휘태커는 구조주의 치료자와 같은 준거들을 사용한다.

구조적 조직 평가하기

- **가족 간의 투과적 경계선**: 구성원 간의 경계선은 너무 경직되지도 또는 애매하지도 않고, 바람이 통하듯 투과할 수 있어야 한다.
- **확대 가족과 더 큰 체계와의 명확한 경계선**: 더 큰 체계와의 경계선은 핵가족의 자율성뿐 아니라 더 큰 체계와의 관계를 허용해야 한다.
- **역할 유연성**: 희생양이나 착한/나쁜 아이를 포함한 가족 역할은 종종 서로 바뀌어야 한다.
- **유연한 동맹과 연합**: 동맹과 연합은 불가피하지만 유연해야 하고, 항상 같은 팀에 같은 사람과 묶여지기보다는 새로운 상황이나 도전에 따라 변화되어야 한다.
- **세대 간 차이**: 세대 간에는 명확한 경계선이 있어야 하며, 이는 부부와 자녀 하위 체계를 낳는다.
- **성역할 유연성**: 필요시에는 좀 더 포괄적인 역할도 가정할 수 있도록 부모나 파트너의 능력에 맞게 성역할에 대한 고정관념을 거부하고 조정할 수 있어야 한다.
- **세대 간 의무사항(mandates)**: 세대 간 행동에 대한 기대와 가치를 3~4대에 걸쳐 평가한다. 건강한 가정 내에서는 이러한 것이 재협상될 여지가 있다.
- **'유령(ghosts)'**: 치료를 통해 세대 간 스트레스를 만드는 사망했거나 혹은 생존해 있는 가족 구성원을 파악한다.

정서적 과정 평가하기

- **분화와 개별화**: 가족 구성원 각자가 자신만의 의견을 가지고 이야기할 수 있어야 한다.
- **갈등의 용인**: 건강한 가족은 서로의 차이와 갈등을 공공연하게 외부적으로 표현하는 것을 용인할 수 있다.
- **갈등해소와 문제해결**: 건강한 가족은 눈에 보이는 갈등을 외면하지 않고, 윈-윈 전략, 타협 또는 차이의 수용을 통해 갈등을 성공적으로 해소하고 문제를 해결할 수 있다.
- **성(sexuality)**: 건강한 가족 안에서는 커플은 성적 친밀감을 나누되, 세대 간 성은 허용되지 않는다.
- **충성심과 의무이행**: 가족 구성원들은 각자의 자율성이 허용될 때 서로에 대한 충성심(loyalty)과 의무이행에 대한 명확한 개념을 갖게 된다.
- **부모 공감**: 부모는 여전히 경계와 구조가 유지되는 한에서 자녀가 경험할 수 있게 공감을 표현해야 한다. 어린 시절 학대 받은 경험이 있는 부모는 종종 자녀를 충분히 공감하지 못하거나, 너무 과하게 공감함으로써 건강한 관계를 갖지 못한다.
- **장난기, 창의성, 유머**: 재미있고 잘 웃는다는 것은 가족 기능이 건강하다는 신호이다.

- 문화적 적응: 이민자 가족은 고유한 그들의 문화와 현재 속한 문화의 요구 사이에서 균형을 지킬 수 있다.
- 상징적 과정: 각 가족은 '정서적인 의미를 띤' 특정한 상징과 이미지를 가지고 있어서, 이를 이용하면 변화를 가져오는 데 도움이 된다.

역량에 집중하기

가족 평가를 할 때, 상징-경험적 치료자들은 변화를 위한 강점, 역량, 자원에 주목한다 (Roberto, 1991). 가족은 탄력적이고 풍부한 자원을 갖고 있다는 관점을 갖고 치료자는 이러한 자원을 활용하는 데 중점을 둔다(Whitaker & Bumberry, 1988). 예를 들면, 이 장의 마지막 부분에 나오는 사례에서 치료자는 어머니의 죽음 후에 무단결석, 술 복용, 문란한 성행동 문제가 있는 여동생의 역량뿐 아니라 그런 여동생을 돌보는 언니들의 역량에도 관심을 둔다. 즉, 그들은 행동의 변화를 이끌 수 있는 강점을 분명히 가지고 있는 것이다.

증상의 심화

시간이 가면서 역기능적인 구조와 과정이 지속되면 증상이 드러나기 시작한다(Roberto, 1991). 건강한 가족은 역기능적이고 어려운 기간을 경험하더라도, 만성화되지는 않는다. 하지만 후손들로 하여금 가족 내 신화(myths), 유산(legacies)을 고수하도록 강요하거나, 앞 세대의 손실을 만회하는 것을 의무로 부과하는 방식으로 고착된 역기능성은 세대를 거쳐 발생할 수 있다.

변화 목표 수립

상징-경험적 치료자는 모든 내담자에게 적용하는 다음과 같은 세 가지 장기 목표가 있다.

- 가족 응집력을 향상시킨다: 서로에 대한 배려와 문제해결에 대한 자신감을 형성한다 (Roberto, 1991).
- 개인성장을 촉진한다: 모든 가족 구성원의 발달과업 완성을 지지한다(Roberto, 1991; Whitaker & Bumberry, 1988).
- 가족의 상징적 세계를 확장한다(Whitaker & Bumberry, 1988).

가족 응집력 향상시키기

첫 번째 목표는 가족 관계에서 응집력과 진솔성을 향상시키는 것과 관계가 있다. 다시 말해, 가족 구성원 사이의 사랑과 의미 있는 관계를 증진시키는 것이다. 치료자는 이 목표를 성취하기 위해 두 가지 핵심 부분에 초점을 둔다.

- **가족 응집력**: 어느 다른 가족치료자보다도, 상징-경험적 치료자들은 가족 응집력과 구성 원 간의 감정적 유대를 향상시키는 데 초점을 둔다. 응집력과 유대감의 표현은 문화와 성별에 따라 매우 다양하게 나타나지만, 일반적으로 강한 소속감, 사랑받고 있다는 감 정, 사람들이 나를 필요로 한다는 느낌, 그리고 서로에 대한 충실성의 특징을 갖고 있다.
- **개인상호간 경계**: 상징-경험적 가족치료자들은 친밀감과 거리감을 규정하는 관계 규칙 을 언급할 때 경계라는 용어를 사용한다. 경계는 (a) 각 개인이 온전히 자신다울 수 있 는 충분한 자유(즉, 진솔성)와 (b) 가족 구성원 간의 강력한 정서적 결속과 친밀감을 나 타내야 한다.
- **세대 간 경계**: 세대 간 경계는 확대 가족과의 유대를 장려하면서도 핵가족이 만족할 만큼 의 자율성이 보장되어야 한다.

개인 성장 촉진하기

상징-경험적 치료자는 자아실현 과정인 발달과제를 성공적으로 찾아감으로 개인 성장의 수 준을 끌어올리는 데 목적이 있다. 자아실현이 인생 전반의 과정이므로 치료자와 내담자가 치료 종료 시점을 어떻게 아는가는 참 까다로운 문제이다. 최소한 개인 수준에서의 내담자 자아실현과 성장은 우울이나 불안 같은 증상을 더 이상 경험하지 않으며, 대부분의 학교나 직장 등에서의 일상생활을 이끌어가는 데 문제가 없는 수준에 이르러야 한다. 이러한 개인 의 기본적인 기능 수준을 넘어, 치료자는 개인적 성장 및 더 진솔한 자신을 경험하고 진솔 하게 자기를 표현하도록 촉진하는 데 목적을 둔다. 질적인 변화를 수량화하기란 어렵지만, 내담자는 자신이 성장하고 있다는 느낌이 커지고, 있는 그대로의 자신이 되는 것이 점점 쉬 워진다. 치료자는 내담자가 현재 자신의 문제와 연관된 구체적인 자기성장을 추구하도록 격려한다. 예를 들면 아래와 같다.

- 타인을 존중하면서도 자신의 생각과 감정을 표현하는 능력이 향상되고, 남을 기쁘게 하 기 위한 행동이 줄어든다.
- 더 깊은 정서적 수준에서 타인과 연결되고 이러한 결속감을 언어로 표현하는 능력이 향 상된다.
- 분노나 공포 때문에 부지불식간에 반응하기보다는 의식적으로 스트레스에 반응하는 능 력이 향상된다.
- 문제에 대해 사전대책을 세우고, 지연이나 회피행동이 줄어든다.

가족의 상징적 세계 확장하기

상징-경험적 치료자는 사람들이 상대적으로 인생에 대한 몇 개의 도식(이러한 도식이 한 개인의 상징적 세계를 구성한다)과 신념을 통해 삶을 선택적으로 경험한다고 믿는다. 모든 경험은 좋거나, 나쁘거나, 혹은 문제가 되거나, 즐겁다거나 하는 것처럼 일상사건을 해석하기 위한 상징적 의미 체계를 통해 여과된다. 성장-기반 접근에서처럼, 경험주의 치료자는 경험의 의미를 확장하고 내담자의 생활범위를 넓게 하는 데 목적을 둔다. '우리가 가족의 상징적 세계의 의미를 확장하도록 도울 수 있다면, 그들은 훨씬 풍부한 삶을 영위할 수 있을 것이다'(Whitaker & Bumberry, 1988, p. 75). 예를 들면, 한 가족이 열심히 일하는 것과 인간관계를 망가뜨려 가면서까지 성공하는 것에 의미를 둔다면, 치료자는 이러한 의미의 근거를 탐색하고, 일뿐만이 아닌 관계, 건강, 인생의 다른 면을 포함한 성공의 의미를 확장하도록 한다. 이 장의 마지막 부분의 사례에서, 치료자는 그들이 어머니/아내의 죽음 이후에도, 삶의 의미와 가족으로서의 소속감을 유지하는 삶을 영위할 수 있도록 원주민 문화뿐 아니라 가족 자신들만의 고유한 상징세계를 이끌어낸다.

개입 전략 수립

혼동과 분열 조성하기

치료의 초기 단계에서, 상징-경험적 치료자들은 가족의 경직된 상호작용 패턴을 깨기 위해 혼동과 분열을 조성한다. 다시 말해 '혼동(confusion)은 그 자체로 가족의 기반구조를 여는 가장 강력한 방법 중 하나이다'(Whitaker & Bumberry, 1988, p. 82). 혼동은 말도 안 되는 논리(예: 터무니없는 해결책 제시), 역할 바꾸기(예: 자녀가 부모에게 부모 노릇을 하려고 할 때처럼 자녀가 부모의 잘못을 고쳐주는 재명명)나 가족신념에 반하는 보편적 원리(예: 십대의 반항은 정상적이거나 통과의례)를 주장하면서 생성될 수 있다.

지금-여기 경험하기

지식 교육으로는 정서적인 발달이 거의 힘들다고 생각하는 상징-경험적 치료자들은 변화를 촉진하기 위해 지금-여기의 상호작용과 그들의 정서를 활용한다(Mitten & Connell, 2004; Whitaker & Bumberry, 1988). 사실 휘태커와 범베리(1988)는 '배울 가치가 있는 것은 가르쳐질 수 없는 것이다(p. 85)'고까지 표현했다. 그러므로 치료자는 구조적인 변화를 강조하고 다른 방식을 사용하여 역기능적인 패턴이나 신념에 맞서기 위해서, 치료자 자신의 내담자에 대한 부정적인 정서 반응을 포함하여 상담실 안에서 일어나고 있는 즉시적인 것을 활용해야 한다.

재정의와 증상 확장하기

상징-경험적 치료자들은 성장을 위한 노력이 효과적이지 않을 때, 증상을 재정의함으로 필요한 변화의 방향을 제시하기도 한다(Connell 등, 1999; Roberto, 1991). 밀란 접근에서의 긍정적 의미와 비슷한 부분이 있지만, 상징-경험적 접근에서는 성장과 진솔성 추구에 대해 구체적으로 재정의한다. 예를 들면, 아이가 숙제하기를 거부하는 것은 학교에서의 새로운 도전에 실패할까봐 두려워서라고 의미를 해석한다. 게다가, 치료자는 개인의 문제를 가족의 문제로, 가끔은 세대 간의 문제로까지 증상을 확장시킨다(예: 할아버지는 실패에 대한 두려움으로 자신만의 사업을 시작하고자 하는 꿈을 이루지 못한다)(Mitten & Connell, 2004).

자발성, 놀이 그리고 '괴짜스러움(craziness)'

경험주의 치료자는 몇 가지 목표를 위해 자발성(spontaneity)과 재미(fun)를 활용한다(Mitten & Connell, 2004; Roberto, 1991; Whitaker & Bumberry, 1988). 우선은 너무 진지하지 않음으로써 치료자가 내담자의 저항 없이 내담자를 직접적이며 솔직하게 직면시킬 수 있는 강력한 치료적 관계를 형성한다. 치료자가 팀이 아닌 혼자서 상담을 할 때는, 내담자가 가감 없이 자신의 생생한 이야기를 털어놓을 수 있을 만큼 신뢰할 수 있는 사람이 되도록 한다. 공동치료자와 작업할 때는, 한 치료자는 양육자의 역할을, 다른 치료자는 직면자의 역할을 담당하는 경향이 있다. 부모나 배우자 중에 좋은 점은 언급하지 않고 한 가지의 결함만을 과장하는 사례가 종종 있는데, 이 경우 무겁지 않은 장난스러움은 비현실적으로 과장될 수 있는 문제를 재구성하는 데 도움이 되기도 한다. 전통적인 지혜에 따르면 웃음은 최고의 명약이므로, 상징-경험적 치료자들은 내담자의 치유를 위해 농담을 사용하는 데 능숙해야 한다. 정신역동치료에 주로 기반을 둔 치료에서는 유머와 놀이를 활용하는 것이 치료자와 치료 자체에 대한 일반적인 고정관념에 벗어나는 것으로 간주되지만, 대부분의 내담자는 웃음이 도움이 되며, 적어도 최소한 즐거움을 준다는 것을 알게 된다. 그러므로 상징-경험적 치료자들의 작업을 관찰해보면, 프리스비를 주고받고, 우스꽝스러운 노래를 부르고, 적절한 농담을 말하거나, 의자에 먼저 앉기 놀이를 하는 것 같아 보인다. 이 장의 마지막 부분의 사례에서처럼, 슬픔을 다루는 데 있어서도 치료자는 그 가족이 지난 2년간 회피해온 애도의 감정을 느낄 수 있는 안전한 환경을 조성하기 위해 유머와 놀이를 활용한다.

개인과 개인 간 스트레스 분리하기

상징-경험적 치료자는 내담자가 개인과 개인 간의 문제를 분리시킬 수 있는 방법을 배우도록 조력한다(Roberto, 1991). 때때로 사람들은 다른 사람과 아주 밀접하게 연관되어 있을 때, 개인이 자율성을 갖기 위해 관계 내에서 각 사람을 어떻게 받아들여야 되는지 몰라서 어려움에 처하기도 한다. 내담자가 그들의 배우자나 아이들에게 불합리할 정도의 요구를 할 때, 치료자는 그들의 영향권이 어디서부터 어디까지인지 구분할 수 있도록 돕는다.

예를 들어, 만약 어떤 부모가 자녀가 좋아하지 않는 특정 악기를 배우거나 운동을 하기 원한다면, 치료자는 부모의 양육과 자녀의 자율성의 범위가 어디인지를 알려주어야 한다. 유사하게, 커플 간에도 한쪽이 어떤 문제에 대해 상대방에게 특정 방식으로 느끼기를 강요한다면(예: 친구의 말에 똑같이 화를 내야 한다고 하는), 치료자는 커플이 서로 분리될 수 있게 하고, 상황에 대한 각자의 반응을 존중해야 할 뿐 아니라, 특정 방식으로 반응해주기를 요구하는 것에 대해 다시 생각해볼 필요가 있음을 알려준다.

경직된 패턴과 역할에 대한 정서적 직면

상징-경험적 가족치료자들은 경직된 패턴을 중단시키기 위해 정서적 직면을 사용한다. 목표는 (a) 어떻게 문제가 야기되는지 알지 못할 때 내담자의 알아차림 이끌어내기, (b) 내담자와 다른 사람들이 기피해 온 회피 주제 다루기, 또는 (c) 인지적으로는 알지만 행동 변화가 없을 때 변화를 가져올 동기를 강화시키기이다(Roberto, 1991). 휘태커는 다음과 같이 설명한다.

> 가족들이 갖는 궁극적인 잠재력을 믿기에 그들을 몰아세우는 것이 불편하지 않다. 그들은 시도할 용기만 있다면 확장되고 발전할 능력이 있다. 내 임무는 그 용기를 동원하도록 하는 것이다.... 상황을 더 악화시킬 수 있다는 가정 하에 가족을 밀어붙이지 않는 것은 그 가족이 너무 병들어서 자신들을 스스로 돌보기엔 문제가 있고, 성장하기엔 너무 약하다고 결정하는 것과 다름없다(Whitaker & Bumberry, 1988, p. 37).

"언제 남편과 이혼하고 아들과 결혼했나요?"나 "직장 일을 더 잘하기 위해 가족을 소홀히 했다는 것을 아시는군요."와 같은 질문은 역기능적인 패턴을 중지시키기 위해 사용되는 직면의 예시들이다. 또한, 정서적 직면은 통찰은 있으나 행동이 따르지 않을 때 동기를 강화하기 위해 유용하다. 예를 들어, 결혼 위기를 맞은 부모가 자녀의 방과 후 활동이 너무 많아 상담할 시간이 없다고 할 때, 치료자는 "일주일에 한 번씩 몇 달 동안 발레 수업을 빼는 것과 부모가 이혼하는 것 중 어느 것이 당신 딸에게 더 해로울지 생각해보시겠어요? 따님이 어떻게 하고 싶은지 물어보고 싶으신가요?"라고 물을 수 있다.

절망 과장하기와 일탈 증폭시키기

비현실적일 만큼 희망이 없는 내담자(비관론자와 같은)에게, 치료자는 절망을 과장하고 일탈을 증폭시키는 역설적인 기법을 사용한다(Roberto, 1991). 다른 역설적 기법과 같이 치료자는 내담자의 증상을 약간(10~20% 정도), 내담자의 심리적 안전지대(또는 정상수준의 절망)를 벗어날 정도로 절망적인 것으로 과장하여, 내담자가 실제 사실에 대해 얼마나 절망과 부정적인 가정을 하는지 알게 한다. 이 작업은 내담자에게 가장 유용하고도 성격에 들어맞는 방식에 따라 장난스럽거나 좀 더 명확하고 문자 그대로의 직접적 방식으로 행해져야 한다. 예를 들어, 치료자가 25살 나이에 이상형인 남자를 만날 수 없을 거라고 느끼는 내담자에게 농담 식으로 결혼도 하지 않고 일만 할 수 있는 직업, 심지어 수녀가 될 것을 고려해보라고 제안한다. 이러한 말이 시의적절하게 잘 전달된다면 아마도 내담자는 자신의 절망이 얼마나 비현실적인지 알 수 있을 것이다.

터무니없는 상상적 대안

상징-경험적 치료자들은 내담자를 터무니없는 상상의 장면으로 이끌고 가서 그들의 패턴을 뒤흔들고 입맛에 더 맞는 현실적인 해결책을 내놓는다(Mitten & Connell, 2004; Roberto, 1991). 가족의 유연성과 새로운 행동을 강화시키기 위해 고안된 상상적 대안은 체계를 재미있는 방식으로 동요하게 하고 뒤흔들어 상황을 바라보는 습관적인 방법을 버리고, 새로운 상징적 의미, 생각, 관점을 갖도록 한다. 예를 들어 치료자는 다음과 같이 제안할 수 있다. "설거지가 문제라면, 일회용 접시를 사용하면 되지 않을까요?"라거나 "자신만의 큰 공간이 필요하면, 혼자 있을 수 있는 사적 공간을 뒷마당에 지으면 되지 않나요? 물론 그 곳에 난방시설을 설치할 것인지 말 것인지로 인해 아내 분과 싸울 거라고 추측되지만 말이지요."

부모 위계 강화하기

상징-경험적 치료자는 부모의 위계를 강화하고 부모, 자녀 세대 간 경계를 분명히 하도록 명심해야 한다(Whitaker & Bumberry, 1988). 예를 들어, 부모가 자녀에게 요구사항이 있을 때 부모를 지지하고, 부모가 회기 중 자녀의 행동을 통제하도록 하고(치료자가 하는 것보다), 부모에게 먼저 말을 걸고, 부모에게 먼저 인사하는 것 등을 통해 부모 위계를 강화할 수 있다.

이야기들, 자유연상들, 그리고 비유들

상징-경험적 치료자들은 이야기나 자유연상을 함께 나누고, 내담자들의 변화를 고무시키는 강한 이미지나 예를 떠오르게 하는 은유를 제시한다(Mitten & Connell, 2004). 내담자들은 때로는 꾸며진 이야기나 은유를 통해 더 쉽게 내용을 받아들인다. 왜냐하면 그것은 그들의 이야기가 아닌 다른 사람에 대한 것이다 보니, 자세한 부분에 대한 저항과 논란이 적다. 이 장의 마지막에 나오는 원주민 가족 사례에서처럼 조상 대대로 전해져 내려오는 이야기나 전설을 알고 있는 가족과 상담할 때, 치료자는 매우 의미 있고 영감과 전환을 가져오는 인적 자원을 만들기 위해 이러한 이야기나 은유를 통해 접근한다.

적용하기

사례개념화 틀

● 구조적 조직 평가하기

  ○ 가족 간의 투과적 경계선: 구성원 간의 경계선은 너무 경직되지도 또는 애매하지도 않고 바람이 통하듯 투과할 수 있어야 한다.

  ○ 확대 가족과 더 큰 체계에서 명확한 경계선: 더 큰 체계의 경계선은 핵가족의 자발성뿐 아니라 더 큰 체계와의 관계를 허용해야 한다.

  ○ 역할 유연성: 희생양이나 착한/나쁜 아이를 포함한 가족 역할은 종종 서로 바뀌어야 한다.

  ○ 유연한 동맹과 연합: 동맹과 연합은 불가피하지만 유연해야 하고, 항상 같은 팀에 같은 사람과 묶여지기보다는 새로운 상황이나 도전에 따라 변화되어야 한다.

  ○ 세대 간 차이: 세대 간에는 명확한 경계선이 있어야 하며, 이는 부부와 자녀 하위 체계를 낳는다.

  ○ 성역할 유연성: 필요시에는 보다 포괄적인 역할도 가정할 수 있도록 부모나 파트너의 능력에 맞게 성역할에 대한 고정관념을 거부하고 조정할 수 있어야 한다.

  ○ 세대 간 의무사항: 세대 간 행동에 대한 기대와 가치를 3~4대에 걸쳐 평가한다. 건강한 가정 내에서는 이러한 것들이 재협상될 여지가 있다.

  ○ '유령': 치료를 통해 세대 간 스트레스를 만드는 사망했거나 혹은 생존해 있는 가족 구성원을 파악한다.

● 정서적 과정 평가하기

  ○ 분화와 개별화: 가족 구성원 각자가 자신만의 의견을 가지고 이야기할 수 있어야 한다.

  ○ 갈등의 용인: 건강한 가족은 서로의 차이와 갈등을 공공연하게 외부적으로 표현하는 것을 용인할 수 있다.

  ○ 갈등해소와 문제해결: 건강한 가족은 눈에 보이는 갈등을 외면하지 않고, 윈-윈 전략, 타협 또는 차이의 수용을 통해 갈등을 성공적으로 해소하고 문제를 해결할 수 있다.

  ○ 성: 건강한 가족 안에서 커플은 성적 친밀감을 나누고, 세대 간 성은 허용되지 않는다.

  ○ 충성심과 의무이행: 가족 구성원들은 각자의 자율성이 받아들여질 때 서로에 대한 충성심과 헌신에 대한 명확한 개념을 갖게 된다.

  ○ 부모 공감: 부모는 여전히 경계와 구조가 유지되는 동안 자녀가 경험할 수 있게 공감을 표현해야 한다. 어린 시절 학대 받은 경험이 있는 부모는 종종 자녀를 충분히 공감하지 못하거나, 너무 과하게 공감함으로써 건강한 관계를 갖지 못한다.

- ○ 장난기, 창의성, 유머: 재미있고 잘 웃는다는 것은 가족 기능이 건강하다는 신호이다.
    - ○ 문화적 적응: 이민자 가족은 고유한 그들의 문화와 현재 속한 문화의 요구 사이에서 균형을 지킬 수 있다.
    - ○ 상징적 과정: 각 가족은 '정서적인 의미를 띤' 특정한 상징과 이미지를 가지고 있어서, 이를 이용하면 변화를 가져오는 데 도움이 된다.
- 역량에 집중하기
    - ○ 강점들과 회복탄력성들을 기술한다.
- 증상의 심화
    - ○ 증상의 변천과, 특히 세대 간 문제가 전수되는 것을 기술한다.

상징-경험적 치료계획 틀(개인)

상징-경험적 치료의 초기 단계

상담 과제

1. 상담관계를 수립한다. DN: [관계 형성과 정서 표현에 있어 문화, 성, 기타 요인에 따라 다른 방식들을 존중하기 위해 당신이 고려해야 하는 것은 무엇인지 기술한다.]
    a. 서로의 성장을 촉진하는 **상호관계 형성**을 위해 치료자는 **진솔한 자기**를 활용한다.
2. 개인, 체계, 그리고 좀 더 포괄적인 문화적 역동을 평가한다. DN: [문화, 사회경제적 수준, 성지향성, 성, 기타 규준들을 고려하여 평가 작업을 어떻게 조율해야 할 것인지 기술한다.]
    a. 개별화의 수준, 갈등의 수용 능력, 문제해결능력, 성지향성 문제, 충성심, 공감, 장난기, 문화적 적응능력, 상징적 과정을 포함한 정서과정들을 평가한다.
    b. 가족 내의 경계선, 외부체계와의 경계선, 역할 유연성, 동맹, 성역할 유연성, 세대 간 의무사항, 가족 내 '유령'을 포함한 가족역동을 평가한다.

내담자 목표

1. 우울, 불안을 감소시키기 위해 관용과 **진솔한 감정 표현**을 증가시킨다.
    a. 내담자가 현재 순간에 진솔한 감정을 경험할 수 있도록 **놀이**와 '**괴짜스러움**'을 활용한다.
    b. 시도가 성장에 효과적이지 못할 때 증상을 **재정의**하고 **확장**하며 대안적인 방향을 제시한다.

상징-경험적 치료의 작업 단계

상담 과제

1. 작업 동맹의 질을 모니터한다. DN: [내담자의 문화적 관습에 맞지 않는 정서 표현을 상담자가 했을 때 내담자가 보이는 반응에, 상담자가 어떻게 주의를 기울일 것인지 기술한다.]

a. **개입에 대한 평가:** 치료자의 진솔한 자기 활용에 대한 내담자의 반응을 모니터하고, 정기적으로 논의한다.

내담자 목표

1. 우울한 기분과 불안을 감소시키기 위해 우울하고 불안한 행동을 야기하는 **경직된 패턴**을 줄인다. [가능하면 명시한다]

    a. 유머, 이야기, 직접적 직면을 통해 경직된 패턴에 대해 **정서적으로** 직면한다.

    b. 불편한 지점에 대한 경직된 패턴을 과장함으로 절망을 극대화시키고, 일탈을 해보게 한다.

2. 무기력과 갇힌 느낌을 줄이기 위해 **내담자의 상징적 세계의 폭과 유연성을** 향상시킨다.

    a. 내담자의 세계관을 확장하도록 터무니없는 상상적 대안을 제시한다.

    b. 내담자의 가능성에 대한 감각을 확장하기 위해 이야기, 자유연상, 은유를 사용한다.

3. 우울한 기분과 불안을 감소시키기 위해 **차이와 갈등에 대해 인내하는 능력을** 키운다.

    a. 갈등과 차이에 대한 **지금-여기 경험은** 갈등과 관련한 공포심을 줄인다.

    b. 갈등과 거절에 대한 공포를 과장하기 위해 놀이와 '괴짜스러움'을 활용한다.

상징-경험적 치료 종결 단계

상담 과제

1. 사후 계획을 수립하고 얻어진 성과를 유지한다. DN: [치료 종결 이후 내담자의 지원 체계의 일부가 될 수 있는 공동체 내 자원들에 상담자가 어떻게 접근할 수 있을지 기술한다.]

    a. 재발에 대한 두려움과 행복이 끝나지 않았으면 하는 희망에 도전하고, 재발에 대응할 놀이방법을 제시한다.

내담자 목표

1. 우울, 불안을 줄이기 위해 현재 순간의 감정을 **경험**하고 그것을 **진솔하게 표현하는 능력을** 증가시킨다.

    a. 긍정적, 부정적 감정에 대한 **지금-여기 경험을** 한다.

    b. 일상생활 활동에서 내담자 주도적인 놀이나 **창의적 활동을** 소개한다.

2. 우울과 불안한 기분을 줄이기 위해 **응집력 있는 친밀한 관계를** 형성하는 능력을 향상시킨다.

    a. 내담자가 더 진솔한 관계를 맺도록 개인 간 스트레스와 자신을 분리하도록 한다.

    b. 내담자가 더 진솔한 관계를 맺도록 친밀함, 가치있음, 거절에 대한 두려움을 **직면하게** 한다.

상징-경험적 치료계획 틀(커플/가족)

상징-경험적 치료의 초기 단계

상담 과제

1. 상담관계를 수립한다. DN: [관계 형성과 정서 표현에 있어 문화, 성, 기타 요인에 따라 다른 방식들을 존중

하기 위해 당신이 고려해야 하는 것은 무엇인지 기술한다.]

    a. 서로의 성장을 촉진하는 상호관계 형성을 위해 치료자는 진솔한 자기를 활용한다.

2. 개인, 체계, 좀 더 포괄적인 문화적 역동을 평가한다. DN: [문화, 사회경제적 수준, 성지향성, 성, 기타 규준들을 고려하여 평가 작업을 어떻게 조율해야 할 것인지 기술한다.]

    a. 개별화의 수준, 갈등의 수용 능력, 문제해결능력, 성지향성 문제, 충성심, 공감, 장난기, 문화적 적응능력, 상징적 과정을 포함한 정서과정들을 평가한다.

    b. 가족 내의 경계선, 외부체계와의 경계선, 역할 유연성, 동맹, 성역할 유연성, 세대 간 의무사항, '유령'을 포함한 가족역동을 평가한다.

내담자 목표

1. 관계에서의 갈등을 감소시키기 위해 관용과 **진솔한 감정** 표현을 증가시킨다.

    a. 커플/가족이 현재 순간의 진솔한 감정을 경험하게 하기 위해 **놀이**와 '**괴짜스러움**'을 활용한다.

    b. 시도가 성장에 효과적이지 못할 때 증상을 재정의하고 확장하며 대안적인 방향을 제시한다.

상징-경험적 치료의 작업 단계

상담 과제

1. 작업 동맹의 질을 모니터한다. DN: [내담자의 문화적 관습에 맞지 않는 정서 표현을 상담자가 했을 때 보이는 내담자의 반응에 상담자가 어떻게 주의를 기울일 것인지 기술한다.]

    a. **개입에 대한 평가**: 치료자의 진솔한 자기 활용에 대한 커플/가족의 반응을 모니터하고, 정기적으로 논의한다.

내담자 목표

1. 갈등을 줄이기 위해 **경직된 관계 패턴**을 감소시키고, **경계를 명확**히 하고, **역할 유연성**을 향상시킨다.

    a. 유머, 이야기, 직접적 직면을 통해 경직된 패턴에 대해 **정서적으로 직면**한다.

    b. 불편한 지점에 대한 경직된 패턴을 과장함으로 절망을 극대화시키고, **일탈**을 해보게 한다.

2. 갈등을 줄이기 위해 체계 내에서의 **차이와 갈등을 인내**하는 능력을 키운다.

    a. 갈등과 차이에 대한 **지금-여기 경험**은 갈등과 관련한 공포심을 줄인다.

    b. 갈등과 거절에 대한 공포를 과장하기 위해 **놀이**와 '**괴짜스러움**'을 활용한다.

3. 관계 가능성이 확장되면서 야기되는 갈등을 줄이기 위해 **커플/가족의 상징적 세계의 폭과 유연성**을 증가시킨다.

    a. 커플/가족 언어의 관점을 확장하도록 **터무니없는 상상적 대안**을 제시한다.

    b. 가능성에 대한 감각을 확장하기 위해 **이야기, 자유연상, 은유**를 사용한다.

상징-경험적 치료의 종결 단계

상담 과제

1. 사후 계획을 수립하고 얻어진 성과를 유지한다. DN: [치료 종결 이후 내담자의 지원 체계의 일부가 될 수 있는 공동체 내 자원들에 상담자가 어떻게 접근할 수 있을지 기술한다.]

a. 재발에 대한 **두려움과 행복**이 끝나지 않았으면 하는 희망에 도전하고, 재발에 대응할 **놀이방법**을 제시한다.

내담자 목표

1. 갈등을 줄이고 행복감을 향상시키기 위해 **체계 내에서 커플/가족 응집력과 자기의 진솔한 표현**을 증진시킨다.
   a. 내담자가 진솔하게 관계를 갖도록 **대인 간 스트레스와 자신을 분리**하도록 한다.
   b. 내담자가 더 진솔하게 관계 맺도록 친밀함, 가치 있음, 거절에 대한 두려움을 **직면**하게 한다.
2. 갈등을 줄이고 행복감을 향상시키기 위해 **현재 순간의 감정을 경험**하는 능력과 그/그녀 자신을 진솔하게 **표현**하는 각 구성원의 능력을 증가시킨다.
   a. 긍정과 부정적 감정 모두의 **지금−여기 경험**을 한다.
   b. 일상생활 활동에서 내담자 주도적인 **놀이나 창의적 활동**을 소개한다.

내적 가족 체계 치료

배경

내적 가족 체계 치료는 모든 경험적 접근에 있어 인간은 치료를 통해 회복하고자 하는 건강한 자기를 갖고 있다는 보편적인 인본주의 가정과 함께 하고, 개입방법은 전형적으로 내담자가 순간에 펼쳐지는 내적 감정에 반응하도록 하는 인본주의에 기반을 둔다. 하지만 여러 관점에서 볼 때, 내적 가족 체계 치료는 구조적, 전략적, 다세대, 내러티브를 아우르는 통합적인 이론이다(Schwartz, 2001). 내적 가족 체계의 핵심적인 전제는 각 개인의 내면세계에 가족 체계와 같이 기능을 담당하는 체계를 이루는 여러 부분이 있다는 것이다. 이런 이유로 내적 가족 체계라는 이름이 지어졌다. 각 개인의 내면세계는 다양한 부분들(새티어나 프리츠 펄스와 같은 다른 경험주의 치료자에 의해 사용된 용어인)을 지닌 것으로 특징지워진다. 내면의 부분들을 언급한 다른 이론가들과는 달리, 슈왈츠(Schwartz)는 이러한 부분들이 한 가족 안에서도 관찰될 수 있는 동일한 역동을 지니면서 하나의 일관된 체계로서 서로 상호작용한다고 이론화하였다. 그리하여, 가족 관계를 돕는 사례개념화와 접근들은 각 개인의 다양한 부분들이 더욱 효과적으로 관계 맺도록 활용된다. 더구나, 각 사람들은 비전, 배려, 신뢰를 갖는 각 부분들과 구분되며 각 개인의 핵심에 해당되는 '자기(self)'를 가지고 있다. 이 치료의 목표는 다양한 부분들에 '자기'가 내적 통제력을 갖도록 하는 것이다. 사람들은 트라우마, 가족의 불균형이나 양극으로 치닫는 관계를 경험할 때, 자신 내 부분들의 합인 내적 체계가 극한적인 역할(extreme roles)을 맡아 대처한다. 슈왈츠는 부분들의 기본 패턴 혹은 역할 세 가지를 파악하였다. 첫 번째는 망명자(취약한 부분이어서 불편해 하거나 숨기는 부분들),

두 번째는 관리자(잠재적인 위험에서 '자기'를 지키려고 하는 부분들), 세 번째는 소방수(위기 시 작동하는 부분들)이다. 이 치료의 목표는 부분들이 반사적으로 삶에 대처하지 않고, '자기'에 의해 주도되도록 개인을 조력하는 것이다. 이 모델은 트라우마 생존자, 특히 성 학대 생존자, 그리고 섭식장애자에게 집중적으로 적용되어왔다(Schwartz, 1987).

주요 개념

체계로서의 개인들

내적 가족 체계 치료자들은 가족 체계와 같은 방식으로 기능하는 자기 부분들의 내적 체계를 갖춘 존재로 개인을 개념화한다. 다른 치료자들은 자기가 부분으로 구성되어 있다고 개념화하는데, 예를 들면, 정신역동에서는 원초아, 자아, 초자아로, 대상관계 이론에서는 내적 표상으로, 게슈탈트에서는 단절된 부분들로, 새티어의 인간 성장모델 접근에서의 부분들이 이에 해당된다. 하지만, 다른 어느 접근에서도 이러한 부분들을 항상성의 유지나 위기관리(정적 피드백)를 위해 함께 일하는 하나의 체계로 개념화하지는 않는다. 단지 가족 체계 이론에서만, 각 부분은 다른 부분들과의 맥락 내에서 이해되어야 한다고 한다. 예를 들어, 과도하게 감정을 관리하려고 하는 것은 가끔은 취약한 부분을 보호하려고 하는 맥락에서 바라볼 필요가 있다. 실제 가족 내에서처럼, 내적 가족 체계에서의 부분들은 때로 밀착되거나 분리된 위계를 가지고 있고, 연합을 형성한다. 내적 가족 체계 치료자는 내담자가 부분들을 파악할 수 있는 방법뿐 아니라, 어떻게 서로가 잘 어울리게 또는 어울리지 않게 할 것인지를 배우도록 조력한다. 체계적 가족치료자의 비난하지 않고 병리적으로 보지 않기와 같이, 내적 가족 체계 치료자들도 어느 부분들을 좋거나 나쁘다고 보지 않고, 대신 내적 가족 체계 내에서 각자의 고유한 역할이 있다고 본다. 치료자는 이렇듯 복잡한 내적 관계와 이러한 관계를 부드럽게 변화시킬 수 있는 방법을 내담자가 이해하도록 조력한다. 일반적으로, 파악된 부분의 유형으로 망명자(단절되어 취약한 부분들), 관리자(망명자가 지속적으로 버텨낼 수 있도록 하는 부분들), 그리고 소방수(위기 시 작동하는 부분들)가 있다. 슈왈츠는 가족 체계와는 다르게, 내적 체계는 우선시되는 오케스트라 작곡가, 즉 '자기'를 갖고 기술한다. 이 '자기'는 배려와 호기심이 많은 마음의 상태로서 가장 효과적으로 다른 부분들 간 균형을 맞추는 역할을 한다.

관련학자

리차드 슈왈츠(Richard Schwartz)　리차드 슈왈츠는 임상에서 자신이 다양한 '부분들'을 가지고 있다고 말하는 내담자를 치료하면서 내적 가족 체계를 발전시켰다. 2000년에 그는 몇몇 단계를 거쳐 치료자들과 일반인을 훈련시키는 자기리더십 센터(The Center for Self

Leadership)를 설립하였다.

상담관계 형성

협동작업

내적 가족 체계 치료자들은 사람들의 내면에 매우 유능한 '자기'를 가지고 있다는 가정에 근거하여 관계를 형성해가는 협력적인 접근을 사용한다. 즉, 치료자의 역할은 이러한 '자기'를 제한하는 것들을 제거하는 것이다(Schwartz, 1995). 치료자는 내담자가 그들의 내면세계, 특히 취약한 부분을 탐색하도록 안전한 환경을 조성한다. 치료자는 언제, 어떻게 개입할 것인가를 결정할 때 내담자가 선호하는 것을 파악하고 존중해야 한다. 이 접근에서는 치료자와 내담자 모두가 상담의 과정을 효과적으로 만들어가기 위해 각자의 역할을 함으로써 변화에 대한 공동 책임을 진다.

치료자 내적 부분들

다른 경험적 접근들과 마찬가지로, 치료자의 자기는 성공적인 상담 성과를 위한 핵심요인이다. 내적 가족 체계에서, 치료자는 자신의 부분들에 대해 잘 알고, 반사적으로 반응하는 부분들보다는 더 현명한 '자기'(아래를 보라)가 어떻게 자신을 이끌어 가는지 익혀야 한다. 슈왈츠(1995)는 상담 회기에서 효과적인 개입을 방해하는 몇 가지 흔한 치료자 부분들을 기술하였다.

● 매진하는 관리자: 이 부분은 빠른 변화를 원한다. 이러한 경우 매우 지시적이고 강압적이 될 수 있다.
● 인정을 원하는 관리자: 사랑받거나 가치 있다고 여겨지지 못할까봐 걱정한다.
● 비관적인 관리자: 계획에 따라 치료가 진행되지 않으면 남 탓을 하거나 포기한다.
● 지나치게 돌보려는 관리자: 내담자가 스스로 자신과의 싸움에 임하도록 허용하기보다는 내담자를 구원하고자 과도하게 개입한다.
● 화난 부분들: 내담자의 욕구에 대해 부담감을 느끼는 치료자의 부분들이다.
● 상처받은 부분들: 내담자의 고통에 너무 많이 동일시되는 치료자의 부분들이다.
● 평가하는 부분들: 체중이나 대인관계 패턴 등과 같은 다양한 치료자 특성에 비판적이며, 타인에게 이러한 부분들이 있을 때 참지 못하는 치료자의 부분들이다.

전이와 역전이

내적 가족 체계 치료자는 내담자들이 어떻게 치료자들과 관계를 맺는지 설명하기 위해 정신역동의 전이(치료자를 과거의 누군가와 동일시)와 역전이(치료자가 과거 다른 관계에서 내담자에게 어떻게 반응하는지)의 개념을 적용해왔다(Schwartz, 1995). 하지만, 내적 가족 체계에서는, 과거 트라우마에 기인하여 치료자에게 부지불식간에 반응하는 것은 내담자 자체가 아니라 내담자의 일부 부분, 특히 트라우마 당시 얼어버린 자기의 일부라는 가정을 한다. 이는 치료자에게도 똑같이 일어날 수 있는데, 치료자가 자신의 부분들에 친숙해져야 하는 중요한 이유가 여기에 있다.

사례개념화 및 평가

자기

내적 가족 체계에서, '자기'는 양심의 자리이고, 내적 가족 체계의 자연스런 리더로 간주된다. '자기'는 출생과 동시에 존재하고, 배려, 관점, 호기심 그리고 수용과 같은 능력을 자연스럽게 가지고 있다(Schwartz, 1995, 2001). '자기'는 마음챙김 수행에서 관찰하는 마음과 유사한 것이며(11장 참조), 무한한 의식의 상태이자 활동적이면서도 배려하는 내적 지도자이다. '자기'가 이끌 때, 사람은 내면의 균형과 조화를 경험한다. 가장 핵심적인 수준에서 부분들은 '자기'를 보호하는 기능을 한다. 하지만 트라우마 혹은 위기상황에서는 부분들이 '자기'의 손상을 막기 위해 지도자의 자리에서 '자기'를 제거하고 부분들을 활성화시킨다.

부분들: 망명자, 관리자, 그리고 소방수

균형을 잃은 내담자의 내적 체계를 개념화할 때, 치료자는 세 가지의 **부분** 또는 하위성격을 파악한다. 그것은 망명자, 관리자, 그리고 소방수이다. 슈왈츠(1995, 2001)는 대부분의 내담자가 치료과정에서 다섯 개 내지 열다섯 개의 부분들을 파악한다고 가늠한다. 이러한 부분들은 나이, 능력, 태도, 욕구들이 서로 다른 내면의 사람으로 개념화할 수 있고, 서로 모여 가족이나 부족을 구성하기도 한다. 사람들 마음 내부에 다양한 부분이 존재하는 것은 지극히 당연하지만, 트라우마나 다른 부담들 때문에, 이러한 부분들이 극한적인 역할을 하면서 균형이 깨지게 된다. 설령 어떤 부분들이 부정적인 행동이나 생각과 관련되어 있다 하더라도, 부분들 모두는 가치가 있고, 건설적으로 변화할 잠재력을 가지고 있다. 이 치료의 목표는 자기 리더십(Self-leadership)을 활성화시킴으로써 이러한 부분들이 균형을 찾아가도록 하는 것이다.

망명자 망명자(exiles)는 수치심, 죄의식, 사랑받지 못할 거라는 두려움의 고통 때문에 부분들을 저 멀리 유배시켜 놓는다(Schwartz, 1995, 2001). 이 부분은 억압되고, 어떻게 해서라도 의식적인 마음에서 멀어지도록 한다. 물론, 이런 부분들을 억압하면 할수록, 더 빠져나오고 싶어 한다(체계적 역동). 망명자는 종종 너무나도 압도적인 과거의 고통스러운 기억 속에서 꼼짝달싹 못하기 때문에 결과적으로 갇힌 상태가 된다. 이 부분들은 학대 관계를 참아내는 것을 포함하여 미미한 수준의 사랑과 수용을 위해서라도 뭐든지 하려고 한다.

관리자 항상 안전을 목적으로 하는 관리자(managers)의 임무는 망명자를 도망가지 않도록 하여 강력하고 고통스러운 감정이 개인을 압도하지 못하도록 하는 것이다. 관리자는 망명자로부터 나머지 체계를 보호하기도 하지만 망명자도 보호한다. 관리자의 경직성이나 심각성은 지각된 공포가 얼마나 심각한가에 달려있다. 그리하여 대부분의 사람들은 각자의 개인적 스타일에 따른 서로 다른 몇몇의 관리자를 가지고 있다. 몇 가지 흔한 관리자의 유형은 다음과 같다.

- 통제자: 아주 약한 위험이라도 피하기 위해 모든 상황과 관계를 통제 하에 놓으려 시도하는 부분
- 평가자/완벽주의자: 다른 사람을 기쁘게 함으로써 안전을 보장받기 위해 외모와 행동에 대해 완벽주의자가 된 부분
- 의존하는 사람: 타인이 자신을 돕고 보호하도록 희생자 역할을 함으로써 안전을 얻으려는 부분
- 수동적 비관주의자: 무관심과 물러섬을 통해 그리고 위험을 피함으로써 안전해지려는 부분
- 돌보는 사람: 특히 여성들에게 장려되는 것으로 자신을 희생함으로써 모든 사람을 행복하게 하려고 노력하는 부분
- 전사/파수꾼: 항상 가능한 위험을 경계하면서 통제하려는 부분
- 거부자: 위험한 정보나 피드백으로부터 사람을 보호하기 위해 현실을 왜곡시킴으로써 안전을 지키는 부분
- 독불장군: 남성에서 주로 보이는데, 다른 사람들이 어떻게 느끼는지 고려하지 않고 원하는 것을 얻음으로써 안전을 지키는 부분

소방수 관리자가 망명자를 안전하게 감추지 못했을 때, 위험한 이미지, 감정, 감각이 있어야 할 곳에서 벗어나지 않도록 소방수가 출동한다. 이 부분들은 망명자가 활동할 때 자동으로 등장하며 강압적인 방식으로 대응한다. 소방수가 사용하는 전략은 자해, 폭음, 약물 남용, 폭식 또는 위험한 성 행동과 같은 극단적인 행동과 종종 연관된다. 이러한 행동에 참여하는 사람은 감각이 무뎌지기도 하고 동시에 모든 것을 불태우듯이 마음을 뺏기게 된다. 불을 끄려는 소방수는 분노, 감각적 쾌락 혹은 자살사고 등을 무감각하게 만들기도 한다. 소방수가 활동을 시작하면 내담자는 가장 심각한 '증상'을 보일 가능성이 크고, 이에 따라 치료자는 밤에 위기상황이 내담자에게 발생했다는 연락을 받을 가능성이 매우 크다. 비록 소방수와 관리자가 망명자로 하여금 자신의 자리를 지키도록 하는 동일한 목표를 가지고 있

다고 하더라도, 그들은 매우 다른 방법을 사용하여 종종 둘 간의 갈등이 발생하기도 한다.

양극화

양극화는 부분들이 '자기'를 대신해 자신들이 지도력을 행사할 때 일어난다(Schwartz, 1995). 한 부분이 트라우마나 다른 자극에 반응하기 위해 극단적인 위치로 이동할 때, 다른 부분들은 대항하거나 반대의 역할을 해야만 한다(모든 체계에서처럼). 양극화는 자기-확신의 경향을 갖는다. 다시 말해 취약함을 느끼면 느낄수록, 극단적인 보호 방안을 취하고 이런 상황이 반복되면서 악순환은 계속된다. 양극화를 통해 다른 부분들과의 경쟁에서 한 집단의 부분들이 서로 연합하기도 한다(예: 다양한 관리자 부분들은 소방수 부분들의 접근을 막기 위해 서로 협력한다).

외부 가족 체계 불균형

내적 가족 체계를 평가하는 것과 함께 내적 가족 체계 치료자는 외부의 '진짜' 가족 체계를 평가한다. 가족을 평가할 때, 치료자는 다음과 같은 점을 고려한다.

부담과 발달 제한 가족들은 여러 다른 종류의 부담과 제약들을 경험하는데, 이러한 것들이 가족 체계의 균형을 무너뜨리고, 결과적으로 가족 구성원들은 극단적인 생존자 역할을 맡게 된다. 첫째, 트라우마 수준의 부담에는 여러 형태가 있는데, 가장 흔한 학대나 갑작스런 상실이 있다. 둘째, 사회가 정한 성공의 정의에 따라 살아가기를 요구하는 **환경적 부담**은 부모로부터 인정받기를 원할 때 아이들이 경험하는 것과 같은 유형의 부담을 만들 수 있다. 셋째, **전통으로부터의 부담**은 세대를 거듭하면서 전수되어온 수치심, 완벽주의, 성공에 대한 높은 기대와 같은 가치와 신념을 의미한다. 넷째, **발달에 대한 부담**은 가족 생애 단계에서 요구되는 것들과 출생이나 사망과 같은 예기치 않은 사건들에 대한 적응의 어려움을 일컫는다. 마지막으로 만성질환, 가난, 장애와 같은 **실질적 부담**은 가족의 기능을 제한할 수 있다.

불균형 또 다른 가족 기능이 평가되는 측면은 영향(누가 결정권자인가), 자원(물리적 그리고 정서적), 책임(가정 관리와 부양), 경계선(누가 누구에게 접근가능한지)에 따라 발생되는 균형과 불균형의 상대적 수준이다. 이러한 요인들은 가족 구성원 사이에서 똑같이 분포되어 있을 필요는 없지만, 모든 구성원에게 건강한 수준의 적절한 균형은 필요하다.

가족 화목 내적 가족 체계 치료자는 내적 체계 화목을 평가하듯이 가족 화목을 평가해야 한다. 화목한 가정은 응집력이 좋고, 유연하며, 소통이 잘 되고 서로에게 지지적이다. 반대로 가족들이 많은 부담에 시달리고 불균형 상태일 때는 각자 망명자, 관리자, 소방수의 역할을 떠맡으면서 양극화된다.

리더십 결국엔 내적 체계가 '자기'라는 효과적인 관리자가 필요한 것처럼 가족 또한 효과적인 리더십이 필요하다. 효과적인 가족 리더십은 자원과 책임에 대한 균형, 구성원 사이의 건강한 경계, 모든 구성원들에 대한 돌봄, 공유된 정체감이나 비전으로 나타난다. 효과적이지 못한 리더십은 **양위된 리더십**(리더가 부담을 주체하지 못하여 자리를 포기한), **양극화된 리더십**(리더들이 양극화되는), **신임을 잃은 리더십**(리더가 존경을 받지 못하는) 또는 **편향된 리더십**(리더가 어떤 구성원만을 좋아하는)의 형태를 띤다.

두 사람 간 부분들의 패턴

가족 중 두 사람 간 부분들의 관계를 평가할 때, 내적 가족 체계 치료자는 양극화나 융해된 패턴을 파악한다. 흔한 패턴은 다음과 같다.

- **관리자–관리자 양극화**: 관리자–관리자 갈등은 자기 리더십이나 다른 부분들의 위치에서 관계를 맺기보다는 각자의 관리자 위치에서 교류하려는 두 사람 사이에서 자주 일어난다. 이러한 양극화는 전형적으로 갈등이나 냉전의 상태로 나타난다.
- **관리자–망명자 양극화**: 관리자–망명자 양극화는 한 사람이 고통스러운 망명자에 의해 압도되어 있고, 다른 사람이 관리자의 모습으로 상대방을 돌보거나 제약을 가하려고 할 때 발생한다. 이는 종종 전자가 점점 더 절박해지고 후자는 이러지도 저러지도 못하는 느낌이 들거나 혹은 돌보는 것을 떠맡은 것에 대한 분개심을 느끼게 되면서 상황은 악화된다. 이 시점에서 관리자–관리자 양극화로 옮겨가기도 한다.
- **관리자–소방수 양극화**: 문제가 많은 가족은 극단적인 관리자들에 의해 지배되므로 소방수의 미미한 활동만으로도 다른 관리자가 즉각적으로 행동을 통제하게 하는 결과를 낳을 수 있다. 반항하는 십대 자녀가 일탈 행위를 하면 부모는 기를 쓰고 점점 더 강한 처벌로 행동을 통제하려는 것이 전형적인 예일 수 있다.
- **부분들 간의 융해**: 융해는 한 사람이 다른 사람을 이용하여 자신의 망명자 부분들을 관리하고 달래려고 할 때 종종 발생한다. 이는 아래의 네 가지 형태 중 하나로 나타난다.
  - A가 B로 하여금 자신의 망명자 부분을 다루도록 하게 함
  - A가 B의 바람직한 자질들을 얻으려 함
  - A가 B를 자신이 느끼는 무가치감에서 벗어나게 해주는 존재로 간주함
  - A가 B를 잃거나 B에게 해를 끼칠까봐 두려워함

변화 목표 수립

자기 리더십

내적 가족 체계가 건강하게 기능한다는 것은 자기 리더십에 의해 정의된다. 즉, '자기'는 내적 체계의 부분들을 조직한다. 자기 리더십의 존재를 부분들이 인식하면, 부분들은 사라지지 않고 우울, 자해, 불안과 같은 문제 증상을 야기하는 극단적이고 양극화된 역할을 떠맡지 않는다. 부분들은 덜 경직되고 문제를 해결하기 위해 협동하고, 각각이 잠재적인 위험과 기회들을 알아차리는 것과 같은 중요한 역할을 하게 된다. 한 쪽은 안전을, 다른 쪽은 모험을 추구하는 등 부분들이 갈등상황에 놓일 때 '자기'는 개입하여 효과적으로 중재할 수 있다. 그렇지만, 자기 리더십이 있으면 부분들이 조화롭게 작동하므로 개인은 이러한 부분들을 상대적으로 덜 인식하게 된다.

개입 전략 수립

부분이라는 용어의 소개

초기 치료 단계에서, 치료자는 내담자에게 '부분들'이라는 용어를 소개할 것이다(Schwartz, 1995). 가장 흔한 방식은 내담자가 말한 것을 다음과 같이 요약하고 반영하는 것이다. "그러니까, 당신 안의 어떤 부분은 관계를 유지하기 원하고, 또 어떤 부분은 진정 당신이 뭘 원하는지 잘 모르겠다는 말씀 같군요." 자신 안에 서로 일치하지 않는 부분들이 있다는 아이디어는 대부분의 내담자에게 반향을 일으킨다. 어떤 사람은 '나쁜 부분'만이 자신이 아니라는 것에 안도하기까지 하고, 또 다른 사람은 문제가 그리 감당하기 불가능한 것만은 아니라고 여기게 되어 새로운 희망을 갖기도 한다. 이 사람은 자신의 일부분만을 변화시키면 되기 때문이다. 부분이라는 용어를 소개하는 몇 가지 일반적인 방법은 다음과 같다.

- 부분들이라는 용어를 사용하여 상충되는 느낌을 요약하고 반영한다: "그러니까 당신이 원하는 것을 부모님이 인정해주지 않을 때 화가 나는 부분이 있다는 거군요. 하지만 다른 부분은 여전히 부모님의 인정을 받기 위해 애쓰고 있네요."
- 내면의 대화와 잠재적으로 갈등이 되는 생각이나 감정에 대해 질문한다: "당신이 슬플 때, 내면의 자신에게 뭐라고 하나요? [내담자가 대답한다] 아, 당신의 일부분이 X라고 말하는군요. 이러한 점에 대해 자신과 싸워 본 적은 없나요?"

슈왈츠(1995)는 부분들이라는 용어를 치료자가 자연스럽게 사용하면, 일반적으로 내담자도 편안해진다고 말한다. 하지만 치료자가 너무 경직되거나, 머뭇거리거나, 너무 일찍 부분들이라는 용어를 사용하면, 내담자의 저항을 불러일으킬 수도 있다.

내담자가 부분들이라는 용어에 전반적으로 편안해지면, 치료자는 내적 가족 체계 모델에 대한 더 자세한 설명을 제공한다.

제가 당신의 감정이나 생각을 표현하기 위해 '부분'이라는 용어를 사용하는 것을 아셨을 겁니다. 제가 이렇게 한 것은 우리 모두는 매우 다른 성격들을 가지고 있어 내면에서 서로 다투기도 하고 다른 부분보다 더 큰 힘을 얻으려고 노력하기 때문입니다. 그들이 서로 전쟁 중일 때는 통제가 안 된다고 느끼실 겁니다. 그렇지요? 그리고 때로는 한 부분이 당신이 하고 싶거나 말하고 싶지 않은데도 하게 만들기도 하지요, 맞죠? 어떤 때는 당신의 부분들이 극단적이 되고 파괴적이 되기도 하지만, 그들 모두는 당신이 잘되기를 바라죠. 저는 당신이 당신의 부분들로 하여금 바람직한 역할을 하게끔 하여 서로 잘 지내면서 더 이상 파괴적이지 않도록 당신을 어떻게 도와야 할지 알고 있어요. 관심이 가시나요? (p. 92)

내적 관계 평가하기

부분이라는 용어가 성공적으로 소개된 후에는, 치료자는 내담자의 내적 관계에 대한 지도를 그려보도록 한다. 우선, 내담자와 치료자 모두는 내담자의 내적 생태계를 더 잘 이해해야만 한다. 일반적으로 치료자는 기본적인 다음의 두 가지의 관계 유형, 즉 (a) '자기'와 부분들 사이의 관계와 (b) 부분들 간의 관계를 추적하고자 할 것이다.

자기와 부분들 간의 관계 평가

치료자는 아래와 같은 질문을 함으로 '자기'와 부분들 간의 관계를 그려볼 수 있다.

- 자신의 부분들에 대해 어떤 느낌이 드나요?
- 이 부분이 왜 이런 역할을 한다고 생각하시나요?
- 이 부분이 얼마나 자주 당신에게 말을 하나요?
- 당신은 이 부분에 얼마나 많은 영향력을 끼치나요? 그리고 이 부분은 당신에게 얼마나 많은 영향력을 끼치나요?
- 이러한 관계를 어떻게 변화시키고 싶나요?
- 어디서, 언제, 누구에 의해 이 부분이 활성화되나요?
- 이 부분이 활성화될 때 당신에게 어떤 영향을 끼치나요?
- 이전에 이 부분을 진정시키거나 분리시켜 본 적 있나요?

부분들 간의 관계 평가

- 두 부분은 서로에 대해 어떤 느낌을 갖고 있으며, 어떤 영향력을 끼치며, 어떻게 서로를 활성화시킨다고 생각하세요?
- 왜 그 부분들은 이러한 방식의 관계를 갖나요?
- 서로 더 사이좋게 지내려면 이 부분들을 어떻게 도와야 하나요?

– Schwartz(1995, pp. 93~94에서 인용)

부분들을 변화시키는 작업을 할 때 슈왈츠는 다음의 두 가지 지침을 제안하고 있다.

1. 극단적인 부분을 변화시키고자 할 때, 체계의 항상성을 유지하기 위해 양극화된 부분을 반드시 동시에 변화시켜야 한다(예: 자해하는 부분은 가장 큰 문제를 야기하지만, 치료자는 보호하려고 노력하는 부분을 파악하고 두 부분을 모두 변화시켜야 한다).
2. 부분들이 자기의 리더십을 신뢰하도록 하는 데 도움이 되는 어떤 것이든지 유익할 것이다(예: 특정 부분들이 '자기'가 다른 부분들에게 권한을 넘겨주지 않을 것이라고 신뢰한다).

결합 통제하기

관리자와 소방수 부분은 망명자가 전체 체계를 통제할 것이라는, 다시 말해 망명자가 '자기'와 결합(blending)하여 '자기'가 더 이상 통제하지 못하는 상황 하에 놓일 것이라는 두려움 때문에 결성된다. 따라서 망명자 부분을 효과적으로 다루기 위해서, 치료자와 내담자는 함께 작업하여, 관리자와 소방수가 작동하지 않도록 그러한 결합을 통제할 필요가 있다. 이렇게 하기 위해서는, 내적 가족 체계 치료자는 비록 망명자가 결합하고자 하는 충동을 느낄지라도 결합이 최선의 이익을 가져오지 않는다는 점을 망명자 부분들에게 딱 잘라서 설명한다. 왜냐하면 결합하게 되면 '자기'가 자신들을 더 이상 보호할 수 없기 때문이다. 슈왈츠(1995)는 이러한 설명이 대체로 효과가 있다고 말한다. 서로 각자의 위치를 벗어나지 않으면, 치료자는 내담자의 '자기'에게 관리자가 개입하지 않도록 막고, 망명자에게 접근하도록 요청한다. 만약 '자기'가 압도되는 기분을 느끼면 중지하도록 요청한다. 그리고 나서 치료자는 내담자의 '자기'가 어린아이와 같은 망명자 부분들과 접촉하여 왜 망명자 부분들이 상처받았는지, 어떻게 하면 그들이 더 안전하다고 느낄 수 있는지 알아보도록 조력한다. 더불어, 치료자는 관리자 부분들이 걱정되는 바가 있는지 주기적으로 확인한다.

내면 바라보기와 심상

일단 내담자가 부분이라는 용어에 친숙해지고 더 깊은 작업을 하고자 한다면, 치료자는 내담자가 부분에 대한 이미지를 발전시키도록 조력함으로써 공식적으로 내면 바라보기(insight, 내면을 바라볼 수 있다는 의미)라고 부르는 과정을 시작한다. 이러한 시각적 이미지는 종종 내담자로 하여금 부분들을 외재화하고, 부분들과 더 잘 교류할 수 있도록 도움을 준다. 치료자는 내담자가 부분들의 이미지를 확인하도록 돕는다.

> 당신의 그 부분에 집중하세요. 그 부분이 감정이면, 그 감정에 초점을 맞추세요. 만약 그 부분이 사고 패턴, 혹은 내면의 목소리이면 그것에 초점을 맞추세요. 만약 그 부분이 당신의 신체 중 어딘가에서 느껴지는 감각인 것 같으면, 그 신체 부분에 초점을 맞추세요. 이 부분에 초점을 맞출 때 당신에게 떠오르는 이미지가 무엇인지 살펴보세요. 그 부분이 당신에게 이미지를 보여줄 때까지 기다리세요... 아무런 이미지가 나타나지 않아도 괜찮습니다. 그 부분을 보지 않고서도 이 작업을 할 수 있으니까요(p. 114).

방 기법

방 기법(room technique)은 압도적이거나 알쏭달쏭한 부분을 내담자가 처음으로 마주할 때 사용된다. 이 기법에서, 치료자는 내담자로 하여금 자신의 부분을 분리된 방에 두고, 문을 닫고(필요하다면 잠그고), 창문을 통해 그 부분을 관찰한다고 상상하게 한다.

자, 화난 부분을 방에 넣고 문은 닫으세요. 그리고 창문을 통해 관찰하세요. 무엇이 보이나요? 당신에게 뭐라고 하나요?

이 기법은 구조주의 치료자가 가족의 위계를 정하는 방법과 유사하다(7장 참조). 안전한 거리를 둔 상태에서, 대부분의 내담자는 방에 있는 부분과 관련하여 연민, 호기심 또는 수용 등의 경험을 하기 시작한다.

직접적 접근

게슈탈트의 빈의자 기법과 유사한 내적 가족 체계의 직접적 접근(direct access)은 치료자가 그 부분에 직접적으로 말하는 것을 가리킨다. 대개의 경우 내담자가 다양한 부분과 말할 때 의자를 바꾸게 함으로써 부분들에 직접 접근한다(한 의자당 한 부분). 이 접근은 특히 이미지 작업을 힘들어 하는 내담자에게 유용하다. 직접적 접근을 통해 치료자는 부분들과 직접적으로 상호작용하는 반면, 내면 바라보기 기법에서는 치료자가 내담자에게 이미지 작업을 하면서 내담자가 그 부분과 상호작용하도록 요청한다. 여러 이점 중 하나는 치료자와 내담자가 이러한 내적 부분들과 상호 관계에 대한 극적인 관점을 얻을 수 있다는 것이다. 즉, 내담자가 이러한 작업을 할 때 종종 목소리 톤이나 버릇들이 유의미하게 변하기도 한다. 직접적 접근은 내면 바라보기 작업 혹은 내면 바라보기 없이 하는 작업과 함께 활용될 수 있다.

적용하기

사례개념화 틀

- 자기 리더십

  자기 리더십이 가장 두드러질 때의 시간과 관계에 주목하면서 내담자의 자기 리더십 능력과 빈도를 기술하라.
- 부분들: 망명자, 관리자, 소방수
  - 망명자: 망명자 부분들을 기술한다.

- 관리자: 아래 중 어느 관리자 부분이 작동하는지 기술한다.
  - 통제자
  - 평가자/완벽주의자
  - 의존하는 사람
  - 수동적 비관주의자
  - 돌보는 사람
  - 전사/파수꾼
  - 거부자
  - 독불장군
  - 소방수: 소방수 부분들과 그 부분들이 수행하는 위기 시 행동을 기술한다.
- 양극화

  양극화의 맥락, 관계 등에 주목하면서, 양극화 패턴들을 기술한다.
- 외부 가족 체계 불균형
  - 부담과 발달 제한
  - 불균형
  - 가족 화목
  - 리더십
- 두 사람 간 부분들의 패턴

  두 사람 간에 문제 있는 부분들의 패턴을 기술한다. 흔한 패턴들은 다음과 같다.
  - 관리자-관리자 양극화
  - 관리자-망명자 양극화
  - 관리자-소방수 양극화
  - 부분들 간의 융해

개인치료계획: 트라우마

아래 치료계획은 트라우마에서 회복중인 내담자에게 사용될 수 있다.

내적 가족 체계 치료계획 틀(개인)

내적 가족 체계 치료의 초기 단계

상담 과제

1. 상담관계를 수립한다. DN: [관계 형성과 정서 표현에 있어 문화, 성, 기타 요인에 따라 서로 다른 방식들을 존중하기 위해 상담자가 고려해야 하는 것은 무엇인지 기술한다.]

   관계 형성/개입방법:

   a. 내담자의 일부분보다는 내담자의 '자기'와의 관여를 통해 **협력적인 관계**를 발전시켜 나가도록 한다.

2. 개인, 체계, 좀 더 포괄적인 문화적 역동을 평가한다. DN: [문화, 사회경제적 수준, 성지향성, 성, 기타 규준들을 고려하여 평가 작업을 어떻게 조율해야 할 것인지 기술한다.]

   평가 전략:

   a. 내적 체계에서 내담자의 **망명자, 관리자, 소방수** 부분과 **양극화** 부분을 밝혀낸다.

   b. 외적 가족 체계의 **불균형, 부담, 화목 수준, 리더십**의 질을 평가한다.

내담자 목표

1. 자해와 압도되는 감정을 줄이기 위해 **소방수와 망명자** 간의 **양극화를** 줄인다.

   a. 트라우마나 위기 증상과 연관된 내면의 갈등을 기술하기 위하여 **부분**이라는 용어를 소개한다.

   b. 소방수를 안정시키기 위해 **내면 바라보기 심상**을 하고 자기 리더십에 대한 신뢰감을 향상시킴으로 **망명자 안정감**을 증가시킨다.

내적 가족 체계 치료의 작업 단계

상담 과제

1. 작업동맹의 질을 모니터한다. DN: [내담자의 문화적 관습에 맞지 않는 정서 표현을 상담자가 했을 때 내담자가 보이는 반응에, 상담자가 어떻게 주의를 기울일 것인지 기술한다.]

   a. **개입에 대한 평가**: 부분이라는 용어와 선택한 개입이 의미 있고 적합한지 확인하기 위해 내담자의 반응을 모니터한다.

내담자 목표

1. 회상장면, 과지각, 침습적 기억을 감소시키기 위해 '자기'와 **망명자** 부분 간의 지지적인 접촉을 향상시킨다.

   a. 내담자가 억압하고 추방한 생각, 감정, 기억을 안전하게 경험할 수 있도록 **결합된 부분을** 조정한다.

   b. 어떻게 안정감을 형성할지 더 잘 이해할 수 있도록 '자기'와 망명자 간의 **관계를 평가**한다.

2. 절망감과 무기력감을 줄이기 위해 트라우마 경험과 관련된 **양극화**한 부분을 감소시킨다.

   a. 대화와 이해를 증진시키기 위해 양극화된 부분에 **직접적 접근**을 한다.

   b. 내담자가 양극화된 부분이 자기 지도력과 관계있음을 알 수 있도록 **방 기법**과 함께 **내면 바라보기 심상**을 실시한다.

3. 불안과 우울 증상을 줄이기 위한 균형 감각을 유지하기 위해 **관리자** 부분의 사용을 감소시킨다.

    a. 망명자 부분을 억제하기 위한 관리자에 대한 의존을 감소시키기 위해 **부분들과 '자기' 간의 관계를 평가**한다.

    b. 자기 지도력에 대한 신뢰를 높이기 위해 너무 힘들게 일할 필요가 없다고 관리자 부분이 확신하도록 **내면 바라보기 심상**과 **직접적 접근**을 함께 혹은 단독으로 활용한다.

내적 가족 체계 치료의 종결 단계

상담 과제

1. 사후 계획을 수립하고 얻어진 성과를 유지한다. DN: [치료 종결 이후 내담자의 지원 체계의 일부가 될 수 있는 공동체 내 자원들에 상담자가 어떻게 접근할 수 있을지 기술한다.]

    개입방법:

    a. **자기 리더십**을 뒷받침하는 행동, 관계, 선택할 수 있는 대안들을 밝혀낸다.

내담자 목표

1. 무기력감을 줄이고 지지적인 사람들과 안전한 연대감을 증가시키기 위해 **외적 가족 불균형**[부담, 불균형, 가족 화목 또는 리더십 문제를 구체화한다]을 감소시킨다.

    a. 커플/가족 회기에서 각 부분들이 **자기 리더십**과 연결되어 있도록 어떻게 상호작용하는지 탐색해보고 대안적인 행동을 제시한다.

    b. **관계에서의 불균형**을 정의하고, 어떤 부분이 이러한 불균형을 만드는 데 관련이 있는지, 대안은 무엇이 있는지 찾아본다.

2. 우울, 불안, 재발 위험성을 줄이기 위해 직장과 기타 여러 대인관계 환경에서 **자기 리더십**을 유지하는 능력을 증가시킨다.

    a. 부분들에 대한 **직접적 접근**을 통해 직장과 여러 대인관계 환경에서 어떻게 자기 리더십을 향상시킬 수 있는지 논의해본다.

    b. 부분들이 직장과 사회적 맥락에서 적용될 수 있도록 **부분들과 '자기' 간의 관계를 평가**한다.

커플치료계획: 커플/가족 갈등

아래 치료계획은 갈등과 스트레스 상황에 놓여 있는 커플을 위해 사용될 수 있다.

내적 가족 체계 치료계획 틀(커플/가족)

내적 가족 체계 치료의 초기 단계

상담 과제

1. 상담관계를 수립한다. DN: [관계 형성과 정서 표현에 있어 문화, 성, 기타 요인에 따라 서로 다른 방식들을 존중하기 위해 상담자가 고려해야 하는 것은 무엇인지 기술한다.]

   a. 커플/가족 구성원과 **협력적인** 관계를 수립한다. 특히 치료자의 '자기'와 커플/가족 구성원의 **관리자** 부분과의 관계에 주목한다.

2. 개인, 체계, 좀 더 포괄적인 문화적 역동을 평가한다. DN: [문화, 사회경제적 수준, 성지향성, 성, 기타 규준들을 고려하여 평가 작업을 어떻게 조율해야 할 것인지 기술한다.]

   a. 각 개인의 **망명자**, 관리자, 소방수 부분을 규명하고, 커플/가족 갈등과 가장 밀접하게 연관된 **양극화** 부분을 찾는다.

   b. 관계의 불균형, 부담, 화목 수준, 리더십의 질뿐 아니라 파트너/가족 구성원 사이의 부분들의 관련성을 찾아낸다.

내담자 목표

1. 커플 갈등을 줄이기 위해 발달과정, 트라우마, 가족 전통 또는 제한된 환경과 연관된 커플/가족 부담의 영향을 감소시킨다.

   a. **부담의 원천** 및 부담과 관련된 대인관계 **불균형**을 찾아낸다.

   b. 각 개인의 내적 생태계를 가늠해보고, 대인관계 갈등에 각 부분들이 어떻게 상호작용하는지를 그려보기 위해 **부분**이라는 용어를 소개한다.

내적 가족 체계 치료의 작업 단계

상담 과제

1. 작업 동맹의 질을 모니터한다. DN: [내담자의 문화적 관습에 맞지 않는 정서 표현을 상담자가 했을 때 보이는 내담자의 반응에, 상담자가 어떻게 주의를 기울일 것인지 기술한다.]

   a. 부분이라는 용어를 잘 이해하고 선택한 개입이 의미 있고 적합한지 확인하기 위해 내담자의 반응을 모니터한다.

내담자 목표

1. 갈등을 줄이기 위해 관계 체계 내의 **양극화된 패턴들**[유형을 명시한다]과 융해된 부분들[어떤 부분들끼리의 융해인지 명확히 한다]을 감소시킨다.

   a. 커플/가족이 경험하는 외적 갈등이 어떻게 **내적 갈등**과 부분들로 연결되는지 기술하고, **부분들 간의 화해**를 도모하라.

   b. 치료과정을 신뢰할 수 있는 각 내담자의 **관리자**를 안심시키기 위해 **내면 바라보기 심상**을 실시하고 관계 내의 안전감을 높이기 위해 **망명자**의 안정감을 증가시킨다.

2. 각각의 파트너/가족의 능력을 향상시켜 **자기 리더십**과 다른 부분들 사이의 갈등을 줄이고 관계에서의 만족감을 증가시킨다.

   a. 각자가 추방한 생각과 감정을 안전하게 경험하고 소통할 수 있도록 **결합된 부분을 조정**한다.

   b. **각자의 내적 역동**이 어떻게 부정적 상호작용 패턴을 만드는지 밝히고, 자기 리더십을 발휘하여 적절한 대처를 하도록 돕는다.

3. 갈등 감소를 위해 커플/가족 체계 내의 효과적인 **리더십을 향상**시킨다.

   a. 양극화된 부분에 대해 **직접적 접근**을 함으로써 대화와 이해를 이끌어내고, 양극화된 부분이 어떻게 비효과적인 리더십을 보이는지 밝힌다.

   b. 양극화된 부분과 자기 리더십의 관계를 이해시키기 위해 **방 기법을 통한 내면 바라보기 심상**을 실시한다.

내적 가족 체계 치료의 종결 단계

상담 과제

1. 사후 계획을 수립하고 얻어진 성과를 유지한다. DN: [치료 종결 이후 커플 혹은 가족의 지원 체계의 일부가 될 수 있는 공동체 내 자원들에 상담자가 어떻게 접근할 수 있을지 기술한다.]

   a. **자기 리더십**을 뒷받침하는 관계, 지역사회, 선택할 수 있는 대안들을 명확히 한다.

내담자 목표

1. 갈등을 줄이고 신뢰감 향상을 위한 확대가족과 관계 체계에서 **불균형**을 감소시킨다[부담, 불균형, 가족 화목 또는 리더십 문제를 명확히 한다].

   a. 커플/가족 회기에서 각 부분들이 **자기 리더십**과 연결되어 있도록 어떻게 상호작용하는지 탐색해 보고 대안적인 행동을 제시한다.

   b. **관계에서의 불균형**을 정의하고, 어떤 부분이 이러한 불균형을 만드는 데 관련이 있는지, 대안은 무엇이 있는지 찾아본다.

2. 갈등을 줄이고 충만감을 향상시키기 위해 직장/학교와 다른 대인관계 환경에서 **자기 리더십**을 유지하는 능력을 증가시킨다.

   a. 부분들에 **직접적 접근**을 통해 직장/학교와 여러 대인관계 조건에서 어떻게 자기 리더십을 향상시킬 수 있는지 논의해본다.

   b. 부분들이 직장/학교와 그 외 대인관계 맥락에 적용되도록 **부분들과 '자기' 간의 관계를 평가**한다.

참고문헌

*Asterisk indicates recommended introductory readings.

Bell, M. P., Özbilgin, M. F., Beauregard, T., & Sürgevil, O. (2011). Voice, silence, and diversity in 21st century organizations: Strategies for inclusion of gay, lesbian, bisexual, and transgender employees. *Human Resource Management*, 50(1), 131–146. doi:10.1002/hrm.20401

Connell, G. M., Mitten, T. J., & Whitaker, C. A. (1993). Reshaping family symbols: A symbolic-experiential perspective. *Journal of Marital and Family Therapy*, 19(3), 243–251. doi:10.1111/j.1752-0606.1993.tb00985.x

Connell, G., Mitten, T., & Bumberry, W. (1999). *Reshaping family relationships: The symbolic-experiential therapy of Carl Whitaker*. Philadelphia, PA: Brunner/Mazel.

Cooper, B. (2000, May). The use of internal family systems therapy to treat issues of biracial identity development. *Dissertation Abstracts International*, 60, 5767.

Dolbier, C. L., Soderstrom, M., & Steinhardt, M. A. (2001). The relationships between self-leadership and enhanced psychological, health, and work outcomes. *Journal of Psychology: Interdisciplinary and Applied*, 135(5), 469–485. doi:10.1080/00223980109603713

Holmes, T. (1994). Spirituality in systemic practice: An internal family systems perspective. *Journal of Systemic Therapies*, 13(3), 26–35.

Keith, D., Connell, G., & Connell, L. (2001). *Defiance in the family: Finding hope in therapy*. New York: Routledge.

Mitten, T. J., & Connel, G. M. (2004). The core variables of symbolic-experiential therapy: A qualitative study. *Journal of Marital and Family Therapy*, 30, 467–478.

*Napier, A. Y., & Whitaker, C. (1978). *The family crucible: The intense experience of family therapy*. New York: Harper.

*Roberto, L. G. (1991). Symbolic-experiential family therapy. In A. S. Gurman & D. P. Kniskern (Eds.), *Handbook of family therapy* (Vol. 2, pp. 444–476). New York: Brunner/Mazel.

Schwartz, R. C. (1987). Working with "internal and external" families in the treatment of bulimia. *Family Relations: An Interdisciplinary Journal of Applied Family Studies*, 36(3), 242–245.

Schwartz, R. C. (1995). *Internal family systems therapy*. New York: Guilford.

Schwartz, R. C. (2001). *Introduction to the internal family systems model*. Fort Collins, CO: Trailhead Publications.

Schwartz, R. C., & Grace, P. (1989). The systemic treatment of bulimia. *Journal of Psychotherapy & the Family*, 6(3–4), 89–105. doi:10.1300/j085V06N01_09

Whitaker, C. A. (1975). Psychotherapy of the absurd: With a special emphasis on the psychotherapy of aggression. *Family Process*, 14, 1–15.

*Whitaker, C. A., & Bumberry, W. M. (1988). *Dancing with the family*. New York: Brunner/Mazel.

*Whitaker, C. A., & Keith, D. V. (1981). Symbolic-experiential family therapy. In A. S. Gurman & D. P. Kniskern (Eds.), *Handbook of family therapy* (pp. 187–224). New York: Brunner/Mazel.

Whitaker, C. A., & Ryan, M. C. (1989). *Midnight musings of a family therapist*. New York: Norton.

Wilkins, E. J. (2007). Using an IFS informed intervention to treat African American families surviving sexual abuse: One family's story. *Journal of Feminist Family Therapy: An International Forum*, 19(3), 37–53.

상징–경험적 치료 사례: 어머니를 애도하는 체로키 가족

체로키족 버스 기사 릭 파월(Rick Powell, AM38)에게는 큰 아들 나다니엘(Nathaniel, CM15), 둘째인 에이아나(Aiyana, CF13), 막내 딸 나디아(Nadia, CF8)가 있었다. 이 가족은 나다니엘이 3개월 동안 30일 이상을 결석하면서 자녀 방임 혐의로 상담에 의뢰되었다. 릭의 부인이자 아이들의 어머니인 애나 파월(Anna Powell, AF)은 2년 전 음주 운전자에 의한 교통사고로 사망했다. 이후로, 릭은 세 아이를 혼자서 키우면서, 가족을 먹여 살리기 위해 두 가지 일을 하고 있다. 릭은 아들이 결석을 많이 했고, 최근에 술을 마시기 시작했다는 사실을 알고 몹시 걱정하고 있다. 릭은 아내의 죽음 이후 술을 끊었고 현재는 알코올 중독에서 회복하고 있는 중이다. 또한 13살 딸이 십대에 임신하지 않을까 걱정이 되지만 어떻게 딸과 이야기해야 할지 모른다. 릭은 막내딸 나디아가 조용하고, 호기심 많고, 영리하다고 기술한다. 막내딸을 보면 아내가 생각난다고 말한다. 장인 장모가 아이들 양육을 도와주고는 있지만, 두 사람 모두 직업이 있어서 항상 시간을 낼 수는 없다.

상징-경험적 치료 사례개념화

진정한 만남과 정서 체계

가족 구성원은 다른 구성원에게 자신의 감정을 표현하는 데 어려움을 가지고 있고 특히, 어머니의 죽음 이후에는 더욱 그렇다. 하지만 구성원들 사이의 정서적인 교류는 어머니의 죽음이라는 주제 앞에서는 빠르게 확대되었는데, 특히 AM과 CM15 사이에서 더욱 그렇다. 가족들은 그들의 상실감을 표현하는 것이 안전하다고 느끼자, 강한 고통, 슬픔, 상처받아 화가 나는 것을 표현하였다. 하지만 대체로 그들이 인디언 원주민 종교적 전통을 따르지 않음에도, 죽은 사람의 이름을 언급하지 않는 체로키 전통을 유지하였다.

구조적 조직 평가

경계선 애나의 죽음 이후 가족 체계 내의 융해된 경계가 심해지고 있다. 핵가족과 확대가족 사이에는 최소 수준만의 경계가 있다. AM은 아내의 죽음 이후 자신과 자신의 아이들을 알코올 중독을 보이는 확대된 가족 구성원으로부터 분리시키기 위해 경계선을 만들려고 노력하고 있다. CM15와 CF13은 이것 때문에 아버지에게 화가 나 있고, 마치 아버지가 가족들로부터 자신들을 떼어내려는 것처럼 느낀다.

동맹 CM15와 CF13은 연합하여 AM에게 저항하고 있다. 두 자녀 모두 어머니의 죽음 이후 원하지 않지만 CF8을 돌봐야 하는 양육자 역할을 떠맡고 있다. 대부분의 구성원들은 지혜롭고 친절한 AM의 할머니를 몹시 존경한다.

역할 유연성 AF의 죽음 이후 아이들은 매우 경직된 역할을 맡게 된다. CF8은 '착한' 아이로 가족 내 화목 지킴이의 역할을 맡는다. 반면에, CM15와 CF13은 막내 동생을 돌봐야 하는 책임과 어머니가 맡아 왔던 가정주부 역할에 대한 일종의 보상 행동으로 부적절한 행동들을 하고 있다.

세대 간 의무사항 AM은 가족 안에서 일어나는 문제는 가족 안에서 풀어야 한다는 원가족으로부터 전수되어 온 자신의 신념 때문에 자신과 아이들을 위해 도움을 요청하는 것을 주저하고 있다. AM의 원가족은 외부로부터 도움을 구하는 것을 금기시 한다.

일이 교육보다 우선이라는 가치가 CM15의 무단결석에 기여하였다.

가족 체계 내 알코올 중독의 역사를 고려하면, 확대가족 구성원들이 갖고 있는 음주에 대한 대수롭지 않은 태도와 생활 스트레스 대처 방법으로 음주를 장려하는 행동이 설명될 수 있다.

'유령' AF는 가족 내에 여전히 강하게 존재하면서, 아내의 죽음 이후 상실에 대한 하나의 대처 방식으로 AM이 택한 새로운 역할을 거부하게 한다. 아이들은 어머니가 살아 계시다면 '모든 것이 다를 텐데'라고 말한다.

정서적 과정 평가

갈등에 대한 인내 AM은 자신과 아이들 사이의 갈등을 참기 위해 노력하고 있다. 그는 실패자처럼 느껴지고 아내의 갑작스런 죽음에 화가 난다. 그는 집안이 돌아가게 하고, 돈을 벌고, 아이들을 돌보느라 아내의 죽음에 대해 온전히 슬퍼해본 적이 없다. 아이들 또한 갈등을 참으려고 노력하면서, 표현되지 않은 감정들에 대처하기 위해 부적응적인 행동을 하게 된다.

갈등 해소와 문제해결 죽음 전에 AF는 문제해결사이자 결정권자였다. 이제 가족은 흩어지고, AF의 죽음이라는 큰 문제를 아직은 대면하지 않았으므로, 작은 문제조차도 해결하지 못한다.

충성심과 의무이행 AM은 아내의 죽음 이후에도 그의 원가족이 계속해서 술을 마신 것은 자신에 대한 신의를 저버린 것이라고 느끼며, 그러한 가족들은 전형적인 아메리칸 원주민에 대한 고정관념을 그대로 보여준다고 느낀다. CM15와 CF13도 확대가족에 대해 여전히 충성심을 갖고 있으며, "어머니는 우리가 CF8을 돌보기를 원하실 거야."라고 하면서 막내 여동생을 돌보는 책임을 떠맡는다.

상징적 과정 AM은 애나가 가족을 하나로 모으는 '접착제'와 같았다고 말한다. 그녀가 죽은 후 이젠 '모든 것이 산산이 부서진 것' 같다고 한다.

AF의 비극적인 죽음 이후, 알코올은 AM에게 배반의 상징과 같은 것이 되었다. CM15가 음주를 하는 것에 몹시 화가 나고, 엄청난 배반처럼 보였다. AM 또한 자신이 원하는 방식으로 확대 가족 구성원들이 아내의 죽음을 기리지 못한다고 여겨져 확대가족에게서 버려진 느낌이었다.

역량에 초점

아내의 죽음 이후 술에 취하지 않겠다는 릭의 약속과 헌신은 의미 있는 강점이다. 그는 가족을 경제적으로 부양하기 위해 또 다른 직장을 구하고 아이들에게 필요한 것들을 공급해주고 있다. CM15와 CF13의 CF8을 돌보는 사랑과 헌신은 또 다른 중요한 가족의 강점이다. 두 딸은 학교생활을 잘 하고 있다. 확대 가족과 거리를 두려는 아버지의 노력에도, 그들은 여전히 확대 가족과 친밀감을 유지하고 있다.

증상 발달

애나의 죽음은 이 가족에게는 엄청난 상실이다. 가족은 어머니의 죽음을 개인적으로나 또
는 함께 모여서 온전히 애도하지 못했고, 특히 어머니의 온화한 중재자 역할이 없어지자
가족들은 감정을 표현하지 못했다. 각자의 구성원은 상실 감정에 대처하는 부적응적인 방
법을 발달시켜갔다. 가족 안에 알코올 중독의 역사가 흐르고 있었기에, 어머니의 비극적
인 죽음으로 인해 자신들의 삶에서 알코올이 어떤 역할을 하는지를 원하지 않는 방식으로
살펴보게 되었다.

상징-경험적 치료계획

상징-경험적 치료의 초기 단계(가족)

상담 과제

1. 상담 관계를 수립한다.

    다양성 고려사항: _____

    a. _____

2. 개인, 체계, 그리고 좀 더 포괄적인 문화적 역동을 평가한다.

    다양성 고려사항: _____

    a. _____

    b. _____

내담자 목표

1. 관계에서의 갈등을 줄이고 애도과정을 촉진하기 위해 감정을 통제하는 문화적 전통을 존중하면서도 진솔
한 감정을 억압하지 않고 표현한다.

    a. _____

    b. _____

상징-경험적 치료의 작업 단계(가족)

상담 과제

1. 작업 동맹의 질을 모니터한다.

    다양성 고려사항: _____

    a. _____

내담자 목표

1. 갈등을 줄이기 위해 **경직된 관계 패턴**을 감소시키고, **경계를 명확히** 하고, **역할 유연성**을 향상시킨다.

   a. _____

   b. _____

2. 갈등을 줄이고 애도 과정을 촉진하기 위해 체계 내에서의 **차이와 갈등**뿐 아니라 진솔한 감정 표현을 인내하는 능력을 키운다.

   a. _____

   b. _____

3. 갈등을 줄이기 위해 관계 가능성을 확장시킴으로써 **가족의 상징적 세계의 폭과 유연성**을 증가시킨다.

   a. _____

   b. _____

상징–경험적 치료의 종결 단계(가족)

상담 과제

1. 종결 후 계획을 수립하고 상담 성과를 유지한다.

   다양성 고려사항: _____

   a. _____

내담자 목표

1. 애도과정을 촉진하고 행복감을 향상시키기 위해 체계 내에서 **가족 응집력**과 **진솔한 자기표현**을 증진시킨다.

   a. _____

   b. _____

2. 애도과정을 촉진하고 행복감을 향상시키기 위해 **현재 순간의 감정을 경험**하는 능력과 **자신을 진솔하게 표현**하는 각 구성원의 능력을 향상시킨다.

   a. _____

   b. _____

Chapter
10

세대 간 그리고 정신분석적 가족치료

'진정, 보웬 이론은 가족 그 자체보다는 인생에 관한 것이다.'

– Friedman, 1991, p. 134.

조망하기

비록 서로 구분되는 점이 있긴 하지만, 보웬의 세대 간 치료와 정신분석 가족치료는 (a) 정신분석이론 및 (b) 체계 이론과 뿌리를 같이 한다. 정신분석적으로 훈련받은 정신과 의사인 보웬(1985)은 영향력 있고 독특한 치료적 접근인 보웬 세대 간 치료를 발달시켰다. 대상관계이론에 크게 영향을 받아온 정신분석적, 정신역동적 가족치료는 대상관계 가족치료(Scharff & Scharff, 1987), 원가족치료(Framo, 1992), 그리고 맥락적 치료(Boszormenyi-Nagy & Krasner, 1986)라는 몇 가지 고유한 접근을 발달시켰다. 이러한 치료는 다음과 같은 핵심적인 개념과 실제를 공통적으로 포함하고 있다.

- 현재의 기능 상태를 이해하기 위해 내담자의 초기 관계 점검하기
- 내담자의 불평을 이해하기 위해 세대 간 그리고 확대 가족역동 추적하기
- 변화를 촉진시키기 위해 대가족 역동에 대한 통찰력 증진시키기
- 어릴 때 원가족 내에서 습득된 파괴적 신념과 행동 패턴을 찾아내고 수정하기

보웬 세대 간 치료

배경

보웬의 세대 간 치료는 가족이나 가족치료에 관한 것이라기보다는 인간 존재의 본성에 관한 것이라고 할 수 있다(Friedman, 1991). 보웬 접근은 치료자가 인간의 진화와 모든 생태계 체계의 특징에 대해서 고려하는 넓은 인식을 기초로 하여 상담할 것을 요구한다. 치료자는 이런 광범위한 인식으로 내담자의 문제를 사례개념화하고 변화를 위해 치료자 자신을 사용하기도 한다. 이를 위하여 치료자는 보통 현재 징후가 시사하는 바를 좀 더 잘 이해하기 위해 삼세대 정서과정을 고려한다. 치료의 과정은 자신들의 현재 행동이 다세대 과정과 그 결과로 나타나는 가족역동과 어떻게 연관되어 있는지에 관한 자각을 증진시키는 것이 포함된다. 내담자 변화를 촉진시키기 위한 치료자의 기본적인 도구는 치료자 자신의 분화수준, 즉 타인과 자신을 구분할 수 있는 능력과 대인관계 불안을 조정하는 능력이다.

주요 개념

분화

분화(differentiation)는 처음에는 이해하기가 약간 어려울 수도 있지만, 대인관계를 이해하는 데 가장 유용한 개념 중 하나이다(Friedman, 1991). 감정적 또는 정서적 개념인 분화는 개인 내적인 그리고 대인관계의 고통을 분리시키는 개인의 능력을 의미한다.

- 개인 내적: 반사적(react)이기보다는 반응적(respond)이기 위한 사고와 감정의 분리
- 대인관계적: 자기(self)의 상실 없이 자기 자신의 끝 지점과 다른 사람의 시작 지점이 어디인지를 아는 것

보웬(1985)은 또한 분화를 두 개의 삶의 힘 사이의 균형을 유지하는 능력으로 보았다. 연대감(togetherness)과 자율성(autonomy)에의 욕구로서 분화는 연속체 상에서 개념화된다(Bowen, 1985). 따라서 사람은 분화되거나 분화되지 않았다의 이분법적인 구분이 아니라, 어느 정도 분화되었다고 이야기한다. 인생을 살아가면서 점점 분화되어 간다는 것은 넓은 의미에서 '성숙'되어 간다는 것을 가리킨다.

분화가 좀 더 잘 된 사람은 인생의 희비나, 친밀한 관계에서의 우여곡절 같은 고비를 좀 더 잘 다루어간다. 사고와 감정을, 자신과 타인을 명확히 구분할 수 있는 능력은 친밀감의 수준이 증가함에 따라 생기는 긴장과 도전에 성공적으로 타협해갈 수 있도록 돕는다. 예를 들면, 배우자가 무시하고 무관심한 태도를 보여도 분화가 이루어진 개인은 그의 세계가 붕괴되거나 적대감에 불타오르지 않는다. 물론 감정적으로 상처받을 수 있고 고통을 경험할

수는 있다. 그렇다 할지라도, 고통을 못 이겨서 즉각적으로 어떤 행동을 취하거나 부정적인 행동을 드러내지 않는다. 어떤 것이 본인의 책임이고 어디까지 상대방의 책임인지를 명확히 분리하고 앞으로 나아가기 위해 존중할 수 있는 방법들을 모색한다. 대조적으로, 분화가 덜된 사람은 강박적일만큼 즉각적으로 반사적인 행동을 하며, 생각도 없이 자신들의 감정을 표현해 버리거나 해당 상황에 대한 책임의 소유가 각각 어디까지인지에 대해서 깊이 생각하지 않는다. 분화수준이 더 높은 배우자는 자기 자신과 타인의 차이에 대해서 포용 수준이 높고 모든 관계에서 높은 수준의 자유와 수용을 허락한다.

분화된 사람들은 감정적인 상황에서 즉각적인 반사행동을 하지 않으므로 공감능력이나 감정적인 표현력이 부족하다는 일반적인 오해를 받는다(Friedman, 1991). 하지만 분화수준이 매우 높은 사람은 과장된 행동을 하지 않는 대신 깊이 있게 성찰하고 자신들의 감정적인 삶의 모호성에 대해 관대하므로 실제로는 좀 더 까다롭고 강렬한 감정들에 얽혀 있다.

내담자들의 분화수준은 그들의 문화, 성, 연령, 성격에 따라 다르게 표현되므로 평가하기가 어렵다(Bowen, 1985). 예를 들면, 수련을 받지 않는 사람의 눈에는, 감정적인 표현이 풍부한 문화나 성별은 분화수준이 낮아 보이는 반면, 감정적으로 절제된 사람이나 문화는 좀 더 분화가 잘 되어있는 것으로 보일 수 있다. 하지만, 감정적인 냉정함은 종종 덜 분화된 사람이 강력한 감정을 관리하기 위해 사용하는 정서적 단절의 결과이기도 하다(다음에 소개되는 "정서적 단절" 참조). 치료자들은 분화의 다양한 표현들을 엄밀하게 가려내기 위해, 실제 기능을 개인 내적 분화(사고와 감정의 분리능력), 그리고 대인관계적 분화(자신과 타인을 구분하는 능력)로 평가해야 한다. 이 장의 마지막에 소개된 사례에서, 치료자는 어머니와 17세 막내딸의 분화수준을 높여서 딸이 가족을 떠날 준비를 할 수 있도록 돕고 있다.

가계도

가계도(genogram)는 가족 사정에서 가장 일반적으로 사용되는 도구들 중 하나이다 (McGoldrick, Gerson, & Petry, 2008). 가장 기초적인 수준에서, 가계도는 치료자나 내담자에게 보고된 증상에 대한 가족의 정서적인 역동이 세대 간에 어떻게 전수되고 있는지를 보여주기 위해 구체적으로 그려진 가족 계보 혹은 족보의 형태이다. 이 장의 마지막 사례를 통해 가계도의 개념을 분명히 할 수 있을 것이다.

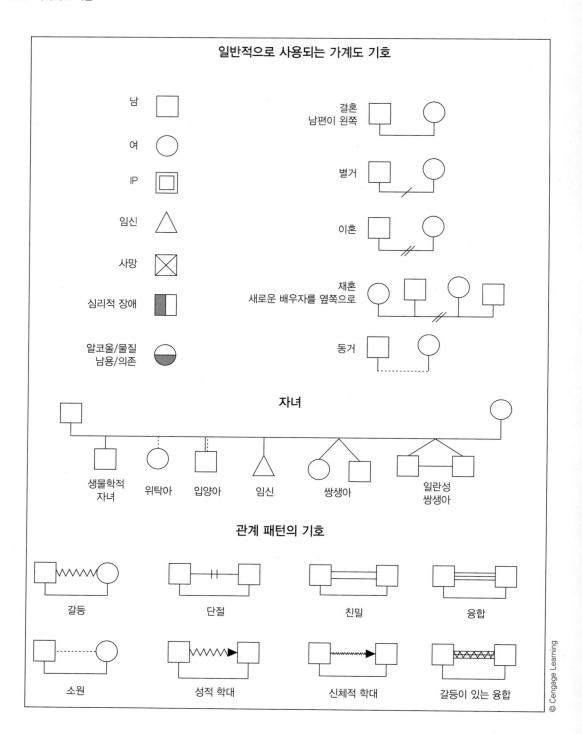

새내기 치료자들은 종종 가계도 그리는 것을 꺼린다. 본인의 가계도를 그리라고 하면 매우 열정적인 반면, 내담자와 가족 가계도 작업을 하라고 요청하면, 대부분은 시간이 없다거나 자신의 내담자는 가계도 작업을 원하는 타입이 아니라고 하면서 부담스러워한다.

하지만 내담자와 가계도를 그려보고 나면 거의 "생각보다 훨씬 유익했어요."라는 이야기를 듣는다. 특히 새내기 치료자들뿐 아니라 심지어는 노련한 치료자에게조차 가계도는 거의 항상 어떤 식으로든지 도움이 된다. 비록 원래는 보웬의 접근에서 세대 간 작업을 위해 개발되었지만, 가계도는 다른 접근법의 많은 치료자들도 자신들의 상담에 이를 적용하여 해결-중심 가계도(solution-focused genograms, Kuehl, 1995)나 문화적으로 초점이 맞추어진 가계도(culturally focused genograms, Hardy & Laszloffy, 1995; Rubalcava & Waldman, 2004)를 창조해낸다.

가계도는 특히 세대 간 치료자들에게는 (a) 평가도구인 동시에 (b) 개입방법이다. 평가도구로서 가계도는 치료자가 양육 · 갈등관리 · 연대감과 엮여 있는 자율성과의 사이에서 균형감과 같은 세대 간 패턴을 규명하는 것을 도와준다. 개입으로서의 가계도는 내담자가 자신들의 패턴을 좀 더 분명하게 인식하게 하면서 의도적은 아니었지만 가족 패턴이나, 가족 규칙, 그리고 가족 유산들로부터 자신들이 어떤 식으로 벗어나 살고 있는지를 보게 해준다. 수련 과정에서 나는 할아버지로부터 성적 학대를 당해왔지만 가족 사이의 분열을 우려해서 부모님께 말씀드리지 못한 한 내담자를 상담했다. 이 사례는 가계도 작업을 통해서 해결되었다. 가계도 작업을 통해서 나는 다른 가족원들에게서 그녀와 비슷한 특징을 발견했고, 가계도 작업이 끝났을 때 할아버지로부터 성적 학대를 받은 가족원이 삼 세대에 걸쳐서 12명이 넘는 것을 찾아냈다. 그녀는 집에 돌아가서 어머니에게 바로 말씀을 드렸고 다 세대에 걸친 치료 작업이 시작되었다.

가계도를 만들기 위해서, 대부분의 치료자들은 맥골드릭(McGoldrick 등, 2008)에 의해 고안된 형식을 따른다. 가계도에는 성별, 결혼, 이혼, 동거, 자녀, 갈등, 심리적 거리, 가족 구성원 등과 같은 정보들이 상징적인 기호들을 통해 표현된다.

기본적인 가족 구도 이외에도 가계도를 통해 종종 다음과 같은 내용들을 추적할 수 있다.

- 가족 강점과 자원
- 물질/알코올 남용과 의존
- 성적, 신체적, 그리고 정서적 학대
- 개인적 자질과 가족 역할: 상보적 역할들(예: 골칫덩어리, 반항자, 과대/과소 성취자)
- 신체적, 정신적인 건강문제(예: 당뇨, 암, 우울, 정신증 등)
- 문제를 일으키고 있는 과거 사건들: 똑같은 사람들이나 다른 세대, 가족 구성원들이 문제를 유지해오고 있는 방식

관련학자

머레이 보웬(Murray Bowen) 정신분석 수련을 받은 정신과 의사인 보웬(1966, 1972, 1976,

1985)은 1940년대 메닝거(Menninger) 클리닉에서 조현병 환자들을 치료하기 시작하였고 1950년대 국립 정신건강 연구소(National Institute for Mental Health, NIMH)에서 연구를 계속하였다. 여기에서 그는 조현병 환자 가족의 정서적 과정들을 연구하기 위해 가족 전체를 입원시키기도 했다. 이후 30년간 조지타운대학교에서 가족 및 자연 체계 이론 중 가장 중요한 이론을 발달시켰고, 이후 후대의 많은 가족치료자들에게 큰 영향을 끼쳤다.

모니카 맥골드릭과 베티 카터 모니카 맥골드릭(Monica McGoldrick, 1999)과 베티 카터(Betty Carter)는 보웬의 이론을 가족 생활주기(family life cycle) 모델로 발달시켰는데, 이는 연대감과 자율성 욕구 사이의 균형에 관해 사용한 개념으로서 가족 발달 과정을 이해하는 데 많은 영향을 끼쳤다. 맥골드릭의 가계도 작업은 그의 저술에도 소개되어 있다(McGoldrick, Gerson, & Petry, 2008).

상담과정

정신역동적 뿌리를 가진 다른 접근과 마찬가지로, 세대 간 치료는 내담자의 변화를 촉진시키기 위해 **치료자 자기**(self-of-the-therapist), 특히 치료자의 분화수준에 가장 많이 의존하는 **과정–중심치료로서**(Kerr & Bowen, 1988), 기법이나 개입방법들은 강조되지 않는다. 대신, 치료자는 가계도를 사용하여 통찰을 촉진시키며, 자신들이 분화된 사람으로서 개입하기 위한 평가를 실시한다. 예를 들어, 한쪽 배우자가 논쟁에서 치료자를 자기편으로 끌어들이려고 할 때, 치료자는 동시에 분화의 모델링을 하면서 부드럽게 커플 안에서 분화를 향상시킨다. 편들기를 거절하고 거절에 대한 그들의 두려움을 버텨주면서(그들의 문제는 아직 해결되지 않았고, 어떤 파트너도 치료자에 의해서 '인정'되어 지지 않았다), 치료자는 커플이 그들의 분화수준을 높일 수 있는 상황을 만들어낸다. 그들은 그들 자신의 감정을 달래고, 둘 사이의 분화로 인한 긴장을 견디는 것을 배우기 위해 자기인정을 사용하게 된다. 치료자가 통찰과 치료적 관계를 교차하여 사용함으로써 내담자의 분화수준과 그들의 불안과 모호함에 대해 견디는 능력이 높아지는 변화가 일어나게 된다.

상담관계 형성

치료자의 분화와 정서적 존재

다른 어떤 가족치료 접근과 마찬가지로 세대 간 가족치료자들의 분화(Bowen, 1985; Kerr & Bowen, 1988)와 정서적인 존재는(Friedman, 1991) 변화과정에 핵심적 요소이다. 세대 간 가족치료자들은 분화과정을 높이기 위해 모든 부분을 격려하는 치료적 관계를 발달시키는 데 초점을 둔다. 즉, '치료자의 분화가 기법이다'(Friedman, 1991, p. 138). 세대 간 치료자들은 치료자의 분화수준만큼 내담자도 꼭 그 정도로 분화된다는 것을 믿고 있다(Bowen, 1985). 따라서 치료자의 분화수준은 수련 초기에 슈퍼비전의 초점이 되기도 하고, 치료자는 내담 자를 최대한 지원하기 위해 스스로를 지속적으로 관찰하고 발달시키도록 기대된다. 보웬 치료자들은 이론이라는 것이 책을 통해서 배워지기보다는 학생들과 이 이론을 가지고 상 호작용하는 교사나 슈퍼바이저와의 관계를 통해서 습득된다고 주장한다(Friedman, 1991).

불안하지 않은 현존

치료자의 분화수준이 높을수록, 치료자는 내담자와 불안이 없는 상태를 유지할 수가 있다 (Kerr & Bowen, 1988). 이것은 차갑고 분리된 입장이라기보다는 반사적이지 않으면서 정서 적으로 관여하고 있는 입장, 즉 치료자가 주의 깊은 숙고 없이 '나쁜' 소식이라고 판단해서 말해버리는 것과 같은 반사적 공격과 같은 행동을 하지 않는 것을 의미한다. 치료자는 내 담자가 분노나 슬픔 또는 또 다른 강한 감정에 압도당할 때 매번 두려움에서 구해내려고 돌 진하지 않는다. 대신 치료자는 내담자가 피하려고 애쓰는 구렁텅이를 차분하게 걸어 들어 가서 내담자가 자기 자신과 타인을, 사고와 감정을 분리하도록 안내한다(Friedman, 1991). 치료자의 조용한 구심점은 분화의 모델링이 이루어진 안전하고 침착한 환경에서 내담자가 분화의 과정을 밟아가는 것을 돕는 것이다. 내담자가 속이 상했을 때 가장 '쉬운' 일은 내담 자를 달래서 그들의 두려움과 공포 그리고 강한 감정을 진정시키는 것이다. 이것은 내담자 를 진정시키고 달랠 수 있지만, 이것을 통해서 내담자가 배우는 것은 없다. 세대 간 치료자 는 내담자가 그들의 공포나 혐오를 벗어나서 성장할 수 있도록 천천히 코칭하는 좀 더 어려 운 과정을 수행하는 양치기의 역할을 한다. 예를 들어, 이 장에서 소개되는 사례에서 치료 자는 가족이 어머니와 십대 딸 사이의 즉각적인 갈등을 협상하기 위한 새로운 방법을 배워 갈 수 있도록 안정된 존재로서 자신을 사용하고 있다.

사례개념화 및 평가

살펴보기(viewing)는 세대 간 치료에서 사용하는 대표적인 '개입'이다. 왜냐하면 치료적 접 근의 효과성은 치료자가 가족역동을 정확하게 평가하여 그에 따른 치료과정을 안내하는 능 력에 좌우되기 때문이다(Bowen, 1985). 다른 모든 치료들도 마찬가지겠지만, 특히 세대 간 치료에서는 가족에서 일어나고 있는 일을 정확히 '관찰'할 수 있는 치료자의 능력에 치료자 의 분화수준이 결정적 영향을 미친다.

정서 체계

보웬은 가족이나, 조직, 또는 동호회들을 모두 자연적 체계에서 발견되는 것과 동일한 과정들을 갖는 정서 체계로 보았다. 보웬은 우리가 다른 원형질(예: 생명체)의 형태와 많은 공통점을 가지고 있다고 수년간 지속적으로 강조해왔다(Friedman, 1991, p. 135). 그는 인간을 핵을 지니고 있어서 다른 세포와 기능이 분리된 최초의 세포를 찾아 회귀하는 **진화론적 정서과정**(evolutionary emotional process)의 일부로 여겼다(예를 들면, 인간의 생명은 하나의 세포에서 시작하여 새로운 세포들을 창조하기 위해 분화를 하고, 이것은 나중에 서로 다른 신체의 구조와 체계, 이를 테면 혈액, 근육, 신경 등을 만들어낸다). 아직 단일 생물체(체계)의 일부분으로 남아 있는 이러한 분화과정은 보웬의 치료에서는 중요한 구성 개념이고 가족 정서 과정은 세포 분화과정의 연장(은유적 표현만은 아니다)으로 여겨졌다. 따라서 보웬의 자연 체계 이론은 인간이라는 종족과 과거 및 현재의 모든 생명체 사이의 관계에 초점을 맞춘다.

가족치료에서 특별히 흥미로운 것들 중에 정서적 상호의존(예를 들면, 새 떼, 가축 떼, 인간의 가족)(Friedman, 1991)을 발달시켜 온 자연적 체계가 있다. 형성된 체계나 정서적 영역은 무엇이 가치 있고 그렇지 않은지를 정의하면서 모든 구성원에게 심오하게 영향을 미친다. 가족이 충분히 분화되지 못하면, 정서적으로 융해되어 미분화된 '자아 덩어리(ego mass)'가 될 수도 있다. 세대 간 가족치료자들은 가족의 환경이나 일반적인 문화적 요인보다는 가족의 독자적인 정서 체계에 정면으로 초점을 맞추고 특정한 체계를 구성하는 가족 규칙을 파악하고자 한다.

이러한 접근은 가족을 단일 조직이나 체계로 보는 다른 체계론적 사례개념화 접근과 비슷하다. 하지만 보웬은 근본적으로 **정서적 체계**를 강조한다. 정서 체계는 개인의 행동과 감정 그리고 증상에 유의미한 영향력을 행사하므로 치료자는 항상 개인의 문제를 이해하기 위해서는 이러한 맥락을 평가해야만 한다.

만성적 불안

보웬은 만성적 불안(chronic anxiety)을 모든 자연 체계에 존재하는 생물학적인 현상으로 보았다. 만성적 불안은 의식적이거나 논리적인 과정에 의해서 중재되지 않은 자동적인 신체적, 감정적인 반사행동과 연관되어 있다(Friedman, 1991). 가족은 위기나 상실, 갈등과 어려움에 직면하면 만성적 불안을 보인다. 분화의 과정은 개인과 가족이 자연적 체계의 생존과 연관된 반사성과 불안을 줄이고, 대신에 의식적으로 대응 방식을 선택할 수 있도록 하는 냉철함이 생기게 한다. 예를 들면, 아이의 성적이 저조한 것에 대한 어머니의 죄의식에서 가족에서의 만성적 불안이 기인한다고 볼 때, 상황에 도움이 되지 않는 맹목적이고 감정적인 반사행동 대신에, 명료하고 이성적인 입장에서 아이의 상황에 대응할 수 있도록 어머니의 분화수준을 높여주는 것이 치료자의 과업인 것이다.

다세대 전수

다세대 전수 과정(multigenerational transmission process)은 윗세대에서의 정서과정이 현재에 '살아서' 가족의 정서 체계에 존재한다는 전제에 기초하고 있다(Friedman, 1991). 이러한 과정에서 자녀들은 부모보다 높거나, 같거나, 낮은 수준의 분화를 보인다(Bowen, 1985). 심각한 정서적 문제를 보이는 가족은 세대를 거쳐서 점점 더 분화수준이 낮아지는 다세대 전수에서 그 원인을 찾을 수 있다. 보웬의 접근은 개인이 이러한 과정으로부터 충분한 거리를 두어 인간관계와 개인의 정체성을 형성하는 좀 더 보편적인 과정을 이해하도록 초점을 둔다(Friedman, 1991).

다세대 패턴

세대 간 가족치료자들은 다세대 패턴(multigenerational patterns), 특히 현재 문제와 연관된 패턴을 평가한다. 가계도와 면담을 사용하여 치료자는 우울, 물질 사용, 갈등, 부모-자녀 관계, 부부 관계 혹은 내담자에게 가장 두드러지게 나타나는 어떤 주제라도 파악한다. 그러고 나서 치료자는 현재 상황이 이러한 패턴과 어떻게 연관되어 있는지를 밝힌다. 내담자가 이러한 패턴을 반복하는가 아니면 저항하는가? 패턴이 이 세대에 이르기까지 어떻게 진화되어 왔는가? 이를 통해 치료자는 문제를 지속시키는 역동에 관한 좀 더 명료한 정보를 얻는다. 이 장의 마지막에 소개되는 이민자 사례에서, 가족 패턴의 역사는 서로 다른 문화적인 맥락으로 인해 변화될 수도 있고(예를 들면, 융합하고 적응시키려는 가족의 시도나 강요), 경직되어 변하지 않을 수도 있고(예: 가족은 전통을 고수하기를 원한다), 근본적으로 달라질 수도 있다(예: 가족은 과거로부터 '단절'되기를 원한다). 이 장에서 소개될 사례에서 가족은 반항하는 아이, 가족 조정자, 순교자와 같은 세대 간 패턴을 지닌다.

분화수준(주요 개념 참조)

분화가 사례개념화의 일부로 사용될 때, 치료자는 내담자의 분화수준을 연속선 상에서 평가하게 된다. 보웬은 1부터 100의 범위에 이르는 분화척도를 만들었는데, 낮은 숫자는 낮은 수준의 분화수준을 의미한다(Bowen, 1985). 보웬은 이 척도에서 70 이상에 도달한 사람을 찾아보기가 드물다고 하였다.

비록 샤봇 정서분화 척도(Chabot Emotional Differentiation Scale, Licht & Chabot, 2006)와 같은 지필식 측정도구가 있지만, 대부분의 치료자들은 어디에서, 어떻게 개인이 자신과 타인을 그리고 사고와 감정을 분리하기 쉽거나 어려운지의 패턴을 간단히 알아볼 수 있다.

치료에 가장 유익한 것은 전체적인 점수나 분화의 일반적인 평가가 아니라 내담자가 분화 수준을 높여서 현재 문제를 해결할 수 있도록 분화를 높일 수 있는 구체적인 지점을 아는 것이다. 예를 들어, 부부가 성생활에서 각자의 취향을 의논하고 이러한 취향을 감정적 치달 음 없이 서로를 존중할 수 있는 방법을 찾아서 보다 나은 성적인 관계를 만들어 가려면, 성 과 관련된 지점에서 자신과 타인을 분화시키는 능력을 높일 필요가 있는 것이다.

정서적 삼각관계

보웬은 정서적 삼각관계(emotional triangles)를 가족 구조의 기본 골격으로 여기고 가장 중요한 가족역동 평가 중 하나로 보았다(Bowen, 1985; Friedman, 1991; Kerr & Bowen, 1988). 삼각관계는 한 쌍이 관계를 안정시키기 위해서, 특히 둘 사이에 긴장이 있을 때 제3 의 사람(또는 물건이나 주제, 활동 등)을 끌어들이는 과정을 말한다. 삼각관계가 긴장을 완화 시키기 위해 제3의 사람이나 주제를 사용하므로 제 3의 존재를 끌어들여 관계를 변화시키 고자 하면 할수록, 아이러니하게도 변화시키려는 측면을 더 강화시키게 된다. 따라서 치료 자들은 변화시킬 필요가 있는 일차적 관계를 규명하고자 삼각관계를 평가한다.

보웬은 삼각관계화(triangulation)를 자연 체계의 근본적인 과정으로 보았다(Bowen, 1985). 모든 사람은 건물 안 계단에서 상사나 동료의 흉을 보는 것과 같이 어느 정도 삼각 관계화 하는 경향이 있다. 하지만, 이것이 한 쌍의 긴장을 다루는 주요 도구가 될 때는 결 코 그 두 사람은 실제적으로 긴장을 풀 수 없게 되고 병적인 패턴이 나타나게 된다. 삼각관 계가 경직될수록 문제는 더욱 커지게 된다.

삼각관계 가족의 고전적인 예는 결혼생활의 긴장을 줄이고자 자녀와 밀착된 관계를 만 드는 어머니이다. 이 장에서 소개되는 사례도 이러한 상황을 보여준다. 지나친 관여는 긍 정적 상호작용의 형태(학교와 사회활동에 과잉 관여, 감정적 친밀함, 지속적인 시중이나 아이를 위한 헌신)나 부정적 상호작용(잔소리, 아이를 향한 염려)의 형태로 나타난다. 또 다른 삼각관 계의 일반적인 형태는 이혼 가정에서 볼 수 있는데, 양 부모가 종종 아이를 다른 배우자를 대항하여 자기편으로 끌어들이기 위해 삼각관계를 만들어낸다. 삼각관계화는 한 쌍의 안 정을 만들어내기 위해 알코올이나 약물의 사용과 연관되기도 하고, 배우자에 대항하여 원 가족이나 친구를 끌어들여 흉보는 것 혹은 두 형제가 편이 되어 다른 형제에 대항하는 것 등에서도 찾아볼 수 있다.

가족 투사 과정

가족 투사 과정(family projection process)은 부모가 한 명이나 또는 그 이상의 자녀에게 자 신들의 미성숙함을 '투사'시켜서 세대가 내려감에 따라서 점점 미분화되어 가는 과정을 보여준다. 가장 일반적인 패턴은 어머니가 자녀의 학업성적이나 스포츠 활동 등 자녀에게 모든 관심을 집중하면서 자신의 두려움을 투사시키는 것이다. 투사의 대상이 된 자녀(들)은 투사과정에 관여되지 않은 형제자매에 비해 미분화가 될 가능성이 크다.

정서적 단절

가족 사정을 위해 특별히 중요한 과정이 정서적 단절인데, 이것은 개인이 불안을 관리하기 위해 다른 사람과 감정적 교류를 더 이상 하려고 하지 않는 상황으로, 흔히 부모 자녀 사이에서 발생한다. 정서적 단절(emotional cutoff)은 더 이상 다른 사람을 만나려고 하거나 말도 하지 않으려 하거나, 혹은 가족 행사에서 사실상 어떠한 상호작용도 하지 않으려 하는 것으로 나타난다. 종종 가족과 정서적 단절을 하는 사람은 차라리 그렇게 하는 것이 정신건강에 좋다고 믿거나(예를 들어, "나는 경계선을 잘 유지하고 있어."), 심지어는 자신이 우월하다고 생각하고(예: "나 같은 사람이 저런 사람을 상대할 의미가 없어."), 이런 상황들이 자신들의 감정적인 반사행동을 줄이는 데 도움이 된다고 한다. 하지만, 정서적 단절은 거의 항상 분화수준이 낮은 특징을 보인다(Bowen, 1985). 개인이 다른 사람과 정서적으로 융해가 심하게 되면, 필연적으로 심리적 편안함을 위해서 물리적인 분리를 원하게 된다. 개인의 분화수준이 높을수록, 정서적 단절 욕구는 줄어들게 된다. 분화수준이 높은 사람이 경계를 세우지 않는다는 것이 아니라, 정서적인 연결을 존중하는 방식으로 유지하면서, 경계를 세우되 감정적인 반사행동에 의해서는 아니라는 것이다(특히 논쟁 후에는).

정서적인 단절은 분화와 가족역동에 관한 전반적인 평가를 '망칠 수 있기' 때문에 평가 시에 좀 더 많은 주의를 필요로 한다. 대처 수단으로 단절을 취하는 사람은 실제보다 종종 더 분화된 것처럼 보일 수 있다. 또한 내담자가 가족력을 '망각'하거나 진실로 모르기 때문에 특정한 가족 패턴을 찾아내기는 더 어려울 수도 있다. 어떤 가족에서는 언어적 혹은 정서적 학대, 또는 아동기 학대와 같은 극단적 패턴 때문에 단절이 더욱 요구되기도 한다. 접촉이 적합하지 않거나 불가능한 경우에도 치료자는 단절의 정서적 부분을 평가할 필요가 있다. 개인이 분노, 후회, 두려움을 숨기지 않고 감정적으로 잘 관여할수록(예를 들어, 공감 및 관계 역동에 관한 인지적 이해를 갖는다) 더욱 건강해질 것이고 이것이 바로 치료목표이다.

출생 순위

세대 간 가족치료자들은 또한 출생 순위(sibling position)를 가족의 분화수준의 지표로 본다. 모든 다른 것들이 동등한 조건이라면, 가족 구성원이 형제위치에 따라 기대되는 특징을 잘 보일수록 분화수준도 높다고 볼 수 있다(Bowen 1985; Kerr & Bowen, 1988). 자녀에 대한 가족의 투사과정이 집중될수록, 그 자녀는 더 유아기적인 어린아이의 특징을 보여주게 된다. 출생 순위와 연관된 역할은 개인의 문화적 배경에 의해 영향을 받는다. 일반적으로 이민자들은 이후 세대보다 전통적인 기준에 더 집착한다. 흔히 윗 순위 자녀는 책임감과 권위에 동일시하고, 나중에 태어난 자녀는 스스로 하인 역할에 동일시하고 주어진 상황에 의구심을 품으면서 이러한 지배 구조에 대응하려고 한다. 막내는 일반적으로 가장 자유를 좋아하고 책임을 회피하는 경향을 보인다.

사회의 퇴행

사회가 전쟁이나, 자연 재해, 경제적 압력이나 트라우마와 같은 지속적인 만성적 불안을 경험할 때, 이성적인 결정보다는 감정적이고 반사적인 결정을 하게 되고(Bowen, 1985) 낮은 기능수준으로 퇴행(regression)하게 된다. 문제해결을 위한 이러한 미봉책은 문제와 증상을 증가시키는 악순환을 만들어낸다. 사회는 분화수준이 올랐다가 내려가는 순환 주기를 거친다.

변화 목표 수립

두 가지 기본 목표

건강의 기준에 관한 정의를 내리고 있는 다른 이론처럼, 세대 간 치료도 모든 내담자에게 적용될 수 있는 장기간의 치료목표를 분명하게 정의하고 있다.

1. 각 개인의 분화수준을 높이기(구체적인 맥락에서)
2. 체계 내의 만성적인 불안에 대한 감정적인 반사행동 줄이기

분화수준을 높이기 분화수준의 향상은 각 내담자에게 조작적으로 정의되어야 한다. 예를 들어 'AF와 AM의 부부 관계에서 친밀감을 향상시키면서, 서로의 차이에 대한 포용심을 높여서 분화수준을 높이기'는 단순히 '분화수준 높이기'라고 목표를 정의하는 것보다 더 잘 정의된 것이라고 할 수 있다.

만성적 불안에 대한 감정적 반사를 줄이기 불안과 감정적 반사를 줄인다는 것은 분화를 높인다는 것과 밀접하게 연관되어 있다. 분화가 높아질수록 불안은 줄어든다. 치료과정을 좀 더 작은 단계로 나누어서 이러한 목표를 잘게 쪼개는 것이 유익하다. 불안 감소가 일반적으로 분화수준을 높이는 것보다 선행되어야 하므로, 치료의 최종 목표라기보다는 치료과정에 포함될 수 있다. 분화수준을 높이는 일반적인 목표와 더불어, 내담자 개인에게 맞추어 목표를 조정하는 것이 임상적으로 도움이 된다. '불안 감소'라는 일반적인 목표 진술은 불안장애를 다룰 때와 쉽게 혼돈이 올 수 있으므로 좀 더 유용한 임상적인 목표는 내담자의 구체

적인 역동을 반영하는 것이 좋다. 이를 테면, '자녀의 반항적 행동에 감정적 반사행동 줄이기' 또는 '가사나 양육 역할 분담에 관한 배우자와의 대화에서 감정적 반사행동을 줄이기'가 좋은 예이다.

개입 전략 수립

이론 vs. 기법

보웬의 세대 간 치료에서의 기본적인 '기법'은 이론을 구현시키는 치료자의 능력을 말한다. 만약 치료자가 자연 체계나 개인의 분화수준 관련 치료에 대해서 보웬의 이론을 이해하고 있다면, 내담자들의 분화수준을 향상시킬 수 있는 방식으로 자연스럽게 상호작용할 수 있을 것이다(Friedman, 1991). 따라서 '살아있는' 이론에 대한 이해는 내담자 변화 촉진을 위한 기본적인 기법이다.

과정질문

세대 간 치료자들의 이론의 구현은 과정질문(process questions)을 통해서 종종 이루어지는데, 과정 질문은 내담자들이 체계론적 과정이나 자신들이 실연하고 있는 역동들을 볼 수 있도록 도와준다. 예를 들어, 치료자는 내담자가 배우자와 경험하고 있는 갈등이 그들의 부모님의 관계에서 관찰해온 패턴과 어떻게 연관되어 있는지를 보여주기 위해서 다음과 같이 과정질문을 사용할 수 있다. "지금 배우자와 겪고 있는 갈등을 부모님 간의 갈등과 비교해보면 어떤가요? 비슷한가요 아니면 다른가요? 지금 하고 있는 역할이 부모님의 결혼생활에서 보아 온 것과 비슷한 역할인가요? 지금 겪고 있는 갈등이 어렸을 때 부모님과 겪었던 것과 비슷한가요? 누구랑 가장 닮았나요? 혹은 누구랑 가장 닮지 않았나요?" 이러한 질문들은 치료자가 내담자의 상황을 사례개념화 시킬 때 자연적으로 생기는 것들이다. 이 장의 마지막에 소개될 사례에서 치료자는 부모를 서로 더 친밀하게 하고, 딸의 독립성을 높여주고, 십대 자녀의 삶에 어머니가 지나치게 관여하지 않도록 과정질문을 두루 사용한다.

자아 분화를 격려하기

보웬의 이론에 따르면, 가족들은 생존을 위해 자연적으로 연대감과 관계성을 갖는 경향이 있다. 따라서 치료적 개입은 일반적으로 다른 사람과의 관계에서 자신의 선택이나 기분 상태를 유지하기 위해 '나' 입장('I' position)을 사용하도록 내담자를 격려함으로써 분화의 균형을 잡는 것을 목표로 한다(Friedman, 1991). 예를 들어, 만약 다른 사람의 기분에 과잉 반응을 하는 경우나, 한 쪽 배우자가 화나거나 기분이 좋지 않을 때마다 다른 한 쪽도 그런 기분으로 따라갈 수밖에 없다고 하는 경우에, 감정을 드러내는 배우자에게 과도한 영향을 받지 않고 자신만의 감정 상태를 유지할 수 있도록 다른 쪽 배우자를 코칭함으로써 내담자의 분화를 촉진시킨다.

가계도

가계도(genograms)는 평가 도구이자 개입방법이다(McGoldrick, Gerson, & Petry, 2008). 가계도는 문제를 일으키는 세대 간 패턴뿐만 아니라 관련된 대안적 방법을 파악하는 개입도 가능하게 한다. 예를 들면, 만약 매 세대마다 한 명 이상의 자녀를 둔 가족의 출신자가 자신의 부모에게 거세게 반항을 할 때, 이와 같은 패턴을 확인하고, 확대 가족에서 예외적인 상황이 있었는지 주목하고, 이러한 역동을 예방하거나 역동에 개입할 수 있는 방법들을 파악하기 위해 가계도를 사용할 수 있다. 가계도를 통해서 세대를 걸쳐 이러한 패턴을 시각적으로 살펴봄으로써, 이러한 역동이 회기 내에서 단지 논의될 때보다 변화에 대한 결단과 절박감이 생길 수 있게 된다. 즉, 가계도를 그려보는 것이 역동에 대한 논의와 과정질문에만 의존하는 것보다 행동을 취하고자하는 급박함과 자발성을 만들어내는 데 훨씬 더 효과적이다. 17장에 가계도를 그리고 그것을 회기 내에 어떻게 이용하는지 간단히 설명이 되어 있으나, 개인적으로 맥골드릭, 거슨, 페트리(McGoldrick, Gerson, & Petry, 2008)의 저서를 가계도에 관한 일차 참고문헌으로 활용하기를 추천한다.

탈삼각화

탈삼각화(Detriangulation)는 삼각구도에 치료자나 또 다른 누군가를 끌어들이려는 내담자의 의도를 방해하기 위해 치료자가 치료적 중립성(분화)을 유지하는 것을 말한다(Friedman, 1991). 개인이나 부부, 가족 등 누구와 상담을 하더라도 대부분의 치료자는, 치료실에 참석했거나 또는 그렇지 않은 제 3자에 대항하여 삼각화시키려는 내담자에 의해 삼각구도에 어느 정도는 '초대'될 것이다. 이런 경우, 치료자는 언어적으로나 또는 좀 더 미묘하게 편들기를 거절함으로써 '탈삼각화'를 한다. 예를 들어, 만약 내담자가 "아이가 말대답을 하는 것이 부적절하다고 생각하지 않으세요?"라거나, 또는 "남편이 매력적인 싱글 여자와 점심을 하면 안 되는 거 아닌가요?"라고 물으면, 내담자의 불안을 안정시키기 위한 가장 빠른 대답은 거기에 동의하는 일이다. 그렇게 하면 내담자와 치료자의 관계를 편안하게 만들고, 내담자가 즉각적으로 '기분이 좋아지고', '이해받았다고' 생각하며, '공감을 받았다'고 느끼게 할 것이다. 하지만, 내담자의 입장을 인정해주고 다른 쪽에 대항하여 내담자의 편을 들면 치료자는 분화를 촉진시킨다는 장기 목표를 약화시키게 된다. 따라서 만약 치료가 '고착'되면, 치료자는 먼저 스스로 잠재적인 삼각관계에서의 자신의 역할을 점검해야 한다(Friedman, 1991).

편들어 주기를 대신하여, 치료자는 내담자가 스스로 자기 자신을 인정하도록 하고, 문제 역동에서 자신만의 영역을 점검하고 자신의 욕구와 바람에 대한 책임을 지도록 내담자를 초대한다. 가끔 치료적 동맹에서 내담자의 감정을 '승인'해주는 것에 관한 유의미한 혼돈 이 발생한다. 승인(validation)은 인정을 의미한다. 하지만, 치료자로부터의 인정은 내담자 의 자율성 욕구를 약화시킨다. 세대 간 치료자들은 치료자의 "이렇게 느끼는 것이 정상적 이다."라거나, "정말 그 사람이 당신 마음을 아프게 했군요." 또는 암시하는 말로 "당신은 이렇게 느낄 수밖에 없겠네요."라는 말들은 분화의 기회를 차단하게 된다고 강조한다. 대 신에, 내담자는 그들 스스로의 사고와 감정에 대해 스스로 승인이나 부인하는 것과 필요한 만큼 책임을 가지고 행동하는 것들을 코칭 받게 된다.

관계 실험

관계 실험(relational experiments)은 행동주의적 접근의 과제인데, 이것은 가족에서 비생산 적인 관계 과정들을 드러내어 변화시키기 위해 고안되었다(Guerin, Fogarty, Fay, & Kautto, 1996). 이러한 실험은 둘 사이에 직접적인 의사소통을 향상시키거나, 분화가 덜 되어 유지 되고 있는 추적자/도망자의 위치를 뒤집어서 삼각관계의 과정을 방해한다.

원가족 방문

대부분의 성인들은 다음과 같은 역설에 친숙하다. 당신은 직업적으로 성공하고, 복잡한 가 정사도 잘 관리하여 균형을 잘 이루고 있는 사람 같다. 그러나 휴가기간에 원가족을 방문 하러 가면 당신은 갑자기 십대, 아니면 그보다 더 어린아이처럼 행동하는 자신을 발견할 수 도 있다. 세대 간 치료자는 원가족의 해결되지 않은 문제들의 결과로 이러한 차이가 일어나 며, 분화를 높이면 해결된다고 보았다. 비록 부모님의 비난과 형제자매의 오만함을 변화시 킬 수는 없지만, 대신에 이러한 '오래된 자극들' 사이에서도 명확한 자아감을 유지할 수가 있다. 내담자의 분화수준이 높아질수록, 가족 핵 체계 안에서의 자아감은 더 강해지고 명 확해질 수 있게 된다. '원가족 방문(going home again)' 기법은 내담자가 자신과 타인의 좀 더 분명한 경계를 유지하면서, 분화수준이 높아지면 가능한 감정 반사 행동을 줄여보는 것 을 연습해보거나 경험해보도록 격려하는 기법이다(Friedman, 1991).

특정 집단에의 적용
부부 용광로 모델

보웬의 세대 간 치료를 가장 영향력 있게 적용한 것 중 하나가 쉬나크(David Schnach, 1991) 에 의해 발달된 부부 용광로 모델(sexual crucible model)이다. 이 모델에서는 결혼생활의 변덕스런 변형과정의 혼합을, 여러 물리적인 요소들을 융합하는 '용광로'의 기능에 비유한다. 결혼의 경우, 치료자는 부부가 분화되도록 도움으로써(좀 더 단순하게, 부부가 '성장'하도록 함으로써) 변형을 달성한다. 모든 용광로처럼, 결혼의 내용물도 불안정하고 폭발의 위험이 있기 때문에 용광로에 담겨지는 과정이 필요하다. 쉬나크는 성적이고 감정적인 친밀함이 분화의 과정과 본질적으로 밀접한 관련성이 있다고 보았다. 그는 배우자들이 자신의 욕구와 바람, 그리고 욕망을 수용해 주도록 상대에게 변화를 요구하기보다는, 스스로 자신들의 욕구에 대한 책임을 지도록 코칭한다. 평정심을 유지하기 위해서, 각자는 상대방에게 변화하라고 요구하기보다는 자기 위로를 배운다. 쉬나크는 커플들이 신체적인 친밀감을 높이고, '보여지는' 모습에 편안해지도록 '이완을 위한 껴안기'를 하게 한다. 그는 이 모델을 치료자가 내담자와 더불어 사용하기도 하고, 또한 일반적인 대중들도 사용하도록 개발했다(Schnarch, 1988).

적용하기

사례개념화 틀

- 만성적 불안

  가족 내에서의 만성적 불안의 패턴을 묘사하기: 가족 각자의 역할, 만성 불안이 증상에 어떻게 관련되어 있는지 등을 파악하기

- 다세대 패턴

  가계도에 기초하여 다세대 간 패턴을 규명하고, 다음과 같은 주제를 처리하기

  - 가족 강점
  - 물질/알코올 남용
  - 성적/신체적/정서적 학대
  - 부모/자녀 관계
  - 신체적/정신적 장애
  - 현재 문제에 관련된 역사적 사건
  - 가족 내에서의 역할: 순교자, 영웅, 반항자, 무력한 사람 등

- 다세대 전수 과정

  사회문화적 주제에 대한 적응 관련, 트라우마와 상실의 잠재적 영향, 유의미한 유산 등 다세대 전수되는 기능들을 파악하기

- 분화수준

  각 개인의 분화수준을 파악하고 그것이 어떻게 표현되는지 예를 들어 제공하기

- 정서적 삼각관계

  가족 내에서의 삼각관계 패턴 규명하기

- 가족 투사 과정

  부모가 관심의 대상이 되는 한 명이나 그 이상의 자녀에게 자신들의 불안을 투사시키는

  패턴을 파악하기

- 정서적 단절

  가족 내에서의 어떠한 단절이라도 파악하기

- 출생 순위

  출생 순위에 따른 패턴을 묘사하기

세대 간 치료계획 틀(개인)

세대 간 치료의 초기 단계

상담 과제

1. 상담관계를 수립한다. DN: [관계 형성과 정서 표현에 있어 문화, 성, 기타 요인에 따라 서로 다른 방식들을 존중하기 위해 상담자가 고려해야 하는 것은 무엇인지 기술한다.]

   a. 안정된 존재감을 전달하면서 분화된 입장에서 내담자와 상담한다.

2. 개인, 체계, 그리고 좀 더 포괄적인 문화적 역동을 평가한다. DN: [문화, 사회경제적 수준, 성지향성, 성, 기타 규준들을 고려하여 평가 작업을 어떻게 조율해야 할 것인지 기술한다.]

   a. 삼세대 가계도를 이용하여 다세대 가족패턴과 만성적 불안, 삼각관계, 정서적 단절, 가족 투사 과정 및 출생순위를 파악한다.

   b. 현재와 과거의 위기상황/문제상황에서 내담자와 중요한 타자의 분화수준을 평가한다.

내담자 목표

1. 우울과 불안을 줄이기 위해서 내담자와 [구체적 대상] 사이의 삼각관계를 줄인다.

   a. 치료적 중립성을 유지하고 각자가 문제적 상호작용에 절반의 기여를 하고 있는 것에 다시 초점을 맞춤으로써 탈삼각화한다.

   b. 원가족 방문의 관계 실험에서 삼각 관계화 대신 직접적으로 관계 맺기를 실습시킨다.

세대 간 치료의 작업 단계

상담 과제

1. 작업 동맹의 질을 모니터한다. DN: [내담자의 문화적 관습에 맞지 않는 정서 표현을 상담자가 했을 때 내담자가 보이는 반응에, 상담자가 어떻게 주의를 기울일 것인지 기술한다.]

   a. **개입에 대한 평가**: 분화된 입장에서 삼각관계를 피하려는 치료자의 (언어적, 비언어적) 반응을 점검한다.

내담자 목표

1. 불안을 낮추기 위해 만성 불안과 자극에 대한 반사적 행동을 감소시킨다.

    a. 일상적인 불안과 불안 자극요소에 대한 분화된 반응들을 격려한다.

    b. 지각된 불안과 자극들에 단순히 반사적으로 행동하기보다 반응적으로 행동하도록 실습시키는 관계 실험

2. 비생산적인 다세대 패턴의 자동적인 반복을 줄이고 우울과 무력감을 줄이기 위해 의식적으로 선택된 반응들을 증가시킨다.

    a. 현재 문제와 관련된 다세대 패턴과 세대 간 전수를 파악하기 위해 가계도를 사용한다.

    b. 내담자가 다세대적인 전수 과정을 알아차리고 자동으로 반복하고 있는 패턴 대신에 분화된 선택을 하도록 하는 과정질문

3. 불안을 줄이기 위해 정서적 단절을 감소시키고 분화된 입장으로 어려운 관계에 다시 참여하게 한다.

    a. 단절 기저에 내재된 융합을 파악하기 위한 과정질문

    b. 내담자가 단절관계에서 분화된 입장으로 재참여하도록 원가족을 방문한다.

세대 간 치료의 종결 단계

상담 과제

1. 사후 계획을 수립하고 얻어진 성과를 유지한다. DN: [치료 종결 이후 내담자의 지원 체계의 일부가 될 수 있는 공동체 내 자원들에 상담자가 어떻게 접근할 수 있을지 기술한다.]

    a. 내담자가 중요한 관계에서 분화를 유지할 수 있도록 관계를 파악하고 실습시킨다.

내담자 목표

1. 우울과 불안을 줄이기 위해 친밀한 관계에서의 연합성과 자율성 욕구 사이에서 균형 잡을 수 있는 내담자의 능력을 향상시킨다.

    a. 연합성과 자율성이 동시에 존중될 수 있는 방법을 탐색하는 과정질문

    b. 분화된 입장에서 타인들과 관계를 맺어가는 관계 실험과 실습

2. 우울과 무력감을 줄이기 위해 원가족의 상호작용에 분화된 입장에서 반응하는 능력을 향상시킨다.

    a. 원가족과 교류할 때 분화된 반응들을 격려한다.

    b. 원가족과의 관계를 재정의하기 위해 원가족 방문을 연습한다.

세대 간 치료계획 틀(커플/가족)

세대 간 치료의 초기 단계

상담 과제

1. 상담관계를 수립한다. DN: [관계 형성과 정서 표현에 있어 문화, 성, 기타 요인에 따라 다른 방식들을 존중하기 위해 당신이 고려해야 하는 것은 무엇인지 기술한다.]

    a. 안정된 존재감을 전달하면서 분화된 입장에서 각 내담자와 상담한다.

2. 개인, 체계, 그리고 좀 더 포괄적인 문화적 역동을 평가한다. DN: [**문화, 사회경제적 수준, 성지향성, 성, 기타 규준들을 고려하여 평가 작업을 어떻게 조율해야 할 것인지 기술한다.**]
   a. 삼세대 또는 사세대 가계도를 이용하여 다세대 가족패턴과 만성적 불안, 삼각관계, 정서적 단절, 가족 투사 과정 및 출생 순위를 파악한다.
   b. 현재와 과거의 위기상황/문제상황에서 내담자와 중요한 타자의 분화수준을 평가한다.

내담자 목표

1. 갈등을 줄이기 위해 [구체적 대상]과 [구체적 대상] 사이의 삼각관계를 줄인다.
   a. 치료적 중립성을 유지하고 각자가 문제적 상호작용에 절반의 기여를 하고 있는 것에 다시 초점을 맞춤으로써 탈삼각화한다.
   b. 삼각관계가 어떻게 갈등을 성공적으로 관리하지 못하게 하는지를 알아차릴 수 있도록 하는 과정질문

세대 간 치료의 작업 단계

상담 과제

1. 작업 동맹의 질을 모니터한다. DN: [**내담자의 문화적 관습에 맞지 않는 정서 표현을 상담자가 했을 때 내담자가 보이는 반응에, 상담자가 어떻게 주의를 기울일 것인지 기술한다.**]
   a. **개입에 대한 평가**: 분화된 입장에서 삼각관계를 피하려는 치료자의 (언어적, 비언어적) 반응을 점검한다.

내담자 목표

1. 체계 내에서의 만성적 불안과 갈등을 줄이기 위해 자극에 대한 반사적 행동을 감소시킨다.
   a. 일상적인 불안과 불안 자극요소에 대한 분화된 반응들을 격려한다.
   b. 지각된 불안과 자극들에 단순히 반사적으로 행동하기보다 반응적으로 행동하도록 실습시키는 관계 실험
2. 비생산적인 다세대 패턴의 자동적인 반복을 줄이고 갈등을 줄이기 위해 의식적으로 선택된 반응들을 증가시킨다.
   a. 현재 문제와 관련된 다세대 패턴과 세대 간 전수를 파악하기 위해 가계도를 사용한다.
   b. 내담자들이 다세대적인 과정을 알아차리고 자동적으로 반복하고 있는 패턴 대신에 분화된 선택을 하도록 하는 과정질문
3. 갈등을 줄이기 위해 어려운 관계에서 정서적 단절을 감소시키고 분화된 입장으로 다시 참여하게 한다.
   a. 단절 기저에 내재된 융합을 파악하기 위한 과정질문
   b. 내담자가 단절 관계에서 분화된 입장으로 재참여하도록 원가족을 방문한다.

세대 간 치료의 종결 단계

상담 과제

1. 사후 계획을 수립하고 얻어진 성과를 유지한다. DN: [**치료 종결 이후 커플 혹은 가족의 지원 체계의 일부가 될 수 있는 공동체 내 자원들에 상담자가 어떻게 접근할 수 있을지 기술한다.**]
   a. 내담자가 중요한 관계에서 분화를 유지할 수 있도록 관계를 파악하고 실습시킨다.

내담자 목표

1. 갈등을 줄이고 친밀감을 증가시키기 위해 친밀한 관계에서의 연합성과 자율성 욕구 사이에서 균형 잡을 수 있는 내담자의 능력을 향상시킨다.
    a. 연합성과 자율성이 동시에 존중될 수 있는 방법을 탐색하는 과정질문; 각자의 욕구가 무엇이고 욕구들의 차이와 충족시킬 방법들을 토의
    b. 분화된 입장에서 타인들과 관계를 맺어가는 관계 실험과 실습
2. 갈등을 줄이고 친밀감을 높이기 위해 원가족과의 상호작용에 분화된 입장에서 반응하는 능력을 향상시킨다.
    a. 원가족과 교류할 때 분화된 반응들을 격려한다.
    b. 원가족과의 관계를 재정의하기 위해 원가족 방문을 연습한다.

정신분석적 가족치료

배경

잭슨(Don Jackson), 휘태커(Carl Whitaker), 미누친(Salvador Minuchin), 애커만(Nathan Ackerman), 그리고 보조르메니-내지(Boszormenyi-Nagy) 등의 많은 가족치료 선구자들은 정신분석 훈련을 받았다. 그렇지만, 애커만이나 보조르메니-내지를 제외한 몇몇은 그들이 가족치료 방법을 개발했을 때 정신분석과 뿌리를 같이 하지는 않았다. 1980년대에 이르러 대상관계 치료에 대한 관심이 새로이 떠오르자 이에 맞추어 대상관계 가족치료도 발달하게 되었다(Scharff & Scharff, 1987).

이런 치료들은 내적 갈등을 설명하고, 이를 외적 관계로 확장시키는 전통적인 정신분석이나 정신역동적 원칙을 사용한다. 정신분석 가족치료자들은 가족을 가족 구성원의 기능과 발달을 지원하거나 또는 방해하는 관계체로서 초점을 맞춘다. 전통적 정신분석 접근과 마찬가지로, 치료과정은 개인의 내적 및 외적 역동들을 분석하고, 내담자의 통찰력을 증진시키고, 이러한 통찰력을 증진시키고, 이러한 통찰력을 자신과 타인을 관련시키는 새로운 방식으로 발달시키도록 훈습시킨다. 영향력 있는 접근들로는 맥락적 치료(Boszormenyi-Nagy & Krasner, 1986), 원가족치료(Framo, 1992), 대상관계 가족치료(Scharff & Scharff, 1987)가 있다.

주요 개념

윤리체계와 관계윤리

보조르메니-내지(Boszormenyi-Nagy & Krasner, 1986)는 가족의 채권/채무 장부(a ledger of entitlement and indebtedness)와 같은 윤리체계(ethical systems)의 개념을 소개했다. 가족

은 구성원들 사이에 진실, 공정 그리고 충성심을 유지하기 위해 이 윤리체계를 이용한다. 이 체계가 무너지면 개인이나 가족에 증상이 나타나게 된다. 따라서 치료의 목표는 가족 구성원들이 서로를 신뢰하고 서로를 공정하게 대할 수 있도록 그들 사이의 윤리체계를 재정립하는 것이다.

종종 치료에 참석하는 내담자들은 이러한 윤리적 회계시스템을 희미하게나마 알고 있는 듯하다. 그들의 계속되는 불평은 관계가 불공정하다는 것이다. 부모는 해야 할 일을 서로 공정하게 나누어서 하지 않고, 자녀들은 부모가 한 아이만 특별한 대우를 한다는 것들이다. 이런 경우에, 가족의 윤리회계 체계, 즉 그들이 권리로 여기고 있는 것과 빚으로 여기고 있는 것에 대해서 솔직한 대화를 하면 가족들 사이에 공감과 이해를 높이는 데 도움을 받을 수 있을 것이다.

관련학자

애커만과 애커만 연구소 소아정신과 의사인 애커만(Nathan Ackerman, 1958, 1966)은 전체 가족치료의 선구자 중 한 명이다. 그는 개인의 마음이 자아의 갈등 요소로 나뉘는 것과 마찬가지로 가족 전체도 파벌로 나뉠 수 있다고 언급했다. 1930년대 메닝거 클리닉과 1950년대 뉴욕 유대인 가족 서비스센터에서 가족치료 접근을 발달시킨 후에 1960년에 현재 가장 영향력 있는 가족치료연구소 중의 하나로 남아있는 애커만연구소(Ackerman Institute)로 알려진 자신만의 클리닉을 열었다. 잭슨과 더불어, 그는 가족치료 분야의 최초의 학술지인 『가족 과정(Family Process)』을 공동 출판했다.

이반 보조르메니-내지 이 분야에서 가장 발음하기 어려운(Bo-zor-ma-nee Naj), 보조르메니-내지(Ivan Boszormenyi-Nagy)는 정신분석치료의 초기 선구자이다. 그의 독특한 아이디어는 가족은 **채권/채무 장부**로 개념화시킨 대인관계 윤리 체계를 갖는다는 것이다(Boszormenyi-Nagy & Krasner, 1986).

상담과정

정신역동적 전통은 학파는 다르지만 똑같은 치료과정을 공유하기도 한다. 첫 번째 과제는 치료자와 내담자 사이에, 보살피는 치료적 관계 또는 **보듬어주는 환경**(holding environment)를 만들어주는 것이다(Scharff & Scharff, 1987). 그 후 치료자는 증상의 근원이 되는 의식적이고 무의식적인, 현재 그리고 초세대적인 정신내적 그리고 대인관계적 역동을 분석한다(Boszormenyi-Nagy & Krasner, 1986; Scharff & Scharff, 1987). 치료자의 다음 역할은 이러한 역동에 대한 내담자의 통찰을 증가시키는 것이고, 여기에는 내담자의 방어를 뚫는 것이 요구된다. 일단 내담자가 문제를 지속시키는 정신 내적이고 대인관계적인 역동에 대한 통찰이 생기면 치료자는 이러한 통찰을 내담자의 일상생활에서 행동으로 이어질 수 있도록 훈습(working through)시킨다.

상담관계 형성

전이와 역전이

정신분석의 고전적 개념인 전이(transference)는 내담자가 초기 양육자에게서 해결되지 못한 속성들을 치료자에게 투사하는 것을 말한다. 치료자는 이러한 상호작용의 즉시성을 내담자의 통찰을 증진시키기 위해 사용한다(Scharff & Scharff, 1987). 역전이(countertransference)는 치료자가 치료적 중립성을 잃고 내담자에게 강한 감정적 반사를 하면서 내담자에게 다시 투사하는 것을 말한다. 이러한 순간은 치료자와 내담자가, 다른 사람에게서 끌어오는 반사행동들을 좀 더 잘 이해하도록 돕기 위해 사용된다. 부부 및 가족치료에서 전이와 역전이의 과정은 다중관계의 복잡한 그물망 때문에 개인치료에서보다 더 자주 변화한다.

맥락에서 그리고 중심에서 보듬어주기

양육환경은 '백지 화면(blank screens)'과 같다고 중립적으로 여기던 전통적인 정신분석학자들과 대조적으로 대상관계 가족치료자들은 보듬어주는 환경이라 부르는 양육관계를 만들어 가면서, 좀 더 관계적인 양상에 초점을 맞추었다. 그들은 가족치료에서 보듬어주는 것을 맥락에서(contextual) 보듬어주기와 중심에서 보듬어주기(centered)라는 두 가지 측면으로 구분한다(Scharff & Scharff, 1987). 맥락에서 보듬어주기는 치료자가 회기를 잘 마무리할 수 있게 이끌어 가는 것, 가족에게 관심을 표현하는 것, 그리고 기꺼이 전체 가족을 만나려고 하는 것과 같이 치료 맥락에서 치료자가 조정해야 할 것들을 다루는 것을 말한다. 중심에서 보듬어주기는 안전한 정서적 공간을 만들기 위해서 공감적인 이해를 표현하면서 좀 더 깊은 수준에서 가족과 연결되는 것을 말한다.

모두 편들기

맥락적 치료에서 내담자와 관련되는 원칙은 모든 가족 구성원들과 '같은 편(partial)'이 되는 모두 편들기(multidirected partiality)이다(Boszormenyi-Nagy & Krasner, 1986). 치료자들은 확대 가족 구성원과 같이 치료실에 있지 않은 사람을 포함하여 개입에 의해 잠재적으로 영향을 받는 모든 사람에 대한 책임이 있다. 이러한 포괄성의 원칙은 치료자가 각 가족 구성원들, 심지어는 '괴물 같은 구성원'에게서조차 인간미를 끌어내야 한다는 것을 의미한다(Boszormenyi-Nagy & Krasner, 1986). 실제로 모두의 편을 들어준다는 것은 일반적으로 각 사람의 입장을 차례로 공감하면서 각 구성원에게 순차적으로 그들의 편이 되어준다는 것을 의미한다.

사례개념화 및 평가

연쇄병리 증상들

증상학을 바라보는 고전적인 정신역동적 관점을 확대해서, 체계적 치료와 마찬가지로 애커만(1956)은 가족 내에서의 무의식적인 과정들을 지속적으로 교환하면서 어떤 개인의 병리적 증상이 가족 왜곡과 역동에도 반영되어 상호 연결되고 상호의존적인 병리현상들을 만들어낸다고 보았다. 따라서 치료자가 가족을 치료할 때 IP의 증상이 가족 내에서 드러나지 않은 증상들과 어떻게 관련되는지를 파악하고자 한다.

자기-대상 관계 패턴

대상관계 치료자들은 인간이 갖는 기본적인 욕구로써 타인과의 관계욕구와 애착 욕구를 강조한다. 따라서 그들은 자기-대상 관계(self-object relations)를 평가한다. 초기 주요 애착대상, 주로 어머니에 의해서 발달된 기대에 근거해서, 그들이 타인들과 어떻게 관계를 맺는지를 평가한다(Scharff & Scharff, 1987). 개인에게 외적 대상들은 이러한 경험의 결과를 근거로 이상적(ideal), 거부적(rejecting), 자극적(exciting)이라는 세 범주로 나뉜다.

- 이상적 대상: 주 양육자에 대한 중성적이고 탈공격적인 정신 내적 표상으로서 거부적이고 자극적인 요소와 분명히 구분되어 유지된다.
- 거부적 대상: 아이가 애착에 대한 욕구가 거부되었을 때 형성되는, 주 양육자에 대한 정신 내적 표상으로서, 아이는 이 대상에 대해 분노를 형성한다.
- 자극적 대상: 아이의 애착에 대한 욕구가 지나치게 자극되었을 때 형성되는 주 양육자에 대한 정신 내적 표상으로, 다다를 수 없지만 유혹적인 대상에 대한 갈망으로 이어지게 된다.

분리 초기 양육자와 관련된 좌절에서 유래된 불안이 강렬할수록, 불안한 대상과 자신과의 분리(splitting) 욕구가 커지고, 거부적이고/이거나 자극적인 대상을 억압함으로써 나쁜 대상으로부터 착한 대상을 분리시킨다. 따라서 자유롭게 관계를 맺을 수 있는 자아(ego)나 의식적인 자기(self)의 크기는 분리된 정도에 따라 줄어들게 된다. 이러한 분리가 해결되지 않는 정도만큼 본인이 맺는 관계를 평가할 때 '절대 선'이나 '절대 악'의 기준을 적용한다. 커플의 경우, 분리는 종종 관계초기에 상대방을 '완벽한'(절대 선) 존재로 보게 만들지만, 상대가 더 이상 자신의 기대를 따라주지 않으면 원수(절대 악)가 된다. 가족의 경우, 분리는 가족 구성원을 완벽한 사람과 그에 대립되는 문제아로 인식하게 한다.

투사적 동일시(projective identification) 부부나 친밀한 관계에서 내담자는 어느 특정한 분리된 부분이나 그들 속에 있는 원치 않는 부분을 다른 사람에게 투사시킴으로써 불안에 대해 방어하는 것인데, 이때 투사의 대상은 이러한 투사에 따라서 행동하도록 조종되게 된다(Scharff & Scharff, 1987). 예를 들어, 남편은 부인 이외의 다른 여자들에 대한 관심을 질투와 부정하다는 비난의 형태로 그의 아내에게 투사시킨다. 그렇게 되면 아내는 혹시 남편의 두려움을 자극시킬까봐 아무 잘못도 없는 정보까지도 감추려 마음먹게 된다. 하지만 아내가 정보를 감추면서 남편의 두려움을 진정시키려고 하면 할수록, 남편은 점점 더 의심하고 질투하게 된다.

억압 대상관계 치료자들은 아이들이 주 양육자(애착 대상)와 분리를 경험하게 될 때 자신들의 두려움을 억압(repression)하게 된다고 주장한다. 이것은 결과적으로 외부세계와의 접촉을 가능하게 하는 자아의 기능을 축소시키게 된다. 이렇게 억압된 것들이 의식으로 올라오기까지, 성인은 무의식적으로 이러한 억압된 대상과 경험했던 관계를 되풀이한다. 정신분석의 주요한 목적 중 하나는 억압된 부분을 표층으로 가져오는 것이다.

부모로부터 내사된 것들 프라모(Framo, 1976)는 개인과 가족기능에 가장 중요한 역동적인 영향을 미치는 것이 부모로부터 내사된 것들이(parental introjects)라고 믿는다. 이것들은 부모의 부정적인 측면이 내재화된 것이다. 사람들은 이러한 부모의 부정적 속성들을 내사하여, 심지어는 배우자의 별 뜻없는 언급 속에도 부모의 비난을 들을 때처럼 미래의 모든 친밀한 관계에서 내사된 것들에 순응하려고 무의식적으로 노력한다. 치료자는 내담자가 이러한 내사를 의식하고 친밀한 관계에서의 자율성을 기르도록 돕는다.

가족 구성원 사이에서의 전이

내담자로부터 치료자에게 향하는 전이를 평가하는 것과 유사하게, 대상관계 치료자들은 다른 가족에게로 향하는 가족 구성원의 전이를 평가한다(Scharff & Scharff, 1987). 가족 구성원 간의 전이는 다른 구성원으로부터 내사되고 억압된 부분을 다른 사람에게 투사하는 개인과 관련된다. 치료자의 작업은 정신 내적이고 대인관계적인 역동에 대한 통찰을 높이도록 해석해줌으로써 가족이 그들의 전이를 풀도록 돕는 것이다. 가족치료에서는 개인치료보다 전이패턴에 대한 통찰을 높이기가 쉬운데 이는 이러한 패턴이 치료자와 함께 있는 치료실 안에서 '현재 상황으로' 일어나고, 따라서 내담자가 합리화하거나 축소할 가능성이 줄어들기 때문이다.

채권/채무 장부

보조르메니-내지는 가족 내의 도덕적이고 관계윤리적인 회계시스템을 **채권/채무 장부**, 더 간단히 하면 누군가는 빚지고 누군가는 빌려주는 것에 관한 내적인 회계 거래내역인 수혜 장부(금전출납부, ledger of merits)라고 개념화시켰다. 물론, 가족 안에서 각자가 기준 선이 다른 자기만의 내적인 회계시스템을 가지고 있기 때문에, 누가 무엇을 받았는지 특히 무엇이 공정한 것인지, 또는 주고받는 것이 가족 안에서 어떻게 균형을 이루어야 하는지에 대한 합의가 없을 때 긴장이 발생하게 된다.

- 정의와 공정성: 정의와 공정성의 추구는 친밀한 관계의 근본적인 전제 중 하나로 여겨진다. 공정함에 대한 모니터링은 지속적으로 실시되며 이를 통해 신뢰성 있는 관계가 지속적으로 유지될 수 있다. '공정'한 관계는 이상적인 관계이다. 모든 관계는 결코 도달할 수 없는 이러한 목표를 성취하기 위해 분투한다.

- 채권: 채권(entitlement)이라 함은 부모가 자녀를 보살펴온 대가로 부여받은 자유처럼, 관계의 맥락에서 벌어들인 은혜로운 행위에 대해 부여 받은 '윤리적인 보증서'라고 할 수 있다. 개인이 가지고 있는 채권에 대한 느낌은 한 부모가 갑자기 병들었을 때처럼 위기나 극한 상황에서만 명백해질 수 있다. 파괴적 채권(destructive entitlement)은 스스로 응당 받아야 한다고 여기는 양육을 받지 못한 자녀에게서 발생해서, 나중에 이러한 상실을 자신들이 '채무자'라고 여기는 세상을 향해 투사한다.

- 은밀한 충성심: 세대에 걸쳐 있는 가족 장부는 은밀한 충성심을 낳는다. 예를 들어, 새로 결혼한 부부가 그들의 동맹을 시작해야 할 때, 원가족에 대한 무의식적인 헌신감을 갖는 경우이다. 이러한 은밀한 충성심은 현재 관계에 헌신하지 못하게 함으로써, 현재 충실해야 하는 대상에 대하여 무관심, 회피 또는 우유부단한 태도로 나타날 수 있다.

- 치환 명부(revolving slate): 이것은 한 사람이 어느 한 관계에서 초래된 거래에 기초해서 다른 관계에서 복수하거나 권리를 주장하는 파괴적인 관계과정이다. 부채가 누적된 관계에서 '명부'나 계좌에서 조정하지 못하고, 대신 다른 관계에서 결백한 사람을 원래의 채무자인 것처럼 취환해서 취급하는 것이다.

- 분리된 충성심: 이것은 양육자들이 서로를 신뢰하지 못하기 때문에 아이로 하여금 둘 중 한 명(또는 주 양육자)을 선택하도록 강요할 때를 가리키는 용어이다. 이혼에서 주로 흔하게 볼 수 있듯이, 이런 매우 파괴적인 역동은 아이에게 정신 병리를 일으키게 된다.

- 유산: 각 사람은 유산(legacy)을 상속받는데, 이는 현세대에서 남긴 것이 후세대에서는 마땅히 해야 하는 도리로 연결되는 세대를 초월한 명령이다. '유산은 후세의 삶에 무엇이 유익한 것인지를 잘 가려내야 하는 현세대의 윤리적인 의무이다'(Boszormenyi-Nagy

& Krasner, 1986, p. 418). 유산은 생존의 사슬고리에서 긍정적인 힘이 될 수 있다.

성숙한 사랑: 대화와 융해

보조르매니-내지와 크라스너(1986)는 성숙한 사랑을 자신의 삶을 형성시켜온 가족역동을 자각하고 있는 두 사람 사이의 대화 형태라고 묘사했다. 이런 유형의 사랑은 유아가 양육자와 맺는 형태 없는 '우리'로 경험되는 융해(fusion)와는 큰 차이가 있다. 따라서 내담자는 은밀한 충성심을 드러내도록 격려되는데, 이는 융해된 관계의 특징인 두려움과 불안보다는, 의식적인 선택과 행동이 허락된 가운데 이를 비평적으로 점검하기 위해서이다.

변화 목표 수립

정신분석 치료의 목표에는 개인과 관계적 기능 양 측면에서의 몇 가지 장기적인 변화가 포함된다(Boszormenyi-Nagy & Krasner, 1986; Scharff & Scharff, 1987). 일반적인 목표는 다음과 같다.

- 무의식적 과정을 의식적으로 만들어서 자율성과 자아주도적인 행위 증가시키기
- 투사나 치환된 명부에 기초한 상호작용 줄이기
- 자기 상실(대상과의 융합) 없이 친밀감의 능력 향상시키기
- 채권과 채무가 공정하게 균형 잡힌 상호 헌신 발전시키기

개입 전략 수립

경청, 해석, 그리고 훈습

일반적으로, 정신분석 치료는 세 가지 일반적인 개입을 사용한다.

- 경청과 공감: 정신분석 치료자의 주요한 도구는 충고를 하거나, 안심시키거나, 인정하거나 직면시킴이 없이 내담자의 이야기를 객관적으로 들어주는 것이다. 공감은 가족이 무의식적 역동에 대한 치료자의 해석을 방어적이지 않은 태도로 듣도록 하기 위해 사용된다.
- 해석과 통찰의 촉진: 다른 정신분석 치료자와 마찬가지로, 정신분석적 가족치료자들은 자기-대상 관계나 채권/채무 장부를 분석하는 것과 같은 내담자에 대한 해석을 제공함으로써 대인관계 역동에 대한 통찰을 격려한다.
- 훈습: 훈습은 가족과 다른 관계에서의 통찰을 새로운 행동으로 옮기는 과정이다. 누군가의 행동을 새로운 통찰의 기반에서 변화시킨다는 것은 종종 치료에서 가장 어려운 부분이다. 당신이 당신의 어머니와의 관계에서 존재했던 감정이나 기대를 당신의 배우자에게 투사하고 있다는 것을 이해하는 것은 그리 어렵지는 않다. 하지만 당신이 거절당하고

보살핌을 받지 못하고 있다고 여겨질 때 당신의 배우자에게 당신이 반응하는 방식을 바꾼다는 것은 좀 더 도전적인 일이다.

이끌어내기

맥락적 치료에서, 이끌어내기(eliciting)는 내담자들의 자발적인 동기를 가족 상호간에 유익하고 소통이 되도록 하는 방향으로 움직이게 하기 위해서 사용된다(Boszormenyi-Nagy & Krasner, 1986). 치료자는 가족이 서로 과거의 상호작용을 재해석하고 앞으로 전진하기 위한 새로운 방법을 파악하도록 도우면서, 서로간의 채권과 채무를 균형 있게 재조직하도록 해당 상황에서의 사실들의 통합, 각 개인의 심리, 상호간의 변화를 통해서 이 과정을 촉진시킨다.

탈삼각화

다른 체계적 치료자들처럼, 정신분석 치료자들도 부모가 부부간의 어려움에 대한 초점을 피하기 위해 증상이 있는 자녀를 관계에 끌어들여 삼각관계화하는 상황을 파악한다(Framo, 1992). 일단 해당 자녀의 역할이 분명해지면, 치료자들은 증상이 있는 자녀를 치료에서 제외시키고 자녀의 증상을 형성하는 문제 주제를 드러내 보이면서 부부를 대상으로 치료를 진행한다.

원가족치료

프라모(1992)는 부부치료, 부부 집단치료 및 원가족치료(family-of-origin therapy)와 관련된 부부 대상 치료의 3단계 모델을 발달시켰다. 치료자들은 부부의 개인적, 관계적인 역동에 대한 통찰을 향상시키기 위해 우선적으로 부부만을 대상으로 치료한다. 다음으로, 부부는 부부집단에 참가하여 거기서 다른 부부로부터의 피드백을 듣고 그들의 역동을 보게 된다. 많은 부부들의 경우, 그들의 문제가 다른 부부에게서 나타나는 것을 볼 때 좀 더 빨리 통찰에 이르게 된다. 마지막으로, 부부 각자는 배우자 없이 혼자서 본인의 원가족과 함께 네 시간 정도 소요되는 회기에 초대된다. 이러한 연장된 원가족 회기는 과거와 현재의 문제를 명확하게 하고 훈습을 위한 목적을 갖고, 그 결과 자유로움을 얻게 된 개인은 과거의 애착으로 인한 '유령' 없이 자신의 배우자와 자녀에 반응할 수 있게 된다.

적용하기

사례개념화 틀

- 연쇄 병리

  현재 증상이 체계 내에서 서로 맞물린 병리들과 어떻게 연관되는지 파악하기

- 자기-대상 관계 패턴

  가족 내에서 각 개인의 자기-대상 관계 패턴 규명하기

  ○ 이상적 대상

  ○ 거부적 대상

  ○ 자극적 대상

- 분리

  가족 내에서 분리의 패턴 파악하기

- 투사적 동일시

  체계 내에서 투사적 동일시의 패턴 파악하기

- 억압

  체계 내에서 억압의 패턴 파악하기

- 부모로부터 내사된 것들

  체계 내에서 부모로부터의 부정적인 내사 패턴 파악하기

- 가족 구성원 사이에서의 전이

  부모로부터 내사된 것들과 억압된 부분을 가족 내의 타인에게 전이하는 것 파악하기

- 채권/채무 장부

  가족 장부의 핵심 요소 파악하기

  ○ 채권: 가족 내에서의 자격과 세대에 걸쳐 일어나는 파괴적 채권 파악하기

  ○ 은밀한 충성심: 세대를 거친 은밀한 충성심

  ○ 치환 명부: 어떠한 패턴의 치환된 명부라도 파악하기

  ○ 분리된 충성심: 부모 중 한명을 선택해야 하는 자녀의 감정적 압력의 예 파악하기

  ○ 유산: 세대 간 가족 유산의 핵심 주제 파악하기

- 성숙한 사랑: 대화 vs. 융해

성인이 동등한 두 사람 사이에 대화적 교류에 기초한 사랑을 어느 정도 가지는지 정서적 융해와 대비하여 묘사한다.

정신역동적 치료계획 틀(개인)

정신역동적 치료의 초기 단계

상담 과제

1. 상담관계를 수립한다. DN: [관계 형성과 정서 표현에 있어 문화, 성, 기타 요인에 따라 서로 다른 방식들을 존중하기 위해 상담자가 고려해야 하는 것은 무엇인지 기술한다.]
   a. 내담자의 역동 및 맥락적 주제들을 파악할 수 있는 보듬어주는 환경을 만들어라.
   b. 내담자의 전이를 훈습시키고 치료자의 역전이를 모니터한다.
2. 개인, 체계, 그리고 좀 더 포괄적인 문화적 역동을 평가한다. DN: [문화, 사회경제적 수준, 성지향성, 성, 기타 규준들을 고려하여 평가 작업을 어떻게 조율해야 할 것인지 기술한다.]
   a. 자기–대상 패턴, 분리, 투사적 동일시, 억압, 부모로부터의 내사 및 방어패턴을 파악한다.
   b. 연쇄 병리 증상들, 부부/가족 사이의 전이, 채권/채무 장부 및 성숙한 사랑을 할 수 있는 역량을 파악한다.

내담자 목표

1. 우울한 기분과 불안을 줄이기 위해서 자기–대상 패턴에 대한 자각을 향상시키고 분리, 이상화 또는 다른 방어 전략을 줄인다.
   a. 우울한 기분과 불안과 관련된 내담자의 자기–대상 패턴과 방어 패턴을 경청하고 해석한다.
   b. 평가된 패턴들을 통해 내담자가 훈습을 시작할 수 있는 특정 관계 혹은 삶의 영역을 확인한다.

정신역동적 치료의 작업 단계

상담 과제

1. 작업 동맹의 질을 모니터한다. DN: [내담자의 문화적 관습에 맞지 않는 정서 표현을 상담자가 했을 때 내담자가 보이는 반응에, 상담자가 어떻게 주의를 기울일 것인지 기술한다.]
   a. 개입 전략 평가: 전이와 역전이가 일어나는 관계를 지속적으로 점검한다. 필요하다면 자문 혹은 슈퍼비전을 받도록 한다.

내담자 목표

1. 우울한 기분/불안을 낮추기 위해 투사와/또는 치환 명부에 근거한 상호작용을 감소시킨다.
   a. 내담자의 자각을 높이기 위한 투사 패턴과 치환 명부 주제들에 대한 해석을 제공한다.
   b. 내담자가 투사패턴을 훈습할 수 있도록 도울 수 있는 전이의 예를 회기 중에 사용한다.
2. 우울한 기분과 무력감을 줄이기 위해 내사 없는 진정한 관계 형성이 가능하도록 부모로부터의 부정적 내사의 영향을 감소시킨다.
   a. 내담자가 현재 관계에서 해석되고 가정되는 것에서 부모로부터의 부정적 내사를 분리해 내도록 탈삼각화시킨다.
   b. 내담자가 부모의 부정적 내사에서 빠져나올 수 있도록 일 대 이 관계를 파악한다.

3. 우울과 불안을 줄이기 위해 무의식적 과정을 의식적으로 만들어서 **자율성과 자아-지도적(ego-directed)인 행위**를 증가시킨다.

   a. 생산적인 방향으로 대인관계를 할 수 있도록 내담자의 동기를 **이끌어낸다**.

   b. 내담자가 자신의 자율성과 목표 지향적 행동을 향상시키기 위한 무의식적 역동을 **훈습**할 수 있는 관계/삶의 영역을 검토한다.

정신역동적 치료의 종결 단계

상담 과제

1. 사후 계획을 마련하고 얻어진 성과를 유지한다. DN: [치료 종결 이후 내담자의 지원 체계의 일부가 될 수 있는 공동체 내 자원들에 상담자가 어떻게 접근할 수 있을지 기술한다.]

   a. 방어의 사용을 모니터하고 **채권과 채무**를 관리할 전략을 파악한다.

내담자 목표

1. 우울과 불안을 줄이기 위해 자신을 희생시키지 않고 **친밀하고 성숙한 사랑**을 할 수 있는 내담자의 역량을 향상시킨다.

   a. 성숙한 사랑의 역량을 방해하는 **방어와 투사를** 해석한다.

   b. 각 구성원이 친밀감의 역량을 차단시키는 주제를 **훈습**하기 위한 기회들을 파악한다.

2. 친밀성에 관한 역량을 강화시키기 위해 **채권과 채무의 공정한 균형**을 포함하는 **상호 약정(reciprocal commitment)**을 수립한다.

   a. 현재 관계에서 불균형을 초래한 **유산, 충성심, 그리고 치환 명부 패턴들**을 확인한다.

   b. 무엇을 받았고 무엇을 갚아야 하는지에 관한 보다 확실한 계산을 위해 **채권/채무 장부**를 검토한다.

정신역동적 치료계획 틀(커플/가족)

정신역동적 치료의 초기 단계

상담 과제

1. 상담관계를 수립한다. DN: [관계 형성과 정서 표현에 있어 문화, 성, 기타 요인에 따라 다른 방식들을 존중하기 위해 당신이 고려해야 하는 것은 무엇인지 기술한다.]

   a. 내담자의 역동 및 맥락적 주제들을 파악할 수 있도록 모든 구성원들을 위한 **보듬어주는 환경**을 만든다.

   b. 가족 각 구성원과 함께 내담자의 **전이**를 훈습시키고 치료자의 **역전이**를 모니터한다.

2. 개인, 체계, 그리고 좀 더 포괄적인 문화적 역동을 평가한다. DN: [문화, 사회경제적 수준, 성지향성, 성, 기타 규준들을 고려하여 평가 작업을 어떻게 조율해야 할 것인지 기술한다.]

   a. 각 내담자의 자기-대상 관계 패턴들, 분리, 투사적 동일시, 억압, 부모로부터의 내사, 그리고 방어 패턴을 파악한다.

b. 연쇄 병리 증상들, 부부/가족 간의 전이, 채권 채무 장부, 그리고 각 개인의 성숙한 사랑의 역량을 검토한다.

내담자 목표

1. 자기-대상 패턴과 부부/가족사이의 전이에 대한 자각을 높이고, 갈등을 줄이기 위해 **분리, 이상화, 또는 다른 방어 전략**을 감소시킨다.

   a. 내담자의 **자기-대상 패턴과** 체계 내에서의 전이 그리고 부부/가족사이 갈등과 관련된 **방어 패턴**을 경청하고 해석한다.

   b. 내담자가 평가된 패턴들을 훈습하기 위해 새로운 행동을 실시해볼 수 있는 관계가 있는지 파악한다.

정신역동적 치료의 작업 단계

상담 과제

1. 작업 동맹의 질을 모니터한다. DN: [상담자가 내담자의 문화적 관습에 맞지 않는 정서 표현을 했을 때 내담자가 보이는 반응에, 상담자가 어떻게 주의를 기울일 것인지 기술한다.]

   a. 개입에 대한 평가: 전이와 역전이의 관계를 지속적으로 모니터한다. 특히 치료자가 어느 한 쪽 편을들 때, 필요하다면 컨설팅이나 슈퍼비전을 받는다.

내담자 목표

1. 갈등을 줄이기 위해 **투사/또는 치환 명부**에 근거한 부부/가족 상호작용을 감소시킨다.

   a. 각 개인의 역동에 대한 자각을 향상시키기 위해 **투사 패턴과 치환된 명부 주제**에 관한 **해석**을 제공한다.

   b. 내담자들이 투사패턴을 **훈습**하는 것을 돕기 위해 구성원들과 치료자 사이의 **전이**의 예를 회기 중에 사용한다.

2. 우울한 기분과 무력감을 줄이기 위해 진정한 관계형성이 가능하도록 **부모로부터의 부정적 내사**의 영향을 감소시킨다.

   a. 내담자가 현재 관계에서 해석되고 가정되는 것에서 부모의 부정적 내사를 분리해내도록 **탈삼각화**시킨다.

   b. 내담자가 **부모의 부정적 내사**를 훈습할 수 있는 일 대 이 관계를 파악한다.

3. 갈등을 줄이기 위해 무의식적 과정을 의식적으로 만들어서 **자율성과 자아-지도적인 행위**를 증가시킨다.

   a. 생산적인 방향으로 대인관계를 할 수 있도록 내담자의 동기를 **이끌어낸다.**

   b. 각 구성원이 자신의 자율성과 목표 지향적 행동을 향상시키기 위한 역동을 **훈습**할 수 있는 영역들을 검토한다.

정신역동적 치료의 종결 단계

상담 과제

1. 사후 계획을 수립하고 얻어진 성과를 유지한다. DN: [치료 종결 이후 커플 혹은 가족의 지원 체계의 일부가 될 수 있는 공동체 내 자원들에 상담자가 어떻게 접근할 수 있을지 기술한다.]

   a. 방어의 사용을 모니터하고 채권과 채무를 관리할 전략을 파악한다.

내담자 목표

1. 갈등을 줄이고 친밀성을 향상시키기 위해 자기를 상실하지 않고 **친밀하고 성숙한 사랑**을 할 수 있는 내담자의 역량을 향상시켜라.

   a. 성숙한 사랑의 역량을 방해하는 **방어와 투사를 해석**한다.

   b. 친밀감의 역량을 차단시키는 주제를 **훈습**하기 위한 기회들을 검토한다.

2. 친밀성에 관한 역량을 강화시키기 위해 **채권과 채무의 공정한 균형**을 포함하는 **상호 약정**을 수립한다.

   a. 현재 관계에서 불균형을 초래한 **유산, 충성심, 그리고 치환 명부 패턴**들을 파악한다.

   b. 무엇을 받았고 무엇을 갚아야하는지 보다 적합하고 균형 잡힌 계산을 확인하기 위해 **채권/채무 장부**를 검토한다.

참고문헌

*Asterisk indicates recommended introductory readings.

Ackerman, N. W. (1956). Interlocking pathology in family relationships. In S. Rado & B. G. Daniels (Eds.), *Changing conceptions of psychoanalytic medicine* (pp. 135–150). New York: Grune & Stratton.

Ackerman, N. W. (1958). *The psychodynamics of family life*. New York: Basic Books.

Ackerman, N. W. (1966). *Treating the troubled family*. New York: Basic Books.

Boszormenyi-Nagy, I., & Framo, J. L. (1965/1985). *Intensive family therapy: Theoretical and practical aspects*. New York: Brunner/Mazel.

*Boszormenyi-Nagy, I., & Krasner, B. R. (1986). *Between give and take: A clinical guide to contextual therapy*. New York: Brunner/Mazel.

Bowen, M. (1966). The use of family theory in clinical practice. *Comprehensive Psychiatry 7*, 345–374.

Bowen, M. (1972). Being and becoming a family therapist. In A. Ferber, M. Mendelsohn, & A. Napier (Eds.), *The book of family therapy*. New York: Science House.

Bowen, M. (1976). Theory in practice of psychotherapy. In P. J. Guerin (Ed.), *Family therapy: Theory and practice*. New York: Gardner Press.

*Bowen, M. (1985). *Family therapy in clinical practice*. New York: Jason Aronson.

*Carter, B., & McGoldrick, M. (1999). *The expanded family life cycle: Individual, family, and social perspectives* (3rd ed.). Boston, MA: Allyn & Bacon.

Feinberg, J., & Bakeman, R. (1994). Sexual orientation and three generational family patterns in a clinical sample of heterosexual and homosexual men. *Journal of Gay & Lesbian Psychotherapy*, 2(2), 65–76. doi:10.1300/J236v02n02_04

Framo, J. L. (1976). Family of origin as a therapeutic resource for adults in marital and family therapy: You can and should go home again. *Family Process 15*(2), 193–210.

*Framo, J. L. (1992). *Family-of-origin therapy: An intergenerational approach*. New York: Brunner/Mazel.

Friedman, E. H. (1991). Bowen theory and therapy. In A. S. Gurman and D. P. Kniskern (Eds.), *Handbook of family therapy* (Vol. 2, pp. 134–170). Philadelphia, PA: Brunner/Mazel.

Guerin, P. J., Fogarty, T. F., Fay, L. F., & Kautto, J. G. (1996). *Working with relationship triangles: The one-two-three of psychotherapy*. New York: Guilford.

Hardy, K. V., & Laszloffy, T. A. (1995). The cultural genogram: Key to training culturally competent family therapists. *Journal of Marital and Family Therapy*, 21, 227–237.

Jankowski, P. J., & Hooper, L. M. (2012). Differentiation of self: A validation study of the Bowen theory construct. *Couple and Family Psychology: Research and Practice*, doi:10.1037/a0027469

Johnson, S. M. (2004). *The practice of emotionally focused marital therapy: Creating connection* (2nd ed.). New York: Brunner/Routledge.

*Kerr, M., & Bowen, M. (1988). *Family evaluation*. New York: Norton.

Knauth, D. G., Skowron, E. A., & Escobar, M. (2006). Effect of differentiation of self on adolescent risk behavior. *Nursing Research*, 55, 336–345.

Koller, J. (2009). A study on gay and lesbian intergenerational relationships: A test of the solidarity model. *Dissertation Abstracts International Section A*, 70, 1032.

Kuehl, B. P. (1995). The solution-oriented genogram: A collaborative approach. *Journal of Marital and Family Therapy*, 21, 239–250.

Lambert, J. (2008). Relationship of differentiation of self to adult clients' perceptions of the alliance in brief family therapy. *Psychotherapy Research*, 18, 160–166.

Lawson, D. M., & Brossart, D. F. (2003). Link among therapist and parent relationship, working alliance, and therapy outcome. *Psychotherapy Research*, 13, 383–394.

Levy, A. (2011). The effect of parental homo-negativity on the lesbian couple. *Dissertation Abstracts International*, 71, 5132.

Licht, C., & Chabot, D. (2006). The Chabot Emotional Differentiation Scale: A theoretically and psychometrically sound instrument for measuring Bowen's intrapsychic aspect of differentiation. *Journal of Marital and Family Therapy*, 32(2), 167–180.

Liddle, H. A., Dakof, G. A., Parker, K., Diamond, G. S., Barrett, K., & Tejeda, M. (2001). Multidimensional family therapy for adolescent drug abuse: Results of a randomized clinical trial. *American Journal of Drug and Alcohol Abuse, 27,* 651–688.

*McGoldrick, M., Gerson, R., & Petry, S. (2008). *Genograms: Assessment and intervention* (3rd ed.). New York: Norton.

Miller, R. B., Anderson, S., & Keala, D. K. (2004). Is Bowen theory valid? A review of basic research. *Journal of Marital and Family Therapy, 30,* 453–466.

Rubalcava, L. A., & Waldman, K. M. (2004). Working with intercultural couples: An intersubjective-constructivist perspective. *Progress in Self Psychology, 20,* 127–149.

Rubinstein, G. (2003). Does psychoanalysis really mean oppression? Harnessing psychodynamic approaches to affirmative therapy with gay men. *American Journal of Psychotherapy, 57*(2), 206–218.

*Scharff, D., & Scharff, J. (1987). *Object relations family therapy.* New York: Aronson.

Schnarch, D. M. (1991). *Constructing the sexual crucible: An integration of sexual and marital therapy.* New York: Norton.

Schnarch, D. M. (1998). *Passionate marriage: Keeping love and intimacy alive in committed relationships.* New York: Holt.

Skowron, E. A. (2004). Differentiation of self, personal adjustment, problem solving, and ethnic group belonging among persons of color. *Journal of Counseling and Development, 82,* 447–456.

Skowron, E. A. (2005). Parental differentiation of self and child competence in low-income urban families. *Journal of Counseling Psychology, 52,* 337–346.

Skowron, E. A., Holmes, S. E., & Sabatelli, R. M. (2003). Deconstructing differentiation: Self regulation, interdependent relating, and well-being in adulthood. *Contemporary Family Therapy, 25,* 111–129.

*Walters, M., Carter, B., Papp, P., & Silverstein, O. (1988). *The invisible web: Gender patterns in family relationships.* New York: Guilford.

*Wood, B. L. (2002). Attachment and family systems (Special issue). *Family Process, 41.*

세대 간 치료 사례: 아프리카계 미국인 가족의 자녀 독립시키기

마크(Mark, AM54)와 달라(Darla, AF53)는 아프리카계 미국인 부부로서 막내딸 타샤(Tasha, CF17)와 치료를 받으러 왔다. 최근 달라와 타샤는 관계가 심각하게 악화되었다. 마크는 영업직이어서 자주 여행을 갔고 달라는 시간제로 일을 하지만 대부분은 자녀를 돌보느라 헌신하고 있고, 집에 아직 남아있는 타샤와 함께 살고 있다. 타샤의 두 언니 중 한 명은 결혼했고 또 다른 언니는 대학을 마치고 있어서 둘 다 집을 떠나 있다. 달라는 두 딸들은 쉽게 키웠는데 타샤는 다르다고 말한다. 그녀는 타샤가 항상 짜증을 내고 다른 사람의 욕구는 결코 생각하는 법이 없고, 학교에도 전념하지 않고, 못미더운 친구들과 어울린다고 한다. 타샤는 어머니가 자신을 너무 나무라고, 언니들에게만 관대하고, 자신에게는 너무 많은 요구를 한다고 한다. 마크는 둘을 위한 조정자 역할을 하고 있지만, 이제 달래는 것도 지쳤다고 한다. 그는 왜 둘이서 잘 지내지 못하는지 이해하기가 어렵다고 한다.

세대 간 치료 사례개념화

- 만성적 불안

  가족은 생활주기 상 중요한 전환기에 접어들었고, 각자가 독립과 상호의존에 관해 균형을 맞출 것이 요구된다. AF는 항상 가족의 '어린아이'지만, 이제 더욱 독립적이 되려고 하는 막내 CF를 세상에 내보내려 하고 있다.

- 다세대 패턴

  가계도에 기초하여, 다음과 같은 주제와 연관된 다세대 패턴을 규명한다.

- 가족 강점: 가치 교육, 생산적, 보살피는, 가족에 헌신하는
- 물질/알코올 남용: 달라의 친정아버지와 오빠가 물질남용에 관련되어 왔다.
- 성적/신체적/정서적 학대: AF는 어려서 오빠에 의해서 성적으로 학대를 받은 적이 있다. 그녀가 부모님께 말하자 성적 학대가 중단되었다.
- 부모/자녀 관계: AF의 쪽에 전통적으로 자녀의 성공에 높게 관여하는 헌신적인 어머니들이 있었다. AM은 그의 어머니가 했던 조정자 역할을 하고 있다. AM은 CF26과 가장 가깝고 AF는 CF22와 가장 가깝다.
- 신체적/정신적 장애: 부계 쪽 남자들에게 우울이 있음
- 현재 문제와 연관된 역사적 사건: AF는 십대 시절 어머니와 갈등이 있었다. AM의 여동생과 아버지도 만성적인 갈등관계였다.
- 가족 내에서의 역할: 순교자, 영웅, 악동, 무력한 사람 등. AF는 가족 희생자였던 어머니의 패턴을 보인다. AM과 AF 두 가족 모두 반항적인 막내 아이의 패턴을 찾아볼 수 있다.

- 다세대 전수 과정

  AM과 AF는 모두 자신들이 받은 좀 더 나은 교육 덕택에 부모님보다 더 안정되고 잘 기능하고 있다고 여긴다. 그들은 또한 부모님보다 인종적인 차별도 덜 경험했고, 이웃으로부터 더 환영을 받는 느낌이 드는 곳으로 이사를 가는 등 차별받는 경험을 줄이기 위해 선택을 잘 하면서 삶을 꾸려 왔다고 믿는다.

- 분화수준

  AM이 AF와 CF가 서로의 차이를 차분하게 해결하도록 돕는 것을 볼 때 가장 분화가 잘 되어있음을 보여준다. AF와 CF는 '사소한 일'에도 자주 다투는 것으로 보아 가족 안에서 가장 정서적으로 융해되어 있다. CF26과 CF22는 부모의 관심의 중심이 아니어서 CF17보다 더 분화되어 있다.

- 정서적 삼각관계

  AF와 CF는 둘 다 서로가 얼마나 '비이성적인지' 불평하면서 AM과 두 언니들을 삼각관계에 끌어 들이려고 한다. CF17은 CF26과 더 잘 지낸다.

- 가족 투사 과정

  AF와 AM은 아이들을 기르고 AM의 경력을 쌓아가느라 몇 년 동안 관계가 소원해졌다. CF17에게 집중하는 것이 그들이 잠깐이라도 결속을 유지하는 주요한 방법인 것 같다. AF 또는, 아마도 AM도 '혼자'된다는 두려움을 CF에게 투사하는 것 같다. CF역시 그녀가 혼자된다는 것을 두려워한다. 부모 모두 가족역동을 막내가 문제아인 것처럼 CF17에게 투사하는 것일 수도 있다.

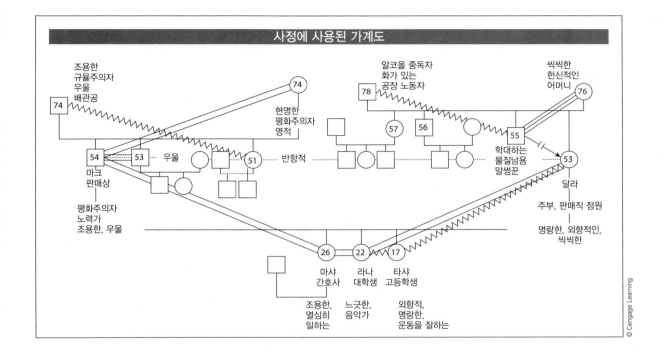

사정에 사용된 가계도

- 정서적 단절

  AF는 물질남용을 하는 오빠와 정서적으로 단절되어 있다.

- 출생 순위

  ○ CF는 막내의 특성을 잘 보여주고 있다. 응석받이, 관심 받기 원하고, 그녀 마음대로 할 것을 주장한다.

  ○ AM은 책임감이 강하고 모든 것을 평화롭게 처리하려는 맏이의 특성을 보인다.

  ○ AF는 유연하지 않고 가끔 그녀의 방식만을 주장하는 막내의 몇 가지 특성을 보인다.

세대 간 치료계획

세대 간 치료의 초기 단계

상담 과제

1. 상담 관계를 수립한다.

   다양성 고려사항: _____

   a. _____

2. 개인, 체계, 그리고 좀 더 포괄적인 문화적 역동을 평가한다.

   다양성 고려사항: _____

a. _____

b. _____

내담자 목표

1. 갈등을 줄이기 위해 AF, CF17, AM 사이의 삼각관계를 감소시킨다.

a. _____

b. _____

세대 간 치료의 작업 단계

상담 과제

1. 작업 동맹의 질을 모니터한다.

다양성 고려사항: _____

a. 평가 개입: _____

내담자 목표

1. 갈등을 줄이기 위해 체계 내에서의 **만성적 불안**과 **반사적 행동**을 감소시킨다.

a. _____

b. _____

c. _____

2. 갈등을 줄이기 위해 비생산적인 다세대 패턴의 자동적인 반복을 줄이고, 스트레스 원인들에 대해 의식적으로 선택한 반응들을 증가시킨다.

a. _____

b. _____

3. AM과 AF 사이의 거리감을 줄이기 위해 친밀감과 교류를 증가시킨다.

a. _____

b. _____

세대 간 치료의 종결 단계

상담 과제

1. 종결 후 계획을 수립하고 상담 성과를 유지한다.

다양성 고려사항: _____

a. _____

내담자 목표

1. 갈등을 줄이고 친밀감을 높이기 위해 부부와 CF가 새로운 발달 단계를 위한 연대성과 자율성 욕구의 균형을 유지할 수 있는 능력을 향상시킨다.

   a. _____

   b. _____

2. 갈등을 줄이고 친밀감을 증가시키기 위해 분화된 입장에서 원가족과 상호작용하는 능력을 향상시킨다.

   a. _____

   b. _____

인지-행동과 마음챙김 기반 커플 가족치료

"행동주의 가족치료들의 다양한 관점을 엮어주는 주요 지점은 경험에 기반을 둔 지속적인 도전을 하라는 요구이다. 모든 전략, 모든 사례는 경험에 기반을 둔 철저한 검토의 대상이 된다. 철저한 검토란 가족들이 원하는 특정한 이득의 성취를 가능하게 하는 특정한 치료적 요소를 밝히는 것을 목표로 한다. 다시 말해, 모든 가족에게는 치료의 새 지평을 열게 하는 잠재성을 지닌 새로운 시도가 존재한다."

— Falloon, 1991, p. 65.
(진한 부분이 원문 인용 부분)

조망하기

행동주의와 인지-행동 가족치료(cognitive-behavioral family therapy, CBFT)는 원래 개인 상담을 위해 개발된 행동주의와 인지-행동 접근에 기반을 두는 일련의 치료법들이다. 가장 영향력 있는 치료법은 다음과 같다.

- **행동주의 가족치료**: 부모 훈련에 초점을 맞춘 방법(Patterson & Forgatch, 1987)
- **인지-행동 가족치료**: 몇몇 치료자에 의해 개발된 커플 및 가족치료에 인지치료의 요소를 통합시킨 방법(Dattilio, 2005; Epstein & Baucom, 2002)
- **통합 행동주의 커플치료**: 단기 효과를 위해 개선된 행동주의 커플치료이다. 파트너에 대한 수용을 강조하는 인본주의적 요소가 추가되었다(Jacobson & Christensen, 1996).

- 가트먼 커플치료: 행복 또는 불행한 결혼의 주요 차이점에 대한 가트먼의 30년 연구에 기반을 둔 커플치료이다(Gottman, 1999). 비록 가트먼의 접근이 경험적으로 지지된 치료법(empirically supported treatment)은 아니지만, 그 치료목표는 조사 자료들에 의해 잘 지지되고 있다.
- 마음챙김 기반과 마음챙김 정보 제공 치료들: 커플, 가족과 함께 작업하기 위해 마음챙김과 수용 훈련을 통합시켰다.

행동주의와 인지-행동 가족치료

배경

임상현장에서 인지-행동치료(CBT)는 가장 일반적으로 사용되는 치료 접근법이다. 이는 개의 자극-반응에 대한 파블로프의 연구와 스키너의 고양이에 대한 보상 및 처벌 연구인 행동주의에 뿌리를 두고 있으며, 이 연구 결과는 여전히 공포, 불안, 부모 역할 분야에서 폭넓게 사용되고 있다. 1980년대까지 대부분의 인지-행동 가족치료는 행동주의에 기반을 두고 있는데, 여기에는 행동주의 가족치료(Falloon, 1991)와 행동주의 커플치료(Holtzworth-Munroe & Jacobson, 1991)가 있다. 최근의 접근들은 더 직접적으로 인지적인 요소들을 포함하여 발전되어 왔는데, 인지-행동 가족치료(Dattilio, 2005; Epstein & Baucom, 2002)와 가트먼(1999)의 커플치료 기법이 여기에 포함된다.

인지-행동 가족치료는 가족 구성원들 또는 관계를 맺는 두 사람 중 누구든 어떻게 증상이나 관계양식을 유지시키기 위해 다른 사람의 행동을 강화시키는지를 관찰함으로써 일반적인 인지-행동 기법에 체계적인 개념을 통합시켜갔다. 직접적으로 치료자와 내담자는 '교육' 또는 '코칭' 관계를 맺는데, 이는 내담자와 관계 형성을 위해 '합류' 또는 '공감'의 방법을 사용하는 다른 접근법과는 사뭇 다른 양상을 보인다. 이 접근법은 실험심리학에 근간을 두기 때문에, 연구는 실제와 이론의 발전에 중심을 둠으로써 실질적인 근거기반 결과를 도출한다.

주요 개념

부모 훈련

논란의 여지는 있으나, 부모 역할 분야에서 가장 영향력 있는 것은 CBFT이다(Patterson & Forgatch, 1987). 어린 자녀가 있는 가족을 상담하는 대부분의 치료자는 자신의 주요 치료적 접근법보다는 부모 역할의 효율성 증진에 도움이 되는 전통적인 행동주의 개념인 강화와 일관성을 사용한다(Dattilio, 2005; Patterson & Forgatch, 1987). 기본이 되는 행동주의 원리인 강화(reinforcement)는 환경에 대한 긍정적 또는 부정적인 반응은 앞으로의 행동을 형성한다는 개념인데, 파충류 및 포유류의 신경계, 그리고 모든 생물들에 어느 정도는 각인되어 있다고 한다. 그러므로 개들이 앉으라는 명령에 따라 행동할 때 매번 간식을 준다면, 개들은 긍정적인 강화물인 보상이 명령과 연합되어 학습하게 된다. 매번 강화를 하는 일관성은 매우 중요한데 특별히 시작부터가 중요하다. 어린아이들, 고용인들, 대학원생들, 일정 수준의 배우자들을 위한 작업에서도 같은 원리가 적용된다. 패터슨과 포가치(1987)는 부모 훈련에서 가장 중요한 접근법들 중 하나를 개발하였는데, 그들의 접근은 아래의 주요 개념과 기법에 기반을 둔다.

- 규칙준수와 사회화 교육: 치료자는 자녀들이 사회에서 잘 기능하도록 하는 포괄적 목표를 갖는 부모의 요구에 부합하도록 자녀들을 교육시키는 데 목적을 둔다.
- 부모의 요구 방식 개선: 부모의 요구는 (a) 자주 하지 않아야 하고, (b) 정중해야 하고, (c) 질문보다는 진술로 하고, (d) 행동의 결과에 따르도록 훈육하기 전에 단지 한 번만 하고, (e) 구체적으로 하고, (f) 적절한 시점에 한다.
- 관찰과 추적: 부모는 항상 '누가, 어디서, 무엇을, 언제'라는 네 가지 기본적인 질문을 던지면서, 가정 밖에서의 자녀들의 행동을 관찰한다.
- 유관 환경(contingent environment) 조성: 부모는 점수표를 사용하여 자녀들이 기대되는 행동을 하도록 긍정적 접촉(보상들)을 만들어가도록 독려한다.
- 5분 집안일 돕기: 부모는 자녀가 처음 규칙을 위반했을 때, 누렸던 특권을 빼앗거나 심한 처벌을 하기 전에, 5분 집안일 하기와 같은 덜 심한 처벌을 한다.

일관성을 가지고 행동을 강화하는 것은 부모가 숙지해야 하는 양육 기술적인 문제만이 아니라 필수적인 것이어서 자녀행동이 문제가 될 때 폭넓게 사용될 수 있다. 이 장의 마지막 부분에 나온 사례에서, 학교 성적 문제로 아버지와 갈등을 겪는 아들을 둔 이민 온 한국인 부부 이야기가 나온다. 하지만, 평가를 해보니 아들에 대한 기본적인 기대가 서로 다르다는 것이 분명했고, 그래서 치료자는 초기 치료 단계에서 가족 규칙에 대한 동의를 얻는 것에 대해 부모 훈련을 실시하는 것으로 시작해서, 가족 간 의사소통을 다루고, 작업 단계에서는 갈등을 감소시키는 방향으로 진행한다.

관련학자

제럴드 패터슨과 마리온 포가치(Gerald Patterson & Marion Forgatch) 오레곤 사회교육센터의 연구자인 패터슨과 포가치(1987)는 가장 영향력 있는 프로그램 중 하나인 행동주의 부모 훈련 프로그램을 개발하였다.

닐 제이콥슨과 앤드류 크리스텐슨(Neil Jacobson & Andrew Christensen) 1970년대 초반, 제이콥슨은 후에 경험적으로 타당화된 치료기법(empirically validated treatment)으로 인정받은 행동 커플치료를 개발하였다(Jacobson & Addis, 1993; Jacobson & Christensen, 1996). 단기에 효과적으로 커플 기능을 향상시킴에도 불구하고, 치료적 결과는 일반적으로 2년이 지나면 소실되고 만다. 그래서 제이콥슨은 상대를 수용하는 것에 강조를 둔 더욱 정서적이며 인본주의에 초점을 맞춘 '통합 행동주의 커플치료'를 개발하였다. 크리스텐슨은 1999년 제이콥슨의 사망 이후 이 접근법을 발전시켜 왔다.

존 가트먼(John Gottman) 존 가트먼(1999)은 30년 이상을 커플 소통, 이혼, 결혼 만족에 있어 주요 요인을 연구해왔다. 이러한 연구를 바탕으로, 그는 이혼을 예측할 수 있는 행동을 감소시키고, 장기적으로 결혼 만족을 예견하는 행동을 증가시키는 결혼 치료 접근으로 불리는 커플치료를 개발하였다. 그는 『The Seven Principles for Making Marriages Work』(Gottman, 2002)와 『And Baby Makes Three』(Gottman& Gottman, 2008)를 포함한 여러 권의 책을 출간하였다.

상담과정

인지-행동 가족치료과정은 다음의 단계를 포함한다.

- 단계 1. 평가: 빈도나 기간, 문제 행동과 사고 내용을 포함한 기본 기능의 세부적인 행동과 인지 평가를 실시한다.
- 단계 2. 행동 및 사고 변화 목표설정: 인지-행동 치료자는 개입이 필요한 자세한 행동과 사고(예: '의사소통 향상'과 같은 일반적 목표보다는 짜증을 내는 빈도, 욕설, 통행금지 준수, 다른 문제 행동들)를 명료화한다.
- 단계 3. 교육: 치료자는 내담자의 문제가 되는 사고나 역기능적인 패턴을 알게 해준다.
- 단계 4. 대체와 재교육: 역기능적인 행동과 사고를 좀 더 생산적인 것으로 대체하도록 개입한다.

상담관계 형성

지시적 교육자와 전문가

인지-행동 가족치료자들에 의해 수행된 관계의 정서적 질이 매우 다양하다고 해도(즉, 무심함에서부터 따뜻하고 친밀함까지), 치료자들의 주요 역할은 같다. 이는 내담자와 가족이 어떻게 그들의 문제를 더 잘 대처할지 제시하고 교육시키는 전문가로서의 역할(Falloon, 1991)

이다. 전통적인 의료모델을 따르는 인지-행동 치료자는 현재의 의사들과 비슷하게 정서적인 접촉을 하지 않고 진단과 개입 처방에 초점을 맞추면서, 내담자와 어느 정도의 거리를 유지한다. 치료 관계의 정서적 질이 긍정적 결과의 강력한 예측요인임을 밝히고 있는 공통요인 모델과 같은 최근 연구에 의하면(2장 참조), 많은 인지-행동 치료자들은 내담자와 더 잘 연결되기 위해 더 많은 공감과 따뜻함을 활용한다. 특히 전문가를 높은 권위가 있다고 보는 관점의 이민자나, 그런 문화에 있는 대부분의 내담자들은 치료에서 전문가의 권위에 잘 반응한다. 이 장의 마지막 부분의 사례에서 나오는 한국 이민자 가정의 경우도 마찬가지이다.

인지-행동 상담에서의 공감

선행연구에서도 밝혀졌듯이, 치료자의 질이 긍정적 상담 성과를 예견한다는 연구 결과에 따라, 인지-행동 치료자들은 상담 동맹을 형성하기 위해 공감, 따뜻함, 비판단적인 관점을 더 많이 활용한다(Meichenbaum, 1997; 2장의 공통요인 부분 참조). 하지만, 인지-행동 치료자들이 공감을 사용하는 이유와 인본주의 치료자들이 공감을 사용하는 이유는 상당히 다르다. 이 부분이 잘못 이해되는 경우가 많은데, 혼동되는 것을 방지하기 위해 다시 한 번 살펴보면, 인지-행동 치료자들은 라포 형성을 위해 공감을 사용한 후, 내담자의 행동, 생각, 감정을 변화시키기 위한 '진짜' 개입을 한다. 이것과는 전혀 다르게, 경험주의 치료자들은 공감 자체가 개입이다. 그들에게는 공감이 치유적인 과정이자 그 자체가 치유적인 요소이다(Rogers, 1961). 공감을 사용하는 인지-행동 치료자를, 내담자를 '조종하는' 것으로 보아서는 안 되는데, 그 이유는 대부분의 경우 공감을 통해 내담자가 더 편안함을 느끼도록 하기 위함이지, 그들을 속이기 위함이 아니기 때문이다. 또한 인지-행동 치료자는 여러 경험적 개념들을 '통합하는' 것으로 보아서도 안 되는데, 이는 인본주의 치료자가 공감을 사용하는 방법으로 경험적 개념을 사용하지 않기 때문이다. 대신 그들은 상담과 변화 과정에 대한 그들의 철학적 가정 내에서 상담 작업을 더 원활하게 하기 위해 공감을 적용하는 것이다.

현대의 인지-행동 동맹

쥬디스 벡(Judith Beck, 2005)은 현대 감각을 반영하여 더 나은 상담동맹을 조성하기 위한 다섯 가지 방법을 다음과 같이 제시하고 있다.

- 내담자와 적극적으로 협동하기: 상담과 관련한 결정은 내담자와 함께 진행되어야 한다.
- 공감, 돌봄, 이해를 표현하기: 공감을 표현하는 것이 내담자가 치료자를 신뢰하는 데 도움이 된다.
- 적절한 상담 방법 적용하기: 개입, 자기-노출, 지시는 내담자의 성격, 현재의 문제 등에 따라 각 내담자에 맞게 조정되어야 한다.

- 스트레스 완화하기: 호소 문제를 해결하도록 내담자를 조력하고, 상담관계 향상을 위한 분위기를 조성함으로써 임상적 효과성을 증명한다.
- 회기 마지막에 피드백하기: 각 회기 마지막에 "오늘 상담이 어떠셨어요?"라고 질문함으로써 치료자가 동맹이 깨지기 전에 좀 더 일찍 개입할 수 있다.

공동의 협력관계를 구축함으로써 내담자가 상담과 치료자에 대해 가질 수 있는 "내 치료자는 나를 이해 못해." 라든가 "이 상담은 결코 성공하지 못해."와 같은 역기능적인 사고에 개입하여 치료자가 좀 더 효과적인 상담을 할 수 있다.

문서화된 계약

인지-행동 가족치료자는 내담자와의 관계에 있어서는 다른 어느 치료자보다도 적어도 문서상으로는 가장 사무적일 것이다(Holtzworth-Munroe & Jacobson, 1991). 다른 치료자들보다 인지-행동 가족치료자는 문서상으로 관계를 정해놓는다. 인지-행동 가족치료자들은 자주 문서화된 계약서에 목표와 기대를 명시하는데, 이는 내담자의 동기를 불러일으키고 전념할 수 있게 관계를 규정짓기 위함이다. 목표와 합의사항을 문서화하고 내담자가 거기에 서명함으로써 상담과정에서의 의무이행 경험을 더 동기화할 수 있다.

사례개념화 및 평가

문제 분석

인지-행동 가족치료자 관점에서는, 보통 대부분의 가족을 문제로 정의하지 않는다. 인지-행동 가족치료자가 "저희는 더 이상 소통이 안 돼요."라든가 "제 아들은 반항적이에요."라는 이야기를 들으면, 치료자는 문제를 들은 것이 아니라고 본다. 문제 분석은 내담자들이 하는 이러한 모호한 서술을 일단 듣고, 그들 상호간의 행동과 그로 인한 결과로 일어나는 감정을 명확히 해 가도록 하는 과정이다.

문제 분석은 **지금**의 행동, 감정, 사고에 초점을 둔다. 내담자가 관계에서 오는 스트레스나 개인적인 실망에 대해 이야기하면, 인지-행동 가족치료자는 상황을 문제로 보는 내담자의 (a) 행동들, (b) 감정들, (c) 사고들에 대해 듣는다. 예를 들어, 내담자가 남편이 자신을 버려서 우울하다고 하면, 치료자는 특별히 문제 **행동들**(예: 더 이상 친구들을 만나고 싶지 않다), **감정들**(예: 자신이 무가치하고 희망이 없게 느낀다), **사고들**(예: 다시는 누구도 만나지 못할 것이다)에 집중한다. 이러한 구체적이고 정의내릴 수 있는 증상들이 '문제'이지, 이혼을 한 것이 문제는 아니다. 치료의 초점은 이러한 바람직하지 않은 사고들, 감정들, 행동들을 줄여서, 바람직한 것으로 변화시키는 것에 맞춘다.

기저선 기능성 평가: 모니터링과 추적하기

치료 초기에, 때로는 첫 회기 전에, 인지-행동 가족치료자들은 변화를 측정하기 위한 시작점을 알기 위해 기저선 평가를 한다. 내담자에게 짜증, 화, 사회적 위축, 갈등과 같은 특정 행동 증상의 (a) 빈도, (b) 지속기간, (c) 심각성을 작성하게 하고, 증상을 촉발하는 선행사건 또한 규명한다. 패터슨과 포가치(1987)는 부모가 자녀들의 행동 기저선을 찾는 데 모니터링과 추적하기(tracking)가 도움이 된다고 한다. 비록 내담자의 증상을 충분히 말로 한다고 해도, 기저선 평가는 회상만 할 때보다 더 자세하고 정확한 정보를 제공하는데, 특히 아이들의 행동을 기억하는 데 있어 그렇다. 기저선 일지의 한 예는 아래와 같다.

기저선 일지의 예

문제행동	언제?	얼마 동안?	얼마나 심하게?	그전 상황?	그후 상황?
식료품가게에서 과자를 안 사주면 짜증을 부리고 울면서 "엄마 싫어."라고 소리를 지르고, 말을 듣지 않음	점심 전과 심부름을 몇 번 한 후	5분 동안 울고, 1시간 정도 뾰로통함	중간 정도, 가게를 떠나면 울음을 그침	매우 더운 날, 그 전날 잠을 잘 못자고, 오기 전에 형이랑 싸우고, 엄마에게 두 번 사달라고 했는데 엄마가 안 사줌	오후에 형이랑 또 싸움. 차에 타고 나서 엄마가 아이에게 소리를 지름 제시간에 잠자리에 들지 않으려 함

기능 분석과 상호 강화

체계적 이론에 근거하여, 기능 분석은 정확한 내용, 선행사건, 문제행동의 결과 등을 확인한다(Falloon, 1991). 하지만, 가족 상호작용은 선행자극 → 행동 → 결과로 나오는 실험실 쥐들처럼 간단하지 않다. 그래서 팔룬(1991, p. 76)은 가족 내 기능 분석을 실시하는 데 아래와 같은 질문을 하도록 권장한다.

> **가족 기능 분석 질문**
> - 특정 문제가 날마다 이 사람(과/또는 가족)에게 어떻게 문제가 되는가?
> - 이 문제의 발생빈도가 감소하면 어떤 일이 일어나는가?
> - 이 문제가 해결되면 이 사람(과 가족)에게 무슨 일이 일어나는가?
> - 누가(또는 무엇이) 주의, 공감, 지지함으로 이 문제를 강화하는가?
> - 어떤 상황 하에서 특정 문제의 강도가 감소하는가?
> - 어떤 상황 하에서 특정 문제의 강도가 증가하는가?
> - 이 문제에 대처하기 위해 현재 가족 구성원은 무엇을 하는가?
> - 문제해결 단위로서 가족의 강점과 약점은 무엇인가?

이러한 질문들이 이 장 마지막에 나오는 사례 가족에게 사용되었고, 가족의 갈등과 의미의 미묘한 차이를 밝히는 데 도움이 된다. 커플을 사정할 때 홀츠워쓰-먼로와 제이콥슨(1991)은 다음과 같이 질문하도록 한다.

커플 기능 분석 질문

1. **관계에서의 강점과 기술들**
   - 주요한 강점은 무엇인가?
   - 각 배우자가 상대방을 강화하는 능력은 무엇인가?
   - 배우자에 의해 높게 평가받는 행동은 무엇인가?
   - 최근 함께 하는 취미활동이나 관심사는 무엇인가?
   - 각자가 가지고 있는 관계에서의 강점은 무엇인가?

2. **현재 호소문제들**
   - 주요한 불평거리(행동으로 나타나는)는 무엇인가?
   - 자주 하는 행동은 무엇인가? 어떤 상황과 어떤 강화물이 있을 때 일어나는가?
   - 가끔 하는 행동은 무엇인가? 어떤 상황과 어떤 강화물이 있을 때 일어나는가?
   - 시간이 가면서 문제가 얼마나 심각해지는가?
   - 변화의 필요성이 합의되었는가?

3. **성생활과 애정**
   - 성생활의 횟수와 질적인 면에서 만족하지 못하는가? 이러한 불만족과 관련된 행동은 무엇인가?
   - 성생활을 제외한 신체적인 애정표현의 횟수와 질적인 면에서 만족하지 못하는가? 이러한 불만족과 관련된 행동은 무엇인가?
   - 현재 외도문제가 있는가? 과거에 그런 적이 있는가?

4. **미래에 대한 관점**
   - 관계개선을 위해 커플 모두 또는 한쪽에서 별거를 심사숙고하고 있는가?
   - 별거나 이혼의 단계를 밟은 적이 있는가?

5. **사회적 환경**
   - 관계를 대체할 수 있는 대체물이 있는가? 그러한 대체물은 얼마나 매력적인가?
   - 별거를 지지하는 사회적 관계망이 있는가?
   - 자녀가 있다면, 현재 부인의 문제가 끼치는 영향은 무엇이며, 이혼 후에 끼칠 영향은 무엇인가?

6. **개인 기능 평가**
   - 두 사람 중 누구에게라도 심각한 정신적 혹은 신체적 결함이 있는가?
   - 과거 연애 관계들은 어떠했으며, 그러한 과거 관계들이 현재 어떤 영향을 끼치는가?

— Holtzworth-Munroe & Jacobson, 1991, pp. 106 – 107 인용

기능 분석을 실시할 때, 치료자는 커플 상호간의 강화행동을 찾고, 이러한 패턴이 어떻게 증상을 유지시키는지 알아봐야 한다. 이러한 개념은 춤을 출 때 발이 맞물려 가며 추는 것처럼 가족의 상호작용 패턴을 체계적 치료관점에서 보는 것과 유사하다. 예를 들면, 자녀들의 문제 행동(예: 어떤 때는 말대꾸를 하기도 하고, 어떤 때는 하지 않는)을 일관되지 않게 강화한다면, 그 행동은 계속될 것이다(예: 간헐적 강화계획이므로). 치료자는 아이의 행동을 평가할 때처럼 부모가 아이의 과잉행동에 어떻게 반응하는지를 평가해야 한다. 왜냐하면 부모의 반응이 아이의 행동을 더 긍정적으로 혹은 더 부정적으로 강화하기 때문이다. 비슷하게, 아내의 우울증상이 결혼생활의 갈등을 줄이는 역할을 한다면, 우울증상에 대한 정적 강화를 하고 있는 것이다.

A-B-C 이론

개인의 비합리적 사고를 분석하기 위해 알버트 엘리스(1962)에 의해 만들어진 A-B-C 이론은 가족상담에도 적용되어왔다(Ellis, 1978, 1994). 이 모델에서, A는 '선행사건', B는 사건의 의미에 관한 '신념'이고, C는 신념에 기반을 둔 정서적 및 행동적 '결과'이다.

엘리스의 A-B-C 이론

A = 선행사건 → B = A에 관한 신념 → C = 정서적 및 행동적 결과

A와 C 사이의 연결만을 보는 대부분의 내담자는 C는 A로 인해 발생한다고 한다. "남편이 육아를 도와주지 않아서 전 우울해요."라거나 "아이가 내 말을 안 들어서 화가 나요." 이런 경우 치료자의 임무는 내담자가 "내가 원하는 대로 남편이 육아를 도와주지 않는다는 것은 나를 배려해주지 않는 거야."라거나 "착한 자녀라면 부모가 하는 말에 토 달지 않고 시키는 대로 해야 해."라는 공식에 자신을 밀어 넣지 않도록 'A에 관한 신념'을 알아차리도록 도와야 한다. 이러한 비합리적인 신념이 평가 단계에서 명료화되고 개입 단계에서 변화의 목표가 된다.

가족 도식과 핵심 신념

아론 벡(1976)의 인지치료는 완벽해야 한다거나 삶은 불공평하다와 같은 개인의 삶에서 문제를 만드는 원인이 되는 도식과 핵심 신념을 명료화하는 데 초점을 두고 있다. 최근에 다틸리오(Dattilio, 2005)는 가족 도식을 사정하는데, (a) 원가족에 대한 신념과, (b) 일반적인 가족에 대한 신념이라는 두 가지 체계를 수립하였다. 벡의 이론에 의하면 가족에 대한 인지적 왜곡의 여덟 가지 유형은 다음과 같다.

1. 임의적 추론: 조그마한 근거에 기반을 둔 신념이다(예: 자녀가 즉각적으로 핸드폰을 안 받는

것은 분명히 뭔가를 숨기려고 한다고 생각함).

2. **선택적 추론**: 분명하고 구체적인 사실과 맥락은 무시하고 한 가지 부분에만 집중한다(예: 자녀가 학교에서 좋은 성적을 받지 못하기 때문에 스스로 실패한 사람이라고 믿음).

3. **과잉일반화**: 말 그대로, 한두 가지 사건을 일반화시켜 본질적인 특성에 대해 단정지어 버린다(예: 자녀가 강렬한 비트의 록 음악을 듣는 것을 대학을 못 간다거나 마약으로 빠질 거라고 믿는 것).

4. **확대와 축소**: 사실에 기반을 두지만 심하게 과장하거나 무시하는 것이다(예: 두 학기 동안이나 자녀의 낮은 성적을 무시하는 것은 축소; 한 번의 낮은 시험성적을 가지고 개인 과외 선생님을 구하는 것은 확대).

5. **개인화**: 관련성이 불분명한데도 외적 사건을 자신에게 귀인시킨다. 특히 친밀한 관계에서 일반적으로 일어난다(예: 오늘밤 성관계를 원하지 않은 걸 보면 부인이 나에 대한 관심을 잃었다).

6. **이분법적 사고**: 흑백논리적 사고: 항상/전혀, 성공/실패, 선/악(예: 남편이 나를 '열렬히 사랑'하지 않으면, 나를 사랑하는 것이 전혀 아니다.)

7. **잘못된 명명**: 종종 일어나는 사건에 근거하여 예외를 무시한 채 기질의 문제라고 누군가를 단정한다(예: 요청한 것에 즉각적으로 응대하지 않은 남편에게 게으르다고 말함).

8. **독심술**: 가족이나 커플 관계에서 많이 일어난다. 예를 들어, 추정이나 일반화에 근거하여 상대방이 무엇을 생각하는지 또는 무엇을 할 것인지 안다고 믿는다. 특히 성, 종교, 돈, 숙제와 같이 잘 합의되지 않거나 뜨거운 이슈를 다룰 때, 심각한 소통의 장애가 있다(예: 배우자에게 말하기 전에 이미 자신의 생각을 가지고 말한다).

이 장의 마지막의 사례 연구에 나오는 다문화 가정에서는, 이민의 경험이나 그들 원래 문화에 뿌리를 둔 많은 비합리적인 신념들이 있을 수 있다.

커플 인지 유형

엡슈타인과 동료들(Baucom, Epstein, Sayers, & Sher, 1989; Epstein, Chen, & Beyder-Kamjou, 2005)은 다섯 가지의 인지 유형에 따라 어떻게 커플이 정서적으로 행동적으로 상대에게 반응하는지 정리했다.

● **선택적 인식**(selective perceptions): 타인을 배제하면서 어떤 사건이나 정보에만 초점을 맞춘다.

● **귀인**(attributions): 관계의 긍정적이고 부정적인 측면의 원인에 대해 추정한다.

● **예견**(expectancies): 관계에서 일어날 것 같은 어떤 사건에 대해 예측한다.

- 가정(assumptions): 배우자 그리고/또는 관계의 속성에 대해 기본 신념과 가정이 있다.
- 기준(standards): 관계에서 그리고 각 배우자는 '~해야 한다'는 신념이 있다.

변화 목표 수립

사전의 평가 단계를 거쳐 특정한 치료목표가 명확해진다. 목표는 행동에 초점을 맞춰 측정 가능한 용어, 예를 들어 '싸움 횟수를 한 달 동안 한 번 이상 넘지 않게 한다'로 한다. 커플과 가족을 상담할 때, 치료자는 그들 모두와 합의 가능한 목표를 명확히 하는 역할을 해야 한다(Holtzworth-Munroe & Jacobson, 1991). 명확한 목표가 합의된 직후에는, 커플과 가족이 따라야 하는 구체적인 지시가 제시되어야 하고, 때로는 문서화된 계약서와 함께 변화를 위한 과제가 마련되어야 하다. 내담자가 숙제를 잘 한다는 약속을 하게 하는 것은 상담과정이 잘 진행될 가능성을 높이는 것이다.

중간 단계 인지-행동 가족치료 목표의 예

- 긍정적이고 간헐적 강화로 인해 짜증을 자주 내는 CM의 짜증의 빈도를, 행동 자제를 위한 효과적인 고정적 강화로 줄여 나간다.
- 자녀의 학교생활에 대한 완벽주의 신념을 좀 더 현실적인 기대로 대체한다.
- 부모가 양육에 대한 대화를 할 때, 일반화와 독심술을 줄인다.

종결단계 인지-행동 가족치료 목표의 예

- 부정적 성향과 낙인찍기를 줄이기 위한 긍정적인 상호 강화를 발전시킨다.
- 가족 구성원 간의 차이에 대한 인내심을 증가시키기 위해 가족 도식을 재규정한다.
- 완벽주의 부담을 줄이고 상대방의 약점에 대한 인내심을 키우기 위해 커플도식을 재규정한다.

개입 전략 수립

고전적 조건형성: 파블로프의 개

불안장애의 대표적 치료법인 고전적 조건화는 침 흘리는 개 실험으로 알려진 유명한 이반 파블로프(1932)에 의해 발전되었다. 파블로프는 종을 치면서 음식을 주면 침을 흘리는 개의 자연적인 반응을 연결지어, 음식 없이도 종소리에 침을 흘리도록 개를 훈련시킬 수 있었다. 음식을 줄 때마다 종을 치면, 개는 종소리가 음식에 선행된다는 것을 학습하게 되고 침을 흘리기 시작한다. 충분한 반복 후에, 개는 종소리만 들어도 침을 흘리게 된다(한 마리 이상의 개를 키워 본 사람은 알 수 있듯이, 개의 종류에 따라 배우는 속도는 다르다). 이 과정은 조건-무조건 자극-반응으로 기술된다.

고전적 조건형성 작동 원리

1. 중립적 상태

음식(무조건자극unconditioned stimulus, UCS) →
침(무조건반응unconditioned response, UCR)

2. 자극–반응 조건화 과정

음식(UCS) + 종소리(조건자극conditioned stimulus, CS) →
침(조건반응conditioned response, CR)

3. 조건형성 결과

종소리(CS) → 침(CR)

조작적 조건형성과 강화: 스키너의 고양이

인지-행동 가족치료 개입방법 중 특히 부모 교육에서 가장 기본적인 것은 조작적 조건형성이다. 조작적 조건형성에 근거한 개입은 스키너(1953)가 밝힌 인간의 행동을 조성하는 원리를 활용한다. 그 기본 원리는 조성(shaping)이라고 불리는 과정으로, 목표 행동을 위해 조금씩 점점 닮아가는 행동들을 보상을 통해 강화해가는 과정이다. 일련의 기술들이 숙련되면, 목표 행동에 더 근접하기 위해 다음 단계를 향해(정적으로 그리고/또는 부적으로) 나아가는 것이다. 그래서 부모가 자녀들로 하여금 주도적으로 숙제하기를 가르치려면, 언제, 어디서, 어떻게 숙제를 끝내는지 관찰하고, 이러한 조건하에서의 성공과 실패를 강화해주어야 한다. 일단 자녀들이 관리 감독 하에서 수행을 잘하면, 책임의 영역을 부여하고, 숙제를 다 끝낸 성공에 대해 강화한다. 다음으로, 자녀가 관리 감독 없이도 해야 할 일을 잘 관리하는 것에 보상을 한다. 이러한 과정은 무엇보다 부모의 기쁨이 되는 자녀들의 주도적 숙제하기가 될 때까지 계속된다.

강화와 처벌의 형태

조작적 조건형성에서 목표행동은 행동에 따라 정적 또는 부적으로 강화되거나 처벌된다. 아래의 네 가지는 목표행동을 조성하기 위해 단독으로 또는 통합해서 사용된다.

행동 조성을 위한 네 가지 선택

- **정적 강화나 보상**: 원하는 것을 제공함으로써 목표 행동에 보상(예: 선물)
- **부적 강화**: 원하지 않는 것을 제거함으로써 목표 행동에 보상(예: 귀가 시간의 제한을 풀어줌)
- **정적 처벌**: 원하지 않는 것을 줌으로써 목표에 반대되는 행동을 줄임(예: 부가적인 책임을 줌)
- **부적 처벌**: 원하는 것을 제거함으로써 목표에 반대되는 행동을 줄임(예: 외출금지)

조작적 조건형성 요약

	목표 행동 증가	반대되는 목표 행동 감소
부가	정적 강화; 보상	정적 처벌
제거	부적 강화	부적 처벌

강화와 처벌의 빈도

강화와 처벌의 빈도는 행동의 증가와 감소에 있어 중요한 요소이다.

- 근접성: 특히 어린 아이일수록, 강화나 처벌을 즉각적으로 할수록 더 빠르게 학습한다.
- 일관성: 강화나 처벌이 일관될수록 더 빠르게 학습한다. 일관성은 매번 또는 일정한 간격(예: 두 번에 한 번은)으로 특정 행동에 대해 보상하거나 처벌하는 것과 관계가 있고 그렇게 함으로써 예측 가능하게 한다.
- 간헐적 강화: 임의적이고 예측 불가능한 강화는 행동을 증가시키지만, 항상 목표행동을 하지는 않는다. 목표 행동에 대한 일관성이 없는 강화는 목표와 반대되는 행동을 증가시키기도 한다. 그러므로 부모가 통행금지 시간을 일관되지 않게 강화한다면, 자녀들은 규칙을 어길 확률이 크다. 하지만, 잘 계획된 임의적인 정적 강화는 목표행동을 유지하는 데 도움이 된다(예: 임의적으로 좋은 성적에 대해 주기적인 특혜를 준다).

정적과 부적 강화와 보상의 원리는 아래의 개입을 포함한다.

격려와 칭찬 패터슨과 포가치(1987)는 어린아이들의 목표행동을 증가시키기 위해서는 정적인 강화를 활용하도록 강력하게 주장한다. 스트레스 상황에 대해 상담할 때, 가족들이 정적 강화를 많이 활용하여 칭찬과 고마운 표현을 많이 하도록 지도한다.

유관 계약(contingercy contract) 기대되는 보상에 맞는 조건을 제시하여 새로운 행동을 이끌어내는 유관 계약이 사용되기도 한다. 부모들은 자녀들과 어느 경우에 어떤 혜택들을 얻거나 잃을 수 있는지 유관 계약을 할 수 있다(Falloon, 1988, 1991; Patterson & Forgatch, 1987). 예를 들어, 평균성적이 3.0 이상일 때 주말 귀가 시간을 밤 11시로 합의한다. 이 장의 마지막 사례에서 보여주듯이, 치료자는 부모가 자녀 나이에 맞는 유관 계약을 함으로써 좋은 행동과 성적을 강화하기 위해서만이 아니라 이러한 목표를 달성하기 위해 10대 자녀의 독립성과 주도성에 대한 보상을 통해 기대하는 바를 합의하여 결정하도록 한다.

점수 도표와 토큰 경제 일반적으로 어린 자녀에게 사용되는 점수 도표(Patterson & Forgatch, 1987)와 토큰 경제(Falloon, 1991)는 어린이들이 점수를 모아 특혜나 선물, 원하는 것을 구입할 수 있게 함으로써 긍정적인 행동을 조성하고 보상하기 위해 활용된다. 각자의 어린이는 원하는 것이 다를 수 있으므로 형제자매마다 보상이 다를 수 있다. 게다가, 보상은 적절해야 하며 부모가 쉽게 인정할 수 있어야 한다. 예를 들면, 보상이 너무 비싸거나 많은 시간을 필요로 한다면, 그 약속을 반도 지키지 못하게 된다. 대부분의 경우, 처벌은 나쁜 행동에 대한 점수를 뺏는 방식으로 토큰 경제에 사용된다.

행동교환 이론 및 '~에 대한 보상'

커플 상담 시 '~ 대한 보상(quid pro quo)'으로 불리는 상호 행동교환은 서로가 관계 규칙을 협의하는 데 도움을 줄 수 있다(예: "당신이 저녁을 차려주면 설거지는 내가 할게.")(Holtzworth-Munroe & Jacobson, 1991). 하지만 연구에 의하면 행동교환방식에 의존하는 커플은 결혼만족도가 낮은 걸로 밝혀졌다(Gottman, 1999). 이 방법을 사용하는 것이 커플 상담에 안 좋은 효과를 낸다는 것을 의미할까? 잘 계획된 연구를 통해 이 질문에 대한 최선의 해답을 얻을 수 있다고 하더라도, 커플 간에 애정을 가지고 더 많이 이해하고 수용하고, 단지 사업상 관계처럼 결혼생활을 규정하지 않고, 사려 깊게 행동교환방식을 사용하는 것이 현명한 일일 것이다. 홀츠워쓰-먼로와 제이콥슨(1991)도 각 배우자가 자신이 원하는 것을 '요청'하는 것보다 '베푸는' 행동을 하도록 추천한다.

소통과 문제해결 연습

커플과 가족들의 문제해결을 돕기 위해, 인지-행동 가족치료자는 다음에 제시된 지침에 따라 의사소통 훈련을 제공해야 한다(Falloon, 1991; Holtzworth & Jacobson, 1991).

- 긍정성으로 시작하기: 문제를 말할 때 각자가 감사와 칭찬으로 시작하도록 지시한다.
- 한 번에 한 주제 다루기: 의사소통 훈련은 문제해결 회기마다 한 문제를 명확히 하면서 시작한다.
- 특정 행동 문제 다루기: 문제는 감정이나 성격, 태도와 같은 포괄적인 서술보다는 특정한 행동으로 정의한다(예: "그는 무심하다.", "그녀는 잔소리가 많다." 등).
- 사건에 대한 감정 서술하기: 불만을 말할 때, 상대 배우자는 행동에 대한 감정적 영향을 공유하도록 한다.
- 책임지기: 두 사람 간의 상호작용에서 반은 자신의 책임이라는 것을 수용하게 한다.
- 다른 말로 바꾸어 표현하기: 한 사람이 이야기한 후, 다른 사람은 들은 내용을 요약함으로써 잘못 이해된 부분을 즉시 명확히 할 수 있다.
- 독심술 피하기: 내담자가 상대방의 동기, 태도, 감정에 대해 추정하는 것을 피하도록 한다.
- 언어적 폭력 허용하지 않기: 모욕, 협박, 다른 형태의 언어적 폭력은 허용되지 않는다. 치료자는 적절한 방법으로 표현하도록 방향을 재설정한다.

심리교육

인지-행동 가족치료의 특징은 심리학적으로 내담자에게 문제가 발생하는 원리와 그 문제를 어떻게 다룰 것인지 알려주는 심리교육을 한다는 것이다(Falloon, 1988, 1991 ; Patterson & Forgatch, 1987). 심리교육은 개인이나 집단 회기에서 모두 가능하다. 내용은 다음의 네 가지 영역으로 나눌 수 있다.

- **문제지향적**: 주의력결핍 과잉행동장애, 이혼, 알코올 의존, 우울증과 같이 내담자의 진단명이나 상황에 관한 정보를 제공한다. 치료자는 이러한 형태의 교육을 제공하여 내담자가 새로운 대처행동을 하도록 동기를 부여한다.
- **변화지향적**: 의사소통 능력을 증진시키고, 분노 감정을 낮추고, 우울 기분을 감소시키는 것과 같이 문제 증상을 어떻게 해결할지에 관한 정보를 제공한다. 치료자는 이러한 형태의 교육을 제공하여 내담자가 적극적으로 그들의 문제를 해결하도록 한다. 교육이 성공적이기 위해서는, 내담자가 높은 동기부여가 될 필요가 있고, 치료자가 낮은 단계에서부터 쉬운 용어로 새로운 행동을 알려줄 필요가 있다.
- **치유적 독서치료**: 독서치료는 내담자가 독서를 통해 (a) 동기부여와 (b) 당면한 문제에 대처하는 방법을 찾아가도록 하는 용어이다. 전형적으로, 치료자는 내담자에게 도움이 되거나 잘 알려진 심리학 서적을 알려주기도 하지만, 소설이나 전문적인 문학서적을 추천하기도 한다.
- **영화치료**: 독서치료와 유사하게, 영화치료는 내담자와 같은 문제 주제를 다루는 영화를 관람하도록 하는 것이다(Berg-Cross, Jennings, & Baruch, 1990).

효과적인 심리교육을 위한 제안

- **연습하라!** 내가 새내기 치료자들에게 가족과 친구들에게 '연습'해보라고 추천한 기술들은 많지 않지만, 심리교육만은 예외이다. 이런 책을 읽어본 적이 없는 사람들에게 개념과 연구 결과를 설명해 보라. 개념을 설명하고 난 후, 사람들이 하는 질문이 어떤 유형인지 살펴보라. 그렇게 하면 당신이 빠뜨린 것은 무엇인지, 무엇을 더 명확히 설명해야 하는지, 사람들에게 실제로 도움이 된 것은 무엇인지를 알게 될 것이다.
- **우선 질문하라**: 아마도 심리교육이 잘 되는 하나의 가장 큰 비밀은 **타이밍**이다. 즉, 내담자가 받아들일 상태에 있을 때 정보를 제공하는 것이다. 준비되었다는 것을 어떻게 알 수 있을까? 정답은 질문하는 것이다. "X에 대해 더 알고 싶으신가요?"라는 질문을 하지 않는다면, 귀기울여 경청하는 사람도 없을 것이다.
- **짧게 또 짧게**: 50분 회기 동안, 심리교육은 최대한 총 1~2분만 하라. 나누고 싶은 다른 어떤 좋은 정보도 다음 회기로 넘겨라. 그렇지 않으면 내담자가 한 번에 한 가지 이상의 원리를 의미 있게 통합하고 행동으로 옮길 수 없기 때문이다.
- **한 번에 한 가지만**: 한 회기에 한 가지 개념, 포인트, 기술만을 알려주라. 그 이상은 **실제적으로** 유용하지 않다.

- **내담자가 이해하고 수용했는지 확인하라**: 간단히 정보를 제공한 후, 내담자가 이해했는지, 그들의 삶에 유용하고 현실적이라고 생각하는지 직접 질문하라.
- **바로 적용하라**: 정보를 제공한 후, 지난주에 있었거나 다음 주에 일어날 문제에 실질적으로 어떻게 적용했고 적용할 것인지 명확히 하라.
- **단계적 과제**: 2분간의 심리교육 후, 다음 48분 동안에는 현재의 문제에 정보를 어떻게 단계적으로 적용할 것인지 나눈다. 누가 무엇을 언제, 어디서, 얼마나 자주 하는지 그리고, 어떤 저항이나 잠재적 방해물이 있는지 구체화하라.
- **과제 점검**: 다음 회기에, 내담자가 어느 정도로 정보를 활용했는지 물어보고, 만약 하지 않았다면 왜 안했는지, 만약 활용했다면 어떻게 되었는지 점검한다.

비합리적 신념에의 도전

비합리적 신념에 도전한다는 것은 문제를 만들고 유지하는 역기능적인 신념들에 직면한다는 것을 의미한다(Ellis, 1994). 이것은 회기 중에 치료자에 의해서 다루어질 수 있고, 회기가 끝난 후에는 사고 기록지를 가지고 행해질 수도 있다(다음 부분 참조). 치료자는 내담자의 비합리적 신념을 두 가지 방법으로 도전한다.

- **직접적 직면**: 치료자가 내담자의 신념이 비합리적이라고 직접 알려준다.
- **간접적 직면**: 치료자는 내담자가 자신의 신념이나 생각이 비합리적이고/또는 문제발생에 기여한다는 것을 알 수 있도록 일련의 질문을 활용한다.

직접적 또는 간접적 접근 중 어느 것을 사용할 것인지의 결정은 치료동맹, 치료자의 스타일과 내담자의 치료 접근에 대한 수용성에 따라 달라진다. 다시 말해, 내담자와 치료자의 문화와 성정체성 또한 이러한 역동에 큰 영향을 미친다. 직접적 접근은 일반적으로 치료자가 활용하며 내담자가 위계적이고 전문가 관점을 수용할 경우에, 간접적 접근은 치료동맹이 덜 위계적이고 내담자의 자율성이 더 큰 경우에 적합하다.

소크라테스식 대화법

안내된 발견(guided discovery) 또는 귀납적 추리(inductive reasoning)라 불리는 소크라테스식 대화법을 사용하면서, 내담자는 자신의 신념에 질문을 던지게 되는데, 인지치료자는 개방형 질문을 내담자에게 던짐으로써 그들이 자신의 믿음이 논리적이지 않거나(즉, 명백한 근거와는 반대로), 기능적이지 않음(즉, 그들에게 적용되지 않음)(Beck, 2005)을 '발견하게' 돕는다. 내담자가 주요한 확신을 갖게 하는 논리, 근거, 이유를 허용하면서 치료자는 중립적인 관점을 취하며 신념의 가치를 질문할 때, 다른 방법보다는 저항을 줄이게 된다. 변화라는 용어는 무언가 일어난 것을 일컫는 데 사용되지만, 실질적으로 신념은 내담자가 달라지는 상황에 따라 그 가치에 대해 질문하고 또 질문함으로써 시간이 지나면서 서서히 변화해 가는 것이다. 이 장의 마지막에 나오는 사례에서, 치료자는 소크라테스식 대화법을 사용하여 직접적으로 치료자가 잠재적인 갈등을 드러내기보다는 가족들 스스로가 그들의 비합리적인 신념에 직면해 가도록 돕는다.

신념의 타당성에 대해 평가하는 질문들

- 당신의 신념을 지지하는 근거는 무엇인가? 반대되는 근거는 무엇인가? 그렇다면, 현실적인 타협점은 무엇인가?
- 존경하는 사람 X(Y, 와 Z)가 당신의 상황에 대해 무엇이라고 말하는가? 어떻게 당신이 아는 모든 사람이 잘못될 수 있는가?
- 당신의 자녀가[또는 다른 중요한 사람] 무슨 말을 할 때, 당신은 어떻게 반응할 것인가?
- 어떤 일이 **그 정도로** 잘못 될 것 같은 가능성은 무엇인가? 좀 더 현실적인 결과는 무엇인가?
- X가 가능한 이유 한 가지를 든다면 무엇인가? 다른 설명을 고려해본 적 있는가? '아마 … 것이다'라고 생각해볼 만한 것이 있는가?
- X의 행동이 100% 당신에게만 향해 있을 가능성은 얼마나 된다고 생각하는가? 그/그녀의 행동에 영향을 끼친 다른 요인들은 없는가?

사고 기록지

엘리스의 A-B-C 이론을 활용하여 치료자는 내담자가 '사고 기록지'를 작성하여 자신의 비합리적인 사고와 문제 행동을 파악하도록 요구한다(Dattilio, 2005). 일종의 구조화된 일지형식인 사고 기록지는 내담자가 자신의 인식과 행동을 분석하여 좀 더 적응적인 반응을 하게 하는 수단이 된다. 과제를 주기 이전에, 치료자는 회기 중에 그 과정을 직접 연습해보도록 한다. 사고 기록지는 일반적으로 다음과 같은 정보를 포함한다.

- 촉발상황(예: 배우자와의 말다툼)
- '자동적' 또는 부정적 사고(예: "그/그녀는 절대 바뀌지 않을 거야.", "그는 정말 이기적이야.")
- 감정 반응: 자동적 사고가 사람들을 어떻게 느끼게 하는지(예: 상처받고, 거부당하고, 배신감 느끼는)
- ~에 대한 근거: 자동적 사고 또는 부정적 사고와 해석을 지지하는 근거(예: "그는 전에도 그랬어.", "그는 변한 게 없고 노력하지도 않는 것 같아.")
- 근거에 반대되는: 자동적 사고가 증거에 반대되는 경우(예: "그는 정말 미안해하는 것 같아.", "그는 다른 부분에서 정말 노력하고 있어.")
- 인지적 왜곡: 근거에 기반을 둔 인지적 왜곡의 다른 유형들(예: 임의적 추론, 선택적 추론, 과잉일반화, 확대, 축소, 개인화, 이분법적 사고, 잘못된 명명, 독심술)

- 대안적 사고: '근거'에 기반을 두고 인지적 왜곡을 교정하는 두 가지가 결합된 균형 잡힌 관점(예: "이 부분은 서로 차이가 있는 영역이지만, 나에게도 정말 중요하니 다른 방법을 찾아서 잘해보자. 더 나은 상황을 만들도록 노력해보자.")

사고 기록지의 예

촉발 상황	자동적 사고	감정 반응	~의 근거	근거에 반하는	인지적 왜곡	현실적 대안
가사분담 문제로 다툼	그는 절대 바뀌지 않아; 이기적이고 게을러	상처받음, 화남, 배신감	이전에도 그랬어; 바뀌지 않을 거야	진심으로 미안해함; 다른 부분에서 나아짐; 문제가 덜 발생하는	확대; 과잉 일반화; 선택적 추론	이 부분에서 우리는 서로 다르다; 상대방의 요구에 대해 서로 조정하려고 노력한다; 이 부분에서 그는 내가 원하는 그대로는 될 수 없다.

관계 문제에 있어서는 다음 부분을 추가하면 도움이 된다.

- 문제가 되는 상호작용에 기여하는 나의 행동은 무엇인가?(예: 나는 처음에는 강하게 나가면서 남 탓을 하고, 사과를 받아들이지 않는다.)
- 다음에는 어떻게 하면 다르게 할 수 있을까?(예: 내 생각을 표현하는 데 더 부드럽게 하고, 마음을 열고 경청한다.)

행동 문제에 있어서는 다음 부분이 추가되기도 한다.

- 문제 행동들(예: 소리 지르기)
- 대안 행동들(예: 타임아웃 갖기, 10까지 세기, 깊은 숨 들이쉬기)

과제 수행

인지-행동 가족치료자는 종종 내담자의 문제를 해결하기 위해 고안된 과제를 수행하게 한다(Dattilio, 2005; Falloon, 1991; Holtzworth-Munroe & Jacobson, 1991). 예를 들면, 커플 갈등을 줄이기 위해, 치료자는 타이머를 이용하여 차례대로 상대의 이야기를 듣고 무슨 말을 했는지 요약하게 하는 의사소통 과제를 내주기도 한다. 우울을 감소시키기 위해서는 긍정적인 생각을 적어보거나 여가와 사회적 활동을 늘리는 과제를 내주기도 한다. 인지-행동 가족치료에 있어, 과제 수행은 보고된 문제에 대한 논리적인 해결책이다.

전략적 치료와 비교되는 과제 인지-행동 가족치료 과제는 매우 단순하고 간단하다. 그와는 대조되게 전략적, 체계적 치료자들은 (a) 은유적으로 비밀스러운 부분을 드러낸다(은유적인 과제) (b) 문제 상호작용이나 새로운 패턴을 만드는 체계를 허용하기 충분한 행동패턴에 개입한다(직접적으로). (c) 조절되지 않는 부분을 조절하는(역설적) 과제를 제안한다.

해결중심 치료와 비교되는 과제 인지-행동 가족치료의 과제와는 반대로, 해결중심 치료의 과제는 문제의 감소보다는 해결을 실연하도록 한다(12장 참조). 또한 해결중심 과제는 (a) 점진적인 단계로 나누어 (b) 내담자의 생각과 과거에서 이어져 온 (c) 문제를 해결할 수 있을 정도로 큰 동기와 희망을 갖도록 계획된다.

적용하기

사례개념화 틀

문제 명료화: 구체적이고 측정 가능한 행동을 규정한다.

- 기저선 평가: 기간, 빈도, 증상의 심각한 정도에 따라 증상 전후의 사건을 밝힌다.
  - 기능 분석: 상호간 증상을 유지시키는 강화 행동을 명료화한다.
  - 특정 문제가 이 사람(과/또는 가족)을 일상 속에서 어떻게 힘들게 하는가?
  - 문제발생 빈도가 감소한다면 어떤 일이 일어나는가?
  - 문제가 해결되면 이 사람(과 가족)은 무엇을 얻게 되는가?
  - 누가(또는 무엇이) 관심을 갖고, 공감, 지지함으로써 이 문제를 강화하는가?
  - 어떤 상황 하에서 특정한 문제의 강도가 감소하는가?
  - 어떤 상황 하에서 특정한 문제의 강도가 증가하는가?
  - 가족 구성원이 문제에 대처하기 위해 무엇을 하는가?
  - 문제해결의 단위로서 가족의 보호요인과 위험요인은 무엇인가?
  - 어떤 행동들이 증가할 필요가 있는가? 감소할 필요가 있는가?
- A-B-C 이론: 비합리적 신념 명료화
  - A(사건/촉발사건), C(결과: 행동, 기분), B(C의 결과를 가져오는 비합리적 신념).
- 인지도식과 핵심 신념

  아래 내용 중 문제를 지지하는 도식/핵심 신념을 찾는다.

  1. 임의적 추론
  2. 선택적 추론
  3. 과잉 일반화
  4. 확대와 축소
  5. 개인화
  6. 이분법적 사고

      7. 잘못된 명명

      8. 독심술

- 관계 인지 패턴
  - 선택적 인식
  - 귀인
  - 예견
  - 가정
  - 기준

인지-행동 치료계획 틀(개인)

인지-행동 치료의 초기 단계

상담 과제

1. 상담관계를 수립한다. DN: [관계 형성과 정서 표현에 있어 문화, 성, 기타 요인에 따라 서로 다른 방식들을 존중하기 위해 상담자가 고려해야 하는 것은 무엇인지 기술한다.]

   a. 치료자는 전문가로서 효과적으로 교육을 제공하도록 가족과 **공감적, 지지적** 상담관계를 형성한다.

2. 개인, 체계, 그리고 좀 더 포괄적인 문화적 역동을 평가한다. DN: [문화, 사회경제적 수준, 성지향성, 성, 기타 규준들을 고려하여 평가 작업을 어떻게 조율해야 할 것인지 기술한다.]

   a. 우울, 불안 증상의 **기저선 평가**와 중요한 관계에 있어 우울/불안이 미치는 영향에 대한 **기능 분석**을 한다.

   b. 우울과 불안한 사고의 재료가 되는 **비합리적인 신념**, 가족 도식과 **핵심 신념**을 밝힌다.

내담자 목표

1. 불안을 줄이기 위해 불안과 관련된 **비합리적 신념**을 줄여나간다.

   a. **비합리적 신념**에 도전하기 위해 A-B-C 이론을 활용한다.

   b. 불안의 속성과 어떻게 그것을 변화시킬지 **심리교육**을 실시한다.

   c. 현실적인 신념을 개발하기 위해 **사고 기록지(과제)**를 작성한다.

인지-행동 치료의 작업 단계

상담 과제

1. 작업 동맹의 질을 모니터한다. DN: [내담자의 문화적 관습에 맞지 않는 정서 표현을 상담자가 했을 때 보이는 내담자의 반응에, 상담자가 어떻게 주의를 기울일 것인지 기술한다.]

   a. **개입에 대한 평가**: 내담자가 치료과정과 목표에 얼마나 만족하는지 일정한 간격으로 점검한다.

내담자 목표

1. 우울한 기분을 줄이기 위해 우울과 관련된 **비합리적 신념**을 감소시킨다.

   a. 우울의 속성과 어떻게 그것을 변화시킬지 **심리교육**을 실시한다.

   b. 우울 이면의 **비합리적 신념**을 밝히고 그에 도전한다.

   c. 현실적인 도식과 신념을 발전시키기 위한 과정을 계속하기 위해 **사고 기록지(과제)**를 작성한다.

2. 우울과 불안을 감소시키기 위해 일상적인 사건을 해석하는 데 활용하는 **부정적인 도식**의 사용을 줄인다.

   a. 내담자가 우울과 불안을 야기하는 비합리적 신념을 찾아내도록 **소크라테스식 대화법**을 활용한다.

   b. 일상과 관계에 대한 좀 더 현실적인 도식에 기반을 둔 행동변화를 가져오는 **과제**를 내준다.

3. 우울과 불안을 줄이기 위해 부정적인 기분을 촉발하는 **상호간에 강화된 부정적 패턴**을 감소시킨다.

   a. 타인과의 부정적 상호작용을 개선하기 위해 **의사소통 훈련**을 한다.

   b. 의도하거나 그렇지 않은 관계에서 상호작용이 강화되는 패턴의 지속성과 빈도에 변화를 준다.

인지-행동 치료의 종결 단계

상담 과제

1. 사후 계획을 수립하고 얻어진 성과를 유지한다. DN: [치료 종결 이후 내담자의 지원 체계의 일부가 될 수 있는 공동체 내 자원들에 상담자가 어떻게 접근할 수 있을지 기술한다.]

   a. 내담자가 **사고 기록지**(또는 유사한 전략)를 활용하여 부정적 사고에 대비하고, 우울하고 불안한 생각이 시작되는 경고를 알아차리는 재발 예방 계획을 세운다.

   b. 잠재적인 재발을 막기 위해 **마음챙김 기반 인지치료** 집단 또는 유사한 집단을 연결해 준다(만일 이전에 시도해보지 않았다면).

내담자 목표

1. 일상적 삶에 대한 **현실적 해석**을 하는 능력을 키우고 우울과 불안을 줄이기 위해 사고가 비합리적임을 알아차리고 충만함에 대한 감각을 키운다.

   a. 내담자가 일상적인 위기를 조절할 수 있도록 **문제해결 능력**을 훈련한다.

   b. **사고 기록지와 소크라테스식 대화법**을 통해 자신의 비합리적 신념을 지속적으로 밝히고, 바로 잡는다.

2. 우울감을 줄이고 친밀감을 높이기 위해 **현실적인 관계 도식**을 활용하여 타인과 관계 맺는 능력을 향상시킨다.

   a. 중요한 관계에서 비현실적인 기대를 명확히 하고 대비하기 위해 **사고 기록지**를 작성한다.

   b. 관계에 대한 현실적인 기대를 갖추기 위해 **독서치료**를 실시한다: 예를 들어, 가트먼의 『성공하는 결혼의 7가지 원리』를 읽게 한다.

인지-행동 치료계획 틀(커플/가족)

인지-행동 치료의 초기 단계

상담 과제

1. 상담관계를 수립한다. DN: [관계 형성과 정서 표현에 있어 문화, 성, 기타 요인에 따라 다른 방식들을 존중하기 위해 당신이 고려해야 하는 것은 무엇인지 기술한다.]

   a. 치료자는 **전문가로서** 효과적으로 교육을 제공하도록 체계의 모든 구성원과 **공감적, 지지적** 상담관계를 형성한다.

2. 개인, 체계, 그리고 좀 더 포괄적인 문화적 역동을 평가한다. [DN: 문화, 사회경제적 수준, 성지향성, 성, 기타 규준들을 고려하여 평가 작업을 어떻게 조율해야 할 것인지 기술한다.]

   a. 모든 개인 증상에 대한 **기저선 평가**와 중요한 관계에서 현재 호소문제에 대한 **기능 분석**을 한다.

   b. 관계에서 갈등의 원인이 되는 각 개인과 그 개인과 연결된 **비합리적인 신념, 가족 도식과 핵심 신념**을 밝힌다.

내담자 목표

1. 갈등을 줄이기 위해 부정적인 기분을 촉발하는 **상호간에 강화된 부정적 패턴**을 감소시킨다.

   a. 커플/가족 갈등의 속성과 어떻게 그것을 변화시킬지 **심리교육**을 실시한다.

   b. 커플/가족 문제에서 **보상에 대한 약속**(quid pro quo agreement)이 협의 가능함을 명백히 한다.

   c. 구성원 서로가 갖는 **비현실적 기대**에 대해 명확히 한다.

인지-행동 치료의 작업 단계

상담 과제

1. 작업 동맹의 질을 모니터한다. DN: [내담자의 문화적 관습에 맞지 않는 정서 표현을 상담자가 했을 때 보이는 내담자의 반응에, 상담자가 어떻게 주의를 기울일 것인지 기술한다.]

   a. **개입에 대한 평가**: 내담자가 치료과정과 목표에 얼마나 만족하는지 일정한 간격으로 점검한다.

내담자 목표

1. 배우자/자녀/부모에 대한 **비현실적인 기대**를 줄이고, 갈등을 감소시키기 위한 수용을 더 많이 한다.

   a. 관계 향상과 현실적인 기대에 대한 **심리교육**을 한다.

   b. 타인과의 전반적인 관계와 기대 이면의 **비합리적 신념**을 밝히고 도전한다.

2. 갈등을 줄이기 위해 서로를 존중하고 효과적으로 소통하는 능력을 향상시킨다.

   a. 기술과 지식을 향상시키기 위한 **심리교육과 의사소통 훈련**을 한다.

   b. 새로운 의사소통 기술을 훈련하기 위한 **과제**를 내준다.

3. 갈등 감소를 위한 효과적인 **문제해결 능력**을 향상시킨다.

   a. 커플/가족이 효과적으로 문제해결을 위해 기술과 전략을 배우도록 **문제해결 훈련**을 한다.

   b. 초기에는 작은 문제부터 시작해서 서서히 어려운 문제를 해결하는 연습을 하기 위해 **과제**를 내준다.

인지-행동 치료의 종결 단계

상담 과제

1. 사후 계획을 수립하고 얻어진 성과를 유지한다. DN: [치료 종결 이후 커플 혹은 가족의 지원 체계의 일부 가 될 수 있는 공동체 내 자원들에 상담자가 어떻게 접근할 수 있을지 기술한다.]

   a. 비현실적인 기대와/또는 갈등패턴으로 되돌아가는 경고 신호를 알아내는 재발방지 계획을 수립하고 치료전략을 명확히 한다.

   b. 잠재적인 재발을 막기 위해(만일 이전에 시도해보지 않았다면) **마음챙김 기반 커플/부모 집단**이나 유 사한 집단을 연결해준다.

내담자 목표

1. 갈등을 줄이고 친밀감을 향상시키기 위해 **현실적인 관계 도식**을 활용하여 배우자/가족 구성원과 관련된 능력을 향상시킨다.

   a. 중요한 관계에서 비현실적인 기대를 명확히 하고 대비하기 위해 **사고 기록지**를 작성한다.

   b. 관계에 대한 현실적인 기대를 갖추기 위해 가트먼의 『**성공하는 결혼의 7가지 원리**』나 댄 시겔의 『**내 아이를 위한 브레인 코칭**』을 읽는 독서치료를 한다.

2. 각 구성원의 일상적 삶에 대한 **현실적 해석 능력**을 키우고, 갈등감소와 웰빙 감각을 향상시키는데 언제 사 고가 비논리적인지 알아낸다.

   a. 내담자가 일상적인 위기를 조절할 수 있도록 **문제해결 능력**을 훈련한다.

   b. **사고 기록지와 소크라테스식 대화법**을 통해 자신의 비합리적 신념을 지속적으로 밝히고 바로 잡는다.

마음챙김 기반 치료

배경

행동치료의 제3동향으로 알려진(제1동향은 '순수'한 행동치료, 제2동향은 인지-행동치료) 마음 챙김 기반 접근은 인지-행동치료 접근에 역설이 더해진다. 즉, 고통스러운 생각과 감정을 변화시키기 위해서는 고통스러운 생각과 감정을 수용해야 한다는 것이다(Hayes, Strohsal, & Wilson, 1999, 2011). 마음챙김 기반 치료자들은 내담자가 고통스러운 생각이나 감정을 바꾸려는 의도 없이 그것들을 호기심과 열정을 가지고 바라보게 독려한다. 내담자가 그들의 문제를 회피하지 않고 기꺼이 받아들이고 경험하면, 그 문제에 대해 새롭게 생각하고, 느 끼고, 행동하게 하는 다양한 해결 방법이 있음을 인식하게 된다.

커플 및 가족치료에서, 마음챙김은 상대를 좀 더 잘 받아들이게 하고, 의사소통을 향상 시키며, 친밀감을 증가시킨다(Carson, Carson, Gil, & Baucom, 2004; Duncan, Coatsworth, & Greenberg, 2009; Gehart, 2012). 마음챙김 기반 접근은 기본적으로는 구성주의 철학인 불교심리학에 뿌리를 두고 있으며, 이론적으로는 포스트모더니즘(12~14장)과 체계적 치료

(5~7장)와 가장 유사하다(Gehart, 2012). 이 방법으로 상담하는 치료자는 그들의 접근법이 개념과 자연스럽게 들어맞는다는 것을 알게 될 것이다. 또한 이 방법은 치료자가 내담자를 가르치기 이전에 자신이 먼저 마음챙김을 훈련해야 한다.

마음챙김 원리

마음챙김의 가장 일반적인 형태는 내면의 소리와 생각을 멈추고, 호흡을 관찰(또는 만트라를 지속적으로 암송하면서)하는 것이다(Kabat-Zinn, 1990). 초점은 좋거나 나쁘다 또는 선호하거나 안 한다는 판단 없이 현재의 순간에 몰입하면서 호흡을 유지하는 것이다. 보통은 몇 초 내에 집중이 깨지고 수련에 대한 생각, 아침에 있었던 다툼, 할 일들, 과거의 기억들, 미래에 대한 계획 같은 생각, 혹은 감정이나 가려운 느낌, 방안의 소음 같은 감각들이 떠다니게 된다. 동시에, 참가자는 마음이 떠다니다가 집중에 '실패'한 자신을 질책하지 않을 뿐 아니라, 오히려 집중하지 못하는 것이 과정의 일부라는 것을 이해하려는 마음을 가지고 집중하는 목표로 다시 돌아오곤 하는 것을 알아차리게 된다. 하지만 자책을 멈추는 것이 가장 어려운 부분이다. 집중 – 집중 실패 – 다시 집중 – 집중 실패 – 다시 집중 이러한 반복은 보통 10~20분 동안에 일어나는 일련의 과정이다.

게하트와 맥콜롬(Gehart and McCollum, 2007, 2008; McCollum & Gehart, 2010; Gehart, 2012)은 새내기 치료자 및 숙련된 치료자들이 마음챙김을 활용하여 치료 회기 안팎에서의 중요한 변화를 알아차리고 변화 내용을 표현하는 수련생들을 격려하도록 하는 치료적 현재성을 발달시키도록 조력한다. 수련생들은 내담자들이 정서적으로 현재에 머무르기를 더 잘 하고, 회기 중에 덜 불안해하며, 어려운 순간에도 잘 대처할 수 있게 된다고 보고한다. 2~10분 정도 주 5일 수련으로 2주 이내에 전체적인 스트레스 수준이 현저히 감소한다는 보고가 대부분이고, 대인관계와 내적 평안함도 커짐을 보고한다. 일주일에 10~15분의 투자대비로 볼 때 결코 나쁜 결과는 아니다. 그렇다면 당신도 시도해보는 것이 어떨까?

마음챙김 연습

1. **일정한 시간을 정한다:** 가장 어려운 부분이 일주일에 며칠 2~10분을 마음챙김에 할애할 시간을 정하는 것이다. 동료 에릭과 나는 일주일에 5일을 학생들과 함께 연습한다. 이는 아침식사, 운동, 이 닦기, 내담자 만나기, 귀가, 취침(피곤하지 않다면) 전이나 후와 같이 일정한 시간에 마음챙김 연습을 하는 것을 생활의 일부분으로 정착시키는 최고의 방법이다.

2. **상대나 집단을 정한다(선택사항):** 가능하면 정기적으로 함께 할 수 있는 상대나 명상 집단을 찾는다. 여럿이 하면 자극이 되어 지속적으로 할 수 있다.

3. **타이머 이용(강력 추천):** 타이머를 이용하면 회기를 구조화하는 데 도움이 되고, 시간이 언제 끝나는지 궁금해할 필요 없이 집중할 수 있다. 대부분 핸드폰에는 타이머 기능이 있고, 아이폰이나 다른 스마트폰에 명상 어플을 설치해도 좋다. 똑딱 소리 나지 않는 디지털 시계도 좋다.

4. **편안하게 앉는다**: 준비가 되면 편안한 의자에 앉는다. 의자 등에 기대지 말고 등을 반듯이 하고 정면을 향한다. 너무 불편하면, 척추가 반듯하도록만 하고 너무 경직되지 않도록 평소대로 앉는다.

5. **호흡한다**: 처음에는 타이머를 2분에 맞추고, 마음속의 생각들과 잡념들을 멈추고 호흡을 바라본다.
   a. 호흡을 바꾸려고 하지 마라. 좋다 나쁘다를 판단하지 말고, 그저 그대로를 알아차려라.
   b. 마음이 내·외적으로 산만하고 수없이 배회할 것이다. 매번 어떠한 판단도 없이 부드럽게 알아차린다. 예를 들어 구름이 떠가듯, 비눗방울이 터지듯 또는 "아하 그런 거구나."하고 말하듯 그 또한 사라질 거라고 상상한다. 그리고는 다시 호흡을 바라보며 집중한다.
   c. 수련할 때마다 마음 상태 그대로를 수용하라. 어느 날은 다른 사람보다 집중하기가 쉽다. 일어나지 않은 일에 대해 당황해하는 일반적인 패턴에 빠지는 것보다 '무엇이든' 수용하려는 연습이 중요하다.
   d. 목표는 생각이 들지 않는 기간을 연장하는 것이 **아니라**, 비판단적인 수용을 연습하는 것이며, 마음이 어떻게 작동하는지 아는 감각을 키우는 것이다.

6. **알아차리기**: 종이 울리면, 어떤 느낌인지 알아차린다. 이전과 같은지, 더 이완되는지, 더 긴장되는지? 판단하지 말고 그대로 알아차려라. 특별히 다른 점이 없을 수도 있다. 가장 도움이 되는 효과는 즉시적이라기보다 서서히 쌓여가는 것이다. 계속 하고 싶은 마음이라면 계속하고, 다음번에 시간을 1~2분 연장한다. 천천히 적당하게 연습시간을 늘려가면서 자신에게 맞는 시간을 찾는다. 그렇게 하고 싶을 때까지는 시간을 연장하지 마라.

7. **반복하기**: 길고 불규칙한 연습보다는 짧지만 규칙적인 연습이 더 좋은 효과가 있다고 학생들은 보고한다. 그러므로 주5일 2분의 연습이 매주 10분의 연습보다 더 좋은 결과를 가져온다.

특정 마음챙김 접근들

마음챙김 기반 스트레스 감소(MBSR)와 마음챙김 기반 인지치료(MBCT) 이러한 마음챙김 기반 집단 치료는 유능한 명상가가 되는 것이 우선이 아니고, 내담자가 자신의 생각과 내면의 소리를 알 수 있도록 돕기 위해 고안된 것이다. 매우 체계화된 집단과정을 통해 내담자가 마음챙김 호흡(위에 제시된 것과 유사한), 마음챙김 요가 자세(스트레칭)와 일상에서의 활동(예: 알아차리면서 설거지하기, 걷기 등)(Kabat-Zinn, 1990)을 훈련하게 한다. 집단의 초점에 따라, 내담자는 마음챙김을 신체적 상황, 고통받는 감정문제, 우울한 생각 등에 적용하도록 배운다. 집단활동의 구성은 내담자가 집에서도 규칙적으로 연습할 수 있도록 동기화하고 진행과정을 집단에서 보고할 수 있게 짜여있다.

8회기 마음챙김 기반 스트레스 감소 프로그램(Mindfulness-Based Stress Reduction Program, MBSR) 구성은 다음과 같다.

1회기: 마음챙김 소개: 마음챙김과 바디 스캔 명상 원리 소개

2회기: 인내하기: '배회하는 마음'을 알아차리고 대처하기

3회기: 애쓰지 않기: 호흡명상 소개; 누운 자세 요가; 집중의 질

4회기: 판단중지: 대응하기 vs. 반응하기; 호흡명상에서 알아차림; 서 있는 자세 요가; 스트레스 바라보기

5회기: 인식하기: 진행상황 집단에서 검토하기; 정좌명상

6회기: 있는 그대로: 기술적인 의사소통; 자애 명상; 걷기명상; 종일명상

7회기: 매일 마음챙김: 동작 알아차림과 일상에서의 적용; 일상에서의 연습

8회기: 지속적인 연습: 일상에서 삶과의 통합

8회기 마음챙김 기반 인지치료(Mindfulness-Based Cognitive Therapy, MBCT) 구성은 다음과 같다(Segal, William, & Teasdale, 2002).

1회기: 자동조정방식: 마음챙김 소개; 먹기 명상; 바디스캔

2회기: 장애물 다루기: 바디스캔 하면서 마음의 소리 듣기

3회기: 마음챙김 호흡: 마음챙김 집중호흡 소개와 3분 호흡 공간 연습

4회기: 현재에 머무르기: 자동적 사고와 우울에 마음챙김 연결

5회기: 있는 그대로 수용하기: 수용과 있는 그대로 '허용하기' 소개

6회기: 생각은 사실이 아니다: 생각을 사실이 아닌 '단순히 생각'으로 재구성하기

7회기: 내 자신을 어떻게 돌볼 것인가?: 우울한 사고를 위한 특별한 방법 소개

8회기: 차후의 기분 조절을 위해 이제까지 배워온 것을 활용한다. 지속적인 연습을 하도록 동기 부여하기

마음챙김 훈련을 통해 내담자가 배우는 것들은 다음과 같다.

- 의도적으로 주의에 집중함으로써 생각을 더 잘 조절할 수 있다.
- 사고와 감정에 있어 호기심, 개방 정도, 수용력이 더 커지고, 심지어 부정적인 것에도 그렇다.
- 자신, 타인, 사물에 대해 있는 그대로를 더욱 잘 수용한다.
- 현재의 순간에 살고, 경험한다.

변증법적 행동치료   원래는 자살시도 경계선 성격장애 내담자를 위해 만들어졌으며, 기본적으로 변화와 수용 사이를 오가는 변증법적 긴장 때문에 **변증법적 행동치료**(dialectical behavior therapy, DBT; Linehan, 1993)라고 이름 붙여졌다. 여기에서 역설적인 것은 치료적 변화는 무엇을 수용하느냐라는 맥락에서만 일어날 수 있지만, '있는 그대로의 수용'이 바로 변화(p. 99)라는 것이다. 다른 인지-행동 접근법과는 달리, 이러한 접근은 감정은 사고의 진행에 선행된다는 전제에 기반을 두고, 강력한 감정들, 트라우마 경험들, 애착과 관련한 상처들이 정신병리의 원인이 된다는 것이다. 간단히 말하면, DBT는 내담자를 변화시키기

위해 내담자가 현재에 머무르고, 인내하며, 강렬한 감정을 수용하도록 돕는다. 어떤 의미에서는, 고통스러운 감정을 회피하는 필사적인 시도가 문제를 발생시킨다고 보는 것이다.

DBT 치료자는 고통스러운 감정과 '함께 있는' 내담자를 격려하여, 사랑하거나 증오하는 것과 같은 양극단 사이에 존재하는 변증법적 긴장을 다룰 수 있도록 돕는다. 치료자는 내담자가 감정의 양극단으로 치우치는 것보다는 주어진 상황에서 진실과 현실의 다양한 수준을 인식하여, 어떻게 하면 사랑과 증오를 함께 느낄 수 있는지 경험하도록 조력한다. 처음에는 이러한 모순된 감정과 사고는 견뎌내야 하지만, 다음으로는 탐색하다가 서서히 통합되어, 양극단의 실재를 인식하게 된다. 예를 들어, 부모를 사랑하면서도 자신에게 비난조로 말하는 방식을 싫어하는 한 성인 여성이 상담소에 왔다고 하자. 내담자가 부모를 향한 애정과 증오 양극단의 감정을 모두 수용할 수 있게 되면, 그러한 상황이 벌어져도 그녀 자신이 덜 반응적이고 덜 감정적일 수 있음을 알게 된다. DBT 과정은 일상적인 삶에 내재하는 변증법적 긴장을 더 잘 다루어 삶에서의 균형감을 향상시키도록 돕는 것이다. 이의 효과를 보면 다음과 같다.

- 자기 계발과 동시에 자신을 수용할 수 있게 된다.
- 삶을 있는 그대로 받아들이면서도 문제를 해결하기 위해 노력한다.
- 자신의 욕구를 돌보는 것이 다른 사람을 돌보는 것이다.
- 독립성과 상호의존성 사이의 균형을 갖는다.

수용전념치료 협력적 치료나 내러티브 접근(13, 14장 참조)과도 철학적 가정을 공유하는 행동치료인 수용전념치료(acceptance and commitment therapy, ACT; 발음은 A-C-T가 아닌 'act')는 우리의 생각, 감정, 행동을 방향지우는 언어를 통해 우리의 실재가 구성된다는 포스트모더니즘 전제에 바탕을 두고 있다. ACT 전문가는 인간의 고통은 많은 부분이 언어를 통해 만들어지고 유지된다고 믿는다. 수용전념치료에서는 '사람들이 잘못된 것을 생각하는 것이 아니고, 문제는 생각하는 그 자체이자 언어적 사회(현재 문화)가 행동 조절의 모드로서 얼마나 과도하게 사용되느냐 하는 것이다'(Hayes 외, 1999, p. 49)라고 말한다. 전통적인 인지-행동주의자와는 다르게, ACT 전문가는 사고나 감정을 조절하려는 시도 자체와 부딪혀 해결하지 않고 직접적인 경험을 회피하려고 하는 것이 문제라고 주장한다. 또한 인간의 모든 감정의 범위를 수용하도록 촉진하는 마음챙김 기반 경험을 옹호한다. 즉, 'ACT 접근에서는, 건강하게 사는 삶의 목표가 긍정적인 감정만을 가지고 사는 것이 아니라, 어느 경우에도 괜찮다고 느끼는 것이다. 긍정적인 감정뿐 아니라 부정적인 감정을 느끼는 것도 심리적으로 건강한 것이다'(p. 77).

같은 약어인, ACT는 상담과정의 개요로도 활용되는데,

A = Accept, 고통스러운 사고나 감정을 수용하고 받아들여라.
C = Chose, 진정한 내담자 존재 자체를 반영하는 삶의 방향을 선택하고 전념하라.
T = Take action, 삶의 방향을 향해 행동을 취한다.

ACT의 첫 단계는 내담자의 증상을 통해 나타나듯이, 그들이 회피하려고 하는 사고나 감정을 수용하고 받아들이는 것이다. 다시 말해, 상실의 수용, 두려움 느끼기, 화 알아차리기 등이다. 내담자가 그들의 생각에 '빠지지 않고', 행동의 원인(변명이라고도 알려진)과 결과 간의 엉성한 관계를 볼 수 있게 도전하게 한다. 동시에 내담자가 스스로를 관찰하면서 고통스러운 생각이나 감정을 기꺼이 경험하도록 돕는다. 이러한 관찰과정을 통해 내담자는 그들의 진정한 가치와 자신의 정체성을 더 잘 찾을 수 있고, 이것은 내담자가 좀 더 손쉽게 인생의 방향을 명확히 할 뿐 아니라, 그것을 추구하기 위한 전념행동을 하도록 돕는 것이다. 예측 가능하게도, 이것은 듣는 것만큼 쉽진 않다. 행동 단계에서, 대부분의 내담자는 경험에 대한 저항과 처음 상담을 올 때 호소한 부정적 사고를 재경험하게 된다. 하지만 내담자의 수용하는 힘이 향상되면서 의미 있는 삶을 추구하는 데 더욱 전념하게 되고, 새로운 행동양식을 추구하면서 만나는 새로운 장애물들도 치료자와 함께 작업할 수 있게 된다.

커플/가족치료에서의 마음챙김 가족치료자는 집단형태나 전통적인 커플/가족상담 모두에서 마음챙김의 잠재력을 탐색하기 시작했다(Carson 등, 2004; Gehart, 2012; Gehart & McCollum, 2007). 몇몇 선행연구는 마음챙김 훈련이 특히 커플상담에 도움이 된다는 생각에 지지적인 결과를 제공한다. 와치스와 코르도바(Wachs & Cordova, 2008) 연구에서도, 마음챙김이 결혼적응과 정적 상관이 있다고 밝혔다. 유사하게 반즈 등(Barnes, Brown, Krusemark, Campbell, & Rogge, 2008)은 마음챙김 성향이 더 큰 결혼만족도, 갈등 후 낮은 정서적 스트레스와 더 나은 의사소통을 예측한다는 것을 밝혀냈다. 블록-러너 등(Block-Lerner, Adair, Plumb, Rhatigan, & Orsillo, 2008)은 마음챙김 훈련이 커플 사이의 공감적 반응을 증가시키며, 칼슨 등(Carson, Carson, Gil, & Baucom, 2008)도 마음챙김 기반 관계 향상 집단에 참가하는 커플이 더 좋은 관계 만족과 낮은 관계 스트레스를 경험한다고 기술했다.

마찬가지로, 마음챙김은 부모-자녀 관계 향상뿐 아니라 자녀들의 주의력결핍 과잉행동 장애(ADHD)와 다른 강박문제를 돕는 데도 활용되곤 한다. 알아차리는 부모되기(Duncan 등, 2009), 마음챙김 기반 부모 훈련(Dumas, 2005), 마음챙김 기반 출산과 육아(Duncan &

Bardacke, 2010)와 같은 몇몇 마음챙김 기반 부모 프로그램들이 점점 발전되고 연구되어 왔다. 마음챙김은 전두엽의 활동을 증가시키고, 변연계의 활동을 감소시키면서 뇌기능을 '적정화'하여 ADHD 치료가 가능한 비약물치료 중 하나로 연구되어왔다(Zylowska, Smalley, & Schwartz, 2009). 또한 마음챙김은 성인의 공격성을 감소시키고 정서조절 능력을 향상시키는 데도 활용되곤 한다(Singh, Lancioni, Joy, Winton, Sabaawi, Wahler, & Singh, 2007).

자애 명상

커플과 가족의 관계향상 상담을 할 때, 치료자는 종종 마음챙김 호흡명상보다는 자애 명상(kindness meditation)을 강조한다(Carson 등, 2004; Gehart, 2012) 자애 명상은 다양한 사람들을 축복하는 것과 관련이 있는데, 특별히 친밀한 사이나 중요한 사람, 자신이 관계에서 어려움을 겪는 사람들을 축복한다. 치료자는 회기 내에서 커플을 지도할 수도 있고, 아래에 제시된 기본 형식을 녹음하거나 활용하여 가정에서도 훈련할 수 있게 한다.

자애 명상

아는 사람: 아는 사람을 마음에 떠 올린다.
  그 사람이 행복하고 즐겁기를.
  그 사람이 고통에서 자유롭기를.
  그 사람이 건강의 빛을 경험하기를.
  그 사람이 잘 지내기를.
  그 사람이 깊은 평화를 맛보기를.
  그 사람이 인생에서 사람들과 평화롭기를.

계속 다음의 각 사람을 떠 올린다.
- 중요한 사람들(한 명만; 다른 사람은 다음에)
- 당신과 곤란한 관계를 맺고 있는 사람
- 당신 자신
- 모든 존재

— 게하트, 2012, p. 169

가트먼 커플치료

배경

가트먼(1999)은 관찰을 통한 과학적 방법에 근거한 커플치료를 발전시켰고, 동거상태의 커플과 이혼한 커플 사이의 의사소통 차이에 대한 종단연구를 실시하였다. 이러한 발견을 기반으로 한 치료에서, 치료자는 커플이 이혼으로 치닫는 관계와는 달리 성공적인 결혼관계를 유지하기 위한 상호작용 패턴을 발전시키도록 코칭한다. 가트먼 모델은 이론이라기보다는 철저히 연구 결과에 기초한 몇 안 되는 치료접근법 중 하나이다. 하지만, 이 '과학적인 결과에 기반을 둔' 치료는 치료목표를 수립하기 위해 연구를 활용한다는 점에서, 치료성과에 관한 연구를 필요로 하는 경험적으로 지지된 치료(2장 참조)와는 다르다.

결혼에 관한 잘못된 오해 밝히기

오해 1: 의사소통 훈련이 도움이 된다

가트먼(1999)의 연구는 몇몇 오해를 밝혀냈는데, 거기에는 의사소통 능력을 향상시키면 결혼생활이 지속될 것이라는 오해가 포함된다. 그의 연구는 더 나은 의사소통은 단기간의 성과는 보이지만 '나 전달법'이나 '비난하지 않기'를 훈련한 커플이 이혼 여부에 중대한 영향을 미치는 것은 아니라고 한다. 대신에, 행복한 커플과 불행한 커플의 차이는 방어, 비난, 담쌓기(이혼의 네 가지 재앙 중 세 가지. 가장 이혼에 위협이 되는 네 번째 재앙은 경멸이다. 네 번째 재앙에 대해서는 다음의 이야기를 보라)와 관련이 있다. 하지만, 이혼하지 않는 커플은 갈등기간 동안 5:1의 긍정적 대 부정적 상호작용을 유지한다(갈등기간이 아닐 때의 의사소통 시 20:1). 그러므로 갈등 시기에 긍정, 부정적 상호작용의 비율을 달리 하는 것이 단순히 의사소통을 많이 하는 것보다 중요하다.

오해 2: 분노는 위험한 감정이다

많은 치료자와 대중이 예상하는 것과는 반대로, 가트먼(1999)은 분노를 표출하는 것이 이혼의 원인이 되는 것은 아니라고 한다. 하지만, 경멸(상대에 대해 우월감을 느끼는 것)과 방어는 원인이 된다. 더군다나, 분노가 단기적으로는 낮은 결혼만족도와 연관되어 있으나, 장기적으로는 결혼만족도를 상승시킨다.

오해 3: '~ 대한 보상' 실수

가트먼(1999)은 이것에 대한 저것으로의 보상(quid pro quo)은 사실상 행복하지 못한 결혼생활을 성격짓는다고 한다. 그래서 그는 유관 계약은 커플상담을 할 때 적합하지 않다고 주장한다.

상담과정

가트먼(1999)은 커플문제를 사정하고 변화의 목표 지점을 찾기 위해 매우 세밀한 설문지와 구두 평가도구를 활용한다. 상담개입과정은 어떤 것이 효과가 있고 없는지에 대한 매우 폭넓은 심리교육뿐 아니라, 때로는 커플 대화를 비디오 녹화하고, 분석을 위해 지속적으로 다시 듣고, 어느 지점이 어떻게 진행되는지 명료화하는 것을 포함한 구조화된 연습도 포함된다. 가트먼은 커플치료가 다음과 같은 특성이 있다고 말한다.

- 긍정 정서의 경험: 치료는 주로 긍정 정서의 경험이다. 즉, 내담자가 즐거워야 하고, 치료자는 비판하거나 비난을 내포하지 않도록 한다.
- 커플 간의 관계를 주로 다룸: 치료는 주로 상호작용을 조절하는 치료자와의 3자 관계 경험이라기보다는 커플 두 사람의 경험이 되어야 한다.
- 감정에 대해 배움: 배움은 '상태'-의존적, 즉 감정 상태를 바꾸기 위해서 커플은 그 감정 상태에 머물면서 그 감정과 작업을 해야 한다. 그래서 커플들은 회기 중에 기존과는 다른 의사소통을 하는 것에 있어 어려움을 겪는다.
- 용이함: 개입은 쉽고 위협적이지 않아야 한다.
- 현실성: 치료자는 행복한 결혼생활의 잠재성에 대해 이상적이지 않아야 하고, 대신 갈등 줄이기와 같은 현실적인 목표에 초점을 맞춘다.

상담관계 형성
코치로서의 치료자

치료자는 관계 개선 코치로서의 역할을 하는데, 커플이 관계의 주도권을 갖도록 격려한다(Gottman, 1999). 치료자는 의사소통이 어려울 때 커플을 진정시키려고 하기보다는 어떻게 하면 자신과 타인을 진정시키는지 코칭한다.

사례개념화 및 평가
이혼 가능성 평가

30년간 커플들을 연구한 결과, 가트먼(1999)은 5년 내 이혼가능성을 다섯 가지 변인만을 가지고 놀랍게도 97.5% 정확도로 예측할 수 있다. 게다가, 그는 세심한 연구를 통해 이혼의 여러 가지 예측인자를 파악하였는데, 그중에서도 가장 높은 네 가지 요인을 밝혔다.

이혼의 네 가지 재앙[1] 가트먼의 연구에서, 커플들의 다툼에서 보이는 다음의 네 가지 행동이 85%의 정확도를 가지고 이혼을 예측한다.

1. 비난: 무엇인가 상대의 절대적인 잘못이라는 것을 내포하는 대화(예: '항상,' '절대,' 또는 성격에 대한 기술). 여성이 남성보다 비난하는 경향이 높다.
2. 방어: "나는 아무 잘못 없어"와 같은 공격을 막거나 방어하는 말을 하곤 한다.
3. 경멸: 이혼의 가장 높은 예측요소로서 경멸은 자신이 상대보다 우월하다고 보는 것이다 (예: "당신이란 사람은 똑똑한 생각이라곤 할 수 없지."). 행복한 결혼생활에는 경멸이란 것이 전혀 없다.
4. 담쌓기: 담쌓기는 듣는 사람이 신체적이든 정신적이든 상호작용에서 멀어져 있는 상태이다. 남자가 여자보다 담쌓기를 많이 하는 경향이 있다.

5:1 비율 대부분의 커플들은 어느 정도 비난하고, 방어하고, 담쌓기를 한다. 이혼을 하지 않은 커플과의 차이는, 갈등기간 의사소통 시 긍정과 부정의 비율에 있다. 안정적인 커플은 갈등기간에 긍정적 상호작용이 부정적인 것보다 5배 많고, 스트레스 커플은 1:1 비율을 보인다. 많은 커플들은 이러한 연구의 결과가 그들의 결혼생활을 어떻게 향상시킬지 배우는 데 도움이 된다는 것을 알게 된다.

부정 정서의 상호성 부정 정서의 상호성은 한쪽의 감정이 부정적일 때 다른 한쪽도 즉시 따라갈 가능성이 증가한다는 것이다. 다르게 표현하면, '나의 부정성은 보통 때보다 나의 상대가 부정적일 때 더 예측가능하게 된다'(Gottman, 1999, p. 37). 부정 정서 상호성은 문화와 상관없이 결혼 만족과 불만족에 가장 일관된 상관을 보이는데, 커플 관계에서 보여지는 부정 정서의 총량보다 더 우수한 지표가 된다.

회복 시도 회복 시도는 한 쪽 배우자가 '더 잘해서' 갈등을 끝내고, 다른 배우자를 다독이며, 갈등을 완화시키려는 시도를 말한다. 행복한 커플들은 관계 회복에 더 반응적이기 때문에 회복 시도가 덜 필요하다. 하지만 어려움을 겪는 커플은 자주 개선 시도를 거절하므로 총 시도의 수가 더 많게 된다. 개선 시도가 실패하는 것은 네 가지 재앙과도 관련되어 있는데, 가트먼(1999)에 의하면 97.5%의 정확성을 가지고 커플의 5년 내 이혼 여부를 예측할 수 있다.

수용하기 아내의 영향(예: 제안, 요구)을 수용하지 않는 남편들과의 결혼은 80% 정도 이혼으로 끝나게 된다.

---

1) 역주: The Four Horsemen of the Apocalypse. 성경의 요한계시록에 등장하는 네 명의 기사로 각각 질병, 전쟁, 기근, 죽음과 같은 재앙을 상징한다고 함.

귀에 거슬리는 말로 대화 시작 대화의 첫 1분에서 부정 정서를 사용하면서 대화를 시작하는 것을 가리킨다. 96%의 커플에게서, 이혼이나 안정성을 예측하는 데 첫 1분의 데이터만이 필요했으며, 이 요인이 이혼을 예측하는 주요 변인 중 하나로 밝혀졌다(Gottman, 1999). 관계에서 부정 정서를 사용하여 대화를 시작하는 여성이 이혼에 이르는 경우가 더 많다.

거리두기와 고립의 단계 만약 위에 언급한 재앙이 눈에 보이지 않는다면 어떻게 될까? 커플이 잘 되고 있다는 의미일까? 꼭 그렇지는 않다. 문제가 풀리지 않고 있다면, 종종 커플들은 정서적으로 친밀하지 않고, 거리두기를 하며 고립되는 단계이다(Gottman, 1999). 이러한 커플들은 종종 "모든 것이 괜찮아요"라고 말하지만, 저변에는 긴장과 슬픔이 내재해 있다. 이러한 커플들은 정서적 표현이 없고, 애정이 부족하며, 의식하지 못하는 긴장과 높은 수준의 심리적 폭발을 갈등 시기에 보이고, 한 쪽 상대를 다독이는 노력이 부족하다는 특징이 있다.

행복한 결혼 유형들

가트먼(1999)은 안정되고 행복한 결혼의 세 가지 유형을 제시했는데, 이것은 올바른 결혼 생활에는 한 가지 이상의 방법이 있다는 것을 의미한다. 모든 유형에서 긍정 대 부정의 5:1 비율이 유지되지만, 다른 비율도 여기 제시한다.

> **휘발성 커플:** 휘발성 커플은 정서적 표현을 잘 하고, 긍정과 부정적인 감정을 잘 표출한다. 열정적인 다툼과 사랑이 그들 관계를 규정짓는다.
> **승인형 커플:** 승인형 커플은 적당한 감정표현과 강한 우정 관계를 갖는다.
> **갈등-회피형 커플:** 갈등-회피형 커플은 정서 표현을 덜 하고, 문제를 축소하고, 그들의 결혼생활에서 좋은 점만을 이야기하고, 고립감을 느낀 채로 대화를 끝낸다.

건강한 관계의 가정 가트먼(1999)은 잘 기능하는 결혼은 아래 두 가지 요소를 유지한다고 한다.

● 전반적으로 긍정적인 정서 감각이 있음
● 갈등 시기에도 부정적인 정서를 줄이는 능력이 있음

그는 힘든 결혼생활에서 위의 두 가지 요소를 향상시키고, 다음의 일곱 가지 주요 관점을 갖는 건강한 결혼 가정(The Sound Marital House)이라고 이름 붙인 결혼상담 모델을 고안하였다.

1. **사랑의 지도:** 당신의 배우자가 누구이며, 무엇이 그/그녀를 행복하게 하는지에 대해 인지적으로 이해하는 것이 결혼 관계에서 기본적인 요소이다.
2. **관심과 존경체계:** 각자가 상대에게 느끼는 존경과 애정의 정도를 기꺼이 표현하는 것을

말한다.

3. 상대방을 향하기 vs. 등 돌리기: 감정은행 계좌: 갈등이 없이 정서적으로 서로에게 다가가고 개방하는 습관을 갖는 것이다(예: 각자의 이야기를 공유하기 원하는 것, 시간을 함께 보내는 것).

4. 긍정 정서 우선시하기: 상대가 중립적인 이야기를 하더라도 부정적으로 해석하는 부정 정서 우선시하기와 비교되게, 이는 상대방의 입장을 상대방에게 유리하게 해석해주는 것을 가리킨다.

5. 문제해결: 커플의 문제해결 기술을 향상시킬 필요가 있다는 오해를 가트먼의 연구를 통해 치료자는 재고할 필요가 있다. 이러한 오해는 절반, 아니 정확히는 31% 정도만 맞는 말이다. 가트먼의 연구에서 성공적이거나 성공적이지 않는 커플 69%가 같은 주제로 언쟁을 한다는 것을 밝혔다. 가트먼은 이를 돌고 도는 문제(perpetual problems)라고 불렀고, 이는 타고난 성격 차이 때문이라고 간주하였다.

   ○ 풀릴 수 있는 문제 풀기: 안정적인 커플들은 해결 가능한 문제들을 성공적으로 해결할 수 있다.

   ○ 돌고 도는 문제에 대해 대화하기: 행복한 커플은 교착상태를 피하는 대신에 그들의 지속적인 문제와 핵심적인 성격적 차이에 대해 끊임없이 대화할 방법을 찾는다. 왜냐하면 돌고 도는 문제가 없어질 수는 없고, 배우자를 선택하는 것은 결국 영구적인 문제 몇 가지를 선택하는 것이기 때문이다.

   ○ 생리적 안정: 성공적인 결혼은, 배우자가 자신과 상대방을 다독일 수 있고, 모든 사람을 '침착하게' 만들 수 있는 것이다.

6. 꿈을 현실로 만들기: 교착상태를 피하는 커플들은 특히, 지속적인 문제를 함께 풀어나가면서도, 각자의 꿈을 실현시키는 것도 함께 한다.

7. 공유할 인생의 의미 만들기: 행복한 커플은 결속을 위한 의식, 공유된 의미, 역할, 목표 등을 통해 결혼 '문화'를 만들어 간다.

개입 전략 수립

회기 구성

치료는 매우 구조화된 평가 과정으로 시작한다. 개입 단계에서는, 다음과 같은 정형화된 회기로 구성된다.

● 근황 나누기: 커플들이 결혼과 관련해서 일어나는 사건들, 과제, 주요 이슈를 점검하게 하고 치료자에게 보고하는 것이 아닌 서로에게 직접 이야기하도록 한다.

- 상호작용에 대한 사전개입하기: 예비 단계: 어려운 화제를 놓고 6~10분 정도의 상호작용을 하게 한다.
- 개입하기: 상호작용 후, 치료자는 개입을 위한 제안을 하기 전에, 사람들은 스스로 결정한 것을 더 잘 받아들이기 때문에 커플 자신들이 어떻게 할 것인지 선택하게 한다.
- 배우자끼리 그들 방식으로 개입하게 하기: 커플 자신들의 상호작용을 어떻게 향상시킬지 생각하고 논의해보게 하고, 치료자는 필요하다면 그 과정이 잘 진행되도록 교육하고 촉진하는 역할을 한다.
- 저항이 있다면? 저항이 있다면, 치료자는 그 저항의 근원이 무엇인지 밝힐 필요가 있다.
- 저항이 없다면? 일단 대안적인 상호작용을 위한 다양한 계획을 세웠다면, 치료자는 그 계획을 연습해볼 6분 정도의 시간을 할애한다.
- 과제: 회기 내에서의 상호작용에 근거를 두고 과제를 정한다.

특별한 개입

가트먼은 결혼 클리닉(The Marriage Clinic; Gottman, 1999) 활동을 통해 얻어진 매우 자세한 개입방법을 활용한다. 잘 알려진 개입방법은 다음과 같다.

사랑의 지도 커플들은 다음의 질문에 답하면서 서로에 대한 이해를 키워나간다.

- 배우자의 친구들은 누구누구인가?
- 배우자의 잠재적인 친구들은 누구인가?
- 배우자 주변의 라이벌이나 경쟁자, 혹은 '적'은 누구인가?
- 배우자에게 일어난 최근의 중요한 사건은 무엇인가?
- 배우자에게 앞으로 다가올 중요한 사건은 무엇인가?
- 배우자의 현재 스트레스는 무엇인가?
- 배우자가 현재 걱정하는 것은 무엇인가?
- 배우자가 자신과 타인에 대해 갖는 소망과 포부는 무엇인가? (Gottman, 1999, p. 205)

시작을 부드럽게 가트먼은 대화를 부드럽게 시작하기 위한 다음의 규칙들을 커플들에게 가르친다.

- 간결하게: 대화의 시작은 간단하고 요점을 중심으로 한다.
- 불만은 이야기 하되 비난하지 않도록: 특정 사건에 대해 불만을 이야기하면서 탓하거나 단정적으로 꼬리표 붙이지 않는다.
- 긍정적인 것으로 시작: 문제를 이야기할 때 우선 긍정적인 측면으로 시작한다.
- '너' 대신 '나'전달법 사용: 비난을 피하고 개인적 책임감을 갖게 하기 위해 '너'를 사용하기

보다는 '나'를 중심으로 기술한다.

- 판단이 아닌 사실: 피상적으로 표현하기보다는 행동에 대해 말한다.
- 당신이 필요한 것을 요구: 당신이 원하는 행동의 변화를 명확하게 말한다.
- 정중하고 감사함으로: 배우자가 한 일에 대한 감사를 표현하며, 배우자를 존중하는 태도를 보인다.
- 취약한 감정 표현하기: 가능할 때, 비난보다는 자신의 취약한 감정을 표현한다.

갈등속의 소망　지속적인 문제들을 만들어내는 교착상태를 다룰 때, 치료자는 각각의 배우자에게 정체된 경직된 관점 이면의 깊은 의미와 소망에 대해 질문한다. 회기에서, 한 배우자가 다른 상대에게 지속적으로 제기되는 문제나 교착상태의 이슈에 대해 다음과 같은 질문을 하게 한다.

- 그 문제에 대해 어떻게 믿고 있는가?
- 그 문제에 대해 무엇을 느끼는지? 그것에 대한 모든 감정을 말해 달라.
- 무슨 일이 일어나길 바라는가?
- 그것이 당신에게는 무슨 의미인가?
- 당신의 목표들이 어떻게 달성될 수 있다고 생각하는가?
- 그 문제에 대한 당신의 자세 이면에 있는 소망이나 상징적 의미(예: 자유, 희망, 배려)는 무엇인가? (Gottman, 1999, p. 248)

부부권력 협상　가트먼은 광범위한 목록을 활용하여 커플들이 성역할에 대해 대화를 나누도록 독려한다(Gottman, 1999, pp. 298–300). 그는 어느 특정한 쪽을 지지하지 않는 대신에 커플들이 '공정하고 평등하다'고 하는 지점에 이르도록 돕는다. 이 연습의 의도는 상대방의 역할과 임무에 대한 존중심을 증가시키는 것이다.

참고문헌

*Asterisk indicates recommended introductory readings.
Baer, R. A. (2003). Mindfulness training as a clinical intervention: A conceptual and empirical review. *Clinical Psychology: Science and Practice*, 10(2), 125–143.

Barnes, S., Brown, K. W., Krusemark, E., Campbell, W. K., & Rogge, R. D. (2008). The role of mindfulness in romantic relationship satisfaction and responses to relationship stress. *Journal of Marital and Family Therapy*, 33, 482–500.

Baucom, D., Epstein, N., Sayers, S., & Sher, T. (1989). The role of cognitions in marital relationships: Definitional methodological, and conceptual issues. *Journal of Family Psychology*, 10, 72–88.

Beck, A. T. (1976). *Cognitive therapy and the emotional disorders*. New York: International Universities Press.

*Beck, A. T. (1988). *Love is never enough*. New York: Harper & Row.

*Beck, J. (2005). *Cognitive therapy for challenging problems: What to do when the basic don't work*. New York: Gilford.

Berg-Cross, L., Jennings, P., & Baruch, R. (1990). Cinematherapy: Theory and application. *Psychotherapy in Private Practice*, 8, 135–157.

Block-Lerner, J., Adair, C., Plumb, J. C., Rhatigan, D. L., & Orsillo, S. M. (2008). The case for mindfulness-based approaches in the cultivation of empathy: Does nonjudgmental, present-moment awareness increase capacity for perspective-taking and empathic concern? *Journal of Marital and Family Therapy, 33,* 501–516.

Carson, J. W., Carson, K. M., Gil, K. M., & Baucom, D. H. (2004). Mindfulness-based relationship enhancement. *Behavior Therapy, 35*(3), 471–494. doi:10.1016/S0005-7894(04)80028-5

Carson, J. W., Carson, K. M., Gil, K. M., & Baucom, D. H. (2008). Self expansion as a mediator of relationship improvements in a mindfulness intervention. *Journal of Marital and Family Therapy, 33,* 517–526.

*Dattilio, F. M. (2005). Restructuring family schemas: A cognitive-behavioral perspective. *Journal of Marital and Family Therapy, 31,* 15–30.

Duarté-Vélez, Y., Bernal, G., & Bonilla, K. (2010). Culturally adapted cognitive-behavioral therapy: Integrating sexual, spiritual, and family identities in an evidence-based treatment of a depressed Latino adolescent. *Journal of Clinical Psychology, 66*(8), 895–906. doi:10.1002/jclp.20710

Dumas, J. E. (2005). Mindfulness-based parent training: Strategies to lessen the grip of automaticity in families with disruptive children. *Journal of Clinical Child and Adolescent Psychology, 34*(4), 779–791. doi:10.1207/s15374424jccp3404_20

Duncan, L. G., & Bardacke, N. (2010). Mindfulness-based childbirth and parenting education: Promoting family mindfulness during the perinatal period. *Journal of Child and Family Studies, 19*(2), 190–202. doi:10.1007/s10826-009-9313-7

Duncan, L. G., Coatsworth, J., & Greenberg, M. T. (2009). A model of mindful parenting: Implications for parent–child relationships and prevention research. *Clinical Child and Family Psychology Review, 12*(3), 255–270. doi:10.1007/s10567-009-0046-3

Ellis, A. (1962). *Reason and emotion in psychotherapy.* New York: Lyle Stuart.

Ellis, A. (1978). Family therapy: A phenomenological and active-directive approach. *Journal of Marriage and Family Counseling, 4,* 43–50.

Ellis, A. (1994). Rational-emotive behavior marriage and family therapy. In A. M. Horne (Ed.), *Family counseling and therapy* (pp. 489–514). San Francisco, CA: Peacock.

Epstein, N. (1982). Cognitive therapy with couples. *American Journal of Family Therapy, 10,* 5–16.

Epstein, N., & Baucom, D. (2002). *Enhanced cognitive-behavioral therapy for couples: A contextual approach.* Washington, DC: American Psychological Association.

Epstein, N., Chen, F., & Beyder-Kamjou, I. (2005). Relationship standards and marital satisfaction in Chinese and American couples. *Journal of Marital and Family Therapy, 31,* 59–74.

Epstein, N., Schlesinger, S., & Dryden, W. (1988). *Cognitive-behavioral therapy with families.* New York: Brunner/Mazel.

*Falloon, I. R. H. (Ed.). (1988). *Handbook of behavioral family therapy.* New York: Guilford.

Falloon, I. R. H. (1991). Behavioral family therapy. In A. S. Gurman & D. P. Kniskern (Eds.), *Handbook of family therapy* (Vol. 2, pp. 65–95). Philadelphia: Brunner/Mazel.

Freeman, A., Epstein, N., & Simon, K. (1987). *Depression in the family.* New York: Routledge.

Gehart, D. (2012). *Mindfulness and acceptance in couple and family therapy.* New York: Springer.

Gehart, D. R., & Lyle, R. R. (2001). Client experience of gender in therapeutic relationships: An interpretive ethnography. *Family Process, 40,* 443–458.

*Gehart, D., & McCollum, E. (2007). Engaging suffering: Towards a mindful re-visioning of marriage and family therapy practice. *Journal of Marital and Family Therapy, 33,* 214–226.

Gehart, D., & McCollum, E. (2008). Teaching therapeutic presence: A mindfulness-based approach. In S. Hicks (Ed.), *Mindfulness and the healing relationship.* New York: Guilford.

Glassgold, J. M. (2009). The case of Felix: An example of gay-affirmative, cognitive-behavioral therapy. *Pragmatic Case Studies In Psychotherapy, 5*(4), 1–21.

González-Prendes, A., Hindo, C., & Pardo, Y. (2011). Cultural values integration in cognitive-behavioral therapy for a Latino with depression. *Clinical Case Studies, 10*(5), 376–394. doi:10.1177/1534650111427075

*Gottman, J. M. (1999). *The marriage clinic: A scientifically based marital therapy.* New York: Norton.

Gottman, J. M. (2002). *The seven principles for making marriage work.* New York: Three Rivers Press.

Gottman, J. M., & Gottman, J. S. (2008). *And baby makes three.* New York: Three Rivers Press.

Hayes, S. C., Strohsal, K. D., & Wilson, K. G. (1999). *Acceptance and commitment therapy: An experiential approach to behavior change.* New York: Guilford.

*Hayes, S. C., Strohsal, K. D., & Wilson, K. G. (2011). *Acceptance and commitment therapy: An experiential approach to behavior change* (2nd ed.). New York: Guilford.

Holtzworth-Munroe, A., & Jacobson, N. S. (1991). Behavioral marital therapy. In A. S. Gurman & D. P. Kniskern (Eds.), *Handbook of family therapy* (Vol. 2, pp. 96–133). Philadelphia, PA: Brunner/Mazel.

Hwang, W., Wood, J. J., Lin, K., & Cheung, F. (2006). Cognitive-behavioral therapy with Chinese Americans: Research, theory, and clinical practice. *Cognitive and Behavioral Practice, 13*(4), 293–303. doi:10.1016/j.cbpra.2006.04.010

Jacobson, N. S., & Addis, M. E. (1993). Research on couples and couples therapy: What do we know? Where are we going? *Journal of Consulting and Clinical Psychology, 57,* 5–10.

*Jacobson, N. S., & Christensen, A. (1996). *Integrative couple therapy.* New York: Norton.

Kabat-Zinn, J. (1990). *Full catastrophe living: Using the wisdom of your body and mind to face stress, pain, and illness.* New York: Delta.

Keating, T. (2006). *Open mind open heart: The contemplative dimension of the gospel.* New York: Continuum International Publishing Group.

Kelly, S. (2006). Cognitive-behavioral therapy with African Americans. In P. A. Hays & G. Y. Iwamasa (Eds.), *Culturally responsive cognitive-behavioral therapy: Assessment, practice, and supervision* (pp. 97–116). Washington, DC: American Psychological Association. doi:10.1037/11433-004

*Linehan, M. M. (1993). *Cognitive-behavioral treatment of borderline personality disorder.* New York: Guilford.

Loewenthal, D., & House, R. (2010). *Critically engaging CBT.* Berkshire, UK: Open University Press.

Marchand, E., Ng, J., Rohde, P., & Stice, E. (2010). Effects of an indicated cognitive-behavioral depression prevention program are similar for Asian American, Latino, and European American adolescents. *Behaviour Research and Therapy, 48*(8), 821–825. doi:10.1016/j.brat.2010.05.005

McCollum, E., & Gehart, D. (2010). Using mindfulness to teach therapeutic presence: A qualitative outcome study of a mindfulness-based curriculum for teaching therapeutic presence to master's level marriage and family therapy trainees. *Journal of Marital and Family Therapy, 36,* 347–360. doi: 10.1111/j.1752-0606.2010.00214.x

McNair, L. D. (1996). African American women and behavior therapy: Integrating theory, culture, and clinical practice. *Cognitive and Behavioral Practice, 3*(2), 337–349. doi:10.1016/S1077-7229(96)80022-8

Meichenbaum, D. (1997). The evolution of a cognitive-behavior therapist. In J. K. Zeig (Ed.), *The evolution of psychotherapy: Third conference* (pp. 95–106). New York: Brunner/Mazel.

Miller, S. (2012, May 12). Revolution in Swedish mental health practice: The cognitive behavioral therapy monopoly gives way. Retrieved from www.scottmiller.com/?q=node%F160.

Mylott, K. (1994). Twelve irrational ideas that drive gay men and women crazy. *Journal of Rational-Emotive & Cognitive Behavior Therapy, 12*(1), 61–71. doi:10.1007/BF02354490

Organista, K. C., & Muñoz, R. F. (1996). Cognitive behavioral therapy with Latinos. *Cognitive and Behavioral Practice, 3*(2), 255–270. doi:10.1016/S1077-7229(96)80017-4

Patterson, G., & Forgatch, M. (1987). *Parents and adolescents: Living together: Part 1: The Basics.* Eugene, OR: Castalia.

Pavlov, I. P. (1932). Neuroses in man and animals. *Journal of the American Medical Association, 99,* 1012–1013.

Pedersen, P. B., Draguns, J. G., Lonner, W. J., & Trimble, J. E. (Eds.). (2002). *Counseling across cultures* (5th ed.). Thousand Oaks, CA: Sage.

Piedra, L. M., & Byoun, S. (2012). Vida Alegre: Preliminary findings of a depression intervention for immigrant Latino mothers. *Research on Social Work Practice, 22*(2), 138–150. doi:10.1177/1049731511424168

Rogers, Carl. (1961). *On becoming a person: A therapist's view of psychotherapy.* London: Constable.

Safren, S. A., Hollander, G., Hart, T. A., & Heimberg, R. G. (2001). Cognitive-behavioral therapy with lesbian, gay, and bisexual youth. *Cognitive and Behavioral Practice, 8*(3), 215–223. doi:10.1016/S1077-7229(01)80056-0

Safren, S. A., & Rogers, T. (2001). Cognitive-behavioral therapy with gay, lesbian, and bisexual clients. *Journal of Clinical Psychology, 57*(5), 629–643. doi:10.1002/jclp.1033

Segal, Z. V., Williams, J. G., & Teasdale, J. D. (2002). Mindfulness-based cognitive therapy for depression: *A new approach to preventing relapse.* New York: Guilford.

Singh, N. N., Lancioni, G. E., Joy, S., Winton, A. W., Sabaawi, M., Wahler, R. G., & Singh, J. (2007). Adolescents with conduct disorder can be mindful of their aggressive behavior. *Journal of Emotional and Behavioral Disorders, 15*(1), 56–63. doi:10.1177/10634266070150010601

Skinner, B. F. (1953). *Science and human behavior.* New York: MacMillian.

Sprenkle, D. H., & Blow, A. J. (2004). Common factors and our sacred models. *Journal of Marital and Family Therapy, 30,* 113–129.

Teasdale, J. D., Segal, Z. V., & Williams, J. M. C. (1995). How does cognitive therapy prevent depressive relapse and why should attentional control (mindfulness) help? *Behaviour Research and Therapy, 33,* 25–39.

Wachs, K., & Cordova, J. V. (2008). Mindful relating: Exploring mindfulness and emotional repertoires in intimate relationships. *Journal of Marital and Family Therapy, 33,* 464–481.

Walling, S., Suvak, M. K., Howard, J. M., Taft, C. T., & Murphy, C. M. (2012). Race/ethnicity as a predictor of change in working alliance during cognitive behavioral therapy for intimate partner violence perpetrators. *Psychotherapy, 49*(2), 180–189. doi:10.1037/a0025751

Willougby, B.L.B., & Doty, N. D. (2010). Brief cognitive behavioral family therapy following a child's coming out: A case report. *Cognitive and Behavioral Practice, 17*(1), 37–44. doi:10.1016/j.cbpra.2009.04.006

Zylowska, L. L., Smalley, S. L., & Schwartz, J. M. (2009). Mindful awareness and ADHD. In F. Didonna (Ed.), *Clinical handbook of mindfulness* (pp. 319–338). New York: Springer. doi:10.1007/978-0-387-09593-6_18

인지-행동 치료 사례: 학교 성적 문제로 갈등하는 한국 가족

37세 순자(Sun-ja, AF37), 42세 영수(Young-soo, AM42), 15세 마크(Mark, CM15)는 아버지와 아들의 지속적인 다툼에 대한 어머니의 걱정으로 상담에 오게 되었다. 부부는 대학시절 한국에서 미국으로 이민을 와서 아들이 태어나자 미국에서 자라길 바라면서 정착하게 되었다. 마크가 고등학교에 들어간 이후, 마크와 아버지는 잦은 논쟁을 했는데, 그것은 영수가 마크의 동기부족과 학교 성적(평점 3.5)에 대해 문제 삼기 시작했기 때문이다. 부모는 그 상황을 어떻게 할지에 대해 다른 의견을 가지고 있었다. 영수는 책임을 다 하지 않는 부분,

만족스럽지 못한 성적, 불순종에 대해 엄격한 기준과 처벌로 다루어야 한다고 하는 반면에, 순자는 아버지가 아들에 대해 과도한 기대를 한다고 생각한다. 그녀는 마크가 다른 10대 아이들처럼 엇나가지 않는 것만으로도 감사하게 생각한다. 순자는 마크를 너무 압박하면 반항하고 도리어 역효과가 날 거라고 걱정한다. 더구나 밖에서는 치위생사로 일하면서, 가사 일을 잘 돕지 않는 마크나 영수로 인해 겨우 집안일을 유지하고 있어서, 감사한 마음이 없어지고 남편과의 친밀감도 점점 약해지고 있다. 영수는 마크를 좋은 학교에 보내기 위해 자신들의 수준보다 높은 환경에서 살기 위해 엔지니어링 회사에서 많은 시간을 보내야 하는 압박을 느끼고 있다. 최근 회사의 경제적 어려움으로 가사도우미와 가정교사를 해고하면서 순자의 가사 부담이 더 커졌고, 그에 따라 부부 관계가 더욱 악화되었다.

인지-행동 치료 사례개념화

- 호소문제 정의
  - AM과 CM이 같은 주제(학교, 책임, 태도)로 일주일에 3~5회 다툼.
  - CM이 '일류'대학에 들어가기 위한 좋은 성적이 유지되지 못함(평점 3.5).
  - CM의 성적과 책임에 대한 AF와 AM의 양육방법이 다르다.
- 기저선 평가

문제행동	언제?	얼마 동안?	심각한 정도?	이전 사건?	이후 사건?
월요일 다툼	AM 퇴근 후 CM이 TV만 보고 시험준비를 하지 않는 것을 봄	10분간 AM과 CM 사이	중간 정도; CM이 빨리 공부하러 들어감	AM 회사에서 힘듦	AM과 AF가 또 10분 동안 뚜렷한 해결책 없이 다툼; CM은 방에서 잘 때까지 안 나옴
수요일 다툼	AM 퇴근 후 쓰레기가 그대로 집안에 있음	3분간	경미; CM 쓰레기 들고 나감	AM 회사에서 힘듦; AF 집안 일로 바쁨	가족 모두 조용히 저녁 휴식 위해 거리를 둠
금요일 다툼	CM 친구들과 파티 가게 해 달라고 요청	15분간 다툼; AM이 CM, 친구, 미래에 대해 나쁜 말을 함	심각; AM이 특히 심함	AM 회사에서 힘듦	CM 화나서 문닫음; AF가 CM과 AM 사이 조정하려고 시도. CM 방에서 안 나옴; AF와 AM 조용히 TV만 봄.

- 기능 분석:
  - 이 특정 문제가 이 사람(그리고/또는 가족)을 일상에서 어떻게 힘들게 하는가?

    가족 모두가 감정적으로 지쳐있고, CM은 마음을 닫고 방어적이고 지속적인 긴장 상태에 있다.

  - 이 문제의 발생횟수가 줄어든다면 어떤 일이 일어날까?

    가족 간에 더 평화로운 상호작용을 할 수 있다. 구성원 간에 서로 협조하고, 타당한 수준의 기대에 합의할 수 있다.

  - 이 문제가 해결된다면 이 사람(그리고/또는 가족)은 무엇을 얻을 수 있는가?

    정서적인 친밀함을 얻을 수 있다. 즉, CM은 자율성을, AF는 평화로움을, AM은 그의 헌신이 더 존중받는 느낌을 받는다.

  - 누가(또는 무엇이) 주의집중, 동정심, 지지를 통해 이 문제를 더 심각하게 만드는가?

    AF와 AM은 CM과의 힘겨루기에서 한 팀으로 노력하지 못하고 있다. AF는 때때로 AM과 CM 모두에게 동정심을 느낀다.

  - 어떤 상황 하에서 이 문제의 강도가 줄어드는가?

    ― CM이 중요한 시험에서 좋은 성적을 받아올 때

    ― AM이 퇴근해 돌아올 때 CM이 공부하고 있을 때

    ― AM이 퇴근해 돌아올 때 CM이 자신의 일을 해 놓을 때

  - 어떤 상황 하에서 이 문제의 강도가 커지는가?

    ― CM이 특히 나쁜 성적을 받아올 때

    ― CM이 친구 관계에서 더 많은 자유를 요구할 때

    ― AM이 회사일로 스트레스 받았을 때

    ― AF가 CM의 생활에 덜 개입할 때

  - 이 문제에 대처하기 위해 가족 구성원이 현재 하고 있는 것은 무엇인가?

    다투고 난 후, 각자의 방에 들어가 아무 일이 없던 것처럼 한다.

  - 문제해결 단위로서 가족의 보호요인과 위험요인은 무엇인가?

    문제를 정의하는 데 있어 가족과 개인의 의견 차이로 긴장이 있음에도, 문제를 해결하기 위해 상담을 하려는 가족의 의지는 여전히 서로간의 애정과 결속이 유지되고 있다는 것이다. 가족의 가장 큰 위험요인은 규율과 기대가 서로 다른 부모의 의견 충돌이 문제해결을 어렵게 한다.

  - 어떤 행동이 더 많아져야 하는가? 줄어들어야 하는가?

    AM과 AF는 협력하여 CM을 양육하는 더 효과적인 방법을 찾아야 한다.

    AM과 CM은 문제를 해결하고 협력하는 더 효과적인 방법을 찾아야 한다.

- A-B-C 이론: 비합리적인 신념을 명료화 한다
  - A(행동/이전 사건); C(결과: 행동, 기분); B(비합리적 신념이 결과 C를 이끈다).

    A: CM의 불만족스러운 학교 성적

    B: AM은 CM이 자신의 삶을 힘들게 한다고 생각하고, 아들을 위한 자신의 희생에 감사해하지 않는다고 생각한다. AM은 AF가 CM을 더 강하게 다그쳐야, 문제가 없다고 생각한다.

    C: AM은 CM과 AF를 탓한다.
- 인지도식과 핵심 신념
  - 선택적 추론: AF와 AM: AM은 아들의 성적이 좋지 않으면 실패한 부모라고만 생각하고, CM이 대체로는 좋은 결정을 하고 문제를 일으키지 않는다는 것을 간과한다.
  - 과잉일반화: AF: 엄격한 양육은 반항으로 끝난다. AM: 고등학교 첫해에 높은 성적을 받으면 좋은 대학에 간다. 미국에서 소수인종으로 세상에서 성공하기 위해서는 다른 사람보다 더 나아야 한다.
  - 확대와 축소: AM: 만약 CM이 좋은 대학에 가지 못하면, 절대 성공하지 못할 것이다. 소수인종으로 살면 힘들게 일해야 한다. AF: 지금 한계를 정하는 것은 상황을 더 악화시킬 것이다. CM: 아버지가 신경 안 써주는 만큼 아버지의 헌신에 대해서도 신경 쓰지 않겠다.
  - 개인화: AM: 아내가 자신을 사랑하지 않아서 교육방식에 동의하지 않는 것이다. CM: 아버지가 자신에게 엄하게 하는 것은 자신을 사랑하지 않아서이다.
  - 이분법적 사고: CM: 부모는 오로지 자신이 전 과목에서 A를 받느냐 마느냐에 따라 자신을 좋거나 나쁜 자녀라고 생각한다. 그는 또한 아버지가 '너무 한국 사람'이어서 미국에 사는 10대들의 삶을 이해하지 못하다고 생각한다("우리는 더 이상 한국 사람이 아녜요, 아빠."). AM: CM의 성적이 성공을 위한 유일한 방법이라고 생각한다.
  - 잘못된 명명: AM: "CM이 학교에서 더 이상 좋은 성적을 받지 못한다면 게으른 것이다." CM: "아버지가 나에게 화를 내는 것은 나를 더 이상 사랑하지 않아서이다."
- 관계 인지 패턴
  - 선택적 인식: AM: CM의 성적에만 집중해서 아들의 삶의 다른 측면을 간과한다. 소수인종이라는 도전거리에 대해서만 초점이 맞춰져 있다.
  - 귀인: AM: CM의 게으름이 좋지 않은 성적의 원인이다. CM: 아버지가 성적 때문에 화를 내고 성적 외에는 무시하는 걸 보면 아버지는 나에 대해서는 신경 쓰지 않는다. 아버지는 너무나 한국식이어서 자신을 전혀 이해하지 못한다.
  - 예견: AM: AF가 계속 CM을 감싸고돌면 자식을 망칠 것이다. AF: AM이 계속 아들

에게 엄하게 하면 CM은 더 안 좋은 상황에 빠질 것이다. CM: 아버지는 자신이 무엇을 해도 자신을 인정해주지 않을 것이다.

- 가정: AF: AM은 내가 얼마나 힘든지 전혀 신경 쓰지 않는다. CM: 아버지는 자신을 자랑스럽게 생각하지 않을 것이다. AM: CM은 부모가 억지로 시키지 않으면 스스로 열심히 하지 않을 것이다.
- 기준: AM: 전 과목 A를 받지 않으면 소수인종으로서 성공적인 미래를 보장받을 수 없다. CM: 모든 욕구의 기준이 부모의 것에만 맞춰져 있다. AF: 미국의 전형적인 남편처럼 가사 일을 더 많이 도와주길 원한다.

인지–행동 치료계획

인지–행동 치료의 초기 단계(가족)

상담 과제

1. 상담 관계를 수립한다.

    다양성 고려사항: _____

    a. _____

2. 개인, 체계, 그리고 좀 더 포괄적인 문화적 역동을 평가한다.

    a. _____

    b. _____

내담자 목표

1. AM/AF와 AM/CM 사이의 갈등을 줄이기 위해 CM에 대한 효과적인 공동 양육 능력을 증진시킨다.

    a. _____

    b. _____

    c. _____

인지–행동 치료의 작업 단계(커플/가족)

상담 과제

1. 작업 동맹의 질을 모니터한다.

    다양성 고려사항: _____

    a. _____

내담자 목표

1. 갈등을 줄이기 위해 CM과 부모 사이의 **협동적인 상호작용**을 증가시킨다.

    a. _____

    b. _____

2. 가족이 서로 존중하면서 대화하는 능력과 효과적으로 갈등을 줄일 수 있는 능력을 증진시킨다.

    a. _____

    b. _____

3. 갈등을 줄이기 위해 커플과 가족이 효과적으로 **문제를 해결하는 능력**을 향상시킨다.

    a. _____

    b. _____

인지-행동 치료의 종결 단계(가족)

상담 과제

1. 종결 후 계획을 수립하고 상담 성과를 유지한다.

    다양성 고려사항: _____

    a. _____

내담자 목표

1. 커플의 정서적 결속감과 기분 좋은 상호작용을 상승시킴으로써 친밀감을 형성한다.

    a. _____

    b. _____

2. 갈등을 줄이고 안녕감을 향상시키기 위하여 각 구성원이 일상생활 속에서 일어나는 일에 대해 현실적인 해석을 할 수 있는 능력과 언제 비합리적인 사고가 일어나는지 알아차릴 수 있는 능력을 향상시킨다.

    a. _____

    b. _____

Chapter
12

해결기반 치료

"우리는 선택된 질문과 신중히 선정한 해결중심 언어의 사용을 통해 내담자의 인식을 해결 지향적으로 이끌려고 한다. 주어진 질문에 대해 생각하면서 내담자들은 자기의 상황을 새로운 관점에서 보게 된다."

— O'Hanlon & Weiner-Davis, 1989, p. 80

조망하기

가장 잘 알려진, 그리고 아마 가장 먼저 출현한 강점중심 접근일 수 있는 해결기반 치료 접근법들은 내담자들이 희망하는 목표 상태를 향해 나아갈 수 있도록 돕는 긍정적이며 능동적인 접근법들이다. 다음의 세 가지 주요 접근법들은 차이점보다는 서로 유사점들을 많이 가지고 있다.

- 해결중심 단기치료(Solution-Focused Brief Therapy, SFBT): 스티브 드 쉐이저(Steve de Shazer, 1985, 1988, 1994)와 인수 버그(Insoo Berg)에 의해 밀워키 단기 가족치료 센터에서 개발되었으며, 이 치료법은 현재의 문제나 과거는 최소한으로 다루면서 미래에 초점을 두고, 해결을 향한 낮은 단계의 목표부터 서서히 개입한다.
- 해결지향 치료(Solution-Oriented Therapy): 이 치료(O'Hanlon & Weiner-Davis, 1989)와 가능성 치료(Possibility Therapy, O'Hanlon & Beadle, 1999)는 빌 오한론(Bill O'Hanlon)과

동료들에 의해 개발되었으며, 해결중심 단기치료처럼 미래지향적이지만, 에릭슨의 최면치료 언어기법에서 더 많은 부분을 끌어왔다고 할 수 있다. 해결지향 치료는 해결중심 단기치료에 비해 과거와 현재를 이용해 해결방법 모색을 위한 개입을 더 많이 사용한다.

- 해결지향 에릭슨식 최면치료(Solution-Oriented Ericksonian Hypnosis): 해결중심 치료와 해결지향 치료는 밀튼 에릭슨의 연구에서 영감을 얻었는데, 그의 강점지향 최면기법은 가장 잘 알려진 현대 최면 접근기법 중 하나이다.

해결중심 치료와 해결지향 치료는 워낙 비슷한 점들이 많아서 이 장에서는 두 가지를 합쳐서 해결기반 치료(solution-based therapy)라는 이름하에 함께 다룰 것이다. 그 후에는 에릭슨의 최면치료에 대해 다루기로 한다.

해결기반 치료

배경

해결기반 치료법들은 단기치료 접근법으로 팔로 알토에 있는 MRI의 연구와 밀튼 에릭슨의 단기치료, 최면치료로부터 나온 접근법들이다(de Shazer, 1985, 1988, 1994; O'Hanlon & Weiner-Davis, 1989). 현장에서 가장 주요한 '강점중심', 해결기반 치료들은 시간이 갈수록 내담자들, 보험회사들, 그리고 지역 정신건강 기관들에게 인기가 높아지고 있는데, 이는 이러한 치료들이 효과가 좋고 내담자들을 존중하는 접근을 취하기 때문이다. 이름에서도 알 수 있듯이, 해결기반 치료자들은 문제에 대해 이야기하는 시간은 최소화하고 내담자들이 해결책을 찾아가게 하는 것에 초점을 둔다. 해결기반 치료자들은 해결책을 내담자에게 주기보다는 내담자의 경험과 가치에 따라 내담자 본인이 해결책을 모색할 수 있도록 돕는다. 내담자가 원하는 목표를 선정한 후, 치료자는 내담자가 그 목표를 이루기 위해 서서히 단계적으로 나아가도록 도와준다. 치료자는 문제를 해결하거나 해결책을 제시하는 것이 아니라 내담자와 협력하여 그들의 열망과 계획을 계발하여 실제 삶속에서 실현시키도록 하는 것이다.

해결기반 치료에 관한 오해

해결기반 치료자들은 유난히 회기 중에 어떤 작업을 하는가에 대해 오해를 많이 받는다. 먼저, 그러한 오해들에 대해서 살펴보도록 한다.

오해: 해결기반 치료자들은 해결책을 제시한다(조언을 한다)

실제로는: 해결기반 치료자들은 내담자에게 논리적인 해결책을 제시하지 않는다(O'Hanlon

& Beadle, 1999). 내담자 스스로가 치료자의 도움을 통해 해결책을 모색하는 것이다. 이 과정에서 치료자는 문제의 예외를 찾고, 이미 효과를 보인 부분들과 내담자가 가지고 있는 자원을 내담자 자신에게 명료화시켜줌으로써 내담자가 실현가능한 해결책을 모색할 수 있도록 돕는다. 확실한 행동에 관한 목표가 설정되면 치료자는 내담자가 단계적으로 그 목표방향으로 나아갈 수 있게 돕는다.

오해: 해결기반 치료자들은 문제를 절대 언급하지 않는다

실제로는: 해결기반 치료자들은 독심술사가 아니므로 다른 치료자들과 마찬가지로 어느 정도는 문제에 대해서 이야기를 해야 한다. 단, 다른 치료자들보다는 문제에 시간을 적게 할애하는데, SFBT 치료자들은 특히 더 그렇다(De Jong & Berg, 2002). 해결기반 치료자들은 대부분 내담자에 따라 언제, 그리고 얼마만큼 문제에 대해서 이야기할 것인지 결정한다. 오해를 풀기 위해 조금 더 말하자면, 예외 질문 같은 핵심 기술은 해결책을 찾기 위해 문제에 대해 이야기하지 않으면 안 된다.

오해: 해결기반 치료자들은 과거를 절대 언급하지 않는다

실제로는: 다시 한번 말하지만, 해결기반 치료자들은 독심술을 공부한 사람들이 아니며, 사실 과거에 대해 이야기하기 위한 기법들을 여럿 가지고 있다. 단, 과거에 대해서 이야기할 때는 문제와 더불어 긍정적인 부분들에 대해서도 이야기한다(Bertolino & O'Hanlon, 2002). 과거 이야기는 해결책을 찾는 데 있어서 가장 중요한 부분 중 하나이다. 즉, 무엇이 성공적이었고 무엇이 아니었는지에 관한 이야기가 해당된다. 해결책을 모색하기 위한 도구로서 과거가 이용된다.

오해: 감정에 대해서는 이야기하지 않는다

실제로는: 어느 치료든 감정을 피해갈 순 없다. 하지만 해결기반 치료자들은 감정을 표현하는 것이 인본주의 치료에서처럼 그 자체로 치유라고는 생각하지 않는다(Lipchik, 2002). 대신, 무엇이 잘 되고 있는지, 무엇이 잘 안 되고 있는지, 그리고 내담자가 나아가고자 하는 방향이 무엇인지 확인하기 위한 단서로 감정을 사용한다.

주요 개념

내담자의 강점 평가

내담자가 가지고 있는 강점을 파악하는 것은 해결기반 치료의 핵심 요소 중 하나이다(Bertolino & O'Hanlon, 2002; De Jong & Berg, 2002; O'Hanlon & Weiner-Davis, 1989). 누

군가의 강점은 삶 속에서 여러 종류의 자원(개인적인, 관계적인, 재정적인, 사회적인, 또는 영적인)이 될 수 있으며, 가족의 지지, 긍정적인 관계, 종교적 믿음 등이 포함될 수 있다. 많은 치료자들은 누군가의 강점을 파악한다는 것이 얼마나 어려운 일인지 과소평가하곤 한다. 사실, 내담자의 강점을 파악하는 것은 병리를 파악하는 것보다 어려울 때가 많다. 이것은 내담자들이 해결받길 원하는 문제의 목록만을 가지고 그 문제들에 대해서는 이야기할 준비가 되어 있는 상태로 상담에 임하기 때문이다. 놀랍게도, 많은 내담자들, 특히 우울해하거나 걱정하는 경향이 있는 사람들은 (내담자의 대부분) 자기 삶 속에서 문제가 없는 부분을 잘 찾아내지 못한다. 같은 맥락에서, 오랫동안 싸우고 힘들어하는 많은 커플들은 배우자의 장점, 결혼 중 행복했던 시절, 그리고 심지어 어떤 경우에는 왜 배우자와 만나기 시작했는지 잘 기억조차 못한다. 그러므로 치료자들은 많은 경우 더 세밀한 질문을 하거나 작은 단서에 유의하며 내담자의 강점을 파악해야 한다.

해결기반 치료자들은 두 가지 방법으로 강점을 파악하는데, 다음과 같다. (a) 내담자의 강점, 취미, 그리고 삶 속의 긍정적인 부분에 대해 직접적으로 질문하거나, (b) 문제상황 속에서의 예외나, 발견되지 않은 강점들을 찾기 위해 내담자의 말을 유심히 듣는 것이다(Bertolino & O'Hanlon, 2002; De Jong & Berg, 2002). 더욱이, 어떤 한 상황에서의 강점이 다른 상황에서는 약점이 될 수 있고, 한 분야에서의 강점은 다른 분야에서 강점이 된다(17장의 내담자 강점을 보라). 그러므로 내담자가 강점에 관해서 이야기하는 것을 어려워하고 약점과 문제만을 이야기한다면, 잘 훈련된 해결중심 치료자는 그 안에서 어떤 '약점'들이 강점이 될 가능성이 있는지를 잘 파악할 수 있을 것이다. 예를 들어, 관계적인 부분에서 걱정이 많고, 부정적이고, 비판적인 사람은 대부분 세부적이고 신경을 많이 써야 하는 일을 할 때 뛰어난 능력을 보인다. 이것은 내담자가 해결책을 향해 나아갈 방법을 모색하는 데 있어서 도움이 될 수 있는 정보이다. 해결기반 치료자들은 정신건강이라는 큰 틀 안에서 내담자들의 강점을 이용해 좋은 임상결과를 내는 데 선구자 역할을 해왔다(Bertolino & O'Hanlon, 2002). 시간이 흐름에 따라 점점 많은 지역 정신건강기관들과 보험회사들이 내담자 강점 평가를 초기 접수상담의 필수 과정으로 요구하고 있다. 성공적인 내담자 강점평가의 비밀은 내담자의 현 상황이 얼마나 위급하고 심각해 보이든 간에, 모든 사람들은 중요하고 의미 있는 강점을 가지고 있다는 확고한 믿음이다. 대부분 사람들이 자신의 삶에서 가장 힘든 시기에 치료자를 만난다는 사실을 기억한다면 도움이 될 것이다. 그러므로 당장에 그 사람의 강점을 볼 수 없을지라도 그것은 어딘가에 분명히 존재한다. 해결기반 치료자들은 모든 사람이 강점과 자기만의 자원을 가지고 있다고 생각하고, 그 강점들을 명료화하고 내담자가 목표달성을 위해 이용할 수 있도록 돕는다. 이 장 끝에 나오는 사례에서는 종교와 문화가 다른 사람을 만나고 있는데 집안의 반대로 관계를 계속 유지할지 말지 고민하는 내담자에 관한 이야기가 나온다. 치료자는 강점평가를 할 때 개인의 강점, 그리고 두 사람의 관계적인 강점뿐만 아니라 두 사람이 각자의 가족들과 맺은 강한 유대감이나 내담자의 확대 가족 중 두 사람의 만남을 지지하고 있는 많은 사람들, 그리고 내담자가 속한 종교 단체의 지도자에 대해서도 이야기를 한다. 그 후 치료자는 이런 자원을 두 사람이 어떤 식으로 관계를 이어 나갈 것인지에 대한 어려운 결정을 하는 데 이용할 수 있게 돕는다.

관련학자

보이지 않는 곳에서 영감을 불러일으키다: 밀튼 에릭슨

밀튼 에릭슨은 빌 오한론의 해결지향 치료와 스티브 드 쉐이저의 해결중심 단기치료의 영감이 되었다. 정신과 전문의사인 에릭슨은 짧고 신속하고, 창의적인 개입으로 잘 알려진 전문 치료자였다(Erickson & Keeney, 2006; Haley, 1993; O'Hanlon & Martin, 1992). 에릭슨은 어떤 한 이론을 따르기보다는 날카로운 통찰과 열린 마음을 바탕으로 내담자의 이야기에 귀를 기울였다. 그는 내담자들의 숨겨진 능력과 강점을 발굴하기 위해 자주 가벼운 최면을 이용하곤 했다(Haley, 1993; O'Hanlon & Martin, 1992). 많은 치료기법들이 과거에 집중할 때, 에릭슨은 내담자들에게 현재와 미래에 집중하도록 지도했고, 문제가 없어진 때를 상상하도록 했다. 그의 작업에 관한 많은 연구가 있어 왔지만, 에릭슨 치료기법에 대한 어떤 뚜렷한 개념이나 일치된 평가는 없다. 최면치료의 영향은 기적 질문이나 수정구슬 기법 등의 개입에서 확연히 나타나는데, 이는 시간에 대한 가짜 설정과 변화는 일어날 것이라는 암묵적인 가정에 기반을 둔다.

해결중심 단기치료: 밀워키 단기 가족치료 센터

스티브 드 쉐이저 스티브 드 쉐이저는 생각이 깊은 이 분야의 선구자였다. MRI에서 제이 헤일리, 폴 와츨라윅, 존 위클랜드, 그리고 버지니아 새티어 등의 대가들과 일한 경험을 바탕으로 스티브 드 쉐이저는 아내 인수 김 버그(Insoo Kim Berg)와 함께 해결중심 단기치료를 개발했다. '그는 인습 타파주의자이자 창의적 천재였으며, 미니멀리스트 철학과, 변화는 삶의 피할 수 없는 역동적인 힘이라는 사고방식으로 알려져 있었고, 내담자들에게 구체적으로 해결책을 묘사하도록 질문하는 기법으로 기존의 심리치료 인터뷰 과정을 뒤엎고 치료의 중심을 문제에서 해결로 옮겨 놓았다'(Trepper, Dolan, McCollum, & Nelson, 2006, p. 133). 드 쉐이저는 인수 김 버그와 함께 해결중심 단기치료학회, 밀워키 단기 가족치료 센터를 개설했으며, 그곳에서 죽을 때(스티브 2005년, 인수는 2007년 사망)까지 치료자들을 교육시켰다.

인수 김 버그 따뜻하고 원기 왕성했던 인수 김 버그는 활기 넘치는 개발자이자 SFBT의 선구자였고, 남편이었던 스티브 드 쉐이저와 밀워키 단기 가족치료 센터와 해결중심 단기치료학회를 공동 개설했다(Dolan, 2007). 그녀는 뛰어난 치료자였으며, 알코올 중독(Berg & Miller, 1992), 약물 남용(Berg & Reuss, 1997), 가족기반 서비스(Berg, 1994), 아동보호 서비스(Berg & Kelly, 2000), 아동문제(Berg & Steiner, 2003), 개인적 코칭(Berg & Szabo, 2005)에 대해 해결중심 접근을 시도함으로써 SFBT의 개발에 큰 도움을 주었다.

해결지향 치료

빌 오한론 밀튼 에릭슨의 제자로, 에너지 넘치는 빌 오한론은 해결지향 치료와 가능성 치료 등의 해결중심, 강점중심의 치료 분야에서 널리 알려진 지도자이다(O'Hanlon & W Beadle, 1999; O'Hanlon & Weiner-Davis, 1989). 친근한 작가 겸 연설가로, 오한론은 언어의 중요성을 강조하고 언어 속의 작은 변화를 통해 큰 변화를 촉진시킨다. 그는 내담자가 상황을 보는 시선을 변화시킴과 동시에, 내담자가 처해 있는 큰 그림의 상황 속의 문제들에 대해 다룬다(Bertolino & O'Hanlon, 2002).

상담과정

해결책에 서서히 다가가기

크게 보면 해결기반 치료자들은 내담자들이 자신들이 원하는 해결책을 찾고(문제와 예외들, 원하는 결과에 대한 이야기 나눔으로), 그 방향으로 조금씩 나아가게 하기 위해 내담자들과 협력한다(O'Hanlon & Weiner-Davis, 1998). 경우에 따라 이 접근법은 매우 단기적이며, 어떤 때는 1~10회 정도로 상담횟수가 짧다. 하지만 해결중심 치료자들은 단 한 번의 상담이라도 그 힘을 믿는다. 물론, 성폭력이나 알코올 중독처럼 좀 더 복잡한 경우에는 치료가 수년 동안 지속될 수도 있다(O'Hanlon & Bertolino, 2002).

상담관계 형성

초심으로 바라보기

오한론과 와이너-데이비스(1989)는 초심(the beginner's mind)이라는 개념을 관계형성에 적용시키는데, 이것은 '초보의 마음속에는 여러 가능성이 있지만, 전문가의 마음에는 가능성이 많지 않다'(p. 8)는 불교의 교훈에서 따온 개념이다. 초심을 갖는다는 것은 치료자가 내담자의 이야기를 들을 때 개인적인 혹은 전문적인 지식으로 빈틈을 채우면서 듣는 것이 아니라 마치 처음 듣는 것처럼 내담자의 이야기에 귀 기울이는 것을 말한다. 많은 치료자들은 이것이 얼마나 어려운 일인지 과소평가하곤 한다. 내담자가 '우울한 감정'에 대해서 이야기할 때, 많은 치료자들은 진단에 유용한 정보라고 생각하는데, 이것은 내담자가 진단 편람을 읽고 '우울함'이라는 단어를 전문가가 쓰는 것처럼 쓴다고 잘못 이해하기 때문이다. 반대로, 해결기반 치료자들은 초보의 마음으로 이 내담자가 그런 우울한 감정들을 어떻게 느끼고 이해하는지에 대해 관심을 가진다. 질문을 많이 할수록, 모든 우울증은 놀랍게도 다 제각각이라는 것을 알게 될 것이다. 이렇듯 해결기반 치료자들은 편견을 갖지 않고 내담자의 경험과 이해에 관련하여 질문을 많이 한다.

내담자의 주요 용어 반영하기

해결기반 치료자들은 내담자가 사용하는 용어에 주의를 기울이고 가능할 때마다 그 안의 핵심 단어들을 사용한다(De Jong & Berg, 2002). 예를 들어, 내담자에게 우울이나 망상이라는 전문용어를 가르치기보다 치료자들은 내담자 본인이 사용한 '기분이 가라앉고'나 '정신 나감' 등의 용어를 사용한다. 내담자의 용어를 사용하면 문제해결 가능성이 커지고 내담자에게 더 많은 희망을 심어줄 수 있다. 많은 경우 '따분함을 끝내는 것'이나 '이전의 나로 돌아가는 것'이 '주요우울장애, 단일 사례, 중증'으로 진단된 것을 해결하는 것보다 훨씬 현실 가능한 목표로 다가올 것이다. 이 장 마지막에 있는 사례를 보면, 내담자가 남자친구를 계속 만나면 가족이 그녀를 가족에서 '배제시킬까봐' 걱정된다고 하는데, 치료자는 계속해서 이 언어를 사용하면서 배제되는 것이 내담자에게 행동적으로, 그리고 현실적으로 무슨 의미를 갖는지 파악하려고 노력한다. 또한 치료자는 정서적, 금전적, 관계적, 그리고 또 다른 소외됨에 대해서 이야기하면서 내담자가 자신의 선택에 대해 더 깊이 생각할 수 있도록 돕는다.

칼 로저스 뛰어넘기: 언어의 채널링

오한론과 비들(1999)은 해결기반 치료자들이 감정을 포함한 다양한 반영을 통해 어떻게 내담자와 라포를 형성하는지에 대해 기술한다. 이 접근은 칼 로저스의 내담자중심 치료와 같은 인본주의적 치료와 유사한데, 한 가지 추가된 점이 있다. 그것은 고통스러운 감정, 행동, 생각을 시제나 맥락, 관계 면에서 한정지어 이야기한다는 것이다. 이러한 반영은 대개 아래의 세 가지 형태를 띤다.

1. 만성화된 상태나 특징으로가 아닌 과거형의 용어 사용: 치료자들은 내담자 상태를 과거형으로 반영한다. 예를 들어 "당신은 어제 기분이 좀 가라앉았군요."
2. 전체적이 아닌 부분적 용어 사용: 치료자는 내담자가 한 말들을 부분적인 의미로 바꿔서 다시 말한다. 예를 들어 "당신의 배우자는 때때로(항상이 아니라) 당신을 짜증나게 하네요."
3. 절대적인 사실이 아닌 인식 중심의 용어 사용: 치료자들은 내담자들이 변화될 수 없는 '진실' 또는 '현실'이라고 믿는 것들을 인식으로 의미를 바꿔서 다시 말한다. 예를 들어 내담자가

"난 누구도 만날 수 없을 거야"라고 했을 때 치료자는 "지금 당신은 별로 관심 가는 사람이 없는 것 같군요"라고 반영한다.

예를 들어, 내담자가 자기의 남자친구가 '이유도 없이' 자기한테 화를 낸 이야기를 하고 있다고 가정해보자. 이때 내담자 중심의 반영은 "당신은 이해받지 못하고 있다고 느끼는군요" 정도가 될 수 있을 것이다(내담자의 표현되지 못한 감정에 대한 현재형 반영). 그에 반해 문제상황의 범위를 지정하는 해결중심 반영은 "당신은 지난 주 토요일에 남자친구로부터 이해받지 못한다고 느꼈군요"가 될 것이다. 이처럼 해결기반 반영은 문제의 제한된 시간적, 관계적 성향을 확실히 드러냄으로써 (a) 문제를 더 해결 가능하게 만들어주고, (b) 내담자에게 희망을 심어준다. 오한론과 비들(1999)은 이 기법을 언어의 채널링이라고 표현한다. 이 기법은 치료자와 내담자 모두가 원하는 상태에 도달할 수 있게 돕는다. 이 장 끝의 사례에 나오는 치료자 역시 언어를 채널링함으로써 커플이 서로에 대한, 그리고 서로의 가족에 대한 절대적인 발언을 피할 수 있도록 돕는다. 이를 통해 서로간의 갈등을 줄이고 상대방과 가족을 보는 관점을 변화시키고 가능성을 찾을 수 있도록 돕는다.

긍정과 희망

> '희망은 마치 어느 시골의 길과도 같다. 길이 존재하지 않았었지만, 많은 사람들이 그 위를 걸으며 길은 생겨난다.'
>
> – Lin Yutang

긍정과 희망은 해결기반 치료의 과정 속에 놀랍게도 뚜렷하게 존재한다(Miller, Duncan & Hubble, 1996, 1997). 어떤 내담자를 상대하든 해결기반 치료자들은 변화가 불가피하고 어떤 형태로든 발전은 항상 가능하다고 믿는다(O'Hanlon & Weiner-Davis, 1989). 그들의 긍정과 희망은 순진함에서 오는 것이 아니라 그들의 존재론적이고 인식론적인 가치관에서 나오는 것이다. 즉, 나는 누구이며 어떻게 배워 가느냐에 대한 가치관이다. 기분, 관계, 감정, 그리고 행동의 변화는 항상 일어나고 있으므로 상황이 변하는 것은 불가피하다(Walter & Peller, 1992). 또한, 내담자는 상황을 발전시키고자 상담을 받는 것이기에 그 변화가 긍정적일 거라는 믿음 또한 치료자들은 가지고 있다. 이는 90%가 넘는 내담자들이 심리치료 후 긍정적 변화를 경험한다는 사실도 그 믿음에 무게를 싣는다(Miller 등, 1997). 상담 초기에 희망을 주는 것은 동기부여와 변화 계기를 갖는 것에 도움이 된다(Bertolino & O'Hanlon, 2002).

해결과 가능성에 대한 믿음

해결중심 치료 관계에서 미묘하지만 핵심적인 요소는, 모든 내담자들이 역경을 이겨내는 회복력과 해결책에 다다를 수 있는 능력이 있다는 관점이다(Trepper, McCollum, De Jong, Korman, Gingerich, & Franklin, 2012). 한편으로는 철학적이지만, 이 믿음은 치료자들이 실제로 사용하는 용어, 설명, 그리고 동사형태 등에 나타난다. 예를 들어 '두 분이 관계가 좋아지고 난 후', '당신이 트라우마에서 회복하면서' 등이다. 이렇게 내담자가 변화하기에 충분한 능력을 가지고 있다고 믿는 것은 내담자가 본인 스스로에게도 믿음을 갖게 하는데, 이것은 해결중심 개입이 성공하는 주요한 요인이다.

사례개념화 및 평가

강점과 자원

강점과 자원에 대한 평가는 위의 주요 개념과 17장에 자세히 설명되어 있다.

예외와 '성공적인 사례'

해결기반 치료자들은 내담자가 이야기할 때 예외, 그리고 어떤 상황이 성공적인 상황인지에 대해 주의 깊게 듣는다(de Shazer, 1985, 1988; O'Hanlon & Weiner-Davis, 1989). 치료자가 귀를 기울여 듣기만 하면, 많은 경우 내담자는 본인 스스로 예외와 성공적인 상황에 대해서 이야기를 시작한다. 예를 들면 "수학시간에는 ADHD가 별로 문제가 안 되는데요" 또는 "형이 숙제를 도와주면 별로 문제가 없어 보여요" 등이다. 이런 예외들은 어떤 것들이 성공적인 상황을 만들어낼 수 있는지에 대한 단서를 주곤 한다. 그러므로 이것은 내담자가 무엇을 더 자주 해야 하는지에 대한 정보를 주는 것이다.

해결기반 치료자들은 두 가지 방법으로 예외와 성공적인 상황에 대해서 파악한다. 한 가지 방법은 (a) 간접적으로 내담자의 설명을 들으면서, 다른 한 가지 방법은 (b) 직접적으로 질문을 함으로써 파악한다. 그들은 의학적 모델을 바탕으로 한 치료자들이 병리적 성향에 대해 주의 깊게 듣는 것만큼, 예외상황에 귀를 기울여 듣는다. 그리고 이런 예외들을 이용해 내담자가 삶속에서 해결책을 모색할 수 있도록 돕는다. 또한 무엇이 성공적인지 파악하기 위해 예외 질문을 하기도 한다.

> ### 예외 질문의 예
>
> - 문제가 덜 일어나거나 덜 심각할 때는 언제인가요?
> - 문제가 일어날 거라고 생각했는데 일어나지 않았던 때가 있나요?
> - 문제완화에 도움을 주는 사람들이 있나요?
> - 문제가 덜 심각해지는 장소나 시간이 있나요?

대다수의 내담자들은 이런 질문을 통해 예외상황을 자각할 수 있다. 이 질문들 이면의 전제는 문제의 심각성이 변한다는 것이다. 다시 말해, 문제가 덜 심각할 때가 예외상황으로 간주되고, 이런 상황들이 무엇이 성공적인지에 대한 단서가 되는 것이다(de Shazer, 1985; O'Hanlon & Weiner-Davis, 1989). 특히 우울증과 같은 지속적인 상태의 경우, 치료자들은 문제의 부재가 아니라 문제의 심각성이 어떻게 변화하는지에 더 집중해야 한다. 커플의 경우, 치료자는 두 사람이 싸우지 않거나, '서로 잘 어울리거나', 일을 해결하는 상황에 주의를 기울인다.

내담자 동기에 따른 유형: 방문형, 불평형, 고객형

드 쉐이저(1988)는 내담자의 동기에 따라 내담자를 세 가지 부류로 나누었다.

- 방문형 내담자 본인은 불평이 없지만, 대부분 다른 사람들이 그 사람에 대한 불평이 있는 경우이다. 법원, 부모, 파트너와 같은 타인의 의뢰로 상담에 임하게 되는 경우가 대부분이다.
- 불평형 내담자는 문제가 있다는 것을 인식하지만 다른 사람이 변화되어야 한다고 생각하거나, 치료자가 그저 치료해주길 원하는 유형이다. 그들은 전문가가 문제를 해결해 줄 거라고 생각하고 상담을 받는다.
- 고객형 문제를 인식하고 문제해결을 위해 능동적으로 행동하는 내담자이다.

내담자의 동기 유형

	방문형	불평형	고객형
동기 정도	낮음	중간이거나 높음	높음
문제의 시작이나 해결	내담자 외 사람들(부모나 파트너, 법원)이 내담자에게 문제가 있다고 생각함.	문제는 대부분 내담자 외의 타인에게 있고, 치료자가 문제해결을 해주길 원함.	본인이 문제와 관련이 있다고 생각하고 해결하기 위해 능동적으로 행동함.

	방문형	불평형	고객형
누가 변해야 하는지에 대한 인식	타인들이 내담자에게 문제가 있다는 생각을 버려야 한다고 여김.	내담자 이외의 사람들이 변해야 함.	스스로가 문제를 해결하기 위해 행동함.
치료동맹 형성	치료자는 내담자가 문제의식을 느끼고 해결하기 원하는 부분들을 파악함.	치료자는 내담자의 관점을 존중하면서 내담자의 문제해결에 도움을 줄 수 있는 부분들을 지적함.	치료자는 내담자의 자발성을 칭찬하면서 문제해결을 위해 협력함.
개입의 중점	동맹형성, 내담자의 관점 이해, 타인의 상담 의뢰 자체가 문제상황이 될 수 있다는 점을 강조함.	관찰 중심의 내담자 역할(일주일 동안의 예외상황 인식하기 등; Selekman, 1997).	상황 재구성, 성공적이지 않은 행동과 상황 파악, 내담자의 능동적 역할.
변화 준비 정도	내담자가 문제의식을 느끼고 변화를 원할 때까지는 변화할 준비가 되어있지 않음.	내담자 본인의 노력이 의미가 있다고 느끼기 전까지는 변화할 준비가 되어있지 않음.	행동을 취하고 변화할 준비가 되어있음.

　　내담자의 동기를 파악하는 것은 내담자와 어떻게 동맹을 형성하고 나아갈 것인지에 대한 정보를 제공한다. 많은 새내기 치료자들은 모든 내담자가 고객형일 것이라고 생각한다. 상담을 하러 왔다는 이유만으로 상황변화를 위한 행동을 할 준비가 되어있다고 생각하는 것이다. 하지만 사실상 많은 경우 내담자는 여러 가지 혼재된 감정과 동기수준을 가지고 상담을 시작한다. 대부분 상담을 강요받은 내담자들은 방문형이고, 치료자는 그들이 원하는 상황과 의뢰인이 원하는 상황을 함께 고려하며 상담을 진행해야 한다. 아이들이나 청소년, 그리고 커플 중 한 명을 상대할 때도 이런 상황이 자주 형성된다. 불평형 내담자의 경우, 치료자는 내담자 본인이 문제해결에 도움을 줄 수 있는 방법을 제시하거나, 관점변화를 통해 내담자가 스스로 변화행동을 취할 수 있도록 동기를 유발한다.

변화 목표 수립
용어 선택: 긍정적이고 자세하게

해결기반 치료자들은 목표를 긍정적이고, 관찰 가능한 해결기반 용어로 기술한다(De Jong & Berg, 2002; Bertolino & O'Hanlon, 2002). 긍정적인 목표 기술은 의료모델이나 인지-행동 모델에서의 전형적 목표인 증상완화보다는 내담자의 행동 변화에 중점을 둔다. 관찰 가능한 기술은 매우 명료하며, 원하는 변화의 특정 행동 지표를 포함한다.

관찰 가능하고 관찰 가능하지 않은 목표 용어의 예

긍정적, 관찰 가능한 목표	부정적(증상완화), 관찰 가능하지 않은 목표
즐거운 활동시간 증가, 사회적 상호작용 증가, 미래에 대한 희망 증진	우울증 감소
커플 간 정서적으로 친밀한 대화 빈도수 증가	커플 갈등 감소
협력과 친사회적 대인관계 활동 증가	반항적 성향 감소

당신은 표의 왼쪽 부분을 읽을 때 오른쪽을 읽는 것보다 훨씬 더 많은 희망을 느끼고 임상적 변화를 위한 더 확실한 방향이 제시되는 것을 느꼈을 것이다. 긍정적이고 자세한 목표수립은 치료자와 내담자에게 목표를 계속해서 상기시키고, 해결중심 관점을 강화한다. 척도 질문을 포함한 많은 해결기반 치료기법들은 내담자가 매주 자신의 진행상황을 측정할 수 있게 돕는다. 그러므로 목표수립에 있어서의 신중한 용어 선택은 해결기반 치료에 특별한 중요성을 갖는다.

해결기반 목표는 다음의 특성을 가져야 한다(Bertolino & O'Hanlon, 2002; De Jong & Berg, 2002).

- 내담자에게 의미 있는: 목표는 내담자 본인에게 중요한 의미가 있는 것이어야 한다.
- 관계적: 일반적인 감정을 반영하기보다는(예: '기분이 나아진') 다른 사람들과의 관계가 어떻게 변화시킬 것인가에 대한 설명이 포함되어야 한다.
- 상황적: 목표는 일반적이고 전체적인 용어보다는 상황적인 용어를 사용해야 한다(예: '직장에서 개선된 기분')
- 단계적: 목표는 단기적이고 확인 가능한 낮은 단계부터 점진적으로 나아간다.
- 내담자에게 명확한 역할: 목표는 다른 사람보다는 내담자를 위한 확실한 역할을 지정해주어야 한다.
- 현실적: 목표는 현재 내담자의 상황에 맞게 현실적이어야 한다.
- 합법적, 그리고 윤리적: 목표는 합법적이어야 하고, 내담자와 치료자에게 적합하며, 전문가 윤리에서 벗어나서는 안 된다.

기적 질문과 해결 유발 질문들

해결기반 치료자들은 상담 초기에 몇 가지 연관된 질문을 통해 해결책을 모색하고 목표를 수립한다. 여기에는 기적 질문(de Shazer, 1988), 수정구슬 질문(de Shazer, 1985), 마술봉 질문(Selekman, 1997), 그리고 타임머신 질문 등이 있다(Bertolino & O'Hanlon, 2002). 이런 질문들이 성공적으로 적용되면 내담자는 문제가 없는 미래를 상상하게 되고 희망과 동기를 갖게 되지만, 잘못 적용될 때면 꽤나 어색해질 수도 있다.

해결 유발 질문의 예

- **기적 질문:** "당신이 오늘 집에 가서 자고 있는데 밤중에 기적이 일어났다고 상상해보세요. 당신이 해결하기 위해 여기 온 모든 문제들이 다 사라진 거죠. 그런데 당신은 일어나서 기적이 일어났다는 사실을 몰라요. 당신에게 가장 눈에 띈 변화는 무엇인가요? 당신에게 기적이 일어났다고 생각되는 변화는 어떤 것인가요?"
- **수정구슬 질문:** "저에게 미래를 볼 수 있는 수정구슬이 있다고 상상해봅시다. 이 수정구슬을 통해 우리는 당신이 이곳에 해결하려고 온 모든 문제들이 이미 해결된 미래를 볼 수 있어요. 제가 이 수정구슬을 들어서 당신에게 보여줄 텐데, 무엇이 보이는지 말해주시겠어요?"
- **마술봉 질문:** "저에게 마술봉이 있다고 상상해봅시다. 또는, 이 마술봉이 실제로 마법을 부린다고 칩시다. 당신이 이곳을 떠난 후 저는 이 마술봉으로 주문을 외워서 당신이 이곳에 해결하려고 온 모든 문제들을 밤중에 해결해버릴 거예요. 물론 당신은 제가 그랬다는 사실을 모르죠. 자고 일어났을 때 어떤 변화된 부분들이 가장 먼저 눈에 띄나요? 당신은 어떻게 다르게 행동하고 있나요? 다른 사람들은 어떻게 다르게 행동하고 있지요?"
- **타임머신 질문:** "저에게 타임머신이 있다고 가정해봅시다. 이 타임머신은 당신이 이곳에 해결하려고 온 모든 문제들이 이미 해결된 미래로 당신을 보내줄 수 있어요. 당신이 이 타임머신을 타고 그 미래로 간다면 그때는 언제인가요? 누가 함께 있나요? 무슨 일이 벌어지고 있나요? 당신의 삶은 지금과 어떻게 다른가요? 당신의 문제들은 어떻게 해결되었나요?"

이 질문을 성공적으로 제시하는 것은 생각보다 어렵다. 상상이 되겠지만, 잘못 던졌다가는 정말 분위기를 이상하게 만들 수 있는 것도 이런 질문들이다. 그런 무안함을 피하기 위해서 드 쉐이저 등(2007, pp. 42-43)은 기적 질문을 성공적으로 제시하기 위한 7가지 단계를 제시한다.

1. 내담자의 동의를 얻는다(고개를 한 번 끄덕일 때까지 기다린다): 가장 중요한 단계는 내담자가 전형적이지 않은 질문에 대한 마음의 준비를 할 수 있도록 대화의 방향을 살짝 바꾸는 것이다. "조금 이상한 질문 하나 해도 될까요?"나 "제가 조금 특이한 질문을 하면 대답해주실 수 있으세요?"라고 물으면서 상담자는 내담자가 좀 더 창의적이고 상상력을 불러일으키는 대화에 임할 수 있도록 마음의 준비를 시키는 것이다. 여기서 상담자는 내담자가 고개를 끄덕이거나 "네"라고 말할 때까지 기다린다.

2. 내담자에 맞게 질문을 각색한다(두 번째 고개를 끄덕일 때까지 기다린다): 내담자가 동의하면 질문을 시작한다. 단, 여기서 내담자의 일상과 관련 있는 구체적인 내용을 접목하면서 질문을 던진다. 이렇게 함으로써 내담자가 상황 속에 더욱 몰입하고 기적을 더 생생하게 상상할 수 있도록 돕는다. 예를 들어, "저희가 여기서 상담 회기를 마치고 당신이 차에 타고 집에 간다고 상상해보죠. 당신은 항상 하듯 가족을 위해 저녁상을 차리고, 늘 그렇듯이 설거지를 하고, 이전과 똑같이 아이들의 숙제검사를 합니다." 이런 식으로 내담자가 고개를 끄덕이기 시작할 때까지 계속한다.

3. 기적을 준비한다(세 번째 고개 끄덕임을 기다린다): 내담자가 고개를 끄덕이면 이야기를 계속한다. "그 후 당신은 아이들을 재우고, 이것저것 잡일을 처리하거나 TV를 좀 보고, 드디어 침대에 누워 잠이 듭니다." 지금까지는 내담자에게 매우 일상적인 하루를 상상하도록 유도한 것인데, 이것은 매우 중요하다. 내담자는 머릿속에서 상담실을 떠나 기적이 일어날 장소인 집에 있는 것을 생생하게 상상하고 있어야 한다. 여기서 내담자가 고개를 또 끄덕이거나 대답하기를 기다린다.

4. 기적을 소개한다(그리고 잠깐 말을 멈춘다): "그리고, 당신이 잠든 밤중에 … 기적이 일어납니다." 여기서 잠깐 말을 멈춰라. 멈추고(옅은 미소, 치켜 올린 눈썹, 웃음, 또는 궁금한 표정 등과 같은) 내담자의 반응을 기다려라. 인수 버그는 자신은 내담자를 골똘히 쳐다보며 미소 짓는다고 하는데, 드 쉐이저는 너무 길게 멈추면 내담자가 "저는 기적을 믿지 않아요"라고 대답할 가능성이 있으니 잠깐만 휴식하고 계속해서 말을 이어가라고 한다.

5. 자세하고 명료하게 기적을 정의한다: "그리고 이 기적은 그냥 기적이 아닙니다. 이 기적은 오늘 저를 만나는 이유인 모든 문제들을 사라지게 만드는 그런 기적이었어요… 마법처럼 말이에요."(여기서 손가락 스냅을 이용하면 신비스러운 느낌을 증진시킬 수 있지만, 선택사항이다). 기적 질문을 할 때 상담자가 가장 많이 범하는 실수는 바로 '상담실에 가져오는 모든 문제들'을 빼고 이야기하는 것이다. 이 제한사항이 없다면 내담자는 문제와는 상관없는, 그저 자신이 상상하는 좋은 일들을 많이 나열하게 될 것인데, 이렇게 되면 치료자는 추후에 진짜 중요한 정보를 알아내기 위한 질문을 더 많이 해야 될 것이다.

6. 신비감을 더한다(여기선 내담자가 고개를 끄덕일 수도 있고, 안 끄덕일 수도 있다): "하지만 이 기적은 당신이 잠든 사이에 일어났기에, 당신은 일어났는지도 모를 거예요." 여기까지 순조롭게 왔다면 많은 내담자들이 이쯤에서 허공을 보며 정말 이 상황에서 대해 상상하기 시작할 것이다.

7. 무엇이 다른지 묻는다: "그래서 밤중에 기적이 일어났고, 아침에 당신은 일어났어요. 당신이 이곳으로 가져온 모든 문제들이 그렇게 마법처럼 사라졌어요. 가장 먼저 당신이 달라졌다고 느끼는 것은 무엇인가요? 이 문제들이 없어졌다는 걸 알 수 있게 해주는 작은 단

서들은 무엇이 있나요?" 이 시점에서 많은 내담자들은 대답하기 위해 골똘히 생각하며, 조용해지고 호흡이 느려진다. 치료자는 조용히, 그리고 차분히 대답을 기다려야 한다.

내담자가 무엇이 다른지 설명한 후, 치료자는 대답을 집중시키기 위해 내담자와 주변 사람들의 행동 패턴 변화에 대해 물어본다. 해결중심 치료답게, 치료자는 내담자가 무엇을 하지 않고 있는지보다 무엇을 하고 있는지에 더 관심을 갖는다. 예를 들어, 내담자가 "저는 더 이상 우울하지 않을 거예요"라고 한다면, 상담자는 "그럼 당신은 그 대신 무얼 하고 있나요?"라고 물어볼 수 있다. 내담자가 한 가지 활동을 말하면, 상담자는 추가적인 질문을 던진다. "또 무엇이 다를까요?" 이런 식으로 상담자는 목표를 수립하고 변화의 방향을 설정할 수 있는 확실한 기적행동이 몇 가지 파악될 때까지 계속해서 질문을 던진다.

낮은 단계부터: 척도 질문

척도 질문과 기적 척도 누군가 나에게 한 가지 기법만 사용해서 내담자와 처음부터 끝까지 상담을 진행하라고 하면 나는 아마 척도 질문(scaling question)을 고르지 않을까 싶다. 그 이유는 척도 질문이 굉장히 포괄적이고 변용력 또한 뛰어나기 때문이다. 상담자들은 척도 질문을 통해 (a) 강점과 해결책을 사정하고, (b) 목표를 수립하고, (c) 내담자를 위한 과제를 설정하고, (d) 진행 정도를 측정하고, 그리고 (e) 안전한 계획을 세워 위기상황에 대처할 수 있다. 가장 첫 만남에서부터 매주, 그래서 마지막 주까지 사용 가능한 것이 척도 질문이다.

이름에서도 알 수 있듯이, 척도 질문은 내담자에게 목표를 세우고 척도를 이용해 진행 정도를 측청하게 하는 기법이다. 이 척도는 대부분 1~10점 체계이지만, %를 사용할 수도 있고, 아이들의 경우에는 더 간단한 시스템을 사용할 수도 있다(Bertolino, 2010; de Shazer, 1994; O'Hanlon & Weiner-Davis, 1989; Selekman, 1997). 드 쉐이저 등(de Shazer, Dolan, Korman, Trepper, McCollum, & Berg, 2007)은 0이 '상황이 최악이었을 때'가 아닌 '상담을 받기로 결정했을 때'로 지정하기를 권장한다. 0을 최악의 상황으로 잡아두면, 이때는 몇 십 년 전이 될 수도 있을 뿐만 아니라, '최악'은 주관적인 것이므로 모두에게 다른 의미로 다가올 수 있다. 그렇지만 0을 상담받기로 결정한 시점이라고 정하면 상담의 시작과 끝 사이에 진행 정도를 측정할 수 있는 더 명료한 기준이 세워진다. 그들은 이렇게 정해진 척도를 기적 척도(miracle scale)라고 부르며, 기적 질문과 연관지어 사용한다(다음의 사례개념화에서 나오듯이 말이다). 다른 이들은 0 또는 1을 최악의 상황으로 놓기도 한다(Bertolino, 2010).

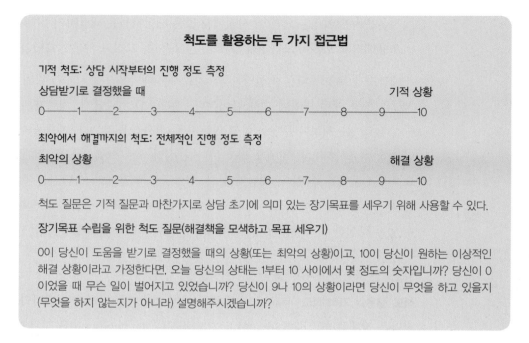

내담자가 대답을 할 때, 치료자는 10의 상태에서 내담자의 행동과 생활패턴에 대한 자세하고 명료한 설명을 듣기 위해 주의를 기울인다. 10의 상황에 대한 확실한 그림이 그려졌을 때 상담자는 현재의 상태에 대해 물어보고 현재의 행동패턴에 대한 질문을 할 수 있다. 내담자가 도움을 받기로 결정했을 때의 상황에 대한 자세한 설명도 도움이 될 수 있다. 이렇듯 큰 그림이 그려진 후, 같은 척도를 이용해 치료자는 무엇이 성공적인지에 대한 판단도 할 수 있다.

성공적인 부분을 파악하기 위한 척도 질문

0이 당신이 도움을 받기로 결정했을 때의 상황이고 1이 당신이 오늘 여기를 찾아온 이유인 문제들이 다 해결됐을 때의 상황이라면, 오늘 당신은 어디에 있습니까(0 이상이라면)? 어떻게 당신은 오늘이 0이 아닌 3이라는 것을 알 수 있나요? 어떻게 해서 당신은 0에서부터 여기까지 왔나요?

이 다음에 나오는 질문들은 더 세밀한 개입을 설정하기 전 알아야 할 예외상황이나 사용 가능성이 있는 해결책에 대한 정보를 얻기 위한 질문들이다. 혹 내담자가 이 질문들에 대한 답을 하면서 어려워한다면, 유의미한 타자들에게 물어보는 것도 의미가 있을 수 있다. 이번 주 내담자의 상황, 도움을 받기로 결정했을 때의 상황, 그리고 최종 목표상황까지 파악이 됐다면 척도를 이용해 다음 단계를 설정할 때이다.

> ### 매주 개입과 숙제를 설정하기 위한 척도 질문
>
> 0부터 10의 척도에서(10이 목표상황인 경우), 지금 당신의 상태는 몇 점입니까? (내담자가 3이라고 대답한 상황에서) 당신이 지금 3이라면 다음 주 당신이 이곳을 와서 상황이 4라고 대답하기 위해선 어떤 것들이 변해야 할까요? 또는 상황이 한 단계 나아지기 위해서는 무엇이 변해야 할까요? (내담자가 더 작은 목표를 필요로 하거나 비관적인 성향이 있다면 단계를 반으로 나누어 설정해도 좋다.)

이것은 대답하기 쉬운 질문은 아니다. 많은 경우 내담자는 4의 상황이 아닌 8이나 9의 상황을 설명한다. 그럴 때 상담자는 내담자가 더 현실적인 목표를 설정할 수 있도록 도와야 한다. 또, 내담자가 전혀 모르겠다고 대답하는 경우도 있다. 이런 상황에서 상담자는 인내, 침묵, 그리고 격려를 적절히 이용해 내담자가 현실가능성이 있는 작은 목표들을 설정하게 도와야 한다. 이것은 굉장히 핵심적인 부분인데, 이 질문에 의미 있는 대답을 할 수 있는 사람은 치료자가 아닌 내담자 본인밖에 없다. 기억하라, 치료자는 해답을 주는 사람이 아니라는 것을.

다음 단계에 대한 명확한 설명이 나왔다면, 그 단계에 도달하기 위해 내담자가 한 주 동안 할 수 있는 작은 일들은 무엇이 있는지 정할 수 있다. 이 작은 행동들이 무엇인지 자세하고 명료하게 결정을 하는 데는 대개 한 회기가 통째로 소모되는데, 이것은 그 행동들이 (a) 현실적임과 동시에 목표상황에 도달하는 데 도움을 줘야 하고, (b) 내담자에게 동기부여가 되는 행동들이어야 하기 때문이다. 개입이 성공하기 위해서는 내담자와 치료자가 내담자의 동기 정도, 기본 일정들, 예외적인 일정들, 그리고 다른 사람들의 반응 등을 모두 고려해서 세부 단계들을 결정해야 한다. 치료자는 또한 내담자가 이 단계들을 수행하는 데 방해가 될 수 있는 요소들을 미리 고려해서 그에 대한 질문을 던지고, 그런 방해요소와 맞닥드렸을 때 내담자에게 도움이 될 만한 정보나 자원에 대해 이야기한다. 이렇게 내담자와 치료자는 협력을 통해 내담자가 매주 수행할 과제를 결정한다.

예를 들어, 내담자가 "저는 4의 상황에서는 덜 불안해할 것 같아요"라고 대답한다면, 상담자는 "당신은 어떻게 본인이 덜 불안하다는 것을 알아차릴 수 있을까요?", "어떤 행동변화가 있을까요?", "어떻게 하면 당신이 매일매일 달라질까요?", "다른 사람들이 느끼기에 당신의 어떤 부분들이 달라져 있을까요? 등의 질문을 던져야 한다. 이런 질문들은 내담자가 한두 가지 실천 가능한 작은 행동변화를 설정하도록 돕는다. 예를 들어 '친구를 한 명 집으로 초대 한다', '혼자서 쇼핑을 간다', '재미있는 영화를 관람한다' 등을 들 수 있다. 이 행동들은 내담자가 느끼기에 어렵지 않게 실천 가능하다고 느껴야 하는데, 이것은 상담 초기에는 특히 더 중요하다.

> ### 진행 정도 측정을 위한 척도 질문
>
> 지난주에 당신은 상태를 3이라고 했죠. 이번 주는 몇인가요? (상황이 나아졌다면) 왜 그런가요? 그렇게 좋아지기 위해서 당신은 무엇을 했나요? (상황이 같거나 나빠졌다면) 상황이 변하지 않은 (또는 나빠진) 데는 어떤 이유들이 있을까요?

그 다음 주 상담자는 지난주 과제가 내담자로 하여금 목표에 가까워질 수 있도록 도움이 됐는지 확인한다. 도움이 됐다면, 특히 어떤 행동들이 도움이 됐고, 어떻게 하면 그 행동을 더 많이 할 수 있을지 생각해본다. 진전이 없었거나 상황이 악화되었다면 (숙제를 했든 안 했든) 상담자는 낙담하지 않고 과제가 (a) 목표달성에 있어서 의미가 있었는지, 구체적으로 계획되었는지 확인하고, (b) 내담자에게 실현 가능하고 동기부여가 적절히 되었는지 재검토한다. 이 척도로 상담 시작부터 끝까지의 진행 정도를 측정할 수 있다. 이 장의 끝에 나오는 사례에서 척도 질문은 상당히 많이 쓰이는데, 내담자의 부모님이 동의하지 않는 만남에서 커플이 문제를 한 단계 한 단계 해결해나갈 수 있도록 큰 역할을 한다. 결혼을 할지 말지에 대한 결정을 내리지 못했다고 낙담하는 것이 아니라, 이 척도 질문을 통해 커플은 작은 목표를 하나씩 설정해 나가면서 의미 있는 발전을 보여준다.

한 가지만 다르게: 내담자가 만드는 변화

처음에는 작은 한 가지를 다르게 하는 것이 중요하다. 누군가를 매일 직접 찾아가는 것보다는 친구 한 명에게 전화를 거는 것처럼 말이다(de Shazer, 1985, 1988; O'Hanlon, 2000; O'Hanlon & Weiner-Davis, 1989). '일주일에 한 번 일어나서 운동을 하는 것'이 '매일 일어나서 운동을 하는 것'보다 동기부여, 그리고 변화를 실현할 가능성이 크다. 많은 경우, 이런 작은 한 가지 변화를 토대로 내담자는 자신감이 붙어서 스스로 동기부여를 하면서 연속된 변화를 일으킨다. 이것은 치료자가 처방하는 변화(또는 치료자와 내담자가 같이 계획한 변화)와는 차원이 다르다. 상담 중에 나오는 아이디어는 최고, 또는 유일한 해결책으로의 의미가 아니라 내담자가 스스로에게 무엇이 잘 맞는지 찾아나갈 수 있는 시작점이라는 의미를 가진다.

개입 전략 수립

해결중심 개입을 위한 지침

드 쉐이저 등(2007, p. 2)은 치료자를 위한 해결중심 개입에 대한 기본적인 지침을 몇 가지 정해놓았다.

- 고장 난 것이 아니라면, 바꾸지 마라: 심리치료 이론으로 개입 영역을 정하지 마라.

- 성공적인 것이 있다면, 더 하라: 현재 성공적인 것에 집중하고 그것을 토대로 발전시켜라.

- 안 되고 있다면, 다른 것을 시도하라: 좋은 아이디어라도 도움이 안 되고 있다면 다른 해결 책을 모색하라.

- 작은 변화가 모여서 큰 변화가 된다: 실천 가능한 작은 변화를 가지고 시작하라. 이것들은 대부분 이루어지고 더 큰 변화로 이어진다.

- 해결책은 항상 문제와 관련이 있는 것만은 아니다: 왜 문제가 있는지에 집착하지 말고, 발전 을 향해 나아가라.

- 해결책을 설명할 때의 용어와 문제를 설명할 때의 용어는 다르다: 문제에 대한 대화는 부정적 이고 과거 중심적이다. 해결책에 대한 대화는 희망적이고, 긍정적이며, 미래지향적이다.

- 항상 일어나는 문제는 없다. 언제나 예외가 있다: 정말 작은 예외라도 해결책을 찾는 데 도 움이 될 수 있다.

- 미래는 만들어지는 것이다: 내담자들은 자신의 미래를 개척해나갈 수 있다.

첫 회기 과제 공식

이름에서도 알 수 있듯이, 첫 회기 과제 공식(de Shazer, 1985)은 문제와 관계없이 거의 모 든 내담자와의 첫 회기에서 이용되는데, 특히 상담과정에 대한 내담자의 희망과 신뢰를 높 이기 위해 사용한다.

첫 회기 과제 공식의 예

첫 회기 과제 공식: "우리가 다음 주에 다시 만날 때까지, 저(우리)는 당신이 당신의 가족(또는 삶, 결혼 생활, 관계) 속에서 일어나고 있는 일 중에 계속 일어나기를 원하는 것을 한 가지 발견해서 와주셨으 면 좋겠습니다. 그리고 다음 저희가 만날 때 저(우리)에게 그것이 무엇인지 설명해주셨으면 합니다"(de Shazer, 1985, p. 137).

상담에 대해 달리 소개하기: "저희가 상담을 진행하면서 많은 것들이 변할 것입니다. 하지만 당신의 삶 이나 관계 속에는 분명 당신이 변하지 않았으면 하는 부분도 있을 거라고 생각합니다. 이 다음 한 주 동안 저는 당신(들)이 삶과 관계 속에서 변하지 않았으면 좋겠다는 것들의 목록을 작성해오셨으면 좋 겠습니다. 큰 것뿐 아니라 작은 것들도 잊지 마세요."

이렇게 과제를 주는 것은 내담자로 하여금 삶속에서 무엇이 성공적인지, 지금 어떤 강 점과 자원들이 있는지 발견하게 돕고, 나아가 내담자 스스로가 변화할 수 있을 거라는 희 망에 힘을 실어준다.

매주 과제에 대한 척도 질문

척도 질문은 앞에서 이야기했듯이 목표설정에 도움이 되고, 또한 매주 과제나 숙제를 설정하는 역할도 한다(O'Hanlon & Weiner-Davis, 1989). 내담자가 무엇이 더 높은 숫자의 상태를 의미하는지 결정을 내린 후, 치료자는 내담자와 협력을 통해 그 상태에 도달하기 위한 활동이나 행동을 구체적으로 설정한다. 이 개입을 통해 매주 내담자가 목표를 향해 한 단계씩 나아갈 수 있도록 하는 숙제 같은 것을 마련할 수 있다. 내담자가 주어진 숙제를 이행하지 않는 경우, 치료자는 (a) 나는 지금 불평형 내담자가 고객형 내담자처럼 자발성을 가지고 행동하기를 바라는 것인가? (b) 주어진 과제의 범위가 너무 넓은가? (c) 적절한 사람들과 관계되어 있나? (d) 무엇이 실제로 내담자를 변화하고 싶게 동기부여를 하는가?와 같은 질문을 통해 재검토를 해야 한다.

전제 질문과 미래 해결 상황 가정하기

미래의 해결 상황을 전제로 한 질문과 대화는 내담자로 하여금 문제가 사라진 미래를 상상할 수 있게 돕는데, 이것은 내담자의 희망과 동기부여와 직접 연결된다(O'Hanlon & W Beadle, 1999; O'Hanlon & Weiner-Davis, 1989). 해결중심 치료자들은 변화를 전제로 하므로 내담자의 상황이 변하지 않을 수 없다고 믿는다. 변화는 피해갈 수 없는 것이고 대부분의 내담자들이 상담을 통해 좋아진다는 것을 아는 치료자들은 다음과 같은 질문을 할 때 자신감을 가질 수 있다.

- 우리가 이 문제를 해결한 후 당신은 무엇을 달리 하고 있을까요?
- 당신에게는 우리가 지금 고민하고 있는 이 문제들을 해결하고 나서 또 고민해보고 싶은 다른 문제들이 있을까요?
- 이 문제가 해결된 후, 당신은 자축의 의미로 무엇을 가장 먼저 하고 싶으세요?

활용

밀튼 에릭슨의 최면치료 기법을 토대로 드 쉐이저(1988)는 내담자들이 해결책을 발견하고 이행할 수 있도록 도왔다. **활용**(utilization)은 내담자에게 이미 있는 강점이나 관심사, 성향, 습관 등을 이용해 해결을 향한 의미 있는 계획을 수립하는 것을 말한다. 예를 들어, 내담자가 인간관계를 어려워하지만 반려동물이 여럿 있다면, 치료자는 내담자의 동물에 대한 관심을 이용해 인간관계를 넓히는 쪽으로 돕는 것이다. 내담자에게 공공장소에서 강아지를 산책을 시키는 것이나, 강아지 훈련 수업을 듣는 것, 동물 보호소에서 봉사하는 것 등을 제안함으로써 말이다.

대처 질문

대처 질문은 희망이나 자발성, 의욕증진에 도움이 되는데, 특히 내담자가 압도된 것 같은 기분을 느낄 때 효과를 발휘한다(De Jong & Berg, 2002; de Shazer & Dolan, 2007). 대처 질문은 내담자가 향상되지 않는다고 느낄 때, 위기를 겪고 있을 때, 또는 희망이 없다고 느낄 때 사용된다. 대처 질문은 내담자로 하여금 어떻게 현재나 과거의 역경을 이겨냈는지에 대해 생각하게 한다.

대처 질문의 예

- "굉장히 힘든 상황으로 들리네요. 당신은 그런 상황을 지금까지 어떤 방법으로 견뎌냈습니까?"(de Shazer & Dolan, 2008, p. 10)
- "지금까지 그 상황이 악화되는 것을 어떻게 막았습니까?"(p. 10)

칭찬과 격려

해결기반 치료자들은 내담자의 의욕을 증진시키고 강점을 부각시키기 위해 칭찬과 격려를 사용한다. 칭찬을 할 때 중요한 것은 내담자가 스스로 설정해놓은 목표의 방향으로 나아갔을 때나 문제와 관련이 있는 내담자의 강점을 부각시킬 때만 칭찬을 하는 것이다. 이 부분은 너무나 중요하므로 다음과 같이 따로 구분지어 제시하였다.

치료 효과를 내는 칭찬

칭찬을 할 때 규칙
내담자가 스스로 설정해놓은 목표의 방향으로 나아갔을 때나, 문제와 관련 있는 내담자의 강점을 부각시키기 위해서만 칭찬을 한다. 다시 말해 내담자의 향상을 칭찬하는 것이지, 그의 인성을 칭찬하는 것이 아니다.

예시:
치료적 칭찬
- 와! 당신은 이번 주 목표를 향한 확실한 발전이 있었네요.

더 좋은 치료적 칭찬
- 대단해요. 당신은 저희가 지난주 짜놓은 아이디어를 따랐을 뿐만 아니라 스스로 당신만의 방법(친구를 불러 주말에 같이 놀게 하는)으로 아들과의 관계를 개선시켰네요. (목표를 향한 자세한 행동에 대해 칭찬한다).

좋지 못한 치료적 칭찬

- *저는 당신이 지금까지 이뤄낸 일들이 대단하다고 생각해요(너무 개인적일 뿐만 아니라 문제와의 확실한 연관이 없다. 그저 내담자의 비위를 맞추는 말처럼 들린다).*
- *당신은 정말 좋은 엄마에요(구체적이지 않다. 좋은 엄마의 기준은 일반적인 말일 뿐더러 내담자가 스스로 자기 자신을 평가하는 것을 방해한다).*

치료자가 내담자의 목표나 목표와 연관성이 있는 강점이 아닌 다른 것에 대해서 칭찬을 하는 것은 내담자나 내담자의 인생에 평가를 내리는 것이다(비록 좋은 평가이지만 말이다). 칭찬은 내담자에게 친절하기 위해서 쓰이는 것이 아니다(De Jong & Berg, 2002). 내담자가 목표를 향해 의미 있는 발전을 보였을 때 그 행동을 강화하는 목적으로 칭찬을 해야 하고, 그 칭찬도 내담자가 다른 사람의 인정을 받기 위해 노력하는 것보다 스스로에게 의미 있는 일을 해냈다고 느낄 수 있도록 언어 사용에 주의해야 한다. 내담자가 스스로 목표를 설정하고 그것을 향해 나아갈 수 있을 때 자기효능감(self-efficacy)을 좀 더 많이 느낄 수 있는데, 이것은 자아존중감보다 행복지수와 더 큰 연관이 있다(Seligman, 2004).

특수한 경우를 위한 개입
커플상담과 이혼 깨부수기

해결기반 커플상담이 인기가 많은 이유는 강점과 희망에 중점을 두는 접근법이 부정적인 인간관계 속의 문제해결에 적합하기 때문이다. 특히 위기를 겪고 있거나 이혼을 생각하고 있는 커플들한테 잘 맞는 접근법이다(Hudson & O'Hanlon, 1991; Weiner-Davis, 1992). 이런 해결기반 커플상담에는 몇 가지 특별한 개입법이 있다.

비디오 토크 비디오 토크는 경험을 사실, 이야기, 그리고 경험이라는 세 가지 단계로 나눌 수 있다는 데 바탕을 둔다(Hudson & O'Hanlon, 1991). 사실은 누가 무슨 말을 했고 누가 무슨 행동을 했는지에 대한 행동적 설명이다. 다시 말해, 커플의 대화가 비디오테이프에 녹화됐다면 화면에서 보고 듣는 부분이다. 이야기는 그런 말과 행동이 두 사람에 의해 어떻게 해석됐는지에 대한 부분이다. 경험은 대화 중 두 사람이 가졌던 내면의 생각이나 감정이다. 커플들이 갈등을 겪고 있을 때, 치료자는 사실, 이야기, 그리고 경험에 대해 나눠서 이야기하면서 두 사람이 상황을 어떻게 이해하고 있는가를 풀어나갈 수 있다. 치료자는 내담자에게 본인들의 원래 대화패턴("그녀는 잔소리를 하고 있었어요", "그는 차갑게 굴어요.")이 아닌 비디오 토크("그녀는 저에게 세 번을 물어봤어요", "그는 저녁식사 후 저에게 아무 말도 하지 않고 서재로 들어갔어요")를 이용한 상황설명을 하게 한다. 비디오 토크를 이용해서 **행동과 행**

동에 대한 해석을 구분할 때, 커플들은 덜 방어적이 되고 서로를 더 잘 이해하는 대화에 임할 수 있게 된다.

불평에서 요구로 해결기반 치료자들은 내담자들에게 원하지 않는 것이 아니라, 원하는 것을 말하도록 지도한다. 달리 말하면, 불평하는 것에서 요구를 하는 쪽으로 바꾸는 것이다(O'Hanlon & Hudson, 1991; Weiner-Davis, 1992). 예를 들어 "당신은 요즘 로맨틱한 행동을 하나도 안 해"(일반적이고 막연한 불평)를 "나는 우리가 관계가 좀 더 로맨틱했으면 좋겠어"라는 식의 요구로 바꾸는 법을 배우는 것이다. 이런 요구에는 자세한 행동이 명시되어 있어야 한다. 그러므로 위의 예시 문장에서 이런 것이 더해지면 좋을 것이다. "언제 한 번 주말에 어디 여행을 가고 싶어", "저녁 먹고 영화 보자", "해질 녘 해변가에서 산책하자" 또는 "이전에 했던 대로 집을 나가기 전에 뽀뽀를 하고, 이전처럼 사랑이 담긴 쪽지를 남기고 서로 안마를 해줬으면 좋겠어" 등을 들 수 있다.

성폭력과 트라우마를 위한 상담

이반 돌란(1991)과 빌 오한론, 그리고 밥 베르톨리노(2002)는 어린 시절 성폭력을 경험한 피해자들을 상대로 해결기반 치료법을 이용한다. 해결기반 치료는 긍정적이고 희망적인 관점에서 피해자들의 회복탄력성을 강조하는 점이 기존의 치료법과는 다르다. 이 내담자들은 역경과 트라우마를 이겨낸 생존자들이고, 해결기반 치료자들은 이런 강점을 이용해 내담자가 현재의 문제를 해결할 수 있도록 돕는다. 이런 접근법은 다음과 같은 몇 가지 특이점을 갖는다.

생존자의 주체성 존중 기존의 치료법보다 해결기반 치료자들은 생존자의 주체성(agency)을 존중하여 내담자가 본인의 스타일과 속도에 맞게 자신이 경험한 폭력에 대해 이야기할 수 있도록 한다(Dolan, 1991; O'Hanlon & Bertolino, 2002). 많은 치료자들은 피해자가 자기의 경험을 이야기하지 않고는 회복하기가 어렵다고 하겠지만, 해결기반 치료자들은 그렇게 쉽사리 동의하지 않을 것이다. 그들은 내담자와 협력하여 내담자가 이야기를 할지 말지, 한다면 누구에게, 언제, 어떻게 할 것인지 결정할 수 있도록 돕는다. 이런 식으로 생존자들의 주체성을 존중함으로써 해결기반 치료자들은 내담자가 본인 인생에 지극히 개인적인 부분에 대해 다시 결정권을 가질 수 있도록 돕는데, 이것은 내담자가 폭력을 경험하면서 잃었던 자율성을 회복하는 의미도 있다. 내담자가 폭력에 대한 이야기를 하도록 좀 더 강하게 지도하는 치료자는 알게 모르게 내담자가 경험한 폭력행위를 반복하는 셈이 될 수도 있다. 말할 준비가 되지 않은 내담자에게는 이런 강요가 다시금 그들을 무기력하게 만드는 또 하나의 트라우마가 될 수 있다.

회복 척도: 강점과 능력에 집중하기 돌란(1991)은 해결중심 회복척도를 이용해 내담자의 삶속에 폭력의 영향을 받지 않은 부분들은 어떤 것인지 밝혀내는데, 이를 통해 내담자의 인생과 자아 전부가 폭력의 영향에서 헤어나올 수 없다는 느낌을 줄이는 것이다. 또한 이 과정을 통해 폭력의 영향을 받은 부분이 어디인지 알 수 있게 된다.

3–D 모델: 분리하고(Dissociate), 부정하고(Disown), 평가절하하다(Devalue) 오한론과 베르톨리노(2002)는 3-D 모델을 이용해서 폭력과 트라우마의 후유증을 개념화하는데, 이 모델은 폭력의 피해자는 자아의 특정 부분들을 분리시키고, 부정하고, 평가절하하게 된다는 것이다. 이를 통해 피해자들은 느끼는 것을 억제하거나(성적 반응, 기억, 분노의 결여) 침습적인 경험(플래시백, 억제할 수 없는 성욕이나 분노)을 만드는 증상을 보이게 된다. 치료의 목적은 내담자들이 이렇게 분리된 자아의 부분들을 되찾을 수 있도록 돕는 것이다. 오한론과 베르톨리노(2002)는 성적 학대와 관련된 많은 증상들은 일종의 부정적 가수 상태(trance)처럼 경험된다고 적는데, 이것은 내담자가 제어할 수 없다는 느낌과 자기의 한 부분에만 작용하는 경험을 의미한다. 해결기반 치료자들은 허용하고, 인정하고, 비배타적인 용어를 사용함으로써 내담자가 잃어버렸던 자기의 부분들을 되찾을 수 있도록 돕는다.

생산적 질문 돌란(1991)은 생산적 질문을 통해 내담자에게 맞는 해결책의 자세한 부분들을 파악하는데, 그 질문은 다음과 같다.

- 상황이 나아지고 있다는, 즉 이(성적 학대의) 경험이 당신의 삶에 영향을 덜 끼치고 있다는 첫 번째(가장 작은) 신호는 무엇일까요?
- 당신은 이것(성적 학대 트라우마)이 당신의 인생에 더 이상 큰 문제가 아닐 때 다른 무엇을 하고 있을까요?
- 당신은 여가시간에 무엇을 다르게 하고 있을까요?
- 당신은 과거에 대한 생각 대신 무엇을 하고 있을까요?
- 위에서 언급한 일들이 조금이라도 일어나고 있는 때가 지금도 있나요? 그럴 때 뭐가 다른가요? 그 다른 점들이 왜 중요할까요?
- 치유를 통한 변화가 오랜 시간 지속되면 어떤 큰 변화로 이어질까요?
- 무언가 나아지고 있다는 그 첫 번째 신호에 대해서 당신이 중요하게 여기는 사람은 뭐라고 말할까요? 그 사람이 가장 먼저 알아차리는 부분은 어떤 부분일까요?
- 그렇게 당신이 계속해서 회복하면서 주변의 사람들(친구, 상사, 유의미한 타자 등)은 당신에 대해서 어떤 변화된 부분들을 알아차리게 될까요?
- 치유를 통한 변화가 당신 후손들에게는 어떤 영향을 미칠까요? (pp. 37~38)

비디오 토크(행위 용어) 성적 학대와 트라우마와 동반되는 강렬한 감정 때문에 생존자들은 현재 삶속에서 그 경험이 어떻게 영향을 끼치고 있는지 잘 파악하지 못할 때가 많다. 오한론과 베르톨리노(2002)는 앞서 말한 비디오 토크를 이용해 생존자들이 그 학대의 경험을 재연하는 특정 행동이나 패턴을 파악할 수 있도록 돕는데, 이는 그 사건이 일어난 순서나, 사건이 일어나기 전에 있었던 일과 후의 결과, 변하지 않는 행위, 반복적인 행위, 그리고 신체적 반응 등을 포함한다. 이런 패턴들이 파악되면 치료자는 내담자가 패턴을 끊고 새로운 반응이 들어올 수 있는 자리를 만들거나, 내담자가 증상을 어느 정도 제어할 수 있다고 느낀다면, 아예 새로운 행위를 통해 해결을 향해 나아갈 수 있도록 돕는다.

적용하기

사례개념화 틀

- 강점과 자원
  다음의 영역에서 개인적 및 관계적 강점을 파악한다.
  - 개인적: 강점이나 회복탄력성, 현재의 자원 영역과 대처 능력
  - 관계적: 관계나 가족의 강점
  - 공동체: 친구관계, 공동체의 지원, 직장이나 종교집단 등
  - 다양한 자원: 지지 집단, 지역사회, 그 외 자원 등
- 예외
  - 문제가 덜 심각하게 나타나는 시간과 장소, 관계, 맥락 등을 파악한다.
  - 어떤 행동이 문제를 완화시키는지 파악한다.
- 기적 질문
  - 기적이 일어난다면 내담자가 무엇을 하고 있을지(무엇을 하지 않는지가 아니라) 행동으로 설명한다.
- 내담자 동기 정도
  - 고객형
  - 불평형
  - 방문형

해결기반 치료계획 틀(개인)

해결기반 치료의 초기 단계

상담 과제

1. 상담관계를 수립한다. DN: [관계 형성과 정서 표현에 있어 문화, 성, 기타 요인에 따라 다른 방식들을 존중하기 위해 당신이 고려해야 하는 것은 무엇인지 기술한다.]

   a. 협력하는 관계를 형성하고 희망과 낙관성을 고무시키며, '초심'을 가지고 '강점'에 귀 기울인다.

2. 개인, 체계, 그리고 좀 더 포괄적인 문화적 역동을 평가한다. DN: [문화, 사회경제적 수준, 성지향성, 성, 기타 규준들을 고려하여 평가 작업을 어떻게 조율해야 할 것인지 기술한다.]

   a. **기적 질문**을 이용해 행동을 중심으로 한 구체적인 해결책을 긍정적인 용어를 사용해서 묘사한다.

   b. 학대가 삶에 미치는 영향에 대해서 예외를 찾고, 트라우마 증상이 덜 심각할 때나 트라우마 영향을 받지 않는 삶의 부분을 파악하고, **강점과 자원**, 도움이 되는 관계, 그리고 내담자의 **동기** 수준을 파악한다.

   c. **회복 척도**를 이용해 강점과 자원을 파악한다.

내담자 목표

1. 학대경험을 떠올릴 때 **통제와 안전**의 느낌을 강화시켜 플래시백, 해리, 과지각 현상을 줄인다.

   a. **첫 회기 과제 공식**을 이용해 현재 성공적인 삶의 부분들을 파악하고 위기상황에서 사용할 수 있도록 한다.

   b. 감정이나 기억에 압도된다고 느낄 때를 대비해 안전을 위한 **안전 척도**를 만들어둔다.

   c. 내담자가 어떻게 현 상황에 대처하고 있는지, 어떻게 하면 그러한 대처 능력을 키울 수 있는지 파악하기 위해 **대처 질문**을 이용한다.

해결기반 치료의 작업 단계

상담 과제

1. 작업 동맹의 질을 모니터한다. DN: [내담자의 문화적 관습에 맞지 않는 정서 표현을 상담자가 했을 때 내담자가 보이는 반응에, 상담자가 어떻게 주의를 기울일 것인지 기술한다.]

   a. **개입에 대한 평가**: 내담자가 관계를 어떻게 경험하고 있는지에 대한 **회기 평가 척도**를 사용한다.

내담자 목표

1. 내담자가 친구들과 가족, 그리고 가정에서 느끼는 **안전감**을 높임으로 과지각과 해리현상을 완화시킨다.

   a. 안전한 관계 안에서 신뢰와 솔직함을 높일 수 있도록 낮은 단계부터 파악하기 위한 **척도 질문**을 한다.

   b. 내담자가 더욱 더 신뢰가 깊은 관계들을 형성해 나갈 수 있는 행동이 무엇인지 자세하게 인식하게 하기 위한 **생산적 질문**을 한다.

2. 내담자의 **주체감, 생존자**라는 것에 대한 지각을 강조하고, 피해의식과 무기력함, 낙인이 찍혔다는 느낌을 줄이기 위해 성적 학대와 관련해 스스로를 탓하지 않게 돕는다.

   a. **허용하고, 인정하고, 비배타적인 용어**를 사용함으로써 내담자가 분리되고 평가절하된 자기의 부분들을 되찾을 수 있게 돕는다.

   b. **언어의 채널링**을 이용해 내담자들이 과거와 현재의 경험을 분리시킬 수 있게 도움으로써 성적 학대의 영향을 제어한다.

   c. **예외 질문과 대처 질문**을 통해 내담자가 학대의 경험을 본인의 말로 재구성할 수 있도록 돕는다. 이를 통해 가해자를 피하거나, 학대를 멈추거나, 도움을 청하고, 혹은 대처하며 주체감을 높이고 자기 탓을 줄이는 쪽으로 상황을 변화시킨다.

3. 내담자가 본인의 **신체와 성정체성과의 긍정적인 관련성**을 되찾게 도움으로써 트라우마나 성적인 문제, 신체상의 문제와/또는 섭식장애 등의 신체적 증상을 줄인다.

   a. 내담자가 본인의 신체와 성정체성과의 긍정적인 관련성을 되찾을 수 있도록 **예외 질문**을 이용한다.

   b. 내담자가 신체와 건강한 관계를 되찾을 것이라는 사실을 전제로 하는 **전제 질문**을 이용하고, 실제로 그렇게 되기 위한 계획을 수립한다.

해결기반 치료의 종결 단계

상담 과제

1. 사후 계획을 수립하고 얻어진 성과를 유지한다. DN: [치료 종결 이후 내담자의 지원 체계의 일부가 될 수 있는 공동체내 자원들에 상담자가 어떻게 접근할 수 있을지 기술한다.]

   a. 미래의 문제나 장애물에 어떻게 대처할 것인지에 대한 **대처 질문**을 한다.

내담자 목표

1. 내담자의 **주체감과 소속감**을 높임으로 (특히 내담자가 즐겨하는 활동에 있어서) 무기력함과 우울함을 줄인다.

   a. 내담자가 스스로의 삶 속에서 주체감을 되찾을 수 있게 돕는 작은 행동들을 파악하기 위한 **척도 질문**을 한다.

   b. 내담자가 주체감을 찾기 위해 시도한 행동에 대한 **치료적 칭찬**을 한다.

2. 내담자의 고립감, 과지각, 상처 받기 쉬운 느낌을 줄이기 위해 내담자가 **만족스럽고 친밀한 관계**를 형성할 수 있는 능력을 증가시킨다.

   a. 친밀한 관계를 형성하거나/또는 발전시키기 위한 행동을 파악하기 위해 **척도 질문**을 한다.

   b. 내담자가 파트너의 행동을 지금-여기가 아닌 트라우마 패턴 속에서 해석한다는 것을 인식시키기 위해 **비디오 토크**를 사용한다.

해결기반 치료계획 틀(가족)

해결기반 치료의 초기 단계

상담 과제

1. 상담관계를 수립한다. DN: [관계 형성과 정서 표현에 있어 문화, 성, 기타 요인에 따라 다른 방식들을 존중하기 위해 당신이 고려해야 하는 것은 무엇인지 기술한다.]

   a. 협력하는 관계를 형성하고 희망과 낙관성을 고무시키며, '초심'을 가지고 '강점'에 귀 기울인다.

2. 개인, 체계, 그리고 좀 더 포괄적인 문화적 역동을 평가한다. DN: [문화, 사회경제적 수준, 성지향성, 성별, 기타 규준들을 고려하여 평가 작업을 어떻게 조율해야 할 것인지 기술한다.]

   a. 기적 질문을 이용해 자세하고 행동을 중심으로 한 해결책을 긍정적인 용어를 사용해서 묘사한다.

   b. 갈등이 삶에 미치는 영향에 대해서 예외를 찾고, 갈등이 덜 심각할 때나 갈등의 영향을 받지 않는 삶의 부분을 파악하고, 강점과 자원, 도움이 되는 관계, 그리고 내담자의 동기 수준을 파악한다.

내담자 목표

1. 갈등을 줄이기 위해 내담자 모두가 함께 즐겁게 할 수 있는 활동에 참여시킨다.

   a. 첫 회기 과제 공식을 이용해 현재 성공적인 관계의 부분들을 파악한다.

   b. 예외 질문을 통해 보다 만족스러운 관계의 부분들을 파악하고 이 부분들을 더 강화시키기 위해 회기 사이에 과제를 설정한다.

해결기반 치료의 작업 단계

상담 과제

1. 작업 동맹의 질을 모니터한다. DN: [내담자의 문화적 관습에 맞지 않는 정서 표현을 상담자가 했을 때 보이는 내담자의 반응에, 상담자가 어떻게 주의를 기울일 것인지 기술한다.]

   a. 개입에 대한 평가: 내담자가 관계를 어떻게 경험하고 있는지에 대한 척도 질문을 한다.

내담자 목표

1. 갈등을 줄이기 위해 커플/가족 간 만족스러운 의사소통을 늘린다.

   a. 행동관찰과 해석을 분리하고 서로에 대한 이해를 높이기 위해 비디오 토크를 사용한다.

   b. 내담자들이 서로에 대해 불평하는 것으로부터 보다 긍정적이고, 행동으로 요구하도록 한다.

2. 갈등을 줄이기 위해 긍정적인 커플/가족 간 관계 패턴을 파악하고 강화시킨다.

   a. 각 구성원을 위해 척도 질문을 이용해서 작은 목표(한 가지만 다르게)를 설정한다.

   b. 언어의 채널링을 이용해 다른 구성원이 '항상' 그렇다는 인식을 줄인다.

   c. 원하는 해결 상황으로 나아가기 위한 작은 변화행동을 격려하는 치료적 칭찬을 사용한다.

3. (커플을 위해) 친밀함을 늘리고 갈등을 줄이기 위해 서로가 좋아하는 신체적 및 성적 활동을 늘린다.

   a. 친밀한 관계 속에 양쪽 모두 만족했던 부분을 파악하기 위한 예외 질문을 한다.

b. 양쪽 모두가 원하는 변화를 이루기 위해 작고도, 구체적인 단계를 설정하기 위한 **척도 질문**을 한다.

해결기반 치료의 종결 단계

상담 과제
1. 사후 계획을 수립하고 얻어진 성과를 유지한다. DN: [치료 종결 이후 커플 혹은 가족의 지원 체계의 일부가 될 수 있는 공동체 내 자원들에 상담자가 어떻게 접근할 수 있을지 기술한다.]
   a. 미래의 문제나 장애물에 어떻게 대처할 것인지에 대한 **대처 질문**을 한다.

내담자 목표
1. 갈등을 줄이고 친밀함을 높이기 위해 **공유되는 정체성과 소속감**을 향상시킨다.
   a. 삶 속에서 주체감을 되찾을 수 있는 작지만 행동으로 가능한 것을 파악하기 위한 **척도 질문**을 한다.
   b. 주체감을 되찾기 위한 노력에 대한 **치료적 칭찬**을 한다.

해결지향 에릭슨식 최면치료

에릭슨의 최면 또는 자연주의적 가수 상태라고도 알려진 해결지향 최면치료는 문제해결을 위해 내담자의 강점과 주어진 자원을 파악하는 데 목적을 둔 최면의 한 형태이다(Erickson & Keeney, 2006; Lankton & Lankton, 2008; O'Hanlon & Martin, 1992). 이름에서도 알 수 있듯이, 해결지향 에릭슨식 최면치료는 밀튼 에릭슨의 최면기법으로부터 개발되었고, 해결중심 치료, 해결지향 치료보다 앞서 나타났다. 해결중심 치료의 여러 기법들은 최면과 상담에 대한 에릭슨의 접근법과 직접적으로 연결되어 개발된 것들이다. 스티븐 랭크톤(Lankton & Lankton, 2008), 빌 오한론(O'Hanlon & Martin, 1992), 그리고 제이 헤일리(Haley, 1993)가 에릭슨의 영향을 받아 오늘날까지 그의 유산을 이어나가고 있는 대표적인 인물이다.

기존의 최면과 차이점

해결지향 최면치료는 기존의 최면과 두 가지 부분에서 큰 차이를 보인다(O'Hanlon & Martin, 1992).

- 위계적이 아니고 허용적이다: 기존의 최면은 위계적이다. 치료자가 모든 것을 제어한다("당신은 지금 매우 졸립니다."). 그에 반해서 해결지향 최면치료는 허용적이다. "당신은 지금 눈을 감고 싶어질 수도 있고 그냥 뜬 상태로 있고 싶을 수도 있을 것입니다."
- 내담자의 자원을 이끌어낸다: 기존의 최면에서는 치료자가 내담자를 최면상태로 유도한

후, 내담자를 거의 '재프로그래밍' 하다시피 하지만, 해결지향 최면치료자는 내담자에게 이미 있는 회복능력을 '이끌어냄'으로써 마치 출산의 자연스러운 과정을 돕는 산파와 같은 역할을 한다.

상담과정

에릭슨의 최면치료는 내담자에게 이미 있는 강점과 자원을 파악하기 위해 내담자를 최면상태로 인도한다. 이때 최면으로의 유도가 명료할 수도, 명료하지 않을 수도 있다. 에릭슨은 이야기, 비유나 지시를 적절하게 사용해 내담자가 스스로의 문제해결 능력을 발휘할 수 있는 정신상태로 잘 인도하기로 유명했다(O'Hanlon & Martin, 1992). 그의 기법은 단기치료의 가장 초창기 예라고도 할 수 있는데, 그는 문제의 발달이나 문제의 해결에 대한 생각이 정신과와 심리치료 전 영역에서 정신역동에 의해 이끌어지고 있을 때 그것에서 벗어난 색다른 기법을 개발한 것이다(Erickson & Keeney, 2006; O'Hanlon & Martin, 1992). 리차드 밴들러, 존 그라인더, 제이 헤일리, 빌 오한론, 어네스트 로시, 그리고 제프리 제이그(Richard Bandler, John Grinder, Jay Haley, Bill O'Hanlon, Ernest Rossi, and Jeffrey Zeig) 등 그의 학생 중 여럿은 그의 기법을 계속해서 개발했고, Milton H. Erickson Foundation은 오늘날도 그의 기법에 따라 가르친다.

개입 전략 수립

허용

내담자를 최면상태로 유도할 때, 에릭슨식 치료자들은 내담자들에게 그 어떤 것이든 생각하고, 경험하고, 느낄 수 있게 허락하고 특별한 행동을 하도록 강요하지 않는다(O'Hanlon & Martin, 1992). 치료자들은 이 허용을 명확하게 표현하는데, 내담자가 이를 통해 의심하거나, 집중력을 잃거나, 딴생각을 하거나, 떠오르는 모든 감정과 생각을 포용할 수 있도록 상황을 만들어주는 것이다.

전제

에릭슨식 치료자들은 특정 질문과 말을 통해 내담자가 최면상태에 이를 것이라는 전제(presuppositions)를 표현한다(O'Hanlon & Martin, 1992). 예를 들어, "당신은 오늘 이전에 최면에 빠져본 경험이 있나요?", "최면에 들어갈 때 눈을 감아도 좋고 뜨고 있어도 좋아요", "너무 빨리 최면에 빠지진 마세요"(p. 18).

분리

치료자는 내담자가 일반적으로 한 가지라고 생각하는 두 가지 것들(의식과 무의식, 좌뇌와 우뇌 등)을 분리시킬(splitting) 때가 있다(O'Hanlon & Martin, 1992). 대개 치료자들은 내담 자가 최면과정을 더 신뢰할 수 있게 돕기 위해 문제가 되는 생각이나 느낌을 의식의 영역 으로 설정하고, 긍정적인 생각을 무의식의 영역으로 설정한다. 예를 들어 치료자는 의심 과 걱정을 의식의 영역으로, 신뢰와 믿음을 무의식의 영역으로 설정할 수 있다. "당신의 의 식은 최면이 불가능하다고 의심할 수도 있겠지만, 당신의 무의식은 어떻게 하면 되는지 이 미 알고 있어요."

문제 vs. 해결

일반인에게는 에릭슨이 문제와 전혀 상관없는 이야기를 자주 하는 것처럼 보일 것이다. 예 를 들어 애뇨증 진단을 받은 아이를 상대로 야구나 소화가 잘 되는지에 대한 이야기만 계속 하고 문제에 대해서는 전혀 언급하지 않는다(O'Hanlon & Martin, 1992). 에릭슨은 이를 통 해 문제의 종류(여기서는 근육제어 불가)를 파악하고 그 문제를 해결할 수 있는 해결책의 종 류(근육제어능력 증진)를 파악했다(O'Hanlon & Martin, 1992). 이와 비슷하게, 에릭슨은 비 관적인 우울 증상을 보이는 내담자에게 희망이 있는 영역을 파악한다. 내담자의 우울증이 최근의 큰 실패와 관련이 있었다면, 그는 내담자로 하여금 성공의 느낌을 찾을 수 있게 도 왔다. 에릭슨은 문제 그 자체를 해결하기보다 문제의 종류를 파악해서 내담자의 삶속에서 (어떤 부분에서든) 그와 상응하는 종류의 해결책을 찾아 사용했다. 그러기 위해 그는 최면과 대화를 둘 다 이용했다.

해결의 종류를 파악하는 것은 강점을 평가할 때 특히 중요하다. 이것은 모든 강점이 동 등하게 형성되지 않는다는 것을 보여주기 때문이다. 에릭슨은 문제와 같은 종류의 해결책 과 관련이 있는 강점을 파악하는 것을 강조한다. 이런 논리에 따라, 아동이 집에서 부모의 말을 잘 안 듣는다면, 치료자들은 아이가 규칙을 잘 따르는 맥락은 무엇인지 살펴보라고 할 것이다. 즉, 축구팀과 함께 경기를 할 때나, 수업시간에 선생님의 말을 들을 때, 또는 친구 와 보드게임을 할 때든 규칙을 잘 따르는 상황 등을 찾는다.

참고문헌

*Asterisk indicates recommended introductory books.

Bavelas, J. B. (2012). Connecting the lab to the therapy room: Microanalysis, co-construction, and Solution-Focused Brief Therapy. In Cynthia Franklin, Terry S. Trepper, Wallace J. Gingerich, & Eric E. McCollum (Eds.), *Solution-focused brief therapy: A handbook of evidence-based practice* (pp. 144–164). London: Oxford University Press.

Berg, I. K. (1994). *Family based services: A solution-focused approach*. New York: Norton.

Berg, I. K., & Jaya, A. (1993). Different and same: Family therapy with Asian-American families. *Journal of Marital and Family Therapy, 19*, 31–38.

Berg, I. K., & Kelly, S. (2000). *Building solutions in child protective services*. New York: Norton.

Berg, I. K., & Miller, S. (1992). *Working with the problem drinker: A solution-focused approach*. New York: Norton.

Berg, I. K., & Reuss, N. H. (1997). *Solutions step by step: A substance abuse treatment manual*. New York: Norton.

Berg, I. K., & Steiner, T. (2003). *Children's solution work*. New York: Norton.

Berg, I. K., & Szabo, P. (2005). *Brief coaching for last solutions*. New York: Norton.

Bertolino, B. (2010). *Strengths-based engagement and practice: Creating effective helping relationships*. Boston, MA: Pearson.

Bertolino, B., & O'Hanlon, B. (1998). *Therapy with troubled teenagers: Rewriting young lives in progress*. New York: Wiley.

*Bertolino, B., & O'Hanlon, B. (2002). *Collaborative, competency-based counseling and therapy*. New York: Allyn & Bacon.

Buxton, A. P. (2004). Paths and pitfalls: How heterosexual spouses cope when their husbands or wives come out. *Journal of Couple and Relationship Therapy, 3*, 95–109.

Corcoran, J. (2000). Solution-focused family therapy with ethnic minority clients. *Crisis Intervention & Time-Limited Treatment, 6*(1), 5–12.

*De Jong, P., & Berg, I. K. (2002). *Interviewing for solutions* (2nd ed.). New York: Brooks/Cole.

*de Shazer, S. (1985). *Keys to solution in brief therapy*. New York: Norton.

*de Shazer, S. (1988). *Clues: Investigating solutions in brief therapy*. New York: Norton.

de Shazer, S. (1994). *Words were originally magic*. New York: Norton.

*de Shazer, S., & Dolan, Y. (with Korman, H., Trepper, T., McCollum, & Berg, I. K.). (2007). *More than miracles: The state of the art of solution-focused brief therapy*. New York: Haworth.

*Dolan, Y. (1991). *Resolving sexual abuse: Solution-focused therapy and Ericksonian hypnosis for survivors*. New York: Norton.

Dolan, Y. (2000). *One small step: Moving beyond trauma and therapy into a life of joy*. New York: Excel Press.

Dolan, Y. (2007). Tribute to Insoo Kim Berg. *Journal of Marital and Family Therapy, 33*, 129–131.

Duncan, B., Miller, S. D., & Sparks, J. A. (2004). *The heroic client: A revolutionary way to improve effectiveness through client-directed, outcome-informed therapy*. New York: Jossey-Bass.

Erickson, B. A., & Keeney, B. (Eds.). (2006). *Milton Erickson, M.D.: An American healer*. Sedona, AZ: Leete Island Books.

Franklin, C., Trepper, T. S., Gingerich, W. J., & McCollum, E. E. (Eds.) (2012). *Solution-focused brief therapy: A handbook of evidence-based practice*. New York: Oxford University Press.

Gillaspy, A., & Murphy, J. J. (2012). Incorporating outcome and session rating scales in solution-focused brief therapy. In C. Franklin, T. S. Trepper, W. J. Gingerich, & E. E. McCollum (Eds.), *Solution-focused brief therapy: A handbook of evidence-based practice* (pp. 73–94). New York: Oxford University Press.

Gingerich, W. J., Kim, J. S., Stams, G. J. J. M., & MacDonald, A. J. (2012). Solution-focused brief therapy outcome research. In C. Franklin, T. S. Trepper, W. J. Gingerich, & E. E. McCollum (Eds.), *Solution-focused brief therapy: A handbook of evidence-based practice* (pp. 95–111). New York: Oxford University Press.

Gingerich, W. J., & Patterson, L. (2007). The 2007 SFBT effectiveness project. Retrieved March 20, 2008, from http://gingerich.net/SFBT/2007_review.htm.

Haley, J. (1993). *Uncommon therapy: The psychiatric techniques of Milton H. Erikson, M.D.* New York: Norton.

Hsu, W., & Wang, C. C. (2011). Integrating Asian clients' filial piety beliefs into solution-focused brief therapy. *International Journal for the Advancement of Counseling, 33*(4), 322–334. doi:10.1007/s10447-011-9133-5

Hudson, P. O., & O'Hanlon, W. H. (1991). *Rewriting love stories: Brief marital therapy*. New York: Norton.

Kim, J. S. (2008). Examining the effectiveness of solution-focused brief therapy: A meta-analysis. *Research on Social Work Practice, 18*(2), 107–116. doi:10.1177/1049731507307807

Kim, J. S., Smock, S., Trepper, T. S, McCollum, E. E., & Franklin, C. (2010). Is solution-focused brief therapy evidence based? *Families in Society, 91*, 300–306. DOI: 10.1606/1044-3894.4009.

Korman, H., Bavelas, J. B., & De Jong. P. (2012). Microanalysis of formulations, Part II: Comparing solution-focused brief therapy, cognitive-behavioral therapy, and motivational interviewing. Manuscript submitted for publication.

Lankton, S. (2008). An Ericksonian approach to clinical hypnosis. In M. R. Nash, A. J. Barnier (Eds.), *The Oxford handbook of hypnosis: Theory, research, and practice* (pp. 467–485). New York: Oxford University Press.

Lankton, S. R. (2009). *Tools of intention: Strategies that inspire change*. New York: Crown House.

Lankton, S. R., & Erickson, K. K. (1994). *The essence of a single-session success*. Philadelphia, PA: Brunner/Mazel.

Lankton, S. R., Gilligan, S. G., & Zeig, J. K. (1991). *Views on Ericksonian brief therapy, process and action*. Philadelphia: Brunner/Mazel.

Lankton, S. R., Lankton, C. H. (2008). *Answer within: A clinical framework for Ericksonian hypnosis*. New York: Crown House.

Lankton, S. R., Lankton, C. H., & Matthews, W. J. (1991). Ericksonian family therapy. In A. S. Gurman & D. P. Kniskern (Eds.), *Handbook of family therapy*, Vol. 2 (pp. 239–283). Philadelphia, PA: Brunner/Mazel.

Lankton, S. R., & Matthews, W. J. (2010). An Ericksonian model of clinical hypnosis. In S. Lynn, J. W. Rhue, & I. Kirsch (Eds.), *Handbook of clinical hypnosis* (2nd ed.) (pp. 209–237). Washington, DC: American Psychological Association.

Lee, M., & Mjelde-Mossey, L. (2004). Cultural dissonance among generations: A solution-focused approach with East Asian elders and their families. *Journal of Marital and Family Therapy, 30*(4), 497–513.

Lehmann, P., & Patton, J. D. (2012). The development of a solution-focused fidelity instrument: A pilot study. In C. Franklin, T. S. Trepper, W. J. Gingerich, & E. E. McCollum (Eds.), *Solution-focused brief therapy: A handbook of evidence-based practice* (pp. 39–54). New York: Oxford University Press.

Lipchik, E. (2002). *Beyond technique in solution-focused therapy: Working with emotions and the therapeutic relationship.* New York: Guilford.

McKeel, J. (2012). What works in solution-focused brief therapy: A review of change process research. In C. Franklin, T. S. Trepper, W. J. Gingerich, & E. E. McCollum (Eds.), *Solution-focused brief therapy: A handbook of evidence-based practice* (pp. 130–143). New York: Oxford University Press.

Metcalf, L. (1998). *Parenting towards solutions.* Paramus, NJ: Prentice Hall.

Metcalf, L. (2003). *Teaching towards solutions* (2nd ed.). Wales, UK: Crown House Publishing.

Metcalf, L. (2007). *Solution-focused group therapy.* New York: Free Press.

Metcalf, L. (2008). *Counseling towards solutions: A practical solution-focused program for working with students, teachers, and parents* (2nd ed.). New York: Jossey-Bass.

Miller, S. D., Duncan, B. L., & Hubble, M. (Eds.). (1996). *Handbook of solution-focused brief therapy.* San Francisco, CA: Jossey-Bass.

Miller, S. D., Duncan, B. L., & Hubble, M. A. (1997). *Escape from Babel: Towards a unifying language for psychotherapy practice.* New York: Norton.

O'Hanlon, B. (2000). *Do one thing different: Ten simple ways to change your life.* New York: Harper.

O'Hanlon, B. (2005). *Thriving through crisis: Turn tragedy and trauma into growth and change.* New York: Penguin/Perigee.

O'Hanlon, B. (2006). *Pathways to spirituality: Connection, wholeness, and possibility for therapist and client.* New York: Norton Professional.

*O'Hanlon, B., & Beadle, S. (1999). *A guide to possibilityland: Possibility therapy methods.* Omaha, NE: Possibility Press.

O'Hanlon, B., & Bertolino, B. (2002). *Even from a broken web: Brief and respectful solution-oriented therapy for resolving sexual abuse.* New York: Norton.

O'Hanlon, W. H., & Martin, M. (1992). *Solution-oriented hypnosis: An Ericksonian approach.* New York: Norton.

*O'Hanlon, W. H., & Weiner-Davis, M. (1989). *In search of solutions: A new direction in psychotherapy.* New York: Norton.

*Selekman, M. D. (1997). *Solution-focused therapy with children: Harnessing family strengths for systemic change.* New York: Guilford.

Selekman, M. (2005). *Pathways to change: Brief therapy with difficult adolescents.* New York: Guilford.

*Selekman, M. (2006). *Working with self-harming adolescents: A collaborative, strength-oriented therapy approach.* New York: Norton.

Seligman, M. (2004). *Authentic happiness.* New York: Free Press.

Smock, S., Froerer, A., & Bavelas, J. B. (2012). Microanalysis of positive and negative content in solution-focused brief therapy and cognitive-behavioral therapy expert sessions. Manuscript submitted for publication.

Stams, G., Deković, M., Buist, K., & de Vries, L. (2006). Effectiviteit van oplossingsgerichte korte therapie: Een meta-analyse [Efficacy of solution-focused brief therapy: A meta-analysis]. *Gedragstherapie, 39*(2), 81–94.

Tomori, C., & Bavelas, J. B. (2007). Using microanalysis of communication to compare solution-focused and client-centered therapies. *Journal of Family Psychotherapy, 18,* 25–43.

Trepper, T. S., Dolan, Y., McCollum, E. E., & Nelson, T. (2006). Steve de Shazer and the future of Solution-Focused Therapy. *Journal of Marital and Family Therapy, 32,* 133–140.

Trepper, T. S., McCollum, E. E. de Jong, P., Korman, H., Gingerich, W. J., & Franklin, C. (2012). Solution-focused brief therapy treatment manual. In C. Franklin, T. S. Trepper, W. J. Gingerich, & E. E. McCollum (Eds.) *Solution-focused brief therapy: A handbook of evidence-based practice* (pp. 20–38). New York: Oxford University Press.

Treyger, S., Ehlers, N., Zajicek, L., & Trepper, T. (2008). Helping spouses cope with partners coming out: A solution-focused approach. *American Journal of Family Therapy, 36*(1), 30–47. doi:10.1080/01926180601057549

Walter, J. L., & Peller, J. E. (1992). *Becoming solution-focused in brief therapy.* New York: Brunner/Mazel.

Weiner-Davis, M. (1992). *Divorce busting.* New York: Summit Books.

해결기반 치료 사례: 종교/문화가 다른 커플 간의 결혼 문제

시린(Shirin, AF)은 부유한 이란계 유대 집안에서 자란 28세 여성이고, 브라이언(Brian, AM)은 중상층의 미국 천주교 집안에서 자란 32세 남성인데, 관계에서의 갈등과 헤어질 가능성 때문에 상담을 결정했다. 시린과 브라이언은 3년 동안 교제를 해왔는데 2년 넘게 시린의 가족에게는 비밀로 했다. 시린의 가족 내에서는 유대교인이 아닌 사람과 교제하는 것이 허용되지 않기 때문이다. 9개월 전에 시린은 가족에게 브라이언과 지난 3년 동안 교제를 해왔고 가까운 미래에 결혼할 생각을 하고 있다는 것을 밝혔다. 시린의 가족은 둘의 관계를 반대했고, 결혼을 취소하거나 브라이언이 개종하지 않으면 시린을 더 이상 경제적으로, 정서적으로 지원하지 않겠다고 말했다. 브라이언은 본인의 종교에 굉장한 애착이 있고 처음부터 시린에게 자신이 개종하지 않겠지만, 시린이 천주교의 관습을 존중한다면 본인도 유대교의 관습을 존중하겠다고 말해왔다. 둘은 결혼을 해서 아이를 낳게 되면 종교를 초월한 결혼생활을 하겠다고 동의했는데, 최근 시린은 가족의 압박 때문에 그대로 종교 간의 결혼에 대해 혼란스러워하기 시작했다. 시린은 가족에게 브라이언과의 관계를 이야기한 후부터 우울해했고, 브라이언과의 관계를 발전시키고 자신이 원하는 것에 따라 결정을 내릴 힘이 없다고 느끼고 있다. 브라이언은 시린의 무기력함을 이해하기 힘들어하고 있으며, 시린의 가족에 대해서는 억울함과 분노의 감정을 가지고 있다. 브라이언은 자신의 가족과 매우 친밀한 관계를 가지고 있어서, 어떻게 시린의 가족이 시린을 그렇게 배척시킬 생각을 할 수 있는지 이해하지 못하고 있다. 브라이언의 부모님은 신실한 천주교인이어서 처음에는 시린에 대해 불안해했지만 이제는 완전히 그녀를 그들의 삶의 일부로 받아들인 상태이다.

최근 9개월간 시린과 브라이언은 시린의 가족에 대해서 계속해서 싸웠다. 브라이언은 두 사람이 자기들만의 인생을 개척할 수 있고, 인생의 다음 단계는 '그들만의 가족을 꾸리는 것'이라고 생각한다. 그는 또한 언젠가는 시린의 가족이 그녀의 선택을 존중할 것이라고 생각한다. 하지만 시린의 생각은 조금 다르다. 그녀는 인생의 다음 단계에도 그녀의 가족이 없는 인생은 상상조차 할 수 없다고 생각한다. 시린은 가족이 자신과 의절할 수도 있다고 말한 때부터 브라이언과 감정적으로나 신체적으로 거리를 두기 시작했다. 그들은 한때 생기가 있고 앞날에 대한 기대가 넘치며, 무조건적인 사랑이 가득한 관계라고 말해왔는데, 현재는 긴장과 분노, 원망만이 가득하다고 설명한다. 관계를 끝내자는 이야기도 했지만 양쪽 누구도 관계를 깨고 싶지는 않아 한다. 브라이언은 어떻게든 관계를 회복할 수만 있다면 뭐든지 하겠다고 한다. 시린은 아직 불확실하지만 전문가의 도움을 받아보고 싶다고 한다.

해결기반 치료 사례개념화

● 강점과 자원

다음의 영역에서 개인적 및 관계적 강점을 파악한다.

개인적 강점: AF는 가족과 종교에 대한 가치관이 강하다. AF는 가족이 반대할 줄 알면서도 가족에게 관계에 대해 말할 용기가 있었다. 그녀는 우울해하고 있지만 대학원이나 직장 같은 삶의 다른 영역에서는 여전히 잘 하고 있다. AM은 가족과 종교에 대한 가치관

이 강하다. AM은 의지가 굳고 AF의 가족을 상대로 본인의 의지를 지속적으로 보여주고 있다. AM은 관계를 중요하게 생각하고 관계를 위해서는 무엇이든 할 준비가 되어있다.

관계적 강점: AF와 AM 모두 치료를 통해 관계를 강화시킬 준비가 되어있다. 관계에 대한 헌신하는 마음이 있고, 가족의 반대에도 불구하고 관계를 회복하려고 노력하고 있다. AF와 AM은 이전에는 깊은 정서적 교류 및 서로에 대한 많은 신뢰와 사랑이 있었다고 한다. AF와 AM은 각자의 가족과 깊은 관계를 가지고 있고, 형제자매와는 친밀한 관계, 부모님과는 존중의 관계에 있다.

공동체(친구관계, 공동체의 지원, 직장이나 종교집단 등) 강점: AF는 그녀가 문제를 지니고 고민할 때 의지할 수 있는 많은 친구들이 있다. 또한 AF는 관계를 지지해주고 그녀의 선택을 존중하는 확대가족 구성원(몇몇 친한 사촌들)으로부터 도움을 받고 있다. AF는 개혁 유대교회당의 일원으로 예배 때는 일종의 평온함과 안락함을 느낀다. 그녀는 그녀의 랍비에게서 이종교 간 결혼에 대한 조언도 구할 수 있다. AM은 규모가 큰 사교그룹의 일원이며 의지할 수 있는 친밀한 친구들이 있다. AM이 다니는 교회는 둘의 관계를 받아들이고 지지한다.

다양성(지원 그룹, 다양한 공동체, 자원 등) 강점: AF는 어느 정도 유대인 공동체에 관여하고 있다. 예를 들어, 유대교의 대축제일 예배에 참석하고 랍비와 좋은 관계를 맺고 있다. AM은 예배에는 가끔 참석하는 편이지만, 기도와 신앙면에서는 활발한 영적생활을 하고 있다고 한다.

- 예외
- 문제가 덜 심각할 때
  - AF는 그녀가 부모님의 의견을 신경 쓰지 않고 AM에게 온전히 집중해서 대화할 때 문제가 덜 심각하다고 느낀다.
  - 해변에 가거나, 함께 요리를 하거나, 등산을 하거나, 콘서트를 가는 등 이전에 즐겨했던 활동을 할 때 문제가 덜 심각하다고 느낀다.
  - AF는 AM과의 상황이 별로 문제가 안 된다고 느껴질 때, 그리고 확대 가족 중에 자신을 지지하는 사람이 있다는 것을 인식할 때 희망을 느낀다.
  - 랍비와 이야기한 후 AF는 이종교 간의 결혼에 대해 더 열린 마음을 가지게 되었고, 미래에 대한 다툼이 줄어들었다.
  - AM은 두 사람이 다른 친구들과 함께 어울릴 때면 다시 통하는 것 같고 유머를 되찾을 수 있다고 하는데, 이 유머가 두 사람이 처음에 서로에게 관심을 가진 이유라고 한다.
  - AM은 AF가 우울해할 때 그녀를 비난하지 않고 지원하는 것이 두 사람이 가까워지는 데 도움이 된다고 한다.

- 문제를 완화시키는 것
  - AM이 AF의 가족을 비난하거나 평가하지 않을 때
  - AM이 AF의 어려움을 판단하지 않고 들어줄 때
  - AF가 일찍 자리를 뜨지 않고 AM의 말을 끝까지 들어줄 때
  - AM이 덜 냉소적이고, AF의 상황을 더 수용해줄 때
  - AF가 조금이라도 애정을 보일 때
- 기적 질문
  - AF의 기적은 AM과 좋은 관계를 유지하고 더 발전시키면서도, 가족과의 관계도 유지하는 것이다. AF는 그녀가 오랫동안 분리시켜 놓은 두 세계가 하나로 모아졌으면 좋겠고, 가족과 AM 둘 다로부터 지지받기를 원한다. AF는 가족과 AM 모두에게 감정적으로 헌신할 것이다. AF는 AM의 기분을 더 잘 이해할 것이고, 그에게 더 많은 애정을 보여줄 것이다. AF는 AM과 감정적으로 친밀한 관계를 가질 것이고 자신이 원하고 믿는 부분에 대해서는 입장을 확실하게 표현할 것이다.
  - AM의 기적은 AF와 한 때 가졌던 웃음과 애정, 친밀함과 사랑이 가득했던 그 관계를 되찾는 것이다. AM은 AF를 온전히 지지하고 그녀가 무엇을 필요로 하는지 이해할 것이다. 그는 관계와 가족에 대한 그녀의 생각과 감정을 모두 받아들일 것이다.
- 내담자 동기수준
  - 고객형: AM은 문제를 해결하기 위해 무엇이든 할 준비가 되어있고 관계가 회복되기 위해 자신이 변해야 하는 부분들을 찾는다. 그는 그가 AF의 상황, 감정, 그리고 문화적 배경에 대해서 더 신경 써야 한다는 것을 알고, 또 자신이 덜 방어적이고 비판적이어야 하는 것을 안다.
  - 불평형: AF는 문제가 가족의 반대와 AM의 이해부족이라고 생각한다. 기적 질문에 답을 한 후, AF는 자신도 변화해야 한다는 것을 이해했고, 조금 더 고객형으로 바뀌었다. 그녀는 자신이 더 이해하고, 더 지지적이며, 신체적으로나 정서적으로나 더 열려 있어야 한다는 것을 인식한다.

해결기반 치료계획

해결기반 치료의 초기 단계(가족)

상담 과제

1. 상담 관계를 수립한다.

    다양성 고려사항: _____

    a. _____

2. 개인, 체계, 그리고 좀 더 포괄적인 문화적 역동을 평가한다.

    a. _____

    b. _____

내담자 목표

1. 갈등을 줄이고 결속감을 향상시키기 위해 모두가 함께 즐겁게 할 수 있는 활동을 증가시킨다.

    a. _____

    b. _____

해결기반 치료의 작업 단계(가족)

상담 과제

1. 작업 동맹의 질을 모니터한다.

    다양성 고려사항: _____

    a. _____

내담자 목표

1. 갈등을 줄이기 위하여 **관계에 대한 헌신**과 바람직한 미래에 대한 확신의 정도를 향상시킨다.

    a. _____

    b. _____

2. 갈등을 줄이기 위해 커플 간 **만족스러운 의사소통**을 향상시킨다.

    a. _____

    b. _____

3. 갈등을 줄이기 위해 두 사람이 서로의 원가족과 문화/종교적 차이에 대해서 좀 더 **지지적으로 반응**할 수 있는 능력을 증진시킨다.

    a. _____

    b. _____

    c. _____

해결기반 치료의 종결 단계(가족)

상담 과제

1. 종결 후 계획을 수립하고 상담 성과를 유지한다.

    다양성 고려사항: _____

    a. _____

내담자 목표

1. 갈등을 줄이고 친밀함을 높이기 위해 이종교 간, 이문화 간 결혼이라는 **공유되는 정체성과 결속감**을 향상시킨다.

    a. _____

    b. _____

2. 가족과의 갈등을 줄이고 개인적인 안녕감을 증진시키기 위하여 각 파트너가 원가족 내에서 성인이 된 자녀로서의 **주체감을 증진**시킨다.

    a. _____

    b. _____

Chapter 13

내러티브 치료

"치료를 원하는 많은 사람들은 자신들의 삶에서 일어나는 문제들이 자신의 정체성, 혹은 타인의 정체성이 반영되어 나타난 것이라고 믿거나, 자신들이 다른 사람들과 맺고 있는 관계의 정체성이 반영된 것이라고 믿는다. … 외재화된 대화는 문제를 객관화함으로써 내적으로 어떻게 이해하고 있는가를 해독해줄 수 있다. 사람을 대상화하는 문화적 관습에 반하여 문제를 대상화하는 방법을 택할 수 있다. 이렇게 함으로써 문제로부터 자신의 정체성을 분리하는 경험을 할 수 있다. 즉, 문제는 문제가 될 뿐, 사람 자체가 되지 않는다."

– White, 2007, p. 9

조망하기

가장 최근에 개발된 가족치료를 포스트모던 치료라고 부르는데, 이 치료는 크게 두 가지 줄기로 나뉜다.

- 호주와 뉴질랜드에서 마이클 화이트와 데이빗 입스턴(Michael White & David Epston, 1990)에 의해 개발된 내러티브 치료(narrative therapy)[1]

---

1) 역주: 여러 번역서에서 narrative therapy를 이야기 치료라고 소개하여 이야기 치료라는 명칭이 상용화되었으나, storytelling 또한 이야기로 번역되기도 하여 혼란을 피하고, narrative가 가지고 있는 고유한 의미를 훼손시키지 않기 위해 그대로 내러티브 치료라고 번역하였다.

● 텍사스의 할린 앤더슨과 해리 굴리시안(Harlene Anderson & Harry Goolishian, 1988, 1992; Anderson, 1997; Goolishian & Anderson, 1987) 및 노르웨이의 톰 앤더슨(Tom Andersen)이 개발한 **협력적 치료**(collaborative therapy, 14장)

이 두 접근은 4장에서 설명된 사회구성주의의 여러 전제들을 공유하고 있다. 따라서 각 접근은 내담자와 새로운 의미를 공동으로 구성하는 것에 관심을 둔다. 해결기반 치료법들 (12장)처럼 포스트모던 치료자들은 내담자의 강점과 능력에 초점을 둔다. 하지만 유사점이 많음에도 불구하고, 협력적 치료와 내러티브 치료는 많은 부분에서 차이가 있다. 특히 철학적 토대, 치료자의 입장, 중재 방식의 역할, 정치적인 문제에 대한 강조 등의 부분에서 두드러진 차이를 보인다. 개략적으로 말하자면, 내러티브 치료자들은 내담자가 선호하는 내러티브를 만드는 데 도움이 되는 잘 정련된 일련의 질문들과 전략들을 갖고 있다. 반면에, 협력적 치료자들은 표준화된 기법들을 피하고, 대신 포스트모던 및 사회구성주의적 가정들을 사용하여 내담자 자신만의 고유한 관계와 담화 과정을 촉진시킨다. 다음 표는 이 두 접근의 차이점을 요약한 것이다.

협력적 치료와 내러티브 치료

	협력적 치료	내러티브 치료
주요 철학적 토대	포스트모더니즘; 사회구성주의; 해석학	푸코의 철학적 저서들; 비판 이론; 사회구성주의
치료관계	더 촉진적인 치료자; 담화 과정을 촉진시킴	더 적극적인 치료자; '공동편집자', '공동집필자'
치료과정	중재 기법이 없음; 치료 초점은 특정 과정을 촉진시키는 것	구조화된 중재 방법
정치 및 사회 정의	정치적인 문제들은 내담자가 생각해볼 수 있도록 잠정적으로만 제기됨	사회 정의 문제는 치료 회기 중에 정기적으로 다루어짐

내러티브 치료

배경

마이클 화이트와 데이빗 입스턴이 호주와 뉴질랜드에서 개발한 내러티브 치료는 우리가 지배적 담론(dominant discourses)을 사용하여 삶에서 발생하는 사건들의 의미에 관한 '이야기를 만들고', 의미를 재창조한다는 전제에 바탕을 둔다. 지배적 담론이란 우리가 어떻게 살아야 하는가에 관한 폭넓은 사회적 이야기, 사회문화적 관습, 가정, 그리고 기대들을 의미한다. 사람들은 자신의 개인적 삶이 이러한 지배적인 사회적 담론들과 기대에 부합하지 않을 때 '문제'를 경험한다. 내러티브 치료의 과정은 한 개인이 자신과 자신의 삶을 평가하는 방식에 영향을 끼치는 기본 가정들을 비판적으로 점검함으로써 문제를 개인과 분리시킨다. 이러한 과정을 통해 내담자는 일상의 삶 속에서 자신의 관점, 행동, 그리고 대인관계 방식에 대한 대안적 방법들을 파악하게 된다. 내러티브 치료자들은 모든 사람이 자원을 가지고 있으며, 자신만의 강점을 갖고 있다고 가정한다. 따라서 그들은 문제를 갖고 있는 '사람'으로 간주하기보다, 문제란 유용하지 않거나 해로운 사회문화적 관습이 개인에게 부여한 것으로 여긴다.

주요 개념: 가족치료 영역에 끼친 중대한 영향

압제를 이해하기: 지배적 담론 vs. 지엽적 담론

내러티브 치료는 사회문화적인 문제들을 개인의 문제 형성과 해소에 관한 사례개념화에 접목시키는 몇 안 되는 심리치료적 이론 중 하나이다. 내러티브 치료자들은 개인의 사회문화적 맥락으로부터 문제를 떼어서 생각할 수 없다고 주장한다. 이 사회문화적 맥락은 철학자인 미첼 푸코가 지칭한 지배적 담론에 포괄적으로 담겨 있다(Foucault, 1972, 1979, 1980; White, 1995; White & Epston, 1990). 지배적 담론은 삶이 어떠해야 하는가에 관해 문화적으로 생성된 이야기다. 이러한 이야기는 사회적 행동, 예를 들면 결혼한 사람들이 어떻게 행동해야 하며, 행복은 어떤 것이며, 어떻게 해야 성공하는지와 같은 행동을 조율하기 위해 사용된다. 이 지배적 담론들은 모든 수준의, 즉 큰 규모의 문화적 집단으로부터 커플이나 가족과 같은 작은 사회적 집단을 조직화한다. 이 담론이 지배적이라고 불리는 이유는 우리가 어떻게 처신해야 하며 우리의 삶을 어떻게 평가하는가에 너무나 기본적이어서 어떻게 영향을 끼치는지에 대해 거의 의식하지 못하기 때문이다.

푸코는 지배적 담론을 지엽적 담론(local discourses)과 대조시켰는데, 지엽적 담론은 개인 내에서, 좀 더 친밀한 관계 내에서, 소외된(주류가 아닌) 공동체 내에서 발생한다. 지엽적 담론은 지배적 담론과 다른 '선(goods)'과 '당위(shoulds)'를 갖고 있다. 고전적인 예시로는 전형적인 직무 환경에서 남성은 성과를 중요시하는 반면, 여성은 관계를 중요시한다는 것이다. 두 담론 모두 함께 지향하는 가치를 지니고 있다. 하지만 남성의 담론은 일반적으로 여성의 담론보다 우선하므로 지배적인 담론으로 간주되고, 여성의 담론은 지엽적인 것으로 여겨진다. 내러티브 치료자들은 지엽적 담론과 지배적 담론 간의 유동적인 교류에 면밀히 초점을 맞추고, 무엇이 '선한' 것이며 중요한 것인가에 관한 서로 다른 이야기들이 사회적 관계의 촘촘한 망에서 어떻게 충돌하여 문제와 어려움을 유발하는지에 관심을 둔다.

사회적 상호작용의 이 같은 수준에 관심을 기울이면서, 내러티브 치료자들은 서로 다른 담론들이 내담자의 삶에 어떤 영향을 끼치는지 내담자가 자각할 수 있도록 조력한다. 이러한 자각은 내담자 자신의 어려움에서 주체감(sense of agency)을 증가시키고, 문제를 성공적으로 해소시킬 수 있는 방법들을 찾을 수 있게 해준다. 이 장의 마지막 부분에 제시된 사례에서 대런과 어니스토(Darren & Ernesto)는 서로 다른 인종의 동성애자 커플로 몇몇 지배적 담론으로 어려움을 겪고 있다. 이들이 갖는 담론으로는 동성애자, 나이지리아인/멕시코인, 에이즈 바이러스 감염에 관한 것인데, 이러한 담론은 각 개인의 정체성 내러티브뿐 아니라 커플로서의 정체성 내러티브에도 영향을 끼치고 있다.

관련학자

마이클 화이트(Michael White) 내러티브 치료의 선구자로서 문제의 외재화 과정에 대해 처음으로 저술하였다. 마이클 화이트는 호주의 아델레이드 시에 있는 덜위치 센터(Dulwich Centre)에서 내러티브 치료에 관한 훈련을 실시하고, 책과 소식지 등을 발간하였다. 데이비드 입스턴과 더불어 내러티브 치료에 관한 첫 저서인 『Narrative Means to Therapeutic Ends』(White & Epston, 1990)를 출간하였다. 그는 2008년도에 사망하였으나, 그의 마지막 저서인 『Maps of Narrative Practice』(White, 2007)를 통해 자신의 생애 후반기 치료 작업에 관한 내용을 기술하였다.

데이빗 입스턴(David Epston) 뉴질랜드의 오클랜드 시 출신인 데이비드 입스턴은 마이클 화이트와 밀접하게 작업하면서 내러티브 치료에 관한 기초를 닦았다. 그는 내담자에 대한 독특한 지지 자원을 만드는 것을 강조하였다. 예를 들어, 새로운 내러티브를 공고히 하도록 내담자에게 편지를 쓰는 것과 내담자가 다른 사람들과 더불어 서로 지지하고 응원해줄 수 있는 공동체 혹은 연맹(league, 중재방법에서 연맹에 관한 논의 참조)을 만드는 것 등이다.

치료과정

치료 단계

내러티브 치료과정은 내담자로 하여금 새로운 관점을 갖도록 조력하며, 문제가 하는 역할을 재정의함으로써 문제들과의 새로운 관계를 수립하고 잘 대응할 수 있는 방법들을 얻을 수 있도록 조력한다(White, 2007). 내러티브 관점에서 보면, 사람은 문제와 동일하지 않다. 즉, 문제는 문제일 뿐이다. 상담자에 따라 다를 순 있지만, 내러티브 치료는 포괄적으로 다음 단계들을 포함하고 있다(Freedman & Combs, 1996; White & Epston, 1990).

- 사람을 만나기(Meeting the person): 그 사람이 가진 취미, 가치, 일상의 삶 등에 대해 알

아봄으로써 문제를 분리시켜 그 사람을 알아가는 것

- **경청하기(Listening)**: 지배적 담론의 효과에 대해 경청하며 문제가 없는 시기가 언제인지 확인하는 것
- **문제로부터 사람을 분리하기(Separating persons from problems)**: 새로운 정체성과 새로운 삶의 이야기들을 창출할 여지를 만들기 위해 문제로부터 사람을 분리시켜 외재화하는 것
- **선호된 내러티브를 실연하기(Enacting preferred narratives)**: 관련된 모든 사람들에게 끼치는 부정적 영향을 감소시킬 수 있는 문제와의 새로운 교류방식을 파악하는 것
- **공고히 하기(Solidifying)**: 내담자의 삶에 유의미한 사람들이 증인이 되게 함으로써 선호된 이야기와 정체성을 보강하는 것

설명을 두텁게 하기

내러티브 치료과정은 단순히 '이야기 절제술'이라기보다 한 개인의 정체성과 삶에 대한 설명을 더 진하게, 더 풍부하게 하는 것이다. 문제를 문제가 없는 이야기로 바꾸는 대신, 내러티브 치료자는 내담자가 치료에 처음 발을 디뎠을 때 제시하는, 문제에 지나치게 초점을 맞춘 문제 포화 설명(problem-saturated descriptions)에 새로운 정체성을 덧입힌다. 하루에 일어나는 일은 무한대로 많은데 이렇게 많은 일들이 그 날에 대한 설명과 우리의 정체성에 이야기화된다. 우리가 문제를 경험하기 시작하면, 문제 내러티브에 부합하는 사건들에만 주의를 기울이는 경향이 있다. 예를 들어, 우리가 무기력감을 느끼고 있다면, 하루 내내 우리 뜻대로 일이 돌아가지 않을 때 더 주목하게 되고, 좋은 일에는 그다지 큰 무게를 두지 않게 된다. 비슷하게, 커플이 싸우기 시작하면, 자신의 주장이 맞다고 입증할 수 있는 상대방의 행동에만 주의를 기울이고 다른 사건들을 무시하거나 잊어버린다. 내러티브 치료자는 사건에 대한 좀 더 균형 잡히고, 풍부하며, 세밀한 설명을 하도록 조력함으로써 더욱 성공적이고 즐거운 삶을 이끌어가도록 한다.

상담관계 형성

문제와 별개로 내담자 만나기

내러티브 치료자는 일반적으로 '문제와는 별개로', 마치 일상의 사람들이 그러하듯이, 내담자를 만나면서 첫 회기를 시작한다(Freedman & Combs, 1996). 치료자는 다음과 같은 질문을 통해 내담자의 일상생활에 대해 더 친숙해진다.

> ### 내담자(문제가 아니라) 만나기
> - 즐거울 때 무슨 일을 하나요? 취미는 있나요?
> - 이 지역에서 사시는 게 어떠세요? 좋은 점은 무엇인가요? 별로 안 좋은 점은 무엇인가요?
> - 친구들과 가족에 대해 이야기해주세요.
> - 삶에서 중요하다고 생각하는 것은 무엇인가요?
> - 하루를 어떻게 보내시는지 말씀해주세요. 주말은 어떤가요?

이러한 질문에 대한 내담자의 답을 들으면서, 주변의 평범한 사람들처럼 치료자는 내담자가 자신을 어떻게 바라보는지와 동일한 방식으로 내담자를 알게 되고 바라보게 된다. 이 장의 마지막 부분의 사례에서, 치료자는 삶의 많은 문제들을 부적절감과 패배감으로 다루려고 하는 내담자를 내담자가 지닌 문제와 분리시켜 만날 것을 강조한다.

문제를 개인과 분리시키기: 문제는 문제일 뿐이다

내러티브 치료의 모토는 '문제는 문제일 뿐이다. 그 개인이 문제 자체는 아니다'(Wislade & Monk, 1999, p. 2)이다. 치료자가 내담자를 문제와는 별개로 알아가게 되면 내담자가 한 인간으로서 누구인지가 명확해지고, 각각의 정체성을 분리시킨 채로 문제를 '만나기' 시작한다. 우울, 불안, 부부 갈등, ADHD, 반항, 고독, 혹은 이별 등의 어떤 문제일지라도, 문제는 하나의 독립된 실체, 혹은 상황으로 간주될 뿐, 내담자 자신에게 타고난 것이라고 간주되지는 않는다. 치료자는 정치적이며 사회적인 존재인 '당신을 알아가고 싶은' 태도를 유지한다.

> ### 문제를 '만나는' 질문
> - 당신의 삶에서 언제 처음 그 문제가 생겼습니까?
> - 그 이후 당신의 삶은 어떻게 되었습니까?
> - 그 문제가 처음 일어났을 때 어떤 느낌이나 생각이 처음 드셨습니까? 그러한 느낌이나 생각이 달라진 것이 있다면 말씀해주세요.
> - 시간이 지나면서 그 문제와 당신은 어떤 사이가 되었습니까?
> - 그 문제로 인해 영향을 받은 사람들은 당신 이외에 또 누가 있습니까?

내러티브 치료자들은 문제에 대해서 대립적 입장(문제보다 더 똑똑하고 꾀도 많은, 문제를 내쫓고자 하는; White, 2007) 혹은 좀 더 연민적인 입장(문제가 말하는 메시지나 관심사를 이해하고자 하는; Gehart & McCollum, 2007)을 취할 수 있다.

낙관과 희망

내러티브 치료자는 문제는 문제로, 사람은 사람으로 바라보므로 내담자에 대한 깊은 그리고 변치 않는 낙관과 희망을 지니고 있다(Monk 등, 1997; Winslade & Monk, 1999). 치료자의 희망과 낙관은 단지 사탕발림이나 순진한 바람이 아니라 어떻게 문제가 형성되는지를 이해하는 것에서 비롯한다. 치료자는 문제가 언어, 관계, 사회적 담론으로 인해 생김을 이해하고 있기 때문에 자신의 치료적 접근이 효과가 있을 것이라는 확신을 지니고 있다. 더욱이 사람을 문제와 분리시킴으로써 치료자는 내담자의 '가장 좋은' 면과 유대를 형성하게 되고, 이는 치료자가 갖는 희망과 낙관을 더 강화시키게 된다. 이 장의 사례에서, 내담자 커플이 새로운 비전에 대한 용기를 갖게 되고 동성애 커플로서 수치심 없이 삶을 살아가고자 하는 선호된 내러티브를 그대로 삶에 옮기면서 살 수 있는 데에는 치료자의 희망감이 특히 중요하다.

공동집필자 및 공동편집자로서의 치료자

치료자의 역할은 종종 **공동집필자** 혹은 **공동편집자**로 묘사된다. 이는 치료자와 내담자가 새로운 의미를 공동으로 창출하는 과정에 참여하고 있음을 강조하기 위함이다(Freedman & Combs, 1996; Monk 등, 1997; White, 1995; White & Epston, 1990). 치료자는 '더 나은 이야기'를 제시하려고 하기보다, 더욱 유용한 내러티브를 만들도록 내담자와 함께 작업한다. 치료자의 참여 정도나 질은 사뭇 다르겠지만, 내러티브 치료자는 내담자의 삶에서 사회정치적인 측면에 초점을 맞추는 경향이 있다. 어떤 내러티브 치료자들은 치료자가 불평등과 같은 좀 더 광범위한 사회문화적 문제들에 모든 내담자들과 더불어 관심을 가져야 한다고 주장한다(Zimmerman & Dickerson, 1996). 하지만 모든 내러티브 치료자들이 이러한 주장을 공유하는 것은 아니다(Monk & Gehart, 2003).

취재기자로서의 치료자

화이트(2007)는 그의 후기 저서들에서 문제에 관한 자신의 입장은 취재기자와 같은 것이라고 묘사하고 있다.

> 대화를 외재화하는 동안 취하는 탐문 형태는 취재보고를 하는 것에 비유될 수 있다. 취재보고의 일차적 목표는 힘과 특권의 남용과 관련된 부패를 폭로하는 것이다. 취재기자들이 정치적으로 중립적이지는 않다 하더라도, 그들이 하는 탐문 활동은 문제의 해결, 개혁의 실시, 혹은 간접적인 권력 투쟁에의 참여 등의 목적을 띠지 않는다... 대체로 그들의 행동은 비교적 '냉철한' 참여를 반영한다. (pp. 27-28)

따라서 문제에 바로 뛰어들어 문제를 고치려고 하기보다 치료자는 차분하지만 탐구적인 입장을 취하며 문제의 기원들을 탐색함으로써 내담자로 하여금 좀 더 큰 차원의 맥락을 잘 이해할 수 있도록 영감을 불러일으킨다.

사례개념화 및 평가

문제 포화 이야기

내담자가 말을 할 때 내러티브 치료자는 문제 포화 이야기(problem-saturated stories)에 귀를 기울인다(Freedman & Combs, 1996; White & Epston, 1990). 문제 포화 이야기란 '문제'가 주인공의 역할을 하고, 내담자는 조연, 주로 피해자 역할을 하는 이야기를 가리킨다. 치료자는 문제가 개인적 수준(건강, 정서, 사고, 신념, 정체성, 신적 존재와의 관계) 및 관계적 수준(유의미한 타자, 부모, 친구, 직장 동료, 교사 등과의)에서 내담자에게 어떤 영향을 끼치는지에 주목한다. 더불어 문제가 유의미한 타자들 각 개인에게 미치는 영향에도 주목한다. 내담자의 문제 포화 이야기를 듣다 보면, 치료자는 문제가 덜 문제가 되고, 사람은 능률적인 역할을 하는 대안적인 결말 및 부차적 줄거리에 좀 더 면밀하게 귀를 기울인다. 이러한 결말이나 부차적 줄거리를 독특한 결과(unique outcomes)라고 부른다.

독특한 결과와 빛나는 사건

독특한 결과(White & Epston, 1990) 혹은 빛나는 사건(sparkling events; Freedman & Combs, 1996)은 문제 포화 이야기가 전형적인 역할을 하지 않는 이야기나 부차적 줄거리를 의미한다. 다시 말하면, 아이는 즐거운 마음으로 부모의 말을 잘 따르고, 커플은 싸움 폭발 전에 말다툼을 멈추고 서로를 부드럽게 껴안을 수 있고, 십대 청소년은 자해 행동을 하기 전에 친구에게 전화를 걸기로 결심하는 이야기가 될 수 있다. 이러한 이야기는 때로 눈에 띄지 않는데, 그 이유는 사람들의 주의를 끌만한 극적인 결말 혹은 특히 주목할 만한 성과가 없기 때문이다. 따라서 이러한 이야기는 내담자 혹은 다른 사람들의 마음에 이야기로 구성되지 않는다. 독특한 결과는 내담자가 자신이 선호하는 삶을 창출하도록 돕기 위해 그리고 자신과 타인의 정체성에 대한 좀 더 온전하고 정확한 설명을 가능하게 하기 위해 이용된다. 이 장의 사례에 나오는 대런과 어니스토 커플과 같은 내담자와 작업할 때는 독특한 결과가 특히 필수적이다. 그 이유는 동성애를 지지하지 않는 종교를 지닌 가족 구성원, HIV 양성 진단, 자신이 속한 민족 공동체로부터의 거부 등과 같이 겉보기에 '영속적이고', '변화불가능한' 문제의 여러 측면들로 인한 무기력감 때문이다.

지배적인 문화적 및 성적 담론(주요 개념 참조)

앞에서 논의한 바와 같이, 내러티브 치료자는 문제의 전개와 지각에 기여하는 지배적 문화 및 성적 주제들에 귀를 기울인다(Monk 등, 1997; White & Epston, 1990). 모든 담론의 목적은 특정 문화권 내에서 사회적 상호작용을 결정짓는 일련의 '선한 것'과 '가치로운 것'을 확인하는 것이다. 각 문화는 필연적으로 지배적인 담론들의 합이다. 즉, 해당 집단에 속한 사람들이 서로 의미 있는 관계를 맺도록 가능하게 하는 사회적 규칙과 가치들의 합이다(4장 참조).

지배적 담론은 어떤 삶이 바람직한 삶이어야 하는가에 관한 사회적 이야기이다. 예를 들어, 행복하고 좋은 사람이 되기 위해 당신은 반드시 결혼해야 하고, 안정되고 보수가 높은 직업이 있어야 하고, 자녀를 두어야 하며, 좋은 차와 집을 소유하고 있어야 하며, 자녀의 학교에서 자원봉사를 해야 한다. 사회적 혹은 신체적 제한 때문에 당신이 이러한 행복에 대한 개념에 순응하든지, 반대하든지, 아무런 관심이 없든지, 문제는 어찌됐든 그러한 개념과 관련하여 발생할 수 있다. 내담자와의 상담 시 내러티브 치료자들은 문제의 지각에 가장 직접적인 영향을 끼치는 이러한 지배적 담론들에 면밀하게 귀를 기울인다. 지배적 담론에 대한 대응으로, 치료자들은 지엽적 혹은 대안적 담론에 대해 탐문한다.

지엽적 및 대안적 담론: 내담자 언어와 의미에 주의를 기울이기

지엽적 및 대안적 담론은 지배적 담론에 동조하지 않는 담론을 가리킨다(White & Epston, 1990). 예를 들어, 자녀를 갖지 않는 커플, 동성애 관계, 자신의 뿌리를 지키려는 이민자 가족, 제2언어로 영어 사용하기, 모든 사회의 십대 문화 등등이 해당된다. 지엽적 담론은 지배적 담론에서 묘사되는 '선한 것', '그래야만 하는 것', 윤리적 '가치들'과 다르다. 즉, 성인 문화에서 선호되는 것과는 상이한 미의 기준, 성행동 규범, 어휘, 우정 규칙 등을 통해 십대들은 하나의 하위문화를 형성한다. 이러한 십대 문화는 십대 내담자의 세계관과 가치를 이해할 수 있는 대안적 담론을 대표한다. 더불어 십대 내담자와 함께 이러한 대안적 담론이 지배적 담론과 어떻게 성공적으로 공존할 수 있는지를 탐색한다. 따라서 지엽적 담론은 자신을 보는 새로운 방식을 만들어주고, 문제를 둘러 싼 타인들과의 관계 방식도 새롭게 바꾸는 자원이 된다.

변화 목표 수립

선호된 실재와 정체성

포스트모던 접근으로서 내러티브 치료는 모든 내담자에게 적용할 수 있는 사전 정의된 목표를 갖고 있지 않다. 반면에, 내러티브 치료에서의 목표 설정은 각 내담자에게 고유하다. 가장 큰 의미에서 설명하면, 내러티브의 목적은 내담자가 자신의 **선호된 실재**(preferred realities)와 **정체성**을 실연하도록 조력하는 것이다(Freedman & Combs, 1996). 대부분의 경우, 선호된 내러티브를 실연하는 것은 내담자의 주체감, 즉 자신이 사는 삶의 방향에 자신이 영향을 끼칠 수 있다는 느낌을 증가시킨다. 선호된 실재를 확인할 때, 치료자들은 지배적 문화의 가치를 단순히 채택하기보다는 지엽적 지식이 고려되고 사려 깊게 반영된 목표들을 내담자와 함께 수립한다. 내담자는 종종 이러한 지엽적 지식들을 통합하고 지배적 담론의 영향을 감소시키기 위해 선호된 실재를 재규정하기도 한다. 예를 들어, 한 커플은 연애할 때로 모든 것들이 되돌아갔으면 하는 바람을 가지고 상담에 올 수도 있다. 하지만 치료적 과정이 진행됨에 따라 커플은 이전과는 다른 것을 원하고 필요로 한다는 것을 깨닫는다. 왜냐하면 한 사람으로서가 아니라 커플로서의 새로운 삶이라는 인생의 새로운 국면에 진입했기 때문이다.

따라서 핵심은 선호된 실재의 영향과 의미뿐 아니라 지배적이며 지엽적 담론의 영향을 고려한 후에 의도를 지니고 심사숙고하여 '선호된' 실재와 정체성을 규정하는 것이다. 이러한 과정은 종종 '이 문제를 사라지게 하는 것'에서부터 '내 삶에 아름답고 의미 있는 뭔가를 만들고 싶다'로의 점진적 변화이다. 치료자는 내담자가 선호된 실재를 규정하는 것을 주도하도록 하며, 어떻게 하여 그러한 실재를 선호하게 되었는지 그리고 선호된 실재가 내담자에게 끼치는 영향을 내담자가 성찰할 수 있도록 공동편집자로서 조력한다.

중기 단계 목표

중기 단계 목표는 당면한 증상과 호소문제에 초점을 둔다. 다음은 몇 가지 예시이다.

- '배우자와 문제 해소를 위한 대화를 하는 데 있어 주체감을 증가시킨다.'
- "'자신감 있고, 사교적인' 자기를 사용하여 친구들과 더 많이 교류할 수 있는 기회를 만든다."
- "아이의 반항 행동에 대해 부모가 '화'를 우두머리로 삼는 횟수를 감소시킨다."
- '거식증이 먹지 말도록 명령할 때 반항하는 횟수를 증가시킨다.'

후기 단계 목표

후기 단계 목표는 개인적인 정체성, 관계에 대한 정체성, 그리고 확대된 공동체에 초점을 둔다.

- 개인적 정체성: '단지 몸 크기보다 의미 있는 활동, 관계, 가치들을 바탕으로 자신의 가치를 정하는 개인적 정체감을 공고히 한다.'
- 관계적 정체성: '가족 간 친밀감과 충실성을 유지하는 동안 서로 다름을 허용하는 가족 정체성 내러티브를 개발한다.'
- 확대된 공동체: "선호된 '사교적인' 정체성을 여러 사회적 관계 및 상황까지 확대한다."

개입 전략 수립

외재화하기: 문제를 개인과 분리시키기

내러티브 치료의 특징적 기법으로서 외재화하기(externalizing)는 개인을 문제로부터 개념적으로, 언어적으로 분리시키는 것이다(Freedman & Combs, 1996; White & Epston, 1990). 외재화하기 기법이 성공적이 되기 위해서는 개인이 문제로부터 분리될 수 있다는 진심어린 믿음이 필수적이다. 따라서 그러한 태도가 외재화하기 기법의 효과를 좌우한다(Freedman & Combs, 1996). 한 회기 중재 이상으로, 외재화하기는 문제와의 관계에 대한 내담자의 지각을 변화시키는 본질적이며 발전적인 과정이다. 즉, 문제를 '소유하는 것'에서 자신의 외부에 존재하는 것으로 문제를 바라보는 지각의 변화이다. 치료자는 외부 객체로서 문제에 이름을 붙이거나 상태를 기술하는 형용사를 명사로 바꿈으로써(예를 들어, 우울한 내담자는 '우울'과 친구를 맺고 있는, 혹은 서로 갈등 상황에 있는 커플은 '갈등'과 사귀고 있는 등으로) 외재화할 수 있다. 다른 경우에는 내담자가 자신의 '일부' 측면에 대해 이야기함으로써 더 잘 대응할 수 있다. 예를 들면, '내 안의 두려움에 떨고 있는 어린 소녀' 혹은 '우리 관계의 경쟁적인 측면'이라고 표현할 수 있다.

외재화가 효과적이기 위해서는 내담자에게 강요되어서는 안 되고 대화 속에서 자연히 드러나게 할 필요가 있거나, 해당 상황에 대해 어떻게 생각할 것인지에 대한 하나의 대안으로서 내담자에게 제시되어야 한다. 대부분의 경우, 사람과 문제의 영향력을 가늠하기(mapping the influence of persons and problem)와 같은 기법들은 문제를 외재화하기 위한 자연스럽고 편안한 과정이 된다. 두 번째 대안으로는, 자신들로부터 분리된 문제를 어떤 이름으로 부르고 싶은지 적절한 대화중에 치료자가 내담자에게 물어볼 수 있다. 만약 내담자가 문제에 대한 이름을 이미 붙인 적이 있고, 자신과 분리된 외부 실체나 객체의 일종으로 문제를 개념화하고 있다면, 치료자는 이미 시작된 외재화 과정을 진행시키기만 하면 된다.

상대적 영향력 질문: 문제와 사람들의 영향력 가늠하기

상대적 영향력 질문은 외재화를 위한 구체적인 첫 방법이다(White & Epston, 1990). 치료 초기에 사용되면, 평가와 중재 두 가지를 동시에 할 수 있는데, 이 질문은 두 가지 요소로 구성된다. 첫 번째 요소는 문제의 영향력을 가늠하는 것이며, 두 번째는 사람들의 영향력을 가늠하는 것이다.

문제의 영향력을 가늠하기 문제의 영향력을 가늠할 때, 치료자는 문제가 내담자의 삶과 유의미한 타자들의 삶에 어떤 영향을 끼쳤는지 탐문한다. 내담자가 문제를 대체로 어떻게 생각하는지 이상으로 문제가 끼치는 영향의 범위를 종종 확장시킨다. 그러므로 내담자의 기분이 악화되지 않도록 사람의 영향력을 가늠하기 질문을 뒤이어 사용하는 것이 핵심이다.

문제의 영향력을 가늠하기 질문

어떻게 문제가...

- 신체적, 정서적, 심리적 수준 각각에서 내담자에게 영향을 끼쳤는가?
- 내담자의 정체성 이야기와 자신의 가치와 자신이 누구인지에 대해 스스로 이야기하는 바에 영향을 끼치는가?
- 내담자의 가장 가까운 관계들, 예를 들어, 배우자, 자녀, 부모와의 관계들에 영향을 끼치는가?
- 내담자의 삶의 기타 관계들, 즉 우정관계, 사교 모임들, 직장 혹은 학교 동료 등에 영향을 끼치는가?
- 내담자의 건강, 정체성, 정서, 유의미한 타자들과의 기타 관계들에 영향을 끼치는가?(예를 들면, 자녀의 문제 때문에 낯부끄러워서 부모는 주변 친구들과 만나지 않을 수도 있다.)

사람들의 영향력을 가늠하기 사람들의 영향력을 가늠함으로써 외재화 과정이 좀 더 명시적으로 진행된다. 문제의 영향력을 가늠하기에 바로 이어서 진행되어야 하는 이 질문 단계에서는 일련의 첫 질문들의 논리를 역전시키면서, 어떻게 사람이 문제에 영향을 주는지를 파악한다.

사람들의 영향력 가늠하기 질문

문제에 연관된 사람들이...

- 해당 문제가 자신들의 기분에 영향을 주지 않도록 했는가? 혹은 자신들 스스로를 어떻게 평가하였는가?
- 해당 문제가 그들의 특별한 혹은 일상적인 관계들을 누리는 데 방해가 되지 않도록 노력했는가?
- 해당 문제가 직업이나 학업에 부정적인 영향을 끼치지 않도록 했는가?
- 문제가 처음 시작되었을 때 문제가 악화되지 않도록 어떤 조치를 취해 왔는가?

화이트와 입스턴(1990)은 외재화가 다음과 같은 장점이 있다고 보고한다.

- 가족 구성원 간에 비생산적인 갈등과 비난을 감소시킨다.
- 사람들이 문제에 휘둘리지 않았던 시기들을 강조함으로써 문제를 이기지 못해 실패했다는 느낌을 약화시킨다.
- 문제에 맞서 싸워서 문제가 끼치는 영향을 감소시킬 수 있도록 사람들을 단합시킨다.
- 문제의 영향력을 감소시키기 위한 새로운 기회들을 확인할 수 있다.
- 문제에 대해 좀 더 쉽고 보다 덜 스트레스가 되는 접근을 도모할 수 있다.
- 문제에 대해 혼자서만 반복적으로 이야기하는 것보다 상호간 대화를 증진시킨다.

영향력을 가늠해보기 위한 질문들은 이 장의 마지막 부분에 제시되어 있는 사례에서 광범위하게 사용되고 있다. 이러한 질문들은 사람과 문제를 분리시키는 데 도움이 될 뿐 아니라, 두 남성 내담자들이 추구하고 있는 주체감을 형성하는 데도 도움이 된다.

외재화 대화: 자리 지도 선언서

화이트(2007)는 외재화 대화를 촉진시키기 위한 좀 더 최근에 개발된 과정을 '자리 지도 선언서(the statement of position map)'라고 기술한다. 이 지도는 탐문의 네 가지 범주를 포함하고 있다. 이 범주들은 한 회기 내내 그리고 회기가 진행됨에 따라 내담자의 문제에 대한 관계를 변화시키고 행동을 이끌어내기 위한 새로운 가능성들을 열어주기 위해 자주 사용된다.

범주 1: 근사 경험에 대한 정의를 협의하기 화이트는 전문적 혹은 일반적 용어들(이를 테면, '진단'과 같은) 대신 내담자의 언어(근사 경험 언어)를 사용하여 문제를 정의하면서 탐문을 시작한다. 따라서 '우울한'보다는 '울적한'이 선호된다.

범주 2: 문제의 영향력을 가늠하기 화이트의 초기 저서(White & Epston, 1990)에서 문제의 영향력을 가늠하기에는 문제가 내담자의 다양한 삶의 영역, 즉 가정, 직장, 학교, 기타 사회적 맥락들, 예를 들면 가족 관계, 친구 관계, 자신과의 관계 등에 어떤 영향을 끼치고 있으며, 내담자의 정체성과 미래 가능성들에 어떤 영향을 끼치고 있는지 확인하는 것이 포함된다.

범주 3: 영향력을 평가하기 문제의 영향을 확인한 이후에, 치료자는 내담자에게 다음과 같은 영향들을 평가하도록 요청한다(White, 2007, p. 44).

- 이러한 활동들이 괜찮으신가요?
- 이렇게 영향력을 미쳐 온 과정에 대해 어떤 느낌이 드시나요?
- 이러한 결과들에 대해 어떤 입장이신가요?
- 이렇게 영향력이 끼쳐 온 과정이 부정적인가요, 긍정적인가요? 아니면 둘 다인 것 같은가요? 둘 다 아닌 것 같은가요? 아니면 이도 저도 아닌 중간인 것 같은가요?

범주 4: 평가를 정당화하기 이 마지막 단계에서 치료자는 내담자가 어떻게 그리고 왜 상황을 그렇게 평가했는지에 대해 문의한다(White, 2007, p. 48).

- 왜 이것이 괜찮지 않다고 생각하시나요?
- 문제가 이런 식으로 발전되어 온 것에 대해 왜 그렇게 느끼셨나요?
- 문제가 이렇게 발전되어 온 것에 대해 왜 그런 입장을 취하시나요?

이와 같은 '왜' 질문은 도덕적 판단이 아니라 내담자가 자신에게 중요한 것에 목소리를 주기 위한 목적으로 사용된다. 이러한 질문들을 통해 내담자에게 동기를 부여하는 것이 무엇인지, 자신의 정체성과 미래를 어떻게 형성하고 싶은지에 대한 이야기를 이끌어낼 수 있다. 이 장의 마지막 부분에 제시된 사례에서, 자리 지도 선언서 기법은 내담자들이 자신 스스로를, 그리고 성정체성, 약물 남용, 불안 등의 문제들과의 관계를 의식적으로 규정하도록 돕기 위해 자주 사용된다.

은유를 외재화하기

위의 네 범주를 사용하여 외재화할 때 화이트(2007, p. 32)는 문제들과의 관계 맺기에 대한 다양한 은유를 사용한다.

- 문제를 버리고 떠나다.
- 문제에 대항하여 파업을 지속하다.
- 문제가 요구하는 것에 맞서다.
- 문제가 지닌 권력을 빼앗다.
- 문제를 가르치다.
- 문제로부터 탈출하다.
- 문제에게 뺏긴 영토를 탈환하거나 회복하다.
- 문제에게서 온 초대장에 응하지 않다.
- 문제가 주장하는 바를 인정하지 않다.
- 문제의 시중을 더 이상 받지 않다.
- 문제의 목숨을 훔치다.
- 문제를 길들이다.
- 문제를 꼼짝 못하게 하도록 목줄을 달다.
- 문제를 좀먹고 있다.

전체화와 이중 사고를 피하기

화이트(2007)는 문제에 대한 묘사를 전체화하는 것, 예를 들면 그 문제는 모두 나쁘다 등과 같이 여기는 것을 피한다. 왜냐하면 그러한 묘사가 이중 사고(dualistic thinking) 혹은 이분법적 사고를 야기하는데, 이러한 사고가 내담자에게는 타당하지 않을 수 있으며 문제가 지닌 더 큰 맥락을 흐릿하게 만들 수 있다.

외재화 질문

내러티브 치료자는 내담자로 하여금 자신이 지닌 문제들과 이전과는 다른 관계를 형성하도록 조력하기 위해 외재화 질문을 사용한다(Freedman & Combs, 1996). 대부분의 경우, 이러한 질문들은 형용사(예를 들어, 우울한, 불안한, 화난)를 명사['우울(Depression)', '불안 (Anxiety)', '화(Anger)'; 대문자로 표기한 이유는 문제(problem)를 독립된 실체로 간주함을 강조하기 위해서이다]로 변환시킨다. 외재화 질문은 사람과 문제는 별개의 것이며 문제와 사람 간의 관계는 쌍방향적인 것이라는 점을 전제로 한다. 즉, 문제가 사람에게 영향을 끼치며, 사람은 문제에 영향을 끼친다.

외재화하기가 가져다주는 해방감 효과를 경험하기 위해, 프리드만과 콤스(1996, pp. 49-50)는 다음 두 가지 유형의 질문을 개발하였다. 한 가지는 관습적인 치료적 질문들이고, 다른 한 가지는 외재화 질문들이 해당된다. 실습을 해보면, 당신 혹은 다른 사람들이 문제라고 여기는 자질 혹은 특성 한 가지를 형용사로 떠올려보라. 이 형용사를 아래에 제시된 질문들 안의 X 대신 넣어보라. 그 특성의 명사형을 생각해보라. 이를 아래 질문들 중 Y에 해당되는 곳에 대신 넣어보라. 예를 들면, X에 '우울한'을 넣었다면, Y에 '우울'을, X에 '비판적인'을 넣었다면, Y에 '비판'을, X에 '화난'을 넣었다면, Y에 '화'를 넣는다.

관습적인 질문 대 외재화 질문

관습적 질문(X에 형용사형으로 문제를 기술한다.)	외재화 질문(Y에 명사형으로 문제를 기술한다.)
언제 처음으로 X되었나요?	Y가 당신의 삶을 좌지우지할 만큼 왜 당신은 Y에 그렇게 약하게 되었나요?
당신은 무엇에 가장 X하나요?	어떤 상황에서 Y가 대장이 되나요?
당신을 전형적으로 X하게 만드는 일들은 무엇인가요?	Y가 우두머리가 되게 하는 일들은 어떤 일들인가요?
당신이 X 때, X하지 않았다면 결코 하지 않을 일을 했다면 그것은 무엇인가요?	당신의 판단력에 반하여 Y가 하도록 만드는 일은 무엇인가요?
현재의 어려움 중에 X로부터 기인한 것이 있다면 무엇인가요?	Y가 당신의 삶과 관계에 끼치는 영향은 무엇인가요?
X와의 관계를 통해 당신이 얻을 결과는 무엇인가요?	Y가 현재 당신이 겪고 있는 어려움들에 당신을 어떻게 빠뜨렸나요?
당신이 X 때, 당신의 자아상은 어떻게 달라지나요?	Y가 당신의 눈을 가려 당신이 갖고 있는 자원들을 못 보게 하거나, 아니면 당신 스스로 자원들을 알아보는 눈이 있으신가요?
어떤 기적 때문에 아침에 일어났더니 당신이 더 이상 X하지 않는다면, 당신의 삶은 구체적으로 어떻게 달라져 있을까요?	Y를 이길 수 있었던 적이 있었나요? Y가 대장이 될 수도 있었지만 당신이 그렇게 내버려 두지 않았던 적이 있었나요?

문제 해체: 해체적 경청 및 질문

자끄 데리다(Jacques Derrida)의 철학적 연구로부터 내러티브 치료자들은 해체적 경청 (deconstructive listening)과 질문을 통해 내담자가 지배적 담론의 영향을 추적하도록 조력하고, 어떤 담론이 자신의 삶에 영향을 끼칠 것인가를 좀 더 의식하여 선택하도록 힘을 북돋운다(Freedman & Combs, 1996). 해체적 경청을 할 때 치료자는 내담자가 이해하고 있는 것들에 '괴리'가 있는지 경청하며, 빠뜨려진 구체적인 사항들을 찾으려 하거나, 내담자가 말한 이야기들 중 모호한 부분을 설명하도록 요청한다. 예를 들어, 만약 내담자가 자신의 친구들이 전화하겠다고 해놓고 하지 않을 때 거부당한 느낌이 들었다고 말한다면, 치료자는 '거부당한' 느낌이 어떤 것인지에 대한 의미에 귀를 기울일 것이다.

해체적 질문(deconstructive questions)은 내담자로 하여금 자신의 이야기를 더 깊이 '풀어놓도록' 조력하는데, 지배적 담론과 지엽적 담론의 영향을 확인하면서 이 이야기들이 어떻게 구성되었는지 알아보기 위함이다. 외재화 대화에서 전형적으로 사용되는 이러한 질문들은 문제가 되는 신념, 행동, 감정, 그리고 태도들에 초점을 두면서, 아래와 같은 사항들을 확인하도록 한다.

- 이력: 문제가 되는 신념, 행동, 감정, 혹은 태도와 어떤 관계를 맺어왔는지에 관한 이력: "이 문제와 언제 어디서 처음 만나게 되었습니까?"
- 맥락: 문제가 되는 신념, 행동, 감정, 혹은 태도에 맥락이 끼치는 영향: "이 문제가 가장 두드러진다고 느껴진 때는 언제입니까?"
- 영향: 문제가 되는 신념, 행동, 감정, 혹은 태도의 결과 혹은 영향: "이것은 당신과 당신의 대인관계에 어떤 영향을 끼쳤습니까?"
- 전략: 문제가 되는 신념, 행동, 감정, 혹은 태도가 사용하는 전략과 전술: "이것이 당신에게 영향을 끼치기 위해 어떻게 바삐 움직이는 것 같습니까?"

펼쳐질 행동과 정체성 혹은 자각의 지형 살피기

제롬 브루너(Jerome Bruner, 1986)의 내러티브 이론에 근거하여, 행동과 정체성(White, 2007) 혹은 자각(Freedman & Combs, 1996)의 지형 안에서 문제를 그려보는 것은 바람직한 변화를 촉진시키기 위한 목적으로 독특한 결과를 이용하는 특별한 기법이다. 행동과 정체성의 지형 살피기(mapping in the landscapes of action and identity)에는 다음과 같은 단계가 일반적으로 포함된다.

1. 독특한 결과를 파악하기: 치료자는 문제가 문제가 될 수 있었지만 그러지 않았을 때에 귀를 기울이고 질문한다.

2. **독특한 결과를 선호하는지 확인하기:** 치료자는 단지 추정하기보다, 독특한 결과가 내담자가 선호하는 결과인지 내담자에게 직접 물어본다. "이것이 당신이 하고자 하는 일입니까? 혹은 이 일이 더 자주 일어나기를 바랍니까?"

3. **행동의 지형 살피기:** 첫째, 치료자는 펼쳐 질 행동의 지형 안에서 나타날 독특한 결과를 살펴보면서 시작하는데, 어떤 행동이 어떤 순서로 누구에 의해 취해질 것인가를 파악한다. 치료자는 구체적인 사항들에 대해 질문하면서 이러한 작업을 할 수 있다. "당신이 한 첫 번째 일은 무엇입니까? 다른 사람은 당신의 행동에 대해 어떤 반응을 보였습니까? 그 다음에 당신이 한 행동은 무엇입니까?" 치료자는 내담자의 행동이 단계 단계로 그려지기 전까지 주의 깊게 사건들이 어떻게 전개되는지를 살펴보면서 다음과 같은 구체적인 정보들을 수집한다.
   - 핵심적 사건들
   - 사건들을 둘러싼 정황
   - 사건의 순서
   - 사건의 타이밍
   - 전반적인 사건의 줄거리

4. **정체성 혹은 자각의 지형 살피기:** 독특한 결과가 발생하는 동안 어떤 일이 일어났는지에 관한 명료한 그림이 얻어졌다면, 치료자는 정체성의 지형을 그려보는 것으로 시작한다. 이 단계는 성공적인 결과와 관련 있는 줄거리를 더 튼튼하게 한다. 따라서 내담자의 개인적 정체성과 선호된 결과의 연결을 직접적으로 강화시킨다. 정체성 지형을 살피는 것은 독특한 결과가 갖는 심리적, 관계적 함의에 초점이 있다. 아래의 질문 예시들은 독특한 결과가 끼치는 다양한 영역들을 탐색하는 데 도움이 된다.
   - "한 개인으로서 당신에 대해 이 결과가 말해주는 바가 무엇이라고 믿습니까? 당신의 대인관계에 대해서도 말해주는 바는 무엇인가요?"
   - "이러한 행동 뒤에 숨겨진 당신의 의도는 무엇이었습니까?"
   - "당신의 행동에 대해 가장 중요하게 여기는 것은 무엇입니까?"
   - "이를 통해서 당신이 배우거나 깨달은 것이 있다면 무엇입니까?"
   - "이것이 삶은 무엇이고, 신은 어떤 존재이며, 당신이 지닌 삶의 목적 및 목표 등에 관한 관점을 어떻게 바꾸었습니까?"
   - "이것이 그 문제를 바라보는 당신의 관점을 어떻게 바꾸었습니까?"

의도적 상태 질문 vs. 내적 상태 질문

화이트(2007)는 내적 상태 질문(한 개인이 어떻게 느끼고 생각하는지에 관한 질문: "어떤 느낌이었지요?")보다 의도적 상태 질문(특정 상황에서 한 개인의 의도에 관한 질문: "어떤 의도였지요?")을 더 중요하게 여겼다. 왜냐하면 의도적 상태 질문(intentional state questions)은 개인의 주체감을 증진시키는 반면, 내적 상태 질문(internal state questions)은 고립감을 증가시키고 다양성은 저하시키면서, 개인의 주체감을 감소시키는 결과를 가져올 수 있다.

비계설치 대화

비고츠키(Vygotsky)의 근접 발달 영역(zones of proximal development)에서 출발하여 화이트(2007)는 익숙한 것에서부터 새로운 것으로 내담자를 전환시키기 위해 비계설치 대화 (scaffolding conversations)를 사용한다. 비고츠키는 발달심리학자로서, 학습은 관계를 바탕으로 하기 때문에 성인들은 어린 아이들이 새로운 정보에 상호작용할 수 있도록 조력하는 방식으로 어린 아이의 학습을 구조화해야 한다고 강조하였다. 근접 발달 영역은 아이가 독립적으로 혼자 할 수 있는 것과 타인과의 협동을 통해 할 수 있는 것 간의 거리를 가리킨다. 비계설치(scaffolding)는 이러한 학습의 영역에 걸친 5단계 점진적 활동을 설명하기 위해 내담자와의 경험을 바탕으로 화이트가 개발한 용어이다.

- 낮은 수준의 거리두기 과제: 이 과제는 독특한 결과를 특징으로 한다. 이 과제는 내담자의 입장에서 보면 거리두기 수준이 낮기 때문에(내담자에게 익숙한 것들과의 거리가 매우 가까움), 이 과제들은 내담자로 하여금 이제까지는 알아차리지 못한 사건들의 의미를 발견하도록 장려한다. 예를 들면, "서로 팽팽한 긴장감이 돌긴 했지만 말다툼을 하지 않은 때는 언제였나요?" 등을 들 수 있다.
- 중간 수준의 거리두기 과제: 이 과제는 독특한 결과를 확장시킬 수 있다. 이 과제는 다른 독특한 결과들을 비교하고 대조하도록 격려함으로써, 더 큰 '생소함'으로 인도한다. "지난밤에 있었던 '효과적인 문제해결 대화'가 지난주에 당신이 말한 대화와 어떤 점에서 비슷하고, 어떤 점에서 다른가요?"를 예로 들 수 있다.
- 중간 이상 수준의 거리두기 과제: 이 과제는 위와 같은 비교와 대조에 대해 성찰하도록 한다. 이 과제는 내담자로 하여금 다른 과제들과의 차이점과 유사점에 대해 성찰하고, 평가하고, 교훈을 얻도록 격려한다. 한 예로, "효과적인 문제해결의 이와 같은 경우들을 곰곰이 생각해보면, 말다툼을 방지하기 위해 유용한 뭔가가 눈에 뜨이나요?"
- 높은 수준의 거리두기 과제: 이 과제는 추상적 학습과 자각을 촉진시킨다. 이 과제는 삶과 정체성에 대한 추상적 개념화를 증진시키면서, 내담자의 즉각적인 경험으로부터 높은 수준의 거리 두기를 요구한다. 가령, "이와 같은 효과적 문제해결 대화가 인간으로서의 당신, 그리고 당신의 관계에 대해 말해주는 바는 무엇인가요?
- 매우 높은 수준의 거리두기 과제: 이 과제는 행동에 대한 계획이다. 이 과제는 내담자로 하여

금 삶과 정체성에 대해 새롭게 발견한 개념들을 실천에 옮길 수 있는 방법들을 파악하도록 한다. "이러한 아이디어들을 앞으로 행동에 옮길 수 있는 방법이 있을까요?"

이러한 대화의 과정에서 치료자는 다양한 수준의 거리 두기 과제들을 왔다 갔다 하면서 점차로 더 높은 수준인 행동 계획으로 옮겨간다.

허용 질문

내러티브 치료자는 치료관계의 민주적 본질을 강조하고, 내담자로 하여금 치료자와 이야기를 나눌 때 분명하고 강한 자기주도감을 유지하도록 하기 위해 허용 질문(permission questions)을 사용한다. 매우 단순하게도 허용 질문은 질문을 해도 되는지 허락을 구하기 위해 사용되는 질문이다. 이는 치료자가 내담자를 조력하기 위해 필요한 정보를 수집하기 위해 치료자가 원하는 어떤 질문도 할 수 있다는 지배적인 가정에 반하는 것이다. 사회 통념상, 치료자는 정중한 대화 주제에 관한 사회의 지배적인 규준에서 벗어나, 성행위, 과거 학대 경험, 대인관계 문제, 죽음, 두려움, 약점 등과 같은 터부시되는 주제들을 자유롭게 꺼낼 수 있다. 많은 내담자들은 이러한 질문들에 답하는 것이 편하지 않음에도 불구하고, 답을 해야 한다는 압박감을 받는다. 내러티브 치료자들은 터부 및 불편한 주제들과 관련된 권력 역동에 민감하므로 일반적으로 터부에 해당되거나, 내담자가 불편하게 여길 수 있는 질문들을 하기 전에 내담자의 허락을 구한다. 예를 들면, 치료자는 "당신의 성생활에 대해 몇 가지 질문을 해도 괜찮겠습니까?"라고 질문할 수 있다.

덧붙여, 허용 질문은 현재 논의 중인 것이 무엇이며, 어떻게 하면 상담 대화가 내담자에게 의미 있고 편안할 수 있을지에 관해 면담 내내 사용된다. 예를 들어, 회기를 시작할 때, 특정 주제를 이야기하거나 질문을 연이어 하기 위해 내담자의 견해나 허락을 구하면서, 치료자가 시간을 어떻게 활용할 것인지에 대한 자신의 생각을 간단하게 윤곽을 잡아 내담자에게 이야기할 수 있다. 이와 유사하게 가족치료 회기에서 치료자가 다른 사람들에 비해 유독 한 사람에게 더 많은 질문을 하고 있음을 깨닫게 되면, 잠시 멈추고 그러한 사실에 대해 다른 사람들이 괜찮아하고 그렇게 지속해도 되는지를 확인하기 위해 허락을 구한다.

코멘트 자리매김하기

허용 질문과 마찬가지로 **코멘트 자리매김하기**(situating comments)는 좀 더 민주적인 치료적 관계를 유지하고, 치료자가 던지는 코멘트가 내담자보다 더 '권위 있거나' 더 '타당한' 사실로 간주되지 않도록 내담자 주체감을 강화시키기 위해 사용된다(Zimmerman & Dickerson, 1996). 지배적 담론과 지엽적 담론을 구별하면서, 내러티브 치료자는 치료자가 하는 어떠한 코멘트도 내담자가 말하는 어떤 것보다 더 타당한 것으로 여겨지고 있음을 민감하게 자각한다. 따라서 치료자는 자신의 관점이 다른 관점들 중 오직 한 가지 관점일 뿐임을 강조하면서, 관점의 원천을 숨기지 않음으로써 코멘트의 적절한 자리를 살핀다. 치료자의 코멘트의 원천과 맥락을 내담자에게 알려주면 내담자는 치료자의 코멘트를 더 우선적인 것으로 여기지 않을 가능성이 높다.

코멘트 자리매김의 예시

자리매김이 없는 치료자 코멘트	치료자의 코멘트 자리매김하기
당신이 …하는 경향이 있음을 알게 되었는데요.	제 자신이 농장에서 자랐기 때문에, 자연스럽게 …에 대해 관심이 가네요.
연구에 따르면 …	…라고 제안하는 이론을 개발한 한 이론가가 있습니다. 이 이론 중 어떤 것이라도 당신에게 해당될 수 있을까요?
저는 당신이 …하도록 제안하는 바입니다.	당신이 제게 제안을 원하셨기 때문에, 말하는 것보다 행동하는 것이 더 생산적이라고 믿는 사람으로서 이렇게 말씀드릴 수밖에 없습니다.

내러티브 반영팀

톰 앤더슨의 반영팀을 이용한 협력적 상담(앞서 논의한 것을 참조)에 기초하여 내러티브 치료자들은 자신들의 상담 작업을 뒷받침할 수 있는 유사한 방식을 개발하였다. 앤더슨의 틀을 활용하여 프리드만과 콤스(Freedman & Combs, 1996)는 반영팀이 수행해야 할 세 가지 주요 과제를 다음과 같이 제시하였다.

1. 이야기의 세부사항들에 면밀히 주의를 기울임으로써 철저하게 이해하도록 한다.
2. 지배적인 문제 중심 내러티브에 맞아 떨어지지 않는 차이점이나 사건들에 귀를 기울인다.
3. 문제 중심 설명을 뒷받침하는 신념, 생각, 맥락들을 발견한다.

더불어 그들은 반영팀을 위한 **지침**들을 다음과 같이 제안하였다.

1. 반영 과정 동안 팀 구성원들은 독백보다 왕복식 대화(back-and-forth conversation)를 하도록 한다.
2. 팀 구성원들은 면담을 관찰하는 동안 서로 이야기를 나누어서는 안 된다.
3. 코멘트는 잠정적인 방식으로 제공되어야 한다(예를 들어, "아마도", "~할 수 있다", "~할지도 모른다").
4. 코멘트는 그 방에서 실제로 발생하는 것에 기초한다(예를 들어, "어떤 순간에는 엄마가 매우

조용해졌네요. 그 순간에 엄마에게 무슨 생각이 드셨을지 궁금했어요").

5. 코멘트는 화자의 개인적 경험에 근거하여 적절한 순간에 제공되어야 한다(예를 들어, "저도 이전에 교사였기 때문에, ~한 것에 관심을 두는 유일한 사람일지도 모르겠어요").

6. 모든 가족 구성원들에게 어떤 방식으로든지 반응을 해주어야 한다.

7. 반영은 간결하게 이루어져야 한다.

회원 재구성하기 대화

화이트(2007)는 개인의 정체성의 여러 목소리들을 개발하여 내담자로 하여금 자신의 삶을 더 조리 있고 정돈된 방식으로 이해할 수 있도록 도움을 주기 위하여 회원 재구성하기 대화(re-membering conversations)를 사용하였다. 이 대화를 통해 내담자는 유일한 핵심 자기에 기반을 두기보다, 삶의 다양한 모임(associations of life)에 기반을 둔 정체성을 발전시킨다. 삶의 다양한 모임들에는 유의미한 사람들로 구성된 '회원자격(membership)'과 내담자의 과거, 현재, 투사된 미래에 바탕을 둔 정체성들이 포함된다. 이 대화들을 통해 내담자는 누가 회원인지를 파악하고, 각 회원들의 영향력을 평가하며, 각자의 회원자격을 올리거나, 내리거나, 취소할 것인지를 결정한다(예를 들어, 고등학교 때 따돌림 시킨 아이의 놀림으로 여전히 힘들어할 때 그 아이의 회원자격을 박탈하는 것). 회원을 재구성하는 과정은 다음과 같은 요소가 포함된다.

● 그 회원이 내담자의 삶에 기여하는 바를 파악한다.

● 그 회원이 내담자의 정체성에 어떤 견해를 갖고 있는지 설명한다.

● 내담자가 그 회원의 삶에 어떤 영향을 끼쳤는지 고려한다.

● 내담자의 정체성이 무엇을 의미하는지 구체화한다(예를 들어, "나는 정의를 중요시하는 사람입니다").

이 장의 마지막 부분에 제시된 사례에서, 치료자는 회원 재구성하기 대화들을 통해 대런과 어니스토가 과거와 현재의 다양한 사람들로 하여금 자신들의 정체성과 인간으로서의 궁극적 가치를 어떻게, 어느 정도까지 규정하도록 허용할 것인지를 더욱 숙고하여 결정하도록 조력한다.

연맹

새로운 내러티브와 정체성들을 공고히 하기 위하여, 내러티브 치료자는 연맹(혹은 동아리, 협회, 팀)과 특정 영역에서 하나의 성취를 더 의미 있게 만드는 회원자격을 창출한다. 대개의 경우 연맹(league)은 내담자의 실제 관심사를 반영하는 공동체이다(예를 들면, 아동이 회원자격을 얻은 '심술 조련사' 클럽). 이들 중 일부는 실제로 오프라인에서 모임을 갖거나 인터넷을 통해 교류하긴 하지만 말이다(거식증 반대/폭식증 반대 연맹, www.narrativetherapy. com 참조).

정의 예식

이제까지 등장한 선호된 내러티브와 정체성을 공고히 하기 위해 치료 종결 즈음에 일반적으로 사용되는 정의 예식(definitional ceremonies)은 자신에게 의미 있는 사람들을 초대하여 새롭게 등장한 이야기의 증인이 되도록 하는 것이다. 이러한 예식에는 세 단계가 있다.

1. 첫 이야기(first telling): 내담자는 초대된 증인들이 들을 수 있도록 새롭게 등장한 정체성 이야기에 초점을 맞추면서 자신의 삶에 관한 이야기를 한다.
2. 다시 말하기(retelling): 증인들은 자신들의 관점에서 내담자가 말한 이야기를 번갈아 가며 서로 다시 말한다. 증인들은 조언을 하거나, 판단을 하거나, 이론을 제시하는 것을 삼가고, 자리매김 코멘트를 하도록 요청을 받음으로써 이러한 과정에 대한 준비를 한다.
3. 다시 말하기에 대한 말하기(retelling of the retelling): 내담자는 증인들의 이야기를 통합하여 자신의 이야기를 다시 한다.

편지와 수료증

내러티브 편지들은 선호된 내러티브와 정체성을 계발하고 공고히 하기 위해 사용된다 (White & Epston, 1990). 치료자는 사례 보고서(특정 형식을 사용해야 하는 상담 현장에서 일하지 않는다면)를 쓰는 대신, 한 회기가 끝나면 내담자에게서 등장한 이야기를 구체적으로 담은 편지를 쓴다. 내러티브 편지는 수면 위로 떠오르는 내러티브를 강화하기 위해 회기 중 사용하는 동일한 기법들을 사용한다. 내러티브 편지는 다음과 같은 기능을 갖고 있다.

- 내담자 주체성을 강조하기: 편지는 주도적이 되기 위한 작은 단계들을 포함하여 삶에 대한 내담자의 주체성을 강조한다.
- 관찰자 입장 취하기: 치료자는 가능한 자주 구체적이며 세부적인 예시들을 언급하면서, 내담자가 만들어가는 변화들을 관찰하는 역할을 명확하게 수행한다.
- 시간적 잠정성을 강조하기: 등장하는 이야기의 줄거리를 완성하기 위해 시간 차원을 사용한다. 예를 들어, 내담자가 시작한 지점, 현재의 지점, 앞으로 어느 지점을 향해 갈 것인지 등이다.
- 다의성을 장려하기: 단일한 해석만을 제안하기보다 다양한 의미들을 제시하고 장려한다.

편지는 상담의 초기에 내담자의 참여를 북돋우기 위해, 치료 중에는 새롭게 등장하는 내러티브와 새롭게 나타난 선호된 행동들을 강화하기 위해, 치료 후반부에는 변화 과정을 서술함으로써 얻어진 성과를 공고히 하기 위해 사용된다.

편지 예시　화이트와 엡스톤(1990, pp. 109~110)은 수많은 편지들을 제시하였는데, 다음은 그 중 한 가지 예이다.

> 릭과 헤리엇에게,
>
> 　가장 최선의 아이디어들은 한 사건이 일어난 후 스스로 실체를 드러내는 법이라는 사실을 두 사람 모두 충분히 알고 있으리라 믿습니다. 따라서 우리가 만난 이후 가장 중요한 질문들에 대해 제가 종종 생각한다는 점이 두 사람에게 놀라운 일이 아닐 것입니다.
>
> 　어쨌든 지난 번 두 사람을 만난 이후 제게 들었던 몇 가지 중요한 질문들을 나누면 어떨까 생각했습니다.
>
> 　릭, 헬렌(딸)이 자신은 아무 생각도 하지 않고 아빠가 대신 생각해주도록 은밀히 초대할 때 어떻게 거절하셨습니까? 아빠가 대신하는 것이 아니라, 함께 이치를 살펴보도록 딸을 초대하는 것에 이것이 어떤 영향을 끼쳤을 것이라고 생각하시나요? 이렇게 함으로써 딸이 더욱 책임감 있는 사람이 되는 데 도움이 되었다고 생각하십니까?
>
> 　헤리엇, 헬렌이 엄마에게 항상 의존하려고 할 때마다 그 초대를 어떻게 거절하셨나요? 이것이 엄마가 아니라 자신 스스로를 의지하도록 딸을 초대하는 것에 어떤 영향을 끼쳤을 것이라고 생각하십니까? 이렇게 함으로써 딸이 더욱 스스로를 돌볼 수 있는 데 도움이 되었다고 생각하십니까?
>
> 　헬렌 스스로 자신의 삶을 살아가도록(예를 들면, 스스로 의사결정을 하고, 문제를 해결하고, 발생하는 결과들에 대처함으로써 자신의 삶에 책임을 지는 것) 초대하는 것에 대해 두 사람은 어떻게 생각하시나요?
>
> 　그건 그렇고 지난 번 상담 이후로 두 사람은 어떤 생각들이 드셨나요?
>
> 　M. W.

증명서　증명서는 주로 아동들에게 사용되는데, 아동이 이룬 변화들을 인정해주고 '심술 조련사', '협동하는 어린이' 등과 같이 새롭게 얻어진 '명성'을 강화해준다.

심술 조련사 증명서

이 증서는 _____ 가 심술 조련사로서 숙련된 기술을 입증하였으므로 수여함.

위 사람은 가정 혹은 학교에서 두 달이 넘는 동안 다음과 같은 조련 기술을 보여 줌으로써 심술을 내지 않았음을 증명함.

1. 마음이 심란할 때는 다른 사람의 도움을 구함

2. 화가 나는 것 같은 조짐이 보일 때면 심호흡을 세 번 함

3. 분노와 좌절에 대해 이야기할 때 부드러운 말을 사용함

날짜: _____

증인: _____ (치료자)

_____ (부모)

_____ (교사)

특정 문제에 대한 개입

아동

수많은 내러티브 치료자들이 아동과의 상담을 위한 개입 전략들을 개발해왔다(Freeman, Epston, & Lobovits, 1997; Smith & Nylund, 2000; Vetere & Dowling, 2005; White & Morgan, 2006). 외재화 과정은 아동에게 더 자연스러운데, 아마 만화나 아동 문학 작품들에서 종종 나타나기 때문인 듯하다(예를 들어 만화 캐릭터의 한 어깨 위에는 악마가, 다른 어깨 위에는 천사가 올라타서 이야기를 함). 외재화는 놀이치료나 미술치료에 잘 적용된다. 외재화된 문제(이를테면, 심술이, 슬픔이, 화남이)는 예술적 도구(그림, 진흙, 페인트)를 통해 묘사되거나, 꼭두각시나 인형으로 표현될 수 있다. 외재화 문제들 뿐 아니라, 아동은 독특한 결과와 선호된 내러티브를 그리거나 표현하기를 즐겨한다. 이러한 과정은 종종 아동이 새로운 행동을 형성하는 속도를 더 촉진하곤 한다.

가정폭력

내러티브 치료자는 가정폭력 가해자를 위한 표준적 치료에 대한 독특하고 전망 좋은 대안들을 개발해왔다(Augusta-Scott & Dankwort, 2002; Jenkins, 1990). 폭력의 원인을 남성들의 권력과 통제를 획득하고자 하는 시도(Pence & Paymar, 1993; 16장 참조)로 주장하는 페

미니스트 기반 덜루스 모델(feminist-based Duluth model)과는 달리, 내러티브 접근은 내담자의 실제 현실 안에서 상담한다. 내담자의 실제 현실은 폭력을 통해 통제를 다시 획득하도록 만드는 무력감과 무능력감의 경험이 포함된다(Augusta-Scott & Dankwort, 2002).

젠킨스(Jenkins, 1990)는 폭력에 대한 책임을 수용하지 않도록 하는 치료자에 대해 경각심을 불러일으켰다. 즉, 가해자의 설명에 도전하거나, 폭력적인 행동을 중단하는 방법에 대해 조언을 하거나, 폭력 반대에 대한 강한 자기주장을 펼치거나, 가해자의 폭력에 대한 부인을 와해시키려고 시도할 때, 무심코 가해자가 책임을 회피하는 셈이 될 수 있다. 이러한 치료자의 행동은 폭력에 대해 치료자가 보이는 흔한 반응들이다. 반면에, 젠킨스는 내담자로 하여금 폭력을 행사하는 것과 폭력을 중단하는 것을 온전히 책임지도록 하는 9단계 모델을 사용한다. 이 과정을 통해 치료자는 폭력을 묵과하거나 공격적으로 비난하지 않고서 내담자에게 지지적이 될 수 있다. 9단계 모델을 통해 이러한 과정을 촉진시키는 데 초점이 있다.

가정폭력 가해자와의 상담을 위한 젠킨스의 9단계 모델

1. 가해자로 하여금 자신의 폭력에 대한 이야기를 하도록 초대한다.
2. 비폭력적인 관계에 대한 변론을 펼치도록 초대한다.
3. 가해자가 시도하고 있는 관계에 기여하는 잘못된 방법들에 대해 가해자가 검토하도록 초대한다.
4. 관계에 있어 시간에 따른 변화를 가해자가 파악하도록 초대한다.
5. 제약 사항들을 외재화하도록 초대한다(주의: 가해자가 책임을 최소화하는 것을 미연에 막기 위해 분노와 폭력을 외재화하는 것을 회피한다).
6. 제약 사항들에 도전하도록 거절할 수 없는 초대장을 보낸다.
7. 가해자로 하여금 새로운 행동을 취할 준비를 할 수 있는지 고려해보도록 초대한다.
8. 새로운 행동에 대한 계획을 도모한다.
9. 새로운 행동을 발견하도록 조력한다(p. 63).

이 과정 전반에 걸쳐 치료자는 지배적 담론, 특히 폭력에 기여하고 있는 가부장적 담론를 파악한다. 내담자가 효과적인 관계를 맺을 수 있도록 이 담론들은 해체되어야 하고 외재화되어야 한다. 내러티브 접근은 치료관계에서 냉혹함과 비난과 같은 학대 패턴을 반복하지 않도록 주의를 기울인다. 대신 존중, 인내, 그리고 내담자가 실천에 옮기고 싶어 하는 명확한 경계선의 모범을 보여준다.

적용하기

사례개념화 틀

- 문제를 사람과 떼어 놓고 만나기: 문제와 상관없이 그 사람이 어떤 사람인가를 설명하기: 강점, 취미, 흥미, 직업 등에 대해 설명한다.
- 문제 포화 내러티브: 그 문제가 (1) 개인적인 수준에서(정서, 행동, 정체성 내러티브 등), (2) 관계적 수준에서(유의미한 관계에서 갈등 혹은 거리두기), (3) 좀 더 포괄적인 삶의 맥락에서(직장, 학교 등), 문제에 개입된 각 사람들에게 어떤 영향을 끼치고 있는지 설명한다.
- 독특한 결과/빛나는 사건:
  - 문제가 덜 문제가 되거나 전혀 문제가 되지 않는 때가 언제이고, 어떤 맥락이었고, 어떤 인간 관계였는지 설명한다.
  - 사람들이 문제에 끼치는 영향을 설명한다: 문제를 덜 문제 삼게 만들도록 사람들이 하는 것들은 무엇인가?
- 지배적 담론
  - 문화, 인종, 사회경제적 지위, 종교 등과 관련된 지배적 담론: 어떻게 문화적 핵심 담론이 무엇을 문제라고 간주하게 하는가? 그에 따른 해결책은 어떻게 제시하는가?
  - 성, 성지향성과 관련된 지배적 담론: 어떻게 성 담론이 무엇을 문제라고 간주하게 하는가? 그에 따른 해결책은 어떻게 제시하는가?
- 지엽적/대안적 내러티브
  - 정체성/자기-내러티브: 각 가족 구성원의 정체성을 문제가 어떻게 만들어왔는가?
  - 지엽적 혹은 선호된 담론: 내담자의 선호된 정체성 내러티브 혹은 문제에 대한 선호된 내러티브는 무엇인가? 선호된 문제에 대한 지엽적(대안적) 담론들이 있는가?

내러티브 치료계획 틀(개인)

내러티브 치료의 초기 단계

상담 과제

1. 상담관계를 수립한다. DN: [관계 형성과 정서 표현에 있어 문화, 성, 기타 요인에 따라 서로 다른 방식들을 존중하기 위해 상담자가 고려해야 하는 것은 무엇인지 기술한다.]
   a. 문제를 제외한 내담자의 여러 정체성을 탐색하면서 문제와 분리시켜 내담자를 만난다.
   b. 희망차고, 낙관적인 입장에서 그리고 **공동집필자/취재기자**로서 내담자와 관계를 맺는다.
2. 개인, 체계, 그리고 좀 더 포괄적인 문화적 역동을 평가한다. DN: [문화, 사회경제적 수준, 성지향성, 성, 기

타 규준들을 고려하여 평가 작업을 어떻게 조율해야 할 것인지 기술한다.]

   a. 우울(불안)이 끼치는 영향과 우울에 끼치는 사람들의 영향을 가늠하기 위해 **상대적 영향 질문**(relative influence questioning)을 한다. **독특한 결과**를 확인한다.

   b. 우울(불안)을 지지하는 **지배적 담론**들과 우울(불안)과의 관계를 변화시키기 위한 자원이 될 수 있는 **지엽적, 대안적 담론**들을 파악한다.

내담자 목표

1. 우울 기분과 불안의 강도를 감소시키기 위해 **우울**(불안 혹은 위기 증상)에 **대한 내담자의 영향력**을 키운다.

   a. 현재 내담자가 영향력을 갖고 있는 영역들과 그 영향력을 확장시킬 수 있는 가능성들을 파악하기 위해 우울을 **외재화**한다.

   b. 개인에 대한 우울의 영향력을 감소시키기 위한 새로운 가능성들을 파악하기 위해 **행동과 자각의 차원**에서 독특한 결과를 발견한다.

내러티브 치료의 작업 단계

상담 과제

1. 작업 동맹의 질을 모니터한다. DN: [내담자의 문화적 관습에 맞지 않는 정서 표현을 상담자가 했을 때 보이는 내담자의 반응에, 상담자가 어떻게 주의를 기울일 것인지 기술한다.]

   a. **허용 질문과 자리매김 코멘트**를 사용하여 치료관계 안에서 내담자가 안전감과 주체감을 느낄 수 있도록 한다.

   b. 회기 평가 척도를 실시한다.

내담자 목표

1. **우울**(불안)의 영향력과 지배적 담론을 약화시킴으로써 우울 기분/불안 수준을 낮춘다.

   a. 문제를 내담자로부터 분리시키기 위해 **외재화 질문**을 사용한다.

   b. 우울로부터 내담자를 분리하고 대안적 정체성을 강화하기 위해 **행동과 자각** 차원에서 '**우울 vs. 독특한 결과**'를 발견한다.

2. **우울**(불안)과 새로운 관계를 수립함으로써 **주체감**을 향상시켜 우울 기분/불안을 감소시킨다.

   a. 우울(불안)과의 관계를 규정하기 위해 **외재화 은유**를 사용한다.

   b. 우울이 끼치는 영향을 평가하고 우울과의 새로운 관계를 정립하기 위해 **자리 지도 선언서**를 사용한다.

3. 우울 기분/불안을 감소시키기 위해 **선호된 정체성**을 뒷받침하기 위한 행동을 더 자주 한다.

   a. 단지 행동에 대한 고려로부터 내담자를 벗어나게 할 수 있도록 **비계설치 대화**를 사용한다.

   b. **자리 지도 선언서**를 사용하여 행동의 효과를 평가하고 어느 부분을 어떻게 조정해야 할지를 파악한다.

내러티브 치료의 종결 단계

상담 과제

1. 사후 계획을 개발하고 얻어진 성과를 유지한다. DN: [치료 종결 이후 내담자의 지원 체계의 일부가 될 수 있는 공동체 내 자원들에 상담자가 어떻게 접근할 수 있을지 기술한다.]

    a.   행동과 자각 차원에서 잠재적으로 걸림돌이 될 수 있는 것이 무엇인지 알아보며 대안적 행동을 확인한다.

    b.   우울을 극복하는 내러티브를 더욱 공고히 하기 위해, 미래의 걸림돌에 대해 내담자의 선호된 자기에 게 내담자 혹은 **치료자가 편지를 쓴다.**

내담자 목표

1. 해당 영역(직장/학교, 관계, 삶의 기타 중요한 영역들을 구체적으로 명시한다)에서 **선호된 정체성**의 영향 력을 확장하고 강화함으로써 우울 기분을 감소시키고 안녕감을 증가시킨다.

    a.   단지 행동에 대한 고려만 하는 것으로부터 내담자가 벗어날 수 있도록 **비계설치 대화**를 사용한다.

    b.   **자리 지도 선언서**를 사용하여 행동의 효과를 평가하고 어느 부분을 어떻게 조정해야 할지를 파악한다.

2. 내담자의 **선호된 정체성**을 지지해주는 대인관계의 수를 증가시킴으로써 우울을 감소시키고 안녕감을 증 가시킨다.

    a.   내담자의 선호된 정체성을 지지하는 친구와 가족의 네트워크를 확장시키도록 **정의 예식**을 실시한다.

    b.   치료자가 보내는 **치료적 편지**를 통해 우울(불안)으로 인해 압도되는 삶에서 우울을 관리할 수 있는/가 라앉힐 수 있는(혹은 어떤 다른 선호하는 은유적 표현을 사용해도 좋다) 삶으로의 여행을 기록한다.

    c.   **내러티브 반영팀**을 통해 내담자가 새롭게 정립한 정체성을 지지한다.

내러티브 치료계획 틀(커플/가족)

내러티브 치료의 초기 단계

상담 과제

1. 상담관계를 수립한다. DN: [관계 형성과 정서 표현에 있어 문화, 성별, 기타 요인에 따라 다른 방식들을 존 중하기 위해 당신이 고려해야 하는 것은 무엇인지 기술한다.]

    a.   문제를 제외한 내담자의 여러 정체성을 탐색하면서 문제와 분리시켜 내담자를 만난다.

    b.   희망차고, 낙관적인 입장에서 그리고 **공동집필자/취재기자**로서 내담자 커플/가족과 관계를 맺는다.

2. 개인, 체계, 그리고 좀 더 포괄적인 문화적 역동을 평가한다. DN: [문화, 사회경제적 수준, 성지향성, 성, 기 타 규준들을 고려하여 평가 작업을 어떻게 조율해야 할 것인지 기술한다.]

    a.   갈등이 끼치는 영향과 갈등에 끼치는 사람들의 영향을 가늠하기 위해 **상대적 영향 질문**을 한다. **독특 한 결과**를 확인한다.

    b.   갈등을 지지하는 지배적 담론들과, 갈등과의 관계를 변화시키기 위한 자원이 될 수 있는 **지엽적, 대안 적 담론**들을 파악한다.

    c.   가능하다면, 커플/가족이 서로 화합할 수 있게 하는 공동의 적을 **외재화**한다.

내담자 목표

1. 갈등을 완화하기 위해 **외재화된 문제**(화, 스트레스, 갈등 등)의 빈도와 강도를 통제할 수 있는 **커플/가족**의 **영향력**을 증가시킨다.

    a.   현재 내담자가 영향력을 갖고 있는 영역들과 그 영향력을 확장시킬 수 있는 가능성들을 파악하기 위

해 [문제]를 외재화한다.

b. [외재화된 문제]의 영향력을 감소시키기 위한 새로운 가능성들을 파악하기 위해, **행동과 자각의 차원**에서 독특한 결과를 발견한다.

내러티브 치료의 작업 단계

상담 과제

1. 작업 동맹의 질을 모니터한다. DN: [내담자의 문화적 관습에 맞지 않는 정서 표현을 상담자가 했을 때 보이는 내담자의 반응에, 상담자가 어떻게 주의를 기울일 것인지 기술한다.]

   a. 허용 질문과 자리매김(정체성 정착) 코멘트를 사용하여 치료관계 안에서 내담자가 안전감과 주체감을 느낄 수 있도록 한다.

   b. 회기 평가 척도를 실시한다.

내담자 목표

1. [외재화된 문제]의 영향력과 지배적 담론을 약화시킴으로써 관계에 대한 갈등 및 무기력감을 낮춘다.

   a. 문제를 내담자로부터 분리시키기 위해 **외재화 질문**을 사용한다.

   b. [외재화된 문제]로부터 내담자를 분리하고 대안적 정체성을 강화하기 위해 **행동과 자각 차원에서 '갈등 vs. 독특한 결과'**를 발견한다.

2. [외재화된 문제]와 **새로운 관계**를 수립함으로써 **각 개인의 주체감**을 향상시켜 갈등을 감소시키고 희망을 고취시킨다.

   a. [외재화된 문제]와의 관계를 규정하기 위해 **외재화 은유**를 사용한다.

   b. [외재화된 문제]가 끼치는 영향을 평가하고 그 문제와의 새로운 관계를 정립하기 위해 **자리 지도 선언서**를 사용한다.

3. 갈등을 감소시키기 위해 **선호되는 관계 정체성**을 뒷받침하기 위한 행동을 더 자주 한다.

   a. 단지 행동에 대한 고려만 하는 것으로부터 내담자가 벗어날 수 있도록 **비계설치 대화**를 사용한다.

   b. **자리 지도 선언서**를 사용하여 행동의 효과를 평가하고 어느 부분을 어떻게 조정해야 할지를 파악한다.

내러티브 치료의 종결 단계

상담 과제

1. 사후 계획을 수립하고 얻어진 성과를 유지한다. DN: [치료 종결 이후 커플 혹은 가족의 지원 체계의 일부가 될 수 있는 공동체 내 자원들에 상담자가 어떻게 접근할 수 있을지 기술한다.]

   a. 행동과 자각 차원에서 잠재적으로 걸림돌이 될 수 있는 것이 무엇인지 알아보며 대안적인 행동들을 확인한다. 발생 가능한 서로를 탓하는 행동에 대해 논의한다.

   b. [외재화된 문제]를 극복하는 내러티브를 더욱 공고히 하기 위해, 미래의 걸림돌에 대해 내담자의 선호된 자기에게 내담자 혹은 **치료자가 편지를 쓴다**.

내담자 목표

1. 선호되는 커플/가족 정체성의 내러티브를 증가하고 강화시킴으로써 갈등을 감소시키고 관계에서의 만족감은 향상시킨다.

a. 단지 행동에 대한 고려만 하는 것으로부터 내담자가 벗어날 수 있도록 **비계설치 대화**를 사용한다.

b. 새로운 내러티브를 공고히 하기 위해 **행동과 자각 차원에서 독특한 결과들을 발견**한다.

2. 커플/가족의 **선호된 정체성**을 지지해주는 외부 관계의 수를 증가시킴으로써 갈등을 감소시키고 응집감은 증가시킨다.

a. 내담자의 선호된 정체성을 지지하는 친구와 가족, 혹은 학교 교직원 등의 네트워크를 확장시키도록 **정의 예식**을 실시한다.

b. 치료자가 보내는 **치료적 편지**를 통해 [외재화된 문제]의 영향하에서 서로 싸우는 것에서부터 [외재화된 문제]가 끼치는 영향에 함께 맞서 싸우며 관계/가족을 재정의하는 과정으로서의 여정을 기록한다.

c. **내러티브 반영팀**을 통해 커플/가족이 새롭게 정립한 정체성을 지지한다.

참고문헌

*Asterisk indicates recommended introductory readings.

Aducci, C. J., & Baptist, J. A. (2011). A collaborative-affirmative approach to supervisory practice. *Journal of Feminist Family Therapy: An International Forum, 23*(2), 88–102. doi:10.1080/08952833.2011.574536

*Andersen, T. (1991). *The reflecting team: Dialogues and dialogues about the dialogues.* New York: Norton.

Andersen, T. (1992). Relationship, language and pre-understanding in the reflecting process. *Australian and New Zealand Journal of Family Therapy, 13*(2), 87–91.

*Anderson, H. (1997). *Conversations, language, and possibilities: A postmodern approach to therapy.* New York: Basic Books.

Anderson, H., & Goolishian, H. (1988). Human systems as linguistic systems: Preliminary and evolving ideas about the implications for clinical theory. *Family Process, 27,* 157–163.

*Anderson, H., & Goolishian, H. (1992). The client is the expert: A not-knowing approach to therapy. In S. McNamee & K. J. Gergen (Eds.), *Therapy as social construction* (pp. 25–39). Newbury Park, CA: Sage.

Augusta-Scott, T., & Dankwort, J. (2002). Partner abuse group intervention: Lessons from education and narrative therapy approaches. *Journal of Interpersonal Violence, 17,* 783–805.

Bruner, J. (1986). *Actual minds, possible worlds.* Cambridge, MA: Harvard University Press.

Carey, M., & Russell, S. (2011). Pedagogy shaped by culture: Teaching narrative approaches to Australian Aboriginal health workers. *Journal of Systemic Therapies, 30*(3), 26–41. doi:10.1521/jsyt.2011.30.3.26

Foucault, M. (1972). *The archeology of knowledge* (A. Sheridan-Smith, trans.). New York: Harper & Row.

Foucault, M. (1979). *Discipline and punish: The birth of the prison.* Middlesex: Peregrine Books.

Foucault, M. (1980). *Power/knowledge: Selected interviews and other writings.* New York: Pantheon Books.

*Freedman, J., & Combs, G. (1996). *Narrative therapy: The social construction of preferred realities.* New York: Norton.

*Freeman, J., Epston, D., & Lobovits, D. (1997). *Playful approaches to serious problems.* New York: Norton.

Gehart, D. R., & McCollum, E. E. (2007). Engaging suffering: Towards a mindful re-visioning of family therapy practice. *Journal of Marital and Family Therapy, 33*(2), 214–226. doi:10.1111/j.1752-0606.2007.00017.x

Goolishian, H., & Anderson, H. (1987). Language systems and therapy: An evolving idea. *Psychotherapy, 24*(3S), 529–538.

Jenkins, A. (1990). *Invitations to responsibility: The therapeutic engagement of men who are violent and abusive.* Adelaide, Australia: Dulwich Centre Publications.

Lee, S. (1997). Communication styles of Wind River Native American clients and the therapeutic approaches of their clinicians. *Smith College Studies in Social Work, 68*(1), 57–81. doi:10.1080/00377319709517516

Malgady, R. G., Costantino, G. (2010). Treating Hispanic children and adolescents using narrative therapy. In J. R. Weisz & A. E. Kazdin (Eds.), *Evidence-based psychotherapies for children and adolescents* (2nd ed.) (pp. 391–400). New York: Guilford Press.

Matos, M., Santos, A., Gonçalves, M., & Martins, C. (2009). Innovative moments and change in narrative therapy. *Psychotherapy Research, 19*(1), 68–80. doi:10.1080/10503300802430657

McCabe, G. H. (2007). The healing path: A culture and community-derived indigenous therapy model. *Psychotherapy: Theory, Research, Practice, Training, 44*(2), 148–160. doi:10.1037/0033-3204.44.2.148

Monk, G., & Gehart, D. R. (2003). Conversational partner or socio-political activist: Distinguishing the position of the therapist in collaborative and narrative therapies. *Family Process, 42,* 19–30.

Monk, G., Winslade, J., Crocket, K., & Epston, D. (1997). *Narrative therapy in practice: The archaeology of hope.* San Francisco, CA: Jossey-Bass.

Monk, G., Winslade, J., & Sinclair, S. (2008). *New horizons in multicultural counseling.* Thousand Oaks, CA: Sage.

Pence, E., & Paymar, M. (1993). *Education groups for men who batter: The Duluth Model.* New York: Springer.

Perez, P. J. (1996). Tailoring a collaborative, constructionist approach for the treatment of same-sex couples. *The Family Journal*, 4(1), 73–81. doi:10.1177/1066480796041016

Smith, C., & Nylund, D. (2000). *Narrative therapy with children and adolescents*. New York: Guilford.

Vetere, A., & Dowling, E. (2005). *Narrative therapies with children and their families: A practitioner's guide to concepts and approache*s. New York: Routledge.

Vromans, L. P., & Schweitzer, R. D. (2011). Narrative therapy for adults with major depressive disorder: Improved symptom and interpersonal outcomes. *Psychotherapy Research*, 21(1), 4–15. doi:10.1080/10503301003591792

White, M. (1995). *Re-authoring lives: Interviews and essays*. Adelaide, Australia: Dulwich Centre Publications.

*White, M. (2007). *Maps of narrative practice*. New York: Norton.

*White, M., & Epston, D. (1990). *Narrative means to therapeutic ends*. New York: Norton.

White, M., & Morgan, A. (2006). *Narrative therapy with children and their families*. Adelaide, Australia: Dulwich Centre Publications.

Winslade, J., & Monk, G. (1999) *Narrative counseling in schools: Powerful and brief*. Thousand Oaks, CA: Corwin Press.

Winslade, J., & Monk, G. (2000). *Narrative mediation*. San Francisco, CA: Jossey-Bass.

Winslade, J., & Monk, G. (2007). *Narrative counseling in schools: Powerful and brief* (2nd ed.). Thousand Oaks, CA: Corwin Press.

Winslade, J., & Monk, G. (2008). *Practicing narrative mediation: Loosening the grip of conflict*. San Francisco, CA: Jossey-Bass.

Yarhouse, M. A. (2008). Narrative sexual identity therapy. *American Journal of Family Therapy*, 36(3), 196–210. doi:10.1080/01926180701236498

Zimmerman, J. L., & Dickerson, V. C. (1996). *If problems talked: Narrative therapy in action*. New York: Guilford.

내러티브 치료 사례: 다인종 배경을 지닌 동성애 커플

대런(Darren, AM40)은 40세의 동성애자로 나이지리아계 미국인 2세대이다. 대런은 자신과 타인으로부터 멀어졌다고 표현한다. 비록 만나는 사람이 있지만 고립감, 울적함, 외로움 등을 느낀다. 대런은 현재 32세의 동성애자로 AIDS 양성 환자인 어니스토(Ernesto, AM32)와 지난해부터 사귀고 있다. 어니스토는 멕시코계 미국인으로, 두 사람은 서로에 대한 신뢰가 없어서 어디에 있었는지, 누구와 있었는지, 다른 사람과 성관계 혹은 추파를 던지는 관계를 맺고 있는 것은 아닌지 서로 끊임없이 추궁한다. 대런은 레스토랑에서 근무하며, 상사와 동료들이 인종차별주의자라고 믿으면서 그들을 신뢰하지 않는다. 대런은 자신이 심한 불안, 우울감, 낮은 자아존중감을 갖고 있다고 시인한다. 대런은 어릴 때 아버지로부터 신체적 학대를, 아버지와 어머니 모두로부터 정서적 학대를 받았다. 어린 나이에 어머니에 의해 부모화가 되어서 자신의 동생들을 돌보는 책임을 떠맡았다. 아버지는 알코올 중독자로 '한 번 사라지면 며칠 동안 집에 들어오지' 않곤 했다.

대런은 가족의 동성애 혐오를 견뎌야 했다. 아버지는 어릴 때부터 '여자처럼 굴지' 말라고 경고했고, '강하게 키우기 위해' 신체적으로 학대를 하곤 했다. 대런이 매우 친하게 지냈던 이모는 대런이 동성애자여서 '매우 실망했다'고 다른 가족들에게 말하면서 대런과 거리를 두었다. 그는 동성애 혐오를 내재화하였고, 동성애가 기독교 가정, 특히 어머니에게서 배운 가치들과 상반됨을 알게 되었다. 그는 '엄마를 실망시켰다'고 느낀다.

어니스토는 상점 매니저로 일하고 있으며, '장기적 관계에 대한 두려움'과 '친밀감' 문제를 지니고 있다고 인정한다. 어니스토는 상습적으로 마리화나를 피우고 '주말에는 때때로 과음'한다. 자신이 '파티를 과하게 하는' 것 같다고 느낀다. 어니스토는 누나와 몇몇 친한 친구들에게만 '커밍아웃'을 했다. 다른 가족들이 자신이 동성애자임을 알게 될까 봐 걱정하고 있다. 대런과 만나기 전에 다른 사람을 사귀었으나, 이전 남자친구가 AIDS 양성임을 어니스토에게 말하지 않았다. 어니스토는 사람을 믿었다가 AIDS에 걸렸기 때문에 배신감을 느끼고 있다.

대런과 어니스토는 최근에 동거를 시작했으나 자주 다투고 서로를 믿기 힘들어한다. 이런 문제들을 해결하고 자신들의 관계가 파탄 지경에 이르지 않기 위해 상담을 시작했다.

내러티브 치료 사례개념화

문제를 분리시켜 내담자를 만나기: 강점과 흥미

AM40이 지닌 가치

- 정직
- 타인에 대한 돌봄
- 책임감
- 안식처로서의 가정
- 영성

AM32가 지닌 가치

- 가족
- 모든 일에 유머를 갖기
- 감사
- 친절
- 영성

AM40이 좋아하는 것

- 독서
- 여행
- 미술

AM32가 좋아하는 것

- 춤
- 등산
- 요리

AM40의 성정체성 발달

- 가족에게 커밍아웃을 함
- 커플관계에 대해 긍정적 동일시
- 성정체성 수용

AM32의 성정체성 발달

- 커플관계에 대한 긍정적 동일시
- AIDS 양성에 대한 책임 수용

문제 포화 내러티브

AM40과 AM32는 삶과 타인을 위험하고 믿을 만한 가치가 없는 것으로 여긴다. 그 결과 타인과 자신들의 관계에 대한 이야기는 현재 윤색되어 있다. 학대로 얼룩진 아동기를 보낸 후 AM40은 세상은 위험한 곳이어서 함정에 빠지지 않도록 항상 경계심을 늦추지 않아야 한다고 믿는다. 아버지가 폭음을 할 때는 '며칠 동안 사라지곤' 했기 때문에 AM32(혹은 다른 사람 누구라도)가 항상 자신의 옆에 있어줄 것이라는 믿음을 갖기 힘들다. 특히 AM32가 술을 마시거나 다른 마약류를 흡입할 때는 더욱 그렇다. AM32는 자신의 전 남자친구가 자신을 속여서 자신이 HIV에 감염된 것에 대해 심한 분노를 느끼고 있다. 그 결과로 타인을 신뢰하기 힘들어 하고 자신의 감정을 다스리거나 힘든 감정을 회피하기 위한 부정적 대처 방식으로 마리화나, 술, 때때로 다른 마약류를 흡입한다. 이러한 두려움과 불신이 두 사람의 관계에 슬며시 파고들고 있으며 다른 사람에게 한눈을 팔거나 서로에게 진실하지 못할 때는 말다툼이 시작된다.

더불어 AM40과 AM32는 내재화된 동성애 수치심을 지니고 있다. 자신들이 동성애자라는 사실은 원가족과 종교적 신념들에 의해 형성된 가치들과 직접적으로 상충된다. 가족은 AM40을 받아들이지 않았고, AM32는 자신이 동성애자임을 밝히게 되면 가족들이 자신을 거부할지도 모른다는 두려움에 살고 있다. 비록 서로를 의지하긴 하지만, 있는 그대로의 자신들의 모습에 대해 원가족의 지지나 수용을 받아본 적은 없다. 어떤 면에서는 두 사람 모두 그 결과로 자신들은 사랑받기 힘든 사람이라는 관점을 갖고 있어서 서로의 진정어린 의도가 무엇인지 의심하게 된다.

독특한 결과/빛나는 사건

- 두 사람 모두 자신들의 관계 속에서 자신이 안전하고 사랑받는 느낌이 든 때를 말해본다.
- 두 사람 모두 '친구가 한 명도 없다'고 말하고 있으나, 최근에 한 친구와 저녁 약속이 있었던 것을 말한 적이 있다.
- 두 사람 모두 직장에서 몇 사람과 긍정적이고 지지적인 관계를 맺고 있다.
- 두 사람 모두에게는 자신의 원가족 중에 자신들이 동성애자임을 알면서도 지지와 사랑을 주는 사람들이 있다.
- 두 사람 모두 서로를 신뢰하는 모험을 감수하고 있다.
- AM32는 등산이나 요리와 같은 좀 더 바람직한 대처 방식을 사용하고 있다.

지배적 담론

문화, 인종, 종교 두 사람 모두 동성애를 죄라고 규정하는 신교(AM40)와 가톨릭교(AM32)의 종교적 집안에서 자랐다. 그래서 비록 이러한 종교적인 배경이 좋은 인간적인 가치들을 함양시켰을지 몰라도, 동시에 동성애 수치를 낳기도 하였다. 이러한 종교적 담론은 종종 두 사람에게 죄책감을 들게 하고, 자신들이 더러우며, 삶의 목적과 온전함이 없는 사람같이 느끼게 만든다. 나아가 AM40은 어떤 때는 나이지리아계 미국인 2세로, 어떤 때에는 동성애자로, 어떤 때에는 이 두 가지 신분 모두에 의해 소외되는 것처럼 느낀다고 말한다. AM40은 대부분의 아프리카계 미국인들과 유대감을 느끼지 못하며 거주 지역의 나이지리아 사람들과도 거의 유대감이 없다. AM32 또한 라틴계 동성애자로 소외되는 느낌을 호소하며 HIV 양성 보균자라는 수치스러운 비밀을 감추고 산다. 두 사람 모두 인종이 다른 사람끼리 관계를 맺고 있다는 점, 그리고 동성애 관계라는 점으로 인해 몇몇 집단과 자신들의 원가족으로부터 비난받는다고 느낀다.

성/성지향성 AM40은 자신의 성지향성을 AM32에 비해 더 수용한다고 말하지만, 자신의 성지향성과 관련하여 심한 소외감과 열등감을 여전히 경험하고 있다. AM32는 현재 만족스러운 자신의 가족들과의 관계가 안 좋아질지도 모른다고 느끼면서 자신의 성지향성으로 인해 좀 더 어려움을 겪고 있다. 그렇다고 다른 동성애자들과 특별히 더 유대감을 느끼는 것도 아니다.

기타 사회적 담론 두 사람 모두 서비스업종에 종사하고 있으며, 종종 자신들의 직장에서 피해를 입거나 제대로 대우를 받지 못한다고 느낀다.

지엽적 담론과 선호된 내러티브

정체성/자기 내러티브 비록 지금 당장은 다른 사람에게 비밀로 해야 하지만, 두 사람 모두 어느 정도까지는 자신이 동성애자임을 수용하고 좀 더 장기적인 관계를 원한다고 말한다. 때때로 수치스러움을 느끼지만 좀 더 마음 깊은 곳에서는 서로를 완성시켜줄 수 있는 친밀한 관계를 맺길 원한다. 두 사람은 동성애자가 다닐 수 있는 교회, HIV 지원 집단, 그리고 12단계 동성애 프로그램에의 참석을 고려하고 있다.

지엽적 담론 두 사람은 장기적인 관계를 맺으며 행복하게 지내는 동성애 커플을 알고 있다고 말하면서 이들이 자신들에게 영감을 불러일으켜 주는 역할 모델이라고 말한다.

내러티브 치료계획

내러티브 치료의 초기 단계

상담 과제

1. 상담 관계를 수립한다.

    다양성 고려사항: _____

    a. _____

    b. _____

    c. _____

2. 개인, 체계, 그리고 좀 더 포괄적인 문화적 역동을 평가한다.

    다양성 고려사항: _____

    a. _____

b. _____

c. _____

d. _____

커플 목표

1. 갈등을 감소시키고 친밀감을 향상시키기 위해 물질 사용 및 남용에 대한 커플의 영향력을 향상시킨다.

    a. _____

    b. _____

내러티브 치료 작업 단계

상담 과제

1. 작업 동맹의 질을 모니터한다.

    다양성 고려사항: _____

    a. _____

    b. _____

    c. _____

커플 목표

1. 신뢰할 수 있는 능력과 친밀감 경험을 증진시킬 수 있도록 아동기 및 성인기 삶의 경험에서 비롯된 동성애 혐오 및 HIV 수치심이 끼치는 영향을 감소시킨다.

    a. _____

    b. _____

2. 불안, 물질 남용, 우울 증상, 직장에서의 갈등 등을 감소시키기 위하여 커플로 하여금 불안 및 두려움과 새로운 관계를 형성할 수 있게 함으로써 주체감을 향상시킨다.

    a. _____

    b. _____

3. 자신의 성지향성 및 인종적 배경을 더 많이 수용할 수 있도록 그리고 관계 내에서 갈등은 감소시키고 안전감은 높일 수 있도록 선호된 정체성을 지지하는 행동을 증가시킨다.

    a. _____

    b. _____

내러티브 치료의 종결 단계

상담 과제

1. 종결 후 계획을 수립하고 상담 성과를 유지한다.

    다양성 고려사항: _____

    a. _____

b. _____

커플 목표

1. 친밀감을 향상시키기 위하여 선호된 커플 정체성, 즉 서로 헌신하는 동성애 커플에 대한 내러티브를 증진시키고 강화시킨다.

    a. _____

    b. _____

2. 안녕감과 수용감을 증진시키기 위하여 커플의 선호된 정체성을 지지할 수 있는 외부 및 가족 관계를 향상시킨다.

    a. _____

    b. _____

    c. _____

    d. _____

Chapter 14

협력적 치료 및 반영팀

"이러한 유형의 경청, 듣기, 말하기 등은 치료자가 진솔한 자세와 태도로 치료 영역에 들어서야 함을 요구한다. 이러한 자세와 태도는 타인의 이념적 기반, 즉 그 사람이 살고 있는 현실, 신념, 경험에 대해 개방적임을 의미한다. 이와 같은 경청 자세 및 방식에는 존중심을 보이는 것, 겸손한 태도를 갖는 것, 내담자가 꺼내는 이야기는 경청할 가치가 충분히 있다고 믿는 것 등이 포함된다…. 이는 질문하고, 코멘트를 하고, 개념을 확장시키며, 호기심을 갖고, 자신만의 생각을 타인과 나눔으로써 내담자가 말하는 것과 적극적으로 상호작용을 하며 말하는 것을 통해 얻어질 수 있다. 이러한 방식에 흥미를 지님으로써 치료자는 내담자가 말하는 것을 명료화하고 오해를 방지할 수 있으며 말하지 않은 것에 대해서도 더 많은 것을 알게 될 수 있다."

– Anderson, 1997, p. 153

협력적 치료 및 반영팀

배경

포스트모던, 사회구성주의적 원리들을 실천에 옮기기 위하여, 협력적 치료(collaborative therapy)는 내담자의 문제와 행위자로서의 인식에 대해 새롭고 더 유용한 방식으로 이해할 수 있도록 치료자와 내담자가 함께 탐색하고 창조하는 쌍방향 대화 과정이다. 매뉴얼화된 기법을 피하면서, 치료자는 치료의 과정, 내담자의 관심사가 어떻게 탐색되고 교환되는지에 초점을 둔다. 치료자는 내담자가 자신의 삶에서 일어나는 사건들을 어떻게 해석하는지에 귀를 기울이고, 질문을 던지고, 내담자의 이야기가 어떻게 '서로 잘 들어맞는지' 더 잘 이해할 수 있도록 코멘트를 덧붙인다. 이러한 질문들과 코멘트는 치료자가 내담자의 관점에서 내담자의 가치와 내적 논리를 이해(내담자의 세계관 내에서 내담자를 이해)하려고 노력하는 가운데 행해지는 대화로부터 자연스럽게 나오게 된다. 이러한 과정이 진행됨에 따라, 내담자는 치료자의 호기심에 따라 자연스럽게 자신의 이야기를 나누도록 초대를 받는다. 이때 치료자와 내담자의 상호 혹은 공유된 탐문 방식, 즉 어떻게 일들이 발생하게 되었고 어떻게 하면 가장 최선의 방식으로 앞으로 나아갈 수 있을지에 관한 서로 궁금해하기에 함께 참여한다. 질문들을 던지며 자신들의 관점을 잠정적으로 나누면서 치료자와 내담자가 이러한 공동의 탐구 과정에 참여하게 되면, 대안적인 관점과 미래의 대안들이 내담자의 상황에서 등장하게 된다. 이러한 과정은 내담자로 하여금 새로운 해석을 내리게 하고 참신한 아이디어들을 만들게 함으로써 내담자가 자신의 상황을 다르게 바라보는 기회를 제공하게 된다. 치료자들은 이러한 의미 만들기 과정의 내용들을 통제하거나 지휘하려고 해서는 안 된다. 대신, 이러한 새로운 아이디어들로 무엇을 할 것인가를 결정할 수 있는 내담자의 능력을 존중해야 한다(이를 테면, 치료자는 내담자의 주체성을 존중해야 한다).

이러한 과정이 여전히 불분명하게 들릴 거라고 짐작되므로 하나의 사례를 들어 설명하는 것이 최선일 듯하다. 만약 한 내담자가 자신이 '우울하다'고 말한다면, 협력적 치료자는 구체적인 진단적 정보들을 듣기 전에 이 내담자의 독특한 우울 경험에 얼마나 아는 것이 적은지를 깊이 깨닫게 된다. 따라서 치료자는 내담자가 자신의 경험을 어떻게 지금처럼 이해하게 되었는지에 관해 진심으로 궁금증을 갖게 된다. 정해진 질문이 없는 상태로, 치료자는 더욱 잘 이해하고자 하는 진솔한 마음에서 비롯한 질문들을 던지게 된다. 예를 들어 다음과 같은 질문 등이다. 내담자는 울음이 잦은가? 전혀 울지 않는 사람인가? 삶이 회색빛으로 변하게 되어 아무 것도 더 이상 관심의 대상이 되지 않는 건가? 마음에 상처를 입은 걸까? 자신이 실패자처럼 느껴지는 걸까? 자신이 우울하다고 말하는 사람들이 많은 만큼 우울 이야기도 그만큼 다양한 셈이다. 치료자가 내담자의 관점을 탐색할 때, 내담자는 우울증과 관련한 치료자의 호기심에 초대된다. 내담자가 자신의 초기 관심사를 다룰 수 있고 해결할 수 있는 방법을 찾을 때까지 다양한 수준에서 경험을 전환시킴으로써 새롭게 이해되는 것마다 또 다른 대안적인 행동, 사고, 감정을 가져다줄 수 있다.

주요 개념

알지 못함과 함께 앎

아마도 협력적 치료에서 가장 흔하게 오해받는 개념(Anderson, 2005) 중 하나가 굴리시안과 앤더슨이 1988년에 소개한 '알지 못함(not knowing)'의 개념이 아닐까 싶다. 처음에는 알지 못함의 자세가 서로 상충되는 것처럼 들린다. 어떻게 돈을 받는 상담 전문가가 '모른다'고 할 수 있지? 모른다는 것에 돈을 받는다는 건가? 대학원 과정에서 배운 모든 것은 뭐지? 알지 못함이라는 것은 치료자가 자신들이 안다고 생각하는 것에 대해 어떻게 생각하는 가와 자신들이 아는 것(전문성, 진실 등)을 내담자에게 소개하려는 의지에 관한 것이다. 분명한 것은 협력적 치료자들은 앤더슨이 일컬은 '미리 앎(pre-knowing)'(Anderson, 1997, 2007)과 같은 앎을 피한다. 일상적 표현으로는 그것을 **추정하기**(assuming)라고 한다. 즉, 채워지지 않는 부분을 채울 수 있다고 믿거나 충분한 증거가 없음에도 충분한 정보가 있다고 믿는 것이다. 포스트모던 사회구성주의적 인식론에서 보면, 협력적 치료자들은 누가 보기에도 분명히 유사한 경험, 예를 들어, '정신증', '조증' 혹은 '성학대' 등을 지닌 내담자들은 자신의 상황을 고유한 방식으로 이해한다고 주장한다(Anderson, 1997). 각 내담자가 이해하는 방식은 좀 더 큰 사회적 담론과 미디어나 문학 작품의 이야기뿐 아니라 유의미한 타자, 지인, 전문가, 모르는 사람들과의 대화를 통해 점진적으로 변해간다. 내담자의 삶을 더 잘 이해하는 과정에 참여하면서 치료자는 내담자와 함께 그리고 더불어 아는 것을 선택한다(Anderson, 1993, 2007). 치료자는 내담자의 앎이 자신들의 앎과 동일하게 타당한 것으로 간주한다.

이러한 알지 못함, 추정하지 않음의 자세를 위해 치료자는 표면적으로 뻔한 혹은 사소한 질문같이 보이는 질문들을 던질 필요가 있다. 이를 테면, "어머니가 돌아가셔서 슬프다고 말씀하셨지요? 어머니가 돌아가셔서 슬픈 것 중 가장 슬픈 것은 어떤 것입니까?" 혹은 "매일 매일 어떻게 슬픔을 겪고 계시는지 말씀해주실 수 있으신지요?" 내담자가 문제를 지각하게 만든 아이디어, 경험, 영향 요인들을 탐색할 때, 이전까지는 어느 누구에게도 이런 이야기를 하지 않았다고 말하는 것을 종종 듣게 된다. 처음으로 자신의 생각을 바깥으로 표현해봄으로써 필연적으로는 상황에 대한 자신의 관점을 때로는 미묘하게, 때로는 극적으로 전환시킨다. 이 새로운 관점은 문제에 대한 새로운 행동과 정체성을 이끌게 된다(예를 들어, 자신의 어머니를 온전히 독립적인 타자로 바라보게 되면, 내담자는 어머니가 돌아가신 것이 아니라 여전히 자신 안에 살아 계시게 할 수 있음을 알게 될 수 있다). 이 장의 마지막 부분의 사례에서, 치료자는 파키스탄인과 인도인 커플을 상담하는데, 아내가 어렸을 때 성학대를 경험했음을 남편이 최근에 알게 되었고, 좀 더 보수적인 관점을 지닌 남편과 좀 더 현대적인 관점을 지닌 아내가 이에 대해 매우 다른 생각을 갖고 있음을 보게 된다.

관련학자

할린 앤더슨과 해리 굴리시안(Harlene Anderson & Harry Goolishian) 할린 앤더슨과 해리 굴리시안은 텍사스 주립대학의 갈베스턴 의과대학 지부의 동료들과 함께 협력적 치료를 개발하였고, 이후 휴스턴 갈베스턴 연구소(Houston Galveston Institute)를 설립하였다(Anderson, 1997; Anderson, 2005, 2007; Goolishian & Anderson, 1987). 이들의 협력적 접근은 갈베스턴 그룹에 의해 개발되었으며, '다중 영향 치료(multiple impact therapy)'라고 명명된 초기 모델에 기반을 두고 있다. 이 접근은 병원에 입원한 청소년, 그 가족들, 더 포괄적인 사회 제도 등과의 작업을 위한 다학제적 접근이다. 성서 해석학, 사회구성주의, 포스트모던 가정, 그리고 사회과학 및 자연과학의 관련 이론들에 대한 이들의 관심은 처음에는 MRI의 아이디어들을 바탕으로 한 호기심에 의해 불이 지펴졌다. 하지만 갈베스턴에서의 작업을 통해 그들은 내담자가 말하는 것에 귀를 기울이기보다 하나의 전략적 도구로서 내담자가 자신의 언어를 사용하는 방식을 배우려고 시도하였다. 그들은 가족 전체가 아니라, 가족의 각 구성원이 각자 자신만의 언어를 갖고 있고 고유한 의미를 지닌 말로 사용하고 있는 것 같음에 주목하였다.

이들의 관심은 포스트모던 아이디어, 사회구성주의 이론, 이후 루드비히 비트겐스타인(Ludvig Wittgenstein), 미하일 박틴(Mikhail Bakhtin), 켄 거겐(Ken Gergen), 존 쇼터(John Shotter) 등과 같은 이론가들의 연구로 자연스럽게 이어졌다(4장 참조). 그 결과로 앤더슨과 굴리시안은 포스트모던 관점에서 자신들의 연구를 개념화하기 시작하였고, 관계에서의 의미를 구성하는 데 초점을 두었다. 그들은 또한 톰 앤더슨과의 서로 영향을 주고받는 관계를 맺게 되었는데, 여러 해 동안 이들의 치료 방식은 협력적 언어 체계(Anderson, 1997)로 알려지게 되었고, 최근에는 협력적 치료(Anderson & Gehart, 2007)로 불리게 되었다.

톰 앤더슨(Tom Andersen) 할린과 친한 친구 관계였던 톰 앤더슨은 노르웨이 출신의 정신과 의사로, 친절한 매너, 내담자의 사적인 권리에 대한 존중, 품격 있는 치료적 개념들로 가장 잘 기억되고 있다. 일방경을 통한 초기 밀란 팀과의 연구에서 팀과 내담자 간의 위계 구조를 감소시키고, 치료를 전략적이기보다 대화적인 과정으로 만든 포스트모던적인 이해력을 사용하여 관찰팀의 체계적 치료를 변모시켰다. 적절히 특이한 코멘트와 더불어 내부 및 외부 담화에 대한 앤더슨의 설명을 통해, 협력적 치료자들은 기법을 사용하지 않고 치료적 대화를 촉진시키기 위해 사용할 수 있는 실용적인 개념들을 얻게 된다.

치료과정

협력적 치료자들은 치료 단계를 설정하거나, 한 회기를 어떻게 진행할 것인가에 관한 개요를 정해놓지 않는다. 대신, 이야기 주제와 참여자가 누구이든지에 상관없이, 한 가지 지침, 즉 협력적 관계와 생산적이며 쌍방향적인 담화적 대화(dialogical conversations)를 촉진시킬 것이라는 원리만을 사용할 뿐이다. 간단히 말하면, '대화를 계속 이어가는' 것이 전부이다. 대화를 촉진시키는 핵심 열쇠는 혼자 말하는 것을 피하는 것이다.

독백을 피하는 것과 치료적 난국

해리 굴리시안은 치료자로서 해야 할 것을 파악하는 것보다 하지 말아야 할 것을 확인하는 것이 더 수월하다고 종종 말하곤 했다. 이 논리를 확대해보면, 협력적 대화가 아닌 것, 즉 독백(monologue; Anderson, 1997, 2007)을 파악함으로써 협력적 치료가 무엇인지 이해하는 것이 더 쉬워질 수 있다. 독백은 다른 사람과의 대화이거나, 자신 혹은 상상의 타인과의 무언의 대화일 수 있다. 두 사람 간의 언어로 이루어진 독백적 대화에서 각 사람은 다른 사람에게 자신의 아이디어를 주장하려고 한다. 누구의 현실이 더 우세한가를 다투는 결투와 같다. 그러한 대화에 참가하고 있는 사람들은 바로 다음번의 방어만 생각하고 계획한다. 새로운 이해를 도모하려고 하거나 진솔한 호기심에서 타인을 이해하려고 하지는 않는다. 무언의 대화에서 독백은 동일한 설명, 의견, 혹은 생각이 일관되게 한 개인의 생각을 지배할 때 생겨난다. 결과적으로 새로운 생각이나 호기심의 여지를 남기지 않고 다른 생각에 닫혀 있는 상태에 머무르게 된다.

　치료에서 독백적 대화는 **치료적 난국**(therapeutic impasse)으로 이어진다. 이 지점에서 치료적 대화는 더 이상 유용한 의미나 이해를 생성시키지 못한다. 대개의 경우 독백적 대화를 확인하기는 쉽다. 긴장이 고조되면 대화의 과제는 다른 요점을 지닌 청자를 설득시키는 것이 되기 때문이다. 치료자는 또한 내담자를 '저항적'이라고 비난하기 시작한다. 이러한 일이 발생하면, 치료자와 내담자 간 혹은 한 공간에 있는 누가 되었든지 간에 치료자의 임무는 내담자의 관점을 더 잘 이해하기 위해 질문을 하거나, 치료자가 충분히 이해하지 못하는 것 같다고 여겨지는 특정 부분이 있는지에 대해 문의하면서, 독백적 대화를 아이디어의 담화적 교류로 부드럽게 전환시키는 것이다. 하지만, 다른 사람을 대화에 참여시키기 위해 치료자는 더불어 반드시 내적 담화 모드를 유지해야 한다. 가장 쉽게 설명하면, 협력적 치료자의 일차 임무는 그 자리에서 행해지는 대화가 내담자 체계 안의 구성원 간 혹은 치료자와 내담자 간 두 독백 간의 결투가 되도록 해서는 안 된다는 것이다. 대화가 담화가 되는 한, 변화와 변혁은 필연적이다. 이 장의 마지막 부분에 제시된 사례에서 커플은 아내가 어릴 때 경험한 성학대에 대한 고백을 어떻게 해석할 것인지에 대해 매우 다른 관점을 지니고 있다. 두 사람이 서로 완전히 반대되는 견해를 갖고 있을 때 발생할 가능성이 높은 독백을 치료자는 특별히 경계할 것이다.

상담관계 형성

철학적 입장

협력적 치료자는 철학적 입장에서 치료자의 자세를 타인과의 특정한 관계 방식으로 개념화한다. 이 자세는 내담자의 역할이나 기능에 초점을 두지 않고, 인간으로서의 내담자에 초점을 맞추면서 회기 중에 치료자가 말하고, 사고하고, 행동하고, 반응하는 방식을 통해 알 수 있다. 철학적 입장은 필수적으로 포스트모던, 사회구성주의적 아이디어들을 충분히 포용한다. 이 아이디어들은 내담자를 전문가로 간주하고 담론의 변형적 과정을 중요시 여기는 협력적 접근에게 중요한 틀을 제공한다.

대화 상대: '함께 함'

협력적 치료에서 상담관계는 대화 파트너 관계(conversational partnership; Anderson, 1997)로 가장 잘 묘사될 수 있다. 즉, 내담자와 함께 하는 과정이다. 관계를 맺는 방식에 있어, 때때로 '함께 함'(withness; Hoffman, 2007)으로 언급되는 대화 파트너는 상대에 '접촉하고', 서로에 대한 이해라는 목적을 갖고 노력한다. 또한 '함께 함'은 기꺼이 롤러코스터를 탈 의향을 갖는 것이다. 내담자가 변화하는 과정에서 경험하는 오르막과 내리막이 불편하고, 예측할 수 없고, 두렵더라도 말이다. 이것은 걸어가는 길이 어떤 곳일지라도 내담자와 함께 걷고자 하는 헌신과 같은 것이다.

호기심: 알지 못함의 기술

협력적 치료 자세의 핵심적 특징은 호기심인데, 이는 내담자의 독특한 삶의 경험과 이 경험으로부터 파생된 의미들에 대한 치료자의 진정성 있는 관심을 가리킨다. 이 호기심은 사회구성주의적 인식론(지식에 관한 가정과 우리가 무엇을 어떻게 아는가에 관한 가정)에 의해 더욱 커진다. 사회구성주의적 인식론은 각 개인이 자신이 속해 있는 수많은 관계망과 대화들을 통해 독특한 실재를 구성한다고 가정한다. 따라서 두 사람이 있다고 가정할 때, 그 두 사람은 동일한 결혼생활, 양육, 우울, 정신증, 불안 등을 경험하지 않는다.

내담자와 치료자 전문성

1992년에 앤더슨과 굴리시안은 '내담자가 전문가다'라는 급진적 생각을 제안하였다. 비록 치료자는 아무런 견해도 없고 치료과정에 아무런 역할도 없다는 의미로 종종 오해되기도 하지만, '전문가로서 내담자'라는 개념은 치료자의 관심이 내담자의 사고, 아이디어, 견해들을 진심으로 소중하게 여기는 데 있다는 것을 의미한다. 치료자는 궁극적으로 내담자의 삶의 복잡성과 충만함에 대해 매우 제한된 정보만을 갖고 있을 뿐이다. 즉, 치료자는 내담자 자신의 온전한 이야기와 '내부자적' 관점을 절대로 얻을 수 없다(Anderson, 1997). 따라서 '전문가로서 내담자' 개념은 치료과정이 어떻게 수행되어야 하는가에 관한 것이라기보다는 내담자에 대한 존중심에 관한 것이다.

하지만 치료 회기 동안 치료자들은 효과적이고 존중심이 있는 담론적 대화가 이루어질 수 있도록 책임을 져야 하기 때문에 내담자가 갖지 못한 전문성을 갖고 있다. 치료자는 대화의 내용, 방향, 결과를 주도하기보다 내담자의 변화를 지원하기 위해 대화의 창조적인 특성을 활용한다.

넓은 의미에서(이런 경우 항상 정확하지는 않지만), 처음에는 내담자가 내용 영역(무엇에 대해서 이야기를 할 필요가 있을 것인가)에서, 치료자가 과정 영역(어떻게 이야기할 것인가)에서 더 많은 전문성을 갖고 있다고 생각하는 것이 유용할 것이다. 하지만, 이 같은 협력적 과정에서 치료자와 내담자는 내용과 과정 둘 다의 영역에서 서로 기여하는 바가 있다. 만약 협력적 치료자가 내담자가 중요한 내용을 꺼내지 않는다면, 치료자가 특정한 순서 없이 다음과 같이 문제를 제기할 수 있다. "과거에 대해 이야기하고 싶어 하지 않으시다는 것을 알고 있습니다. 하지만 어렸을 때 경험한 학대가 현재의 결혼생활에 어떤 영향을 끼쳤는지에 대해 조금만 시간을 내서 탐색해볼 가치가 없는 것인지 궁금합니다." 내담자로 하여금 자유롭게 그렇다 혹은 아니다를 말할 수 있는 방식으로 이렇게 언급한다면, 치료자는 내담자의 바람을 존중하는 셈이다.

역으로 말하면, 치료자는 또한 치료과정에 대해 내담자의 피드백에 열려 있다. 즉, 누가 상담실에 함께 있을 것이며, 숙제나 제안사항의 유형, 질문 유형 등을 포함하여 어떤 상담과정이 내담자에게 가장 효과적일지에 대해 내담자가 자신의 생각을 이야기할 수 있게 한다는 것이다. 치료자는 내담자의 요청을 감 놔라 배 놔라 하는 것으로 간주할 필요는 없지만, 내담자의 요청과 그 속에 담긴 내담자의 필요를 심사숙고하여 그 필요를 다룰 수 있는 가장 최선의 방식이 무엇인지 파악하기 위해 노력해야 한다. 이러한 주고받고 식의 상호작용은 유용한 대화방식을 찾기 위하여 치료자가 내담자와 어깨동무를 하고 함께 작업하는 진정한 동반자 관계라 할 수 있다. 앤더슨(1997)은 내담자 피드백에 대한 이와 같은 끊임없는 개방성을 '상담의 일상적인 부분으로서의 연구'라고 이야기한다. 치료자는 치료적 난국의 가능성을 줄이고 각 내담자의 고유한 필요에 치료가 잘 맞춰질 수 있도록 확실히 하면서, 치료과정을 정밀하게 조율하기 위해 이와 같은 피드백을 사용한다. 이 장의 마지막에 제시된 커플 상담 사례를 보면, 치료자는 아내의 아동기 성학대 경험과 관련한 부부 갈등을 성공적으로 극복하는 데 있어 부부 각자의 전문성과 가치를 존중하도록 두 사람과 면밀하게 작업할 필요가 있다.

매일의 일상 언어: 민주적 관계

협력적 치료자는 자연스럽고, 내담자의 언어에 더욱 일치된 가식 없는 방식으로, 그리고 위계적이기보다 민주적인 방식으로 귀를 기울이고, 경청하고, 말한다(Andersen, 1991; Anderson, 2007). 비록 내담자가 생각하기에 유용하다고 할 수 있는 담론적 과정을 촉진시키는 것은 치료자의 책임이지만, 리더 혹은 전문가 입장에서 그러한 과업을 달성하려고 하지 않는다. 대신에, 일상의 언어와 편안한 방식, 그리고 기꺼이 배우고자 하는 태도를 통해, 어떻게 진행하는 것이 가장 최선일 것인지를 탐색하는 데 내담자가 참여하도록 초대하는 겸손한 자세를 취한다.

내적 대화 및 외적 대화

톰 앤더슨은 대화를 내적 대화와 외적 대화를 포함한 것으로 개념화하였다(Andersen, 2007). 대화를 나누는 동안 우리는 치료 참여자들 간에 언어로 표현된 대화인 외적 대화(outer talk)는 재빠르게 알아차린다. 또한 앤더슨은 오고 가는 다른 담화들, 이른바 각 개인이 대화에 참여할 때 자신의 내부에 있는 생각이나 대화인 내적 대화(inner talk)가 있다는 것을 알아차렸다. 따라서 한 치료자가 한 내담자와 상담을 한다면, 적어도 세 가지 대화가 동시에 발생하고 있는 셈이다. 첫 번째는 내담자의 내적 담화, 두 번째는 치료자의 내적 담화, 그리고 마지막은 외부로 표현된 대화이다. 치료자는 이 각 대화들을 위한 시간과 공간을 할애할 필요가 있다.

앤더슨(2007)이 지적한 대로, 내담자가 말하는 동안 그들은 치료자를 향해서만 이야기하는 것이 아니라, 더 정확히는 자기 자신을 향해 말하고 있다. 치료에서 종종 내담자는 처음으로 뭔가를 크게 말하면서 치료자에게 말하는 자신에게 귀를 기울이면서 듣는 예기치 못한 내용과 무게를 반추할 시간이 필요할 수도 있다. 앤더슨은 내담자로 하여금 자신의 내적 대화를 말하도록 치료자가 압력을 가하지 말 것을 강하게 충고한다. 이는 좀 더 내용중심의 치료기법들에서는 흔하다. 따라서 내담자가 자신의 성학대 경험 혹은 힘든 관계에 대해 이야기하고 싶어 하지 않는다면, 치료자는 강요하지 말고 대신에 내담자가 마음의 준비가 되었을 때 이야기할 수 있도록 문을 열고 기다린다. 대부분의 치료자와는 달리 앤더슨은 회기 동안에도 내담자의 사적인 권리와 자율성을 보호하는 옹호자였는데, 이는 내담자가 자신의 삶을 자신에게 최선의 방식으로 꾸려갈 능력이 있다는 변치 않는 신념을 반영한 것이다.

내담자와의 외적 대화를 따라 가는 것 이외에도, 앤더슨은 치료자가 자신의 내적 대화, 즉 내담자와 내담자의 외적 대화에 대한 치료자의 생각, 감정, 반응 또한 따라 가도록 장려하였다. 치료자의 내적 대화는 치료관계를 촉진할 수 있는 여러 형태의 정보를 제공한다.

내담자에 대한 치료자의 반응은 다른 사람들이 내담자와 어떻게 교류하는지에 관한 정보를 제공하거나, 전문적인 지식보다는 개인사 혹은 쟁점들에 기초하여 치료자가 내담자에게 반응하고 있음을 암시할 수도 있다. 더불어 치료자의 내적 대화는 외적 대화로 진행될 수 있는 통찰, 아이디어, 은유들을 포함하고 있다(Anderson, 1997). 치료자의 내적 대화가 외부 대화 때문에 산만해질 때(앤더슨이 말한 1인 침묵 대화에서처럼) 치료자는 그렇게 하는 것이 대화를 유용한 방식으로 이끌어 가는 데 도움이 되는지를 내담자에게 이야기하도록 권장된다(Anderson, 1997). 예를 들어, 만약 내담자가 여러 번의 일회성 외도와 관련된 이야기를 하면서 알코올의 영향을 끊임없이 축소하고는 있으나 치료자의 생각에는 확실한 관련성이 있다고 여긴다면, 치료자는 상담관계가 위협받는다는 느낌을 내담자가 갖지 않으면서 자신의 의견을 유지할 수 있다는 언어적, 비언어적인 허용적 분위기 속에서 **부드럽게** 이러한 관찰 내용을 언급할 수 있다(예를 들면, "이전에 말씀하신 것을 보면 별다른 관련성이 없다고 생각하시는 것 같은데, 야간에 파티를 하러 외출하는 것과 나중에 다른 사람과 후회할 일을 만드시는 것 간에는 줄곧 관계가 있어 보입니다. 만약 알코올이 주요한 원인이라고 생각하지 않으신다면, 알코올이 하는 사소한 역할이 있다면 무엇일까요?") 핵심은 내담자로부터 방어적 태도를 유발하기보다 호기심을 불러일으키는 방식으로 치료자의 관점을 제시하는 것이다.

사례개념화 및 평가

협력적 치료에서 사례개념화는 다음과 같은 두 가지 핵심 질문이 포함되어야 한다.

- 누가 문제에 대해 말하는가?
- 각자는 문제를 어떻게 이해하고 있는가?

치료자는 누가 문제-조직화 체계 안에 있고, 누가, 누구와, 무엇에 대해 대화를 나누는지를 평가함으로써 첫 번째 질문에 답할 수 있다. 두 번째 질문은 내담자의 세계관을 이해하기 위해 치료자의 철학적 입장을 통하여 접근할 수 있다.

누가 말하는가? 문제-조직화, 문제-해소 체계

앤더슨과 굴리시안(Anderson & Goolishian, 1988; 1992)은 초기에 치료적 체계를 문제를 파악하는 것과 관련된 언어 체계로 개념화하였다. 즉, 한 사람이 문제, 쟁점, 혹은 걱정거리(내담자가 항시 문제라는 단어를 사용하지 않을 수도 있다)를 파악하였기 때문에 치료자와 내담자가 모이게 되는 것이다. 그들은 이러한 체계를 문제-조직화, 문제-해소 체계라고 지칭했다. 그들이 '문제-조직화(problem-organizing)'라고 부른 이유는 한 사람이 문제를 확인한 이후에 이 체계들이 등장하기 때문이다. '문제-해소(problem-dissolving)'라고 부른 이유는 참여자들, 이를 테면 치료자, 내담자, 관련된 제3자들이 더 이상 논의할 문제가 없을 때 이러한 체계들이 해소되기 때문이다. 더욱이, 해소한다는 것은 문제가 해결책을 찾는 식의 전통적 개념에서 종종 '해결되지' 못한다는 의미를 담는다. 대신에 새로운 사고, 감정, 그리고 행동들의 여지가 있는 대화를 통해 참여자의 이해 정도는 증가한다. 궁극에는 내담자가 문제가 해소된 만큼 해결되지는 못했다고 느낄 수도 있다. 예를 들어, 만약 내담자가 최근의 실연 때문에 스트레스를 호소한다면, 문제는 해결되지 않지만 내담자는 그 상황을 달리 해석할 수 있게 됨으로써 다르게 행동하고 느낄 수 있게 된다.

문제에 대해 말하는 모든 사람들이 문제-조직화 체계든, 문제-해소 체계든 문제의 일부라는 사실을 자각해야 한다. 협력적 치료자는 다음과 같은 질문을 던진다.

문제에 대한 질문

- 회기 내에서 문제에 대해 이야기하는 사람은 누구인가? 회기 밖에서 문제에 대해 이야기하는 사람은 누구인가?
- 각 사람이 문제를 어떻게 정의하는가?
- 각 사람이 문제에 대해 어떤 조치가 취해져야 한다고 여기는가?

문제에 대한 이해는 대화를 통해 변화하고 진화하므로 치료자는 사람들을 화해시키려 하거나 '진실'을 밝히려 함이 없이 다양한 관점들이 나누어지도록 장려하면서, 누가 회기 밖에서 문제를 이야기하는지를 끊임없이 평가하고, 문제에 대한 다양한 관점들에 대해 끊임없이 탐색한다. 사라지지 않고 끊임없이 떠도는 다양하고 상충되는 관점들을 내담자와 치료자가 허용할 때 새롭고 좀 더 유용한 관점을 창출할 가능성이 가장 크다.

철학적 입장: 사회구성주의자적 관점

앞서 언급한 대로, 협력적 치료자의 일차 도구는 기법도 아닌, 중재도 아닌, 철학적 입장이라고 할 수 있는 조망 체계이다(Anderson, 1997). 협력적 치료자는 우리의 실재가 언어와 관계를 통해 구성된다는 사회구성주의자의 관점, 포스트모던 관점에서 작업한다. 정체성과 의미를 고정된 것으로 간주하기보다, 사회구성주의는 '착한 사람', '행복한', '성공한', '마음을 둔', '유의미한 삶', '존경받는' 등이 무엇을 의미하는지 우리 스스로에게 이야기하는 방식으로 우리 개인의 정체성과 사회적 정체성을 끊임없이 어떻게 수정하고 재해석하는가를 설명한다. 이러한 이야기는 친구와의 대화, 뉴스, 소설, 사람 혹은 미디어를 통해 아이디어가 교류되는 모든 상황 등에 의해 형성된다. 내담자가 어떻게 '옳지 않고' 혹은 '이상한지'를 보여주는 데 관심을 두기보다 치료자는 내담자에 대한 호기심을 갖고 내담자가 어떻게 자신의 삶에서 일어나는 일들에 대한 의미를 구성하는지에 초점을 둔다.

내담자의 세계관을 평가하기

이러한 호기심은 협력적 치료자가 내담자의 세계관, 즉 삶의 사건들을 해석하는 자신만의 체계를 더 잘 이해하는 데 초점을 둔다는 것을 의미한다. 협력적 치료자는 '오류'나 '문제의 근원'을 찾기보다는 부드럽고, 비판단적인 호기심을 갖고 내담자에게 접근한다. 이는 마치 어린 아이가 난생 처음 해변에서 바위에 둘러싸인 웅덩이를 탐험하는 것과 같다. 이 환상적인 새로운 세계 안에 있는 흥미로운 생물들을 뭉개지 않게 조심하는 어린 아이처럼 말이다 (Anderson, 1997; Hoffman, 2007). 치료자는 내담자의 세계, 희망, 문제, 증상들의 앞뒤가 맞도록 만드는 내적 논리를 찾는다. 예를 들어, 한 여성이 자신의 결혼이 파탄 지경이라고 느낀다면, 처음 그런 생각을 어떻게 갖게 되었는가? 어떻게 그녀는 대처했는가? 배우자와 자신의 변화된 행동을 어떻게 받아들였는가? 한 개인으로서 자신에 대해 무엇을 말하는지 그녀가 두려워하는가? 그녀가 생각하기에 무슨 일이 있어났고, 지금부터 그녀가 선택할 수 있는 것들은 무엇이라고 여기는가? 이제까지 결혼생활은 어떻게 유지되어 왔고, 이전과 같이 혹은 더 바람직하게 되돌릴 수 있는 방법은 무엇일까? 이러한 질문들은 치료자의 도구함에 있어 그냥 꺼내 쓰는 것이 아니라, 어떤 시점의 대화에서도 일관된 반응으로서의 질문일 것이다. 따라서 협력적 치료에서의 '평가'는 대화를 통해 행해지는 끊임없는 '공동평가 (coassessment)'이다. 이 장의 마지막 사례 부분에서 치료자는 단순히 개인적 관점만이 아니라, 물려받은 문화적 배경과 미국화된 관점을 통해 문화와 성에 의해 영향 받은 세계관을 고려하면서 두 사람 각자의 세계관을 탐색하는 데 많은 시간을 보내고 있다.

변화 목표 수립

주체성

다른 포스트모던 접근들과 마찬가지로, 협력적 치료자는 찍어 내듯이 동일한 방향으로 내담자를 끌고 가는 미리 정해진 건강 모델을 갖고 있지 않다. 대신에 전반적인 목표는 내담자 자신의 삶에 주체감(sense of agency)을 증가시키는 것이다. 주체감이란 자신이 유능하고 유의미한 행동을 취할 수 있다는 느낌을 의미한다. 앤더슨(1997)은 주체성이 모든 사람에게 내재되어 있으며, 마치 내담자 '임파워먼트'라는 개념에서 함의되는 것처럼 다른 사람으로부터 주어지는 것이 아닌, 자신만이 접근할 수 있는 것이라고 믿었다. 협력적 치료자는 반면에 자신의 역할을 내담자의 주체성이 드러날 수 있는 기회를 극대화하는 과정에 참여하는 사람으로 간주한다.

탈바꿈

협력적 치료자는 치료의 결과를 변화로 개념화하기보다 '고유한' 측면은 그대로 남고 다른 측면은 얻어지거나 없어지는 것을 강조하면서 탈바꿈(transformation)의 과정으로 개념화한다. 치료 시에 자신 스스로가 규정하는 자아정체성에 대한 내담자의 내러티브는 담론 과정을 통해 의미, 다른 사람과의 관계, 미래에 취할 행동 등에 대한 새로운 가능성을 만들면서 탈바꿈된다. 이러한 탈바꿈 과정은 치료자가 통제하거나 이끌어가는 것이 아니라, 내담자 자신이 스스로에게 귀를 기울이고, 치료자와 다른 사람들이 의견, 생각, 희망 등을 나눌 때 내담자 안에서 비롯된다.

담론을 통한 탈바꿈의 과정은 본질적으로 그리고 필연적으로 상호적이다. 치료자가 담론적 대화에 참여하면, 내담자가 변화되는 동일한 담론 과정이 치료자 또한 탈바꿈되는 맥락을 창출하므로 치료자 스스로 변화되는 모험에 참여하는 것과 같다(Anderson, 1997). 비록 이런 탈바꿈이 내담자의 탈바꿈만큼이나 극적이고 즉시적으로 알아차릴 수 있는 것이 아닐 수 있지만, 치료자가 삶을 이해하고 삶에 참여하는 다른 방식들에 대해 자신의 내담자로부터 배우게 됨에 따라 치료자의 세계관은 진화하고 전환된다.

협력적 목표 수립하기

제목이 암시하듯이, 치료적 목표는 전문적 용어가 아닌 내담자의 일상의 언어를 사용하여 내담자와 협력적으로 수립된다. 협력적 치료에서는 의미와 이해의 폭이 넓어짐에 따라 변화되므로 목표도 그에 따라 끊임없이 진화한다. 목표의 변화는 말다툼을 덜 하고 긍정적인 대화를 더 많이 하는 것과 같이 점차적이거나, 학교 성적에 초점을 맞추는 것에서 부모와 정서적으로 교류하는 것에 초점을 맞추는 것과 같이 극적인 것일 수 있다. 치료자는 모든 내담자들에게 사용하는 일련의 미리 정해진 목표들을 갖고 있지 않다. 반면에, 목표는 각 내담자 개별적으로 상의하여 정해진다.

호소 문제를 다루기 위한 중기 단계 목표의 예

- 서로를 '이해할' 수 있는 대화를 더 많이 가짐으로써 커플 간 말다툼 횟수를 줄인다.
- 자녀들 간 '평화' 기간을 더 많이 갖는다.
- 부모가 지켜보지 않아도 스스로 숙제를 하는 시간을 늘린다.
- 오래된 친구와 가족 간 서로 만남으로써 사회적 네트워크를 확장시킨다.

주체성과 정체성 내러티브를 염두에 둔 후기 단계 목표의 예

- 직장 동료와의 대인관계 시에 주체성과 주장성을 증가시킨다.

- 어머니의 주체성과 자신의 시간과 에너지를 쏟아야 하는 우선수위를 정할 수 있는 능력을 향상시킨다.
- 개별성과 의견차를 허용하면서도 서로 강한 유대감을 유지할 수 있는 가족 정체성 내러티브를 개발한다.
- 과거의 그림자에 얽매이지 않지만 과거로부터의 교훈을 간직할 수 있는 정체성을 개발한다.

개입 전략 수립

대화 질문: 담론안에서부터의 이해

대화 질문(conversational questions)은 상담의 이론부터 비롯한다기보다 담론으로부터 자연적으로 발생하는 질문들이다(Anderson, 1997). 이 질문들은 미리 준비하거나 계획되지 않고, 내담자가 말하고 있는 것으로부터 논리적인 흐름을 따라 치료자의 호기심과 더 많이 이해하고자 하는 바람으로부터 비롯된다. 예를 들어, 만약 내담자가 집안일을 남편이 도와주지 않는 것 때문에 좌절감을 호소한다면, 치료자는 해결기반 치료(12장 참조)에서의 기적 질문이나, 내러티브 치료에서의 외재화 질문이나, 체계적 접근(5장)에서의 체계적 상호작용 질문과 같은 치료적 혹은 이론적인 틀에 따라 질문을 하기보다 그 순간에 이루어지는 대화로부터 논리적인 흐름에 따라 "남편 분이 도와줬으면 하는 집안일은 무엇인가요? 예전부터 계속 이렇게 지내오셨나요?" 등과 같은 질문을 던지게 된다.

내담자가 선호하는 단어와 표현을 사용하여 치료자는 내담자의 상황을 더 잘 이해하기 위해 치료자와 내담자 모두에게 도움이 될 수 있는 대화 질문을 한다. 치료과정에 관한 연구들을 보면, 내담자는 진솔한 호기심으로부터 비롯한 질문들이 평가하거나 중재를 위해 전문적인 목표를 가지고 이루어지는 '조건적' 혹은 '무거운' 질문들과는 매우 다르게 받아들여진다고 보고한다(Anderson, 1997).

'적절히 특이한' 코멘트를 하기

가장 우아하면서도 실제적으로 유용한 치료적 개념 중 하나가 적절히 특이한 코멘트(appropriately unusual comments)인데, 이는 치료자가 내담자에게 변화를 도모할 수 있는 생각거리를 제공할 수 있게 한다. 반영팀과의 작업에 기초하여 톰 앤더슨(1991, 1992, 1995)은 '지나치게 평범하거나', '지나치게 특이한' 코멘트나 질문들은 회피하도록 권장한다. 지나치게 평범한 코멘트는 필수적으로 내담자의 세계관을 반영하지만, 새롭게 이해할 수 있는 계기나 변화의 가능성을 제공하지 못하고, 내담자의 현재 관점이 변화를 도모하지 못할 것이라는 것에 대해 동의하거나 반영하는 셈이 된다. 반면에, 지나치게 특이한 코멘트는 너무

생경해서 새로운 의미를 찾는 데 그다지 도움이 되지 못한다. 어떤 내담자는 치료에 '저항적'이 되거나, 설명을 다시 하거나, 치료자의 코멘트나 제안을 거부함으로써 그 코멘트가 지나치게 특이함을 즉각적으로 드러낸다. 다른 내담자는 코멘트가 너무 특이하다는 신호를 상담 중에 거의 표시하지 않다가 코멘트를 실행에 옮기지 않고 심지어는 치료자와 치료 과정에 대한 믿음을 잃어버리게 된다.

적절히 특이한 코멘트는 호기심을 불러일으키고 쉽게 수용할 수 있는 새로운 관점을 제공할 수도 있는 내담자의 세계관에 명확하게 맞아떨어지는 코멘트이다. 예를 들어, 만약 어떤 내담자가 자신의 이전 직업보다 새로 얻은 직업이 더 다양한 역할을 수행해야 해서 당황스러워하고 있다면, 치료자가 할 수 있는 적절히 특이한 반응은 "이야기를 듣고 보니, 새로운 직장에서는 이전 직장에서는 필요하지 않았던 다양한 직무를 수행할 능력과 우선순위를 정할 수 있는 기술들을 배울 수 있을 것 같네요"이다. 이 코멘트는 약간 다른 관점을 제공하지만 내담자의 현재 경험에 국한한 것이다. 이러한 코멘트는 안전감을 느낄 만큼 친숙하고 실천 가능하기도 한 반면, 신선한 관점을 제공할 만큼 충분히 색다르기 때문에 내담자의 관심을 끌 수 있다(Anderson, 1997).

침묵을 경청하기 내담자가 적절히 특이한 코멘트, 제안, 혹은 질문을 듣게 되면, 대개는 항상 말을 멈추고 새로운 관점과 자신이 갖고 있는 관점을 통합시키기 위한 시간을 갖는다. 이러한 순간에는 치료자가 내담자로 하여금 내적 대화를 할 수 있도록 내버려두는 것이 가장 중요하다. 때때로 내담자가, "한 번 생각해봐야 할 것 같아요" 혹은 "그렇게는 한 번도 생각해본 적이 없어요"라고 말하기도 한다. 내담자의 첫 번째 반응이 "잘 모르겠어요"일 수도 있지만, 새로운 아이디어에 대해 조금 생각해본 후에는 내담자가 이전에 한 번도 갖지 못한 생각과 아이디어를 드러내는 반응을 대개는 하기 시작한다.

어느 정도까지 특이할 것인가? 어느 정도 특이해야 적절히 특이한 것인가? 요령은 각 내담자가 받아들이는 특이함의 수준이 각각 다르다는 점이다. 달리 말하면, 각 내담자에게 있어 새로운 아이디어를 만드는 데 유용한 차이의 수준이 서로 다르다는 것이다. 내가 십대, 의무적으로 상담을 받아야 하는 내담자, 혹은 치료에 대한 확신이 없는 사람 등과 처음 상담을 하게 되면 적절히 특이한 코멘트는 그들의 현재 세계관과 상당히 다른 것이 되어서는 안 된다. 그들이 내게 갖는 신뢰가 더욱 커질 때까지 기다려야 한다. 더욱이 내담자가 정서적으로 힘들어하면 할수록, 매우 특이한 코멘트들은 덜 유용하다. 어떤 내담자들은 자신들이 지닌 코멘트와 상당히 다른 코멘트를 치료자가 제시하도록 종종 무례하게 여겨질 수도 있을 만큼 매우 직설적으로 요구하거나 선호한다. 특히 남자 내담자들이 "어디에서 잘못되었는지 그냥 제게 말씀해주세요" 혹은 "사탕발림하지 마시고 단도직입적으로 말해주세요.

저는 상담자가 좋게만 말하는 게 싫어요"라고 내게 말한 적이 있었다. 따라서 '적절히 특이한' 것은 내담자가 선호하는 의사소통 방식과 치료관계의 질에 달려 있다. 협력적 치료자는 적절히 특이한 코멘트를 융통성 있게 할 수 있는 의사소통 기술을 정교하게 숙련해야 하고, 그러한 코멘트들이 쓸모가 있는지 없는지를 살펴볼 수 있도록 내담자의 반응을 주의 깊게 관찰한다. 이 장의 마지막 부분에 나오는 사례에서처럼 매우 민감한 사안을 다른 문화권 출신의 커플과 다루게 될 때는, 치료자가 '적절히 특이한' 아이디어를 대화에 포함시킬 때 신중하고 조심해야 한다.

서로 궁금해하기 질문과 과정: 새로운 의미를 '이리저리 건드려 보기'

앞서 언급한 것처럼 협력적 치료과정에서는 내담자로 하여금 자신의 삶에 대해 호기심을 갖도록 초대한다. 이를 '서로 궁금해하기(mutual puzzling)'라고 부른다(Anderson, 1997). 앤더슨은 치료자의 호기심은 전염되어 내담자도 호기심의 세계에 초대된다고 말한다. 그러므로 치료자의 일방향 탐문이 공동 탐문의 형태로 바뀌기 시작한다. 내담자가 의미 만들기 과정에 치료자와 동참하게 될 때는, 말하는 비율은 줄어들고 대화에서 침묵은 더 늘어나며 대화 분위기는 탐구적이나 희망적이 된다. 내담자의 이러한 변화는 종종 눈에 띤다. 즉, 신체 자세는 부드러워지고, 머리는 옆으로 기울고, 몸동작이 더 느려지거나 더 빨라진다(Andersen, 2007). 서로 궁금해하기는 치료자가 쌍방향 담론적 대화를 창출하는 데 성공했을 때만 생긴다. 이 쌍방향 담론적 대화 안에서 치료자와 내담자는 각자가 기여하는 바를 진심으로 수용하고 성찰할 수 있다.

한 예로, 어떤 내담자가 지난 10년 동안 정신증 증상이 발병하지 않았음에도 다시 증상을 경험할까봐 매일 걱정하면서 자신의 삶이 전혀 나아지지 않는 것은 이 질병 때문이라고 말한다면, 서로 궁금해하기 과정은 다음과 같은 질문에 의해 촉발될 수 있다. "흥미롭군요. 지난 10년 동안 아무런 증상이 나타나지 않았다고 말씀하시는데, 들어보니 환각 증상들이 요즘은 당신을 괴롭히지 않는 것 같군요. 하지만 지금은 환각 증상에 대한 걱정이 문제인 것 같네요. 당신이 생각하기에 이 문제가 원래의 문제의 일부였던 것 같습니까 아니면 원래의 문제가 해결된 이후 나타난 새로운 문제 같습니까?" 이 경우에 새로운 차이가 강조되고 내담자는 '이리저리 건드려 보면서' 새로운 아이디어가 등장하는지 살펴보고, 이 새로운 아이디어들을 그대로 따라가 보도록 초대된다. 치료자는 걱정하기가 새로운 문제임을 공손히 주장하기보다는, 코멘트를 내담자가 어떻게 이해하는지에 귀를 기울이고 대화를 통해 꼬리를 무는 이어진 아이디어들을 이리저리 건드려 보면서 내담자의 생각을 계속 따라간다. 치료자는 항상 내담자가 현재 논의되고 있는 것을 어떻게 이해하고 있는지에 가장 큰 호기심을 갖는다.

공개하기: 자신의 내적 대화를 나누기

치료자는 두 가지 잠재적 이유 때문에 자신의 내적 대화를 '공개'한다. 하나는 치료에 영향을 끼치는 중요한 쟁점들에 대해 자신의 생각을 솔직하게 나눔으로써 내담자를 존중하기 위함이고, 다른 하나는 내적 대화에 자신의 사적인 생각을 부여함으로써 독백을 하지 않도록 미연에 방지하기 위함이다(Anderson, 1997, 2005). 치료자가 자신의 관점을 바깥으로 표현할 때는 전문 지식에 대해 이야기할 때조차 잠정적으로 하며 내담자의 관점을 덮어버리지 않도록 특히 주의한다(Anderson, 2007). 치료자가 자신의 내적 생각을 바깥으로 표현하는 것은 내담자에 대한 혼자만의 관점에 빠지지 않게 해주며 치료자에게도 새로운 뭔가를 만들게 되는 상황을 창출하게 된다.

공개하기는 두 가지 상황에서 일반적으로 이루어진다. 첫 번째 상황은 내담자 혹은 외부기관 혹은 전문가와 전문적 정보를 교환하는 경우이며, 두 번째 상황은 가치, 목표, 의도 등에 있어서 내담자와 현저하게 다른 입장을 갖고 있을 때이다.

전문적 정보 교환에서의 공개하기 협력적 치료자가 전문적 사안을 다룰 때마다, 예를 들어 진단을 내리거나, 사회복지사와 이야기를 하거나, 법원에 보고서를 제출할 때는, 내담자와 직접적으로 논의하면서 자신의 생각, 논리, 목적 등을 '공개'한다. 치료자가 다른 전문가와 다음에 만나 이야기할 내용을 공개적으로 논의하거나 지난 만남에서 어떤 일이 있었는지 요약하는 것은 전통적인 절차에 반하는 것이다. 전문가들 간의 이러한 대화는 내담자에게 비밀인데, 표면적 이유는 전문가들이 실제로 어떤 생각을 하는지를 내담자가 아는 것이 '해'가 될 수 있기 때문이다. 하지만 분명한 '해'는 내담자의 분노를 살 수 있다는 것이다.

이와는 정반대로, 협력적 치료자들은 전문가들 간 대화 내용에 대해 내담자와 솔직하고 직접적인 대화를 함으로써, 전문가들 간의 대화에 둘러싸인 베일을 벗긴 선구자들이었다. 이러한 대화는 항상 수월한 것만은 아니다. 예를 들어, 치료자가 내담자에게 X, Y, Z(대개의 경우 사회복지사나 법원이 규정한다)의 변화가 있을 때까지 아동복지국을 통한 가족의 결합은 추천하지 않는다고 말하는 것은 쉽지 않다. 과거에는 법원이나 사회복지사를 통해 부모가 이러한 내용을 알게 되었지만, 협력적 치료에서 치료자는 처음부터 단도직입적인 대화를 한다. 바람직한 변화를 위해 필수적인 행동 유형들을 내담자에게 제시하고, 그 이후부터는 진심을 다해 열심히 목표를 달성하기 위해 내담자와 작업한다.

대부분의 내담자들은 치료자의 정직성과 일치성을 높이 평가하며 필요한 변화를 도모하기 위해 더 많은 동기를 갖고 임하게 된다. 치료자와 내담자가 진전 상황(진전이 없었다 하더라도)을 지속적으로 함께 논의하고 있었으므로 내담자들은 자신이 바라는 결과를 얻지 못한 상황을 온전히 이해한다. 법원에서 강제로 상담을 받게 한 내담자들과의 작업 시에 협력적 치료자는 진전 상황을 법원에 보고하기 위한 초안 보고서(임상적 권장사항을 포함한)를 내담자에게 쓰도록 한다(St. George & Wulff, 1998). 그리고 그 보고서를 바탕으로 내담자의 진전과 목표를 상의한다.

유사하게, 자해행동을 하는 내담자를 상담할 때, 특히 내담자가 베는 행동을 중단하고자 하는 동기가 그리 높지 않는다면 협력적 치료자는 안전에 대한 사안을 '공개'할 수도 있다. 내담자의 안전에 대한 치료자의 염려를 내담자와 터놓고 이야기할 때 치료자의 안전 문제를 다룸과 동시에 내담자에게 유의미한 계획을 함께 개발할 수 있게 된다.

가치와 목표의 중요한 차이를 공개하기 협력적 치료자가 자신의 목소리를 드러내는 상황은 치료자가 대화의 적극적 참여자로서 상담과정을 진행시키기 힘들게 만드는 유의미한 차이들이 가치와 목표에 있어서 존재할 때이다. 예를 들어, 최근에 내 십대 내담자가 공원에서 싸움을 하자고 도전장을 내민 누군가를 만날 계획을 논의하였다. 상대방이 '무기를 가져 오지 말고 친구도 데려 오지 말라고' 했다고 내담자는 말했다. 내담자는 자신이 나타나지 않는다면 학교의 더 많은 아이들이 자기한테 떼로 달려들 것이고 그렇게 되면 이와 같은 일들이 더 자주 벌어질 것이라고 믿었다. 내담자의 말이 무슨 뜻인지 이해했지만, 심각하게 상해를 입을 가능성이 있었으므로 나는 염려가 되어 '공개'하기로 결정을 내렸다. 나는 나의 이러한 염려, 즉 '상대방이 무기를 소지하거나 친구를 데려올 수도 있다', '법적인 문제에 연루될 수도 있다' 등을 내담자와 상의하였다. 나는 심각한 걱정을 하는 입장에서 내담자가 무슨 행동을 취해야 한다고 요구하지 않고, 단지 위험 소지가 있는 사항들의 목록을 작성해서 보여주었다. 내담자에게 이러한 위험들을 어떻게 다룰 것인지 물어보았다. 대화가 끝날 무렵 우리는 나의 염려와 내담자의 두려움을 서로 인식하게 되었고 두 사람 모두 일련의 행동 계획에 만족스러워했다. 즉, 내담자는 당일 공원에 가지 않고 상대방의 사회적 네트워크에 대해 알아보기로 하였다.

글쓰기로 다양한 목소리를 담기

페기 펜과 동료들(Penn, 2001; Penn & Frankfurt, 1994; Penn & Sheinberg, 1991)은 다양한 글쓰기 형태를 통해 대안적인 관점들을 창출하고 목소리를 잃은 내적 대화 혹은 치료적 담론에서 현재 포함되지 않은 유의미한 타자의 목소리들을 위한 자리를 남겨두기 위하여 여러 대안적 목소리들을 이용하였다. 펜과 프랑크푸르트(Penn & Frankfurt, 1994)는 "글쓰기는 우리의 지각과 반응을 느리게 한다. 글쓰기는 이러한 지각과 반응들이 풍성해지고 한 겹 한 겹 덧씌워질 여지를 남긴다."(p. 229)는 것을 알았다. 또한 그들은 글쓰기의 수행적 측면, 즉 증인들(치료자, 가족, 기타 다른 사람들)에게 편지를 소리 내어 읽는 것이 이러한 일이 가능하게 해준다는 것을 알았다. 펜이 말한 글쓰기는 경험적 치료 접근들에서 사용하는 글쓰기와는 다른 의도가 포함되어 있다. 경험적 치료에서의 글쓰기는 억제된 정서를 표현하고, 과거 상황을 해소하도록 하거나 이와 비슷한 임상적 목표를 달성하기 위한 목적을 갖고 있다. 반면에, 펜의 글쓰기는 새롭게 이해할 수 있는 대안적 가능성을 창출하기 위해 다양한 목소리를 대화에 끌어온다. 더욱이 글쓰기는 주체성을 증진시킨다. "글을 쓴다는 것은 우리에게 주체성을 제공한다. 우리는 상황에 의해 행동하는 것이 아니라, 우리는 행동할 뿐이다!"(Penn, 2001, p. 49; 원본에 있는 단어는 고딕체로 바꿨음) 내담자에게 요청되는 글쓰기는 다음과 같다.

- 자신의 다양한 측면, 새롭게 알게 된 자신의 모습, 미래 혹은 과거의 자신의 모습에 대한 편지
- 현재, 과거, 혹은 미래의 유의미한 타자들이 자신에게 보내는 편지
- 이전에는 남에게 드러내지 않은 목소리 혹은 관점들을 통해 유의미한 타자들(생존해 있거나 이전에 사망한)이 보낸 편지 혹은 그들에게 자신이 보내는 편지
- 대개의 경우 다른 사람에게 드러내지 않지만 치료 중에 알게 된 자신의 일부가 쓰는 편지 혹은 일기
- 세상을 향한 편지 혹은 일반 대중들에게 보내는 편지
- 다양한 관점들로부터 자신의 삶을 기술하는 다양한 목소리가 포함된 전기
- 다른 방식으로 표현되기가 쉽지 않은 내적 목소리와 관점들을 드러낼 수 있는 시

반영팀과 반영 과정

톰 앤더슨은 밀란 연구소에서 훈련을 받았는데, 밀란 연구소에서는 소수의 치료자로 구성된 팀이 일방경 뒤에서 한 치료자가 가족을 상담하는 것을 관찰하는 것이 일반적이었고, 초창기 가족치료에서는 면담을 위해 이 방법을 선호했다. 포스트모던 사고뿐 아니라 약간의 본능적인 불편함 때문에 앤더슨과 동료들은 이 방식보다 민주적인 상담과정을 원해서 가족들이 거울 뒤에서 팀의 대화를 들을 수 있도록 하였다. 반영팀의 실제는 이렇게 시작되었다. 가장 초기의 반영팀 시절에는 한 방에서만 소리를 들을 수 있었기 때문에 가족과 팀은 말 그대로 방을 바꾸곤 했다. 또는 일방경을 거꾸로 적용하여 가족 방의 불은 끄고 팀 방의 불은 켜는 식이었다. 나중에는 가족과 치료자가 대화를 나누는 동안 같은 방 안에서 팀이 떨어져 앉아 있었다. 세월이 흐르는 동안 팀의 운영 방식은 팀이 있거나 없거나 내담자들과 이야기하는 일반적인 반영 과정으로 점차로 발달되어 왔다.

협력적 반영팀 기저에 있는 아이디어는 내담자가 어떤 소리는 그럴 듯 하고, 어떤 것은 그렇지 않음을 선택할 수 있도록 대화의 다양한 줄기를 개발하기 위한 것이다. 이것은 팀에 의해 융합되어 내담자에게 중요한 것이 무엇인지를 팀이 선택하는 사적인 팀 대화와는 대

조되는 것이다. 협력적 반응팀은 내담자에게 일어나는 일들에 대해 단 한 가지 합의를 이끌어 내는 것을 피한다. 협력적 반응팀은 여운이 남는 다양한, 반대되는 관점들을 허용하면서 새로운 의미와 관점들을 발달시키도록 장려한다. 팀은 내담자를 긍정적으로 혹은 부정적으로나 어떤 방식으로든지 평가하거나 판단하는 코멘트를 피한다. 반면에, 반영팀은 명확히 자신들의 경험에 한정한 반영, 관찰, 질문, 코멘트를 제공하는 데 초점을 둔다(예를 들어, "제가 들어 보니, … 것이 궁금합니다).

반영팀을 위한 일반적 지침

앤더슨(Andersen, 1991, 1995)은 반영팀을 위해 다음 지침사항을 제공하였다.

- 내담자의 허락을 반드시 얻어라: 치료자는 회기가 시작되기 전에 미리 팀이 치료에 투입될 것에 대해 내담자의 허락을 반드시 얻어야 한다. 치료자가 내담자와 강한 라포를 형성하여 반영 과정이 어떻게 진행될 것인지에 대해 확신을 갖고 설명한다면, 대부분의 내담자들은 의욕적으로 동의한다.
- 내담자의 들을 권리 혹은 듣지 않을 권리를 부여하라: 앤더슨은 내담자에게 들을 권리와 듣지 않을 권리를 명시적으로 부여한다. 마음에 남는 코멘트와 경험과 잘 부합되지 않는 코멘트를 아마 들을 것이라고 내담자에게 말하는 것이 유용하다는 것을 나는 깨달았다. 따라서 나는 내담자들에게 '마음에 반향을 불러일으키는' 코멘트에 집중하라고 권장한다.
- 관찰한 것이 아닌 보고 듣는 것을 코멘트 하라: 팀 구성원들은 대화에서 이야기 된 특정 사건이나 말에 코멘트해야 한다. 그리고 그 사건이나 말에 대해 '궁금해' 하거나 '호기심'을 갖으라. 궁금해 하거나 호기심 코멘트는 새로운 관점을 창출하는 데 도움이 되도록 적절하게 특이해야만 한다.
- 탐구적이고, 사색적이며 잠정적인 관점에서 이야기하라: 팀 구성원들은 의견이나 해석을 피하고, 대신에 '궁금해 하는' 질문("…한 지 궁금합니다")을 사용하거나 잠정적인 관점("전체적인 이야기를 알지 못해서이겠지만, …인 것 같군요")을 제공한다. 한 구성원이 의견을 강하게 주장하면 대화를 확장시키고 다양한 관점들을 모을 수 있도록 다른 구성원이 "대화 중에서 당신이 보거나 들은 것이 무엇이기에 그렇게 생각하게 되었습니까?"라고 묻는다.
- 당신이 들은 모든 것에 코멘트를 하지만 당신이 본 모든 것에는 코멘트를 하지 말라: 만약 가족 구성원이 뭔가를 감추려 한다면, 그들이 생각하고 느끼는 모든 것을 말하지 않을 권리를 허용하라. 앤더슨이 경고하기를, "심리치료와 고백을 혼돈하지 마라." 정신역동적 및 인본주의적 전통과는 달리, 앤더슨은 만약 내담자가 감정을 숨기고 뭔가를 말하고 싶어 하지 않는다면, 내담자가 그렇게 할 자유가 있어야 한다는 것을 명시적으로 밝혔다. 심

리치료에서의 내담자 사적 권리를 옹호하는 몇 안되는 사람 중의 한 사람으로서 앤더슨은 내담자가 준비되었을 때 타인과 자신의 이야기를 나눌 것이라고 믿었다. 치료자는 내담자가 안절부절 못하거나 눈물을 참고 있는 것을 알아차린다면, 내담자가 준비가 되었을 때 자신의 감정들에 대해 이야기할 것임을 기다리며 그러한 모습에 대해 코멘트를 하지 않는다.

- **팀과 가족을 분리하라**: 팀과 가족이 같은 방에 있을 수는 있으나 서로 이야기를 나누어서는 안 된다. 앤더슨은 중요한 심리적 공간은 팀과 내담자 간의 물리적 공간과 직접적으로 이야기 하지 않는 두 사람에 의해 만들어진다고 믿었다. 이후의 연구들에서 이러한 견해는 지지되었다(Sells, Smith, Coe & Yoshioka, 1994). 이러한 공간은 모든 참여자들로 하여금 자신의 내적 대화에 초점을 두도록 하며 새로운 생각과 아이디어들을 보다 쉽게 촉진시킨다.

- **적절하게 특이한 것에 귀를 기울이라. 지나치게 평범하거나 지나치게 특이한 것을 피하라**: 유용한 반영들을 파악하기 위하여 앤더슨은 스스로에게 물었다. "지금 벌어지는 것들이 적절히 특이한 것인가 아니면 지나치게 특이한 것인가?"(Andersen, 1995, p. 21)

- **"오늘 상담이 어떻게 되었으면 좋겠습니까?"라고 질문하라**: 상담 회기가 시작될 때 대체로 묻는 질문이긴 하지만, 이 질문은 팀이 참여하고 있을 때 중요하다. 만약 내담자가 반영팀의 참여에 대해 마음이 편하지 않다면, 치료자가 다음과 같이 덧붙여 말할 수 있다. "오늘 팀과 나누고 싶지 않은 특정 주제가 있습니까?"

반영 과정 관련 사항

시간이 지나면서 반영팀에 관한 개념이 다양한 반영 과정으로 발전되었다.

- **다수의 반영자가 있는 경우**: 2명~4명 정도의 치료자가 팀을 이루어 일방경(혹은 카메라)이 있는 옆 방에 앉아서 혹은 같은 방내 다른 공간에 앉아서 치료자-내담자 대화를 관찰한다.

- **1명의 반영자만 있는 경우**: 단지 한 명의 치료자밖에 없다면, 치료자는 내담자가 듣도록 돌아 앉아 이 한 명의 반영자와 반영 대화를 나눈다.

- **가족과의 상담시 외부 반영자가 없는 경우**: 외부 반영자가 없는 경우, 치료자는 다른 가족 구성원이 듣는 동안 1명의 가족 구성원과 이야기를 나눌 수 있다.

- **개인 상담시 외부 반영자가 없는 경우**: 치료자가 개인과 상담할 때 반영 과정은 현재 함께 있지 않은 누군가의 관점을 바탕으로 쟁점들에 대한 이야기로 이루어질 수 있다(예를 들어, 아버지, 어머니, 친구, 배우자, 자신이 존경하는 유명 인사).

- **어린 아이와 함께 하는 경우**: 아동과의 상담시, 놀이 도구를 이용하여 반영할 수 있다. 개

인 아동과 상담하는 1명의 치료자는 손가락 인형이나 꼭두각시 인형, 혹은 기타 다른 도구들을 이용하여 반영팀을 구성할 수 있다(Gehart, 2007a).

'마치 ~처럼' 반영하기

앤더슨(Anderson, 1997)이 개발한 '마치 ~처럼' 반영 과정에는 팀 구성원들 혹은 대화를 들은 다른 증인들이 '마치' 문제-조직화 체계에 있는 사람들(즉, 문제에 대해 말하는 사람)인 것 '처럼' 말하거나 반영하도록 하는 것이 포함된다. 이러한 사람들에는 내담자, 가족 구성원, 친구, 상사, 교사, 학교 교직원, 의료 전문가, 보호관찰관 등의 사람들이 해당된다. 내담자 혹은 해당 사례를 관리하는 슈퍼바이저가 이 과정을 활용할 수 있다.

적용하기

사례개념화 틀

- 누가 문제에 대해 이야기하는가: 문제에 대한 다양한 정의
  - 문제에 대한 내담자의 정의
  - 문제에 대한 가족 구성원의 정의
  - 문제에 대한 보다 확대된 체계(학교, 직장, 친구 등)의 정의
- 문제의 구성: 문제와 관련되어 내담자가 중요하게 생각하는 의미와 구성 개념들(예를 들어, 사랑, 우울, 가족 구성원의 의무에 대한 해석)을 기술한다.
- 내담자의 세계관: 내담자의 세계관, 내적 대화, 그리고 문제에 대한 내러티브, 이와 관련된 내담자의 삶과 관계적 맥락 등을 기술한다.
- 지배적 담론
  - 문화, 인종, 사회경제적 지위, 종교 등: 핵심적인 문화 담론들이 문제라고 인식하는 것 그리고 그 문제에 대한 해결 방안들에 어떤 영향을 주었습니까?
  - 성, 성정체성 등: 생물학적 성과 사회적 성이 문제라고 인식하는 것 그리고 그 문제에 대한 해결 방안들에 어떤 영향을 주었습니까?
  - 맥락, 가족, 지역사회, 학교, 기타 사회적 담론들: 중요한 기타 담론들이 문제라고 인식하는 것 그리고 그 문제에 대한 해결 방안들에 어떤 영향을 주었습니까?
- 지엽적/대안적 내러티브
  - 정체성/자기 내러티브: 문제가 각 가족 구성원의 정체성을 어떻게 형성시켰는가?
  - 지엽적 혹은 선호된 담론: 내담자의 선호된 정체성 내러티브 혹은 문제에 대한 내러티브는 무엇인가? 문제에 대한 지엽적(대안적) 선호 담론이 있는가?

치료계획 틀(개인)

협력적 치료의 초기 단계

상담 과제

1. 상담 관계를 수립한다. DN: [관계 형성과 정서 표현에 있어 문화, 성, 기타 요인을 존중하기 위해 상담자가 어떻게 맞출 수 있을지 기술한다.]
    a. 내담자의 전문성을 존중하는 **협력적 동반자 관계**를 형성한다.
    b. 내담자에게 편안한 **일상의 평범한 언어**를 사용한다.
2. 개인, 체계, 그리고 좀 더 큰 문화적 역동을 평가한다. DN: [문화, 사회경제적 수준, 성지향성, 성, 기타 규준들을 고려하여 평가 작업을 어떻게 조율해야 할 것인지 기술한다.]
    a. **누가 문제에 대해 말하고 있는지** 파악하고 각자가 그 문제를 어떻게 묘사하며 구성하고 있는지 탐문한다.
    b. 내담자의 실제 현실을 구성하는데 자신들이 이용한 개인적 의미와 **해석들에 귀를 기울**이면서, 문제와 기타 중요하거나 흥미로운 영역들과 직접적인 관련이 있는 쟁점들에 대한 **내담자의 세계관**을 평가한다.

내담자 목표

1. **내담자의 주체감**과 우울 기분/불안[특정 위기 행동]을 감소시키기 위해 [위기 증상 혹은 내담자가 시급하다고 여기는 문제들]을 다룰 수 있는 **가능성**을 증가시킨다.
    a. 위기 행동과 관련 있는 의미들을 변화시키고, 현실적으로 대안적인 반응들을 파악하기 위해 **대화 질문**을 사용한다.
    b. 파악된 문제에 어떻게 접근하는 것이 가장 좋은지, 어디서부터 시작하는 것이 가장 좋은지에 관해 **서로 궁금해하기**를 활용한다.

협력적 치료의 작업 단계

상담 과제

1. 작업 동맹의 질을 모니터한다. DN: [내담자의 문화적 관습에 맞지 않는 정서 표현을 상담자가 했을 때 보이는 내담자의 반응에 상담자가 어떻게 주의를 기울일 것인지 기술한다.]
    a. 회기내에 발생하는 내담자 혹은 상담자 **독백**, 대화상 오류 등을 모니터한다.
    b. 치료자가 상담 관계에서 문제를 지각했을 때 내담자에게 **공개**한다.
    c. **회기 평가 척도**를 실시한다.

내담자 목표

1. 절망감을 감소시키기 위해 새롭게 취할 수 있는 행동들을 파악하기 위하여 **사건에 대해 유연하게 기술**하고 문제를 재구성하도록 한다.
    a. 새로운 의미를 생성하기 위해 **적절히 특이한 코멘트**를 사용한다.
    b. 새로운 기술과 이해를 생성하기 위해 **반영팀 및 반영 과정**을 활용한다.
    c. 여러 목소리와 관점들을 파악하기 위해 다양한 **글쓰기 대안들**을 제안한다.

2. 우울/불안을 감소시키기 위해 내담자가 [증상과 관련 있다고 내담자가 확인한 특정 요인]에 반응을 보일 수 있는 **가능성**을 증가시킨다.

   a. 보다 바람직한 성과를 가져 오게 될 대안적인 반응들을 고려하도록 **서로 궁금해하기**를 활용한다.

   b. 의미와 가능성을 확장하기 위하여 **대화 질문과 알지 못함 질문**을 사용한다.

3. 우울/불안을 감소시키기 위해 [증상과 관련 있다고 내담자가 확인한 특정 요인]에 대한 **내담자 반응의 효과성**을 증가시킨다.

   a. 내담자가 반응할 수 있는 새로운 가능성을 만들기 위해 **적절히 특이한 질문**을 사용한다.

   b. 가능성에 대한 관점을 확장시키기 위해 **반영팀 및 반영 과정**을 활용한다.

협력적 치료의 종결 단계

상담 과제

1. 사후 계획을 세우고 상담 성과를 유지한다. DN: [치료 종결 후 내담자를 지원하기 위해 지역사회 내 자원들을 치료자가 어떻게 활용할 것인지 기술한다.]

   a. 내담자로 **하여금** 앞으로 어떤 문젯거리나 차질거리들이 생길 것인지 **파악**하고 어떻게 다룰 것인지를 논의한다.

내담자 목표

1. 우울을 감소하고 안녕감을 증진시키기 위하여 [우울/불안과 관련 있는 삶의 영역]에서 **개인적 주체감**을 증가시킨다.

   a. 의미와 가능성을 내담자가 어떻게 구성하는지 탐색하기 위하여 **알지 못함** 질문을 사용한다.

   b. 여러 목소리와 관점들을 확인하기 위하여 **글쓰기**를 한다.

2. **자신의 목소리에 관심을 기울이는 관계를 더 많이 형성한다.** 그리고 우울을 감소하고 안녕감을 증진시키는 생성 질문을 가질 수 있는 관계를 더 많이 형성한다.

   a. 지지적 관계를 만들 수 있는 가능성과 관계망을 탐색하기 위해 **협력적 질문**을 사용한다.

   b. 지지적 관계망을 어떻게 가장 잘 형성할 수 있는지를 파악하기 위하여 **서로 궁금해하기**를 활용한다.

치료계획 틀(커플/가족)

협력적 치료의 초기 단계

상담 과제

1. 상담관계를 수립한다. DN: [관계 형성과 정서 표현에 있어 문화, 성, 기타 요인에 따라 다른 방식들을 존중하기 위해 당신이 고려해야 하는 것은 무엇인지 기술한다.]

   a. 각 체계가 갖는 **전문성**을 존중하는 협력적 동반자 관계를 형성한다.

   b. 내담자에게 편안한 **일상적이며 평범한 용어**를 사용한다.

2. 개인, 체계, 그리고 좀 더 포괄적인 문화적 역동을 평가한다. DN: [문화, 사회경제적 수준, 성지향성, 성, 기

타 규준들을 고려하여 평가 작업을 어떻게 조율해야 할 것인지 기술한다.]

    a. (상담실 안 혹은 밖에서) **누가 문제에 대해 이야기하는지** 확인한다. 그리고 각 개인이 문제를 어떻게 기술하고 구성하는지 탐색한다. 만약 두 사람이 비슷한 견해를 갖고 있다면, 어떤 미묘한 차이가 있는지 알아본다.

    b. **내담자의 실제 현실을 구성**하는데 자신들이 이용한 **개인적 의미**와 해석들에 귀를 기울이면서, 문제와 기타 중요하거나 흥미로운 영역들과 직접적인 관련이 있는 쟁점들에 대한 **내담자의 세계관**을 평가한다.

내담자 목표

1. 갈등을 줄이기 위해 취할 수 있는 새로운 대안들을 파악하기 위해 **사건에 대해 유연하게 기술하고 문제를 재구성하도록** 한다.

    a. 각 개인의 의미와 해석을 탐색하기 위해 **대화 질문**을 사용한다.

    b. 새로운 의미를 생성하기 위해 **적절히 특이한 코멘트**를 사용한다.

    c. 새로운 기술과 이해를 생성하기 위해 **반영팀 및 반영 과정**을 활용한다.

협력적 치료의 작업 단계

상담 과제

1. 작업 동맹의 질을 모니터한다. DN: [내담자의 문화적 관습에 맞지 않는 정서 표현을 상담자가 했을 때 보이는 내담자의 반응에, 상담자가 어떻게 주의를 기울일 것인지 기술한다.]

    a. 회기내에 발생하는 내담자 혹은 상담자 **독백**, 대화상 오류 등을 모니터한다.

    b. 치료자가 상담관계에서 문제를 지각했을 때 내담자에게 **공개**한다.

    c. **회기 평가 척도**를 실시한다.

내담자 목표

1. 갈등을 감소시키기 위해 일상의 문제들을 다루기 위한 **생산적 담론**에 커플/가족이 참여할 수 있는 능력을 향상시킨다.

    a. 갈등을 일으키는 상호작용으로 특징짓는 관계 역동을 탐색하고, 대안적 가능성들을 파악하기 위한 **대화 질문**을 활용한다.

    b. 각 개인의 관점이 무시되지 않는 방식으로 커플/가족이 어떻게 상호작용할 수 있는지 알아보기 위해 서로 **궁금해하기**를 활용한다.

2. 갈등을 감소시키기 위하여 관계에서 각각이 처한 **다양한 현실**을 존중할 수 있는 커플/가족의 능력을 향상시킨다.

    a. 의미와 가능성을 확장하기 위하여 **대화 질문과 알지 못함 질문**을 사용한다.

    b. 가능성에 대한 관점을 확장시키기 위해 **반영팀 및 반영 과정**을 활용한다.

협력적 치료의 종결 단계

상담 과제

1. 사후 계획을 세우고 얻어진 상담 성과를 유지한다. DN: [치료 종결 후 내담자를 지원하기 위해 지역사회

내 자원들을 치료자가 어떻게 활용할 것인지 기술한다.]

    a. **내담자로 하여금** 앞으로 어떤 문젯거리나 차질거리들이 생길 것인지 **파악하고** 어떻게 다룰 것인지를 논의한다.

내담자 목표

1. 갈등은 감소시키고 관계 만족은 향상시키기 위해 **공유된 관계 내러티브**(shared relational narrative)의 응집성을 증가시킨다.

    a. 의미와 가능성을 내담자가 어떻게 구성하는지 탐색하기 위하여 **알지 못함 질문**을 사용한다.

    b. 여러 목소리와 관점들을 확인하기 위하여 **글쓰기**를 한다.

2. 갈등은 감소시키고 안녕감은 증진시킬 수 있는 관계를 유지하는 것과 관련이 있는 **각 개인의 주체감**을 증가시킨다.

    a. 지지적 관계를 만들 수 있는 가능성과 관계망을 탐색하기 위해 **협력적 질문**을 사용한다.

    b. 새로운 주체감을 어떻게 가장 잘 형성할 수 있는지를 파악하기 위하여 **서로 궁금해하기**를 활용한다.

임상적 초점: 개방적 대화, 정신증에 대한 증거기반 접근

앤더슨, 굴리시안, 앤더슨, 야코 세이쿨라(Anderson, Goolishian, Andersen, Jaakko Seikkula, 2002)와 핀란드에 있는 그의 동료들(Haarakangas 등, 2007)이 정신증 및 기타 심각한 질환을 지닌 내담자들과의 작업을 통해 개방적 대화 접근을 개발하였다. 그들은 20년 동안의 인상적인 연구 성과를 보고하였는데, 첫 정신증 에피소드를 경험한 환자들 중 83%가 직장으로 복귀했고, 2년 치료 후에는 77%가 정신증 증상을 전혀 보이지 않았다. 표준적 치료와 비교해볼 때, 개방적 대화 치료를 받은 환자들은 가족을 더 자주 만났고, 입원치료를 덜 받았으며, 약물 처방이 줄어들었으며, 정신적 증상이 현저히 감소되었다.

이 접근은 협력적 대화와 반영 기법을 포함하여 다음과 같은 방법들을 사용한다.

- **즉각 개입**: 첫 전화를 받은 후 24시간 이내 정신증 증상을 보인 사람, 그 사람의 가까운 사람, 몇 명으로 구성된 전문 치료 팀(예를 들면, 정신과 의사, 심리치료사, 간호사 등으로 구성된 정신증 치료 팀)이 함께 만나 협력적 대화를 사용하여 상황에 대한 논의를 한다.

- **사회적 관계망과 지지 체계**: 내담자에게 중요한 사람과 기타 지원 체계들이 치료과정의 전 과정에 참여하도록 초대된다.

- **융통성 및 유동성**: 치료는 내담자와 내담자가 처한 고유한 상황에 조율된다. 치료 팀은 내담자의 집에서 만날 수도 있고, 치료실에서도 만날 수 있는데 가장 유용한 것이 무엇인가에 따라 다르게 시행할 수 있다.

- **팀워크 및 책임감**: 치료 팀은 내담자의 필요에 기초하여 구성된다. 치료 팀의 전 구성원은

질 높은 치료과정을 책임진다.

● 심리적 지속성: 팀 구성원은 치료과정의 어느 단계에 있든지 상관없이 치료과정 내내 바뀌지 않는다.

● 불확실성에 대한 인내: 의례적 절차를 정해진 대로 따르기보다는, 팀은 각 상황이 어떻게 전개되는지, 어떤 치료가 필요할 것인지를 살핀다.

● 대화: 만날 때마다 새로운 의미와 가능성들을 촉진하는 개방적 대화를 만들어가는 데 초점을 둔다. 이 과정에는 필요로 하는 것들에 대해 모든 참가자들이 편안하게 말할 수 있는 분위기가 요구된다.

참고문헌

*Asterisk indicates recommended introductory readings.

Aducci, C. J., & Baptist, J. A. (2011). A collaborative-affirmative approach to supervisory practice. *Journal of Feminist Family Therapy: An International Forum*, 23(2), 88–102. doi:10.1080/08952833.2011.574536

*Andersen, T. (1991). *The reflecting team: Dialogues and dialogues about the dialogues.* New York: Norton.

Andersen, T. (1992). Relationship, language and pre-understanding in the reflecting process. *Australian and New Zealand Journal of Family Therapy*, 13(2), 87–91.

Andersen, T. (1995). Reflecting processes; acts of informing and forming: You can borrow my eyes, but you must not take them away from me! In S. Friedman (Ed.), *The reflecting team in action: Collaborative practice in family therapy* (pp. 11–37). New York: Guilford.

Andersen, T. (1997). Researching client-therapist relationships: A collaborative study for informing therapy. *Journal of Systemic Therapies*, 16(2), 125–133.

*Andersen, T. (2007). Human participating: Human "being" is the step for human "becoming" in the next step. In H. Anderson & D. Gehart (Eds.), *Collaborative therapy: Relationships and conversations that make a difference* (pp. 81–97). New York: Brunner/Routledge.

Anderson, H. (1993). On a roller coaster: A collaborative language systems approach to therapy. In S. Friedman (Ed.), *The new language of change* (pp. 323–344). New York: Guilford.

Anderson, H. (1995). Collaborative language systems: Toward a postmodern therapy. In R. Mikesell, D. D. Lusterman, & S. McDaniel (Eds.), *Family psychology and systems therapy* (pp. 27–44). Washington, DC: American Psychological Association.

*Anderson, H. (1997). *Conversations, language, and possibilities: A postmodern approach to therapy.* New York: Basic Books.

Anderson, H. (2005). Myths about "not knowing." *Family Process*, 44, 497–504.

Anderson, H. (2007). Historical influences. In H. Anderson & D. Gehart (Eds.), *Collaborative therapy: Relationships and conversations that make a difference* (pp. 21–31). New York: Brunner/Routledge.

*Anderson, H., & Gehart, D. (2007). *Collaborative therapy: Relationships and conversations that make a difference.* New York: Brunner/Routledge.

Anderson, H., & Goolishian, H. (1988). Human systems as linguistic systems: Preliminary and evolving ideas about the implications for clinical theory. *Family Process*, 27, 157–163.

*Anderson, H., & Goolishian, H. (1992). The client is the expert: A not-knowing approach to therapy. In S. McNamee & K. J. Gergen (Eds.), *Therapy as social construction* (pp. 25–39). Newbury Park, CA: Sage.

Bava, S., Levin, S., & Tinaz, D. (2002). A polyvocal response to trauma in a postmodern learning community. *Journal of Systematic Therapies*, 21(2), 104–113.

Beaudoin, M. N., & Zimmerman, J. (2011). Narrative therapy and interpersonal neurobiology: Revisiting classic practices, developing new emphases. *Journal of Systemic Therapies*, 30, 1–13.

Biever, J. L., Bobele, M., & North, M. (1998). Therapy with intercultural couples: A postmodern approach. *Counseling Psychology Quarterly*, 11(2), 181–188. doi:10.1080/09515079808254053

Boscolo, L., Cecchin, G., Hoffman, L., & Penn, P. (1987). *Milan systemic family therapy.* New York: Basic Books.

Deissler, K. (2007). Dialogues in a psychiatric service in Cuba. In H. Anderson & D. Gehart (Eds.), *Collaborative therapy: Relationships and conversations that make a difference* (pp. 291–309). New York: Brunner/Routledge.

Fernández, E., Cortés, A., & Tarragona, M. (2007). You make the path as you walk: Working collaboratively with people with eating disorders. In H. Anderson & D. Gehart (Eds.), *Collaborative therapy: Relationships and conversations that make a difference* (pp. 129–147). New York: Routledge/Taylor & Francis Group.

Gehart, D. (2007a). Creating space for children's voices: A collaborative and playful approach to working with children and families. In H. Anderson & D. Gehart (Eds.), *Collaborative therapy: Relationships and conversations that make a difference* (pp. 183–197). New York: Brunner/Routledge.

Gehart, D. (2007b). Process-as-content: Teaching postmodern therapy in a university context. *Journal of Systemic Therapies*, *18*, 39–56.

Gehart, D. (2012). *Mindfulness and acceptance in couple and family therapy.* New York: Springer.

Gehart, D. R., & Lyle, R. R. (1999). Client and therapist perspectives of change in collaborative language systems: An interpretive ethnography. *Journal of Systemic Therapy*, *18*(4), 78–97.

Gehart, D., Tarragona, M., & Bava, S. (2007). A collaborative approach to inquiry. In H. Anderson & D. Gehart (Eds.), *Collaborative therapy: Relationships and conversations that make a difference* (pp. 367–390). New York: Brunner/Routledge.

Goolishian, H., & Anderson, H. (1987) Language systems and therapy: An evolving idea. *Psychotherapy*, *24*(3S), 529–538.

Haarakangas, K., Seikkula, J., Alakare, B., & Aaltonen, J. (2007). Open dialogue: An approach to psychotherapeutic treatment of psychosis in Northern Finland. In H. Anderson & D. Gehart (Eds.), *Collaborative therapy: Relationships and conversations that make a difference* (pp. 221–233). New York: Brunner/Routledge.

*Hoffman, L. (1981). *Foundations of family therapy: A conceptual framework for systems change.* New York: Basic Books.

Hoffman, L. (1990). Constructing realities: An art of lenses. *Family Process*, *29*, 1–12.

Hoffman, L. (1993). *Exchanging voices: A collaborative approach to family therapy.* London: Karnac Books.

*Hoffman, L. (2001). *Family therapy: An intimate history.* New York: Norton.

Hoffman, L. (2007). The art of "withness": A bright new edge. In H. Anderson & D. Gehart (Eds.), *Collaborative therapy: Relationships and conversations that make a difference* (pp. 63–79). New York: Brunner/Routledge.

Levin, S. (2007). Hearing the unheard: Advice to professionals from women who have been battered. In H. Anderson & D. Gehart (Eds.), *Collaborative therapy: Relationships and conversations that make a difference* (pp. 109–128). New York: Brunner/Routledge.

Levitt, H. M., & Rennie, D. L. (2004). Narrative activity: Clients' and therapists' intentions in the process of narration. In L. E. Angus & J. McLeod (Eds.), *The handbook of narrative and psychotherapy: Practice, theory, and research* (pp. 299–313). Thousand Oaks, CA: Sage. doi:10.4135/9781412973496.d23

London, S., & Rodriguez-Jazcilevich, I. (2007). The development of a collaborative learning and therapy community in an educational setting: From alienation to invitation. In H. Anderson & D. Gehart (Eds.), *Collaborative therapy: Relationships and conversations that make a difference* (pp. 235–250). New York: Brunner/Routledge.

London, S., Ruiz, G., Gargollo, M., & M.C. (1998). Clients' voices: A collection of clients' accounts. *Journal of Systemic Therapies*, *17*(4), 61–71.

McNamee, S. (2007). Relational practices in education: Teaching as conversation. In H. Anderson & D. Gehart (Eds.), *Collaborative therapy: Relationships and conversations that make a difference* (pp. 313–336). New York: Brunner/Routledge.

Penn, P. (2001). Chronic illness: Trauma, language, and writing: Breaking the silence. *Family Process*, *40*, 33–52.

Penn, P. (2002). *So close.* Fort Lee, NJ: Cavankerry.

Penn, P., & Frankfurt, M. (1994). Creating a participant text: Writing, multiple voices, narrative multiplicity. *Family Process*, *33*, 217–231.

Penn, P., & Sheinberg, M. (1991). Stories and conversations. *Journal of Systemic Therapies*, *10*(3–4), 30–37.

Perez, P. J. (1996). Tailoring a collaborative, constructionist approach for the treatment of same-sex couples. *The Family Journal*, *4*(1), 73–81. doi:10.1177/1066480796041016

Seikkula, J. (2002). Open dialogues with good and poor outcomes for psychotic crises: Examples from families with violence. *Journal of Marital and Family Therapy*, *28*(3), 263–274.

Sells, S., Smith, T., Coe, M., & Yoshioka, M. (1994). An ethnography of couple and therapist experiences in reflecting team practice. *Journal of Marital and Family Therapy*, *20*, 247–266.

Siegel, D. (2012). *Pocket guide to interpersonal neurobiology.* New York: Norton.

St. George, S., & Wulff, D. (1998). Integrating the client's voice within case reports. *Journal of Systemic Therapies*, *17*(4), 3–13.

Wagner, J. (2007). Trialogues: A means to answerability and dialogue in a prison setting. In H. Anderson & D. Gehart (Eds.), *Collaborative therapy: Relationships and conversations that make a difference* (pp. 203–220). New York: Routledge/Taylor & Francis Group.

협력적 치료 사례: 성학대 경험을 지닌 파키스탄/인도 커플

나시르(Naseer, AM)는 36세의 파키스탄 공학자로서 34세의 쉬바(Shiva, AF)를 아내로 두고 있다. 쉬바 역시 공학자이다. 두 사람에게는 딸 사만(Saman, CF15)과 아들 아타(Atta, CM7)가 있다. 사만은 15세, 아타는 7세이다. 이 부부는 쉬바가 자신의 성학대 경험을 남편에게 털어 놓은 후 극심한 갈등을 겪고 있다. 쉬바는 12세 때 삼촌에게 성폭행을 당했다. 이 사실을 이야기하기 전에는 서로 끈끈한 정을 느끼는 관계였지만, 이 사실을 알게 된 이후 나시르는 아내에게 차갑게 대하고 아내와 거리를 두게 되었다. 쉬바는 다시 피해자가 되는 것 같았다. 쉬바의 바람은 남편에게 자신이 겪은 것을 털어 놓게 되면 부부 관계에 있어 쉬바가 힘들어하는 부분을 남편이 이해할 수 있게 되는 것이었다. 두 사람 모두 직장에서 일하는 시간이 많았지만, 이 일이 있은 후 나시르는 이전보다 더 직장에서 일하는 시간을 많이 갖게 되었고 종종 밤늦게 집에 오곤 하였다. 또한 이전에 나시르는 아이들의 숙제도 살펴주면서 아이들과 시간을 보내는 편이었지만 지금은 거의 그렇지 않게 되었다. 쉬바는 매우 상심하여 남편을 더 이상 신뢰할 수 없다고 말한다. 두 사람이 함께 있으면 항상 싸운다. 15살 난 딸은 이처럼 부모가 끊임없이 싸우는 것에 힘들어하며 친구 집에서 대부분의 시간을 보낸다. 이런 딸에 대해 엄마는 집 밖에서 보내는 시간이 많다며 화를 낸다. 딸은 나시르의 여동생인 고모에게 자신이 느끼는 좌절감을 털어 놓았고, 7살 난 아들은 최근 들어 야뇨증이 생겼으며 거의 매일 아침 학교 가기 싫다고 짜증을 부린다. 쉬바의 대학 룸메이트이기도 했던 나시르의 여동생은 아직 쉬바와 좋은 관계를 유지하고 있다. 비록 쉬바가 결혼 전에 미리 자신의 오빠에게 그런 이야기를 했었어야 했다고 믿고 있지만, 자신도 같은 입장이라면 똑같이 행동했을 것이라고 느낀다. 그래서 두 사람이 가족의 미래를 확정짓기 전에 전문적인 도움을 받도록 격려하고 있다. 쉬바의 엄마는 위독한 쉬바의 할머니를 돌보기 위해 최근에 인도로 돌아갔으며 쉬바가 너무 순진해서 지난 과거를 털어 놓는 바람에 이런 상황이 되었다고 쉬바를 탓하고 있다. 이 때문에 가족의 상황은 더 악화되었다.

포스트모던 치료 사례개념화

- 누가 문제에 대해 이야기를 하는가?: 문제에 대한 다양한 정의
  - 내담자가 정의하는 문제: '문제-조직화'
    - AF는 남편이 자신을 이해해야 하지만 부당하게 대우하고 있다고 생각한다. 또한 남편이 자신을 더 이상 사랑하지 않을까 두려워하고 있다.
    - AM은 아내가 결혼 전에 털어 놓았어야 했다고 믿으며 자신이 속았다는 느낌을 받고 있다.
    - CF15는 AF가 지나치게 모든 것을 통제하려고 하기 때문에 문제가 생겼다고 믿는다.
    - CM7은 AM이 너무 일을 많이 하고, AF는 슬퍼하고, 부모는 너무 많이 싸운다고 생각한다.
  - 확대 가족이 정의하는 문제: AF의 엄마는 AF가 남편에게 자신의 '어둔 비밀'을 말하지 않았어야 하며, 남편의 용서를 구해야 한다고 말한다. AM의 여동생은 AF가 결혼 전에 비밀을 말했어야 하고, 결혼 후에는 비밀을 말하지 않았어야 한다고 믿지만, 지금은 부부가 서로가 느끼는 수치심과 신뢰 문제를 극복하기 위해 노력해야 한다고 생

각한다.

- 좀 더 광범위한 체계(학교, 직장, 친구 등)가 정의하는 문제: CM의 학교는 CM이 퇴행 증상을 보이고 있고, 학교에서 잘 지내지 못한다고 여긴다.

- 문제의 구성
  - AF는 AM의 최근 행동을 볼 때 자신의 과거 때문에 남편이 자신을 더 이상 사랑하지 않는 것이 확실하다고 느낀다. AF는 자신이 더럽혀졌고 흠이 있다고 느낀다. AF는 만약 AM이 자신을 진심으로 사랑한다면, 과거 이야기를 더 일찍 털어 놓지 못한 이유를 이해할 수 있을 것이라고 믿는다. AF는 오랜 동안 화목한 세월을 보냈고 미국에 와서 서구식 문화에 어느 정도 익숙해졌기 때문에 AM이 충분히 개방적인 마음을 갖게 되었으며 자신들의 문화적 규준을 초월할 만큼 자신과의 정이 돈독할 것이라고 생각했다.
  - AM은 AF가 자신을 배신했고 속였다고 느낀다. 그 비밀을 더 일찍 이야기했어야 됐다고 믿는다. 또한 AM은 자신을 더 이상 사랑하지 않는다는 아내의 주장을 일축한다. 그는 가족을 사랑하기 때문에 직장에서 오랜 시간 일하는 것이라고 말한다.
  - CM(7)은 부모의 갈등 때문에 자신의 야뇨증이 생긴 것이라고 생각한다.
  - CF(15)는 부모의 결혼 문제 때문에 서로 비합리적이 되고 있고, 부모가 자녀들에게 필요한 것을 제대로 돌보지 못한다고 믿는다.

- 내담자의 세계관
  - AF는 AM이 '교육받았고' 자신이 어렸을 때 경험한 성학대에 대해 좀 더 '현대적인' 생각을 가져야 한다고 믿는다.
  - AM은 결혼 당시 아내가 처녀라고 거짓말을 했다는 것에 배신감을 느낀다. 그는 어떤 것도 거짓말을 정당화하지 못한다고 말한다. 이처럼 중요한 문제에 대한 거짓말에 대해서는 특히 그렇다고 말한다.

- 지배적 담론
  - 문화, 인종: AM이 갖고 있는 가족 내 자신의 역할에 대한 기대와 아내의 성학대 경험에 대한 정서적 거리낌은 파키스탄 문화 규범과 관련 있다. 파키스탄 문화에서는 남자들은 정서를 잘 표현하지 않는 경향이 있고, 감정이 격해지는 문제를 이야기하지 않는다. 특히 배우자의 성학대 경험과 같은 사회적으로 극히 금기시되는 문제에 대해서는 더욱 그렇다. 그는 '남자의 역할은 가정의 경제를 책임지고 여자의 역할은 집안 문제와 아이들을 돌보는 것이다'라고 믿고 있는데, 그의 배경을 고려하면 이는 흔한 담론이다. 비록 AF의 인도 문화도 비슷한 가치를 공유하고 있지만, AF는 특히 성역할과 관련해서는 미국적 가치에 더 동일시한다.

- ○ 성/성생활 담론: AM이 지닌 문화적 배경에서는 결혼 시 성적인 순결함을 가치 있게 여긴다. 따라서 AM은 아내가 과거사를 털어 놓은 이후 수치심과 배신감을 느낀다. AF의 어머니와 AM의 여동생은 대체로 이 점에 동의한다. AF도 이를 알지만 아동기 성학대에 대해서는 좀 더 현대적인 관점을 지녀야 한다고 믿는다.
- ○ 기타 담론: AF는 상당한 임금을 받기 때문에 나름 가정에 경제적인 기여를 하고 있는데, 이 같은 '현대적인' 여성의 역할 때문에라도 사랑받기에 '흠이 없어야'만 하는 소유물로 간주되어서는 안 된다고 믿고 있다.

- 지엽적/대안적 내러티브
  - ○ 정체성/자기 내러티브:
    - AF는 복잡한 심정이 든다. 한 편으로는 그 어떤 때보다 더 자신이 상처 받고 더럽혀진 느낌이 들고, 다른 한 편으로는 AM이 피해자를 비난하고 현대적인 감각으로 상황을 보지 못하면서 부당하게 처신한다고 느낀다.
    - AM은 아내의 거짓말이 두 사람 관계가 시작된 초기부터 시작되었다는 점이 진정한 배신이라고 느낀다. 따라서 지금은 아내가 이전에 말했던 것들 중에 또 다른 거짓말은 뭐가 있을까 의구심이 든다. 자신의 일부는 이것이 비합리적이라는 점을 인정하지만, 어찌되었든 자신이 '결함 있는 상품'을 소유하고 있는 느낌이다.
    - CF는 부모가 자신에게 관심이 없다고 느끼고 친구 집으로 피신을 간다.
    - CM은 학교를 가느니 집에서 엄마랑 있고 싶다고 말하면서 야뇨증 때문에 잠을 제대로 자지 못해서 너무 피곤하다고 설명한다.
  - ○ 지엽적 혹은 선호된 담론
    - AF는 AM이 자신을 사랑한다는 느낌을 갖기를 원하고, 자신의 고통에 공감하기를 바란다.
    - AM은 아내에 대한 신뢰를 회복하기를 바란다. 아내와 함께 살기를 진심으로 바란다.
    - CF와 CM은 부모가 '이전으로 다시 돌아가기를' 바란다.

포스트모던 치료계획

협력적 치료의 초기 단계(커플)

상담 과제

1. 상담 관계를 수립한다.

    다양성 고려사항: _____

    a. _____

    b. _____

2. 개인, 체계, 그리고 좀 더 포괄적인 문화적 역동을 평가한다.

    다양성 고려사항: _____

    a. _____

    b. _____

내담자 목표

1. 각자가 현재 상황에 대한 새로운 관점을 얻을 가능성과 갈등을 감소시키기 위한 각자의 행동을 파악하기 위하여 **사건에 대해 유연하게 기술하고 문제를 재구성**하도록 한다.

    a. _____

    b. _____

협력적 치료의 작업 단계(커플)

상담 과제

1. 작업 동맹의 질을 모니터한다.

    다양성 고려사항: _____

    a. _____

    b. _____

내담자 목표

1. 갈등을 감소시키기 위해 과거의 학대 경험과 현재의 반응을 다루기 위한 **생산적 담론**을 창출할 수 있는 능력을 향상시킨다.

    a. _____

    b. _____

    c. _____

2. 갈등을 감소시키기 위하여 관계에 존재하는 **여러 현실**을 존중할 수 있는 커플/가족의 능력을 향상시킨다.

    a. _____

    b. _____

협력적 치료의 종결 단계(커플)

상담 과제

1. 종결 후 계획을 수립하고 상담 성과를 유지한다.

   다양성 고려사항: _____

   a. _____

내담자 목표

1. 갈등은 감소시키고 관계 만족은 향상시키기 위해 **공유된 커플 내러티브**의 응집성을 증가시킨다.

   a. _____

   b. _____

2. 각 개인이 지지되고 사랑받는다는 느낌을 더 많이 가질 수 있도록 **가족 정체성 내러티브**에 대한 응집성을 증가시킨다.

   a. _____

   b. _____

Chapter
15

증거기반 커플/가족치료:
정서중심 가족치료와 기능적 가족치료

"행동 변화는 치료자에게 많은 창의력을 요구하는 치료적 활동이다 — 이것은 매우 보편적인 원리를 특정
가족에게 적용하는 것을 내포한다."

— Sexton, 2011, p. 5/13

조망하기

체계적 부부 가족치료는 몇몇 증거기반 치료(기억할지 모르지만 2장에 나와 있는, 특정 내담자
를 위한 매뉴얼화된 치료)를 포함하여 점점 더 강화되고 증가하는 추세를 보인다. 대부분의
가족치료 접근은 적어도 한 개 이상의 증거기반 치료법을 갖고 있는데, 체계적 접근과 구조
적 접근이 가장 많은 증거기반 치료를 보유하고 있다. 이 장에서는 가족치료에서 가장 많
이 사용하는 두 가지 증거기반 치료인 정서중심 가족치료와 기능적 가족치료에 대해 알아보고
자 한다. 이 두 이론을 선택한 첫 번째 이유는 주로 대규모 센터에 맞게 고안된 것과는 달
리 사설상담소나 소규모 기관에서도 널리 사용될 수 있는 치료자 편리성이 높은 개념이기
때문이다. 이론에 대해 더 자세한 설명을 하기 전에, 증거기반 치료에 대한 몇몇 편견을 이
야기하는 것이 도움이 될 것이다.

증거기반 치료에 관한 오해들

오해: 증거기반이 중요한 시대에는 더 이상 이론이 필요하지 않다

실제로는: 증거기반 치료는 일반적으로 단일이론을 충실히 따르거나 많은 전통적인 치료 이론들을 주의 깊게 융합하는 것 이상의 더 엄중한 기준을 요구한다. 종종 증거기반 접근으로 작업한다는 것은 더 많은 이론에 대한 역량을 요구한다.

오해: 결혼 가족치료(Marital Family Therapy, MFT)의 이론과 연구는 분리 가능하다

실제로는: 가족치료 이론과 연구는 동전의 양면과 같은 것이었고 앞으로도 그러하다. MFT 이론은 원래 팔로 알토의 MRI에서 주의 깊은 관찰과 연구를 통해 발전되어 왔다. 사실상 결혼 가족치료 분야의 모든 연구는 어떤 이론에 근거하고 있다. 이 연구와 이론은 협력해서 상호 상승효과를 갖는다. 따라서 이 두 가지를 분리하게 되면 어느 하나도 설명할 수 없다. 맥락을 분리한다는 것은 MFT에서는 거의 불법을 저지르는 것과 같다(4장 참조).

오해: 증거기반 치료는 경직되고 기계적이다

실제로는: 증거기반 치료에 대한 가장 일반적인 두려움 중 하나는 경직되고 치료자의 창의성이나 자유로움, 자기표현에 대한 박탈이라고 본다(Sexton & van Dam, 2010). 이 책의 어느 다른 이론에서처럼 증거기반 치료는 조직화된 요소들도 가지고 있고, 유연한 부분도 있다(이론을 의미 있게 만드는). 경직되었다는 평가는 그 이론이 기관에 속해있는 직원들을 대상으로 봤을 때 '강요되었다는' 의미이다. 하지만 사실 이런 경우 경직된 것은 이론이 아니라 기관일 가능성이 높다. 증거기반 이론은 전통적인 접근법보다 훨씬 더 유연하다. 예를 들면, 증거기반 이론은 부정적 상호작용이 얼마나 밝혀지고 평가되느냐에 있어 다른 어떠한 MFT 접근보다도 유연하다. 다시 말해, 전략적, 인지행동, 해결기반, 내러티브 방법들은 상호작용 고리를 추적하는 데 훨씬 더 제한적인 접근을 취한다.

오해: 증거기반 치료를 활용하기 위해서는 개인적으로 선택한 이론을 포기해야 한다

실제로는: 치료자들과 수년 간 일해 오면서 나는 한 가지 비밀이 생겼는데 사실 누군가가 가지고 있는 지식을 뺄 수는 없고, 오직 더하는 것만이 가능하다는 것이다. 이 말의 의미는 증거기반 치료에서 모든 치료자들은 자기만의 스타일과 가치관을 가지고 오는데, 여기서 특정한 문제를 다루기 위한 특별한 접근법인 증거기반 치료는 무언가를 더하는 것이다. 치료자들은 이 접근법을 자기만의 스타일로 이해하고 상황에 맞게 적용시켜야 한다.

오해: 연구자들은 연구의 구성요소에 대해 서로 합의가 되어있다

실제로는: 2장에서도 이야기했듯이, 연구자들은 최소 두 부류로 나뉜다. 즉, 특정한 증거기

반 치료에 더 큰 의의를 두는 사람들과 그보다는 공통 요소를 중시하는 사람들이다. EBT[2] 쪽에서는 임상 실험만이 의미가 있고 그것들이 연구의 중심이 되어야 한다고 한다. 반대로, 공통 요소를 지지하는 사람들은 각기 다른 접근법들의 공통점이 무엇인지 파악하는 연구를 강조한다. 논쟁이 계속되기는 하지만, 우리는 아마 둘 다 정답이라는 사실을 알게 될 것 같다.

오해: 인지-행동 치료만이 유일한 증거기반 치료이며, 모든 장애에 적용 가능하다

실제로는: CBT는 오랜 기간 연구되어 왔고 나름대로 간단한 치료 프로토콜을 가지고 있다는 이유로 탄탄한 증거기반을 가지고 있으며, 이미 CBT는 여러 가지 임상적 문제에 대해 적절한 치료법이라는 평가가 있다. 체계적 부부 가족치료 역시 그에 못지않게 탄탄한 증거기반을 가지고 있는데, 특히 CBT가 비교적 효력을 발휘하지 못하는 품행장애나 커플 갈등의 영역에서 강점을 보인다.

오해: '표준 치료' = 최신 치료

실제로는: 전문가들은 현재 현장에서 사용되는 일반적인 치료법은 최신의 과학기술에 비해 17~20년 뒤처져 있다고 평가한다(Institute of Medicine, 2001; Slomski, 2010). 그러므로 당신이 현장의 일반적인 치료법을 따르고 있다면, 당신은 최신기술보다 평균 18.5년 뒤처져 있는 것이다. 이 사실은 현장 밖의 많은 사람들에게 증거기반 치료의 중요성을 부각시켰다. 당신은 당신이 아끼는 사람들을 최신 기술보다 20년 뒤떨어진 기법을 사용하는 사람에게 맡기고 싶겠는가?

정서중심 치료

배경

정서중심 치료(EFT)는 현장에서 가장 많은 연구가 진행된 접근법 중 하나이며 커플이나 가족치료에 있어 가장 입증된 접근법이다(Johnson, 2004). 증거기반 치료로 불리기에 충분한 자격을 갖추고 있고 독립 시행된 임상 실험을 통해 입증된 효율성 높은 치료법이다(2장에 자세한 설명이 나와 있다; Furrow & Bradley, 2011; Lebow, Chambers, Christensen, & Johnson, 2012). 수 존슨과 레스 그린버그(Sue Johnson & Les Greenberg, 1985, 1994)는 개인적 이론과 체계적 이론을 통합하고 기존의 효과적인 커플치료에서 성공적인 부분들을 포함시킴으

---

2) 역주: EBT(Evidence-Based Treatment)

로써 이 모델을 개발했다. EFT는 (a) 애착이론, (b) 경험적 이론(특히 칼 로저스의 인간중심 치료), 그리고 (c) 체계 이론(특히, 체계적-구조적 이론들; 5장과 6장을 보라; Johnson, 2004)을 통합하고 있다. 정서중심 치료자들은 정서 체계에 집중하는데, 이는 관계적 구조(예를 들어, 커플이나 가족)와 내면적 구조(예를 들어, 개인)를 포함한다. 상담 초기 단계에서 치료자는 다른 체계적 치료자들과 마찬가지로 커플의 행동적 패턴을 파악하는데, 이에 더해 문제가 되는 행동 패턴의 이유가 되는 관점이나 감정, 그리고 애착 욕구(안정적인 관계를 위한) 또한 파악한다. 작업 단계에서는 커플이 각자 안전감과 결속감을 경험할 수 있도록 서로에 대한 상호작용을 재구성하도록 치료자가 돕는다. 상담의 종결 단계에서는 커플이 이런 새로운 상호작용을 공고히 할 수 있도록 치료자가 돕는다. 이 접근법은 대개 단기적인데(8~12회기), 정식으로 EFT 교육을 받은 치료자와 70~73%의 커플들이 갈등을 해결했고 86%의 내담자들은 12회기 안에 의미 있는 발전을 경험했다(Johnson, Hunsley, Greenberg, & Schindle, 1999). 대부분의 연구는 커플들을 대상으로 진행되었지만, 가족상담에서도 같은 이론과 기법들을 사용할 수 있다(Johnson, 2004).

주요 개념

애착과 성인의 사랑

수 존슨(Sue Johnson, 2004, 2008)의 정서중심 커플치료는 성인들의 사랑관계를 이해하는 새로운 패러다임을 토대로 하고 있다. 전제는 이것이다. 즉, 모든 인간은 유아기와 아동기 때뿐만 아니라 인생 전체를 걸쳐 안정적인 애착관계를 필요로 한다. 불과 몇 십 년 전만 해도 이 주장은 별 지지를 얻지 못했는데, 지금은 확실한 증거기반을 토대로 21세기 커플 및 가족치료는 이를 통해 획기적으로 변할 가능성이 높다(Furrow & Bradley, 2011).

볼비(Bowlby, 1988)가 인간과 영장류 유아를 대상으로 행한 애착연구는 아이와 보호자 간의 안전하고 양육적인 관계가 생물학적으로, 정서적으로, 그리고 생존을 위해 필요하다는 것을 증명했고, 이는 인문학에서는 이미 오랫동안 인정된 사실이다. 하지만 대부분 이러한 필요성은 시간이 지남에 따라 줄어든다고 생각됐고, 어른은 안정적인 관계없이도 심리적, 그리고 신체적 건강을 유지할 수 있다고 믿어왔다. 현대의 의학 연구를 보면 안정적인 관계와 신체적 건강이 관련이 있다는 것을 알 수 있을 뿐 아니라 매우 구체적인 상관관계들이 존재한다는 것도 밝혀졌다. 회피 애착은 통증관련 질환과 관련이 있고 불안 애착은 심혈관 질환과 관련이 있다는 게 밝혀졌는데, 안정적인 애착은 아무런 질환과도 관련성이 없었다(McWilliams, & Bailey, 2010). 불안정 애착과 정신병리와의 상관관계는 이전부터 인정된 부분이다(Mason, Platts, & Tyson, 2005). 또한 안정정인 관계에 있는 성인들은 그렇지 않은 성인들보다 신체적 통증을 더 잘 견뎌내는 것을 추가적 연구를 통해 알 수 있다(Meredith, Strong, & Feeney, 2006). 뇌과학 연구는 인간이 정서적인 자기-조절을 하기 위해서는 안정적 관계가 필요하다고 말한다(Siegel, 2010).

수 존슨의 연구는 성인애착이론을 치료에 적용시키는 데 선구적인 역할을 해왔는데, 그녀의 방법은 커플들이 관계 속에서 안정적인 애착을 형성하는 데 도움을 주는 접근법 중 가장 포괄적이고 종합적이다. 성인 애착이론은 커플과 가족 관계 속의 어리둥절한 행동들을 이해하는 데 도움이 된다. 왜 사람들은 흔히 자기가 가장 사랑한다고 말하는 사람들을 제일 힘들게 하는가? 문제는 애착관계에서 갈등이 생기면 사람들은 일종의 역설적인 상황에 처하게 되는 것이다. 상대방은 나에게 안정성을 줄 수 있는 주된 인물이자 가장 위험한 인물이 되는 것이다(Johnson, 2008). 이 역설은 치료자들이 커플이나 가족상담 중에 맞닥뜨리게 되는 극단적인 행동들을 이해하는 데 많은 도움이 된다.

볼비(1988)의 애착이론을 이용해 성인의 사랑을 개념화하면서 존슨(2004)은 이 이론의 열 가지 규칙을 정리했는데, 다음은 내가 다른 용어로 정리해본 것이다(pp. 25~32).

1. 애착은 선천적인 동기유발의 힘이다: 다른 사람과 관계를 갖는 것은 모든 인간에게 있는 본능적인 생물학적인 욕구이다. 그러므로 치료자는 내담자에게 적어도 하나의 안정적인 관계가 형성되기 전까지는 작업을 마친 것이 아니다.
2. 안정적 의존은 자율성에 도움이 된다: 완전한 독립이나 완전한 의존은 없고, 효과적이거나 비효과적인 의존만 있다. 그러므로 상담 중 치료자의 목표는 내담자가 삶 속에서 의미 있는 사람들과 효과적인 의존(또는 상호의존) 관계를 형성하게 하는 것이다.
3. 애착은 필수적인 안전지대를 만들어준다: 안정 애착은 삶의 스트레스에 대한 방어벽이 될 수 있고, 그에 따르는 심리적 및 신체적 악영향을 완화시켜준다.
4. 애착은 안정적인 기반을 마련해준다: 어린 아이들과 마찬가지로 어른들도 안정적인 기반이 있어야 호기심, 창의성, 열린 마음 등을 가지고 경험에 임할 수 있는데, 이는 또한 정신건강과 긍정적 심리발달과도 연관이 있다.
5. 정서적 접근성과 민감성은 유대감을 형성한다: 안정 애착은 정서적으로 접근 가능하고 민감할 때 형성되므로 이 상태에 도달하는 것이 EFT 작용단계의 목표가 된다.
6. 두려움과 불안함은 애착 욕구를 활성화시킨다: 위험을 느낄 때 사람은 특히 평안함과 연결되어 있음을 필요로 한다. 많은 경우, 커플이나 가족에서 자주 관찰되는 파괴적 행동은 바로 이 애착 욕구에 의해 발화된다.
7. 분리불안의 과정은 예측 가능하다: 애착 욕구가 충족이 되지 않을 때 사람은 화나 매달림, 우울함, 그리고 낙담 등의 예측 가능한 반응을 보인다. 이러한 스트레스는 원초적인 생존욕

구로 경험되고, 사랑이라는 이름으로 행해지는 극단적이고 난폭한 행동은 설명은 되지만 절대 정당화될 수는 없다.

8. 불안정 애착의 종류는 한정되어 있다: 안정적인 관계가 불안정적으로 느껴지기 시작할 때, 대부분은 다음의 세 가지 패턴 중 하나를 이용해 트라우마로부터 자신을 보호한다.

   ○ 불안과 과잉 행동: 욕구가 충족되지 않을 때, 불안해하고, 무차별적으로 관계를 추구하고, 매달리거나 공격적 또는 비난적으로 변할 수 있다.

   ○ 회피: 욕구가 충족되지 않을 때, 그런 욕구를 억제해버리고 대신 정서적으로나 신체적으로나 자기 자신 속으로 철수한다. 관련 없는 활동에 주의를 돌리기도 한다.

   ○ 불안과 회피: 이 유형은 친밀함을 추구하다가 일단 가까워질 것 같으면 회피한다.

9. 애착은 자아와 타인에 대한 작동모델과 관련 있다: 사람들은 관계의 질을 이용해 자기 자신이나 타인이 얼마나 사랑스럽고, 가치 있고, 능력 있는지에 대한 평가를 한다. 또한 그를 통해 무엇을 기대하고 어떻게 애착관계 내에서 행동해야 하는지에 대한 모델을 형성한다.

10. 고립과 상실은 그 자체로 트라우마다: 고립이나 관계의 상실은 극심한 생존본능을 일으킬 수 있는 그 자체가 트라우마이다. 독방 감금은 전 세계에서 사용하는 고문 방식이다.

관련학자

수잔 존슨(Susan Johnson) 수 존슨은 레스 그린버그와 함께 1980년대에 정서중심 치료를 개발했다. 그들은 연구 결과와 어떤 것들이 성공적인지에 대한 관찰을 토대로 이 접근법을 발달시켰다. 수는 계속해서 이 모델에 대해 연구와 개발을 계속했고(특히 커플과 가족과 관련지어) 전 세계를 돌아다니면서 교육도 한다. 그녀는 정서중심 치료를 많은 이슈에 적용시켰으며, 여기에는 트라우마 생존자 커플 상담이나(Johnson, 2000), 우울증, 그리고 만성질환이 있는 아이를 가진 커플 등이 포함된다(Johnson, 2004). 그녀는 또한 동료들과 함께 EFT를 배우는 사람들을 위한 워크북과(Johnson, Bradley, Furrow, Lee, Palmer, Tilley, & Woolley, 2005) 커플들을 위한 자습서를 집필했다(Johnson, 2008).

레스 그린버그(Les Greenberg) 레스 그린버그는 토론토의 요크대학 교수, 그리고 요크대학 심리치료 연구 클리닉의 소장으로 있으면서 수 존슨과 함께 EFT를 개발했다. 그는 전 세계적으로 다니며 교육도 하고, 정서중심 치료라고 불리는 모델의 한 버전을 연구하고 발전시킨다. 그는 주로 개인에게 적용시키는 데 중점을 뒀는데, 최근에는 『Emotion-Focused Couple Therapy: The Dynamics of Emotion, Love, and Power』(Greenberg & Goldman, 2008)이라는 책을 내기도 했다.

상담과정

EFT 치료의 과정은 확실하게 구조화되어 있는데(이것이 바로 매뉴얼화 되는 부분이다), 세 가지의 단계와 아홉 가지의 절차로 나뉜다(Johnson, 2004). 하지만 당신이 이 과정이 만병통치약이라는 허상을 가지기 전에, 이 과정은 완벽하게 순차적이지도 않고 대부분의 내담자는 단계를 왔다 갔다 한다는 사실을 알려주겠다. 안타깝게도 증거기반 치료에서도 완벽히 계획대로 흘러가는 상담은 없다. 그러므로 이 과정은 치료자가 상담을 진행하고 변화를 측정하기 위한 일종의 가이드라인 정도로 보면 된다. 물론, 이를 통해 치료자가 매우 확실한 치료계획을 가지고 시작하는 것도 맞다(이런 이유로 이 치료계획들이 가장 작성하기 편리하다).

1단계: 부정적 주기의 단계적 축소
절차 1: 동맹을 형성하고 애착관계 속의 갈등을 파악한다.
절차 2: 부정적 상호작용 주기를 파악한다.
절차 3: 알아차리지 못한 감정들을 발견하고 내면에서 상호작용하는 위치를 파악한다.
절차 4: 부정적 주기와 애착 욕구를 토대로 문제를 재구성하고 부정적 주기가 공공의 적이라는 것을 강조한다.

2단계: 상호작용 패턴을 변화시키고 유대감 형성
절차 5: 분리된 자아의 부분들과 애착 욕구들을 인정하고 이를 관계적 상호작용에 적용시킨다.
절차 6: 새로운 관계 패턴에 따른 파트너의 경험에 대한 수용을 증진시킨다.
절차 7: 욕구와 바람을 직접적으로 표현하도록 격려하여 정서적 교감과 애착을 강화시킨다.
주의: 5~7번의 절차는 대개 회피하는 파트너를 상대로 먼저 진행하고, 그 후 다른 파트너를 상대로 같은 절차를 밟는다.

3단계: 합동과 통합
절차 8: 오래된 문제에 대한 새로운 해결책을 찾는다.
절차 9: 새로운 관계적 위치, 그리고 애착의 주기를 굳건히 한다.

위의 내용을 읽으면서 헷갈려 할 수도 있는 당신을 위해 조금 풀어서 설명하고자 한다. 상담의 첫 번째 단계는 두 가지에 초점을 둔다. 하나는 (a) 어려운 감정들을 탐구하기 위해 필요한 굳건한 치료동맹을 형성시키는 것, 나머지 하나는 (b) 애착이론을 이용해 명료하게 사례를 개념화시키는 것이다. 이 단계의 마지막 절차에서는 커플이 부정적 상호작용을 재구성하고(5, 6장 참조) 외현화하도록(13장 참조) 돕는다. 이렇게 함으로써 커플은 서로가 나쁜 사람이 되었다고 믿기보다 그저 교감하기 위한 노력들이 성공적이지 못했다고 생각할 수 있게 문제를 재구성하는 것이다.

상담의 두 번째 단계야말로 치료를 심화시키는 치료자의 능력이 발휘되는 시점이다. 이 단계에서 치료자는 정서적으로 가장 물러나있는 파트너와 시작해서, 그 내담자가 자신의 애착 욕구를 파악하고, 인정하고, 파트너에게 표현할 수 있도록 돕는다. 이 방법은 수 존슨의 두 번째 천재적인 공헌이라고 할 수 있다. 첫 번째는 당연히 주요 개념에서 소개된 성인 애착 이론이다. 이 방법이 획기적인 이유는 대부분의 치료자들이 별다른 불평 없이 물러나 있는 파트너보다는 불평이 많은 파트너 쪽에 신경을 더 쓰게 되기 때문이다. (사례개념화를 위한 단서들 대부분은 추구자에 해당하는 파트너가 치료자에게 제공한다. 단, 물러나는 쪽에서 이혼의 위험을 느끼지 않은 이상 말이다). 하지만 커플이 어느 정도 감정적으로 잦아들면(1단계), 존슨은 계속해서 물러난 파트너에 집중을 하는데, 이것은 물러난 파트너가 다시 관계에 임하기 시작하면 추구하는 파트너는 자신의 애착 욕구가 어느 정도 충족이 되어서 정서적으로 개방된 상태에서 욕구를 표현하기가 쉬워지기 때문이다. 이런 식으로 이 단계에서 치료자는 일단 물러난 파트너가 인정되지 않은 애착 욕구를 파악하고 표현하는 데 도움을 주고, 그 후 추구하는 파트너와 똑같은 작업을 한다. 양쪽 모두는 결속을 원하는 상대에게 어떻게 효과적으로 반응할 수 있는지 배운다. 여기서 흥미로운 것은 종종 불평하는 추구자 파트너가 부드러워지는 것을 더 어려워한다는 점인데, 추구하는 파트너는 이미 물러난 쪽으로부터 거절당한 경험이 많기 때문이다(Furrow, Ruderman, & Woolley, 2011).

세 번째 단계는 커플들이 새롭게 맺어진 관계적 패턴을 이용해 오래된 문제들을 (훨씬 수월하게) 풀어나가는 단계이기 때문에 비교적 희망적이다. 하지만 상담은 동화 속 이야기가 아니고 현실이기 때문에 커플들이 새로운 방식으로 관계 맺는 과정이 무조건 순탄하지만은 않다. EFT 치료자들은 이전의 패턴들이 재등장할 때 놀라지 않는다. 대신, 커플이 상황을 파악하고 안정적인 관계를 다시 형성할 수 있도록 돕는다.

이 단계와 절차들에 더해서 존슨(2004)은 주요 상담 과제를 아래의 세 가지로 나열한다.

과제 1: 동맹형성과 유지
과제 2: 정서(가장 중요한 것은 애착 정서)를 평가하고 형성하기(특히 애착에 대한 감정)
과제 3: 상호작용을 재구조화하기

이전 열 개의 장을 읽었다면 아마 첫 번째 상담 과제는 매우 익숙할 것이다. 하지만 두 번째 과제는 EFT에서만 볼 수 있는 것인데, 커플이나 가족의 상호작용 주기가 애착 욕구를 토대로 개념화된다는 의미이다. 마지막 단계(대부분의 행동은 여기서 일어난다)는 커플이 경험을 바탕으로 서로와 관계 맺는 법을 변화시킬 수 있도록 돕는 것인데, 이를 통해서 커플은 서로 아껴주고 보호하는 관계를 형성한다.

상담관계 형성

공감적 조율

이름에서도 알 수 있듯이, 정서중심 치료는 정서에 집중한다. 여기서 치료자가 내담자를 정서적으로 이해하고 그와 조화할 수 있는 능력이 핵심이다. 그것이 없다면 상담은 성공할 수 없다. EFT에서 치료자는 두 파트너 모두의 정서적 세계와 교감할 수 있도록 각 파트너의 정서에 맞게 조율한다(Johnson, 2004). 공감적 조율을 위해서 치료자는 본인의 개인적 경험을 토대로 내담자의 이야기와 교감해야 하고, 그와 동시에 내담자의 개인적인 관점에서 이야기를 이해해야 한다. 이런 조율은 대개 비언어적으로 더 많이 이루어지는데, 내담자의 정서적 상태를 파악하고 그를 반영하는 데 비언어적인 소통이 더 많이 사용되기 때문이다(예를 들어, 목소리를 낮추거나 고개를 끄덕임으로). 여기서 중요한 것은 내담자가 자신의 이야기를 누군가 진심으로 들어주고 있다고 느끼게 하는 것이다. 어떤 방법으로든 치료자는 내담자에게 이런 느낌을 심어주고 상담실 안을 정서적으로 안전한 장소로 만들어줘야 한다. 치료자가 각 파트너와 정서적으로 교감하는 것은 내담자들이 서로 관계를 하는 데 있어서 좋은 본보기가 된다.

공감의 표현: RISSSC

수 존슨이 상담하는 것을 볼 기회가 생긴다면, 당신은 아마 그녀가 다른 사람들과는 다른 식으로 말한다는 것을 느낄 수 있을 것이다. 중요한 부분에서 그녀는 말하는 속도를 느리게 하거나, 했던 말을 반복하거나, 특정 단어나 이미지를 강조해서 말한다. 눈치 챘겠지만, 그녀는 일부러 이렇게 하는 것이다. 존슨(2004)은 자신만의 특이한 접근법을 RISSSC로 정리해서 이야기한다.

- 반복(Repeat): 내담자가 사용하는 핵심 단어와 문장을 반복한다.
- 이미지(Images): 이미지를 이용해 추상적 단어로 표현이 되지 않는 감정을 표현한다.
- 간단하게(Simple): 간단한 단어와 문장을 사용한다.
- 천천히(Slow): 내담자가 정서적인 경험을 충분히 할 수 있도록 천천히 이야기한다.
- 부드럽게(Soft): 더 깊은 경험과 모험을 유도하기 위해 부드럽고 안정적인 목소리로 이야기한다.
- 내담자의 말로(Client's Words): 내담자의 말을 인정해 주면서 내담자가 사용하는 단어나

어구를 그대로 사용한다.

EFT 훈련 매뉴얼에 나오는 RISSSC의 예(Johnson 등, 2005):

- "엄청 화가 나고 실망한 느낌이네요, 그런가요? 그래서 어떻게 됐나요?"(p. 166)
- "그 시간이 당신에게는 매우 핵심적이었던 것 같군요…당신이 그를 필요로 했다는 것이."(p. 167)
- "당신 삶이 항상 그래왔군요. 당신이 가치 있고 의미 있다는 메시지를 받아 본 적이 없어서 당신에게 문제가 있는 것은 아닌가 고민하면서요."(p. 168)

진솔성

치료자는 충동적인 행동이나 자기의 개인적 이야기를 끊임없이 털어놓음 없이 내담자와 거짓 없이, 그리고 정서적으로 진실 되게 대화해야 한다(Johnson, 2004). 치료자들은 겸허하고 실수나 오해를 인정할 수 있어야 한다. 결과적으로 내담자는 치료자와의 관계를 진솔한 인간관계로 경험한다.

수용

치료자들은 인간의 본성에 대한 긍정적인 믿음을 전제로 비판단적인 태도를 가져야 한다. 치료자들은 또한 갈등을 인정하고, 사랑하는 사람들과 안정적인 관계를 형성하는 것이 얼마나 어려운 일인지도 알고 있다(Johnson, 2004). 내담자를 인정한다는 것은 그들의 지금 그대로를 존중하는 것이고, 그들의 인간성을 완벽히 받아들이는 것이다. 당신이 지금 고개를 끄덕이고 있다면, 사실 이것은 말보다 훨씬 어렵다는 사실을 기억하라.

자기개방

치료자가 가끔씩 자기 이야기를 하는 것은 내담자와의 관계 강화나 내담자의 이야기를 인정하는 데 도움이 된다(Johnson, 2004). 하지만 대부분의 치료자는 자신에 대한 이야기를 최소화하면서 커플의 정서적 과정에 집중한다.

동맹에 대한 끊임없는 모니터링

치료자는 각 파트너와의 치료동맹을 항상 모니터하면서 상담의 모든 과정 속에 건강한 정서적 관계가 지속된다는 것을 확인한다(Johnson 등, 2005). 커플상담에서 공감을 표현할 때, 한 사람의 말에 대한 이해를 표현하는 과정에서 다른 사람과의 동맹이 약해질 수도 있는데, 순간적으로 치료자가 편을 든다는 인상을 줄 수도 있기 때문이다. 그렇기 때문에 치료자들은 두 사람 모두에게 끊임없이 집중해야 한다. 치료자는 언어적으로(상담에 대한 경험을 직접적으로 묻기), 그리고 비언어적으로(방어적이거나 경계하는 태도를 감지하는 등) 치료 동맹의 상태를 측정한다.

체계에 합류하기

치료자는 각 개인과의 동맹뿐만 아니라, 관계라는 체계와도 동맹을 맺어야 하고, 각 개인을 인정하는 것처럼 있는 그대로의 체계도 인정해야 한다. 이런 체계에 합류하는 것은 관계적 패턴(잔소리하기/물러나기, 추구하기/거리두기, 비난하기/방어하기 등)을 파악하는 것뿐만 아니라 그것들을 커플에게 반영해줌으로써 그들이 자신들의 관계를 더 깊게 이해할 수 있도록 돕는 것이다.

치료자의 역할

존슨(2004)에 의하면 치료자의 역할은 다음과 같다.

- 커플이 정서적 경험을 재구성할 수 있도록 돕는 과정 전문가(process consultant)
- 커플이 관계의 춤을 재조정할 수 있도록 돕는 안무가
- 치료동맹을 따르면서 이끌기도 하는 협력자

  치료자는 다음과 같은 역할을 하지 않는다.

- 의사소통 능력을 가르치는 선생님
- 과거나 미래에 대한 통찰력을 일깨우는 현인
- 역설 혹은 문제 처방을 사용하는 전략가

사례개념화 및 평가

자기 성찰적, 대인관계적 이슈

다른 증거기반 가족치료자들(8, 9장)과 마찬가지로, EFT 치료자들은 자기 성찰적인 이슈와 대인관계적 이슈 둘 다에 관심을 갖는다.

- 자기 성찰적: 개인들이 어떻게 자기의 경험(특히 핵심 애착 관계에 대한 감정)들을 이해하고 소화하는지에 관함
- 대인관계적: 파트너들이 어떻게 서로간의 상호작용을 패턴화하고 하나의 주기로 만드는지에 관함

부정적 상호작용 주기: 추구/철회

다른 구조적 치료자들(5장 참조)과 마찬가지로, 가장 먼저 해야 하는 일 중 하나는 커플이나

가족의 부정적 상호작용 주기를 파악하는 것이다. EFT에서는 대부분 이 주기가 추구/철회의 패턴으로 정의된다(Johnson 등, 2005). 여기서 쫓아가는 쪽은 둘 사이의 거리와 분리에 대해 불만을 표출하고, 이것은 대개 불안정 애착 스타일의 증상이다. 반대로, 물러나거나 회피하는 쪽은 비난이나 거절에 대해 스스로를 보호하기 위해 일부러 거리를 둔다. 이것은 회피형 애착 스타일의 증상이다. 물론, 쫓아가는 쪽이 강하게 관계를 추구할수록(많은 경우 잔소리나, 비난, 그리고 강요를 통해), 물러나는 쪽은 더더욱 안전을 위해 물러나게 된다. 추구하는 파트너는 대부분 상처받음, 외로움, 사랑 받지 못함 등의 숨겨진 감정을 표현하고, 도망가는 파트너 대부분은 거절당함, 부족함, 또는 평가받음의 숨겨진 감정을 이야기한다.

커플들은 대부분 네 가지 중 한 가지의 추구/철회 패턴을 보인다(Johnson 등, 2005).

- 추구/철회: 가장 흔한 패턴으로, 추구/철회 주기에는 확실히 쫓아가는 파트너와 확실히 도망가는 파트너가 존재한다. 많은 경우 여성이 추구하고 남성이 회피한다. 몇몇 경우에서 남성은 섹스를 추구하지만 그 외의 경우에는 물러난다. 이것도 일반적인 추구/철회 패턴에 속한다.

- 철회/철회: 어떤 커플들은 양 쪽 다 회피하는 것으로 보인다. 하지만 이런 경우 대부분은 한 쪽이 소진된 파트너일 가능성이 있다. 소진된 파트너는 오랜 기간 관계를 추구했지만 너무 잦은 실패로 포기한 파트너이다(Furrow, Ruderman, & Woolley, 2011). 대부분 이런 상태의 커플들은 전망이 덜 낙관적인데, 그 이유는 이미 관계가 많은 피해를 입었기 때문이다. 이런 커플들은 많은 경우 무감각한 거리두기나 변화에 대한 거부감을 드러낸다.

- 공격/공격: 이 패턴에서는 회피자가 추구자의 계속된 강요에 맞서 갑자기 화를 내고 싸우는데(많은 경우 비난의 형태로), 싸움이 끝난 후에는 다시 물러나 있는 상태로 돌아간다.

- 복합적 주기: 트라우마 생존자 커플들은 많은 경우 회피와 불안으로 가득 찬 복합적인 주기를 보여준다.

상담의 초기 단계에서 치료자가 부정적 상호작용에서 나타나는 행동과 이차적 감정을 기술하도록 요구하면, 커플들에게 추구/철회 패턴이 드러난다. 치료자는 그 과정의 속도를 늦추면서 주기 내 각 파트너의 정서적 경험에 대해 질문하고, 그것을 다른 파트너의 경험과도 연결 짓는다. 이 과정 속에서 치료자는 커플이 좀 더 일차적인 애착 감정을 파악하고 인정할 수 있도록 돕는다.

일차적과 이차적 감정

정서중심 치료자들은 어떻게 어떤 감정에 중점을 두어야 하는지 아는가? 내담자가 표현하는 감정 중에 특별히 중시해야 될 것들이 있는가? 이 질문들에 대한 대답은 복합적이다. 첫째로, 정서중심 치료자들은 일차적과 이차적 감정을 분리해서 이야기한다.

- **일차적 감정:** 일차적 감정은 어떤 상황에 대한 첫 번째 반응인데, 일반적으로 애착 욕구나 두려움(또는 버림받음, 외로움, 무기력함, 사랑받지 못함, 부족함, 적합하지 않음 등의 연약하고 취약한 감정들)과 관련이 있다.
- **이차적 감정:** 이차적 감정은 상황에 대한 것이 아닌, 일차적 감정에 대한 감정이다. 예를 들어, 주어진 상황이 비난하는 말이었다면, 일차적 감정은 자신이 부족하다고 느끼는 것이 될 수 있겠지만, 이차적 감정은 아마 부족하다고 느끼는 것에 대한 분노가 될 수 있을 것이다. 이차적 감정은 많은 경우 분노나 좌절, 회피의 형태를 보이는데, 이것은 일차적 감정과 동반되는 연약함에 대한 일종의 자기보호라고 할 수 있다. 이것들이 파악돼야 그 뒤에 숨어있는 일차적 감정 또한 파악할 수 있다.

상담의 초기 단계에서 치료자는 대개 내담자가 표현하는 이차적 감정에 집중한다. 대부분의 사람들은 이차적 감정에 대해서만 의식적으로 생각하고 있기 때문이다. 치료가 진행되면서 치료자는 점점 각 파트너 서로의 일차적 감정에 대한 인식을 높인다. 예를 들어 한쪽이 더 이상 성적인 관심을 보이지 않을 때 나타나는 분노 뒤에 숨어있는 상처받은 마음 등이다. 작업 단계로 접어들면서는 일차적 감정이 중점이 된다.

애착 이력

EFT 치료자들은 내담자가 어렸을 때 보호자나 청소년기와 성인기의 친밀한 관계를 통해서 애착 이력을 평가하는데, 이런 관계의 질에 대한 질문을 통해 정보를 얻어낸다. 애착 관계의 질을 평가하는 데 EFT 치료자들은 A.R.E. 시스템을 사용한다. 내가 필요로 할 때 당신은 함께 있습니까?(Are you there for me?) 여기서 A.R.E.는 접근성(Accessible), 반응성(Responsive), 그리고 참여(Engaged)를 의미한다(Johnson, 2008).

> **애착 이력 평가를 위한 질문들**
> - 부모님의 관계는 어떠셨나요? 가까우셨나요? 서로에 대한 애정표현을 잘 하셨나요? 부부싸움은 자주 했나요? 했다면 어떻게 했나요? 일반적으로 가정의 화목과 안전을 유지하면서 갈등을 해결했나요?
> - 당신이 어렸을 때 누구로부터 보호나 보살핌을 받았나요? 그 사람은 믿음직스러웠나요?
> - 부모님이나 어릴 적 보호자와의 관계를 설명해주세요. 당신은 사랑받고 있다는 사실을 어떻게 알 수 있었나요? 신체적으로나 정서적으로나 안전하다고 느꼈나요? 갈등이나 실망에 대해서 어떤 식으로 대처가 이루어졌나요? 어떻게 해결됐나요? 학대나 트라우마가 있었나요?

> • 성인이 된 후 의미 있었던 사랑의 관계들을 설명해주세요. 안전하고, 보호받고 있고, 보살핌을 받고 있다는 느낌을 받았나요? 배신이나 트라우마가 있었나요?
> • 관계 초기에 파트너와 더 가깝다고 느꼈을 때에 대해 이야기해주세요. 각자에게 얼마나 쉽게 다가 갔나요? 서로에 대해 얼마나 민감하게 반응하고 표현했나요? 어떤 식으로 상대와 상호작용했나요?(Furrow, Ruderman, & Woolley, 2011).

애착 손상

애착 이력과 더불어 치료자는 커플의 관계에서 발생했을 애착 손상에 대해서도 평가한다. 애착 손상은 특정한 종류의 배신, 버림, 또는 신뢰의 훼손이다(Furrow, Ruderman, & Woolley, 2011). 애착 손상은 한쪽 파트너가 높은 욕구와 취약함을 가지고 있을 때(예를 들어, 임신, 상실, 불륜, 기타 위기상황 등) 다른 파트너가 요구되는 지원과 보호를 주지 못하는 상황에서 발생한다. 이런 손상은 상처받은 내담자로 하여금 관계를 안전하지 않은 관계로 재정의시키는 것이다. 이 사람은 관계를 떠나지 않더라도 스스로를 보호하기 위해 관계에 대한 참여의 질은 달라지게 된다.

EFT가 성공하기 위해서는 치료자들이 애착 손상에 대해 직접적으로 밝히고 다루어야 한다. 치료자는 애착 손상을 평가하고 회복을 도와야 한다(5~7단계). 어떤 경우에서는, 특히 개별 평가 회기 중에(초기 평가 회기 부분을 보라) 치료자가 직접적으로 애착 손상을 파악할 수 있다. "당신에게는 관계 자체가 안전하지 않은 관계로 변해버릴 만큼 큰 트라우마나 상처가 된 경험이 있었나요?" 하지만 대부분의 경우 그냥 어쩌다가 이런 애착 손상에 대해 알게 되는 경우가 더 많다. 치료의 진도가 나가지 않아서 더 심도 있는 질문을 하기 시작할 때 애착 손상에 대해서 알게 되는데, 이는 이전에 이미 언급되었으나, 크게 의미를 두지 않고 흘려 보냈던 것일 수 있다.

초기 평가 회기

EFT 치료자들은 커플이 EFT 치료와 잘 맞는지 평가하기 위한 어느 정도 체계적인 초기 평가과정을 가지고 있다(Furrow, Ruderman, & Woolley, 2011). 대개 평가 회기는 커플 면담, 각각의 파트너와의 개인 면담, 그리고 다시 커플 면담 식으로 진행된다. 커플 면담에서는 치료자가 다음에 중점을 둔다.

- 문제나 강점에 대한 지각
- 부정적 혹은 긍정적 상호작용 주기
- 관계 이력과 핵심 사건

- 각자의 간략한 애착 이력
- 회기 내의 상호작용 관찰
- 폭력, 학대, 그리고 그 이외의 금기사항의 유무 확인
- 예후 지표 평가: 반사적 행동 정도, 애착 강도, 개방성(치료자에 대한 반응성)

개별적 면담에서 치료자는 각 파트너를 다음과 같은 영역에서 사정한다.

- 관계에 대한 헌신 정도
- 신체적으로나 정서적으로 안전하다고 느끼는 정도
- 과거, 현재, 그리고 잠재적 불륜
- 트라우마 경험
- 자세한 애착 이력

EFT 금기사항

모든 커플이나 가족들이 EFT와 잘 맞는 것은 아닌데, 초기 사례개념화에서 적절성 평가를 한다. 일반적인 EFT 금기사항(EFT를 사용하지 않는 이유)은 다음과 같다(Johnson 등, 2005).

- 관계와 상담에 있어서 서로 다른 희망사항: 한 사람은 결혼을 원하고 다른 사람은 원하지 않는 상황이나, 한 쪽이 불륜관계를 맺고 있는 상황 등
- 이미 관계가 깨진 커플: 한 쪽이 이미 정서적으로 관계를 떠났다는 것이 확실한 상황
- 폭력적인 관계: 신체적, 성적, 또는 정서적인 폭력이 수반되는 관계는 EFT가 적합하지 않다. 한 쪽이 다른 쪽을 두려워하는 것은 미묘한 폭력이 일어나고 있다는 암시가 될 수 있다.
- 치료되지 않은 중독: 중독문제가 있다고 해서 무조건 EFT를 못 쓰는 것은 아니지만, 치료자는 양쪽 모두가 약물의 영향을 받지 않은 상태로 상담에 임할 수 있는지를 평가해야 할 것이다. 한 쪽이나 양쪽 모두의 파트너가 물질남용 문제를 가지고 있으면 EFT 치료자는 그(들)로 하여금 따로 물질남용 치료를 받게 하고, 남용이 어떻게 상호작용 주기에 영향을 미치는지에 중점을 둔다.

변화 목표 수립

EFT의 매우 중요한 목표는 직설적이고 초점화되어 있어서 커플치료자들에게 때로는 어려운 여정 중에도 일관된 방향성을 제시한다(Furrow, Ruderman, & Woolley, 2011).

- 두 사람 모두를 위한 안정적 애착 형성
- 각 파트너를 지원하고 보호하는 새로운 상호작용 패턴 수립

● 감정(특히 애착 욕구와 관련이 있는)의 직접적 표현 증진

개입 전략 수립

상담 단계에 따른 개입

EFT 치료자들이 사용하는 몇 가지 개입이 있는데, 상담 단계에 따라서 더 자주 이용되는 개입들이 있다.

초기 단계 개입 – 주기를 파악하고 점차 약화시키는 단계

● 타당화
● 정서 반영
● 주기 추적(사례개념화 부분을 보라)
● 암시적 반응
● 공감적 추측

작업 단계 개입 – 상호작용을 재구성하는 단계

● 환기시키는 반응
● 공감적 추측
● 고조시키기
● 재구성하기
● 상호작용 재구조화(실연)

종결 단계 개입

● 타당화
● 환기시키는 반응
● 재구성하기
● 상호작용 재구조화(시연)

타당화

치료자들은 신처럼 허용하고 인정하기보다는 내담자의 감정경험이 이해할 만하고 치료자에게도 이해가 된다는 타당화(validation)를 이용해 내담자가 소통이 된다는 느낌을 받도록 한다. 여기서 치료자는 내담자의 감정이 '맞고', '당연하다'는 식으로 평가 내리면서 말하는 것이 아니다(이런 식으로 말하면 다른 파트너와의 동맹을 약화될 수 있다). 치료자들은 타당화를 통해 각 파트너는 자신만의 의견과 감정적 반응을 가질 권리가 있다는 것을 표현하고, 각

자의 행동에 대한 논리나 감정을 표현할 수 있도록 돕는다. 즉, "남편이 당신과 시간을 보내지 않아서 정말 슬프셨겠어요. 시간이 지나서 화가 나게 되고, 그러다 보니 남편이 어쩔 수 없게라도 당신과 시간을 보내게 만드시려는군요."

일차적, 이차적 감정 반영

EFT 치료자는 내담자가 표현하는 일차적, 이차적 감정을 내담자에게 반영으로써 이를 깊이 이해하고 수용한다는 사실을 보여준다(Johnson, 2004; Johnson 등, 2005). 반영의 목적은 내담자가 자신의 일차적(애착관련), 이차적 감정들을 더 완전하게 경험할 수 있게 돕는 것이다. 이차적 감정을 반영함으로써 치료자는 내담자가 부정적 상호작용 주기 속에서 무엇을 느끼고 있는지 자세하게 파악하도록 돕는다. "아내가 실망과 분노를 보일 때마다 당신은 관심을 끄고 거리를 두는군요. 감당하기에는 너무 어려우니까 말이에요." 상담이 진행되면서 치료자는 점점 일차적 감정을 반영하는 쪽으로 나아간다. "당신은 지금 아내가 화를 낼 때에는 피해야 한다고 느끼는 것뿐만 아니라, 아내가 당신을 더 이상 사랑하거나 존중하지 않는 것에 대해 두렵다고 말씀하시는 것 같네요.."

상호작용 패턴과 주기 추적

다른 구조적 치료자들과 비슷한 기법으로 EFT 치료자들은 패턴과 상호작용 주기를 추적하고 이런 패턴에 대한 정보를 바탕으로 커플들이 관계의 성격을 더 깊이 이해할 수 있도록 돕는다(Johnson, 2004). 예를 들어 그들은 자주 등장하는 추구/철회나 비난/방어의 패턴을 파악하고 커플의 상호작용 속에 나타나는 특이한 행동패턴에 관심을 둔다. 더불어, 상담이 진행될수록 치료자는 비슷한 방식으로 긍정적 상호작용 주기도 추적하는데, 이를 통해 새로운 상호작용 주기를 강화시키려는 것이다.

상기시키는 반응: 반영과 질문

치료자들은 반영의 형태로든 질문의 형태로든 상기시키는 반응(evocative responding)을 통해 피상적인 이슈는 건너뛰고 표현되지 않은 감정들과 욕구를 파악한다(Johnson, 2004). 상기시키는 반응은 추측을 토대로 하기 때문에 치료자는 이를 잠정적인 것으로 제안하고, 내담자가 수정하거나 바꾸어 말할 기회를 충분히 준다. "제 생각에는 당신이 이렇게 회피하는 이유는 사실은 더욱 가까워지고 친밀해지고 싶기 때문인 것 같아요. 만약 거절당하면, 엄청난 충격을 받을 테니까요."

공감적 추측과 해석

가끔은 치료자가 공감적 추측(empathic conjecture)이나 해석을 제안하게 되는데, 이는 대부분 방어 전략이나 애착 욕구, 그리고 애착 두려움에 관한 것이다(Johnson, 2004). 이 과정은 정서적 경험을 강화시키기 위한다는 점에서 상기시키는 반응과 비슷하지만, 공감적 추측과 해석은 숨겨진 감정을 드러내는 것뿐만 아니라 새로운 의미를 생성하는 데 중점을 둔다. 종종 치료자는 이차적 감정과 일차적 감정 사이의 연결고리를 찾는다. "표면적으로는 당신이 그와 싸울 때 확신을 가지고 분노하고 있는 것처럼 보이지만 사실은 뭔가 굉장히 다른 일이 일어나고 있는 것 같군요. 속으로는 자신감이 없는, 슬프고 외로운 어린 아이와 같은 느낌을 받고 있는 듯합니다…. 당신이 남편의 사랑을 받을 자격이 충분한지 확신을 갖지 못하고 있네요. 그런가요?" 상담의 후기 단계에서는 이런 추측이 두려움이나 분노에 의해 가려진 애착 욕구에 집중하면서 애착을 심어주는 역할을 한다.

고조시키기

고조시키는 것은 반복이나 비유, 이미지, 그리고 실연을 활용해 커플의 부정적 주기 속의 핵심 감정이나 상호작용의 강도를 높여서 보여주는 것이다(Johnson, 2004). 예를 들어, 치료자는 핵심 문장(예를 들어 '배신당한 느낌')을 반복하면서 고조시키거나, 앞으로 몸을 기울이거나 목소리를 낮추는 등의 비언어적인 방법으로 고조시키거나, 이미지와 비유를 이용해서, 그리고 또 내담자에게 반응을 실연하게 함으로써 고조시킬 수 있다. 치료자는 또한 내담자가 중요한 순간을 반복하도록 요청할 수 있다. "그 말 다시 한 번 할 수 있어요? 그녀를 필요로 한다는 말을. 그녀를 보면서 다시 한 번 할 수 있어요?" 솔직히, 어울리지 않는 상황에 이런 말을 하는 것은 진실성이 떨어지고 가짜 같다. 하지만 적절한 상황과 적절한 순간에 사용될 때 이런 말은 커플 상담 속에서 일어나는 복잡하고 어려운 감정들을 헤쳐나가는 데 완벽한 촉매제가 될 수 있다.

비언어적 의사소통에 관심 갖기

많은 경우 비언어적 의사소통은 일차적 감정에 대한 힌트가 될 수 있다. EFT 치료자들은 표현되지 않는 일차적 감정에 대한 비언어적 표현에 관심을 갖는데, 거기에는 다음과 같은 행동이 포함된다.

- 목소리 톤의 변화
- 신체적 반응
- 쳐다봄이나 힐끗 봄
- 웃음이나 농담

- 한숨
- 침묵
- 깊은 숨 들이마심
- 꽉 다문 입술(Furrow, Ruderman, & Woolley, 2011).

주기와 애착 욕구의 맥락에서 재구성하기

EFT 치료자들은 각 파트너의 행동에 대해서 두 가지 방법, 즉 부정적 주기의 맥락과 애착 욕구의 맥락에서 재구성(reframing)한다. 존슨의 구조적 관점을 따라 문제는 관계라는 좀 더 넓은 맥락 속에서 재해석되고 이는 커플이 주기를 공공의 적으로 인식하게 돕고, 각자가 어떻게 이 부정적 주기에 참여하고 있는지 인식하게 한다(Johnson, 2004). 예를 들어, 한 파트너의 분노와 다른 파트너의 침묵은 재구성을 통해 부정적 주기를 유지시키는 방어 수단으로 새롭게 이해될 수 있다. 유대감을 높이기 위해 부정적 주기는 항상 커플의 공공의 적으로 해석된다.

이와 비슷하게, 재구성은 내담자들이 이차적 감정에서 일차적 감정으로 옮겨오는 데 도움을 준다. 예를 들어 "표면적으로는 당신의 차가운 침묵과 거리두기만 보여요. 하지만 속으로 당신은 겁에 질려 도망가고 있어요. 왜냐하면 또 그녀를 실망시켰다는 생각이 들고, 당신은 그 생각을 견디기 힘들 거예요. 또 실패했다는 생각을 참을 수가 없는 거죠."

실연, 재구조화, 그리고 안무 짜기

체계적 치료에서와 마찬가지로 치료자는 내담자들에게 현재의 입장을 실연하도록 한다. 이를 통해 내담자들은 자신의 숨겨진 감정들을 더 완전하게 경험할 수 있다(Johnson, 2004). 그 후 치료자는 커플의 상호작용이 덜 제약적이고 더 포용적이게 '안무'를 짜주는 것이다. 예를 들어, 한 파트너에게 새로 떠오른 감정적 통찰을 다른 파트너와 직접적으로 나누도록 지도하거나, 물리적으로 커플의 위치를 변화시켜 정서적 강도를 높이는 것이다. 상담의 후기 단계에서 치료자는 실연을 통해 내담자가 서로에 대해 가지는 요구사항의 안무를 짠다. 이렇게 함으로써 치료자는 긍정적인 반응을 자아내고, 커플이 관계를 안전한 관계로 재해석할 수 있게 돕는 공감적 경험을 이끌어낸다.

새로운 안무를 짜기 위한 일반적인 지시 메시지

- "방금 어떤 일이 있었나요? 조금 돌아가서 각자 내면에서 어떤 일이 벌어지고 있었는지 살펴봅시다."
- "지금 그(그녀)를 보고 그 말을 해줄 수 있나요?"
- "그(그녀)에게 당신이 필요하다고 말한 것을 바로 지금 요청할 수 있나요?"

감정의 유화

EFT의 특수 기술 중 하나는 감정의 유화(softening)인데, 이것은 정서적 교감 형성, 상호
관계적 위치 변화, 그리고 관계를 안전하고 친밀하게 재해석하는 데 사용된다. 감정의 유
화는 비난적이었던 파트너가 정서적인 취약성을 인정하는 입장을 견지하면서 새롭게 다가
갈 수 있게 된 다른 파트너에게 애착 욕구를 표현할 때 일어난다(Bradley & Furrow, 2004;
Johnson, 2004). 비난하는 파트너는 자신의 자세나 언어를 좀 더 부드럽게 하고, 이를 통해
더 취약하거나 불안해하는 파트너는 덜 방어적이고 민감하게 반응할 수 있다. 치료자들은
내담자로 하여금 상처나 실망과 같은 애착에 관한 두려움을 표현하게 함으로써 감정을 부
드럽게 할 수 있다. 대부분의 경우, 이것은 특정한 갈등 영역 내에서의 애착문제(예를 들어,
거절에 대한 두려움)를 강조하면서 이루어진다. 한 아내가 자신의 남편이 자기와 아이들과
시간을 보내지 않는다고 불평하고 있다면 정서중심 치료자들은 아내가 자기의 불평 밑에
깔린 버려짐이나 거절에 대한 두려움을 표현하도록 돕는다. 이런 식으로 분노나 짜증보다
는 그녀의 두려움이나 취약함을 드러내는 것이다. 이렇듯 좀 더 누그러진 감정을 남편에게
표현하고 직접적으로 보호와 공감을 청할 때 더 건강하고 회복적인 대화가 가능하기 마련
이다. 브래들리와 퍼로우(2004)는 이 어려운 과정을 거쳐야 하는 치료자들을 돕기 위해 비
난하는 사람들의 감정적 유화를 돕는 미니이론을 개발했다.

새로운 정서적 경험을 새로운 반응으로 변화시키기

한 파트너가 깊은 정서적 경험을 하도록 도운 다음, 치료자는 이 경험을 기반으로 다른 파
트너가 새롭게 반응할 수 있는 상황을 만드는데, 이를 통해 각 파트너가 자기 자신과 서로
를 더 깊게 이해하는 긍정적 상호작용 주기를 형성하는 것이다. "그가 자신의 회피가 무관
심에서 나오는 것이 아니라 거절에 대한 두려움으로부터 나온다고 하는 것을 들을 때, 당신
안에는 무슨 일이 일어나고 있나요?"(Johnson, 2004).

적용하기

사례개념화 틀

- 부정적 상호작용 주기: 주기를 설명하고 누가 어떤 패턴을 보이는지 아래의 네 가지를 이
  용해 설명한다.
  - 추구/철회
  - 철회/철회

- ○ 공격/공격
- ○ 복합적 주기
- 일차적과 이차적 감정: 부정적 상호작용 주기와 연관된 각 사람의 일차적 그리고 이차적인 감정을 설명한다.
- 애착 이력: 각 사람의 애착 이력의 핵심 사건들을 설명한다(현재의 애착 패턴을 포함해서).
- 애착 손상: 현재의 관계 속에 드러난 애착 손상을 설명한다.
- EFT 금기사항:
  - ○ 관계와 상담에 있어서 서로 다른 희망사항
  - ○ 관계가 이미 깨진 커플
  - ○ 폭력적인 관계
  - ○ 치료되지 않은 중독

관계적 갈등을 경험하고 있는 커플들을 위해 EFT 치료자들은 사례를 개념화하고 치료에 지침을 삼기 위하여 다음의 치료계획을 이용할 것이다.

정서중심 치료계획 틀(커플)

정서중심 치료의 초기 단계

상담 과제

1. 커플과 상담관계를 수립한다. DN: [문화, 성, 기타 다른 감정 표현 방식들을 존중하기 위해 당신의 공감 표현을 조정한다.]

   관계 형성/개입방법:
   a. 안전한 정서적 맥락을 형성하기 위해 **정서적 조율과 RISSSC, 진솔성**을 활용한다.

2. 개인, 체계, 그리고 좀 더 포괄적인 문화적 역동을 평가한다. DN: [문화, 사회경제적 수준, 성지향성, 성별, 기타 규준들을 고려하여 평가 작업을 조정한다.]

   평가 전략:
   a. **추구/철회** 패턴을 포함하는 **부정적 상호작용 주기**를 파악한다.
   b. 주기 내의 **이차적, 일차적(애착관련)** 감정을 파악한다.
   c. **애착, 애착 손상, 그리고 트라우마**에 대한 이력을 평가한다.

3. 치료목표를 정의하고 내담자의 동의를 받는다. DN: [내담자가 가진 문화적, 종교적, 기타 다른 가치체계에 **맞춰 목표를 수정한다.**]
   a. **부정적 상호작용 주기**를 토대로 문제를 **재구성**하고, 주기를 커플 공동의 적으로 해석한다.

4. 필요한 전문가의 도움, 위기상황, 부가적인 연락처, 기타 내담자의 필요를 파악한다.
   a. 물질남용, 트라우마, 폭력, 갈등소지가 있는 문제, 금기사항들은 배제하면서 커플에게 EFT가 적합한

지 평가한다.

내담자 목표

1. 커플이 부정적 상호작용 주기와 갈등과 무기력함을 빚는 일차적 감정을 알아차리는 능력을 향상시킨다.

    a. **타당화, 감정 반영, 상기시키는 반응**, 그리고 **공감적 추측**을 이용해 일차적, 이차적 감정을 파악한다.

    b. 부정적 상호작용 주기를 처음에는 이차적, 나중에는 일차적 감정을 중심으로 **추적**한다.

    c. 부정적 상호작용 주기와 애착 욕구의 맥락 속에서 문제를 **재구성**한다.

정서중심 치료의 작업 단계

상담 과제

1. 양쪽 파트너 모두와의 작업 동맹의 질을 모니터한다. DN: [내담자의 문화적 관습에 맞지 않는 개입에 대한 가족들의 반응에 상담자가 어떻게 주의를 기울일 것인지 기술한다.]

    a. 개입에 대한 평가: 비언어적인 의사소통과 회기 내 내담자의 정서적 안정에도 주목한다.

2. 내담자의 변화를 모니터한다. DN: [개입 평가 시 문화, 성별, 사회경제적 수준, 기타 규준들을 고려한다.]

    a. 개입에 대한 평가: 매주 진행 정도에 대한 기록을 하여, **EFT단계**의 진도 변화를 측정한다.

내담자 목표

1. 철회하는 파트너의 **참여 정도와 감정표현**을 증진시킴으로써 갈등/회피를 줄인다.

    a. **공감, 타당화, 추측**을 통해 애착 욕구에 대한 인식과 표현을 높인다.

    b. **실연**은 욕구의 직접적 표현, 파트너에 의한 **수용**, 그리고 **새로운 상호작용 패턴**의 형성을 돕는다.

2. 추구하는 파트너의 비난을 줄이고 **애착 감정**의 표현을 높여서 갈등을 줄인다.

    a. 추구하는 파트너의 일차적 감정을 **고조**시킴으로써 비난하는 감정의 **유화**를 돕는다.

    b. **실연**을 이용해 파트너의 수용을 증진하고 **새로운 상호작용 패턴**을 형성한다.

3. 갈등이 존재할 때도 **관계적 안정성과 교감**을 형성할 수 있는 능력을 양쪽 파트너 모두에게 길러주고, 이를 통해 갈등, 우울한 기분, 그리고/또는 불안감을 줄인다.

    a. **상호작용 주기**를 추적하고 **공감적 추측**을 이용해 각 파트너가 자신의 반응이 어떻게 상대방에게 영향을 미치는지 이해하도록 한다.

    b. **실연**을 통해 더 직접적으로 감정적 욕구를 표현할 수 있게 돕고, 서로를 지지하는 형태의 반응을 보이는 능력을 길러준다.

정서중심 치료의 종결 단계

상담 과제

1. 종결 후 계획을 수립하고 상담 성과를 유지한다. DN: [치료 종결 이후 커플의 지원 체계의 일부가 될 수 있는 공동체 내 자원들에 상담자가 어떻게 접근할 수 있을지 기술한다.]

    a. 긍정적 상호작용 주기와 부정적 상호작용 주기 모두를 추적하면서 커플이 미래의 장애물에 대처할 수 있게 준비시킨다.

내담자 목표

1. 새로운 스트레스 요소에 대해 내담자들이 **효과적으로 반응**할 수 있는 능력을 길러줌으로써 갈등과 무기력함을 줄인다.

   a. 긍정적 변화를 강화시키기 위해 **긍정적 상호작용 주기를 추적**한다.

   b. 애착 욕구의 맥락에서 긍정적/부정적 상호작용 주기를 **재구성**한다.

2. 커플이 계속해서 서로에게 공감대를 형성하고 관계를 강화시키는 방식으로 반응할 수 있는 능력을 길러줌으로써 갈등, 우울감, 그리고 불안감을 줄인다.

   a. 실연을 통해 **정서적 욕구를 직접적으로 표현**한다.

   b. **새로운 정서적 경험**을 새로운 반응으로 연결시키도록 한다.

EFT는 갈등을 겪고 있는 가족에게도 이용될 수 있다. 치료계획은 다음과 같다.

정서중심 치료계획 틀(가족)

정서중심 치료의 초기 단계

상담 과제

1. 모든 가족 구성원과 상담관계를 수립한다. DN: [정서 표현에 있어 문화, 성, 나이, 기타 요인에 따라 다른 방식들을 존중하기 위해 당신의 공감 표현을 조정한다. 만약 어린 아이라면 놀이와 미술을 활용한다.]

   관계 형성/개입방법:

   a. 안전한 정서적 맥락을 형성하기 위해 **정서적 조율과 RISSSC, 진솔성**을 활용한다.

2. 개인, 체계, 그리고 좀 더 포괄적인 문화적 역동을 평가한다. DN: [문화, 사회경제적 수준, 성지향성, 성별, 기타 규준들을 고려하여 평가 작업을 조정한다.]

   평가 전략:

   a. **부정적 상호작용 주기**와 그에 따른 동맹, 경계선, 지배관계, 문제해결 전략을 파악한다.

   b. 각 구성원의 **이차적, 일차적(애착관련)** 감정을 파악한다.

   c. 모든 가족 구성원의 애착, 애착 손상, 그리고 **트라우마**에 대한 이력을 평가한다.

내담자 목표

1. 부정적 상호작용 주기와 그와 관련되어 갈등과 무기력함을 빚는 **일차적 감정**에 대한 인식을 높인다.

   a. **타당화, 감정 반영, 상기시키는 반응**, 그리고 **공감적 추측**을 이용해 일차적, 이차적 감정을 파악한다.

   b. **부정적 상호작용 주기**를 처음에는 이차적, 나중에는 일차적 감정을 중심으로 **추적**한다.

   c. 부정적 상호작용 주기와 애착 욕구의 맥락 속에서 문제를 **재구성**한다.

정서중심 치료의 작업 단계

상담 과제

1. 가족 모두와의 작업 동맹의 질을 모니터한다. DN: [내담자의 문화적 관습에 맞지 않는 개입에 대한 가족들의 반응에 상담자가 어떻게 주의를 기울일 것인지 기술한다.]

    a. 개입에 대한 평가: 비언어적인 의사소통과 회기 내 가족 구성원의 정서적 안정에도 주목한다.

내담자 목표

1. 물러나는 가족 구성원(들)의 참여 정도와 감정표현을 증진시킴으로써 갈등/회피를 줄인다.

    a. 공감, 타당화, 그리고 추측을 통해 애착 욕구에 대한 인식과 표현을 높인다.

    b. 실연은 욕구의 직접적 표현, 파트너에 의한 수용, 그리고 새로운 상호작용 패턴의 형성을 돕는다.

2. 추구하는 가족 구성원의 비난을 줄이고 애착 감정의 표현을 높여서 갈등을 줄인다.

    a. 추구하는 파트너의 일차적 감정을 고조시킴으로써 비난하는 감정의 유화를 돕는다.

    b. 실연을 이용해 파트너의 수용을 증진하고 새로운 상호작용 패턴을 형성한다.

3. 갈등이 존재할 때도 관계적 안정성과 교감을 형성할 수 있는 능력을 가족 구성원에게 길러주고, 이를 통해 갈등, 우울한 기분, 그리고/또는 불안감을 줄인다.

    a. 상호작용 주기를 추적하고 공감적 추측을 이용해 각 가족 구성원이 자신의 반응이 어떻게 상대방에게 영향을 미치는지 이해하도록 한다.

    b. 실연을 통해 더 직접적으로 감정적 욕구를 표현할 수 있게 돕고, 서로를 지원하는 형태의 반응을 보이는 능력을 길러준다.

정서중심 치료의 종결 단계

상담 과제

1. 종결 후 계획을 수립하고 상담 성과를 유지한다. DN: [치료 종결 이후 가족의 지원 체계의 일부가 될 수 있는 공동체 내 자원들에 상담자가 어떻게 접근할 수 있을지 기술한다.]

    a. 긍정적 상호작용 주기와 부정적 상호작용 주기 모두를 추적하면서 커플이 미래의 장애물에 대처할 수 있게 준비시킨다.

내담자 목표

1. 새로운 스트레스 요소에 대해 가족이 효과적으로 반응할 수 있는 능력을 길러줌으로써 갈등과 무기력함을 줄인다.

    a. 긍정적 변화를 강화시키기 위해 긍정적 상호작용 주기를 추적한다.

    b. 애착 욕구의 맥락에서 긍정적/부정적 상호작용 주기를 재구성한다.

2. 가족이 계속해서 서로에게 공감대를 형성하고 관계를 강화시키는 방식으로 반응할 수 있는 능력을 길러줌으로 갈등, 우울감, 그리고 불안감을 줄인다.

    a. 실연을 통해 정서적 욕구를 직접적으로 표현한다.

    b. 새로운 정서적 경험을 새로운 반응으로 연결시키도록 한다.

기능적 가족치료

배경

품행장애나 비행문제를 해결하기 위해 사용되는 기능적 가족치료(Functional Family Therapy, FFT)는 40년 넘게 연구되어 왔으며, 경험적으로 타당화된 접근법이다(Alexander & Parsons, 1982; Alexander & Sexton, 2002; Sexton & Alexander, 2011). 이 접근법은 전략적, 인지적, 그리고 행동적 개입을 통해 인지이론, 체계 이론, 그리고 학습이론을 통합하고 있다. FFT에서의 모든 행동은 적응적이며 체계 내의 특정한 기능을 위한 것으로 간주된다. 행동은 크게 다음 두 가지 기본적인 기능을 달성하기 위한 시도로 간주된다.

- 연결로서의 관계: 독립과 친밀함의 상대적 균형을 위해
- 위계로서의 관계: 누가 영향력과 지배권을 가지고 있는지 정의하기 위해

치료자의 주된 목적은 문제 행동의 기능을 파악하고(다시 말해, 그 행동들이 어떻게 관계나 위계를 규정하고), 같은 기능을 할 수 있는 좀 더 효과적인 행동을 찾는 것이다(공감대, 영향력, 독립 등). 개입의 목적은 애초에 가족이 치료를 시작하게 된 부정적인 결과 없이 원하는 목표나 기능을 달성하게 돕는 것이다. 이 접근법은 행동상의 문제를 가진 아이들이 있는 가족과의 상담에 적합한 접근법이다.

주요 개념

다체계적, 가족중심적

문제 청소년을 위한 다른 증거기반 치료와 비슷하게 FFT는 다체계에 초점을 두는데, 이는 치료과정이 개인, 가족, 친구관계, 그리고 공동체 체계 역동을 모두 포함한다는 것이다(Alexander & Parsons, 1982; Sexton, 2011). 나아가, 이런 여러 개의 체계에 영향을 미치는 데는 청소년 개인보다는 가족단위가 훨씬 더 영향이 크다는 것이 증명되었다. 청소년들이 비행 행동으로 빠지지 않기 위해서 가장 중요한 요소 중 하나는 강한 가족 관계라는 것이 연구를 통해 밝혀졌다. 또한, 최근 연구 결과에 따르면 비행 청소년을 상대로 한 집단치료는 반사회적인 행동을 감소시키기기보다는 더 증가시킨다고 보고한다(Lebow, 2006). 지역의 소년 법원들에서는 둘러보면 불법을 저지른 청소년들로 하여금 분노 관리나 물질남용 수업을 의무적으로 수강하도록 하는데, 이런 집단 형태의 수강은 문제를 심각하게 만들 수도 있다. 이러한 연구 결과는 언제 상식적인 해결책들이 효과가 없는지를 치료자들이 파악해야 하는 중요성을 강조하고 있다.

FFT에서 치료자는 청소년의 학교, 보호관찰관, 또래 공동체, 그리고 확대 가족들과 협

력하여 변화를 이룬다. 이 과정은 직접적인 개입의 형태를 띨 수도 있고, 내담자와 가족들이 이런 체계 내의 인물들과 별도로 관계를 맺게 돕는 간접적인 개입의 형태를 띨 수도 있다. 이 장의 마지막에 나오는 사례에는 한 십대 엄마와 그녀의 엄마가 2살짜리 딸의 양육권을 빼앗기지 않도록 조력하는 치료자의 이야기가 나오는데, 치료자는 내담자로 하여금 자신이 속해 있는 공동체의 자원을 이용하여 약물 남용 재발을 막는 방법을 찾게 돕는다. 치료자는 평생교육원, 확대 가족, 그리고 교회 등의 장소에서 내담자가 이용할 수 있는 자원을 찾고, 그녀가 물질남용 문제가 있는 친구들과 거리를 두도록 격려한다.

관련학자

제임스 알렉산더(James Alexander) 제임스 알렉산더는 1960년대 유타대학교에서 일하면서 브루스 파슨스와 FFT를 개발했다(Sexton, 2011). 알렉산더는 탄탄한 체계 이론을 기반으로 그의 이론을 발전시켰는데, 원래 이 이론은 청소년 사법제도 하의 비행 청소년을 돕기 위해 개발된 것이다.

브루스 파슨스(Bruce Parsons) 브루스 파슨스는 1960년대 대학원생이 되면서 제임스 알렉산더와 협력하여 FFT를 개발했다.

토마스 섹스턴(Thomas Sexton) 토마스 섹스턴(2011)은 FFT의 최신 모델 개발자로서 가장 최근에 나온 블루프린트(Blueprint) 매뉴얼을 집필했고, FFT의 최신 모델에 대해 서술했으며, 35년 만에 처음으로 임상 외래환자를 위한 기준을 제시하였다.

상담과정

초기 단계: 참여와 동기부여

시작 단계에서 치료자는 (a) 모든 가족 구성원과 관계를 맺고 (b) 문제 행동의 기능을 파악한다(Alexander & Sexton, 2002; Sexton, 2011). 이 단계에서 치료자는 분노나 비난, 무기력함을 줄이기 위해 노력한다. 치료자는 인지적 기법을 이용하여 변화가 일어날 수 있는 상황을 만들어주는데, 부모가 문제의 책임을 아이의 부정적인 성향(게으름, 무책임함 등)에 전가하는 것에 대해 치료자는 이런 성향에 대한 인식을 부정적이지 않은(자유를 만끽하는, 자아에 대해 탐구하는 등) 설명을 이용해 반전시키기 위해 노력한다.

중간 단계: 행동변화

중간 단계에서 치료자는 인지도식, 태도, 기대, 꼬리표, 신념들을 조정하여 가족 간 행동이 어떤 식으로 상호 연관되는지 가족 구성원들이 이해할 수 있도록 돕는다(Alexander &

Sexton, 2002). 치료자들은 특히 자녀양육 기술, 부정적 마음가짐, 그리고 비난과 같은 행동이 다른 사람에게는 어떤 영향을 미치는지에 대해서 이야기한다. 다시 말해, 감정과 생각, 행동의 연결성에 대해 이야기하고, 다른 해석을 제안하고, 부정적 상호작용을 중단하고, 비난적이지 않은 방법으로 행동을 재해석하고, 증상을 제거하는 것이 무슨 의미를 갖는지에 대해 이야기하고, 증상의 맥락을 바꾸고, 한 사람이나 하나의 문제에서 다른 사람이나 다른 문제로 중심을 옮기는 것 등이다.

일단 가족의 인지적 틀이 변화되기 시작하면, 치료자는 부모 교육, 문제해결, 갈등 해소, 의사소통 능력 등과 같은 실질적인 대인관계 기술을 내담자가 익히는 데 집중한다. 부모 교육은 대체로 어린 아이들을 둔 부모에게 강조되는데, 이는 조작적 조건형성을 이용한 전통적인 행동 수정 방식에 따른다. 문제해결과 갈등 해소는 부모와 청소년 자녀 사이의 문제를 해결할 때 더 많이 이용된다. 의사소통 능력 증진은 간결성, 직접성, 그리고 적극적 경청을 강조하는 일반적 행동 기법을 토대로 한다.

후기 단계: 일반화

이 단계에서는 변화를 일반화하는 것이 목표인데, 가족이 속해있는 좀 더 큰 사회적 체계로 변화를 확대하는 것이다(Alexander & Sexton, 2002). 치료자는 이제 변화를 가족 내에서는 유지할 수 있도록, 그리고 가족 밖에서는 가족 구성원들이 공동체 시스템(예를 들어 정신건강, 청소년 사법제도 관계자 등)과 긍정적인 관계를 맺고 탄탄한 사회적 네트워크를 형성할 수 있도록 돕는다.

상담관계 형성

동맹: 가족 구성원과 치료자 사이

FFT에서 치료자는 가족과 **동맹**을 맺는 동시에 가족 구성원들이 서로와 동맹을 맺을 수 있도록 돕는다(Alexander & Sexton, 2002; Sexton, 2011). 이 동맹은 신뢰와 이해가 동반된 개인적 결속으로 간주된다. 또한, 상담의 과정과 목표에 대해 협력하기로 합의함으로써 이 동맹은 특별히 치료적인 성향도 띠게 되는 것이다. 일반적으로 가족중심적인 FFT에서의 동맹은 가족 구성원 모두가 안전하다고 느끼고, 자신의 목소리가 의미 있다고 느끼고, 상담의 방향에 대해 동의하는 상태를 말한다. 가족은 치료자와뿐만 아니라 서로와도 '마음이 통한다'고 느끼는 것이다.

동기부여와 참여

치료자가 성공적으로 가족과 동맹을 맺고 가족 구성원들이 서로 동맹을 맺도록 도왔다면,

대부분의 경우 상담이 성공적이기 위해 필요한 핵심적이면서 때로는 감지하기 어려운 요소가 한 가지 충족되었을 것이다. 그 한 가지는 **동기**이다(Alexander & Sexton, 2002; Sexton, 2011). 다르게 말하면, 튼튼한 치료동맹의 목표는 변화를 위해 필요한 행동을 취하고자 하는 내담자의 동기이다. 가끔 가족 구성원들이 동기부여가 된 상태로 상담을 시작하는 경우가 있지만, 많은 경우 암묵적인(또는 목소리 높여 말하기도 하는) 바람은 치료자가 가족 내의 다른 사람을 변화시켜주길 바라는 것이다. 따라서 건강한 치료동맹을 통해 치료자는 가족 구성원 모두를 해결책의 일부로 만들고, 스스로가 그러기를 원하도록 동기부여한다.

참여는 가족 구성원 모두가 회기에 능동적으로 참여하는 것을 말한다. 치료자는 유머나 존중을 표하면서, 또는 진심으로 이해하려고 노력하면서, 치료적 분위기를 형성함으로써 참여를 유도한다. 나아가, 치료자는 대화를 비심판적, 그리고 강점중심의 관점에서 접근함으로써 각 구성원이 스스로 가치 있고 존중받고 있다고 느낄 수 있는 참여의 분위기를 형성한다.

비자발적 내담자

FFT는 비행 청소년을 주 대상으로 삼기 때문에, 상담을 받으러 오는 많은 가족들은 제3자(예를 들어 법원이나 학교)에 의해 강제적으로 오거나, 상담에 임하고 싶지 않은 구성원이 적어도 한 명 이상 있다(부모가 될 수도 있고 자녀가 될 수도 있고 둘 다가 될 수도 있다; Alexander & Sexton, 2002). 또한, 많은 경우 이들은 학교나 사법제도 등의 시스템에서 고통을 받았거나 불공평한 대우를 받은 경험이 있다. 그러므로 FFT 치료자들은 내담자가 경계하거나, 무기력하거나, 비난하거나, 저항하거나, 부정적이거나, 다른 방식의 건강하지 않은 마음상태로 상담에 임할 수 있다는 것을 충분히 예상해야 한다(Sexton, 2011).

많은 경우 다른 전문가나 체계를 경험한 가족들은 FFT 치료자의 체계적 관점을 완전히 다른, 신선한 충격으로 받아들인다. 이런 체계적 관점은 가족 내의 한 사람에게 책임을 전가하기보단 가족이 큰 그림을 보고 어떻게 모든 구성원들이(그리고 외부적 체계들이) 문제가 지속되는 데 영향을 미치는지 이해할 수 있게 도와준다. 이런 새로운 관점은 상황이 변할 수 있다는 희망, 그리고 가족의 행동을 통해 의미 있는 변화는 이루어질 수 있다는 희망을 심어준다.

존중과 협력의 정신

FFT에서 매우 중요하지만 자칫하면 놓치기 쉬운 것 한 가지는 대부분 사회로부터 좋은 대접을 받지 못한 청소년이나 가족들과 상담할 때 치료자가 갖는 태도이다(Sexton, 2011). 많은 경우, 치료자를 만나기도 전에 비행 청소년들은 실패자나 외톨이로 낙인 찍히고, 그들의 부모도 비슷한 관점에서 이해된다. 그러므로 치료자는 이런 가족들과 관계를 맺을 때 존중의 마음으로 임하는 데 각별한 신경을 써야 하고, 그들이 자기만의 관점과 경험을 표현할 수 있는 상황과 분위기를 마련해줘야 한다. 이것은 인내심과 내담자로부터 배우겠다는 열린 마음이 필요하고, 그에 더해 치료과정 속에서 진심으로 협력하는 관계를 맺는 것이 필요하다.

신뢰할 만한 조력자

FFT 치료자들은 자신들이 가족의 눈에는 전문가로서의 위상이 있다는 것을 인식한다. 믿을 만하다는 것은 미래에 어떤 변화를 약속하는 것으로부터 오는 것이 아니라, 첫 상담부터 치료자가 하는 말과 행동을 통해 증명되는 것이다. 치료자들은 그들이 가족의 상황을 이해하고 가족을 도울 수 있는 효과적인 개입이나 접근이 있다는 것을 보여줘야 한다. 이것이 희망을 갖게 하는 일반적 요인과 밀접하게 관련된다.

사례개념화 및 평가

관계의 기능: 접착제

다른 체계적 치료자들과 같이 가족을 평가할 때 FFT 치료자들은 문제 행동의 관계적 기능을 파악한다(Sexton, 2011; Sexton & Alexander, 2000). 일반적으로 FFT 치료자들은 행동이 가질 수 있는 두 가지 관계적 기능에 집중한다. 즉, (a) 연결로서의 관계 (b) 위계로서의 관계이다.

연결로서의 관계 관계의 패턴은 가족들이 의존성(연결성)과 독립성(자율성) 사이의 균형을 잡을 수 있도록 돕는다. 일반적으로 이 둘 사이의 균형을 잡는 방법에 따라 세 가지로 유형이 나뉘는데, 무엇이 더 좋다기보다는 가족마다 문화의 차이에 따라 선호하는 것이 다르다.

- 높은 독립성: 독립성에 높은 가치를 두는 가족들은 자율성을 지지하지만, 가족 간 거리나 분리의 위험 또한 높은 편이다.
- 높은 의존성: 상호의존성에 높은 가치를 두는 가족들은 친밀함과 연결성을 유지할 수도 있지만 분리가 잘 되지 않거나 과도한 의존의 위험이 있다.
- 중도: 이런 가족들은 둘 사이의 균형을 추구한다.

위계로서의 관계 위계로서의 관계는 관계 속의 영향력이나 지배권을 설명한다. 가족들은 대개 아래의 세 가지 중 한 가지 패턴에 속한다.

- 부모 위/청소년 아래: 이 관계는 일반적인 부모-자식 관계로 부모가 더 많은 힘을 가지고 있다. 물론 이것은 작은 힘의 차이에서 극심한 힘의 차이까지 정도는 다양하다.

- 청소년 위/부모 아래: 어떤 가족들에서는 일반적인 위계가 반전되어 청소년이 부모보다 영향력이 더 크다. 하지만 이런 관계가 적절한 경우는 매우 드물다.
- 대칭: 어떤 가족들은 매우 민주적인 구조를 가지고 있는데, 이런 가족은 양쪽 다 비슷한 정도의 영향력을 행사한다.

기능은 그대로, 표현만 변화시키기 지금까지 읽으면서 치료자의 과제는 위의 종류 중 하나로 가족을 인도하는 것이라고 생각했다면 당신은 아마 놀랄 것이다. FFT 치료자들은 모든 가족들이 같은 스타일을 추구하거나 '이상적인' 형태를 향해 나가는 것을 원하지 않는다. 그것은 각 가족의 문화적 및 개인적 차이를 무시하는 것이다. 대신, 치료자들은 가족의 기능은 그대로 유지하면서 더 좋은 표현을 찾도록 돕는다. 예를 들어, 부모가 위계질서를 유지하기 위해 폭력적인 언어나 행동을 구사하고 있다면, 치료자는 부모가 폭력적이지 않고도 위계를 유지할 수 있는 방법을 배울 수 있게 도울 것이다. 이와 비슷하게 자녀를 위해 과도하게 기능하는 부모들을 위해서는 자녀가 적절한 행동을 했을 때 애정을 표현할 수 있는 다른 방법을 찾아줄 것이다. 이 장의 끝에 나오는 사례에서 치료자는 한 부모 멕시코계 미국인 가족이 높은 의존성을 보이는 것에 대해 더 적절한 기능적 표현방식을 찾도록 돕는다. 또한, 가족이 청소년 위/부모 아래 위계를 고칠 수 있도록 19살인 딸이 자신과 자신의 딸을 위해 책임감을 더 갖도록 격려한다.

> **관계의 기능 평가**
>
> 증상이 어떤 기능을 갖는가?
> - 자율성이나 의존성을 형성하기 위해?
> - 위계를 형성하거나 영향력을 분배하기 위해?
>
> 그 다음 단계 질문은 아래와 같다.
> - 가족이 어떻게 더 효과적인 상호작용을 통해 유사한 기능을 수행하게 할까?
>
> 이 질문들에 대한 답이 나왔다면 치료자는 해결을 위한 계획이 세워진 것이다.

위험요인과 보호요인

FFT 치료자들은 문제 청소년들의 여러 가지 위험, 보호요인을 재빠르게 파악한다. 요인은 다음과 같다(Sexton & Alexander, 2000; Sexton, 2011).

청소년과 부모 개인적 위험요인

- 폭력이나 피해 경험 이력
- 어린 시절 공격적 행동 이력 및 일반적으로 행동 통제가 제대로 되지 않은 경험

- 물질, 알코올, 담배 사용/남용
- ADHD나 사회적, 인지적, 정보처리 능력의 결핍과 같은 정서적, 심리적 문제가 되는 진단 이력
- 낮은 IQ
- 반사회적인 태도나 신념

가족 위험요인
- 부모 자녀간 애착 결핍 및 부모에 의한 양육 결핍
- 비효과적인 양육
- 혼란스러운 가정 상황
- 보살펴주는 양육자와의 유의미한 관계 결여
- 보호자가 약물 남용 및 정신장애로 진단받거나 범죄를 저지름

또래/학교 위험요인
- 다른 비행 청소년과 교제, 폭력 조직과의 관련성
- 또래로부터의 배척
- 관례적이며 통상적인 활동 참여의 부족
- 좋지 않은 성적, 학교에 대한 낮은 관심

공동체 위험요인
- 경제적 기회의 감소, 사회경제적 수준이 낮은 인구 밀집
- 주거지가 자주 바뀜, 낮은 공동체 참여
- 가족 붕괴 수준이 높음

보호요인
- 자녀와 가족 간의 강한 유대감
- 자녀의 인생에 대한 부모의 관심과 참여
- 자녀의 경제적, 정서적, 인지적, 사회적 욕구를 충족시키는 지지적인 양육
- 명확한 경계선과 일관성 있는 훈육

다체계에 대한 평가

기능적 가족치료에서 문제청소년은 그들이 속해 있는 체계와 별개로 평가되지 않는다. 즉, 기능적 가족치료는 생태체계적인 접근법이다(Alexander & Parsons, 1982; Sexton, 2011; Sexton & Alexander, 2000). FFT 치료자들은 사람들이 내적인 체계(생리, 인지, 정서, 행동 등)로 이루어져 있다고 보는데, 이런 체계들은 항상 여러 개의 외적 구조들(가족, 이웃, 학

교, 또래, 직장, 복지기관, 문화단체, 지역 등)과 상호작용하고 있다. 한 내담자의 행동은 이러한 여러 체계들 내에서 그 행동이 수행하는 기능에 의해 평가된다. 예를 들어, 한 청소년이나 부모의 잘못된 선택은 개인의 문제가 아니라 그들이 속해있는 여러 가지 체계 내에서 특정한 의미와 영향을 가지는 것으로 이해된다. 같은 맥락에서, 이런 체계들의 연결성은 잠재적이고 실질적인 지원, 회복의 자원이 된다. 치료자들은 아직 발견되지 않은 자원과 잠재적인 자원, 그리고 이런 체계들 속의 부정적 영향을 파악해서 상담의 방향을 정한다. 여러 가지 체계들의 영향을 파악함으로써 치료자는 어디서, 그리고 누구와 개입을 펼쳐야 하는지 정할 수 있게 된다.

공동체와 문화

가족들을 평가할 때 FFT 치료자들은 가족의 문화적, 공동체적 배경에 깊이 주목한다(Sexton & Alexander, 2000). 인종이나 종교에서 정상으로 정한 표준의 영향을 받아, '문화적인 기대는 가족의 상호작용 패턴에 영향을 주는데, 어떻게 감정을 표현하고 역할을 정하는지, 그런 역할의 생김새와 느낌은 어떠한지, 그리고 양육 방식들을 결정한다'(Sexton, 2011, pp. 2-13). 공동체는 가족이 속한 지역 공동체를 말하는데, 이 공동체는 그들이 속해있는 문화의 영향을 받지만, 때로는 지방색이나 기타 다른 사회적 영향도 받으므로, 단일하게 표현하기는 어렵다.

비행 청소년과 상담할 때 문화와 공동체는 특별한 의미를 갖는다. 전체 청소년 인구 중 소수 인종 청소년이 차지하는 비율은 1/3이지만, 소년원에 있는 청소년 인구에서는 2/3를 차지한다(Sexton, 2011). 더군다나, 소수 인종 청소년은 더 자주 체포되고, 더 오래 구금되며, 대체로 더 긴 형을 선고받는다. 이렇기 때문에 백인 청소년과 소수 인종 청소년은 매우 다른 배경에서 상담에 임하므로, 상담과정은 이러한 내담자의 경험들에 대해 민감해야 한다.

문화와 공동체에 관한 질문

- **문화적 배경**: 가족의 문화적 배경(들)은 무엇인가? 가족은 자신들의 문화적 배경에 대한 정체성을 어떠한 방식으로 파악하는가? 혹은 어떠한 방식으로 파악하지 못하는가?
- **문화와 가족 규준**: 가족의 문화에서 정상이라고 보는 가족구조나 위계, 역할, 그리고 감정 표현은 무엇인가? 가족은 어떤 식으로 이런 규준을 받아들이는가? 어떻게 거부하는가? 지역이나 지방의 규준과 비교했을 때 어떠한가?
- **지역 공동체**: 가족은 지역의 공동체에 어떻게 참여하는가? 공동체 내의 의미 있는 그룹들과 연결되어 있는가? 가족의 문제는 공동체 내에서 어떻게 인식되는가? 지원해줄 수 있는 사람들이 있는가?

- **사회경제적 배경**: 가족의 사회경제적 위치가 공동체 내 그들의 역할과 그들이 경험하는 문제에 어떻게 영향을 미치는가?
- **맞춤식 상담**: 상담은 어떻게 가족의 문화, 공동체 배경이나 가치관, 규준을 존중하는 방법으로 적용될 수 있는가? 가장 도움이 되는 치료관계나 목표, 평가, 개입은 어떤 것들인가?

강점과 회복탄력성

FFT 치료자들은 문제를 보는 눈(반쯤 비어있는 물잔)과 강점을 보는 눈(반쯤 차있는 물잔) 사이의 균형을 맞추기 위해 노력한다(Sexton, 2011). 비행 청소년과 상담을 할 때 이 균형은 특히 어려운데, 이는 청소년들의 문제가 본인뿐만이 아닌 다른 사람들에게도 피해를 미치는 범죄의 영역에 있을 때가 많기 때문이다. 이런 이유로 이 청소년들을 '나쁘다' 또는 '반사회적'이라고 낙인찍거나, 순진하게 상황을 '큰 실수'로 간주해버리기가 쉽다. 치료자는 처음에는 좋은 점을 찾기가 어렵더라도, 좋은 점과 나쁜 점 둘 다를 알아차리는 관점을 길러야 한다.

문제 청소년과 부모에게서 자주 드러나는 강점
- 한 명 이상의 가족 구성원과 깊고 친밀한 관계
- 확대 가족 구성원이나 공동체 구성원 중 돌봐주거나 신뢰할 만한 사람이 있음
- 적어도 한 명의 친사회적 친구
- 의미 있는 취미, 흥미, 또는 능력
- 낙제할 만큼 성적이 나쁘지 않음
- 직업을 유지함
- 학교에서나 가족 내에서 사회적으로 잘했던 적이 있음

변화 목표 수립

초기 단계: 참여
목표:

1. 가족 내 위험요소 감소
2. 가족 내 비난과 부정성 감소
3. 가족 동맹 강화, 문제에 대한 가족중심 해석

작업 단계: 행동 변화
1. 가족에 맞는 행동적 역량(부모양육, 의사소통, 문제해결 등) 증가

2. 이러한 역량을 관계적 기능에 조화시키기

종결 단계: 일반화

목표:

1. 맥락 내에서 보호요인 증가
2. 일반화
3. 지지와 성과 유지

개입 전략 수립

문제를 가족-중심으로 설명하기

초기 단계에서 FFT 치료자들은 비난-중심 문제 정의에서 가족-중심 문제 정의로 옮겨가도록 가족을 조력한다. 이 가족-중심 정의는 이해, 동맹, 그리고 동기를 강화시킨다. 치료자는 각 가족 구성원에게 문제와 그 원인, 그리고 자신에게 미치는 영향을 설명하도록 요청하면서 시작한다(Sexton, 2011). 이것을 토대로 치료자는 비난, 문제에 대한 귀인, 감정을 파악하고 가족의 구조나 관계 패턴을 더 자세하게 이해할 수 있다.

그 후, 치료자는 재구성을 통해 어떻게 자신의 행동이 가족단위의 상호작용 패턴에 영향을 주고받는지 이해하도록 돕는다. 예를 들어, 자녀가 늦게까지 들어오지 않는 이유는 부모의 싸움에 휘말리는 것을 피하기 위해서일 수도 있다.

문제의 순서 파악

전략적이나 행동적 가족치료(6, 11장)와 비슷하게, FFT 치료자들은 문제를 둘러싼 관계의 순서를 파악한다. 핵심은 아래와 같다.

- 어떤 행동이 (모든 가족 구성원의) 문제 발생 전에 행해졌는가?
- 어떤 행동이 (모든 가족 구성원의) 문제 발생 후에 행해졌는가?

치료자들은 많은 경우 문제에 대한 가족의 설명뿐만 아니라 회기 내 가족의 상호작용만 보고도 이런 정보를 얻을 수 있다. 또한, 치료자는 이따금씩 문제 순서에 대해서 직접적으로 물어보면서 더 구체적인 평가를 내리기도 한다.

관계의 재구성

FFT의 초기 단계에서 치료자는 가족들이 문제에 대한 의미나 해석을 달리 하도록 돕는데, 이 과정을 인지적 재구성(cognitive restructuring)이라고 한다. 치료자는 가족들이 다른 사람을 비난하는 것으로부터 문제가 어떻게 관계적인지 이해하도록 돕는다. 모든 구성원들은 문제 행동이 지속되는 데 영향을 미친다(Sexton, 2011). 이렇듯 치료자는 문제를 관계적으로 재구성하면서 악의적이고 부정적인 책임전가를 줄이고 이해와 희망을 증진시킨다.

FFT 치료자들은 관계의 재구성(reframing)을 위해서 3단계 과정을 이용한다(Alexander & Sexton, 2002; Sexton, 2011).

1. 인정: 각 사람의 관점이나 의견, 해석, 그리고 감정을 인정(acknowledgment)한다. 인정하는 말, 예를 들어 "당신은 정말 화가 났군요"는 치료자가 내담자가 말한 내용은 아닐지라도 내담자의 말의 중요성을 이해하고 지지함을 보여준다. 치료자는 일반화나 정상화하는 발언은 피하고, 내담자의 개인적인 경험에 집중한다.
2. 재귀인: 다음 단계에서 치료자는 문제에 대한 책임을 재귀인(reattribution)하는데, 이는 일반적으로 세 가지 방법 중 하나로 이루어진다.
   - 문제 행동에 대한 대안 설명(예를 들어, "그는 자신이 실패자라는 느낌을 피하기 위해 대마초를 피우는 것일 수도 있지 않을까요?)
   - 문제를 재구성하는 비유 사용(예를 들어, "그는 자기의 ADHD를 '스스로 치료하기 위해' 약물을 사용하는 것일 수도 있지 않을까요?)
   - 모든 것이 보이는 그대로가 아니라는 것을 암시하기 위해서 유머 사용(예를 들어, "그는 약물을 통해 선조들과 대화하면서 남들 하는 대로 하지 않는 집안 내력에 대한 존중심을 보이고 있는 것은 아닐까요?") 재구성이 성공적이기 위해서는 책임에 대한 개념을 포함시켜야 한다. 문제 행동은 의도된 것이었지만, 그 동기는 겉으로 보이는 것처럼 악의적인 것이 아니기 때문이다.
3. 재구성의 영향을 평가하고 그를 바탕으로 발전시키기: 마지막으로, 치료자는 가족의 반응을 보고 얼마나 잘 '맞는지' 평가한다. 가족에게 의미 있고 도움이 되는가? 많은 경우 치료자는 내담자와 협력하여 각 구성원의 가치관에 잘 맞도록 재구성한 것을 또 수정한다. 목적은 모두가 동의할 수 있는, 또는 적어도 가능할 것 같은, 문제에 대한 대안적 설명들을 찾는 것이다. 이 재구성의 과정은 아마 여러 회기에 걸쳐서 일어날 것인데, 가족은 상담이 진행될수록 세밀하게 가능한 설명들을 수정해 나갈 것이다.

조직화된 주제 정하기

재구성의 결과인 조직화된 주제(organizational themes)는 어떻게 문제 행동이 긍정적이지만 잘못된 의도로부터 나오는지 설명하기 위해 사용된다(Sexton, 2011). 이런 주제들은 가족 구성원들이 서로를 좀 더 긍정적인 시각에서 바라볼 수 있게 돕는다. 주제는 치료자와 가족이 협력해서 밝혀낼 때 가장 효과적이다. 다음은 자주 등장하는 주제의 예이다.

- 분노는 상처를 암시한다.
- 분노는 상실을 암시한다.
- 방어적 행동은 정서적 유대를 암시한다.
- 잔소리를 하는 것은 무언가 중요한 사항을 말한다.
- 고통은 경청을 방해한다.
- 다르다는 것은 무서울 수 있다.
- 누군가를 보호하는 것은 다른 사람들을 차단시키는 것이 될 수도 있다는 것을 의미할 수 있다(Sexton, 2011, pp. 4~23).

이런 조직화된 주제는 어느 한 사람에게 책임전가를 하지 않고 문제의 근원을 설명하는 데 도움이 되고, 이를 통해서 가족 간 애정까지는 아니더라도 이해를 촉진시킨다. 모든 가족 구성원들에게 의미가 있도록 가족이 협력해서 주제를 밝혀낼 때가 가장 이상적이다. 대부분의 경우, 이런 주제들은 가족이 세세한 사항에 얽매이지 않고 큰 그림을 볼 수 있게 도와준다. 안전하고 가치 있고 사랑받는다는 기분처럼 말이다. 이 장의 끝에 나오는 사례에서 치료자는 가족이 관계 주제들을 알아가도록 돕는데, 그중 한 가지는 가족의 싸움, 그리고 딸의 반항조차도 가족의 관계를 강화시킨다는 것이다.

회기 구조화를 위한 중단과 우회

가족 내의 갈등이 고조되거나 자멸적인 행동패턴으로 빠지게 될 때 FFT 치료자들은 개입하여 대화를 중단하거나 우회시켜서 회기가 좀 더 구조화되도록 한다(Sexton, 2011). 예를 들어 부모가 아이를 비난하기 시작한다면, 치료자는 도움이 되지 않는 꾸중을 멈추도록 개입한다. "저는 당신이 지금 아들의 행동에 대해 불만이 있다는 것을 알 수 있어요. 아들의 행동이 어떻게 당신에게 영향을 미치고 있는지 설명해줄 수 있나요?" 이러한 개입은 해가 될 수 있는 상호작용을 중단시키고 상담이 정상 궤도를 되찾을 수 있도록 한다. 또한 FFT 치료자들은 코칭("이렇게 해보는 건 어때요?"), 디렉팅("잠깐, 문제해결 단계를 사용하세요."), 또는 모델링을 통해 가족들이 새로운 방향으로 향하도록 조력한다.

과정에 대한 언급

FFT 치료자가 가족의 주의를 현재 방안에서 이루어지고 있는 상호작용으로 돌릴 때 우회하기의 한 유형인 과정에 대한 언급(process comments)을 사용한다. 이 언급은 두 가지 기능이 있다. (a) 문제 행동 패턴을 방해하고, (b) 가족이 패턴에 대해 더 잘 알아차릴 수 있게 돕는다. 과정에 대한 언급은 행동 순서 패턴이나 행동의 기능에 관한 것일 수 있다. 예를 들어, "방금 그가 무언가를 부탁하려고 했을 때, 당신이 그가 뭐라고 말할지 예측해서 말이 끝나기도 전에 대답을 했다는 것을 눈치 채셨나요?" 또는 "당신이 침묵하고 눈을 마주치지 않는 것이 이 관계에서 당신이 주도권을 유지하는 방법이라는 것을 아시겠어요?"

부모역할 기술 훈련

기능적 가족치료자들은 청소년의 위험요인, 보호요인에 대한 최근 연구를 따라 부모들이 더 효과적으로 양육할 수 있도록 돕는다(Sexton, 2011). 예를 들어, 자녀를 지지하면서도 도전적인 양육 방식은 권위주의적인 양육 방식보다 높은 학교 성적, 사회적응과 연결될 가능성이 크다. 또한, 일관된 강화에 따른 명확한 기대는 정서, 행동 문제를 감소시킨다는 사실은 이전부터 알려져 있었다. 부모 교육은 더 어린 자녀들이 있는 가정에 적합할 수도 있지만, 섹스턴(2011)과 동료들은 청소년 양육 전략은 가족들이 관계 서열을 변화시키면서 배우면 가장 좋다는 것을 발견했다.

부모들을 상대로 FFT는 다음의 세 가지 영역에 집중한다.

- **명확한 기대와 규율**: 발달상 적절한 행동에 대한 기대를 구체적이고 명확하게 수립하기. 가끔은 규율이 적혀있는 계약서 같은 문서를 작성해서 모두가 서명을 하면 청소년들이 능동적으로 과정에 참여하고 있는 느낌이 들게 할 수 있다.
- **적극적 관리와 감독**: 부모가 자녀를 적극적으로 관리할 수 있게 돕기. 지금 아이가 누구와 있는지, 어디에 있는지, 무엇을 하고 있는지, 언제 집에 올 것인지(Sexton, 2011, pp. 5~14)와 같은 질문에 대한 답을 구하기.
- **규율을 어길 때 일관성 있는 대처**: 문제 청소년의 부모들은 대부분 마법처럼 자녀들의 행동이 변하길 기대한다. 그렇지만 FFT 치료자들은 청소년들에게 징계는 별로 효과적이지 않다는 것을 안다. 그렇지만 부모와 청소년들이 함께 허용치나 경계를 정한다면 더 의미가 있다(Sexton, 2011). 처벌을 해야 한다면 FFT 치료자들은 간결하게 화를 내지 않으면서, 그리고 문제 행동과 직접적으로 연관 지으면서 하도록 조언한다(예를 들어, 피해에 대한 경제적 책임을 지거나 사과편지를 쓰는 것).

상호협력 문제해결

부모역할 기술의 일환으로, FFT에서 문제해결은 부모와 자녀가 협력하여 문제를 해결하는 것을 말하는데, 이는 관계를 강화시키고 부모가 일방적으로 결정하지 않는 방식으로 이루어진다(Sexton, 2011). 문제해결의 일반적인 단계는 다음과 같다.

- **문제 파악**: 관계적 언어로 문제를 정의하는 것(모두에게 어느 정도 책임이 있다)과 구체적이고 행동중심 언어로 정의하는 것(소리 지르기, 음주운전 등).

- 목표 설정: 간단하게 들릴 수도 있겠지만, 문제 청소년이 있는 가족에게는 특히 구체적이고 행동중심의 언어로 희망사항을 정의하는 것이 중요하다. 이런 대화는 그 자체로 문제를 해결할 때도 있다(예를 들어 비교적 침착하게 가족원 모두가 욕하지 않고, 소리 지르지 않고, 서로 비난하지 않으면서 실행가능한 해결책을 모색하는 대화).
- 목표달성 방법에 대한 동의: 가족은 각 구성원이 문제해결에 있어서 어떤 역할을 맡을 것인지 정한다. 이 과정에는 계약서나 동의가 포함되기도 한다.
- 예상되는 난관 파악: 많은 경우 계획을 시행하기 전 발생할 수도 있는 장애물들을 파악하면 도움이 된다.
- 결과의 재평가: 목표를 평가하면서 책임을 부여하고 그 다음 단계를 설정한다.

갈등 관리

가족에 따라 아픈 역사가 있거나 경직된 패턴을 가지고 있다면 성공적으로 문제해결을 하기가 어려울 때도 있다. 이런 경우, 치료자들은 가족이 그런 아픔을 힘겨워 하는 것을 일단 내려놓을 수 있도록 도와야 한다. 갈등관리는 그런 문제를 해결하지는 못할지라도 치료자가 어려운 상호작용을 완화시킬 수 있도록 돕는다. 갈등을 관리하는 일반적인 기법은 다음과 같다.

- 특정 사안에 집중하는 것: 치료자는 가족이 현재의 사안에 계속 집중하도록 하면서 과거의 풀리지 않은 문제에 대한 이야기는 피한다.
- 화해의 자세를 통해 대화를 하고 싶은 마음을 갖게 하는 것: 치료자는 갈등을 줄일 수 있는 정서적 분위기를 조성한다.
- 현재에 집중하는 것: 치료자는 아픈 문제를 직접적으로 해결하려고 하거나 그 문제를 '실연'하려고 하기보다는 갈등을 줄이기 위해 노력한다.

한 명 이상의 가족원들이 어떤 한 사안에 묶여있다면, 치료자는 다음과 같은 질문을 통해 과정이 진행될 수 있도록 유도한다.

- 정확히 염려하는 것이 무엇인가요?
- 정확히 어떻게 하면 만족할 것 같나요?
- 이 목표가 당신에게는 얼마만큼 중요한가요?
- 문제해결을 통해 얻고자 하는 것을 얻으려는 노력을 했나요?
- 원하는 것을 얻기 위해 얼마만큼의 위험을 감수할 수 있나요? (Sexton, 2011, pp. 5~18).

의사소통 능력 향상

FFT에서 가족의 의사소통 능력은 가족이 자신들의 걱정거리를 해소하기 위한 문제해결이나 부모 역할과 같은 수단일 뿐, 그 자체로 목표가 되지는 않는다. 가족들이 상호작용을 재구성할 때, 치료자는 다음과 같은 사안에 집중하여 가족의 의사소통 능력을 증진시킬 수 있다.

- 책임: 모든 사람은 자신의 말과 의사소통에 책임을 지고 다른 사람을 대신해서 말하는 것을 피한다(예를 들어 "이 가정에서는", "아이들은 ~ 해야 한다" 등의 표현 사용하지 않기).
- 직접성: 가족원들은 의미가 전달되길 원하는 사람에게 직접적으로 표현하는 것을 배우고, 제3자 발언은 피한다(예를 들어 "이 가정에서는 아무도 ~ 하지 않아", "그녀는 그런 적이 없어" 등의 표현 사용하지 않기).
- 간결성: 듣는 사람이 이해할 수 있게 말을 짧게 한다.
- 구체적이며 명료하게: 가족들이 일반화하는 것을 피하고("넌 한 번도 ~ 적이 없어" 등) 애매한 표현("좋은 결정을 내려" 등) 대신 행동에 대한 매우 구체적인 요구를 하도록 지도한다.
- 일치성: 가족들이 말할 때 언어적, 비언어적인 의미가 일치할 수 있도록 돕는다(예를 들어 괜찮다고 말하면서 화내지 않기).
- 적극적 경청: 치료자들은 각 가족 구성원에게 맞는 방법으로 적극적인 청취자가 될 수 있도록 돕는다(예를 들어 상대의 말을 들었다는 표시로 고개를 끄덕이는 것—명심하라, 이것은 부모와 오랫동안 대화를 나누지 않은 청소년에게는 이것조차도 큰 변화가 될 수 있다는 것을).

가족에 맞게 변형시키기

FFT 치료자들은 내담자에 대한 현실적인 기대치를 가지고 있다. 그들은 내담자들이 '완벽한 가족'처럼 의사소통하고 상호작용할 것을 기대하지 않는다. 대신, 이상적인 의사소통 방식, 양육 방식, 그리고 갈등 관리 방식을 이용해 가족에 맞는 현실적인 수정을 할 수 있도록 돕는다. 예를 들어, 많은 치료자들은 소리 지르는 것이 '해롭다'고 생각하고 그런 패턴을 변화시키려고 노력한다. 그에 반해 FFT 치료자들은 일단 소리 지르는 것이 가족 내에서 어떤 기능을 가지고 있는지 파악한다. 다시 말해, 어떻게 친밀함과 거리를 형성하고 위계질서를 설정하는지 말이다. 그리고 그 후에 변해야 한다면 어떻게 변해야 하는지 결정한다. 핵심은 가족에게 맞는 새로운 행동 지침을 소개하는 것이다.

- 문제 순서에 맞추기: 문제가 있는 상호작용이 일어나는 것을 변화시키고자 할 때, 치료자는 가장 이상적인 것보다는 가장 변화가 쉽고 적합한 새로운 행동을 소개한다.
- 관계적 기능에 맞추기: 치료자는 관계적 기능(의존성, 자율성, 위계)의 근본적인 질을 변화

시키기보다 같은 관계적 기능을 유지할 수 있는 좀 더 효과적인 표현방법을 찾는다(예를 들어 갈등을 피하는 것보다는 비교적 짧고 구조화된 접근을 이용해 문제를 해결하는 것, 친밀함을 표현하기 위해서 부모가 자녀에게 끝없는 질문을 하기보다는 양쪽 다 즐겨할 수 있는 활동에 참여하기 등이 있다).

- 조직화된 주제에 맞추기: 일관성과 연속성을 형성하기 위해 개입은 상담 초기에 설정된 조직화된 주제와 연결 짓는다.

적용하기

사례개념화 틀

- 연결로서의 관계: 관계 맺기에 대해 가족이 선호하는 접근법을 설명한다.
  - 높은 자율성
  - 높은 의존성
  - 중도
- 위계로서의 관계: 현재 가족 내의 위계를 설명한다.
  - 부모 위/청소년 아래
  - 청소년 위/부모 아래
  - 대칭
- 증상의 관계적 기능
  - 증상은 어떤 기능을 충족시키는가?
    - 자율성이나 의존성을 형성하기 위해?
    - 위계를 형성하거나 영향력을 분배하기 위해?
  - 가족은 어떻게 좀 더 효과적인 관계적 상호작용을 이용해 같은 기능을 충족시킬 수 있을까?
- 위험/보호요인
  - 청소년과 부모 개인적 위험요인
    - 폭력이나 피해 경험 이력
    - 어린 시절 공격적 행동 이력 및 일반적으로 행동 통제가 제대로 되지 않은 경험
    - 물질, 알코올, 담배 사용/남용
    - ADHD나 사회적, 인지적, 정보처리 능력의 결핍과 같은 정서적, 심리적 문제가 되는 진단 이력

- 낮은 IQ
- 반사회적인 태도나 신념

○ 가족 위험요인

- 부모 자녀 간 애착 결핍 및 부모에 의한 양육 결핍
- 비효과적인 양육
- 혼란스러운 가정 상황
- 보살펴주는 양육자와의 유의미한 관계 결여
- 보호자가 약물 남용 및 정신장애로 진단받거나 범죄를 저지름

○ 또래/학교 위험요인

- 다른 비행 청소년과 교제, 폭력 조직과의 관련성
- 또래로부터의 배척
- 관례적이며 통상적인 활동 참여의 부족
- 좋지 않은 성적, 학교에 대한 낮은 관심

○ 공동체 위험요인

- 경제적 기회의 감소, 사회경제적 수준이 낮은 인구 밀집
- 주거지가 자주 바뀜, 낮은 공동체 참여
- 가족 붕괴 수준이 높음

○ 보호요인

- 자녀와 가족 간의 강한 유대감
- 자녀의 인생에 대한 부모의 관심과 참여
- 자녀의 경제적, 정서적, 인지적, 사회적 욕구를 충족시키는 지지적인 양육
- 명확한 경계선과 일관성 있는 훈육

- **다체계 평가:** 이웃이나 학교, 또래, 직장, 복지기관, 문화단체, 지역 등의 가족 외의 사회적 체계에서 증상 행동이 가지는 기능을 설명한다.

- **공동체와 문화**

  ○ **문화적 배경:** 가족의 문화적 배경(들)은 무엇인가? 가족은 자신들의 문화적 배경에 대한 정체성을 어떠한 방식으로 파악하는가? 혹은 어떠한 방식으로 파악하지 못하는가?

  ○ **문화와 가족 규준:** 가족의 문화에서 정상이라고 보는 가족구조나 위계, 역할, 그리고 감정 표현은 무엇인가? 가족은 어떤 식으로 이런 규준을 받아들이는가? 어떻게 거부하는가? 지역이나 지방의 규준과 비교했을 때 어떠한가?

  ○ **지역 공동체:** 가족은 지역의 공동체에 어떻게 참여하는가? 공동체 내의 의미 있는 그룹들과 연결되어 있는가? 가족의 문제는 공동체 내에서 어떻게 인식되는가? 지원해

줄 수 있는 사람들이 있는가?

○ **사회경제적 배경**: 가족의 사회경제적 위치가 공동체 내 그들의 역할과 그들이 경험하는 문제에 어떻게 영향을 미치는가?

○ **맞춤식 상담**: 상담은 어떻게 가족의 문화, 공동체 배경이나 가치관, 규준을 존중하는 방법으로 적용될 수 있는가? 가장 도움이 되는 치료관계나 목표, 평가, 개입은 어떤 것들인가?

● **강점과 회복탄력성**: 개인과 가족의 강점과 회복탄력성에 대해 설명한다.

다음은 품행 문제를 가지고 있는 청소년들이 속해 있는 가족을 위한 치료를 계획할 때 사용가능한 치료계획 틀이다.

기능적 가족치료계획 틀(가족)

기능적 가족치료의 초기 단계

상담 과제

1. 치료에 가족의 참여를 유도하고 동기를 부여한다. DN: [참여 유도와 동기부여 전략을 문화, 사회경제적, 법적, 나이, 성별, 기타 요인에 따라 조정하고, 품행문제로 인해 발생 가능한 사회적 소외감에 대해서도 이야기한다.]

관계 형성/개입방법:

a. 안전한 분위기 형성을 위해 각 가족 구성원을 **존중하고 협력하는 자세**를 표현한다.

b. **신뢰할 만한 조력자**로서 자리매김하면서 동기를 부여한다.

2. 개인, 체계, 그리고 좀 더 포괄적인 문화적 역동을 평가한다. DN: [문화, 사회경제적 수준, 성지향성, 성, 기타 규준들을 고려하여 평가 작업을 어떻게 조율해야 할 것인지 기술한다.]

평가 전략:

a. 연결로서의 관계(자율성과 의존성의 균형)와 위계로서의 관계를 포함한 **관계적 기능**을 파악한다.

b. **위험, 보호요인**과 더불어 **강점과 회복탄력성**을 파악한다.

c. **다양한 체계**(학교, 또래, 확대 가족, 공동체, 사회복지기관, 문화활동 그룹 등)들이 가족의 문제나 회복력과 어떻게 연결되는지 파악한다.

d. 가족의 갈등을 규정하는 **조직화된 주제**를 파악한다.

내담자 목표

위기관리: 고통스러운 증상 완화

1. **가족 내 비난을 줄이고 가족동맹**을 강화시켜서 가족 내 갈등을 줄인다.

a. **문제가 발생하는 순서를 파악**하고, 가족 내 비난을 줄이기 위해 관계 속에서 각 구성원의 역할을 이해한다.

b. **관계적 언어**로 문제와 상호작용을 **재구성**하고, 가족 내 비난을 줄이고 변화에 대한 의욕을 높이기 위해 조직화된 주제를 파악한다.

기능적 가족치료의 작업 단계

상담 과제

1. 작업 동맹의 질을 모니터한다. DN: [문화적으로 적합하다고 확신하는 개입에 대한 내담자의 반응을 모니터링한다.]

    a. **개입에 대한 평가**: 개입에 대한 비언어적인 반응을 추적하고 계속해서 각 사람의 동기와 참여 정도를 평가한다.

내담자 목표

1. 가족 내 갈등을 줄이고 문제 상호작용 순서를 개선시키기 위해 가족의 **관계적 역량**(양육, 의사소통, 문제해결 등)을 증진시킨다.

    a. 가족의 문제순서, 관계적 기능, 그리고/또는 조직화된 주제에 맞춘 **부모역할 훈련**이나 **상호 문제해결 기술**을 배운다.

    b. 가족의 문제순서, 관계적 기능, 그리고 조직화된 주제에 맞춘 **갈등관리나 의사소통 훈련**을 한다.

2. 갈등과 품행 문제를 줄이기 위해 **관계적 기능에 대한 표현**을 바꾼다.

    a. **자기파괴적 행동패턴을 중지**하고 좀 더 기능적인 상호작용을 하도록 가족을 **코칭하거나 지도**한다.

    b. **과정에 대한 언급**을 이용해 상호작용 패턴에 대한 가족의 인식을 높인다.

    c. 가족의 문제순서, 관계적 기능, 그리고 조직화된 주제에 맞춘 **갈등 관리, 부모역할 훈련, 문제해결, 의사소통 향상을 위한 교육**을 한다.

3. 청소년과 가족의 보호요인을 강화시켜 품행문제 발생 빈도를 낮춘다.

    a. 또래나 학교, 복지회관, 공동체 등 다른 체계에 있는 **자원**을 파악하고 이용한다.

    b. 청소년과 가족이 스스로의 강점과 자원을 이용할 수 있도록 **조직화된 주제**를 만든다.

기능적 가족치료의 종결 단계

상담 과제

1. 종결 후 계획을 수립하고 상담 성과를 유지한다. DN: [인종, 종교, 성지향성 지지집단, 이웃 등 다양한 공동체의 자원과 연결한다.]

    a. **다양한 공동체/체계** 내의 지지적인 자원을 연결시킬 수 있는 방법을 모색한다.

    b. **미래의 위기상황**에 대처할 수 있는 **전략**을 세운다.

내담자 목표

이론에서 정의하는 건강성과 정상성에 대해 정의한다.

1. 갈등과 품행 문제를 줄이기 위해 외적 시스템(학교, 또래, 확대 가족 등)과의 **긍정적 상호 작용**을 증진시킨다.

    a. 가족 외의 사람들과 관계를 개선시키기 위해 **문제해결, 갈등 관리, 그리고 학습한 의사소통 능력**을 일반화한다.

    b. **공동체** 속에서 정서적 지지, 정보, 실질적 도움을 줄 수 있는 잠재적 **지지 자원**을 파악한다.

2. 갈등을 줄이기 위해 가족의 **자기효능감**과 가족 내 동맹을 강화한다.

    a. 발생하는 새로운 문제나 도전에 대처할 수 있도록 **코칭**한다.

    b. 새로운 기능적 패턴을 강화하기 위해 **과정에 대한 언급**을 한다.

참고문헌

*Asterisk indicates recommended introductory readings.

Alexander, J. F., & Parsons, B. V. (1973). Short-term behavioral intervention with delinquent families: Impact on family process and recidivism. *Journal of Abnormal Psychology, 81*(3), 219–225. doi:10.1037/h0034537

*Alexander, J., & Parsons, B. V. (1982). *Functional family therapy*. Belmont, CA: Brooks/Cole.

Alexander, J., & Sexton, T. L. (2002). Functional Family Therapy (FFT) as an integrative, mature clinical model for treating high risk, acting out youth. In J. Lebow (Ed.), *Comprehensive handbook of psychotherapy, Vol IV: Integrative/Eclectic* (pp. 111–132). New York: Wiley.

Baldwin, S., Christian, S., Berkeljon, A., & Shadish, W. (2012). The effects of family therapies for adolescent delinquency and substance abuse: A meta-analysis. *Journal of Marital and Family Therapy, 38*, 281–304.

Bowlby, J. (1988). *A secure base: Parent-child attachment and healthy human development*. London: Routledge.

Bradley, B., & Furrow, J. L. (2004). Toward a mini-theory of the blamer softening event: Tracking the moment-by-moment process. *Journal of Marital and Family Therapy, 30*, 233–246.

Clotheir, P., Manion, I., Gordon-Walker, J., & Johnson, S. M. (2002). Emotionally focused interventions for couples with chronically ill children: A two year follow-up. *Journal of Marital and Family Therapy, 28*, 391–399.

Datchi-Phillips, C. (2011). Family systems (the relational contexts of individual symptoms). In C. Silverstein (Ed.), *The initial psychotherapy interview: A gay man seeks treatment* (pp. 249–264). Amsterdam Netherlands: Elsevier. doi:10.1016/B978-0-12-385146-8.00012-2

Flicker, S. M., Waldron, H., Turner, C. W., Brody, J. L., & Hops, H. (2008). Ethnic matching and treatment outcome with Hispanic and Anglo substance-abusing adolescents in family therapy. *Journal of Family Psychology, 22*(3), 439–447. doi:10.1037/0893-3200.22.3.439

Furrow, J. L., & Bradley, B. (2011). Emotionally focused couple therapy: Making the case for effective couple therapy. In J. L. Furrow, S. M. Johnson, & B. A. Bradley (Eds.), *The emotionally focused casebook: New directions in treating couples* (pp. 3–29). New York: Routledge/Taylor & Francis Group.

Furrow, J., Ruderman, L., & Woolley, S. (2011). Emotionally focused therapy four day externship. Santa Barbara, CA. September 7–10.

Greenberg, L. S., & Goldman, R. N. (2008). *Emotion-focused couple therapy: The dynamics of emotion, love, and power*. Washington, DC: American Psychological Association.

Henggeler, S., & Sheidow, A. (2012). Empirically supported family-based treatments for conduct disorder and delinquency in adolescents. *Journal of Marital and Family Therapy, 38*, 30–58.

Institute of Medicine (2001). *Crossing the quality chasm: A new health system for the 21st century*. Washington, DC: National Academy Press.

Johnson, S. M. (2000). *Emotionally focused couple therapy with trauma survivors: Strengthening attachment bonds*. New York: Guilford.

*Johnson, S. M. (2004). *The practice of emotionally focused marital therapy: Creating connection* (2nd ed.). New York: Brunner/Routledge.

Johnson, S. (2008). *Hold me tight: Seven conversations for a lifetime of love*. New York: Little, Brown, and Co.

Johnson, S. M., Bradley, B., Furrow, J., Lee, A., Palmer, G., Tilley, D., & Woolley, S. (2005). *Becoming an emotionally focused couples therapist: A workbook*. New York: Brunner/Routledge.

Johnson, S. M., & Greenberg, L. S. (1985). The differential effects of experiential and problem solving interventions in resolving marital conflicts. *Journal of Consulting and Clinical Psychology, 53*, 175–184.

Johnson, S. M., & Greenberg, L. S. (Eds.). (1994). *The heart of the matter: Perspectives on emotion in marital therapy*. New York: Brunner/Mazel.

Johnson, S. M., Hunsley, J., Greenberg, L. S., & Schindler, D. (1999). Emotionally focused couples therapy: Status and challenges. *Clinical Psychology: Science and Practice, 6*, 67–79.

Johnson, S. M., & Wittenborn, A. K. (2012). New research findings on emotionally focused therapy: Introduction to special section. *Journal of Marital and Family Therapy*. doi: 10.1111/j.1752-0606.2012.00292.x

Lebow, J. (2006). *Research for the psychotherapist: From science to practice*. New York: Routledge.

Lebow, J., Chambers, A., Christensen, A., & Johnson, S. (2012). Research on the treatment of couple distress. *Journal of Marital and Family Therapy, 38*, 145–168.

Liu, T., & Wittenborn, A. (2011). Emotionally focused therapy with culturally diverse couples. In J. L. Furrow, S. M. Johnson, & B. A. Bradley (Eds.), *The emotionally focused casebook: New directions in treating couples* (pp. 295–316). New York: Routledge/Taylor & Francis Group.

Mason, O., Platts, H., & Tyson, M. (2005). Early maladaptive schemas and adult attachment in a UK clinical population. *Psychology and Psychotherapy: Theory, Research and Practice, 78*(4), 549–564.

McWilliams, L. A., & Bailey, S. (2010). Associations between adult attachment ratings and health conditions: Evidence from the National Comorbidity Survey Replication. *Health Psychology, 29*(4), 446–453. doi:10.1037/a0020061

Meredith, P. J., Strong, J., & Feeney, J. A. (2006). The relationship of adult attachment to emotion, catastrophizing, control, threshold and tolerance, in experimentally-induced pain. *Pain, 120*(1–2), 44–52. doi:10.1016/j.pain.2005.10.008

Parra-Cardona, J., Córdova, D. R., Holtrop, K., Escobar-Chew, A., & Horsford, S. (2009). Culturally informed emotionally focused therapy with Latino/a immigrant couples. In M. Rastogi & V. Thomas (Eds.), *Multicultural Couple Therapy* (pp. 345–368). Thousand Oaks, CA: Sage Publications.

*Sexton, T. L. (2011). *Functional family therapy in clinical practice: An evidence-based treatment model for working with troubled adolescents.* New York: Routledge.

Sexton, T. L., & Alexander, J. F. (2000, December). Functional family therapy. *Juvenile Justice Bulletin*, U.S. Department of Justice, NCJ 184743.

Sexton, T., & Turner, C. W. (2010). The effectiveness of functional family therapy for youth with behavioral problems in a community practice setting. *Journal of Family Psychology, 24*(3), 339–348. doi:10.1037/a0019406

Sexton, T., & Turner, C. W. (2011). The effectiveness of functional family therapy for youth with behavioral problems in a community practice setting. *Couple and Family Psychology: Research and Practice, 1*(S), 3–15.

Sexton, T. L., & van Dam, A. E. (2010). Creativity within the structure: Clinical expertise and evidence-based treatments. *Journal of Contemporary Psychotherapy, 40*(3), 175–180. doi:10.1007/s10879-010-9144-2

Siegel, D. J. (2010). *The mindful therapist: A clinician's guide to mindsight and neural integration.* New York: Norton.

Slomski, A. (2010). Evidence-based medicine: Burden of proof. *Proto Magazine: Massachusetts General Hospital, 5*, 22–27.

Zuccarini, D., & Karos, L. (2011). Emotionally focused therapy for gay and lesbian couples: Strong identities, strong bonds. In J. L. Furrow, S. M. Johnson, & B. A. Bradley (Eds.), *The emotionally focused casebook: New directions in treating couples* (pp. 317–342). New York: Routledge/Taylor & Francis Group.

기능적 가족치료 사례: 물질남용 문제가 있는 십대를 둔 멕시코계 미국인 가족

로베르타(Roberta, AF36), 드니스(Denise, CF19), 셀레나(Serena, CF2)는 드니스가 코카인에 양성반응을 보인 후 아동가족국으로부터 상담을 지시받았다. 드니스는 셀레나를 임신했을 때 약물치료 프로그램에 참가했었다. 딸이 태어난 후 약물은 끊었지만 최근 남자친구가 아르헨티나로 강제 추방당한 이후로 다시 시작했다. 드니스의 엄마인 로베르타는 드니스가 '어른스럽게 행동하고 책임을 지지' 않으면 손녀딸 셀레나의 양육권을 빼앗길까봐 걱정하고 있다. 로베르타는 각각 16살, 13살, 그리고 8살인 세 자녀가 더 있다. 아버지는 막내 딸이 태어난 후 가족을 떠났고, 몇 년째 연락이 없는 상태인데, 그 역시 약물문제가 있었다. 그때부터 로베르타는 네 명의 자녀와 최근에는 손녀딸까지 다섯 명을 먹여 살리기 위해 애를 썼다. 로베르타가 태어나기 전 멕시코에서 이주해온 그녀의 어머니가 아이 돌보는 것을 돕고는 있지만, 최근에 나이가 드시면서 그러기도 어려워지고 있다. 로베르타는 최근 1년간 스트레스 관련 건강문제로 두 번이나 입원을 했으며, 현재는 셀레나를 잃을까봐 걱정이 이만저만이 아니다. 그녀는 드니스가 셀레나를 제대로 돌볼 거라는 믿음이 없고, 자신에게 양육권을 넘기라고 드니스를 압박한다. 드니스는 자기 딸에 대한 양육권을 유지하고 싶고, 어머니에게로부터 독립하고 싶은 마음이다.

기능적 가족치료 사례개념화

연결로서의 관계

이 가족의 관계 패턴은 상호의존성이 높은 편인데, 가족의 멕시코계 문화적 배경과 잘 맞아떨어진다. AF36과 CF19 사이에는 부적응적 의존 패턴이 생겨났다. CF19의 중독문제 때문에 그녀는 어머니로부터 독립할 수가 없고 경제적으로 자신과 CF2를 책임질 수가 없다.

위계로서의 관계: 청소년 위/부모 아래

AF36는 딸의 행동을 통제할 힘이 별로 없었다고 말한다. AF36의 양육 스타일은 허용적이었고, 긴 근무 시간 때문에 CF19의 청소년기 때 별다른 지도나 감독을 하지 못했다. CF19는 딸을 기르면서 이런 스타일을 따라한다. CF19는 자신이 '어른'이고, 스스로 결정을 내릴 수 있다고 하지만, 아직 경제적으로 엄마에게 의지하고 있다. AF36은 명확한 기대를 제시하지 못하고 잘못에 대해 불규칙적으로 대응하면서 CF19의 부적응적인 행동 패턴을 허용하고 있는 거나 다름없다. CF19가 계속해서 약물을 복용하면 집에서 쫓아낼 거라고 말은 했지만, 아직 실천하지는 않았다. CF19는 CF2를 일종의 협상 수단으로 이용하면서 AF36이 도와주지 않으면 CF2를 빼앗길 것이라고 말한다.

관계적 기능 평가

- 증상은 어떤 기능을 충족시키는가?
  - 자율성이나 의존성을 형성하기 위해? CF19의 약물 남용과 AF의 허용적 양육방식은 상호의존성을 높인다.
  - 위계를 형성하거나 영향력을 분배하기 위해? CF19의 행동과 AF의 행동은 일반적인 위계를 뒤엎어서 CF19가 여러모로 AF보다 힘이 많은 상태이다.
- 가족은 어떻게 좀 더 효과적인 관계적 상호작용을 이용해 같은 기능을 충족시킬 수 있을까? 가족은 CF19가 본인이 원하는 자유를 누리면서 본인의 선택에 대한 책임을 질 수 있는 방법을 찾고, 그와 동시에 현재 가지고 있는 의존이나 관계를 유지할 수 있는 방법을 찾아야 한다. 덧붙여, 이런 전략은 AF36이 딸의 중독을 허용하지 않으면서도 애정을 표현하고 친밀한 관계를 유지할 수 있는 방법을 제공할 것이다.

위험요인과 보호요인

개인적 위험요인

- CF19의 약물 남용, 조기 임신, 좋지 않은 남자친구들을 선택함
- AF36의 원가족과 애정 관계에서의 중독 이력

가족 위험요인

- AF36과 CF19의 비효율적인 양육 스타일
- 혼란스러운 가족 환경과 가족이 살기에 부족한 공간
- 가족 내 아버지의 부재
- 아버지의 약물 남용 이력

공동체 위험요인

- 빈곤층 인구 밀집지역
- 공동체 내 긍정적인 역할 모델의 부재
- CF19의 또래 관계에서 긍정적 영향을 끼치는 인물의 부재
- 학교 내 높은 퇴학률과 비행률

보호요인

- CF19에 대한 AF36의 지원
- 모든 가족 구성원 간의 강한 유대감
- 어린 자녀들은 대체로 학교에서 잘하고 있고 가사일을 도움
- 할머니를 포함한 확대 가족으로부터의 지원
- AF의 강한 종교적 신념

다체계에 대한 평가

- 학교: CF19는 현재 고졸 검정고시를 위한 교육 프로그램을 받고 있다. 이 프로그램을 통해 그녀가 학교를 마치면 딸과 최대한 시간을 많이 보낼 수 있게 된다.
- 또래: CF19는 본인과 비슷한 약물, 알코올 사용, 품행문제가 있는 친구들과 어울린다. 그녀에게는 '별 문제 없는' 어릴 적 친구가 한 명 있긴 하고, 지금까지 그녀를 지원해 왔다.
- 이웃: 이웃은 대체로 가난하고, 비교적 높은 범죄율과 범죄 조직 활동이 빈번하다.
- 확대가족: 가족은 아버지의 원가족과는 연락을 거의 하지 않는다. AF의 어머니는 때때로 아이들을 봐준다. AF의 언니는 1시간 이상 떨어져 살고, 전화로는 지지의 말을 하지만, 본인 문제도 있어서 사실상 별 도움이 되지는 못한다.
- 교회: AF는 매주 예배에 참석하고 거기서 큰 위안을 얻는다. 가족은 여기서 더 많은 지원을 받을 수도 있을 것이다.

공동체와 문화

문화적 배경 AF의 가족은 그녀가 태어나기 전에 멕시코에서 이주해왔다. AF는 본인의 문화적 유산을 매우 중요하게 생각한다. 그렇지만 자녀들은 집에서 사용하는 스페인어는 유창하지만 문화에는 그다지 공감하지 않는다. AF는 전통적인 성 역할에서 벗어나 남편이 떠난 후 아이들을 혼자서 키우기로 결정했고, 자립할 수 있는 자신의 능력 및 남자에 대해서는 좀 더 미국적인 시각을 가지게 되었다. CF19는 비교적 전통적인 성 역할을 지닌 듯 하고 그녀를 챙기고 보살필 수 있는 남편을 원한다. 일반적으로 히스패닉계의 가족 내에서는 어른을 공경하는 위계가 있는데, 이 가족은 모두가 할머니를 존경하는 것 이외에는 별로 해당 문화의 규준을 따르지 않는다.

사회경제적 배경 곤잘레즈 가족은 경제적으로 힘들고, 이 사실은 그들의 일상에 영향을 미친다. 그들이 사는 공동체는 대체로 사회경제적으로 빈곤층에 속한 사람들이다. 이 공동체의 청소년 중 많은 이들은 고등학교를 마치지 않고 가족을 부양하기 위해 일을 한다. 더구나, 공동체 내에는 대체로 무기력한 분위기가 형성되어 있는데, 이것은 높은 약물이용률과 범죄율과 관련이 있다.

강점

- AF36은 CF19를 지원하고 있고, 관계를 발전시키기 위해 상담 받는 것에 대해 긍정적으로 생각한다. 또한 그녀는 CF19가 중독에서 벗어나기 원하고 CF2를 보살피는 데 도움을 주기 원한다.
- CF19와 CF2는 매우 가까운 사이이고, CF19는 딸에게서 변화할 동기를 찾는다.
- 할머니는 긍정적으로 관여하고 있으며, 긍정적인 역할을 한다. CF19에게 반응해주는 한 사람이다.
- AF36은 강한 종교적 신념이 있고 교회를 통한 많은 자원을 갖고 있다.
- AF36의 다른 자녀들(CF16, AM13, CF8)은 비교적 학교에서 잘하고 있고 문제되는 행동은 보이지 않는다. CF19의 행동으로 인한 문제들과 결과들은 그들에게 '자극'이 됐고, 그들은 뭉쳐서 엄마에게 피해를 주지 않기 위해 노력한다.

기능적 가족치료계획

기능적 가족치료의 초기 단계

상담 과제

1. 치료에 가족의 **참여**를 유도하고 동기를 부여한다.

   다양성 고려사항: _____

   a. _____

   b. _____

2. 개인, 체계, 그리고 좀 더 포괄적인 문화적 역동을 평가한다.

   다양성 고려사항: _____

   a. _____

   b. _____

   c. _____

   d. _____

내담자 목표

1. 가족 내 비난을 줄이고 **동맹**을 강화시킴으로써 CF19의 약물이용과 가족 내 갈등을 줄인다.

   a. _____

   b. _____

기능적 가족치료의 작업 단계

상담 과제

1. 작업 동맹의 질을 모니터한다.

   다양성 고려사항: _____

   a. _____

내담자 목표

1. 가족 내 갈등과 CF19의 약물이용을 줄이기 위해 AF36과 CF19에 대한 양육, 의사소통, 문제해결 등을 포함한 가족의 **관계적 역량**을 증진시킨다.

   a. _____

   b. _____

   c. _____

2. 가족의 문화에 적절한 상호의존성을 유지하는 좀 더 적응적인 전략들을 개발함으로써 갈등과 품행 문제를 감소하기 위한 **관계적 기능**의 표현 방식을 바꾼다.

   a. _____

   b. _____

    c. _____

3. CF19의 약물이용 재발을 감소시키기 위해 CF19와 가족의 **보호요인**을 강화한다.

    a. _____

    b. _____

기능적 가족치료의 종결 단계

상담 과제

1. 종결 후 계획을 수립하고 상담 성과를 유지한다.

    다양성 고려사항: _____

    a. _____

    b. _____

내담자 목표

1. CF19의 약물 사용과 가족 내 갈등을 줄이기 위해 가족의 **긍정적 상호작용**을 증진시킨다.

    a. _____

    b. _____

2. 갈등을 줄이기 위해 가족의 **자기효능감**과 가족 내 동맹을 강화한다.

    a. _____

    b. _____

    c. _____

커플 및 가족을 위한 증거기반 집단치료

두 명 혹은 그 이상의 아이가 있는 대부분의 부모들은 아이 한 명을 더 낳으면 그에 따라 일이 꼭 두 배만큼만 많아지는 것은 아니라고 주장한다. 이것은 내담자의 경우에도 똑같이 적용된다. 한 사람이나(커플의 경우) 두 사람(가족의 경우)이 상담실에 더해지면 상황은 기하급수적으로 복잡해진다. 만약 다수의 커플들과 가족들이 단회기 상담 장면에 들어오게 되면 그야말로 상황은 흔들거린다. 동화 '신발 속의 할머니'[1]처럼 너무 많은 아이들 때문에 어쩔 줄 모르는 할머니처럼 된다. 이 장에서는 여러분이 커플이나 가족들과 상담할 때, 여러분이 무엇을 하고, 또 가장 효과적인 것이 무엇인지에 관해 증거기반 집단 상담의 기본적인 조망을 제공할 것이다.

조망하기

이 장에서는 다음과 같은 주제를 지닌 증거기반 집단치료 모델에 대해 다룰 것이다.

● 심각한 정신적인 질환

---

1) 역주: 『신발속의 할머니(The old lady in the shoe)』는 너무 많은 아이들로 힘들어하는 할머니를 소재로 한 영어 동요.

- 파트너 학대와 가정폭력
- 부부 관계 향상
- 부모 훈련

집단의 종류에 대한 개관

집단들은 내용(정보 제공)이나 과정(감정적인 과정) 중 어디에 상대적으로 강조점을 두느냐에 따라서 일반적으로 세 가지 범주, 즉 심리교육 집단, 과정 집단, 그리고 결합 집단으로 나뉜다.

심리교육 집단이나 '수업'

'수업' 이라고 흔히 일컫는 심리교육 집단은 '만약 사람들이 좀 더 잘 알게 된다면, 그들은 좀 더 나아질 것(예: 행동이나 감정에서)'이라는 인지-행동적인 가정 아래, 내용에 초점을 둔 교육적 집단이다. 커플과 가족 관계 관련 분야에서 진행된 연구는 다음과 같은 심리교육 집단을 특별히 지지하고 있다.

- 심각한 정신적인 질환으로 진단된 구성원이 있는 가족(McFarlane, Dixon, Lukens, & Lucksted, 2002; Lucksted, McFarlane, Downing, & Dixon, 2012)
- 가정폭력(Stith, Rosen, & McCollum, 2002; Stith, McCollum, Amanor-Boadu, & Smith, 2012)
- 부부 관계 향상(예를 들면, 아직 스트레스를 호소하지 않는 커플들, Halford, Markman, Stanley, & Kline, 2002; Markman & Rhoades, 2012)
- 부모 훈련(Kaslow, Broth, Smith, & Collins, 2012; Northey, Wells, Silverman, & Bailey, 2002)

과정 집단

이름에서 알 수 있듯이, 과정 집단(process groups)은 내용보다는 대인관계 과정에 초점을 맞춘다. 비록 개인들로 구성되어 있지만, 점점 커플과 가족들도 포함시키고 있다. 과정 집단은 문제를 일으키는 대인관계 양상에 직면시키거나 통찰을 늘려가는 식으로 개인치료의 정신역동적 형태나 경험주의적 형태보다 설정된 목표들을 더 면밀하게 다룬다. 이 집단은 종종 과거나 현재의 커플과 가족 관계에 대한 이해력을 높이는 토론 모임으로 이용된다. 과정 집단은 종종 개인치료, 혹은 애도, 이혼, 상실이나 학대문제에 대처하고 있는 내담자를 위한 대안으로 사용된다.

얄롬(Yalom, 1970/1985)은 과정 집단의 효과적인 11가지 요소를 파악했다.

- 희망 고취: 사람들과의 만남이나 상호작용을 통해서 미래에 대한 희망 얻기
- 보편성: 삶에 있어서 고통 받거나 전투를 치르고 있는 것이 나 혼자만은 아니라는 사실 깨닫기
- 정보획득: 집단 촉진과정에서 치료자가 주는 정보로 이득 얻기
- 이타주의: 개인적인 이익을 계산하지 않고 다른 사람과 함께 주고받는 법 배우기
- 원가족 집단에 대한 교정적 경험: 원가족 집단에서의 문제를 새로운 방식으로 반응해보는 경험의 기회 제공
- 사회적 기술의 개발: 다른 사람들과 친밀하게 상호작용하는 사회적 기술의 향상
- 모방적 행동: 집단에서 선택된 역할을 실행해 본 후 새로운 역할 해보기
- 대인관계 학습: 집단 상황에서 전이문제를 다루며 상담하면서 통찰력을 기르고 훈습하기
- 집단 응집력: 갈등과 차이를 경험하면서 치료자와 집단 전체와 관계 맺기
- 정화: 인지적인 학습과 결합될 때 긍정적 결과가 예상되는 깊은 의미가 있는 감정들을 표현하고 경험하기
- 실존적인 요소: 죽음과 상실의 불가피성, 삶에 대한 책임감의 필요성, 피할 수 없는 고통 등의 실존적인 진리에 대해서 인식하기

결합 집단

심리교육과 과정이 결합된 집단(combined groups)은 전반적으로 심리교육을 시키지만, 어떤 문제와 관련된 집단원의 생각이나 감정 그리고 내적 과정들을 좀 더 개인적이고 깊은 수준에서 표현하도록 서로 공유하는 시간을 갖기도 한다. 이런 집단은 특히 아동학대나 가정폭력 주제에 더 많이 활용되고 학대 가해자 집단에의 적용도 증가하고 있다.

일반적인 집단 지침

집단원 수

집단원 수는 집단의 성공을 좌우하는 중요한 요소이다. 일반적으로 과정 집단의 경우 아동은 네 명, 청소년이나 성인은 여덟 명 정도이다. 결합 집단의 경우 조금 더 인원을 늘릴 수는 있지만 일단 12명을 초과하게 되면 과정적인 요소가 유의미하게 감소하게 된다. 과정

적 요소를 포함하지 않는 심리교육 집단의 경우 성인 15명에서 30명 정도는 성공적으로 진행할 수 있다.

집단 인원 수

	심리교육 집단	결합 집단	과정 집단
성인과 청소년	2~30명 성인	3~12명 성인	3~8명 성인
초등학교 연령	2~4명 아동	2~4명 아동	2~4명 아동
중학교 연령	2~6명 아동	2~6명 아동	2~6명 아동
커플이나 가족	2~10 커플이나 가족	2~7 커플이나 가족	3~4 커플이나 가족

개방형 집단 vs. 폐쇄형 집단

개방형 집단은 아무 때나 집단참여를 시작할 수 있다. 폐쇄형 집단은 일단 집단이 시작되면 새로운 구성원에게는 '닫힌' 집단이 되어 끼어 들어가기 어렵다.

- 개방형 집단: 개방형 집단의 기본적인 이점은 내담자가 집단 참여를 기다릴 필요가 없다는 것이다. 일단 신청하면, 신청자들은 참여 동기가 정점에 이르렀을 때 즉각적으로 시작할 수 있다. 개방형 집단은 모든 심리교육적 요소가 어떤 순서로도 적용 가능하기 때문에 만약 지난 주에 배운 기술들을 더 쌓아가려 한다고 하면 까다로울 수 있다.
- 폐쇄형 집단: 대부분의 과정 집단과 법정에서 위임 받은 심리교육 집단은 폐쇄형 집단이다. 폐쇄된 형식은 과정 집단의 기능에 필요한 친밀감과 신뢰감을 주고, 위임 받은 집단에서 일관성 있고 깊이 있는 과정을 통해 집단촉진자들이 개인 구성원의 진전을 지켜볼 수 있도록 한다.

집단 선택: 누가 당신의 집단원이 되는가?

과정 집단이나 심리교육 집단이나 집단 지도자라면 누구나 깨달을 수 있듯이, 집단구성원에 누가 들어있는가는 집단 성공의 결정적 요인이다. 과정이나 결합 집단의 경우, 대부분의 치료자들은 집단에 적합한 잠재적인 구성원을 고른다. 집단 촉진자들은 집단과 관련된 몇 가지 다음과 같은 요소들을 살핀다.

- 현재의 문제: 성적 학대나 상실과 같은 현재의 문제를 중심으로 집단이 조직되면, 집단 촉진자는 잠재적인 구성원이 동일한 보편적 주제를 가지고 있는지를 스크리닝한다.
- 문제해결 수준: 특별한 주제를 중심으로 집단이 조직되면, 참여자들이 서로 의미 있는 상

호작용을 통해 충분한 회복과 치유과정을 경험할 수 있도록 촉진자는 문제해결 수준에 대한 평가를 할 수도 있다. 이것은 외상의 희생자(예를 들면 성적 학대, 자연재해 회복, 상실, 가정폭력과 같은)나 물질남용 회복자(예를 들면, 물질남용 vs. 물질로부터 깨끗함)와 상담할 때 특히 중요하다. 대안적으로, 몇몇 촉진자들은 집단원들이 서로에게서 배울 수 있도록 여러 수준의 문제해결 단계에 있는 참여자들을 고르는데, 이런 경우에는 집단이 이러한 차이를 수용할 수 있도록 조직되어야 한다.

● 의미 있게 기여할 수 있는 능력: 대부분의 촉진자들은 의미 있는 공헌, 즉 전형적으로 지배하지 않으면서 또는 다른 사람과 적대적인 상호작용을 하지 않으면서 적극적으로 참여할 수 있는 능력을 가진 사람을 찾는다. 치료자들은 또한 집단 상황에서 다른 사람과 이야기하고 적극적으로 참여하려고 하는 내담자의 능력도 고려한다. 다른 사람과 관계를 맺지 못하는 내담자들은 과정 집단에 좋은 구성원이 아닐 수도 있다.

집단 규칙

집단 상황에서 치료자들은 집단원들이 집단의 안이나 밖에서 상호작용하는 규칙을 만들 수 있다.

● 비밀보장: 대부분의 경우, 구성원의 조건으로서, 집단원들은 집단 내에서 다른 사람의 비밀보장을 위해 원칙적으로 서면으로 동의해야만 한다. 비록 집단원들이 비밀을 유지하는 데 있어서 치료자와 똑같은 법적인 지위에 놓여있지 않다고 하더라도, 공식적으로 서면으로 작성하는 과정에서 문제의 심각성에 대해 집단원이 경각심을 갖도록 만들 수 있다.

● 존중심: 대부분의 집단 지도자들은 집단원들이 서로에게나 지도자를 존중해가면서 이야기하도록 토론을 조정하고 종종 갈등상황이 심각해지면 직접적으로 개입하기도 한다. 하지만, 좀 더 전통적인 정신역동적이고 경험적인 과정 집단의 경우, 촉진자는 특별한 갈등을 방해하지 않는 대신 집단원들이 자신들의 문제에 대해 함께 다루면서 성장해갈 수 있도록 격려한다.

● 시간 엄수와 출석: 종종 집단에는 시간 엄수와 출석에 관한 규칙이 있는데, 특히 법정에서 위임받은 치료 집단의 경우 더욱 그렇다. 어떤 경우에는 집단원이 정해진 시간보다 늦게 도착하면, 그 회기에는 출석하는 것이 허락되지 않기도 한다. 비슷하게, 만약 집단이 어떤 계획된 프로그램 과정을 정해놓았을 경우, 집단원이 너무 많은 회기를 놓치게 되면 참여가 허락되지 않는다.

증거기반 커플과 가족 집단

심각한 정신 질환을 가진 다가구 심리교육 집단

가족 심리교육은 조현병과 양극성 장애, 그리고 아동기 기분장애(Lucksted 등, 2012) 치료의 일부분이었다. 수많은 임상 연구들이 조현병으로 진단받은 환자의 경우, 그 가족이 심리교육을 받으면 재발과 재입원의 경향성이 줄어든다는 것을 보고해왔다(McFarlane 등, 2002). 이러한 환자의 재발률은 약 15%이고, 개인치료와 약물치료 또는 약물치료만 받은 경우(재발률 30%~40%)의 절반에도 미치지 않는다. 몇 개의 비교 연구에서는 다가구 집단이 한 가족 집단보다 심리교육적으로 여러 가지를 배울 수 있고 비용 절감이나 전반적인 차원에서 훨씬 효과적이라고 보고하고 있다. 다가구 집단은 한 가족 집단에 비해 재발률이 낮고 높은 취업률을 보이는데 아마 집단 상황이 제공하는 지원 가능한 지지들 때문이라고 볼 수 있다. 증거기반 치료가 조현병 구성원을 가진 가족의 심리교육에서 효과가 있다는 근거는 충분하다(Lucksted 등, 2012; McFarlane 등, 2002).

미국 약물 남용 및 정신건강서비스국(SAMHSA)에서는 다가구 심리교육 집단의 특징을 다음과 같이 묘사하고 있다(Lucksted 등, 2012).

다가구 심리교육 집단은

- 조현병 진단을 받은 가족 구성원은 정보나 지원 그리고 지지를 필요로 한다는 것을 가정함
- 정신 질환을 가진 내담자를 향한 친척들의 행동방식이 개인의 안녕과 임상적 결과에 영향을 미친다고 가정함
- 정보, 인지, 행동, 문제해결, 감정, 대처, 그리고 자문 요소들을 결합함
- 정신건강 전문가들에 의해서 만들어지고 이끌어짐
- 진단받은 개인들을 위한 임상적 치료계획의 일부로서 제공됨
- 진단받은 개인은 물론이고 연관된 가족 구성원의 결과 향상에도 초점을 둠
- 적어도 다음과 같은 내용을 포함한다.
  - 질병, 처방된 약물, 그리고 치료 유지 관리
  - 서비스 조정
  - 모든 분야에서의 기대, 감정경험, 고충에 관심
  - 가족 의사소통의 향상
  - 구조화된 문제해결 교습
  - 사회적 지지망 확장
  - 명시적인 위기 계획

- 몇 개의 교차진단 프로그램들이 현재 개발되고 있더라도 대체로 개별적 진단에 초점을 두어 다룸.

연구 자료들은 조현병 진단을 받은 구성원이 포함된 경우, 정신역동이나 통찰 위주의 치료들은 추천하지 않고 있다.

조현병 진단을 받은 구성원이 있는 다가구 집단의 심리교육 과정은 전형적으로 다음과 같은 내용을 포함한다.

- 질환과 예후, 심리 치료와 약물에 관한 교육
- 질환과 관련된 생물학적, 심리적, 그리고 사회적 요인들
- 재발가능성이 높은 경우 가정 내에서 격앙된 감정 표현의 역할에 관한 교육(Hooley, Rosen, & Richters, 1995)
- 가능한 사회적 소외나 낙인
- 가족의 재정적인 부담과 심리적인 부담
- 가족을 지원하기 위한 가능한 사회적 연결망 개발의 중요성
- 문제해결 기술

다가구집단의 과정 측면은 다음을 포함한다.

- 상호간 도움과 지지를 위한 토론 모임 만들기
- 가족의 경험을 정상화하기
- 부정적 낙인감을 줄여가기
- 다른 가족들의 대처법을 보면서 희망감 만들어주기
- 집단 밖의 상황에서 서로 어울리기

가족들이 이 집단에 참여할 때, 환자와 가족은 사회적인 문제나 임상관리 문제, 그리고 이차적인 스트레스(환자의 입원에 따른 스트레스)가 줄어들고 취업률은 늘어나고 재발률과 재입원율 역시 감소하게 된다. 지난 10년간, 몇몇 연구들은 미국 이외의 아시아와 유럽 국가에서 수행되었는데, 어떤 연구들에서는 미국에서의 연구 결과와 비슷한 긍정적인 결과들을 보여주고 있고, 어떤 연구들에서는 유의미한 차이를 보고하지 않고 있다. 따라서 문화적인 적응이나 적용 가능성에 관한 좀 더 많은 연구가 필요하다(McFarlane 등, 2012).

비록 집단에 관한 대부분의 연구가 조현병과 조현정동장애(schizoaffective)에 관해서 수행되었다할지라도 몇몇 연구들은 다음과 같은 몇 가지 심각한 정신건강 장애의 치료를 위해서 다가구 심리교육 집단을 사용하였다.

- 양극성 장애

- 이중 진단(예를 들면 물질남용과 I축 진단)
- 강박장애
- 우울
- 참전 용사의 외상 후 스트레스 장애
- 알츠하이머 질환
- 청소년의 자살 사고
- 선천적 기형
- 지적 장애
- 아동 성추행이나 소아 성애
- 경계선 성격장애

파트너 학대 집단

아이들과 여자, 배우자, 그리고 가족들을 향한 수많은 신체적, 감정적 학대 현상은 주위에 널려있지만 치료하기 어렵기 때문에 정부나 주 기관은 점점 관심을 가지고 개입의 목표로 삼고 있다. 오늘날 대부분의 정부에서 위탁받은 치료는 가정폭력의 한 형태인 파트너 학대이다. 치료는 대부분 성-기반 집단치료의 형태로 실시한다(예: 남성가해자 또는 여성가해자, 또는 남성이나 여성학대 피해자 집단. Stith 등, 2012; Stith, Rosen, & McCollum, 2002). 하지만 성-기반 집단치료의 대안으로 커플기반 접근이 연구되어 오고 있는데, 주의 깊게 계획된 커플기반 접근이 파트너 폭력에 관해서 전통적 성-기반 접근에 견줄 만한 결과를 가지고 있고, 잠재적인 폭력의 증가에 대한 증거도 없다는 것을 보여주고 있다(Stith, McCollum, Rosen, & Locke, 2002; Stith, Rosen, & McCollum, 2002).

파트너 학대에 대한 전통적인 성-기반 집단

파트너 학대에 관한 전통적인 집단은 워커(Lenore Walker, 1979)의 연구에 기초하고 있고, 덜루스(Duluth) 모델(Pence & Paymar, 1993)과 밀접한 관련이 있다. 이 모델들은 형사 사법 제도에서 넓게 사용되는 페미니즘에 기반을 둔 심리교육적 인지-행동 집단 모델이다. 워커는 학대 관계의 역동을 폭력의 순환이라는 말로 설명했다. 이것은 신혼 단계, 긴장 단계, 그리고 행동화 단계의 세 국면으로 나뉜다.

- 신혼 단계: 이 단계에서는 가해자가 용서를 구하고, 폭력을 멈추겠다고 약속하고 희생자에게 다시 구애를 시도하면서 희생자를 쫓아가는 구조를 보인다.
- 긴장 단계: 희생자들은 대개 이 시기를 '계란 껍질 위에 살고 있는' 상태라고 묘사한다. 이 기간 동안에 갈등과 긴장이 일어나고 희생자는 가해자를 '폭발 시킬' 행동을 피하려

고 노력하게 된다.

- 행동화나 폭발 단계: 마지막 단계는 신체적인 폭력의 단계로 특징지어진다. 이 삽화 이후에 가해자는 신혼 단계의 관계로 돌아가려고 노력하면서 다시 순환 고리가 반복된다.

이 순환 고리는 전형적으로 느리게 움직이는데, 아마 일 년에 한두 번 정도 폭력성이 상대적으로 약한 사건이 발생하고(예를 들면 밀거나, 떠밀거나, 물건을 던지거나 뺨을 때리는 식으로), 시간이 흐르면서 폭력의 심각성과 빈도는 증가한다.

폭력의 순환과 더불어서 덜루스 모델은 힘과 통제의 바퀴라는 개념을 사용하는데, 이것은 가해자들이 자신들의 파트너를 통제하는 수단으로 사용한다는 것이다. 수레바퀴의 8가지 바퀴살은 다음과 같다.

- 강압과 위협
- 협박
- 정서적 학대
- 소외
- 축소화, 부인, 그리고 비난
- 자녀 이용
- 경제적 학대
- 남성 특권

덜루스 모델 비평 비록 덜루스 모델이 가해자 치료 모델로서 가장 빈번하게 사용되지만, 듀튼(Dutton)과 코르보(Corvo, 2006, 2007)의 연구 논문에서 이 모델에 대한 많은 그리고 유의미한 약점들을 찾아볼 수 있다.

- 빈약한 성과: 가해자 집단 개입의 효과성에 대한 연구에서 참가자의 40%만 비폭력적인 성향으로 유지되는 높은 재범률을 지적했다. 대조적으로, 치료받지 않은 가해자도 비폭력적으로 남아있는 경우가 35%라고 제시하면서 전형적인 가해자 개입 프로그램은 재범률에 거의 영향을 끼치지 못하고 있다고 지적했다(Stith 등, 2012).
- 치료적 동맹의 경시: 덜루스 모델에 관한 대표적 비평 중 하나는 내담자와 지지적이고 치료적인 동맹을 맺지 못하고, 오히려 종종 내담자를 향해 적대적이고 비난하는 입장을 갖는다는 것이다.
- 성에 관한 근거 없는 편견: 성-기반 페미니스트적 관점은 통계적으로 지지되지 않았고, 성보다는 인성이 파트너 폭력을 예견한다고 지적된다.
- 권력에 대한 근거 없는 강조: 덜루스 모델은 파트너 폭력을 권력과 남성 특권적인 문제로 보고 있다. 하지만 연구 결과 폭력과 가부장적 특권 사이에는 명확한 연결이 없는 것으

로 나타났다. 연구 결과 가해남성은 그렇지 않은 사람보다 분노와 적대성이 유의미하게 높은 수준으로 나타났다.

- **쌍방 폭력에 대한 무시:** 덜루스 모델은 폭력이 일방적이라는 가정에 기초하고 있지만, 전국적인 조사 결과 대부분의 가정폭력은 파트너 서로가 폭력을 쌍방으로 행사한다. 그래도 역시 남자들이 파트너에게 훨씬 심각한 해를 입힌다.
- **힘과 통제에 대한 근거 없는 가정:** 덜루스 모델은 파트너 폭력이 남성들의 힘과 통제 욕구에 기인한다고 가정하지만, 연구 결과 양성 모두 관계에 있어서 힘과 통제 욕구를 가지는 것으로 나타났다.

따라서 비록 덜루스 모델이 가장 흔한 치료 모델이라고 하지만, 연구 논문들은 이 모델의 이론적 가정이나 효과성에 대해서는 지지하지 않는다.

파트너 학대의 합동치료

덜루스 모델의 한계성 때문에 치료자들과 연구자들은 대인관계 치료를 위한 다른 모델들을 연구해왔는데, 기본적으로 체계적 접근과 인지-행동적 접근을 사용하는 합동치료(conjoint therapy)를 연구해왔다(Stith 등, 2012).

최근까지, 커플치료는 가정폭력에는 '부적합'하다고 여겨져 왔는데, 이는 대개 모든 괴롭힘 관계에서는 힘과 통제, 그리고 지배에 대한 유의미한 투쟁이 있기 때문이라는 가정 때문이었다. 하지만 이미 지적되어왔듯이, 이러한 가정을 지지하는 자료는 거의 없고(Dutton & Corvo, 2006, 2007), 새로운 접근에 관한 관심과 연구에 대한 재정적 지원이 증가하고 있다(Stith 등, 2012).

새로이 떠오르는 연구에서는 가해자의 유형이 하나 이상이라는 것을 보여준다(Holtzworth-Munroe & Stuart, 1994). (a) 가족 내에서만 폭력을 행사하는 유형, (b) 우울이나 경계선적 장애와 같은 심각한 병리를 가진 유형, 그리고 (c) 일반적으로 폭력적이고 반사회적인 특성을 지니고 있는 유형들이 있다. 합동치료는 특별한 정신적인 장애가 없는데 가족에게만 폭력을 행사하는 유형에게만 적용된다. 가족에게만 폭력을 행사하는 그리 심각하지 않은 사례에 대해 합동치료를 사용하는 것에 대한 몇 가지 논쟁들은 다음과 같다(Stith, Rosen, & McCollum, 2002).

- 커플치료를 신청한 모든 커플들의 67%가 폭력의 이력을 지닌다. 폭력이 드러나게 되면 좀 더 깊은 치료를 하지 않으려고 치료를 그만두므로, 치료자들은 폭력을 드러내기에 앞서 다른 주제로 커플치료를 시작해도 좋다.
- 자료에 의하면 피해 입은 아내의 50%에서 70%는 별거를 끝내고, 혹은 쉼터에서 지내다가 자신들을 학대한 남편에게로 다시 돌아간다. 합동치료는 이러한 커플들에게 자신들

의 관계에 대해 안전하게 논의할 수 있는 안전한 토론의 장을 제공한다.

- 폭력 관계의 대다수는 쌍방적이어서, 양쪽 모두 폭력행위를 저지른다. 한 쪽의 폭력 중단은 다른 쪽의 폭력 중단에 높게 의존하게 되는데, 합동치료는 양쪽 모두의 폭력감소를 지향하고, 쌍방적인 폭력의 높은 감소 경향성을 보인다.

합동 커플치료 여러 커플들과 함께 작업하는 몇 가지 접근들이 개발되어 왔다. 이 접근들에서는 대부분 커플만을 위한 회기와 여러 커플들끼리의 회기를 결합시키고 있다(Stith, Rosen, & McCollum, 2002). 파트너 폭력에 대한 합동 커플치료의 일반적인 특징은 다음과 같다.

- 각 파트너가 커플 회기나 다커플 집단 회기에 참여가 가능한지를 주의 깊게 검토된다. 한 명이나 또는 서로에게 심각한 상해를 입힌 커플들은 제외된다. 또한 개인적인 사전 검토 인터뷰에서 두 사람 모두 커플치료를 선호한다고 진술해야 하며, 그들이 상대방에게 자유롭게 말하는 것을 두려워하지 않아야 한다.
- 기본적 목표는 결혼이나 관계에서의 구출이 아니라 폭력과 감정적 학대를 줄이는 것이다.
- 배우자들은 자기 자신들이 휘두른 폭력에 대한 책임을 지도록 격려된다.
- 화가 났을 때 자기 자신과 상대방을 가라앉히고 타임아웃을 실시하는 기술의 향상을 강조한다.
- 프로그램의 효과성은 폭력의 감소와 제거 여부를 통해 측정된다.

합동 커플치료의 효과성 비록 새로운 연구지만, 파트너 폭력에 관한 합동 커플치료와 다커플 집단치료의 몇 가지 형태는 전통적인 성-기반 치료 모델보다 신체적 폭력을 감소시키는 데 있어서 더 효과적인 것으로 드러났다(Stith 등, 2012). 특히 남성의 경우 다커플 집단회기는 한 커플 회기보다 훨씬 긍정적인 결과를 보여주었다. 주의 깊게 계획된 합동 프로그램의 경우 가정폭력 가해자들만 따로 치료받을 때와 비교하여 피해 여성들의 피학대 경향성이 증가한다는 증거는 없다. 따라서 주의깊게 살펴보면, 합동 커플치료가 폭력의 경향성을 증가시키는 것 같지 않다(Stith 등, 2002). 게다가, 가해자가 물질남용 문제를 가지고 있을 때 합동 커플치료가 폭력을 줄이는 데 있어서 우수한 것으로 나타났다(Stith 등, 2012).

관계 향상 프로그램

다커플 집단 회기의 가장 일반적인 형태중의 하나는 관계 향상 프로그램인데, 이는 호소할 문제를 가지고 있지는 않지만 자신들의 관계의 질을 높이고자 하는 커플들을 위한 예방적 개입이다(Halford 등, 2002; Markman & Rhoades, 2012). 이 프로그램들은 전형적으로 다커플 심리교육 집단용으로 제공되는데, 대체적으로 인지-행동기반 치료에 근거한다. 이 집단들은 강의와 설명, 시청각 자료와 연습 그리고 토의를 포함한다. 좀 더 우수한 프로그램들 중 몇 가지 프로그램에는 다음 요소들이 포함되어 있다.

- 관계 향상(RE; Guerney, 1987)
- 결혼 초기 부부 관계 향상 프로그램(PREP; Markman, Stanley, & Blumberg, 2001)
- 미네소타 커플 의사소통 프로그램(MCCP; Miller, Nunnally, & Wackman, 1976)
- 친밀한 관계성 기술의 실제적 적용(PAIRS; DeMaria & Hannah, 2002)

이러한 모든 프로그램은 긍정적 의사소통, 갈등관리, 그리고 애정의 긍정적 표현을 증진시킨다. 좀 더 다양한 교육 내용은 다음과 같다.

- 파괴적 갈등의 예방(PREP에서 강조)
- 파트너에 대한 공감능력 개발(RE에서 강조)
- 갈등 관리 중점(MCCP과 RE에서 강조)
- 약속, 존경, 사랑, 그리고 우정(PREP에서 강조)

다커플 관계 향상 프로그램의 효과성

이 프로그램들에 대한 연구 논문에서 대부분의 커플들은 의사소통기술 훈련을 가장 유용한 개입으로 평가하면서 높은 만족도를 보고한다(Halford 등, 2002; Markman & Rhoades, 2012). 메타분석에 따르면 추수 측정에서 의사소통에 대해 .44(통제집단과 절반 가까운 표준편차 차이를 보임)의 효과 크기를 보고했는데, 이는 참여자들이 초기에 스트레스를 보고하지 않은 점을 고려하면 인상적인 결과이다. 기술기반 관계 향상은 프로그램의 마지막 시점에 관계성 기술을 유의미하게 강화시키는 것으로 나타났다. 연구들은 과정이 끝나고 바로 실시된 관계 향상 만족도에서 전혀 강화가 안 되었다부터 점진적인 강화가 있다에 이르기까지 다양한 스펙트럼을 보여주었다.

하지만 이 프로그램의 장기적인 효과성에 관해서는 또 다른 연구 결과가 보고되고 있다. 이 연구는 오직 4~8회기로 데이트, 약혼, 최근 결혼한 커플들을 대상으로 실시되었고 그 결과는 다음과 같다.

- 집단에서 배운 관계성 기술은 몇 년 동안은 유지되지만, 5~10년 사이에 점점 약화되어 사라진다.
- PREP 참가자들은 과정이 끝나고 2~5년간 관계성 만족도와 기능이 강화되었다고 보고했다.
- PREP 참가자들은 참여하지 않은 사람들보다 5년의 추수 결과 폭력의 발생이 줄어들었다.

- 만족도가 증가하고 이혼율이 줄어드는 것과 같은 특정한 효과는 4~5년 사이에 명백한데, 이는 PREP에 참여했던 커플들과 향상 프로그램 같은 것을 듣지 않고 결혼한 커플들 간의 차이가 몇 년 후에서야 눈에 띄기 때문이었다.
- 관계의 초기에 심리적 어려움이 많은 커플들의 효과성이 좋았던 반면, 연령이 높고 심리적 어려움이 많은 커플을 대상으로 실시한 한 연구에서는 PREP이 효과적이지 않았다.

지침

연구논문에 관한 고찰에 기초하여 핼포드(Halford 등, 2002)는 관계 향상에 도움이 되는 최선의 개입으로 다음 사항들을 제안하였다.

- 위험요인과 보호요인을 평가한다. 커플들의 관계 향상 집단 참여를 승인하기 전에 치료자들은 부모의 이혼, 나이, 결혼 경력, 배우자와 알고 지낸 시간의 길이, 동거 이력, 그리고 의붓자식의 존재와 같은 높은 스트레스와 이혼에 관련된 위험요인을 검토해야만 한다. 또한 치료자들은 명확한 의사소통능력과 현실적인 관계기대 등의 보호요인과 강점에 대해서도 살펴보아야 한다.
- 높은 위험수준의 커플들이 참여하도록 격려한다. 스트레스원을 관리하는 기술이 필요한 커플들이 일반적이므로 관계 향상은 관계의 초기에서 높은 위험을 가진 커플들에게 도움이 된다.
- 관계의 공격성에 대해 평가하고 교육한다. 커플의 초기 관계에서 신체와 언어적 공격이 많이 발생하므로 공격성과 공격성을 다루는 좀 더 나은 방법에 관한 교육은 커플들이 적대감을 예방하고 위험한 행동을 줄이는 데 도움이 된다.
- 변화 시점에서 관계 교육을 제공한다. 커플들은 관계의 초기뿐만 아니라 아이의 출산, 이사, 중요한 질병이나 해고 등 수많은 삶의 전환기나 발달적으로 변화되는 시점에서 관계 향상의 이점을 얻을 수 있다.
- 관계성 문제들을 초기에 제시한다. 긴 고통은 커플치료에 효과가 빈약하므로 커플들은 관계가 악화되기 전에 작은 고충이라도 나타나면 바로 얘기하도록 격려되어야 한다.
- 특별한 필요를 지닌 커플들에게 그들의 필요와 교육 내용을 일치시킨다. 향상 프로그램은 심각한 정신질환 진단, 알코올이나 물질남용, 재혼가족 등의 커플들의 특별한 욕구를 채워주기에 적합해야 한다.
- 증거기반 관계 교육 프로그램의 접근성을 강화한다. 프로그램들은 제공되는 구성방식을 주별로, 주말 또는 온라인 등으로 증가시킴으로써 접근성을 늘릴 필요가 있다.

부모 훈련

11장의 주요 개념에서 언급되었듯이, 인지-행동적 부모교육은 다양한 분야의 아동기 문제들을 다루는 데 있어서 효과적이었다. 그것은 적대적 반항 장애(ODD)에 대한 선택적 치료였고 주의력결핍 과잉행동 장애(ADHD)를 지닌 아동의 기능을 정상화시키는 데 유일한 치료였다(ADHD; Northey 등, 2002). 부모교육은 개인, 가족과 다가족 집단 모두에게 효과적이었다(DeRosier & Gilliom, 2007; van den Hoofdakker, van der Veen-Mulders, & Sytema, 2007).

부모교육 집단 교육과정은 부모교육 개인 과정과 비슷한 요소를 포함한다(11장 참조).

- 바람직한 행동을 조형시키기 위한 긍정적 강화를 격려한다.
- 자연적이고 논리적인 결과들을 가능할 때마다 사용한다.
- 부모의 자녀에 대한 경청과 의사소통 이해 능력을 개선시킨다.
- 부모들의 '나' 진술법을 향상시킨다.
- 자녀들과 협상할 때 적합하다면 다양한 선택 기회들을 제공해준다.
- 자녀들이 자신의 감정을 파악하여 표현하고 적절히 조절할 수 있도록 부모가 조력할 수 있도록 부모 자신의 감정 코칭을 훈련시킨다.
- 자녀의 동기를 북돋우기 위해 유관 계약과 점수부여 체계를 활용한다.
- 부정적 행동을 줄이기 위한 타임아웃과 기타 처벌 방식들을 어떻게 사용하는지 훈련시킨다.

요약

커플들과 가족들의 집단치료는 조현병, 양극성장애, 가정폭력, ADHD와 ODD를 포함하는 몇몇의 임상적인 문제들을 위한 증거기반 접근으로 인정받아 왔다. 대부분의 커플과 가족집단 심리치료의 증거기반 형식은 인지-행동 및 가족 체계론적 접근을 통합시킨 심리교육 집단이다. 새내기 집단치료자들은 자신들이 이끌어갈 집단 분야에서 심화 훈련을 하고, 가능할 때는 언제나 '비결을 배우기' 위한 상호촉진 집단에 참여해야 할 것이다.

다른 치료 형식과 비교할 때, 심리교육 집단은 아래와 같은 독특한 일련의 기술들을 요구한다.

- 개인이나 가족보다는 전체 집단과의 라포를 형성할 수 있는 능력
- 사람들 앞에서 말하는 기술
- 교육과정 설계에 대한 이해
- 교육자료 및 유인물 등을 만들어낼 수 있는 기술적 능력

- 집단 활동 참여 설계나 선택을 위한 창의성
- 관련 없는 사람들 사이에서의 갈등도 관리할 수 있는 능력

커플과 가족집단 촉진 기술을 배운다는 것은 비록 처음에는 도전적일지라도, 업무 부담을 느끼는 개인에게 신선한 다양성을 제공해주고 더 나아가 전문적인 성장을 위한 수많은 기회를 제공해준다.

참고문헌

DeMaria, R., & Hannah, M. (2002). *Building intimate relationships: Bridging treatment, education and enrichment through the PAIRS Program.* New York: Brunner/Routledge.

DeRosier, M. E., & Gilliom, M. (2007). Effectiveness of a parent training program for improving children's social behavior. *Journal of Child and Family Studies, 16,* 660–670.

Dutton, D. G., & Corvo, C. (2006). Transforming a flawed policy: A call to revive psychology and science in domestic violence research and practice. *Aggression and Violent Behavior, 11,* 457–483.

Dutton, D. G., & Corvo, C. (2007). The Duluth Model: A data-impervious paradigm and a failed strategy. *Aggression and Violent Behavior, 12,* 658–667.

Guerney, B. G. (1987). *Relationship enhancement manual.* Bethesda, MD: Ideal.

Halford, W. K., Markman, H. J., Stanley, S., & Kline, G. H. (2002). Relationship enhancement. In D. Sprenkle (Ed.), *Effectiveness research in marriage and family therapy* (pp. 191–222). Alexandria, VA: American Association for Marriage and Family Therapy.

Holtzworth-Munroe, A., & Stuart, G. L. (1994). Typologies of male batterers: Three subtypes and the differences among them. *Psychological Bulletin, 116,* 476–497.

Hooley, J. M., Rosen, L. R., & Richters, J. E. (1995). Expressed emotion: Toward clarification of a critical construct. In G. A. Miller (Ed.), *The behavioral high-risk paradigm in psychopathology* (pp. 88–120). New York: Springer Verlag.

Kaslow, N., Broth, M., Smith, C., & Collins, M. (2012). Family-based interventions for child and adolescent disorders. *Journal of Marital and Family Therapy, 38,* 82–100.

Lucksted, A., McFarlane, W., Downing, D., & Dixon, L. (2012). Recent developments in family psychoeducation as an evidence-based practice. *Journal of Marital and Family Therapy, 38,* 101–121.

Markman, H., & Rhoades, G. (2012). Relationship education research: Current status and future directions. *Journal of Marital and Family Therapy, 38,* 169–200.

Markman, H., Stanley, S., & Blumberg, S. (2001). *Fighting for your marriage.* San Francisco, CA: Wiley.

McFarlane, W. R., Dixon, L., Lukens, E., & Lucksted, A. (2002). Severe mental illness. In D. Sprenkle (Ed.), *Effectiveness research in marriage and family therapy* (pp. 255–288). Alexandria, VA: American Association for Marriage and Family Therapy.

Miller, S. L., Nunnally, E. W., & Wackman, D. B. (1976). A communication training program for couples. *Social Casework, 57,* 9–18.

Northey, W. F., Wells, K. C., Silverman, W. K., & Bailey, C. E. (2002). Childhood behavioral and emotional disorders. In D. Sprenkle (Ed.), *Effectiveness research in marriage and family therapy* (pp. 89–122). Alexandria, VA: American Association for Marriage and Family Therapy.

Pence, E., & Paymar, M. (1993). *Education groups for men who batter: The Duluth Model.* New York: Springer.

Stith, S., McCollum, E., Amanor-Boadu, Y., & Smith, D. (2012). Systemic perspectives on intimate partner violence treatment. *Journal of Marital and Family Therapy, 38,* 220–240.

Stith, S. M., McCollum, E. E., Rosen, K. H., & Locke, L. D. (2002). Multicouple group treatment for domestic violence. In F. Kaslow (Ed.), *Comprehensive textbook of psychotherapy* (Vol. 4). New York: Wiley.

Stith, S. M., Rosen, K. H., & McCollum, E. E. (2002). Domestic violence. In D. Sprenkle (Ed.), *Effectiveness research in marriage and family therapy* (pp. 223–254). Alexandria, VA: American Association for Marriage and Family Therapy.

van den Hoofdakker, B. J., van der Veen-Mulders, L., & Sytema, S. (2007). Effectiveness of behavioral parent training for children with ADHD in routine clinical practice: A randomized controlled study. *Journal of the American Academy of Child and Adolescent Psychiatry, 46,* 1263–1271.

Walker, Lenore E. (1979). *The battered woman.* New York: Harper & Row.

Yalom, I. D. (1970/1985). *The theory and practice of group psychotherapy* (3rd ed.). New York: Basic Books.

Part

3

통합이론 사례개념화

통합이론 사례개념화

어느 곳을 살펴볼 것인가?

상담자 훈련에 있어 '첫 회기'만큼 흥분되거나 신경쇠약이 걸릴만한 순간은 별로 없을 것이다. 첫 내담자를 만나고 나면 다음과 같은 질문이 든다. "충분했나?", "제대로 했나?", "괜찮았나?" 회기 전에는 다음과 같은 질문들을 던진다. "무슨 말을 하지?", "뭘 해야 하지?", "~를 기억하지 못하면 어떻게 하지?" 물론 타당한 질문들이긴 하지만 이러한 질문들은 새내기 치료자를 헤매게 할 뿐 아니라 해야 할 일을 하지 못하게 만든다. 바로 이때가 어느 곳을 살펴볼지를 아는 것이 중요할 때이다. 효과적인 상담자가 되기 위해서는 **살펴보기**(viewing) 기술을 통달해야 한다. 심리치료와 같이 말하는 직업에서 살펴보기란 상대방에 귀를 기울이면서 치료자의 주의를 어디에 두어야 할지를 아는 것을 가리킨다.

치료의 핵심은 위대한 치료자의 바깥 모습으로서의 명석함보다는 항상 살펴보기에 있다. 새내기 치료자가 슈퍼바이저에게 던지는 질문 중 가장 유용한 질문은 "제가 내담자와 이야기를 나눌 때 무엇을 놓치지 않고 보아야 하며 무엇에 귀를 기울여야 하나요?" 감사하게도 무엇을 말해야 할지 암기하려고 하는 것보다 이것이 훨씬 쉽다. 대가와 평범한 치료자를 구분하고, 평범한 치료자와 평범한 일반 사람을 구분하는 선명한 기준은 다른 사람이 말할 때 듣는 사람이 무엇에 주의를 기울이는가에 있다. 필연적으로, 치료자가 살펴보기의 초점을 잘 맞추면 맞출수록 더 좋은 치료자가 될 것이다. 나는 위대한 치료자는 자신의 경력 기간 내내 끊임없이 이 기술을 갈고 닦는다고 믿고 있다. 따라서 지금 당장 이 기술을 통달할 수 있을 것이라고 기대하지 않기를 바란다.

사례개념화는 살펴보기라는 치료적 기술에 대한 전문적 용어이다. 비록 때때로 사정 (assessment)이라고 불리기도 하지만, 사정이 두 가지 상이한 치료적 과업, 즉 개인과 가족역동을 사정하기 위한 사례개념화 접근과 증상을 사정하기 위한 진단적 접근을 가리키는 용어일 수도 있어서 적절하지 않을 수도 있다. 혼란을 줄이기 위해서 나는 이론에 바탕을 둔 사정을 사례개념화라고 하고, 진단적 사정은 임상적 사정(clinical assessment)이라고 부른다.

이론은 치료자에게 내담자 문제를 살펴보기 위한 고유한 렌즈를 제공한다. 세부사항이 빠짐없이 기재된 지도와 마찬가지로 이론은 문제들을 좀 더 광범위하고 포괄적인 맥락에서 바라보게 함으로써 치료자로 하여금 어떻게 문제의 조각들이 서로 맞아 떨어지는지 볼 수 있게 하고, 엉클어진 상황에서 벗어날 수 있는 가장 최선의 길이 무엇인지 단서를 제공받게 된다.

사례개념화와 살펴보기

사례개념화는 치료자로 하여금 내담자에게 유용한 새로운 관점을 생성할 수 있게 해준다. 예를 들어 론(Ron)과 수지(Suzie)는 수개월째 서로 싸움 중이다. 두 사람은 치료자가 자신들의 차이점을 해결할 수 있지 않을까 하는 혹시나 하는 마음을 갖고 치료자를 찾아 왔다. 치료를 시작하면서 각자는 이렇게 생각했다. "치료자가 내 배우자가 얼마나 잘못하고 있는지를 깨닫게 해서 고칠 수 있도록 해줬으면 좋겠어. 나도 문제가 있다는 걸 알지만 배우자가 바뀌면 나도 쉽게 바뀔 거야." 그들은 이렇게 말해왔고 가족과 친구들에게는 좀 더 냉정한 내용의 이야기를 했지만, 두 사람이 유의미한 변화를 만들도록 어느 누구도 도움이 되지는 못했다. 그렇다면 이러한 이야기를 듣는 가족, 친구, 미용사와 치료자와의 차이점은 무엇인가? 치료자는 두 사람의 문제에 '정답'을 제시할 수 있는 특별한 지식을 갖고 있는 사람인가? 아니면 단지 두 사람의 갈등을 중재하는 심판으로서의 역할을 하는 사람인가? 혹은 그 이상의 일을 하는 사람인가?

비록 어떤 치료자들은 자신을 '교육자' 혹은 '중재자'로 규정하기도 하지만, 대부분의 치료자는 교육 혹은 중재 이상의 혁신적 대인관계 과정을 통해 변화를 촉진시키는 역할을 하는 사람이라고 규정한다. 치료자는 상황을 새롭고 유용한 방식으로 살펴보는 능력에 있어서 친구, 교육자, 중재자와 다르다. 이 같은 새로운 관점들을 통해 두 사람, 혹은 가족 간, 친구 간에 이전에 했던 대화들에서는 찾아볼 수 없었던 중재에 대한 가능성이 생기게 된다.

개별 이론 사례개념화와 통합이론 사례개념화

이전의 장들에서 당신은 개별 이론에 바탕을 둔 사례개념화에 대해 학습했다. 개별 이론 사례개념화는 단일 이론을 사용하여 한 내담자에 대한 개념을 수립하도록 도움을 준다. 이 장에서는 더 심화된 접근이라고 할 수 있는 통합이론 사례개념화(cross-theoretical case conceptualization)에 대해 배울 것이다. 이 접근은 가족치료에 관한 모든 주요 학파들의 핵심 사례개념화 요소들을 포함한다. 따라서 한 사례개념화를 하는 데만 10시간 이상이 소모되기도 하지만, 훈련이 되면 더 빠른 시간에도 가능해질 수 있다. 특별히 당신이 단일 이론으로 사례개념화를 할 예정이라면 굳이 이렇게 시간이 많이 소모되는 작업을 할 필요가 있을까? 그 이유는 다음과 같다.

통합이론 사례개념화가 주는 이점

- **임상적 유용성**: 단일 이론을 바탕으로 상담을 한다고 하더라도 다양한 관점으로 당신의 내담자를 평가하는 것은 내담자를 좀 더 깊고 넓게 이해할 수 있게 해준다. 또한 다양한 원천으로부터 유용한 아이디어를 얻을 가능성이 크다.
- **자기-슈퍼비전**: 만약 내담자와의 상담이 제자리걸음이라면, 통합이론 사례개념화를 사용하면 상담을 진척시키는 데 도움이 되지만 당신이 고려하지 못하고 있는 역동을 확인할 수 있다.
- **시험 준비**: 다양한 이론을 사용하여 단일 사례를 개념화하는 것은 이론 간의 유사점과 차이점을 비교할 수 있는 능력을 유의미하게 향상시킬 것이며, 수업을 준비하고 자격시험을 준비하는 데 도움을 받을 수 있다.
- **이론에 대한 통찰**: 이론을 비교하고 대조함으로써 어떻게 치료적 개념이 서로 연결되는지에 대한 좀 더 심오한 통찰을 얻게 될 것이다. 예를 들어, 새티어의 의사소통 입장과 애착 패턴처럼 어떤 개념들은 서로 관련성이 높다.

통합이론 사례개념화 vs. 통합

통합이론 사례개념화는 이론의 통합과는 다르다. 통합이론 사례개념화는 개별 이론의 개념을 반드시 모두 사용하지 않고, 다양한 이론적 틀을 통해 한 내담자의 상황을 고려하는 것이다. 대조적으로 통합은 한 치료자가 다양한 이론을 사용하여 중재하는 과정을 의미한다. 통합이론 사례개념화는 통합적인 접근의 일부로 사용될 수도 있고, 단일 접근 사용을 지지하기 위해 활용될 수도 있다. 만약 통합적 접근을 사용하고자 한다면, 다음과 같은 선택 대안들이 많다.

통합을 위한 선택 대안

통합이라는 용어는 상담 분야에서 많이 사용되지만, 같은 정의로 사용되는 경우는 거의 없다. 아마도 이 통합과 관련하여 너무나 많은 논쟁거리가 있는 이유일 것이다. 만약 동료와 통합에 대해 논쟁을 하고 있다면, 통합의 여러 측면 중 어떤 측면이 현재 논쟁거리가 되는지를 명료화할 수 있다.

- 공통요인
- 이론적 통합
- 동화적 통합
- 기술적 통합
- 체계적 치료 방법 선별
- 혼합주의와 허술한 사고방식

통합에 대한 공통요인 접근

2장에서 기술한 것처럼, 통합을 위해 **공통요인** 접근법을 취하는 치료자들은 공통요인 모델을 이용하여 치료계획을 개념화한다. 이 공통요인 모델은 상담 모델들의 핵심 요소들, 이를 테면 치료동맹, 내담자 자원, 희망 등과 같은 요소를 발견하려는 모델이다. 그러므로 이 접근을 취하는 치료자는 공통요인 모델을 바탕으로 다양한 접근법들의 개념들을 통합할 수 있다. 예를 들어 한 치료자는 상담관계를 수립하기 위해 새티어(8장)의 공감적 접근을 활용하고, 희망을 만들어가기 위해서는 해결중심 모델(12장 참조)의 해결질문들을 사용할 수 있다. 공통요인 이론을 사용하면 이 접근들이 통합되고 서로 연계성을 갖게 된다.

이론적 통합

제목이 암시하듯이, **이론적 통합**(theoretical integration)을 사용하는 치료자는 단일 이론을 향상시키거나 확장하고자 하는 의도를 가지고 2개 이상의 이론을 하나의 일관성 있는 이론적 모델로 결합시킨다. 대부분의 증거기반 치료들(특정 집단을 위한 매뉴얼화된 치료 방식, 2장 참조)은 이론적 통합의 예시들이다. 정서중심 치료(emotionally focused therapy)는 체계 이론, 인본주의 이론, 애착 이론이 어떻게 결합되어 커플을 치료하는 데 사용되는지를 보여준다(15장). 이렇게 결합된 치료는 평균 이상의 성과를 나타낸다(Johnson, 2004). 유사하게 긍정적인 치료성과를 일관되게 보여주는 인지-행동 접근(11장 참조)은 행동과 인지 이론을 통합한 하나의 예이다. 이처럼 좀 더 형식이 갖춰진 통합 모델 이외에 개별 상담자가

4장에서 구체적으로 기술한 것처럼 철학적 토대를 바탕으로 이론들을 종종 통합하기도 한다. 이는 2개 이상의 이론을 명확하고 신중하게 결합한다는 점에서 기술적 절충주의(아래 참조)와는 구별된다.

동화적 통합 혹은 선택적 차용

이론적 통합과 밀접하게 관련이 있는 동화적 통합(assimilative integration)과 선택적 차용(selective borrowing)은 좀 더 포괄적인 중재 가능성을 허용해주는 기타 접근들로부터 치료 기법들을 선택적으로 통합하면서도 한 가지 이론에 견고한 뿌리를 두고 있는 것을 가리킨다(Norcross & Beutler, 2008). 예를 들어, 이러한 접근을 취하는 치료자는 상담의 목표와 경과를 확인하기 위해 해결기반 접근의 척도 질문과 인본주의적 접근을 통합할 수 있다. 상담 경력이 많아지면 단일 접근을 기반으로 한다고 말하는 대다수의 치료자들도 어느 정도는 동화적 통합을 하기도 한다.

기술적 절충주의

기술적 절충주의(technical eclecticism)를 취하는 치료자들은 이론적 구분에 대해 특별히 개의치 않고 다양한 이론들의 기법들을 자유롭게 사용한다. 반면에, 주요 관심사는 특수한 문제를 지닌 특정 내담자에게 가장 효과적일 수 있는 중재 방식들을 파악하는 것이다(Norcross & Beutler, 2008). 절충주의자들은 한 기법의 기저에 있는 철학적 및 이론적 원리들에 거의 관심을 두지 않고 특정 이론으로부터 바람직한 성과를 달성하려는 데 초점을 둔다. 점점 더 많은 치료자들이 어떤 치료 방식을 택할 것인지에 대해 좀 더 정확한 증거를 제공할 수 있는 증거기반 치료(잠재적인 치료 방식을 파악하기 위해 임상 연구들에 대한 문헌 연구를 통해; 2장 참조)를 실시할 수 있게 되었다.

체계적 치료 방법 선별

노크로스와 보틀러(Norcross & Beutler, 2008)가 사용한 체계적 치료 방법 선별 모델은 이론을 통합하기 위해 증거기반 치료를 포함하는 체계적인 틀을 제공한다(2장 참조). 이러한 접근은 특정 내담자를 위한 적절한 치료와 치료관계를 파악하기 위하여 고안되었다. 노크로스와 보틀러는 첫째, 특정 내담자 혹은 문제에 대해 효과적인 치료라고 연구에서 밝힌 것이 무엇인지를 파악하기 위해 증거기반 치료를 활용하고, 둘째, 내담자의 문제를 다루기 위해 다양한 치료 접근들을 고려하고, 셋째, 사례개념화를 진전시키기 위해 다섯 가지 진단적 그리고 비진단적 차원들을 활용하며, 넷째, 내담자 욕구를 가장 최선으로 충족시킬 수 있도록 치료 방법 및 상담관계를 조정한다. 사례개념화를 위해 사용되는 다섯 가지 영역은 다음과 같다.

- 정신건강 진단: 내담자는 DSM(APA, 2000)에 제시된 표준적인 의학적 진단명을 사용하여 진단된다.
- 변화 단계: 내담자의 변화에 대한 준비도는 4단계, 즉 고려 단계, 준비 단계, 행동 단계, 유지 단계 중 한 단계로 기술된다.
- 대처 양식: 내담자의 대처 양식은 대체로 내재화(예를 들어 우울한, 자기 비난적인, 표현을 하지 않는 등) 혹은 외재화(예를 들어 공격적인, 충동적인, 자극 추구적인 등)로 기술된다.
- 저항 수준: 내담자의 저항 수준은 치료자로부터 직접적인 중재를 기꺼이 받아들이는지를 의미한다. 만약 내담자의 저항 수준이 낮다면 치료자는 좀 더 직접적인 기법을 사용할 것이며, 내담자의 저항 수준이 높다면 비지시적이며 역설적인 중재가 좀 더 적절할 것이다.
- 내담자 선호: 마지막으로 내담자가 선호하는 관계 유형과 치료 방식을 치료자가 고려한다. 이는 치료자와 내담자 간 다양성 문제들(예를 들어, 성차, 연령차, 인종차, 교육 수준 차이 등)을 조율하기 위한 목적을 종종 띤다.

혼합주의와 허술한 사고방식

이미 짐작했겠지만, 내가 취하는 치료 접근에 대한 깊은 이해 없이, 혹은 그러한 치료적 접근을 취하는 과학적 혹은 이론적 근거 없이(이른바 '나쁜 치료'), 단지 자신이 내키는 대로 하는 위험한 접근법을 단순히 가리기 위해 '통합' 혹은 '절충적'이라는 이름을 실제로 붙이기도 하고, 그럴 가능성도 크다. 노크로스와 보틀러(2008)는 이를 혼합주의(syncretism)라고 지칭하는데, 혼합주의는 다양한 철학적 개념들을 단지 섞어 놓은 것을 가리킨다. 이는 '최적의 접근과는 거리가 있는'부터 '변호사의 개입이 필요한' 정도의 위해한 접근까지 여러 형태를 띨 수 있다.

치료자가 자신이 좋아하는 이론 혹은 기법들을 너무 자주 만들곤 하는데, 그 이유는 적절한 훈련을 받지 못했거나 어떤 것을 놓치고 있는지를 종종 자각하지 못하기 때문이다. 불행히도 지난 여러 해 동안 비용은 증가하고 보험 환급은 줄어들어 특정 치료 접근 혹은 전문 영역에 대한 학위 수여 이후 집중 훈련이 미국 내에서 줄어들었기 때문에 이러한 현상은 점점 더 증가하고 있다. 당신이 허술한 혼합주의적 사고에 빠지지 않기 위한 최선의 방법은 통합적 접근을 포함하여 적어도 한 가지 접근에 대해 집중 훈련을 받는 것이다. 더불어 상담의 여러 학파들 간의 철학적 차이를 이해하는 것 또한 혼합주의라는 효과적이지 못한 형태를 띠게 되는 큰 혼란을 방지할 수 있을 것이다.

온전성을 바탕으로 통합하기

온전성(integrity)을 바탕으로 통합하기의 핵심은 철학과 이론의 차이를 이해하는 것이다. 각 이론 모델은 '진실'이란 무엇이며, '현실적'이라는 것은 무엇이며, 인간이 된다는 것의 의미는 무엇이며, 어떻게 인간은 변화할 수 있는가 등과 같은 기본적인 철학적 가정에 토대를 두고 세워진다. 또한 이러한 가정에 기초를 두고 특정 치료 방식을 규정하기도 한다. 대부분의 경우 잘 숙련된 통합은 한 철학적 가정에 발을 디디고 다른 모델들로부터 치료의 실제를 통합하면서 일련의 한 철학적 원리들의 범위 안에서 포괄적으로 조정하는 것을 가리킨다. 이와 관련하여 4장을 참조하면 유용할 것이다.

통합이론 사례개념화 개관

치료자들의 경험이 더욱 많아질수록, 사례개념화는 내담자가 이야기하는 동안 치료자의 머릿속에서 주로 이루어진다. 너무 빨리 사례개념화가 이루어지는 바람에 종종 단계를 좇아가는 것이 어려울 때도 있다. 하지만 새내기 상담자들은 좀 더 천천히 단계를 밟아가야 한다. 새로운 춤의 각 동작을 배우는 것처럼, 손은 어디로 가고, 발은 어디로 가는지에 대해 구체적인 지시를 받아서 좀 더 작은 단계로 쪼개어 습득할 필요가 있다. 연습을 할수록, 춤추는 사람은 '몸에 익어 자연스럽게' 될 때까지 한 동작 한 동작을 좀 더 빠르고 부드럽게 연결시킬 수 있다. 이것이 바로 우리가 여기서 하려고 하는 것이다. 먼저, 체계적인 통합이론 사례개념화에 포함되는 요소가 무엇인지 알아보는 것부터 시작하자.

1. 내담자 오리엔테이션
2. 호소 문제
3. 내담자 배경 정보
4. 내담자/가족 강점과 다양성 문제
5. 가족 구조
6. 상호작용 패턴
7. 세대 간 패턴 및 애착 패턴
8. 해결기반 평가
9. 포스트모던 담론 개념화 및 문화 담론 개념화
10. 내담자 관점

이 사례개념화를 위한 양식이 온라인상(www.cengageasia.com; www.masteringcompetencies.com)에 제시되어 있으며, 사례개념화를 완성시키기 위한 구체적 지시사항과 안내 지침은 다음의 각 절에 제시되어 있다.

내담자 및 유의미한 타자들에 대한 오리엔테이션

I. 내담자 및 유의미한 타자들에 대한 오리엔테이션

치료과정에 참가하는 내담자들은 *로 표시한다.

연령, 인종, 직업/학년, 기타 유관한 식별 정보

AF/AM: _____

AF/AM: _____

CF/CM: _____

CF/CM: _____

사례개념화는 첫째, 누가 내담자인가(개인인가? 커플인가? 혹은 가족인가?), 둘째, 치료와 관련 있는 가장 두드러진 인구학적 양상은 무엇인가를 파악하는 것에서부터 시작한다. 공통적인 인구학적 정보는 다음과 같다.

- 연령
- 인종
- 성
- 성정체성/HIV 관련 정보
- 현재 직업/지위 혹은 학생일 경우 학년

나는 다음과 같은 약식 기호를 통해 가족 구성원들을 쉽게 확인한다.

AF = 성인 여자

AM = 성인 남자

CF = 여자 아이

CM = 남자 아이

구성원이 많거나 동성 커플인 경우에는 구분을 쉽게 하기 위해 약호 뒤에 연령을 기입한다 (AF36, CM8). 이렇게 하면 슈퍼바이저나 교육자가 당신이 기록해 놓은 것을 따라 이해하는 데 특히 도움이 된다.

호소 문제

호소 문제는 관련된 인물들(내담자, 가족, 친구, 학교, 직장, 법 제도, 사회)이 어떻게 문제를 규정하는지와 관련된다.

II. 호소 문제

내담자가 묘사하는 문제:

AF/AM: _____

AF/AM: _____

CF/CM: _____

CF/CM: _____

확대 가족 구성원이 묘사하는 문제:

_____

_____

_____

더 확대된 체계가 묘사하는 문제: 문제에 대한 관계자, 교사, 친척, 법 제도 등의 기술 내용

_____ : _____

_____ : _____

경험이 적거나 심지어는 경험이 많은 치료자들도 종종 이들이 기술하는 문제가 직접적이고 명확하다고 가정한다. 때로는 맞는 말이지만, 대개의 경우 놀랍게도 복잡하다. 앤더슨과 굴리시안(Anderson, 1997; Anderson & Gehart, 2006)은 협력적 치료(14장)라고도 불리는 그들의 협력적 언어 체계 접근을 통해 호소 문제를 개념화하는 독특한 방법을 개발하였다. 이 포스트모던 접근은 문제에 대해 이야기를 꺼내는 각 사람이 문제 생성 체계, 즉 문제가 있다는 관점 혹은 아이디어를 만드는 관계의 일부라고 주장한다. 관련된 개인 각자는 문제에 대해 상이한 규정을 내리는데, 때로는 이러한 차이가 크지 않기도 하지만 때로는 극명하기도 하다. 예를 들어, 부모가 자녀를 치료에 데려 올 때, 엄마, 아빠, 자녀의 다른 형제, 조부모, 교사, 학교 상담자, 의사, 친구들은 실제 문제가 무엇인지에 대해 서로 다른 견해를 갖고 있다. 엄마는 ADHD와 같은 의학적 문제라고 생각하는 반면, 아빠는 아내가 애를 방임해서 그런다고 간주할 수도 있다. 선생님은 부모의 양육 문제라고 말할 수도 있고, 아이는 아무 문제가 없다고 생각할 수도 있다.

역사적으로, 치료자는 자신의 이론적 세계관, 이를 테면 공식적인 진단명(ADHD, 우울장애 등) 혹은 정신건강 분류 기준(부모 양육 방식, 방어 기제, 가족역동 등)에 따라 상반되는 견해와 관련된 여러 사람들의 입장을 거의 반영하지 않고서 문제를 곧바로 정의한다. 비록 어떤 면에서는 실용적일 수 있으나, 치료자들이 문제에 대한 가족의 대안적인 설명들에 더 많이 귀를 기울일 수 있고, 더 많이 융통적이며 창의적이 될 수 있다. 치료자들은 각 사람들의 관점을 존중하며 전 치료과정 내내 그러한 관점을 잃지 않고서 각 사람들과 더 강한 유대를 유지할 수 있다. 더욱이, 문제에 대한 다양한 정의에 관심을 둠으로써 치료자는 치료가 정체되거나 증상이 호전되지 않을 때 더 많은 융통성을 얻을 수 있다.

호소 문제에 대한 기술에는 다음과 같은 내용이 포함되어야 한다.

1. 각 내담자가 상담을 받고 싶은 이유 혹은 상담에 의뢰된 이유
2. 의뢰자(교사, 의사, 정신과 의사 등)가 제공한 정보와 의뢰자가 기술하는 문제
3. 문제와 가족(해당되는 경우)에 대한 간략한 이력
4. 이제까지 문제를 해결하기 위해 시도된 방안들과 방안들의 성과에 대한 설명
5. 현 문제상황과 관련될 수 있는 기타 정보

내담자 배경 정보

III. 내담자 배경 정보

트라우마/학대 이력(최근 및 이전): _____

_____

물질 사용/남용(현재 및 이전; 자신, 원가족, 유의미한 타자): _____

_____

촉발 사건(최근 삶의 변화, 첫 증상, 스트레스원 등): _____

_____

관련 이력 배경(가족사, 관련 문제, 이전 상담 경험, 의료/정신건강 이력 등): _____

_____

문제에 대한 배경 정보를 확보하는 것은 그 다음 단계이다. 전통적으로 치료자들은 다음과 같은 정보를 수집한다.

- 성학대, 물리적 폭력, 폭행, 자연 재해 등을 포함한 트라우마와 학대 이력
- 현재와 과거의 물질 사용 및 남용
- 촉발 사건: 현 문제와 관련이 있을 수 있는 최근 사건들, 첫 증상의 발생, 최근 스트레스원 등
- 건강 상태, 약물 치료 여부, 이전 상담 경험, 의학적 문제 등과 같은 관련 이력 배경

종종 이와 같은 배경 정보는 '사실'로 고려된다. 하지만 가족치료자들이 역사적으로 경계심을 가졌던 것처럼 어떻게 사실을 기술하는가가 중요하다(Anderson, 1997; O'Hanlon & Weiner-Davis, 1989; Watzlawick, Weakland, & Fisch, 1974). 예를 들어, 내담자에 대해 당신이 "최근에 학술 10종 경기에서 우승하였다"고 말하는 것과 "내담자의 엄마가 알코올 중독인 남편과 최근에 이혼했다"라고 이야기를 시작하는 것은 평가 보고서를 읽는 누구에게든지 내담자에 대한 매우 다른 인상을 준다. 따라서 전문가로서 당신이 어떤 편견도 부가하지 않아야 할 보고서의 '사실적인' 부분일 것 같아도, 실제로는 단어의 미묘한 선택, 정보의 순서, 특정 세부사항에 대한 강조 등을 통해 치료자가 편견을 심기도 한다.

치료적 관계와 희망의 중요성에 관한 연구를 바탕으로(Lambert & Ogles, 2004; Miller, Duncan, & Hubble, 1997), 나는 치료자뿐 아니라 잠재적으로는 내담자를 포함하여 보고서를 읽는 누구라도 내담자에 대한 긍정적인 인상과 내담자의 회복에 대한 희망을 갖도록 치료자가 배경 부분을 작성하기를 권장한다. 이 두 가지 요소는 치료성과에 영향을 끼친다.

강점과 다양성 문제

> IV. 내담자/가족 강점과 다양성 문제
>
> 강점 및 자원
>
> 개인적: _____
>
> 대인관계/사회적: _____
>
> 영적: _____
>
> 다양성: 자원 및 제한점
>
> 내담자의 연령, 성, 성정체성, 문화적 배경, 사회경제적 지위, 종교, 거주 지역, 사용 언어, 가족 배경, 가족 구도, 능력 등에 따라 내담자가 가용할 수 있는 잠재적 자원들과 제한점들을 파악한다.
>
> 독특한 자원: _____
>
> 잠재적 제한점: _____

내담자 강점과 자원은 우선적으로 평가되어야 할 사항이다. 나는 많은 대가를 치루고 이 점을 배웠다. 체계적 평가를 가르치기 시작할 때 나는 내담자 강점 부분을 보고서의 가장 마무리 부분에 적었는데, 그 이유는 역사적으로 좀 더 나중에 개발된 해결기반 및 포스트모던 접근과 보다 명확하게 연관되기 때문이다(12, 13, 14장 참조; Anderson, 1997; de Shazer, 1988; White & Epston, 1990). 내가 깨달은 것은 호소 문제, 이력, 가족의 부정적 역동에 대해 읽은 후에는 사례에 대한 큰 좌절감이 종종 든다는 것이다. 하지만 강점 부분을 마지막에 읽고 나면, 곧바로 힘이 솟아서 내담자와 내담자의 미래에 대해 희망, 깊은 존중감, 심지어는 흥분을 느끼기도 한다. 이후로 나는 체계적 관점에서든지, 포스트모던 관점에서든지 상관없이 강점을 먼저 평가하면 치료자가 좀 더 자원이 풍부하다는 마음이 들 수도 있다고 믿기로 결심하였다.

최근에는 내담자 강점과 자원을 파악하는 것이 중요하다는 사실을 지지하는 연구가 증가하고 있다. **공통요인 모델**(2장 참조; Lambert & Ogles, 2004; Miller, Duncan, & Hubble, 1997)을 개발한 연구자들은 치료성과의 40%는 증상의 경중, 자원에의 접근성, 지지 체계 등과 같은 내담자 요인과 관련이 있고, 치료관계(30%), 치료자 중재(15%), 내담자의 희망감(15%) 등이 나머지 치료성과를 결정한다. 자원에 대한 평가는 내담자 요인(40%), 치료관계의 강화(30%), 희망 주입(15%)과 같은 요인에 달려 있으므로 4개의 공통요인 중 3개에 해당된다. 따라서 강점을 평가함으로써 얻어지는 이익을 과소평가하기 힘들다.

내담자 강점과 자원을 포괄적으로 개념화하기 위해서 치료자는 여러 수준에서 내담자 강점을 고려해볼 수 있다.

1. 사적/개인적 강점
2. 대인관계/사회적 강점 및 자원
3. 영적 자원

사적 혹은 개인적 강점

사적 혹은 개인적 강점과 자원을 평가할 때 치료자는 두 가지 일반적 강점 영역, 즉 능력(abilities)과 개인적 자질(qualities)을 우선적으로 살펴볼 수 있다.

- 능력: 내담자는 매일 어디서 어떻게 기능하고 있는가? 어떻게 상담 회기에 오는가? 직업, 취미, 관계를 유지할 수 있는가? 과거 혹은 현재 어떤 특별한 재능을 갖고 있는가? 만약 당신이 내담자의 현재, 미래, 과거를 고려하여 심지어 가장 '역기능적인' 내담자에게서도 여러 능력들을 항상 찾을 수 있을 것인가?

  능력을 찾아냄으로써 당면한 문제를 다루기 위한 내담자의 희망감과 자신감은 향상

될 수 있다. 나는 특히 이 점이 아동들에게 유용함을 깨달았다. 만약 한 아이가 학교에서 성적이 별로 좋지 않다면, 가족, 교사, 아동 자신도 태권도, 축구, 혹은 피아노 같은 다른 교과외 활동에 소질이 뛰어나다는 것을 인식하지 못할 수 있다. 이러한 성취 영역들을 찾음으로써 종종 관련된 사람 모두가 상황을 개선시킬 수 있는 희망을 어렵지 않게 갖게 된다.

또한 능력을 확인하는 것은 현재의 문제를 어떻게 해결할 것인가에 대한 창의적인 아이디어를 내담자와 치료자에게 제공할 수 있다. 예를 들어, 나는 글 쓰는 것은 싫어하지만 음악이 어떻게 영감을 불러일으켰는지 종종 말하곤 했던 한 알코올 중독자를 상담한 적이 있었다. 이 같은 강점에 초점을 맞추면서 우리는 특별한 '금주 노래 모음'을 만들기로 하였다. 이 모음에는 금주를 지속시키고 재발을 방지하는 데 도움이 되는 내담자가 좋아하는 노래를 담았는데, 이 활동은 내담자에게 큰 의미가 있었고 깊은 영감을 불러일으켰다.

● 개인적 자질: 아이러니컬하게도, 개인적 자질을 발견할 수 있는 가장 좋은 곳은 호소 문제 혹은 호소 증상이다. 무엇 때문에 치료자를 찾아 왔는가는 대체로 강점의 이면에 해당된다. 예를 들어, 만약 어떤 사람이 근심 걱정이 지나치게 많다고 호소한다면, 그 사람은 그만큼 부지런하고 생산적인 직원일 가능성이 높다. 배우자 혹은 자녀들과 말싸움을 하는 사람들은 자신의 권리를 좀 더 잘 주장할 가능성이 높고 자신이 말다툼을 하는 그 관계에 일반적으로 마음을 쓴다. 대부분의 모든 사례에서 칼은 양날을 갖고 있다. 한 가지 취약점은 다른 맥락에서는 장점이 된다. 반대로, 어떤 맥락에서 한 강점은 다른 맥락에서는 종종 문젯거리가 된다. 다음은 흔하게 호소되는 문제와 그 문제와 관련된 강점들의 목록이다.

문제와 관련 강점

문제	잠재적인 강점
우울	• 다른 사람의 생각과 감정을 인식함 • 다른 사람과 유대를 잘 맺고/혹은 유대 맺기를 간절히 바람 • 꿈과 희망이 있음 • 꿈을 현실화하기 위해 행동을 취할 용기가 있었음 • 자신/타인에 대한 현실적인 평가를 내림(Seligman의 2004년도 연구에 의하면)
불안	• 세부사항에 주의를 기울임 • 잘 해내기를 간절히 바람 • 조심스럽고 사려 깊은 행동을 함 • 미래에 대한 계획을 수립할 수 있고 잠재적인 장애물을 예견할 수 있음

문제	잠재적인 강점
말다툼	• 자신/혹은 신념을 옹호함 • 불의에 대항함 • 관계가 잘 유지되기를 바람 • 타인/자신에게 더 좋은 일이 생길 것이라는 희망이 있음
분노	• 감정과 생각을 자각함 • 불의에 대항함 • 공정함에 대한 믿음이 있음 • 경계선에 대한 인식이 있으며 경계선이 침범되었을 때 알아차릴 수 있음
어찌할 바를 모름	• 타인의 욕구를 걱정함 • 사려 깊음 • 큰 그림을 볼 수 있음 • 목표를 정하고 추구함

강점을 파악하는 것은 치료자의 살펴보기 기술에 크게 달려 있다. 숙련된 치료자는 문제를 인식하면서도 호소 문제의 이면에 있는 강점을 볼 수 있다.

대인관계적 혹은 사회적 강점 및 자원

가족, 친구, 전문가, 교사, 동료, 상사, 이웃, 교회 구성원, 판매원 등 수없이 많은 사람들이 한 개인의 삶에서 사회적 지지망의 일부일 수 있다. 이러한 사회적 지지망은 물리적, 정서적, 영적으로 내담자에게 도움이 될 수 있다.

● 물리적 지지에는 사람들이 심부름을 해주고, 아이들을 학교에서 데려오거나 집안일을 도와주는 것이 포함된다.

● 정서적 지지는 귀 기울여 주거나 대인관계 상의 문제들을 해결하도록 도움을 주는 형태를 의미한다.

● 공동체 지지는 어떤 공동체든지 우정을 제공해주고 수용해주는 것을 포함하며, 문화, 성정체성, 언어, 종교 혹은 유사한 요인들 때문에 소외감을 느낄 수 있는 사람을 위하는 형태라면 항상 존재한다. 이러한 공동체들은 소외로 인한 스트레스에 대처하는 데 핵심적인 역할을 한다.

단지 지지가 있다는 것을 언급하고, 인식하고, 존중하는 것만으로도 내담자의 희망감은 곧바로 증가하고 고독감은 줄어들 수 있다.

영적 자원

가족치료자들은 내담자의 영적 자원들이 문제를 다루는 데 이용되는 방법에 대해 점점 더 인식하고 있다(Walsh, 2003). 이러한 이유로 치료자들은 자신의 지역사회 내에 있는 주요 종교적 전통들, 이를 테면 신교, 가톨릭교, 유대교, 이슬람교, 뉴에이지, 토착 원주민 신앙에 대해 잘 알고 있어야 한다.

영성은 한 개인이 우주, 삶, 혹은 신(혹은 자신보다 더 큰 존재)과의 관계를 개념화하는 방식으로 정의된다. 누구나 어떤 형태의 영성 혹은 우주가 작동되는 방식에 대한 신념을 지니고 있다(Bateson, 1972, 1979/2002; Gergen, 1999 참조).

영성

'삶이 어떻게 되어야 하는가'에 관한 규칙은 첫째, 개인이 무엇을 문제라고 지각하는가, 둘째, 그 문제에 대해 어떻게 느끼는가, 셋째, 그 문제에 대해 '현실적으로' 어떤 일을 할 수 있는가에 대한 정보를 주는데, 이 모든 것이 치료자가 효율적인 치료계획을 수립하기 위해 알고자 하는 것들이다.

영성을 평가하기 위한 질문들 치료자는 다음과 같은 질문들을 통해 내담자의 전통적인 혹은 비전통적인 영성을 평가할 수 있다.

- 우주를 관장하는 신 혹은 어떤 형태의 존재가 있다고 믿습니까? 만약 그렇다면 그 존재 혹은 힘이 관장하는 것은 어떤 것들입니까?
- 신이 없다면 우주는 어떤 규칙으로 돌아간다고 생각합니까? 우리에게 일어나는 일은 왜 일어나는 것일까요? 우리의 삶은 그냥 규칙 없이 무작위로 되어 가는 것일까요?
- 인간 존재의 목적과 의미는 무엇입니까? 이것을 이해하면 한 개인이 삶을 어떻게 살아가야 하는 것인지에 대한 답을 얻을 수 있습니까?
- 다른 사람에게 친절해야 하는 이유가 있습니까? 자신에게 친절해야 하는 이유가 있습니까?
- 삶을 살아가는 이상적인 그리고 현실적인 방식은 무엇입니까?
- 왜 '착한' 사람들에게 '나쁜' 일이 생기는 것입니까?
- 모든 일에는 이유가 있다고 믿습니까? 그렇다면 그 이유는 무엇입니까?
- 어떤 방식으로든지 영적 지지, 영감, 가르침을 제공해 주는 종교 단체나 영적 친구들이 있습니까?

이러한 질문들에 대한 답을 가지고 치료자는 내담자의 세계가 어떤 것인지 지도를 그려 볼 수 있고, 이를 통해 내담자에게 매우 유의미하고 '적합한' 대화 방식과 중재 방식을 만들 수 있다. 내담자의 '삶의 지도'를 정확하게 이해함으로써 논리와 행동을 통해 내담자가 변화를 도모하고자 하는 동기를 갖게 되고, 이 지도가 치료자에게는 귀중한 자원이 될 수 있다. 전통적인 종교 혹은 뉴에이지 종교를 갖고 있는 많은 내담자들은 종종 '모든 일에는 이유가 있다'고 믿기도 한다. 이러한 내담자들은 이러한 신념을 사용하여 자신의 감정, 사고, 그리고 힘겨운 상황에 어떻게 반응할 것인지를 재빨리 바꾼다. 예를 들어 최근 내 내담자 중 한 명은 예기치 않게 해고를 당한 후 우울감을 호소하였는데, 이 상황을 여러 해 동안 제쳐 두었던 자신의 오래된 꿈을 좇을 필요가 있다는 신이 주신 신호라고 바라보기 시작하면서 급속도로 기분이 좋아졌다. 이러한 신념을 통해 내담자는 에너지를 끌어 올릴 수 있었고 긍정적인 방향으로 삶을 이끌어갈 희망을 갖게 되었다.

다양성 자원과 제한점

내담자 및 가족 강점 이외에 모든 내담자는 자신의 인종, 민족, 연령, 성, 생물학적 성정체성, 사회적 성정체성, 사회경제적 지위, 교육 수준, 능력, 종교, 언어 등과 같은 다양성의 요소에 따라 특정 자원과 제한점을 갖고 있다. 따라서 치료자들은 이러한 요소들을 평가할 수 있다.

다양성으로 인해 얻어지는 흔한 자원들은 다음과 같다.

- 내담자의 상황을 이해하는 사람들의 튼튼한 지지망
- 공동체 의식과 유대
- 목적의식과 방향감
- 문제를 해결하기 위한 자원
- 안도감을 제공하는 신념
- 1차 지지망 밖의 사람들과의 유대
- 사회 복지 사업에 접근하기 용이함

흔히 갖게 되는 제한점으로는 다음과 같다.

- 고립, 다른 사람을 만나기 어려움
- 괴롭힘과 차별 경험
- 기회를 발견하기 어려움
- 기관 및 단체들과 의사소통하기 어려움
- 사회 복지 사업에 접근하기 어려움
- 충분한 재정적 자원, 주택, 법률 자문 등을 얻기 힘듦

가족 구조

V. 가족 구조

가족 생활주기 단계(해당하는 곳에 모두 표시하시오.)

☐ 미혼 성인 ☐ 커플 ☐ 어린 자녀가 있는 가족 ☐ 청소년 자녀가 있는 가족 ☐ 이혼 ☐ 혼합가
족 ☐ 자녀 독립 ☐ 생애 후기

이러한 단계들 중 한 단계 이상에서 발달 과제를 수행하는 데 겪었던 어려움이 있었다면 기술
하시오.

_____

_____

_____

커플/가족 내에서 친밀함과 거리를 조율했던 전형적인 방식: _____

_____

_____

다음 사람들과의 경계선은...

커플(A_/A_): ☐ 융해된 ☐ 명료한 ☐ 분리된 ☐ 해당 사항 없음

구체적 기술/예시:_____

부모 A_ & 자녀: ☐ 융해된 ☐ 명료한 ☐ 분리된 ☐ 해당 사항 없음

구체적 기술/예시:_____

부모 A_ & 자녀: ☐ 융해된 ☐ 명료한 ☐ 분리된 ☐ 해당 사항 없음

구체적 기술/예시:_____

형제: ☐ 융해된 ☐ 명료한 ☐ 분리된 ☐ 해당 사항 없음

구체적 기술/예시:_____

확대 가족: ☐ 융해된 ☐ 명료한 ☐ 분리된 ☐ 해당 사항 없음

구체적 기술/예시:_____

친구/동료/기타: ☐ 융해된 ☐ 명료한 ☐ 분리된 ☐ 해당 사항 없음

구체적 기술/예시:_____

삼각관계/연합(coalitions)

☐ 세대 간 연합(구체적 설명):_____

☐ 원가족과의 연합(구체적 설명):_____

☐ 기타 연합:_____

부모와 자녀 간 위계 ☐ 해당 사항 없음

AF/AM: ☐ 효율적임 ☐ 부족함(허용적임) ☐ 지나침(권위적임) ☐ 비일관적임

AM/AF: ☐ 효율적임 ☐ 부족함(허용적임) ☐ 지나침(권위적임) ☐ 비일관적임

구체적 설명/예시: _____

보완적 패턴 _____와 _____

☐ 추적자/도망자 ☐ 과도 기능자/과소 기능자; 정서적/논리적 ☐ 좋은/나쁜 부모

☐ 기타: _____ ☐ 예시: _____

새티어의 의사소통 입장: 스트레스 상황에서 가장 흔하게 사용되는 입장을 설명하시오.

AF 혹은 _____: ☐ 일치형 ☐ 회유형 ☐ 비난형 ☐ 초이성형 ☐ 산만형

AM 혹은 _____: ☐ 일치형 ☐ 회유형 ☐ 비난형 ☐ 초이성형 ☐ 산만형

CF 혹은 _____: ☐ 일치형 ☐ 회유형 ☐ 비난형 ☐ 초이성형 ☐ 산만형

CM 혹은 _____: ☐ 일치형 ☐ 회유형 ☐ 비난형 ☐ 초이성형 ☐ 산만형

구체적 설명: _____

가트먼의 이혼 지표들: _____

비난: ☐ AF/M ☐ AM/F 예시:

방어: ☐ AF/M ☐ AM/F 예시:

모욕: ☐ AF/M ☐ AM/F 예시:

벽 쌓기: ☐ AF/M ☐ AM/F 예시:

개선 시도 실패: ☐ AF/M ☐ AM/F 예시:

영향 받지 않기: ☐ AF/M ☐ AM/F 예시:

거친 싸움 시작: ☐ AF/M ☐ AM/F 예시:

가족 생활주기 단계

가족 구조 평가는 우선적으로 내담자 혹은 가족의 가족 생활주기를 파악하는 것으로 시작된다. 생활주기의 각 단계에는 각기 다른 발달 과제가 있으며 종종 독립과 상호의존의 균형을 맞추는 것이 요구된다(Carter & McGoldrick, 1999). 예를 들어, 미혼 성인 단계는 높은 수준의 독립이 요구되는 반면 커플 단계는 많은 상호의존이, 어린 자녀가 있는 가족 단계는 더 많은 상호의존이 요구된다. 종종 호소문제는 개인이 한 단계에서 다른 단계로 전환될 때 요구되는 변화와 밀접하게 관련된다. 이혼 혹은 혼합 가족의 경우, 다른 사람과 커

플 관계를 형성하는 동안 10대 청소년 자녀를 양육하는 것과 같은 한 단계 이상과 관련된 도전거리들을 실제로 경험하고 있을 수 있다. 이는 더 복잡한 도전거리를 낳게 된다. 구체적인 단계들은 다음과 같다.

- 집으로부터 독립한 미혼 성인: 자신에 대한 정서적, 재정적 책임을 수용함.
- 커플 관계: 새로운 체계에 헌신함. 가족과 친구에 대한 경계선을 재조정함.
- 어린 자녀를 둔 가족: 자녀를 위한 여지를 만들기 위해 결혼생활을 조정함. 자녀 양육 활동에 참여함. 부모와 조부모에 대한 경계선을 재조정함.
- 청소년 자녀를 둔 가족: 청소년 자녀가 자유와 책임을 더 가질 수 있도록 부모로서의 경계선을 조정함. 결혼과 직업 생활에 재초점을 둠.
- 이혼: 이혼은 가족 생활주기가 단절되었음을 의미하고, 전형적으로 대부분의 구성원들이 독립심을 증가시키되, 만약 어린 자녀가 있는 경우 새로운 형태의 상호의존을 유지하는 것이 요구된다.
- 혼합 가족: 점점 더 흔한 가족 형태인 혼합 가족은 독립과 상호의존이 좀 더 복잡하게 균형을 이루어야 한다. 왜냐하면 두 개 이상의 가족 체계가 서로 다른 가족 생활주기에 있으면서 얽혀 있기 때문이다. 전형적으로 여러 해가 걸릴 수도 있는 이같이 복잡한 전환기를 잘 헤쳐 나가기 위해 종종 의존과 상호의존에 대한 필요성을 숨기지 않고 논의하는 것이 필수적이다(Visher & Visher, 1979).
- 자녀 독립: 결혼 하위 체계를 새롭게 재조정함. 자녀와 성인 대 성인의 관계를 형성함. 노쇠해 가는 부모에 잘 대처함.
- 생애 후기: 세대 역할의 전환을 수용함. 능력의 상실에 잘 대처함. 가운데 세대가 더 많은 핵심적 역할을 떠맡음. 노인의 지혜가 발휘될 수 있는 여지를 만듦.

경계선: 친밀함과 거리를 조율하기

구조적 가족치료(7장)에서 가장 흔하게 다루는 개념인 경계선(boundaries)은 대인간 친밀함과 거리를 조율하기 위한 규칙들을 가리킨다(Minuchin, 1974). 경계선은 내부적으로는 가족 내에 존재하고, 외부적으로는 가족과 핵가족 밖에 있는 사람들 간에 존재한다. 두 사람이 시간이 지나면서 서로 상호작용을 할 때 서로 각자가 자기가 선호하는 시간, 장소, 방식에 맞춰 상호작용하므로 이러한 규칙들은 대체로 서로 의사소통하지 않으면서 서서히 드러나게 된다. 커플에게 있어 이러한 규칙들은 종종 매우 복잡해서 파악하기가 힘들다. 경계선은 명확하기도 하고, 희미하기도 하며, 유연하지 않을 수 있다. 모든 경계선은 문화의 영향을 크게 받는다.

- **명확한 경계선과 문화적 차이:** 명확한 경계선은 커플과 가족이 친밀함(우리)과 분리(개인) 간의 건강한 균형을 찾을 수 있는 여러 가능한 방법들을 가리킨다. 문화적 요인은 친밀함 혹은 분리가 어느 정도 선호되느냐를 결정짓는다. 집단주의 문화에서는 상대적으로 더 많은 친밀함을 추구하는 경향이 있고, 반면에 개인주의 문화에서는 상대적으로 더 많은 독립을 가치 있게 여기는 경향이 있다. 경계선이 명확한지 여부를 결정짓는 가장 최선의 방법은 증상이 개인, 커플, 혹은 가족에게 나타나는지를 살펴보는 것이다. 만약 그렇다면 경계선이 아마 지나치게 희미하거나 지나치게 경직된 것이다. 상담에 오는 대부분의 사람들은 가족 생활주기의 변화 때문에 어떤 맥락 하에서는 아무런 문제가 없는 경계선이 더 이상 효과적이지 않을 지점에 이르게 되었다. 관계에 있어 힘겨운 시간을 잘 넘기기 위해서 커플과 가족은 각 개인의 변화하는 욕구에 끊임없이 자신들의 경계선(관계 규칙)을 타협해야만 한다. 이러한 규칙을 서로 잘 타협하는 유연한 커플일수록 삶의 변화와 어려움들에 성공적으로 적응할 수 있을 것이다.

- **희미한 경계선과 융해된 관계:** 커플 혹은 가족이 각 개인의 개별성을 존중하지 않고 단결만을 지나치게 강조하기 시작하면, 경계선은 흐릿해지고(diffuse) 관계는 서로 얽히게 된다(주의: 기술적으로 경계선이 얽히는 것은 아니다. 경계선이 불분명해지는 것이다). 이러한 관계에서는 적어도 한 사람 이상이 숨 막히는 것 같은 느낌, 자유가 없다는 느낌, 혹은 돌봄을 충분히 받지 못한다는 느낌을 가질 수 있다. 종종 이러한 관계에 있는 사람들은 상대방이 자신의 의견에 동의하지 않거나 맞는다고 해주지 않으면 위협감을 느낀다. 그 결과 상대방이 자신의 뜻을 따르도록 설득시키기 위한 격렬한 주도권 다툼을 벌이게 된다. 희미한 경계선을 지닌 커플들은 자녀, 원가족, 친구들과도 희미한 경계선을 가질 수 있으며, 그 결과 이 같은 외부인들이 커플 중 한 사람의 삶에 지나치게 개입하게 된다(예를 들면, 커플의 말다툼에 부모, 친구 혹은 자녀가 끼어들게 된다).

- **경직된 경계선과 유리된 관계:** 커플 혹은 가족이 함께함보다 독립을 더 가치 있게 여기면, 그들 간의 경계선은 경직되고 관계는 서로 유리된다. 이러한 관계 안에서 한 개인은 타인이 관계에 영향을 끼치는 것을 허용하지 않으며, 종종 관계보다 자신의 진로 혹은 외부 활동을 더 가치 있게 여기면서 대개의 경우 정서적 유대를 최소화한다. 이러한 커플들은 사람들과 거리를 두는 패턴을 갖고 있거나 자녀, 친구, 가족 혹은 외부의 애정 대상(예를 들면 정서적 혹은 신체적 불륜)과 모호한 경계선을 가짐으로써 보상하려고 한다. 때로 정확하게 평가하기는 힘들더라도 경직된 경계선을 나타내는 가장 핵심적인 지표는 개인적으로 문제를 만드는지 아니면 커플 관계나 가족에게 문제를 만드는지 여부이다.

경계선을 평가하는 질문

개인, 커플, 가족과 상담할 때 경계선을 평가할 수 있는 몇몇 질문들을 제시하였다.

커플 관계에서 경계선 평가

- 부모로서의 역할과 원가족과의 관계와는 구별되는 명확한 경계선을 커플이 갖고 있는가?
- 커플이 자녀에 대해 말하지 않고 단둘이만 시간을 보내는가?
- 커플이 성적 혹은 낭만적 활동을 활발히 하고 있다고 보고하는가?
- 부모로서가 아니라 서로 유대감을 여전히 느끼고 있는가?

커플, 가족, 대인관계에서 경계선 평가

- 한 사람 이상이 의견 차이가 있을 때 불안하거나 좌절감을 경험하는가?
- 상대방이 다른 의견이나 관점을 지니면 다른 한 사람이 상처받거나 화가 나는가?
- 말할 때 '우리' 혹은 '나'를 자주 사용하는가? 두 용어를 균형 있게 사용하는가?
- 각자가 가족 혹은 커플과는 분리되어 자신만의 친구와 활동을 지니고 있는가?
- 얼마나 많은 에너지가 커플/가족 대 외부 관계에 할애되는가?
- 각자의 일정에 있어 우선순위는 무엇인가? 자녀? 일? 개인적 활동? 커플만의 시간? 친구?

삼각관계 및 연합

문제 체계는 가장 체계적인 가족치료 접근에서 파악된다. 삼각관계(Kerr & Bowen, 1988), 내현적 연합(covert coalitions; Minuchin & Fishman, 1981), 세대 간 연합(cross-generational coalitions; Minuchin & Fishman, 1981)은 모두 유사한 과정을 가리킨다. 즉, 두 사람과의 관계를 안정화시키기 위한 목적으로, 제3자[혹은 제4자의 경우에는 '사각관계(tetrad)'가 됨, Whitaker & Keith, 1981]를 끌어들임으로써 두 사람 간의 긴장이 해소된다. 많은 치료자들은 이 삼각화 과정에서 잠재적인 '제3자'로 무생물이나 다른 과정을 포함시킨다. 이러한 상황에서 음주, 마약, 일, 취미 등과 같은 어떤 것이 두 사람 간의 긴장을 다루기 위해 이용되는데, 이것들은 한 사람 혹은 두 사람 모두가 관계를 희생하면서 자신의 내적 스트레스를 가라앉히는 데 도움이 되도록 사용하는 것들이다.

삼각관계와 문제 하위 체계들을 치료자는 다음과 같은 몇 가지 방식으로 평가한다.

- 내담자들은 상대방이 관계에서의 갈등을 가져온 책임이 있다고 말한다. 이 경우 내담자들은 어떤 면에서는 이 과정을 인식하고 있는 셈이다.
- 내담자가 문제 혹은 갈등 상황에 대해 설명할 때 다른 한 사람이 절친 역할을 하거나 배우자 중 한 사람의 편을 든다(예를 들어, 한 사람에게는 다른 사람에 반대하는 친구 혹은 가족 중의 일원을 두고 있다).

- 일차적 이인관계에서 욕구가 충족되지 못한 후에 한 사람은 다른 사람에게서 얻지 못하는 것이 무엇인지를 안다(예를 들어, 엄마는 남편으로부터가 아닌 자녀로부터 정서적 친밀감을 얻으려 한다).
- 치료가 무슨 이유에선지 '제자리걸음'에 있을 때는 한 사람 혹은 두 사람이 핵심 문제를 해결하지 못하게 방해하는 삼각관계가 종종 존재한다(예를 들면, 불륜, 물질남용, 치료에서 이루어지는 합의를 깎아 내리는 친구).

초기 평가 과정에서 삼각관계를 파악함으로써 치료자는 좀 더 성공적으로 그리고 더 빨리 복잡한 가족역동에 개입할 수 있게 된다.

자녀와 부모 간 위계

부모와 자녀 관계를 평가하는 데 있어 한 가지 핵심 영역은 위계, 즉 구조적 가족 개념이다(7장 참조). 부모 위계를 평가할 때 치료자는 자문해야 한다. '부모-자녀 위계가 발달적으로, 문화적으로 적절한 것인가?', 위계가 적절하다면, 자녀는 대체로 행동 문제를 거의 보이지 않는다. 만약 자녀가 증상을 보이거나, 부모 자녀 간 관계에 문제가 존재한다면, 대체로 위계 구조에서 뭔가 문제가 있다는 것을 가리킨다. 다시 말하면, 현재 가족의 사회문화적 맥락에서 부모 위계가 과도하거나(권위주의적인) 혹은 불충분한(허용적인) 경우이다. 이민 가족은 부모 위계에 대한 두 가지 상이한(전통적 문화 맥락과 현재 문화 맥락) 문화적 규준 때문에 권위주의적인 위계와 허용적인 위계 간의 균형을 맞추기가 쉽지 않다.

위계를 평가하는 것은 치료자에게 어디서부터 어떻게 중재할 것인지를 알려준다는 점에서 핵심적이다. 만약 치료자가 증상만을 평가한다면, 부적절한 중재를 하게 될 수도 있다. 예를 들어, ADD로 진단된 아동들이 유사한 증상, 즉 과잉행동, 반항, 부모의 지시를 따르지 않는 것과 같은 증상을 갖고 있다 하더라도, 이 동일한 증상들이 두 개의 매우 다른 가족 구조(지나치게 부모 위계가 강하거나 약한) 안에서 나타날 수 있다. 부모 위계가 지나치게 경직될 때, 치료자는 부모가 자녀와 더 끈끈한 개인적 관계를 맺고 발달적으로, 문화적으로 적절한 기대를 갖도록 상담한다. 만약 부모 위계가 충분하지 않다면, 치료자는 부모가 자신이 한 말을 더욱 일관되게 지키고, 한계와 규칙을 설정할 수 있도록 조력한다. 그러므로 동일한 증상들일지라도 매우 상이한 중재를 필요로 할 수 있다.

부모 위계를 개념화할 때 부모 체계 내에서 역할의 균형을 고려하는 것 또한 유용할 수 있다. 레이저(Raser, 1999)는 부모 관계가 **사업가 역할**(규칙을 설정하고 사람을 사귀는)과 개인적 역할(따뜻함, 재미, 돌봄, 놀이)로 구성된다고 설명한다. 사업가 역할은 효율적인 위계와, 개인적 역할은 안정된 애착과 가장 상관이 높다(아래 애착 부분 참조). 전형적으로 부모 중 한 사람은 다른 부모보다 더 잘 하는 것이 있기 마련인데, 이것이 종종 부모 간 부정적 대립 상황으로 발전된다. 이상적으로는 두 부모가 스스로 사업가 역할과 개인적 역할을 잘 균형 맞출 수 있다. 그리고 두 부모가 효율적인 위계를 설정할 뿐 아니라 친밀한 정서적 유대를 유지할 수 있다. 한 가지 차원만을 평가하는 것은 치료자로 하여금 아주 예리하게 치료 초점을 맞출 수 있도록 해주는데, 종종 이렇게 함으로써 신속한 치료성과를 가져오기도 한다.

상호보완적 패턴

상호보완적 패턴은 대부분의 관계, 특히 장기적 관계를 서로 다르게 규정하는 특징이다. 보완적(complementary)이라는 말은 각 개인이 기능적 역할에서부터 부정적 역할에 이르기까지 상반되거나 보완적인 역할을 취한다는 것을 가리킨다. 예를 들어, 내향적/외향적과 같은 보완적 관계는 잘 균형 잡히고 기능하는 관계 내에서도 존재할 뿐만 아니라, 균형이 무너지고 문제가 많은 관계에서도 존재한다. 차이는 패턴의 경직성일 뿐이다. 문제로 발전되는 보완적 역할에 대한 고전적 예시는 쫓아가는 자/거리를 두는 자, 정서적/논리적, 과기능자/저기능자, 친절한 부모/엄격한 부모 등이다. 가트먼(Gottman, 1999)은 여자는 쫓아가고(요구하고) 남자는 물러서는 패턴이 정도의 차이는 있지만 그가 연구한 대부분의 결혼에서 존재한다고 보고하였다. 하지만 고통스러운 결혼생활에서는 이러한 패턴이 부풀려지게 되고 개인의 선천적인 성격 특질인 것으로 간주되기 시작한다. 이러한 패턴들을 평가함으로써 치료자는 커플의 상호작용을 중재할 수 있게 된다. 대부분의 사례에서 커플들이 관계에 대해 불평하는 것, 이를 테면 "남편은 애들한테 너무 엄격해요.", "아내는 항상 오버해서 반응해요.", "나 아니면 그 일을 할 사람이 아무도 없어요.", "아내가 잠자리를 거부해요." 등을 들어 보면 커플들 스스로도 보완적 역할을 곧바로 파악할 수 있게 된다. 이처럼 상대방에 대한 포괄적이면서도 일갈하는 말이 부정적인 상호보완적 패턴을 암시할 가능성이 있다.

새티어의 의사소통 입장

새티어(8장 참조, Satir 등, 1991)는 다섯 가지 의사소통 입장에 기반을 둔 의사소통 패턴을 평가하는 접근법을 개발하였다. 이 다섯 가지 입장은 회유형, 비난형, 초이성형, 산만형 등과 건강한 의사소통이라고 할 수 있는 일치형이다. 첫 네 가지 입장은 생존 입장(survival stances)으로서 아이가 부모가 화내거나, 친구가 압력을 가하거나, 거부의 위협이 존재하는 등의 힘든 상황에 직면했을 때 처음으로 발달시키는 자세이다. 자신의 욕구와 바람(자기)(self)과 상대방의 욕구와 바람, 그리고 맥락(context)에 적절한 것을 알맞게 균형을 맞추는 정서적이며 인지적인 능력이 없다면, 아이는 이러한 영역들 중 하나 이상에만 관심을 두고 나머지는 무시하게 된다. 예를 들어, 회유형의 입장을 취하는 아이는 부모와 친구의 비위를 맞추면 그들이 자신에게 화를 내지 않을 것이며 자신이 가장 원하는 것, 즉 타인으로부터의 수용을 얻을 것이라는 점을 재빠르게 배운다. 반대로 비난형의 입장으로 대처하는 아이는 자신의 권리를 주장하며 싸우게 되면 어른들이 자신이 원하는 것을 해줄 가능성이 높다는 점을 배울 수 있다. 또한 초이성적 입장을 취하는 아이는 자신 혹은 타인이 어떻게 느끼는 것과는 상관없이 맥락적 규칙, 즉 가정, 학교, 교회, 사회 규칙 등을 항상 따르면 자신의 세계는 잘 돌아가고 안정된다는 것을 알게 될 수 있다. 마지막으로 산만형 입장을 취하는 아이는 항상 우스갯소리만 하고, 화제를 바꾸고, 약간은 '엉뚱하게' 행동하면, 사람들이 즐거워함으로써 자신을 인정해줄 것이며 이러한 행동들을 통해 사람들을 정신없이 만들면 자신에게 문제를 안기지 않을 것이라는 점을 배울 수 있다. 불행히도 이러한 생존 입장들은 균형이 잡힌 것이 아니므로 장기적으로 효과적이지 않다. 다음 표에는 각 입장들이 세 가지 요소, 즉 자기, 타인, 맥락과 어떤 관계가 있는지가 제시되어 있다.

새티어의 의사소통 입장

양식	인식하는 요소	무시하는 요소
일치형	자기, 타인, 맥락	없음
회유형	타인, 맥락	자기
비난형	자기, 맥락	타인
초이성형	맥락	자기, 타인
산만형	없음	자기, 타인, 맥락

이러한 의사소통 양식이 낯선 사람에게는 이 양식들이 처음에는 단순해 보이고 유의미한 임상적인 이점이 없다고 간주할 수도 있다. 하지만 이러한 양식을 평가하는 짧은 과정을 통해 치료자는 회기 동안 이러한 내담자들과 어떻게 의사소통하며 중재 방법을 어떻게 계획하는 것이 최선일 것인가에 대한 훌륭한 정보를 얻을 수 있다. 이 입장들이 갖는 임상적 함의는 다음과 같다.

● 회유형: 회유적 입장을 취하는 사람과의 상담 시에는 치료자가 내담자에게 자신의 의견을 표현하며 확실한 태도를 취하도록 요청하는 선다형 질문과 개방형 반영 등과 같은 상대적으로 덜 지시적인 치료 기법을 사용할 때 더 성공적이다. 자신의 의견을 표현하거나 확실한 태도를 취하는 것은 회유형에게는 종종 상당히 고통스럽고 두려운 것이다. 회유형의 입장으로 기울어지는 내담자에게는 치료자가 의견(치료자가 어떤 의견이 있다는 가장 약한 힌트라도)을 제시하거나, 개인적 정보를 지나치게 많이 제공하지 않도록 주의를 기

울인다. 내담자들은 치료자의 인정을 받기 위해 자신의 어떤 부분을 감추고, 어떤 부분을 내세울지를 파악하는 데 이러한 정보를 사용할 것이다. 회유형을 절대 과소평가하지 마라. 회유형들은 다른 사람의 비위를 맞추는 데 선수들이어서 치료자의 기분을 좋게 만들기 위해 치료가 얼마나 도움이 되고 있는지에 대해 거짓말을 하곤 한다(Gehart & Lyle, 2001). 내담자가 가끔씩 치료자의 의견에 동의하지 않는다고 표현하지 않는 한 회유형의 내담자와 라포가 온전히 형성되었다고 볼 수가 없다.

- 비난형: 비난하는 입장을 자주 취하는 내담자와의 상담 시에 치료자는 타인의 생각과 감정에 대해 내담자가 잘 인식할 수 있도록 노력하며, 타인을 존중하는 방식으로 자신의 관점을 잘 의사소통하는 방법을 내담자가 배울 수 있도록 조력한다. 종종 치료자들이 비난형을 직접적으로 과감하게 직면시킬 때 더 효율적이다. 자신이 기대한 것을 상쇄시키는 이러한 접근은 비난하는 입장을 취하는 내담자와의 치료적 관계를 강화한다. 비난형의 대부분은 자신의 마음을 솔직하고 직접적으로 표현하지 않는 '나약한' ('회유형'을 생각하라) 치료자들에 대한 존중심을 잃어버린다. 비난형들은 이것이 특기이다. 비난형들은 점잖은 사회에서는 대체로 삼가는 좀 더 솔직하고 직접적인 의사소통을 더 선호한다.

- 초이성형: 초이성형 내담자와 상담할 때는 논리와 규칙이 가장 중요하다. 효과적으로 의사소통하기 위해서 치료자는 이러한 내담자들이 의미를 만들기 위해 사용하고, 자신이 어떤 행동을 취할 것인지에 관한 정보를 제공해주는 맥락을 반드시 파악하고 참조해야 한다. 이러한 맥락에는 지각된 사회 규칙, 종교적 규범, 직업상 기대, 혹은 심지어 삶에 대한 자신만의 고유한 규칙 등이 포함된다. 목표는 이러한 내담자들로 하여금 자신과 타인의 내적, 주관적 실재를 존중하도록 조력하는 것이다.

- 산만형: 이 산만형 내담자들은 치료자에게 독특한 방식으로 도전거리가 될 수 있다. 그 이유는 자기, 타인, 맥락에 대해 치료자가 의지할 수 있는 디딤돌이 없기 때문이다. 치료자는 내담자의 실재에 연결될 수 있는 고유한 닻을 찾을 필요가 있다. 첫 번째 단계는 치료적 관계를 내담자에게 가장 안전한 장소로 만드는 것이다. 그렇게 되면 내담자가 관심을 이리저리 돌릴 필요가 적어지게 된다. 치료가 진행됨에 따라 치료자는 맥락이 요구하는 바를 인식할 뿐만 아니라 자신과 타인의 생각과 감정을 인식할 수 있는 능력이 향상되도록 조력한다. 다른 의사소통 입장을 지닌 내담자와의 상담에 비해 치료 경과는 상대적으로 늦을 수 있다.

가트먼의 이혼 지표

존 가트먼(11장 참조, Gottman, 1999)은 커플의 의사소통 패턴을 30여 년이 넘게 연구하였다. 이를 통해 다섯 가지 핵심 변인을 평가함으로써 이혼을 97.5% 이상의 정확도로 예측할 수 있게 되었다. 다섯 가지 변인은 네 명의 기사(the Four Horsemen)에 해당하는 비난, 방어, 모욕, 벽 쌓기와 효과적인 개선 시도이다. 가트먼의 광범위한 연구를 통해 치료자는 커플 기능을 평가하는 독특한 체계를 갖게 되었다.

이혼의 네 가지 재앙

이혼 지표에 관한 연구를 통해 가트먼은 부정적 상호작용(예를 들어, 분노 표현)만이 관계를 좀먹는 것은 아님을 발견했다. 다른 것에 비해 네 가지 특별한 상호작용이 이혼을 예측하는 데 더 유의미하였다. 가트먼은 이것들을 이혼의 네 가지 재앙이라고 이름 지었다. 이 네 가지 요인이 존재하게 되면 이혼을 85% 정확도로 예측할 수 있다.

- 비난: 단일한 특정 사건에 대해 불만족스럽다고 말하기보다는 배우자에게 전반적으로 뭔가가 잘못되었다는 언급(예를 들면, '항상' 혹은 '전혀'라고 말함. 또한 상대방의 성격에 대해 포괄적으로 일반화함).
- 방어: 상대방으로부터의 공격 혹은 비난을 막기 위한 말 혹은 행동('나는 잘못이 없다')
- 경멸: 상대방보다 자신이 더 높은 지위에 있다는 말이나 제스처. 전형적으로 조롱하고, 눈을 굴리고, 업신여기는 얼굴 표정 등을 보임. 네 가지 재앙 중 가장 관계를 좀먹는 것이며 행복한 결혼생활에는 실제로 존재하지 않음. 경멸은 이혼을 예측하는 가장 강력한 단일 지표임.
- 담쌓기: 청자가 상호작용에서 철수하는 행동임. 말 그대로 방을 나가거나 대화를 지속하기를 거부함.

치료자는 내담자가 말한 것, 회기 내 상호작용, 그리고 설문지 등을 통해 이러한 네 가지 부정적 신호들을 평가한다(Gottman, 1999). 네 가지 신호가 존재한다고 해서 자동으로 경고를 울리는 것은 아니다. 행복한 결혼생활을 하는 커플도 비난하고, 방어적이 되고, 담쌓기를 하기도 한다. 하지만 이러한 행동의 빈도는 서로 다르다. 행복한 커플은 이러한 상호작용을 성공적으로 개선할 수 있는 능력을 가지고 있다. 따라서 치료자는 이러한 신호의 존재 여부와 더불어 빈도 또한 평가할 필요가 있다. 성공적인 커플은 갈등 상황에서 긍정적 상호작용 5, 부정적 상호작용 1의 비율을 유지한다. 이혼을 향해 가는 커플은 긍정적인 비율이 5 이하가 되거나, 긍정적 상호작용과 부정적 상호작용의 비율이 1:1 정도가 되거나, 심지어는 긍정적 상호작용보다 부정적 상호작용이 더 많은 경향이 있다. 치료자가 빈도를 평가할 필요가 있는 몇 가지 상호작용은 다음과 같다.

- 개선 시도 실패: 개선 시도는 갈등의 확산을 방지하기 위해 파트너 중 한 명이 언어적으로 혹은 비언어적으로 시도하는 것을 가리킨다. 이러한 시도에는 유머, 사과, 신체적 접촉 혹은 타협 등이 포함된다. 개선 시도가 '실패'했다는 의미는 상대방이 시도를 거부하거나 갈등 상호작용을 지속한 것을 가리킨다. 스트레스가 심한 커플은 개선 시도를 더 자주 하지만 이러한 시도가 더 자주 거부당한다.
- 영향받지 않기: 종종 한 파트너가 상대방의 영향(예를 들어, 제안이나 의견 제시)을 거부한다. 아내의 영향을 거부하는 남편은 80% 정확도로 이혼이 예측되지만 반대의 경우는 다르다.
- 거친 싸움 시작: 이 말은 어떻게 문제가 제기되는가를 가리킨다. 즉, 긍정적 정서(부드러운 시작)인지 혹은 부정적 정서(거친 시작)를 통해서 문제가 제기되는지와 관련된다. 아내가 싸움을 거칠게 시작하면 결혼 불안정성과 더 높은 이혼율과 더 큰 상관이 있지만 반대의 경우는 그렇지 않다.

커플과 상담을 할 때 치료자는 스트레스의 강도를 파악하고 어떻게 진행하는 것이 최선일지를 결정하기 위해 가트먼의 이혼 지표를 기억한다.

상호작용 패턴

VI. 상호작용 패턴

문제 상호작용 패턴(A ⇄ B):

긴장의 시작: ＿＿＿＿＿＿＿＿＿＿＿＿＿＿＿＿＿＿＿＿＿＿＿＿＿＿＿＿

갈등/증상 악화: ＿＿＿＿＿＿＿＿＿＿＿＿＿＿＿＿＿＿＿＿＿＿＿＿＿

'정상'으로의 복귀/항상성: ＿＿＿＿＿＿＿＿＿＿＿＿＿＿＿＿＿＿＿＿

호소 문제의 항상성 기능 가설: 어떻게 증상이 연결감을 갖게 하고, 독립/거리를 조성하고, 영향력을 끼치며, 유대감을 다시 수립하는가? 혹은 가족 내의 균형감을 어떻게 만들어내는가?

＿＿＿＿＿＿＿＿＿＿＿＿＿＿＿＿＿＿＿＿＿＿＿＿＿＿＿＿＿＿＿＿＿＿＿＿＿＿

＿＿＿＿＿＿＿＿＿＿＿＿＿＿＿＿＿＿＿＿＿＿＿＿＿＿＿＿＿＿＿＿＿＿＿＿＿＿

가족치료가 갖는 가장 뚜렷한 특징 중 한 가지는 호소 문제에 대한 가족의 상호작용 패턴을 평가할 수 있다는 점이다. 솔직히 나는 가족 구조에 대한 평가를 실시하기 이전에 이를 수행하는 것을 더 선호한다. 하지만 내 학생들 중 대부분은 가족 구조를 찾는 것이 조금 더 수월하기 때문에 이 순서대로 하는 것을 더 선호하는 것 같다. 당신도 편한 순서대로 자유롭게 하면 될 것 같다.

가족의 상호작용을 평가할 수 있다는 것은 MRI 접근(5장 참조; Watzlawick 등, 1974), 전략적 치료(Haley, 1976), 밀란 접근(5장 참조; Selvini Palazzoli, Boscolo, Cecchin, & Prata, 1978)에는 핵심적이며, 새티어의 의사소통 접근(8장 참조; Satir, Banmen, Gerber, & Gomori, 1991)과 휘태커의 상징-경험적 치료(9장 참조; Whitaker & Bumberry, 1988)에 있어서는 뚜렷이 반영되어 있다. 상호작용 평가에 있어 치료자는 상호적인 관계 패턴을 살펴본다. 즉, A라는 사람이 B라는 사람에게 어떻게 반응하고, B라는 사람은 A라는 사람에게 또한 어떻게 반응하는지를 살펴보는 것이다. 가족이나 더 규모가 큰 집단에서는 한 사람 이상(C, D, E 등)이 개입되어 있으므로 패턴은 상당히 복잡해진다. 내담자가 개인적인 증상을 보고하든지 혹은 관계상 문제를 보고하든지, 치료자는 행동이 항상 더 큰 체계와 관련이 있으며 증상은 체계의 항상성 혹은 정상 상태(normalcy)를 유지하는 데(비록 그 행동이 체계의 다른 구성원들에 의해 정상적인 것으로 간주되지 않는다 하더라도) 도움이 된다는 사실을 언급한다. 나는 세 가지 기본 단계를 통해 문제 상호작용을 파악하는 것이 가장 유용하다고 생각한다. 물론 문제에 따라 매우 다를 수 있다.

문제 상호작용 패턴의 세 단계
- **긴장의 시작**: 긴장이 발생하거나 문제가 시작된다는 신호를 해주는 행동은 무엇인가? 이후 어떻게 전개되는가? 각 개인은 이 긴장의 발생에 대해 어떻게 반응하는가?
- **갈등/증상 악화**: 문제가 온전히 드러나게 되면 어떤 일이 발생하는가? 문제가 가족 전체에 대한 갈등인가 아니면 한 개인이 보이는 우울 에피소드에 해당되는가? 여기에서의 초점은 불안, 우울, 혹은 정신증과 같은 '개인' 문제에 해당될지라도 각 개인의 행동 및 상황에 개입하기 위해 각 개인이 보인 반응에 있다.
- **정상으로의 복귀/항상성**: 마지막으로 가장 중요한 부분으로 '정상 상태' 혹은 항상성 수준으로 되돌려 놓는 상호작용을 찾는 것이다. '정상 상태'가 되었다고 다시 느낄 수 있도록 각 개인은 무엇을 하는가?

치료자는 이러한 패턴을 일련의 질문들을 사용하여 평가할 수 있다. 첫 번째는 문제의 등장을 확인하는 것이고, 이후에는 '정상 상태' 혹은 항상성을 되찾을 때까지 각 개인이 타인에게 보이는 정서적/행동적 반응을 추적하는 것이다. 이러한 과정은 다음과 같다.

상호작용 패턴 평가

내담자가 문제가 어떻게 시작되는지 설명한다.

예시: 엄마가 학교로부터 아들의 성적이 매우 많이 떨어졌다는 전화를 받는다.

치료자가 엄마의 그 다음 행동과 아들의 반응에 대해 묻는다.

예시: 엄마는 아들에게 잔소리를 하고 대대적인 처벌을 마련한다. 아들은 반박하면서 불공평하다고 말한다. 엄마는 "아빠한테 말할 때까지 기다려."라고 말한다.

치료자는 서로 정상으로 복귀할 때까지 각자가 서로에게 어떻게 반응하는지를 바탕으로 이러한 상호작용을 추적한다.

예시: 엄마는 불공평하다고 비난하는 아들에게 더 많은 처벌과 제약을 가한다.

치료자는 또한 가족 체계 내에서 유의미한 타자들이 문제상황에 어떻게 반응하는지 묻는다.

예시: 아버지는 어떻게 관여했는가? 여동생은 엄마와 오빠가 이런 언쟁을 할 때 무엇을 하는가? 결혼 관계에 이 상황이 어떤 영향을 끼치는가?

치료자는 전체 가족이 '정상 상태'가 되었음이 명확할 때까지 계속해서 상호작용 패턴을 평가한다.

체계적 가설

가족 구조와 상호작용 패턴을 평가한 후에 치료자는 문제에 대한 가설을 형성한다. 즉, 증상이 가족의 항상성을 유지하는 데 기여하는 잠재적 역할에 대한 가설을 마련한다(5장 참조; Selvini Palazolli 등, 1978). 고전적 예시는 자녀의 증상(예를 들어, 떼쓰기, 가출하기, 퇴학, 섭식장애)이 (a) 커플로 하여금 서로 협동하고, 함께 일하며, 함께 머물도록 강제하는 공동 문제를 만들고, (b) 결혼생활 때문에 한 부모 혹은 양 부모 모두 고통받지 않도록 주의를 분산시킨다. 분명한 것은 자녀는 '이런, 엄마와 아빠가 함께 사시도록 더 문제를 만들 거야'라고 생각하지 않고, 부모도 '불쌍한 결혼생활을 잊기 위해서는 아이들에게만 더 많이 강박적으로 신경을 쓸 거야'라고 생각하지 않는다. 대신에 증상은 누군가가 의도적으로 계획을 세우지 않고 균형을 유지하기 위한 목적으로 자연스럽게 '간격' 혹은 체계의 욕구를 메꾸려고 생긴다.

가설을 설정하기 위해 사용될 수 있는 몇 가지 전략들은 다음과 같다.

- 내담자 언어 및 은유: MRI 팀은 내담자 언어를 사용하여 전체 항상성 패턴을 설명한다

(Watzlawick 등, 1974). 예를 들어, 가족이 스포츠에 열광한다면, B라는 사람이 공격(추격)을 하는 동안 A라는 사람은 수비(철수)를 맡는다고 게임과 관련한 비유를 사용하여 상호작용 패턴을 설명한다.

- 긍정적 의미 부여: 밀란 팀은 가족 내 증상이 주는 긍정적이고 유용한 영향을 강조하는 것을 원칙으로 한다(Selvini Palazzoli 등, 1978). 예를 들면, 학교 공부를 포기함으로써 엄마로 하여금 자신을 돌보게 하여, 엄마 스스로 쓸모 있는 사람으로 느낄 수 있도록 하는 아이를 칭찬한다.
- 사랑과 권력: 체계적 치료자들은 사랑과 권력에 관한 가설을 설정하였다. 예를 들어, 겉보기에 무기력한 사람의 역할(예: 우울한, 순응적인, 성적인 흥미를 잃은)에는 다른 방식으로는 결코 얻을 수 없는 권력을 자신 스스로에게 부여하는(타인의 행동에 영향을 끼침으로써) 감춰진 측면이 있다는 가설을 세울 수 있다.

세대 간 패턴

VII. 세대 간 패턴 및 애착 패턴

가계도를 그리고, 다음과 같은 관련 정보를 모두 포함하라.

- 연령, 생년월일, 사망년월일
- 이름
- 관계 패턴
- 직업
- 질병관련 이력
- 정신병력
- 학대관련 이력

회기 내에서 자주 논의된 사람들을 몇 개의 형용사로 표현한다. 가계도는 보고서에 포함되어야 한다. 다음에 주요한 내용을 정리한다.

가족 강점: _____

물질/알코올 남용: □ 해당 없음 □ 이력: _____

성/신체/정서적 학대: □ 해당 없음 □ 이력: _____

부모/자녀 관계: □ 해당 없음 □ 이력: _____

신체/정신 장애: □ 해당 없음 □ 이력: _____

호소 문제 과거 발생 여부: □ 해당 없음 □ 이력: _____

애착 패턴: 각 개인별로 가장 흔한 애착 패턴을 표시한다.

AF/AM: □안정 □불안 □회피 □ 불안/회피 설명: _____

AF/AM: □안정 □불안 □회피 □ 불안/회피 설명: _____

CF/CM: □안정 □불안 □회피 □ 불안/회피 설명: _____

CF/CM: □안정 □불안 □회피 □ 불안/회피 설명: _____

세대 간 패턴을 평가하는 것은 가계도를 사용하면 가장 쉽다(McGoldrick, Gerson, & Petry, 2008). 가계도는 이러한 패턴을 시각적으로 보여주는 지도와 같다. 전통적으로 세대 간 평가 도구(10장 참조; McGoldrick 등, 2008)로서 가계도는 다른 치료 모델에서도 많이 사용되어 왔으며(Hardy & Laszloffy, 1995; Kuehl, 1995; Rubalcava & Waldman, 2004), 가족역동을 개념화하려는 모든 치료자들에 의해 자주 사용되어 왔다.

치료자들은 수많은 세대 간 패턴을 보여주는 포괄적인 가계도, 혹은 호소문제와 관련된 패턴과 가족 구성원들이 유사한 문제를 세대에 걸쳐 어떻게 다루어 왔는가(예를 들어 다른 커플들이 결혼생활의 불화를 어떻게 다루어 왔는가)에 초점을 둔 문제 전용 가계도(problem-specific genogram)를 만들 수 있다. 가계도를 사용하기 위한 종합적 지시 사항은 맥골드릭 등(McGoldrick 등, 2008)의 저서를 살펴보기 바란다. 다음에 제시된 그림은 가계도를 작성할 때 흔하게 사용되는 표시들을 가리킨다.

다음 패턴들은 가계도에 흔히 포함되는 내용들이다(260쪽 '일반적으로 사용되는 가계도 기호' 참조).

- 가족 강점과 자원
- 물질 및 알코올 남용 및 의존
- 성적, 신체적, 정서적 학대
- 개인적 자질 및 가족 역할; 상호보완적 역할(예: 모난 돌, 반항아, 과잉성취자/과소성취자)
- 신체 및 정신건강 문제(예: 당뇨, 암, 우울, 정신증)
- 호소 문제 이력 및 관련 사건. 동일 인물 혹은 다른 세대 및 가족 구성원들이 호소 문제를 어떻게 다루어왔는지에 관한 내용

애착 패턴

세대 간 패턴을 고려할 때 치료자는 애착 패턴을 더불어 평가해야 한다. 이 애착 패턴은 심리역동적 접근(10장)과 EFT 접근(15장)에서 핵심이다. 애착은 유대, 따뜻함, 정서적 안전, 타인으로부터의 양육에 대한 인간의 기본 욕구이다. 연구 분야에서는 애착 패턴을 가리키

는 여러 접근들이 있으나, 수 존슨(Sue Johnson, 2004)의 연구는 커플과 가족치료에 충분히 적용할 수 있는 다음 네 가지 범주를 제시하고 있다.

- 안정된: 애착 욕구가 충족되지 않더라도 여전히 충분한 수준의 대처 능력을 유지할 수 있고 건설적인 방식으로 타인과의 유대를 다시 형성할 수 있다.
- 불안하고 과활성화된: 애착 욕구가 충족되지 않을 때 안절부절못하며 타인에게 매달리고, 타인과의 관계를 집요하게 추구하며, 공격적이며 타인에게 책임을 전가하며 타인을 비난하게 될 가능성이 있다.
- 회피: 애착 욕구가 충족되지 않을 때 애착 욕구를 억제하며, 대신에 과제 혹은 기타 기분전환 활동들에만 열중한다.
- 불안과 회피: 애착 욕구가 충족되지 않을 때 친밀감을 추구하지만 일단 친밀감이 형성되면 회피한다. 이는 종종 트라우마 이력과 관련 있다.

해결기반 평가

VIII. 해결기반 평가

시도했으나 효과적이지 못했던 해결책들

1. _____

2. _____

3. _____

예외 및 독특한 결과(효과적이었던 해결책들): 문제가 덜 문제였을 때의 시간, 장소, 관계, 맥락 등과 상황을 조금 더 낫게 만들었던 것 같은 행동들

1. _____

2. _____

3. _____

기적 질문 답: 만약 문제가 밤 사이에 해결되었다면, 내담자는 다음 날 어떤 행동을 하고 있을 것인가? ('Y를 하지 않을 것이다'라는 기술보다 'X를 할 것이다'라고 기술할 것)

1. _____

2. _____

3. _____

비효과적이었던 이전의 해결책들

해결책을 평가할 때 치료자는 효과적이었던 것들과 효과적이지 못했던 것들, 두 유형을 평가할 필요가 있다. MRI 집단(Watzlawick 등, 1974)과 인지-행동 치료자들(Baucom & Epstein, 1990)은 비효과적이었던 것들을 평가하기로 가장 잘 알려져 있다. 비록 그들이 중재할 때는 다른 방식으로 사용했지만 말이다. 대부분의 내담자들에게 있어서는 이전에 실패한 해결책들을 평가하는 것이 일반적으로 쉽다.

비효과적이었던 해결책을 평가하기 위한 질문

치료자는 단도직입적인 질문을 던짐으로써 시작한다.

이 문제를 해결하기 위해 이제까지 어떤 것들을 시도했습니까?

대부분의 내담자들은 효과적이지 못했던 것들을 줄줄이 말한다. 만약 내담자가 잘 대답하지 못한다면 다음과 같이 질문할 수 있다.

이 문제를 해결하기 위해 스스로 노력을 많이 하셨을 거라 짐작이 갑니다. 그 중 몇 가지는 기대하셨던 것과 다르게 그다지 성공적이지 못했을 것 같습니다. 효과적이지 못했지만 당신이 시도했던 것은 무엇입니까?

예외와 독특한 결과: 효과적이었던 이전의 해결책들

해결-중심 치료자들(de Shazer, 1988; O'Hanlon & Weiner-Davis, 1989)은 효과적이었던 이전 해결책들을 평가하는데, 이러한 과정은 내러티브 치료에서 지배적 문제 이야기에 관한 독특한 결과를 파악하는 것과 유사하다(Freedman & Combs, 1996; White & Epston, 1990). 이전의 해결책과 독특한 결과를 평가하는 것은 대부분의 내담자들이 문제가 아닐 때와 어떻게 문제를 악화시키지 않는지를 잘 자각하지 못하기 때문에 까다롭다. 치료자들이 던질 수 있는 몇 가지 질문은 다음과 같다.

해결책과 독특한 결과를 평가하기 위한 질문

- 이 문제가 지금보다 더 악화되지 않은 것은 무엇 때문입니까?
- 어느 정도 효과가 있었던 해결 방법들이 있었습니까? 혹은 조금이라도 상황을 좋아지게 만들었던 해결책들이 있었습니까?
- 문제가 덜 문제가 되었거나 아예 문제가 되지 않았던 때나 장소가 있습니까?
- 문제가 덜 문제가 되거나 덜 심각하도록 문제에 대처할 수 있었습니까?
- 이 문제가 모든 사람에게, 모든 곳에서 일어납니까? 아니면 어떤 맥락에서는 조금 더 상

황이 낫습니까?

이러한 질문들은 일반적으로 내담자의 사고와 반영 능력을 요구하고, 치료자에게는 후속 질문을 필요로 한다. 이 질문들에 대한 답을 통해 치료를 어떻게 진행하고 중재할 것인지에 관한 귀중한 단서를 얻게 된다.

기적 질문에 대한 답

해결기반 치료자들은 기적 질문(de Shazer, 1988), 그리고 그와 유사한 다른 질문들 예를 들어, 수정구슬 질문(de Shazer, 1988), 마술봉 질문(Selekman, 1997), 타임머신 질문(Bertolino & O'Hanlon, 2002) 등을 사용하여 내담자가 선호하는 해결책 혹은 성과를 사정한다(이 질문을 성공적으로 사용하기 위한 지침은 12장을 참조하길 바란다. 의외로 사용 방법이 간단하지는 않다). 이러한 질문들에 대한 답은 종종 치료목표를 수립하는 데 큰 도움이 된다.

> **기적 질문**
>
> "오늘 밤 집에 귀가했는데 한밤중에 기적이 일어났다고 상상해보세요. 기적이 일어나서 당신이 상담받고자 한 모든 문제들이 기적적으로 해결된 거예요. 하지만 잠자리에서 일어났을 때 기적이 일어났는지 아직은 모른다고 합시다. 이전과 다른 뭔가를 바로 눈치 챘다면 그게 무엇일까요? 기적이 일어난 것을 알려주는 첫 번째 단서는 무엇일까요?

치료자들은 내담자가 무엇을 할 것인지를 행동에 기초하여 설명하도록 조력한다. 종종 이를 위해 내담자가 자신 스스로 혹은 타인들이 하지 않을 것이나 어떤 느낌일 것인지를 설명하려고 하면 부드럽게 후속 질문을 던진다. 대신에 치료자는 이 기적 시나리오 안에서 내담자가 실제로 할 것에 대해 비디오 찍듯이 명확한 그림을 갖도록 노력한다. 이렇게 함으로써 치료의 구체적인 목표를 수립할 수 있게 된다.

포스트모던 사례개념화와 문화적 담론 사례개념화

내러티브와 사회적 담론은 내담자의 문제가 발생되는 좀 더 큰 맥락을 보여준다. 이러한 담론들은 지배적 담론, 정체성 내러티브, 그리고 지엽적 및 선호된 담론으로 세분화될 수 있다.

IX. 포스트모던 사례개념화와 문화적 담론 사례개념화

문제를 어떻게 정의하는지를 알 수 있는 지배적 담론:

- 문화적, 인종적, 사회경제적, 종교적 담론, 기타 등등: 어떻게 핵심적인 문화적 담론들이 무엇을 문제라고 지각하게끔 하며, 무엇을 잠재적인 해결책이라고 여기게끔 하는가?

  _____

  _____

- 성, 성정체성 담론, 기타 등등: 어떻게 성역할/성 담론들이 무엇을 문제라고 지각하게끔 하며, 무엇을 잠재적인 해결책이라고 여기게끔 하는가?

  _____

  _____

- 맥락, 가족, 공동체, 학교, 기타 사회적 담론들: 어떻게 중요한 기타 담론들이 무엇을 문제라고 지각하게끔 하며, 무엇을 잠재적인 해결책이라고 여기게끔 하는가?

  _____

  _____

- 정체성/자기 내러티브: 문제가 각 가족 구성원의 정체성을 어떻게 형성해왔는가?

  _____

  _____

- 지엽적 혹은 선호된 담론: 내담자의 선호된 정체성 내러티브와 문제에 대한 내러티브는 무엇인가? 문제에 대해 선호되는 지엽적(대안적) 담론들이 존재하는가?

  _____

  _____

지배적 담론

내담자의 문제가 스며들어 있는 지배적 사회 담론(dominant social discourses)을 평가하는 것은 종종 내담자가 처해 있는 상황에 대한 새롭고 더 광범위한 관점을 제공해준다(Freedman & Combs, 1996; White & Epston, 1990). 이보다 광범위한 관점을 통해 나는 내담자에게 정서적으로 더 세밀하게 맞출 수 있게 되고, 내가 하는 작업에 더 많은 창의성을 갖게 되어, 더 많은 자유와 가능성을 갖는 것 같은 느낌을 자주 갖는다. 예를 들어, 내담자가 보고한 '불안'을 동성애자로서 무기력감을 느끼게 만드는 좀 더 광범위한 담론의 일부라고 내가 간주한다면, 내담자의 불안을 더 큰 사회적 담론의 일부라고 나는 여기기 시작할 것이다. 더불어 이 내담자가 지배적 담론에 대해 덜 '믿음을 갖고', 덜 가치를 두거나 덜 신빙성을 두 게 하며, '정상적인' 성행동이 무엇이며, 그렇지 않은 성행동이 무엇인지에 관한 새로운 이 야기를 만드는 것이 가능한지를 알아볼 것이다. 정상적인 성행동과 그렇지 않은 성행동을 구체적으로 규정하는 것의 어려움을 논의함으로써 내담자와 나는 내담자가 경험해온 진실 을 탐색할 수 있게 될 것이다. 우리는 내담자가 불안과 정체성을 이해하기 위한 새로운 방 식들을 제공하기 위한 탐색적 과정에 참여한다.

내담자의 삶에 관한 정보를 제공해주는 지배적 공통 담론과 더 포괄적인 내러티브에는 다음과 같은 것들이 있다.

- 문화, 인종, 민족, 이민
- 성역할, 성정체성, 성적 선호
- 알코올 중독, 성학대, 입양 등과 같은 원가족 경험
- 이혼, 사망, 유의미한 관계의 상실에 관한 이야기
- 부, 빈곤, 권력, 명성
- 소도시, 도심지역, 지역 담론
- 건강, 질환, 신체상 등

정체성 내러티브

내담자가 상담에 올 때는 문제 담론이 대체로 정체성 내러티브의 유의미한 일부가 되어 있 다. 정체성 내러티브란 자신이 누구인지에 관해 자신 스스로 말하는 이야기를 가리킨다. 예 를 들어, 학교에서 문제를 일으키는 아이는 '나는 바보야'라고 생각하기 시작할 것이며, 엄 마는 아이의 성적 때문에 '엄마로서 난 실패했어'라고 느낄 수 있다. 분명한 것은, 치료 장 면에서 한 개인의 가치 혹은 능력에 대한 이 같이 지나치게 일반화된 부정적인 판단이 다루 어져야 한다. 상담의 초기 과정에서 이들을 사정함으로써 치료자가 각 개인에게 어떻게 관 여하고 각 개인의 동기를 어떻게 고무시킬 수 있을지를 이해하게 된다.

지엽적 담론 및 선호된 담론

지엽적 담론은 지엽적 수준(지배적인 사회적 수준과 반대되는)에서 발생하는 이야기이다 (Anderson, 1997). 이러한 내러티브들은 지배적 담론에 상반되거나 유의미하게 지배적 담 론을 변경시키는 개인적 신념과 독특한 해석들에 기반을 둔다. 비록 지엽적 담론들이 문 제에 기여하는 것이 이론적으로는 가능하나(이를테면 지배적 담론보다 더 강압적인 측면을 갖 는 것), 대체로 이러한 담론들은 문제를 다루는 데 있어 동기 및 에너지와 희망의 유의미한 원천이 된다. 지엽적 담론은 매우 종종 타인으로부터 인정받지 못할 것이 분명하기 때문에

숨기거나 부끄러워하는 한 개인의 '개인적 진실'에 해당된다. 이 담론들은 특정 종교 혹은 성적 행동에 관한 선호처럼 하위문화적인 공통 가치들일 수도 있고, 혹은 모든 재산을 팔고 세계를 여행하고 싶은 것과 같은 한 개인에게만 해당되는 독특한 가치들 일 수도 있다. 지엽적 담론은 종종 내러티브 치료에서는 선호된 담론의 원천이 된다(Freedman & Combs, 1996). 선호된 담론은 내러티브 치료의 목표가 되는 한 개인의 삶과 정체성에 관한 이야기이다.

내담자 관점

마지막으로 치료자들은 내담자가 사례개념화에 대해 합의하거나 합의하지 않는 영역들에 대해 고려해야만 한다. 전반적인 사례개념화를 내담자 손에 맡기는 것은 임상적으로 적절하지 않지만, 중요한 사항들을 논의하는 것은 적절하다. 내담자의 관점에서 어떠한 설명은 정확한 것 같은가? 그렇지 않은 것은 어떤 것인가? 내담자가 듣고 놀랄 만한 것이 있는가? 내담자와 치료자의 관점이 서로 유의미하게 다르다면 치료자는 이러한 차이를 어떻게 좁힐 수 있을 것인지 고려하며, 이제까지의 사정이 정확하지 않을 가능성에 대해서 개방적인 태도를 유지하는 것이 필요하다.

X. 내담자 관점

합의 영역: 내담자가 말한 것에 기초하여 위의 평가 내용 중 내담자(들)가 합의한 것은 무엇인가? 혹은 앞으로 합의 할 가능성이 높은 것은 무엇인가?

_____

불일치 영역: 내담자(들)가 합의하지 않는 영역은 무엇인가? 혹은 앞으로 합의하지 않을 것 같은 영역은 무엇인가?

_____

잠재적인 불일치 영역을 당신은 내담자를 존중하면서 어떻게 다룰 계획인가?

_____

내담자가 치료자의 연령, 문화적 배경, 성, 성정체성, 혹은 사회경제적 지위 등과 다를 경우, 내담자 관점이 특히 중요하다는 점을 고려하기 바란다. 이러한 경우 치료자는 내담자의 맥락을 온전히 이해하기 힘들 수 있다. 반대로 많은 치료자들은 자신들과 유사한 배경을 지닌 내담자와의 치료를 더욱 힘들어하기도 한다. 왜냐하면 치료자들이 자신이 내담

자에 대해 생각보다 많이 알거나, 내담자의 상황에 대한 답을 이미 알고 있다고 가정하기 때문이다. 내담자가 치료자와 유사하든지, 그렇지 않든지, 치료자는 치료계획을 수립할 때 내담자의 관점을 주의 깊게 고려해야 한다.

사례개념화, 다양성, 그리고 동일성

당신이 마침내 사례개념화에 관한 뭔가를 이해했다고 느끼기 시작했다면, 아직 폭죽을 터뜨리지 말기는 바란다. 한 가지 주제가 남았다. 그 주제는 다양성과 동일성이다. 사례개념화 및 일반적 평가에 있어서의 문제는 불행히도 어떤 사람이 '명확한 경계선', '건강한 위계'를 지니고 있고, 혹은 '명료한 의사소통'을 하는지 측정할 수 있는 객관적 기준이 없다는 것이다. 건강하고 정서적으로 잘 교류하는 경계선은 멕시코계 미국인 가정과 아시아계 미국인 가정 내에서는 서로 꽤 다를 것이다. 실제로 멕시코계 미국인 가정에서 문제가 되는 경계선(예를 들어, 흥분하지 않고, 말을 잘 안 섞는)은 아시아계 미국인 가정에서는 문제가 되는 경계선(이를테면, 지나치게 간섭하는)이라기보다 건강한 경계선(예를 들면, 조용히 타인을 존중하는)으로 간주될 가능성이 있다. 따라서 치료자는 평가 시에 단순히 행동의 외현적인 표현방식만을 의지해서는 안 된다. 치료자는 반드시 더 넓은 차원의 문화적 규준을 고려해야만 하는데, 이러한 문화적 규준은 하나 이상의 인종적 규범들뿐 아니라 거주 지역 문화, 학교 맥락, 성정체성 하위문화, 소속된 종교 단체 등을 포함하고 있다. 의심할 바 없이 당신이 문화적 쟁점에 관한 강좌를 수강할 것이며, 윤리 강령이 다양성에 대한 존중을 필수로 하고 있다는 것에 대해 읽겠지만, 의미 있는 문화적 감수성을 배양하기 위해서는 다양한 가족들과의 상담 경험과 그 가족들로부터 배우려는 자발성을 필요로 한다. 나는 이것이 평생의 작업임을 믿고 있다.

아이러니컬하게도 나는 오늘날 훈련을 받는 새내기 치료자들이 자신과 동일한 문화권 출신의 내담자가 보이는 다양성을 수용하는 데 가장 큰 어려움을 겪는 것을 알게 되었다. 내담자가 우리와 더 유사할수록, 우리는 내담자가 우리의 가치와 행동적 규범을 공유할 것을 더 많이 기대하고, 차이를 더 견디지 못한다. 예를 들어, 중산층의 백인 치료자들이 정서 표현, 부부끼리의 합의, 확대 가족, 부모-자녀 관계 등과 관련된 특정 가치들을 갖도록 기대하고, 특정 가치 체계, 다시 말하면, 치료자 자신의 가치를 아무런 거리낌 없이 장려할 수 있다. 따라서 당신과 매우 유사하거나 매우 다른 누군가를 상담하든지 상관없이, 당신은 내담자의 확대된 사회문화적 맥락과 규준을 항상 고려하면서 천천히 평가하고 사정해야 한다. 개념화와 평가에 탁월한 치료자들은 지극한 겸손과 끊임없이 기꺼이 배우고자 하는 마음을 가지고 이러한 문제에 접근한다.

참고문헌

American Psychiatric Association. (2000). *Diagnostic and statistical manual for mental disorders* (4th ed., Text Revision). Washington, D.C.: Author.

Anderson, H. (1997). *Conversations, language, and possibilities.* New York: Basic.

Anderson, H., & Gehart, D. R. (Eds.). (2006). *Collaborative therapy: Relationships and conversations that make a difference.* New York: Brunner-Routledge.

Bateson, G. (1972). *Steps to an ecology of mind.* New York: Ballantine.

Bateson, G. (1979/2002). *Mind and nature: A necessary unity.* Cresskill, NJ: Hampton.

Baucom, D. H., & Epstein, N. (1990). *Cognitive-behavioral marital therapy.* New York: Brunner/Mazel.

Bertolino, B., & O'Hanlon, B. (2002). *Collaborative, competency-based counseling and therapy.* New York: Allyn & Bacon.

Carter, B., & McGoldrick, M. (1999). *The expanded family life cycle: Individuals, families, and social perspectives* (3rd ed.). New York: Allyn and Bacon.

de Shazer, S. (1988). *Clues: Investigating solutions in brief therapy.* New York: Norton.

Freedman, J., & Combs, G. (1996). *Narrative therapy: The social construction of preferred realities.* New York: Norton.

Gehart, D. R., & Lyle, R. R. (2001). Client experience of gender in therapeutic relationships: An interpretive ethnography. *Family Process, 40,* 443–458.

Gergen, K. J. (1999). *An invitation to social construction.* Thousand Oaks, CA: Sage.

Gottman, J. M. (1999). *The marriage clinic: A scientifically based marital therapy.* New York: Norton.

Haley, J. (1976). *Problem-solving therapy: New strategies for effective family therapy.* San Francisco, CA: Jossey-Bass.

Hardy, K. V., & Laszloffy, T. A. (1995). The cultural genogram: Key to training culturally competent family therapists. *Journal of Marital and Family Therapy, 21,* 227–237.

Johnson, S. M. (2004). *The practice of emotionally focused marital therapy: Creating connection* (2nd ed.). New York: Brunner/Routledge.

Keeney, B. P. (1983). *Aesthetics of change.* New York: Guilford.

Kerr, M., & Bowen, M. (1988). *Family evaluation.* New York: Norton.

Kuehl, B. P. (1995). The solution-oriented genogram: A collaborative approach. *Journal of Marital and Family Therapy, 21,* 239–250.

Lambert, M. J., & Ogles, B. M. (2004). The efficacy and effectiveness of psychotherapy. In M. J. Lambert (Ed.), *Bergin and Garfield's handbook of psychotherapy and behavior change* (5th ed., pp. 139–193). New York: Wiley.

McGoldrick, M., Gerson, R., & Petry, S. (2008). *Genograms: Assessment and intervention* (3rd ed.). New York: Norton.

Miller, S. D., Duncan, B. L., & Hubble, M. (1997). *Escape from Babel: Toward a unifying language for psychotherapy practice.* New York: Norton.

Minuchin, S. (1974). *Families and family therapy.* Cambridge, MA: Harvard University Press.

Minuchin, S., & Fishman, H. C. (1981). *Family therapy techniques.* Cambridge, MA: Harvard University Press.

Norcross, J. C., & Beutler, L. E. (2008). Integrative psychotherapies. In R. J. Corsini & D. Wedding (Eds.), *Current psychotherapies* (8th ed.) (pp. 481–511). Pacific Grove, CA: Brooks/Cole.

O'Hanlon, W. H., & Weiner-Davis, M. (1989). *In search of solutions: A new direction in psychotherapy.* New York: Norton.

Raser, J. (1999). *Raising children you can live with: A guide for frustrated parents* (2nd ed.). Houston: Bayou.

Rubalcava, L. A., & Waldman, K. M. (2004). Working with intercultural couples: An intersubjective-constructivist perspective. *Progress in Self Psychology, 20,* 127–149.

Satir, V., Banmen, J., Gerber, J., & Gomori, M. (1991). *The Satir model: Family therapy and beyond.* Palo Alto, CA: Science and Behavior Books.

Selekman, M. D. (1997). *Solution-focused therapy with children: Harnessing family strengths for systemic change.* New York: Guilford.

Seligman, M. (2004). *Authentic happiness: Using the new positive psychology to realize your potential for lasting fulfillment.* New York: Free Press.

Selvini Palazzoli, M., Boscolo, L., Cecchin, G., & Prata, G. (1978). *Paradox and counterparadox.* New York: Jason Aronson.

Visher, E., & Visher, J. (1979). *Stepfamilies: A guide to working with stepparents and stepchildren.* New York: Brunner/Mazel.

Walsh, F. (Ed.). (2003). *Spiritual resources in family therapy.* New York: Guilford.

Watzlawick, P., Weakland, J., & Fisch, R. (1974). *Change: Principles of problem formation and problem resolution.* New York: Norton.

Whitaker, C. A., & Bumberry, W. M. (1988). *Dancing with the family: A symbolic experiential approach.* New York: Brunner/Mazel.

Whitaker, C. A., & Keith, D. V. (1981). Symbolic-experiential family therapy. In A. S. Gurman & D. P. Kniskern (Eds.), *Handbook of family therapy* (pp. 187–224). New York: Brunner/Mazel.

White, M., & Epston, D. (1990). *Narrative means to therapeutic ends.* New York: Norton.

찾아보기